Inhalt

Vorwort 7

Abendbrot 9 | Abendstille 12 | Abgrund 14 | Arbeitswut 32
Bauhaus 49 | Bergfilm 54 | Bierdurst 70 | Bruder Baum 73
Buchdruck 82 | Dauerwelle 85 | Doktor Faust 91 | Eisenbahn 97
E(rnst) und U(nterhaltung) 105 | Fachwerkhaus 114
Fahrvergnügen 118 | Feierabend 130 | Forschungsreise 141
Freikörperkultur 152 | Fußball 164 | Gemütlichkeit 184
German Angst 192 | Grenzen 204 | Gründerzeit 210 | Grundgesetz 215
Hanse 227 | Heimat 233 | Jugendherberge 238 | Kindergarten 245
Kirchensteuer 252 | Kitsch 255 | Kleinstaaterei 258
Krieg und Frieden 264 | Kulturnation 279 | Männerchor 287
Mittelgebirge 298 | Musik 302 | Mutterkreuz 340 | Mystik 349
Narrenfreiheit 353 | Ordnungsliebe 362 | Pfarrhaus 370 | Puppenhaus 375
Querdenker 382 | Rabenmutter 385 | Reformation 388
Reinheitsgebot 395 | Schadenfreude 410 | Schrebergarten 415
Sehnsucht 421 | Sozialstaat 425 | Spargelzeit 431 | Spießbürger 436
Strandkorb 441 | Das Unheimliche 444 | Vater Rhein 451
Vereinsmeier 468 | Waldeinsamkeit 479 | Wanderlust 490
Das Weib 498 | Weihnachtsmarkt 532 | Wiedergutmachung 535
Winnetou 541 | Wurst 544 | Zerrissenheit 548

Register 550 | Seelenhintergrund 556 | Bildnachweis 560

Lieber Leser,

sei gewarnt! Dies ist ein Buch, in dem du nicht gewarnt wirst vor dem Deutschen. Wir wollen dieses Land nicht in den Sektionssaal schieben, wir beugen uns nicht im weißen Kittel mit spitzem Werkzeug darüber, um einzig die kranken Stellen herauszuschneiden und unter dem Mikroskop zu betrachten. Wir sind keine Pathologen – wir sind Beteiligte. Getrieben von der Sehnsucht, die Kultur, in der wir leben, in all ihren Tiefen und Untiefen, in ihrer Größe und Schönheit, in ihren Schrullen und Fragwürdigkeiten zu erkunden.

Luft ist uninteressant, solange sie selbstverständlich ist. Erst wenn sie dünn wird, beginnst du, sie zu spüren. Erst wenn du sie zu vermissen beginnst, spürst du, dass da etwas ist, das du nicht verlieren willst.

Wir machen uns keine Sorgen, dass Deutschland sich abschafft. Wir sehen nur, dass es sich herunterwirtschaftet. Sein Gedächtnis verliert. Die einen haben die deutsche Scham, die keiner ablegen kann, der diesem Land entstammt, zum Schuldpanzer verhärtet, hinter dem sie sich verschanzen. Die Verbrechen des Nationalsozialismus sind ihnen weniger Schmach und Schmerz als der Beweis, dass alles Deutsche mit der Wurzel ausgerissen gehört. Die anderen tummeln sich in dem Kahlschlag, den die wohlmeinenden Nashörner angerichtet haben. Ihnen fehlt nichts, solange der Fernseher läuft und im Kühlschrank genügend Bier steht. Und dennoch spüren wir ein wachsendes Deutschlandsehnen.

Das Fußball-Sommermärchen hat uns gezeigt, dass wir die Scheu im Umgang mit Fahne und Hymne ablegen dürfen, und die Welt uns dennoch nicht erneut zu hassen beginnt, im Gegenteil. Aber was ist mit diesem »fröhlichen Patriotismus« gewonnen, wenn er sich darauf beschränkt, dass wir alle vier Jahre die schwarz-rot-goldenen Fähnchen aus dem Schrank holen? Haben dieses Land, seine Geschichte und seine Kultur uns nicht unendlich mehr zu erzählen?

Seit Jahren streiten wir darüber, welche Einwanderer dazugehören und welche nicht. Dient diese ganze Debatte nicht letztlich dem Zweck, von dem abzulenken, worüber wir eigentlich diskutieren müssten: Was von Deutschland noch zu Deutschland gehört? Was dieses Land ist jenseits der lexikalischen Auskunft, es sei ein föderalistischer, freiheitlich-demokratischer und sozialer

Rechtsstaat in der Mitte Europas, gebildet aus 16 Bundesländern? Wir machen es uns zu einfach, wenn wir die Frage »Was ist deutsch?« reflexhaft abwehren und sie einzig im Verborgenen rumoren lassen. Jemand, der nicht weiß, wo er herkommt, kann auch nicht wissen, wo er hinwill. Er verliert die Orientierung, die Selbstgewissheit, den Lebensmut.

Deshalb sind wir auf Wanderschaft gegangen. Haben uns auf die Suche nach der deutschen Seele gemacht. Eine solche Suche kann keinem geraden Weg folgen. Wir haben uns leiten lassen von Begriffen, in denen uns das Deutsche am deutlichsten aufzublitzen scheint: Von »Abendbrot« bis »Männerchor«, von »Bruder Baum« bis »Fahrvergnügen«, von »Abgrund« bis »Zerrissenheit«.

Lieber Leser, folge auch du deiner Sehnsucht, deiner Neugier, deiner Leidenschaft! Du kannst das Buch mit jedem Artikel beginnen, dort weiterlesen, wohin es dich trägt. Du kannst aber auch den Wegweisern folgen, die wir am Ende eines jeden Textes aufgestellt haben.

Die Gedanken sind frei.

Berlin, im Sommer 2011
Thea Dorn und Richard Wagner

ABENDBROT

Es ist karg. Es ist ein wenig pedantisch. Es ist liebevoll.

Seine Zubereitung erfordert keinen großen Aufwand, aber die wenigen Zutaten müssen mit Bedacht gewählt sein: Roggen-, Roggenmisch- oder Vollkornbrot, zu acht Millimeter dicken Scheiben geschnitten. Ein bisschen Butter. Käse (Tilsiter), Schinken (Schwarzwälder), Wurst (Jagdwurst). Und schön wäre eine saure Gurke, zum Ende hin blättrig aufgefächert. Die Brote werden mit der Butter dünn bestrichen, auf eins wird der Käse gelegt, auf eins der Schinken, auf eins die Wurst. Idealerweise entsprechen Form und Größe der Käse-, Schinken- und Wurstscheibe Form und Größe der Roggen-, Roggenmisch- oder Vollkornbrotscheibe. Nur so entsteht die Harmonie, die ein echtes Abendbrot auszeichnet.

Auch wenn man sein Abendbrot allein einnimmt, sollte man es keinesfalls stehend in der Küche oder vor dem Fernseher hinunterschlingen. Ein Abendbrot ist ein Abendbrot und kein Sandwich. Bei christlicher Neigung besinnt man sich aufs letzte Abendmahl, während man das Brot zwar nicht bricht, sondern voll Sorgfalt schneidet. Die protestantische Diätweisheit »Frühstücken wie ein Kaiser, Mittagessen wie ein Fürst, Abendessen wie ein Bettelmann« verliert alles Trostlose. Nicht weil man ans Schlankbleiben bzw. -werden denkt. Weil man sich freut, dass Schlichtes glücklich macht.

Anfängern, die das bloße Abendbrot nicht in die rechte Gemütslage zu bringen vermag, empfiehlt es sich, ein Bier zu öffnen. »Ich Geringer trinke täglich zum Abendbrot ein Glas helles Bier und reagiere auf diese anderthalb Quart so stark, dass sie regelmäßig meine Verfassung durchaus verändern. Sie verschaffen mir Ruhe, Abspannung und Lehnstuhlbehagen, eine Stimmung von ›Es ist vollbracht!‹ und ›Oh, wie wohl ist mir am Abend!‹«, schrieb Thomas Mann im Jahre 1906.

Der musikalisch versierte Abendbrötler wird das Stichwort des Schriftstellers sogleich aufnehmen. Im Geiste singt er Kanon mit sich selbst: »O wie wohl ist mir am Abend, / Mir am Abend, / Wenn zur Ruh' die Glocken läuten, / Glocken läuten, / Bim, bam, bim, bam, bim, bam!«

Doch auch der musikalisch weniger Versierte muss mit seinem Abendbrot nicht im Stillen sitzen bleiben. Er kann seine Stereoanlage aufdrehen und Sven

Kerzenständer »Abendbrot«, entworfen vom Hamburger Designerduo Thesenfitz & Wedekind.

Regener mit dessen Band *Element of Crime* lauschen: »Braungebrannte Arme brechen jeden Tag / Das harte Brot der Wirklichkeit, als wär's das letzte Mal [...] Zum Abendbrot / Zum Abendbrot [...]«

Die Tendenz, meditative Mahlzeit der Einsamen zu sein, hatte das Abendbrot seit je. Gleichzeitig war der Abendbrottisch jahrhundertelang der Ort, an dem der Hausvater die Familie versammelte, um über die Ereignisse des Tages zu berichten und sich berichten zu lassen, auf dass im Anschluss gerichtet werde. Spuren davon haben sich bis in die Gegenwart erhalten, weshalb das Abendbrot dem Spätpubertierenden, der dem Elternhaus entronnen ist, als Inbegriff spießigen Schreckens erscheint. Er schwört, des Abends künftig alles zu essen von kalten Dosenravioli bis hin zu drei Tage altem Sushi. Nur nie wieder ein belegtes Brot.

Dass belegte Brote einst in den erlesensten Zirkeln gereicht wurden, wenn man über Literatur, Politik und die großen Fragen der Welt plauderte, ist vergessen. Voll Stolz berichtete Johanna Schopenhauer ihrem Sohn Arthur, der zu jugendlicher Großmannssucht neigte, dass in ihrem Weimarer Salon nichts Kostspieliges, sondern lediglich Tee mit Butterbroten gereicht wird. Auch Rahel Varnhagen, die berühmteste Gastgeberin im romantischen Berlin, servierte Schlichtes, wenn sie die Größen ihrer Zeit zum »Teetisch« empfing. Die anschaulichste Beschreibung des gehobenen Abendbrots findet sich bei dem Juristen und Schriftsteller Felix Eberty, der uns in seinen *Jugenderinnerungen eines alten Berliners* in die erste Hälfte des 19. Jahrhunderts mitnimmt: »Bei den gewöhnlichen geselligen Abendzusammenkünften begnügte man sich [...] mit einer Tasse Tee und Butterbrot, und setzte einige sehr zierlich, aber auch recht sparsam mit Wurstscheibchen, Braten und Schinkenschnitten belegte Teller auf die Tafel.«

Geiz spielte bei dieser frugalen Sitte die unwesentlichste Rolle. Man wollte sich bewusst absetzen von den Abendschlemmereien in katholischen Ländern wie Frankreich, und ganz im Ernst: Wen interessieren Austern, gebratene Wachteln oder *Petits Fours*, wenn er die Wahl zwischen Johann Wolfgang von Goethe und Georg Wilhelm Friedrich Hegel, Wilhelm und Alexander von Humboldt, Heinrich Heine und Bettine von Arnim hat? Kein Zufall also, dass die großbürgerlichen Gastgeberinnen erst in der zweiten Hälfte des 19. Jahrhunderts, als der deutsche Geist feister geworden war, ihren Ehrgeiz daransetzten, mit immer ausgefinkelteren Menüfolgen zu glänzen.

Den endgültigen Niedergang des geistigen Abendbrots bezeugte der Nachkriegs-Kabarettist Wolfgang Neuss, als er verkündete: »Heut' mach ich mir kein Abendbrot, heut' mach ich mir Gedanken.« Wie schön wäre es, sich zur Abwechslung wieder einmal Gedanken zum Abendbrot zu machen.

[td]

➤ Abendstille, Bierdurst, Feierabend, Gemütlichkeit, Ordnungsliebe, Vereinsmeier, Wurst

ABENDSTILLE

Hinter den Fenstern flackern die Bildschirme. Blaue Stunde. Der Zeiger der Fernsehuhr springt auf die Zwölf. Abendstille überall, nur am Bach die Nachtigall singt ihre Weise klagend und leise durch das Tal.

Ein gut frisierter Sprecher begrüßt den Pflüger, der vor seiner Hütte ruhig im Schatten sitzt. Dem Genügsamen raucht sein Herd. Gastfreundlich tönt dem Wanderer im friedlichen Dorfe die Abendglocke. Wohl kehren jetzt die Schiffer zum Hafen auch in fernen Städten.

Der Versuch, die gekaperte *Loreley Zwei* zu befreien, ist blutig gescheitert.

Fröhlich verrauscht des Markts geschäftiger Lärm. In der Euro-Schuldenkrise ist das Schlimmste überwunden. Doch gestürzt sind die goldenen Brücken und unten und oben so still! Es will mir nichts mehr glücken, ich weiß nicht mehr, was ich will. Von üppig blühenden Schmerzen rauscht eine Wildnis im Grund, da spielt wie in wahnsinnigen Scherzen das Herz an dem schwindlichten Schlund.

Die Unruhen in der Brust gehen auch nach der Aussprache des Herzens weiter. Das Auswärtige Amt rät von allen nicht notwendigen Reisen ins Innere der Brust ab.

Beim Bundesliga-Nordderby kam es zu Ausschreitungen, nachdem die Schwalbe sich zum Abendliede auf das Stänglein unterm Dach geschwungen hatte. Ordnungskräften gelang es, den Frieden im Feld und in der Stadt rasch wiederherzustellen. Die Schlachtenbummler konnten ohne weitere Zwischenfälle zum Bahnhof geleitet werden.

Der schnelle Tag ist hin. Die Nacht schwingt ihre Fahn' und führt die Sterne auf. Der Menschen müde Scharen verlassen Feld und Werk. Wo Tier und Vögel waren, trau'rt itzt die Einsamkeit. Wie ist die Zeit vertan! Der Port naht mehr und mehr sich zu der Glieder Kahn. Gleich wie dies Licht verfiel, so wird in wenig Jahren ich, du, und was man hat, und was man sieht, hinfahren. Dies Leben kommt mir vor als eine Renne-Bahn.

Und nun die Wetteraussichten: Über allen Gipfeln ist Ruh'. In allen Wipfeln spürest du kaum einen Hauch. Die Vöglein schweigen im Walde. Warte nur, balde ruhest du auch.

Abendlandschaft mit zwei Männern, Caspar David Friedrich, ca. 1830.

(Die Redaktion der *Tagesschau* bedankt sich für die Mitarbeit an der heutigen Ausgabe bei Otto Laub, Friedrich Hölderlin, Joseph von Eichendorff, Friedrich Rückert, Andreas Gryphius und Johann Wolfgang von Goethe.)
[td]

➤ Abendbrot, Feierabend, Heimat, Sehnsucht, Waldeinsamkeit

ABGRUND

Eben noch hatte der Deutsche festen Grund unter den Füßen. Er vertraute der Welt, vertraute sich selbst, seinem Können, seinem Mutterwitz, doch im nächsten Augenblick: alles weg. Die ruhige Gewissheit ins Nichts gerissen, der Boden schwankend oder gleich zum gähnenden Schlund geöffnet. Es geht ihm wie dem armen Soldaten Woyzeck bei Georg Büchner, der auf freiem Feld Stöckchen schneiden will, doch plötzlich aufstampfen muss, weil er spürt: »Alles hohl da unten.« Und wenn er seine Geliebte anschaut, die ihn betrogen hat (oder auch nicht), denkt es in ihm: »Jeder Mensch ist ein Abgrund, es schwindelt einen, wenn man hinabsieht.«

»Die Welt oder wenigstens den Menschen an den Abgrund zu führen, war von jeher Sache der Deutschen«, schreibt der zu Unrecht vergessene Literat Friedrich Sieburg 1954 in seinem Essay *Die Lust am Untergang*. Und weiter: »Der Abgrund mochte schrecken oder locken, er mochte die Tiefe des eigenen Wesens sein oder den Untergang bedeuten, stets war der Deutsche bereit, Gedanken auszusprechen und in Umlauf zu setzen, vor denen es die Menschheit schauderte, sei es nun vor Wonne über ihre Größe oder vor Entsetzen über ihre Bodenlosigkeit.«

Knapp vierzig Jahre zuvor, mitten im Ersten Weltkrieg, formuliert es Sieburgs Vorbild Thomas Mann in den *Betrachtungen eines Unpolitischen* noch knapper und störrischer: »Das Deutsche ist ein Abgrund, halten wir fest daran.«

Festhalten am *Abgrund*: Gibt es einen Gedanken, der selbst abgründiger ist – und deutscher? Klüfte, Schlüfte, Schlünde, Grüfte – die deutsche Sprache läuft zur Höchstform auf, wenn es darum geht, das Bodenlose in den Begriff zu bekommen. Wie kein Zweiter kreist der wohl deutscheste aller deutschen Philosophen, Martin Heidegger, über den Abgründen des Denkens und Seins. Er verurteilt die Philosophie, die nach Letztbegründungen sucht, die hofft, ihre Sicherungshaken in irgendeiner unverbrüchlichen Idee vom Guten, Wahren oder Schönen einschlagen zu können. Der Philosoph muss den Schwindel aushalten, der ihn erfasst, wenn er erkennt, dass es keinen verlässlichen Grund gibt: »Das Seyn ist der Ab-grund, darin erst die Not alles Grundlosen ihre Tiefe und die Notwendigkeit jeder Gründung ihre Gipfel hat.«

Sätze wie dieser sind nicht geschrieben, um im schlichten Sinne verstanden zu werden. Denn Heidegger appelliert nicht an den Verstand, will nicht einleuchtende Gründe für oder gegen etwas benennen. Er appelliert an die tief sitzende Lebensangst, die sich der Mensch mit seinen alltäglichen Routinen und Versicherungssystemen sorgsam zugestellt hat: das Grauen, dass seine scheinbar stabile Welt einschließlich der eigenen Existenz jederzeit einstürzen kann. Und, noch trostloser: dass der Mensch auf die Frage, *warum* es ihm den Boden unter den Füßen weggerissen hat, keine sinnvolle Antwort erwarten darf. Die Anrufung des »Ab-grunds« läuft auf nicht weniger hinaus als auf die Verabschiedung des Kausalitätsprinzips: Halte dich nicht länger mit Grübeleien auf, aus welchem Grund etwas geschehen ist – lerne, mit dem Gefühl der Grundlosigkeit zu leben! Wie unerquicklich diese philosophische Haltung werden kann, wenn sie sich in die Politik hinauswagt, wird sich zeigen.

Jede Religion versucht zu erklären, warum die Welt ist, wie sie ist – wie Gott/die Götter sie gut erschaffen hat/haben, und die Menschen sie pervertieren und mit entsprechenden Strafen rechnen müssen. Seit Platon beteiligt sich auch die Philosophie an diesem erbaulich-kritischen Unterfangen. Heidegger macht endgültig Schluss damit. Der Philosoph soll der Angst vor dem nihilistischen Schlund nicht länger zu entkommen versuchen, indem er Gewissheitstürme errichtet, von deren Zinnen aus er die Lage zu überblicken glaubt. Im Gegenteil: Er soll sich mit Begeisterung in die Tiefe stürzen – das Leben im Sturzflug erfassen. Bis es an einer Klippe zerschmettert.

Denker im Abgrund: Friedrich Nietzsche, 1899.

Denker des »Ab-grunds«: Martin Heidegger, 1933.

In seinen *Dionysos-Dithyramben* lässt Friedrich Nietzsche, der deutsche Denker, der ein halbes Jahrhundert vor Heidegger dazu aufrief, mit dem Hammer zu philosophieren, einen Raubvogel höhnen: »Man muss Flügel haben, wenn man den Abgrund liebt.« Und Zarathustra, an anderem Ort noch als Verkünder des Übermenschen gefeiert, zagt das Herz. Er hängt fest, in sich, in der Welt, weiß, dass er den Sturzflug nicht überleben wird.

Nietzsche ahnt wohl bereits, dass seine Versuche, das Nichts zu umarmen, bald dazu führen werden, dass er in Turin auf offener Straße einen geprügelten Gaul umarmt. »Wenn du lange in einen Abgrund blickst, blickt der Abgrund auch in dich hinein«, schreibt er noch hellsichtig in *Jenseits von Gut und Böse*. Die eigene Warnung verhallt. Sein Geist verabschiedet sich ins unergründliche Dunkel des Wahnsinns.

Aber geht er damit den riskanten Weg nicht konsequenter zu Ende als sein Nachfolger Heidegger, der – zumindest für kurze Zeit – glaubt, über den Abgrund ließe sich im Braunhemd hinwegmarschieren? Oder verfällt der Denker des »Ab-grunds« der nationalsozialistischen Bewegung nur deshalb, weil er spürt, dass es sich bei der »Herrlichkeit und Größe dieses Aufbruchs«, die er in seiner berüchtigten Freiburger Rektoratsrede von 1933 beschwört, in Wahrheit und von Anfang an um jenes »wunderbare Sehnen dem Abgrund zu« handelt, wie es sein Idol, der andere im Wahnsinn verdämmerte Friedrich (Hölderlin), bei ganzen Völkern ausgemacht hat? Heidegger selbst widersteht dem letzten Sog der Tiefe, indem er immer wieder ins erdverbundene Dasein flieht: in seine einsame Hütte bei Todtnauberg im Schwarzwald, in der er selbst Holz machen und Wasser vom Brunnen holen muss.

Doch auch dieser vermeintlich un-abgründige Ort wird in den späten 1960er Jahren zum Schauplatz einer durch und durch abgründigen Begegnung: Paul Celan, der deutschsprachig-jüdische Dichter aus der Bukowina, dessen Eltern von den Nazis deportiert und ermordet wurden, besucht Heidegger in Todtnauberg. Was immer sich der Autor der *Todesfuge* von einer Begegnung mit dem Autor von *Sein und Zeit* erhofft hat – *Gründe*, warum sich Heidegger mit dem Faschismus eingelassen hat, bekommt Celan auch an jenem Ort nicht genannt, an dem der Philosoph so »gegründet« ist wie nirgends sonst. Stattdessen notiert dieser, dass es »heilsam« wäre, »Paul Celan auch den Schwarzwald zu zeigen«.

Nun sind die Deutschen wahrlich nicht die Einzigen, die es in die Tiefe zieht, deren Geist durch die Vorstellung, unter der vertrauten Oberfläche lauere etwas, das sich kaum in Worte bannen lässt, ebenso erregt wird wie erschreckt. Die antiken Griechen vermuten den Hades im Erdinneren, Dante schreibt sich im ersten Teil seiner *Göttlichen Komödie* in immer tiefere Höllenkreise hinab. Doch weder vom griechischen Sänger Orpheus, der vergeblich versucht, seine geliebte Eurydike aus der Unterwelt ans Tageslicht zurückzuholen, noch vom

Als politische Ikone hat der alte Barbarossa ausgedient, sein Denkmal auf dem Kyffhäuser bleibt eines der meistbesuchten Deutschlands. Liegt es auch daran, dass Architekt Bruno Schmitz den Bruch, aus dem der Sandstein geschlagen wurde, nicht zuschütten, sondern als lockenden Abgrund offen ließ?

italienischen Dichter werden diese unterirdischen Reiche sehnsüchtig oder gar hoffnungsvoll besungen. Bei aller Faszination bleiben sie Orte des Grauens. Auch Immanuel Kant, der klare Kopf aus Königsberg, spricht ohne Verlangen in der Stimme vom »Abgrund des Verderbens«.

Je mehr die deutsche Seele aber zerfranst und sich vom Diesseits abwendet, ohne auf den Trost im himmlischen Jenseits zu setzen, desto mächtiger zieht es sie zum unterirdischen Jenseits, zum Abgrund hin, in dem alles möglich scheint. Wer den Erdrücken als kalt und unwirtlich empfindet und den Himmel für eine allzu wolkige Utopie hält, der sucht sein (vermeintliches) Heil im Schoß der Erde. Die unentfremdete, wahre Heimat wandert in die Tiefe ab.

Bis heute gibt es zahlreiche schlesische Volkstanz-, Trachten- und sonstige Vereine, die sich in wehmütiger Erinnerung an den verschrobenen Erdgeist, der im Innern des Riesengebirges hausen soll, »Rübezahl« nennen. Ihren wirkmächtigsten politischen Ausdruck findet die Sehnsucht nach einer unterirdischen Heimat aller Deutschen jedoch im Barbarossa-Mythos.

Nüchtern betrachtet dürfte der Stauferkönig, der von den Deutschen hochverehrte Kaiser des Heiligen Römischen Reiches, im Jahre 1190 beim Dritten Kreuzzug auf dem Weg nach Jerusalem in einem Fluss ertrunken sein. Seit dem 16. Jahrhundert meint die Legende allerdings zu wissen, dass der Rotbärtige sich lediglich in den Kyffhäuser-Gebirgszug im Harz zurückgezogen habe und dort in unterirdischer Kammer schlafend auf seine Rückkehr warte. Diffuse, aber starke Hoffnungen ranken sich um den Schlummerkaiser: Die Aufständischen des ausgehenden Mittelalters haben ihn im Sinn, wenn sie auf tief greifende Veränderung der sozialen Verhältnisse drängen. Deutsch-nationale Kräfte von den Befreiungskriegen gegen Napoleon bis ins zweite deutsche Kaiserreich verbinden mit ihm den Wunsch nach nationaler Einheit und Größe. Zur »Kultfigur« erhebt ihn der Dichter Friedrich Rückert, indem er ihm 1817 jene Ballade widmet, die seine berühmteste werden sollte: »Der alte Barbarossa / Der Kaiser Friederich, / Im unterird'schen Schlosse / Hält er verzaubert sich [...]«

Für immer heim ins »unterird'sche Schlosse« schicken die Nazis den alten Barbarossa, indem sie ihren verheerenden Russlandfeldzug unter seinem Namen führen.

Wie gefährlich es ist, den Abgrund anzurufen, ahnen sensiblere Schwarmgeister lange vor Stalingrad. Zwar starren auch sie in die Tiefe, als würde sich dort der wahre Himmel spiegeln – die Furcht, es könnte am Schluss doch nur die Hölle sein, der sie sich verschreiben, werden sie nicht los.

Seit dem Mittelalter lauschen die Deutschen der Legende vom Tannhäuser, vom »guten Ritter«, der in den Venusberg einzieht, um dort mit der heidnischen Göttin der Liebe »Wunders was« zu tun. So exquisit die Freuden sein mögen, die Tannhäuser im Innern des Hörselbergs nahe der Wartburg erlebt – er beginnt zu spüren, dass es eine teuflische Welt ist, die ihn in ihrem Bann hält. Sein Treiben erscheint ihm plötzlich sündig, also pilgert er nach Rom und fleht den Papst um Vergebung an. Doch dieser lässt ihn abblitzen: Für solch abgrundtiefes Vergehen kann er keine Absolution erteilen – so wenig wie sich der Stab in seiner Hand jemals wieder begrünen wird. Tannhäuser kehrt verzweifelt an den Ort seiner Sünde zurück: Und die Göttin der sinnlichen Liebe zeigt sich milder als der irdische Statthalter des Christengotts; sie lässt den Ritter wieder ein in ihre Höhle. Während der Ritter für immer im Venusberg verschwindet, kommen Boten aus Rom, um von einem unerhörten Wunder zu berichten: Der päpstliche Stab habe frische Blätter getrieben ...

Ihre große Zeit erlebt diese Ode an den erotischen Abgrund, die das züchtige Kleid eines christlichen Lehrstücks von päpstlicher Härte und göttlicher Gnade übergestreift bekommt, in der Romantik. Achim von Arnim und Clemens

»Der verdammte Abgrund der Lust«: *Tannhäuser vor dem Venusberg*. Holzstich von 1891.

Brentano nehmen die Volksballade in ihre Liedersammlung *Des Knaben Wunderhorn* auf, die Brüder Grimm erzählen sie in ihren *Deutschen Sagen* nach, Ludwig Tieck dichtet den ritterlichen Irrgang in die »Sündenherrlichkeit« zum Kunstmärchen hoch. Selbst Heinrich Heine erliegt dem Zauber der Venus-Tannhäuser-Geschichte, als er das alte Lied zum ersten Mal vernimmt: »Es war mir, als hätte ich in einem dumpfen Bergschacht plötzlich eine große Goldader entdeckt, und die stolzeinfachen, urkräftigen Worte strahlten mir so blank entgegen, dass mein Herz fast geblendet wurde von dem unerwarteten Glanz [...] Dieses Lied ist wie eine Schlacht der Liebe und es fließt darin das roteste Herzblut.«

Wie ist es möglich, dass ausgerechnet Heine, der sonst kaum eine Gelegenheit auslässt, mit dem romantischen Hang zu christlichem Mittelalterkitsch abzurechnen, sich vom Tannhäuser dermaßen rühren lässt? Ihn fasziniert der »Abgrund der verdammten Lust«, in den sich einer »blindlings« stürzt, wobei Verdammnis für ihn nichts mit christlichem Höllenfeuer zu tun hat. Die Verdammnis besteht in der Lust selbst, in der »Allgewalt«, mit der Heines Tannhäuser Frau Venus verfallen ist, obwohl er weiß, dass unzählige Helden vor ihm den »lilienweißen Leib« bereits genossen haben – und unzählige ihm nachfolgen werden. Doch es geht um mehr als um männliche Eifersucht. Der Ritter mag die Göttin »unsterblich lieben«, wie man so sagt – er selbst bleibt sterblich. Seine Liaison mit der Unsterblichen kann nichts anderes sein als eine groteske Mesalliance. Die schönen Tage, in denen antike Götter ihre Lieblingshelden zu sich in die Unsterblichkeit holten, sind vorbei.

Dieselbe Verzweiflung treibt den Tannhäuser in Richard Wagners romantischer Oper aus dem Venusberg hinaus: »Doch sterblich, ach! bin ich geblieben, / Und übergroß ist mir dein Lieben. / Wenn stets ein Gott genießen kann, / Bin ich dem Wechsel untertan«, lässt Wagner seinen Sängerritter klagen.

Falls es so etwas wie einen gemeinsamen Glutkern aller Romantiker gibt, ist es der – ewig scheiternde und dennoch unermüdlich betriebene – Versuch, die begrenzte, armselig umrissene Wirklichkeit so zu betrachten/gestalten/verzaubern, dass sich in ihr das Gefühl der Unendlichkeit einstellt. Und was wäre besser geeignet, dieses paradoxe Gefühl eines ewigen Augenblicks zu erzeugen, als die selbstvergessene Hingabe in der Lust? Doch Tannhäuser muss erkennen, dass die ewige Aneinanderreihung solch ewiger Augenblicke nicht den Horizont in die Ewigkeit öffnet. Dauererektion ist keine Erlösung, sondern peinliche Erstarrung.

Bei Wagner wird Tannhäuser diese Erlösung erst in einem ganz anderen Abgrund finden – im Abgrund der reinen Liebe einer irdischen Jungfrau zu ihm, die so unermesslich ist, dass die »heilige« Elisabeth aus Kummer um ihn stirbt. Und Tannhäuser stirbt dem gebrochenen Herzen gleich hinterher, anstatt in die Lusthölle der Frau Venus zurückzukehren. Liebestod als letzte Erlösungsphantasie für diejenigen, die sich am kleinen Tod sattgestorben haben.

Diesen erzromantischen *Pas de deux* ins Nichts verweigert Heinrich Heine seinem Tannhäuser. Hier hört der Dichter auf, Nachtigall zu sein, und wird zur Spottdrossel. Sein Ritter kehrt nach der päpstlichen Abfuhr in Rom flugs in den Hörselberg zurück – und legt sich erst einmal ins Bett, während Frau Venus in die Küche geht und dem Erschöpften eine Suppe kocht. Wo Wagner den Abgrund der verdammten Lust im Abgrund des gemeinsamen Liebestods übersteigert, erzählt Heine: alles halb so wild. Schau dir den Venusschlund nur genauer an, und du wirst sehen: am Ende eine ganz gewöhnliche Zweierbeziehung, allenfalls mit Tendenz zur Ehehölle. Weder Verdammnis noch Erlösung, sondern das Übliche, finde dich ab damit! Als einziges Überlebensmittel für diese Gewöhnlichkeit gibt Heine seinem Tannhäuser das Geschichtenerzählen an die Hand. Im langen Schluss des Gedichts lässt er den gescheiterten Pilger von den Stationen seiner Reise so launig berichten, dass man meint, man lausche bereits dem Heineschen Epos *Deutschland. Ein Wintermärchen.*

Bei Wagner also: die Flucht vorm Abgrund nach vorn, der berauschte Sprung ins Nichts. Bei Heine dagegen: die Entlarvung des Abgrunds als biedere Senke, die sich jedoch ertragen lässt, wenn man eine Vergangenheit hat, von der man erzählen kann, »denn die Vergangenheit ist die eigentliche Heimat [der] Seele«.

Werfen wir hier einen Blick in die Kluft, die das Teutonisch-Deutsche vom Jüdisch-Deutschen trennt? Der eine schickt seine Figuren, deren Sehnsucht nach Versöhnung von Endlichkeit und Ewigkeit im Diesseits enttäuscht ist, in den Untergang, während der andere sich damit begnügt, seinem Helden den Gang in die Geschichte zu empfehlen. Tut sich dieselbe Kluft auf zwischen Sigmund Freud, dem postromantischen Archäologen der Seele, der seine Patienten dazu animiert, ihre verschüttete(n) Geschichte(n) ans Tageslicht zu bringen, und Friedrich Schlegel, der das deutsch-romantische Verhältnis zu den Abgründen der Seele exemplarisch so zusammenfasst: »Lass ruh'n in Nacht, reiß nicht ans Licht, was in des Herzens stiller Tiefe heilig blüht!« Gewiss ist, dass deutsch-österreichische Juden lange vor dem Holocaust bei aller eigenen Faszination fürs Verschüttete ein sicheres Gespür dafür entwickelten, der deutschen Faszination für den *heiligen* Abgrund zu misstrauen und dieser die Kraft der Analyse, der Entlarvung entgegenzusetzen.

Abgrund – Lust – Stillstand der Zeit; oder wie Nietzsche seinen Zarathustra rufen lässt: »Alle Lust will Ewigkeit – will tiefe, tiefe Ewigkeit!« In keinem Motiv ertönt dieser Dreiklang feierlicher als in jenem vom »Bergmann zu Falun«. Die Geschichte taucht in Deutschland zum ersten Mal im Jahre 1807 auf, als der Arzt und romantische Naturphilosoph Gotthilf Heinrich Schubert in Dresden bei abendlichem Kerzenschein seine Vorlesungen über die »Nachtseiten der Naturwissenschaft« hält. Die Vorlesungen sind ein Feldzug gegen die mechanistische Weltsicht der sich entwickelnden modernen Naturwissenschaften und versprechen im Gegenzug, »das älteste Verhältnis des Menschen zu der Natur, die lebendige Harmonie des Einzelnen mit dem Ganzen« darzustellen. Es geht um Somnambule und Magnetisierer, um Träume, um die Übergänge von lebloser Materie in belebte und umgekehrt. In diesem Zusammenhang erzählt Schubert auch vom Schicksal jenes jungen Bergmanns aus dem schwedischen Städtchen Falun, der 1670 tief im Stollen verschüttet wurde – und dessen Leiche, als sie ein halbes Jahrhundert später durch einen Zufall entdeckt wurde, vollkommen erhalten gewesen sein soll. Zwar interessiert sich der Naturwissenschaftler schon dafür, wie dieses »Wunder« zu erklären ist – der Leichnam soll von Eisenvitriol durchdrungen gewesen sein. Weit mehr interessiert ihn jedoch, wie die Geschichte weitergeht: Niemand vermag die geborgene Leiche zu identifizieren, bis eine Greisin auf Krücken naht – und ihren ehemaligen Verlobten wiedererkennt. Schubert beschließt seine Darstellung mit der Bemerkung, dass »bei der fünfzigjährigen Silberhochzeit der noch jugendliche Bräutigam starr und kalt, die alte und graue Braut voll warmer Liebe gefunden wurde«.

Diese anrührend bizarre Begebenheit wird zu Beginn des 19. Jahrhunderts mitnichten unter der Rubrik »Vermischtes aus aller Welt« abgelegt – die zeitgenössischen Dichter von Johann Peter Hebel über Friedrich Rückert und Achim von Arnim bis hin zu E. T. A. Hoffmann stürzen sich auf den Stoff, als hätten sie in ihm ihre lang vermisste Braut wiedergefunden. Nicht allein, dass hier eine Liebesgeschichte den drögen Strom der Zeit so aberwitzig durcheinanderwirbelt, macht den Stoff für deutsche Romantiker magisch. Mindestens ebenso wichtig ist der Ort, an dem sich das Drama ereignet: ein Bergwerk.

Es ist einer der eigentümlichsten Nebenstollen der deutschen Geistesgeschichte um 1800, mit welcher Begeisterung nicht nur Forscher, sondern auch Dichter und Denker das Bergwerk als »geheimnisvoll offenbaren« Seelenort entdecken. Der berühmteste, der immer wieder in die finsteren, von ungesunden Dämpfen erfüllten Gruben »einfährt«, ist Johann Wolfgang von Goethe. 36 Jahre seines Lebens beschäftigt sich der Geheimrat mit dem Bergwerk in Ilmenau am Nordhang des Thüringer Waldes, von 1780 bis 1813 ist er gar Direktor der dortigen »Bergwercks-Commission« – und kann nicht verhindern, dass das Unternehmen aufgrund von Wassereinbrüchen, Stollenbrüchen und ständigem Kapitalmangel im Debakel endet.

Der junge Alexander von Humboldt dagegen macht in Preußen in den 1790er Jahren Karriere als höchst effizienter Oberbergrat. Als Goethe sich in seiner Verzweiflung an den erfolgreicheren Bergbaukollegen wendet, erteilt ihm dieser jedoch einen Korb: Das zwanzig Jahre jüngere Universalgenie will nicht nach Thüringen, um dem älteren zu helfen, sondern träumt bereits von seiner Entdeckungsreise ans andere Ende der Welt.

Erzbergwerk im sächsischen Freiberg. Kupferstich von 1820.

Novalis, der zarte, im Alter von 28 Jahren verstorbene Dichter der *Hymnen an die Nacht*, arbeitet tagsüber als Bergassessor in der Salinenverwaltung in Weißenfels. Wer von der geistigen Elite nicht berufsbedingt in den Berg einfahren darf, will dies zumindest auf seinen Bildungsreisen nachholen: Wilhelm Heinrich Wackenroder besucht 1793 zusammen mit seinem frühromantischen Wander- und Herzensbruder Ludwig Tieck die Eisenmine »Gabe Gottes« in Oberfranken. Hingerissen schreibt er in einem Brief an die Eltern: »Mir war's, als sollte ich in irgendeine geheime Gesellschaft, einen mysteriösen Bund aufgenommen [...] werden.« Auch Joseph von Eichendorff, der große Poet des Waldes, nimmt die Grubenlampe selbst in die Hand, um in der Unterwelt »mit frommer Ehrfurcht« dem »Geisterlispeln« zu lauschen, jenem monotonen

Tropfen, das Stalagmiten zu »menschenähnlichen Gespenstergestalten« formt. Selbst Heinrich Heine folgt 1824 bei seiner Harzreise der Empfehlung des damals populären *Taschenbuchs für Harzreisende*, Bergmannskluft anzulegen (die Heine als »Delinquententracht« bezeichnet) und die Clausthaler Silberminen »Dorothea« und »Carolina« zu besichtigen. Zwar witzelt er: »Ich war zuerst in die Carolina gestiegen. Das ist die schmutzigste und unerfreulichste Carolina, die ich je kennengelernt habe.« (Ein Schelm, wer dabei an die beiden Schriftstellerinnen – und für allerlei erotische Verwirrungen sorgenden Zentralmusen der romantischen Clique – Dorothea Schlegel und ihre zeitweise Schwägerin Caroline Schelling, geschiedene Schlegel, denkt.) Gegen Ende seines Grubenberichts preist Heine das Leben der Bergleute jedoch ganz unironisch als »wahrhaftes, lebendiges Leben«. Bereits im Jahre 1737 fährt die Poetin Sidonia Hedwig Zäunemann, die zweite Frau, die mit dem Ehrentitel »Kaiserlich gekrönte Dichterin« ausgezeichnet wird, in jenes Ilmenauische Bergwerk ein, dessen späterer Direktor Goethe heißen soll. Mit einem hymnischen Gedicht kehrt sie über Tage zurück: »Des Bergwerks Schönheit nimmt mich ein; / Ich will, ich muss ein Bergmann sein.«

Dass es sich bei dieser Bergwerksverzückung um einen spezifisch deutschen Zug handelt, wird klar, wenn man dagegen liest, was Henry Crabb Robinson, der erfahrenste britische Deutschlandreisende des frühen 19. Jahrhunderts, in seinem Tagebuch festhält: »In Sankt Andreasberg stillte ich meine Neugier durch den Abstieg in eine Mine, wobei ich erfuhr, dass dies ein ermüdendes, wenig lehrreiches und außerordentlich uninteressantes Spektakel ist. Allgemein gesprochen kenne ich keinen Anblick, der die Mühe so wenig lohnt.«

Es mag äußere Gründe geben, wieso der Brite dort, wo seine deutschen Zeitgenossen ins Rhapsodieren geraten, mit *stiff upper lip* reagiert: Bergbau weckt bei einem Briten völlig andere Assoziationen als bei einem Deutschen. Auf der Insel dominiert der Kohlebergbau, während in Deutschland vorrangig Edelmetalle gefördert werden. (Die Kohlevorkommen an der Ruhr, die den gewaltigen Industrialisierungsschub Deutschlands in der zweiten Hälfte des 19. Jahrhunderts ermöglichen, sind zu Beginn jenes Jahrhunderts noch nicht entdeckt.) Außerdem ist Deutschland, genauer gesagt die »Königliche Bergakademie in Freiberg«, das Mekka der damaligen Bergbaukunde. Studenten und Spezialisten aus ganz Europa und sogar Amerika strömen nach Mittelsachsen, um dort u. a. bei dem charismatischen Mineralogen und Geologen Abraham Gottlob Werner – bei dem auch Novalis und Alexander von Humboldt studierten – alles über »Geognosie« (Lehre von der Struktur und der Zusammensetzung der Erde) und »Oryktognosie« (Lehre von der Klassifizierung der Mineralien) zu erfahren. (Die älteste montanwissenschaftliche Universität der Welt existiert übrigens immer noch. Heute nennt sie sich im Untertitel »Ressourcenuniversität« – und ist damit ihren Wurzeln treu, schließlich war es ihr Gründer, der Oberberg-hauptmann Hannß Carl von Carlowitz, der bereits im Jahre 1713 den Begriff der »Nachhaltigkeit« prägte.)

Doch die Tatsache allein, dass Deutschland um 1800 herum die führende Nation in Sachen Bergbau/Montanwissenschaften ist, erklärt nicht den Überschwang, mit dem der deutsche Geist jener Zeit in den Berg einfährt. Der erotische Subtext genügt ebenfalls nicht, auch wenn in den Bergwerkserzählungen von E. T. A. Hoffmann und Ludwig Tieck »unterirdische Königinnen« mit ihrer Schönheit, die nicht von dieser Welt ist, melancholische Jünglinge zu sich in den Abgrund ziehen, und Sigmund Freud in *Die Traumdeutung* erklären wird, dass jeder Abstieg in einen Bergwerksschacht ein Symbol für den Akt des Koitus sei.

»Nach innen geht der geheimnisvolle Weg«, schreibt Novalis in seinem ersten veröffentlichten Text, den *Blütenstaub*-Aphorismen. Dies ist keine touristische Empfehlung, die von ihm beaufsichtigten Salinenstollen in Weißenfels zu besuchen, sondern gemeint ist, dass wir uns in die unbekannte »Tiefe unseres Geistes« versenken sollen. Liest man jedoch Novalis' Hymne an den Bergbau in seinem Romanfragment *Heinrich von Ofterdingen,* scheint es kein besseres Hilfsmittel zu geben, den geheimnisvollen »Weg nach innen« zu finden, als tatsächlich den Gang in den Berg anzutreten. So heißt es dort über den Bergmann: »Sein einsames Geschäft sondert ihn vom Tage und dem Umgange mit Menschen einen großen Teil seines Lebens ab. Er gewöhnt sich nicht zu einer stumpfen Gleichgültigkeit gegen diese überirdischen tiefsinnigen Dinge und behält die kindliche Stimmung, in der ihm alles mit seinem eigentümlichsten Geiste und in seiner ursprünglichen bunten Wunderbarkeit erscheint.« Nirgends stellt sich das Gefühl für die Verbundenheit des Einzelnen mit der Schöpfung – das sich die Menschen über Tage längst verbaut haben, obwohl es doch das einzige Gefühl ist, das ihre Seele in rechte Schwingungen versetzen kann – stärker ein als im Schoß der Erde. Bei Novalis ist dieser Gedanke nicht allein naturromantisch, sondern ebenso christlich gemeint: Er stattet seinen alten Bergmann im *Ofterdingen* mit Grubenlampe *und* Kruzifix aus, bevor er ihn sein erstes »inniges« Bergwerkserlebnis machen lässt.

Heinrich Heine wittert in seiner *Geschichte der Philosophie und Religion in Deutschland,* dass es einen Zusammenhang geben muss zwischen Martin Luther als Erfinder des Protestantismus, des radikal nach innen gewandten Christentums, und der Tatsache, dass Luthers Vater Bergmann gewesen ist: »Da war der Knabe oft bei ihm in der unterirdischen Werkstatt, wo die mächtigen Metalle wachsen und die starken Urquellen rieseln, und das junge Herz hatte vielleicht unbewusst die geheimsten Naturkräfte in sich eingesogen.«

Die Erfahrung jener »geheimsten Naturkräfte« ist es auch, die Goethe an den Bergbau fesselt. Der Morphologe Goethe behauptet – hier ganz Naturromantiker – eine unmittelbare Kontinuität vom Granit als dem »ältesten, festesten, unerschütterlichsten Sohn der Natur« bis zum menschlichen Herzen als dem »jüngsten, mannigfaltigsten, beweglichsten, veränderlichsten, erschütterlichsten Teil der Schöpfung« und preist deshalb alle Situationen, in denen diese Einheit spürbar wird – sei es beim Gang ins Bergwerk hinunter oder auf einen granitenen Gipfel wie den Brocken im Harz hinauf: »Hier ruhst du unmittelbar auf einem Grunde, der bis zu den tiefsten Orten der Erde hinreicht, keine neuere Schicht, keine aufgehäufte, zusammengeschwemmte Trümmer haben sich zwischen dich und den festen Boden der Urwelt gelegt.« Und so wird der Abgrund in paradoxer Umkehrung zum sichersten Grund, den der entfremdete Mensch gewinnen kann. Aber – das weiß der gescheiterte Bergwerksdirektor Goethe am allerbesten – es ist ein Missverständnis zu glauben, beim Bergbau ginge es in erster Linie darum, der Natur unterirdische Tempel zu errichten, in denen sich weihevolle Verschmelzungs- und Selbstfindungsrituale zelebrieren lassen. Es geht darum, wie Goethe in einer seiner Bergwerksreden selbst sagt, »die tief liegenden Gaben der Natur an das Tageslicht« zu fördern.

Das alte Übel, die Schöpfung und damit auch die eigene Seele ausbeuterisch zu zerstückeln, schießt damit direkt in die Tiefe. Nicht zufällig lässt Goethe im zweiten Teil der *Faust*-Tragödie, den er im Eindruck seines Ilmenauer Scheiterns geschrieben hat, einen Chor der Gnome auftreten, die sich ironisch als »Felschirurgen« bezeichnen und ätzen: »Doch bringen wir das Gold zutag / Damit man stehlen, kuppeln mag.« Der faustische Drang zu erkennen, »was die Welt im Innersten zusammenhält« – und den sich der Bergwerksdirektor selbst attestiert, indem er zum Dienstjubiläum eines ehemaligen Kollegen dichtet: »Im engsten Stollen, wie in tiefsten Schachten / Ein Licht zu suchen, das den Geist entzünde / War ein gemeinsam köstliches Betrachten / Ob nicht Natur zuletzt sich doch ergründe?« –, dieser faustische Drang erschöpft sich nicht in interesseloser Erkenntnisfreude, sondern schreibt das Drehbuch zur Naturbeherrschung. Aus eben diesem Grund hat ja der Bergbau seit der Antike seinen üblen Ruf. Die Klage, die Ovid und Seneca gegen dieses gottlose Gewerbe führen, setzt sich fort bis zu Jean-Jacques Rousseau, der den Bergmann als frühen Turbokapitalisten verurteilt, der »die Eingeweide der Erde« durchwühlt, um »bei Gefahr seines Lebens und auf Kosten seiner Gesundheit in ihrem Innern nach eingebildeten Schätzen« zu suchen. Der britische Dichter William Blake spricht von Bergwerken gleich als »dark Satanic mills« – als »dunklen Fabriken Satans«.

Wie anders klingt dagegen, was unser Bergassessor Novalis in seinem *Heinrich von Ofterdingen* ausrufen lässt: »Der Bergbau muss von Gott gesegnet werden! Denn es gibt keine Kunst, die ihre Teilhaber glücklicher und edler machte!«

Spinnen die Deutschen?

Jedenfalls glauben sie daran, dass es dem Menschen gelingen kann, sich sein Gemüt rein zu bewahren, obwohl er von kapitalistischen Versuchungen umstellt ist. »Arm wird der Bergmann geboren, und arm gehet er wieder dahin. Er begnügt sich zu wissen, wo die metallischen Mächte gefunden werden, und sie zu Tage zu fördern; aber ihr blendender Glanz vermag nichts über sein lautres Herz. Unentzündet von gefährlichem Wahnsinn, freut er sich mehr über ihre wunderlichen Bildungen und die Seltsamkeiten ihrer Herkunft und ihrer Wohnungen als über ihren alles verheißenden Besitz. Sie haben für ihn keinen Reiz mehr, wenn sie Waren geworden sind, und er sucht sie lieber unter tausend Gefahren und Mühseligkeiten in den Festen der Erde, als dass er ihrem Rufe in die Welt folgen und auf der Oberfläche des Bodens durch täuschende, hinterlistige Künste nach ihnen trachten sollte.«

Diese Liebesverklärung der Bergmannszunft entspringt nur zum Teil einer spezifisch Novalis'schen Schwärmerei. Bereits der Renaissance-Gelehrte Georgius Agricola aus Glauchau verlangt in seinem Erstlingswerk *De re metallica*, dem ältesten Lehrbuch der Bergbaukunde, dass der Bergmann der beste aller Werktätigen sein müsse, sowohl dem Bauern als auch dem Handwerker moralisch überlegen, gerade weil er es mit Rohstoffen zu tun hat, die zu schlimmstem Frevel verlockten: Wegen Gold würden Kriege geführt, wegen Gold ermordeten sich Menschen mit Waffen, die aus Erzen gefertigt sind. Agricola besitzt – wie Novalis – genügend Gottvertrauen, um den lauteren Bergmann für möglich zu halten.

Auch Goethe zeigt sich in seinem zweiten monumentalen Alterswerk, in *Wilhelm Meisters Wanderjahre*, zuversichtlicher als in *Faust II*, dass es nicht zu Mord und Totschlag führen muss, wenn der Mensch den Bodenschätzen nachspürt. Der »Steinklopfer« Montan lebt in diesem Roman einsiedlerisch in den Bergen und versenkt sich in Felsklüfte, um »mit ihnen ein stummes, unergründliches Gespräch zu führen«. Denn er weiß: »Um einen Gegenstand ganz zu besitzen, zu beherrschen, muss man ihn um seiner selbst willen studieren.« Zwar geht es auch hier ums »Besitzen« und »Beherrschen« – aber gerade nicht im Sinne einer zweckrationalen Weiterverwertungslogik, sondern gemäß einer Geisteshaltung, die der Komponist Richard Wagner zu der kompakten Formel zusammenfasst: »Deutsch sein heißt, eine Sache um ihrer selbst willen zu tun.«

Zum »innigen« Ort, zum stabilen Grund kann der Abgrund nur für denjenigen werden, der ihn als Selbstzweck begreift. Ist der Abgrund bei Heidegger das schlechthin Grundlose, ist er hier das schlechthin Zweckfreie. Wer in den Berg mit Hintergedanken – gleich welcher Art – einfährt, kommt darin um. Bei Joseph von Eichendorff wird der habgierige Schatzgräber im Stollen verschüttet, während »Hohnlachen wild erschallte / Aus der verfallnen Kluft«. Und in E.T.A. Hoffmanns *Die Bergwerke zu Falun* endet der arme Elis Fröbom als jugendlich konservierte Stollenleiche, weil er die Prophezeiung des alten Bergmanns in den Wind schlägt, dass ein Unglück geschehen wird, wenn er den Bergmannsberuf nur ergreift, um seine Angebetete heiraten zu dürfen, und nicht aus »wahre[r] Liebe zum wunderbaren Gestein und Metall«.

In rührend naiven Deutungsvolten versuchen die Deutschen, den Bergbau dem kapitalistischen Schlund zu entreißen, Naturausbeutung mit Naturanbetung zu versöhnen. Und weil sie ahnen, dass dies allein nicht reichen könnte, wird der Bergbau auch noch zum sozialromantischen Projekt überhöht. Mit gönnerhaftem Pathos erklärt Goethe, als er sein Bergwerksengagement beginnt, dass er den »armen Maulwurfen« in Ilmenau helfen will, »dass das zweideutige Metall, das öfter zum Bösen als zum Guten angewendet wird, nur zu seiner Ehre und zum Nutzen der Menschheit gefördert sein möge«. Die Sozialromantik findet ihr jähes Ende, als Goethe scheitert und das Bergwerk abermals geschlossen werden muss – nicht zuletzt, weil es ökonomisch nicht straff genug geführt wurde.

An dem Versuch, den Bergbau als ebenso sozial(istisch)es wie romantisches Unternehmen zu betreiben, scheitert lange nach Goethe der DDR-Schriftsteller Franz Fühmann, den es gleichfalls unwiderstehlich in den Berg hinabzieht. Allerdings scheitert er mit umgekehrten Vorzeichen, scheitert als Schriftsteller. Zehn Jahre recherchiert er in den Kupfer- und Kalischächten im Mansfelder Land und in Thüringen, im Juni 1974 darf er – als erbetenes Honorar für eine Dichterlesung in der Gewerkschaftsbibliothek in Sangerhausen – zum ersten Mal in den Thomas-Müntzer-Schacht einfahren. Begeistert schreibt er seiner Frau: »Ursula, ich war im Berg! Es ist für mich eine Offenbarung! Hier zieh ich her!« Und seiner Lektorin kündigt er an: »Ich habe das Thema meines Lebensrestes: Im Berg!«

Das überschwängliche Vorhaben, dem Fühmann den Arbeitstitel *Bergwerk* gibt und das sein abschließendes Alterswerk hätte werden sollen, bleibt Fragment. Nicht nur, weil der Autor 1984 stirbt. Wenige Wochen vor seinem Tod gesteht er gegenüber einem der ehemaligen Kumpel: »Also Bergwerk ist nichts mehr [...] Die Anlage ist völlig verfehlt und auch nicht mehr ausbesserbar. Ich kann Dir nicht erklären, warum; nimm es als Fakt.«

Liest man die 1993 postum unter dem Titel *Im Berg* herausgegebenen Texte und Textfragmente, kristallisiert sich jedoch ein erschütternd deutliches Bild heraus, warum der Schriftsteller »nicht-proletarischer Herkunft«, der einst aus sozialistischer Überzeugung Bürger des deutschen »Arbeiter- und Bauernstaates« geworden war, an seinem letzten großen Buchprojekt scheitern musste. Verzweifelt analysiert er: »Der sozialistischen Gesellschaft zu dienen, war Gebot meines Lebens, Schaffen von Literatur dessen Sinn geworden, doch beides zu vereinen oder besser: ihr bislang selbstverständliches Eins-Sein zu wahren wurde immer mehr mein Problem.« Der Dichter mit den bildungsbürgerlichen Wurzeln geht den Bitterfelder Weg, mischt sich unter die proletarischen Kumpel – und stellt beschämt fest, dass er im Schacht nicht etwa daran denkt, ob die Norm zum Wohle des Staates erfüllt wird, sondern daran, mit welcher Lebensgier und Todessehnsucht sich E.T.A. Hoffmann, Tieck, Novalis und all die anderen romantischen Schwarmgeister in den Berg gestürzt haben. Hinabgesunken zu Ruinen und der Zukunft abgewandt ... So verklingt die stolze Hymne für den desillusionierten DDR-Schriftsteller.

»Glück auf! Glück auf! Der Steiger kommt!« SPD-Parteitag im Oktober 2008.

Wie viel leichter hat es da sein Generationskollege Michael Ende, der im freien Westen sogar eine »unendliche Geschichte« zum Weltbestseller zu Ende erzählen kann! Der seine Helden hemmungslos nach Phantásien und dort ins »Bergwerk der Bilder« schicken darf, in dem ein blinder Bergmann nicht über Volkseigentum, sondern über die »vergessenen Träume der Menschenwelt« wacht. Auch Fühmann erlaubt sich zu träumen, »die Literatur sei ein Bergwerk, durch Jahrtausende Generationen befahren, und jeder Schriftsteller selbst sei eine Grube, und das Flöz, drin er haue, sei seine Erfahrung«. In einem Interview kurz nach dem Ende der deutschen Teilung gibt Michael Ende demselben Gedanken eine explizit nationale Wendung: »Ich bin der Meinung, dass die Romantik die bisher einzig original deutsche Kulturleistung war. Alles andere haben wir in Deutschland mehr oder weniger aus dem Ausland übernommen. In der Romantik ist zum ersten Mal etwas gelungen, das auch das Ausland interessiert hat. Deswegen habe ich versucht, dort anzuknüpfen, weil ich mich durchaus als deutscher Autor verstehe und weil ich der Überzeugung bin, dass diese Stimme, die eben typisch deutsch ist, nicht im Konzert der Nationen untergehen sollte.«

Was ist geblieben von den romantischen Abgründen, aus und in denen unzählige deutsche Dichter und Denker ihren Rohstoff bezogen? Die Angst vor Atommüllfässern, die in den Salzstöcken bei Gorleben vor sich hin rotten? Der sozialromantische Hauch, der kurz zu spüren ist, wenn die Genossen bei ihren SPD-Parteitagen immer noch das alte Bergmannslied *Glück auf, Glück auf, der Steiger kommt!* anstimmen? Oder müssen wir uns damit abfinden, dass die romantischen Schächte ebenso versiegelt sind wie das gespenstische Reich aus Bunkern und Fabrikstollen, mit dem die Nazis ihren größenwahnsinnigen Traum vom »Dritten Reich« untertunnelt haben?

Günter Grass, der nobelpreisgekrönte Chefmoralist der Bundesrepublik, dem seine eigene Vergangenheit in der Waffen-SS jahrzehntelang entfallen war, hat unmittelbar nach dem Krieg in einem Kalibergwerk in der Nähe von Hildesheim gearbeitet. In seinem Roman *Hundejahre*, dem 1963 erschienenen letzten Teil der *Danziger Trilogie*, wird ein Bergwerk, »das weder Kali, Erz noch Kohle fördert und dennoch bis zur Achthundertfünfzigmetersohle in Betrieb ist«, zur grellen Zentralmetapher für die Bundesrepublik, die in den alten Stollen mit einem Furor weiterproduziert, als hätte es kein Gestern gegeben. Die unterirdische Fabrik, auf die der »bergfremde« Besucher nur mit dem Ausruf »Mein Gott, das ist die Hölle! Die wahrhaftige Hölle!« reagieren kann, stellt Vogelscheuchen für den Export in alle Welt her – deutsche Vogelscheuchen aus deutschem »Schrott«, die mal die berühmte Heideggersche Zipfelmütze tragen und schnarrend übers »Ge-scheuch-sein« dozieren, mal als Bamberger Symphoniker in brauner Arbeitskluft etwas aus der *Götterdämmerung* spielen und mal über die Artikel des Grundgesetzes belehrt werden. Klar, dass der Hund, der am Schluss in dieser Hölle zurückbleiben muss, nur »Pluto« heißen kann.

Noch finden sich die *Hundejahre* nicht im »Oberrieder Stollen«, jenem stillgelegten Silberbergwerk im Schwarzwald, das die Bundesrepublik seit den 1960er Jahren zu ihrer unterirdischen »Schatzkammer der Nation« ausbaut und dem sich auch in Friedenszeiten kein militärisch Uniformierter auf drei Kilometer nähern darf. Atomkriegssicher, auf Mikrofilm gebannt, versiegelt in sechzehnfach verschraubten Edelstahlfässern, schlummern hier tief unter der Erde mittlerweile über eine Milliarde Dokumente, die nach Einschätzung des Bundesamtes für Bevölkerungsschutz und Katastrophenhilfe geeignet sind, der Nachwelt zu zeigen, was es mit der deutschen Kultur und Geschichte auf sich hatte, sollte das Land eines Tages ausgelöscht werden. Dank des Kulturbunkers kann der interessierte Wiederentdecker auch in 1500 Jahren noch den Vertragstext des Westfälischen Friedens studieren, die päpstliche Bannandrohungsbulle gegen Martin Luther, die Baupläne des Kölner Doms, Handschriften von Schiller und Goethe oder Partituren von Johann Sebastian Bach. Ebenso ist es dem Kulturbeflissenen der fernen Zukunft vorbehalten, jene Originalwerke von fünfzig zeitgenössischen deutschen Künstlern wie Jörg Immendorff und Christoph Schlingensief zu betrachten, die 2004 im Rahmen der Aktion »Verschluckung« edelstahlverschraubt in den »Oberrieder Stollen« gebracht wurden.

Unheimlich? Ja, wenn man an den Großbaumeister der Nazis, Albert Speer, und seine »Theorie des Ruinenwerts« denkt, die besagt, dass nur Baumaterialien verwendet werden dürfen und statische Überlegungen angestellt werden müssen, die ermöglichen, dass »Germania« in Hunderten (oder Tausenden ...) von Jahren eine mindestens so pittoreske Ruine ergibt wie das antike Rom.

Auch wenn die Deutschen nicht die Einzigen sind, die nach dem Zweiten Weltkrieg begonnen haben, Kunstkonserven endzulagern – die »Haager Konvention zum Schutz von Kulturgut bei bewaffneten Konflikten« aus dem Jahre 1954 ruft ausdrücklich dazu auf –, schimmert das alte Mentalitätsbild »gründlich, unergründlich, abgründlich« noch einmal durch.

Die Leidenschaft für den Abgrund darf keine unbedarfte sein. Jeder, der sich an die Absturzkante heranwagen will, sollte die beiden behutsamsten Verse im Sinn haben, mit denen der Abgrund je in der deutschen Literatur beschworen worden ist. Sie stehen zu Beginn des Gedichts *Geheimes Deutschland* von Stefan George. Ob der George-Jünger und gescheiterte Hitler-Attentäter Claus Schenk Graf von Stauffenberg an sie gedacht hat, als er am 21. Juli 1944 kurz vor seiner Hinrichtung im Berliner Bendlerblock rief: »Es lebe das geheime Deutschland!«? Sie lauten:

»Reiss mich an deinen rand
Abgrund – doch wirre mich nicht!«

[td]

▶ Arbeitswut, Bergfilm, Doktor Faust, German Angst, Musik, Ordnungsliebe, das Unheimliche, Vater Rhein, Waldeinsamkeit, das Weib

Castor oder Castorp? Mit deutschem Kulturgut gefüllte Fässer auf dem Weg in ihr Endlager bei Oberried im Schwarzwald.

ARBEITSWUT

1990 reiste ich von Frankfurt am Main nach Mailand. Mit dem Zug. Außer mir saß ein schwäbisches Ehepaar im Abteil, kurz hinter Mannheim stieg ein weiterer Mann hinzu, Italiener, wie sich bald herausstellte. Während die schwäbische Ehefrau den mitgebrachten Apfel entkernte und in gleichmäßige Schnitze zerteilte, begann ihr Ehemann, der noch an der zuvor hinübergereichten Wurststulle kaute, ein Gespräch mit dem Italiener. Dieser war Gastarbeiter, seit über zwanzig Jahren in Deutschland, und ja, er liebe *Germania*. Der schwäbische Ehemann versicherte ihm strahlend, dass er wiederum *Italia* liebe. Er und seine Frau seien zwar nur einmal dort gewesen, zwei Wochen Adria, aber die italienische Art habe ihm sofort imponiert. Er könne es nicht besser sagen: Der Italiener verstehe es einfach zu leben! Der so Gelobte bedankte sich mit einem höflichen Lächeln. Da murmelte die Ehefrau, die bislang geschwiegen hatte, ohne von ihrem Apfelschnitzwerk aufzublicken: »Abr schaffa muass mr scho.«

Bis heute weiß ich nicht, ob ich in jener Apfelschnitzerin eine zwanghaft verfehlte oder eine in höchstem Maße erfüllte Existenz sehen soll. Sicher bin ich nur, dass sie über den alten Berliner Witz: »Was für ein Geschäft treibt Ihr?« – »Wir treiben keins, Herr. Es treibt uns«, nicht gelacht hätte.

Seit Anbeginn spaltete die Frage das Abendland, ob Arbeit im alttestamentarischen Sinne eine schweißtreibende Strafe Gottes oder im vitalistischen Sinne eine beglückende Tätigkeit ist, in der sich der Mensch erst wahrhaft als Mensch verwirklicht. Die Deutschen haben beide Positionen bis ins Extrem verfolgt.

Für die erste wirkmächtige Übersetzung der alttestamentarischen Auffassung ins Deutsche sorgte Martin Luther: »Unser Leben währet siebzig Jahre / wenn's hoch kommt, so sind's achtzig Jahre, / und wenn's köstlich gewesen ist, / so ist's Mühe und Arbeit gewesen, / denn es fahret schnell dahin, / als flögen wir davon.« So poetisch und unbarmherzig zugleich klingt der neunzigste Psalm in der Luther-Bibel. Vor dem Reformator hatten bereits die Mystiker die Arbeit aufgewertet, selbst – oder gerade – wenn sie in schäbigstem Gewand daherkam. So hatte schon Meister Eckhart erklärt, dass auch Nesselnsammeln Gotteslob sein kann, wenn dabei nur das Herz gen Himmel gerichtet ist. Dennoch hielten

Martin Luther und andere Reformatoren als gute Arbeiter im Weinberg des Herrn. Im Hintergrund: katholische Geistliche als schlechte Weinbauern. Allegorisches Gemälde von Lucas Cranach d. J., 1569.

die Mystiker – in aller Demut – daran fest, dass ihre kontemplativ-asketische Lebensweise dem weltlichen Ackern und Rackern überlegen sei.

Mit dieser Auffassung machte erst Luther Schluss. Rabiat ging er mit dem Mönchstum ins Gericht, das sich einbildete, den direkteren Pfad zum Seelenheil einzuschlagen, weil es die alltäglichen Geschäfte hinter sich gelassen und sein *ganzes* Leben dem Streben nach Heiligkeit gewidmet habe: »Unangesehen aller heiligen Exempel und Leben soll ein jeglicher warten, was ihm befohlen ist, und wahrnehmen seines Berufs. O, das ist so eine nötige, heilsame Lehre! Es ist ein Irrtum fast gemeint, dass wir ansehen die Werke der Heiligen, und wie sie gewandelt haben, wollen wir hiernach meinen, es sei köstlich wohl getan.«

Diese Predigt aus der *Kirchenpostille* von 1522 sollte für das deutsche Berufsverständnis dramatische Konsequenzen haben. Noch der junge Luther, der Augustinermönch, hatte das Wort »Beruf« für jene Zusammenhänge reserviert, die von einer göttlich-spirituellen Berufung erzählen. Dass er – seit seiner Bibelübersetzung – plötzlich auch dort von »Beruf« sprach, wo es um schlichte Erwerbsarbeit ging, war keine Reformation mehr – es war eine Revolution. Die Ausweitung des »Berufs« auf die weltliche Sphäre begründete der Theologe so: Jesus habe nicht gewollt, dass sich alle zu seiner Nachfolge auf dem Weg der Heiligkeit berufen fühlten. »Ich will mancherlei Diener haben, sollen aber nit alle eines Werkes sein«, lässt Luther Jesus in der bereits zitierten Predigt sagen. »Gott will nit Opfer, sondern Gehorsam haben. Daher kommt's, dass eine fromme Magd, so sie in ihrem Befehl hingeht und nach ihrem Amt den Hof kehret oder Mist austrägt, [...] stracks zu gen Himmel geht, auf der richtigen Straß, dieweil ein anderer, der zu Sankt Jakob oder zur Kirche geht, sein Amt und Werk liegen lässt, stracks zu zur Hölle geht.« Erst durch Luther entfaltete die Paulus-Stelle aus dem ersten Brief an die Korinther, in welcher der Apostel einen jeglichen ermahnt, »in dem Beruf« zu bleiben, »darin er berufen ist«, ihre verfleißigende Wirkung.

Das protestantische Arbeitsethos, zu dem Luther das Fundament gelegt hatte, führte im 16. und 17. Jahrhundert allerdings noch nicht zu der allgemeinen Emsigkeit, für die die Deutschen später berühmt (und gefürchtet) werden sollten. Vergeblich warnten lutherische Pfarrer wie Joachim Westphal vor dem »Faulteufel« und forderten, dass man »das Fleisch dämpfen, töten und von seinen bösen Listen und Werken zur Arbeit leiten, ja zwingen« müsse, oder malten wie Johannes Mathesius die Albträume des Müßiggängers an die Wand, der sich im Schlaf fürchten, alsbald wütend und unsinnig werden, alles Getränk verwerfen und schließlich wie ein Hund bellen würde. Auch mit rigiden Polizeiordnungen war der im ganzen Land verbreiteten Bettelei nur bedingt beizukommen. Zwar bildete sich daneben tatsächlich der Typus des deutschen Schaffers heraus, blühte vor allem in den Reichsstädten das Handwerk, trieben Kaufleute von Hamburg bis Augsburg regen Handel, doch der Dreißigjährige Krieg bereitete diesem ersten deutschen Wirtschaftswunder ein Ende. In dem verwüsteten Land machten sich Schlendrian und Verwahrlosung breit. Zusätzlich verhinderte das mittelalterliche System der Zünfte die Modernisierung von Arbeitsprozessen. Eher begünstigte es kollektive Saufexzesse nach Feierabend. Die einzige Wirtschaft, die von ihm noch profitierte, war die Gastwirtschaft: Um 1700 herum war es keine Seltenheit, dass eine Kleinstadt mit zweihundert Häusern über dreißig bis vierzig Kneipen verfügte.

Erfolgreich legte den Deutschen erst wieder der Pietismus die disziplinierenden Daumenschrauben an, und zwar auf konsequentere Weise, als Luther dies getan hatte. Das Weltbild des Reformators, der selbst Speis und Trank nicht abhold gewesen war, hatte noch genügend Raum für Sinnesfreuden gelassen. Außerdem schützte ihn seine Gnadenlehre, die besagte, dass es am Schluss einzig und allein von Gottes unermesslichem Willen und nicht von meinem Tun abhinge, ob ich im Jenseits zur Seligkeit gelange, davor, das gesamte Leben einem eisernen Regiment zu unterwerfen. Gnade ließ sich für Luther allenfalls durch zutiefst empfundene Reue ob der eigenen Sündhaftigkeit erflehen – systematisch erarbeiten ließ sie sich nicht.

Und auch in ihren Anfängen zielte die – ohnehin höchst uneinheitliche – Bewegung des Pietismus noch nicht so sehr darauf, den Menschen zum Arbeitstier im Namen Gottes zu dressieren. Vielmehr ging es ihr darum, die Herzen wieder zum Schwingen und Beben zu bringen, seit das offiziell gepredigte Luthertum zur leblosen Schuldoktrin erstarrt war. Die zentralen Erlebnisse für jeden »wiedergeborenen« Christen waren der »Bußkampf« – so weit, so Luther – und der anschließende »Durchbruch«. Indem die Pietisten fest darauf vertrauten, dass Gottes Reich auf dieser Welt errichtbar und damit eine Art Vorstufe zur Seligkeit schon im Dies- und nicht erst im Jenseits zu erreichen sei, setzten sie sich vom Luthertum ab. Philipp Jacob Spener, die wichtigste frühe Kraft dieser neuprotestantischen Strömung, die sich in der zweiten Hälfte des 17. Jahrhunderts bildete, blieb allerdings insofern Luther treu, als er in rastloser Tätigkeit die Gefahr witterte, menschliches Wirken zu vergötzen. Ihm zufolge musste dem Gemüt die rechte Ruhe, »so es in Gott haben sollte«, gegönnt werden.

Dieses Innehalten, das dem kontemplativen Spener noch wesentlich war, wurde bald rigoros verabschiedet: Arbeitsdienst und Gottesdienst wurden eins. 1695 ging der dreißig Jahre jüngere August Hermann Francke daran, in Glaucha bei Halle eine pietistische Musterstadt zu errichten. Anfangs als Waisenhaus konzipiert, wuchsen sich die Franckeschen Stiftungen bald zu einem dreigliedrigen Schulsystem aus, in dem nicht nur die Kinder verarmter Leute von der Straße geholt und erzogen wurden, sondern in das auch der preußische Adel seine Sprösslinge schickte, auf dass sie dort kerzengerade heranwüchsen. Daneben stärkte die »Stadt Gottes« den Wirtschaftsstandort Halle: Neben den Erziehungseinrichtungen gab es eine Apotheke, die bald begann, Medikamente in größerem Stil zu exportieren, ebenso eine Buchdruckerei mit angeschlossener Buchhandlung.

35

König Friedrich Wilhelm I. prügelt den Torschreiber von Potsdam aus dem Bette. Holzstich von 1889.

Zum flammenden Befürworter und Förderer der Franckeschen Stiftungen wurde König Friedrich Wilhelm I. Das Lebensmotto des »Soldatenkönigs«, der im Berliner Schloss aus Sparsamkeit nur wenige Zimmer bewohnte und den maroden Staatshaushalt, den sein kunst- und wissenschaftsbegeisterter Vater hinterlassen hatte, auch sonst konsequent sanierte, lautete: »Parol' auf dieser Welt ist nichts als Müh' und Arbeit.« Der König, der dafür gefürchtet war, schon mal vom Pferd zu steigen, um einen Untertanen, den er beim Müßiggang ertappte, eigenhändig mit dem Stock zu verprügeln, fand in August Hermann Francke einen Gesinnungsbruder, lautete dessen Credo doch: »Wir müssen in unserem ganzen Leben schaffen, dass wir selig werden.«

Damit wurde die berufliche Rastlosigkeit zum ersten Mal in Deutschland zur frömmst-möglichen Lebensform gekürt, die keiner Ergänzung oder Überhöhung durch besinnliche Phasen mehr bedurfte. Sicher wurden die Zöglinge der Franckeschen Stiftungen zu regelmäßigem Gebet und frommen Gesängen angehalten. Sicher vermittelten die Schulen – zumindest die mittlere »Lateinische Schule« und die Elitenschmiede des »Pädagogium Regium« – eine für damalige Verhältnisse exzellente Bildung. Im Kern ging es jedoch darum, die Kinder von klein auf an konsequentes Arbeiten zu gewöhnen. Nur wer arbeitete, sündigte nicht. »Auch ist's mit der Kinderarbeit nicht allein darum zu tun, dass sie etwas erwerben und das Brot nicht so vergeblich auf die Seele fressen, sondern vielmehr darum, dass man mit der Arbeit vielen schändlichen und schädlichen Lastern, darein sie sonst durch Müßiggang fallen möchten, wehre und zuvorkomme, als da sind: Lügen, Trügen, Saufen, Spielen, Tauschen, Buhlen, Stehlen und dergleichen.« Diese Überzeugung, die bereits der Lutheraner Justus Menius in seiner *Oeconomia Christiana* festgeschrieben hatte, übernahm Francke und setzte sie in seiner »Stadt Gottes« konsequent um.

Der Soziologe Max Weber vertrat in seiner berühmten Studie von 1904/05 die These, dass sich der Geist des Kapitalismus aus der protestantischen Ethik entwickelte habe. So triftig die These im Allgemeinen ist, so unscharf bleibt sie, was die Rolle angeht, die der Pietismus bei der Entstehung des Kapitalismus gespielt hat. Präziser äußerte sich Carl Hinrichs. In verschiedenen Abhandlungen untersuchte der Historiker die Frage, wie sich der deutsche Pietismus vom angelsächsischen Puritanismus unterschied, und kam zu dem Ergebnis: »Eine Religion, die individuelles Erfolgsstreben stimulierte und rechtfertigte, aber war der Pietismus letztlich nicht. Das unterscheidet ihn von den gleichzeitigen Spätformen des calvinistischen Puritanismus. Der deutsche Pietismus heiligt die Arbeit ›für andere‹, der spätere angelsächsische Calvinismus die Arbeit ›an sich‹.« Oder noch deutlicher: »In England beginnt mit dem Puritanismus auch der Kapitalismus, in Deutschland der Sozialismus.«

In der Tat teilte Francke mit den späteren sozialistischen Menschheitsverfleißigern den missionarischen Furor, dass Arbeit, die nur dem eigenen Seelenheil dient, wertlos, wenn nicht gar sündhaft sei. Der pietistisch Bekehrte hingegen habe verinnerlicht, »dass er sein ganzes Leben Gott zu Ehren und seinem Nächsten zum Dienst und Nutzen führen möge, dass er sich als ein Opfer in dem Dienst Gottes und seines Nächsten gleichsam verzehre«. Jeder müsse »alles, was nach seinem Beruf und Stand möglich ist, zu seiner *und anderer* Errettung aus dem feuerbrennenden Zorne Gottes getreulich anwenden«.

Zu betonen, dass jeder für seinen Nächsten mindestens so verantwortlich sei wie für sich selbst, ist dem Calvinisten fremd. Er befindet sich mit seinem Glauben an die Prädestination näher bei Luthers Gnadenlehre: Einem jeglichen soll bereits im Moment seiner Geburt von Gott vorherbestimmt sein, ob er ein Auserwählter ist oder nicht – spätere Erhebung in den Gnadenstand ausgeschlossen. Dass der Calvinist dennoch zu einem unermüdlich rackernden Wesen wurde, ist weniger theologisch als psychologisch zu erklären. Denn natürlich quält ihn die Frage, woran er bereits zu Lebzeiten erkennen kann, ob er zu den Seligen gehört. Hatte Luther diese Frage noch mit dem harschen Bescheid abgeschmettert, dass sich niemand der Seligkeit gewiss sein dürfe, bot der Calvinismus den – stressreichen – Trost an, dass sich Auserwähltheit am beruflich-ökonomischen Erfolg ablesen ließe, den der Einzelne im Leben habe. Der Calvinist schuftet nicht, um selig zu werden, sondern um sich – und den anderen – zu beweisen, dass er selig ist. Sozialpädagogische Disziplinierungsmaßnahmen sind in diesem Weltbild sinnlos: Wer sich zum Arbeiten nicht berufen fühlt, soll es bleiben lassen und schauen, wie er seine verdammte Seele bis zum Tag des Gerichts weiterschleppt.

Wer nun aber wie Francke überzeugt war, dass Gottes Würfel nicht bereits mit der Geburt gefallen seien, sondern Gnade sich durch einen konsequent disziplinierten Lebenswandel erwirtschaften ließ, öffnete der allgemeinen Arbeitsmobilmachung Tür und Tor. Denn noch lieber sieht es der Herr, wenn sich der Einzelne nicht nur selbst abmüht, sondern ebenso rastlos danach strebt, möglichst viele aus dem Sündensumpf zu erretten. Christliche Nächstenliebe bedeutet im Pietismus nicht so sehr, Almosen zu geben; weit wohltätiger als derjenige, der dem Bettler einen neuen Mantel schenkt, handelt derjenige, der dem Bettler beibringt, wie er in Zukunft selbst Mäntel herstellen kann. Sogar der reiche Kaufmann – für Luther noch eine höchst verdächtige Gestalt – konnte bei Francke zum Inbegriff des guten Menschen werden, wenn dieser nur bereit war, nichts von seinen Gewinnen eigennützig zu genießen, sondern damit Stiftungen wie die seine in Glaucha zu unterstützen oder selbst neue Stiftungen zu gründen. König Friedrich Wilhelm I. machte diese Doktrin zur offiziellen Sozialpolitik, indem er große Privatbetriebe in Staats- und Stiftungsbetriebe umwandeln ließ. Auf diese Weise erlebte das karge, ärmliche Königreich Preußen im 18. Jahrhundert einen doppelten Aufschwung: Parallel zur Wirtschaft entstand ein dichtes Netz von Einrichtungen, das den arbeitsamen Nachwuchs produzierte, der wiederum in die Manufakturen ging, um klaglos unermüdlich Tuch zu weben und andere Güter herzustellen.

Bis heute streiten sich die preußischen Geister, ob das Motto »*Travailler pour le Roi de Prusse*« bedeutet, dass man sich für die Obrigkeit abplagt, oder dass man eine Arbeit schlicht um ihrer selbst willen tut. Der Unterschied ist mehr als bloß ein akademischer. Die erste Lesart folgt der christlichen Auffassung, dass Arbeit wehtun müsse, um zur Läuterung der verderbten Menschenbrut beizutragen: Ihr Ideal ist der gehorsam pflichtbewusste Untertan. Die zweite Lesart feiert den schöpferischen Menschen, der sich ganz in seine Arbeit vertieft, um eine Idee, ein Bild, das es zuvor nur in seinem Kopf gab, in die Wirklichkeit umzusetzen: Ihr Ideal ist der Handwerker/Künstler.

Obwohl die Aufklärer den Glauben daran verloren, dass diesseitige Mühen mit jenseitiger Seligkeit belohnt würden, blieben sie dem alten Arbeitsethos treu. Sie flochten ihm schlicht neue Kränze, befreiten es vom christlichen Albdruck zum idealistischen Selbstausdruck. Der Altphilologe Johann Heinrich Voß, dessen Übersetzungen der *Ilias* und *Odyssee* bis heute Klassiker sind, widmete der Arbeit 1801 ein überschwängliches Gedicht. »Werk der Freude, nicht der Strafe«, sollte sie nun sein, denn: »Glückselig macht nur Tätigkeit. / Wie lang wird euch, ihr Müßiggänger, / Wie peinlich lang die liebe Zeit! / Wir wünschen Tag und Stunde länger. / Selbst Ewig währt uns nie zu lang, / Bei rascher Tat und Lustgesang.«

Voß hätte sein Gedicht im Duett mit Johann Wolfgang von Goethe singen können, der im *West-östlichen Divan* reimte: »Was verkürzt mir die Zeit? – Tätigkeit! / Was macht sie unerträglich lang? – Müßiggang!« Als der wackere Eckermann, selbst unermüdlicher Stenograf in Diensten des Meisters, Goethe einmal mit dem Vorwurf konfrontierte, dieser habe in der Zeit der anti-napoleonischen Befreiungskriege nichts patriotisch Relevantes für Deutschland geleistet, soll Goethe geantwortet haben: »Jeder tut sein Bestes, je nachdem Gott es ihm gegeben. Ich kann sagen, ich habe in den Dingen, die die Natur mir zum Tagewerk bestimmt, mir Tag und Nacht keine Ruhe gelassen und mir keine Erholung gegönnt, sondern immer gestrebt und geforscht und getan, so gut und so viel ich konnte. Wenn jeder von sich dasselbe sagen kann, so wird es um uns alle gut stehen.«

Zwar ist es die rastlose Neugier, die Goethes Faust dem Teufel in die Arme treibt – die rastlose Tätigkeit bewahrt ihn davor, zur Hölle zu fahren. »Wer immer strebend sich bemüht, / Den können wir erlösen!«, jubilieren am Schluss des zweiten Tragödienteils die Engel, die »Faustens Unsterbliches« in die Atmosphäre tragen.

»Arbeit macht frei.« Diesen Satz, den die Nationalsozialisten pervertierten, indem sie ihn als Toraufschrift an ihren Konzentrationslagern missbrauchten, hätte Goethe noch begeistert unterschrieben. Kollege Schiller wäre da schon zurückhaltender gewesen. Als er im Juni 1784 versuchte, die hohen Herren der kurpfälzischen »Deutschen Gesellschaft« davon zu überzeugen, dass sie sich für das Mannheimer Nationaltheater engagieren sollten, warnte der Theaterdichter ausdrücklich davor, dass »die menschliche Natur« es nicht ertrage, »ununterbrochen und ewig auf der Folter der Geschäfte zu liegen«. In noch dramatischeren Worten schilderte er die »Zerrüttung« der zweckrational organisierten Gesellschaft in seinen Briefen *Über die ästhetische Erziehung des Menschen*: »Ewig nur an ein einzelnes kleines Bruchstück des Ganzen gefesselt, bildet sich der Mensch selbst nur als Bruchstück aus, ewig nur das eintönige Geräusch des Rades, das er umtreibt, im Ohr, entwickelt er nie die Harmonie seines Wesens, und anstatt die Menschheit in seiner Natur auszuprägen, wird er bloß zu einem Abdruck seines Geschäfts, seiner Wissenschaft.« Zu heilen sei diese »Zerstückelung« einzig in der ästhetischen Erfahrung. Die Notwendigkeit einer »Schaubühne als moralischer Anstalt« begründete Schiller denn auch damit, dass sie vorzüglich dazu geeignet sei, die Berufserschöpften daran zu hindern, sich »zügellos in wilde Zerstreuungen«, in »bacchantische Freuden« und »verderbliches Spiel« zu stürzen. Nur sie bewahre das verlorene – altgriechische – Ideal, »Vergnügen mit Unterricht, Ruhe mit Anstrengung, Kurzweil mit Bildung« zu »gatten«.

Endgültig zur verhassten Zwangsjacke, die eine Entfaltung der Persönlichkeit verhinderte, wurde die weltliche Betriebsamkeit den Romantikern. Zwar gingen die Dichter von Novalis über Joseph von Eichendorff bis hin zu E. T. A. Hoffmann mehr oder weniger diszipliniert ihren Brotberufen als Salinendirektor, preußischer Staatsbeamter oder Jurist nach – ihr eigentliches Leben begann aber erst, wenn sie die Amtsgeschäfte ruhen lassen und sich in die Kunst versenken konnten. Frei machte ihnen zufolge nicht jegliche Form von »poiesis«, von Hervorbringen oder Tun; frei machte nur die Poesie.

Das romantische Jenseits war kein Reich, in das einzugehen die Seele erst nach dem Tod hoffen durfte. Bei aller Todesverliebtheit, die die Romantiker zelebrierten, versuchten sie, das Jenseits schon im Hier und Jetzt aufblitzen zu lassen. »Schläft ein Lied in allen Dingen, / Die da träumen fort und fort, / Und die Welt hebt an zu singen, / Triffst du nur das Zauberwort.« Die Kunst, jenes »Zauberwort« zu treffen, das Eichendorff in seinem Gedicht beschwor, ließ sich weder mit Fleiß noch Disziplin erlernen. Die Welt zum Singen bringen, indem man sich selbst durch die Welt zum Singen bringen ließ – vor dieser heiklen dialektischen Mission musste der brave Handwerker, der die Dinge nach seinen Regeln gestalten wollte, versagen. Einzig das poetische Genie war durchlässig und zugleich stark genug, dass es sich hingeben und dennoch bei sich bleiben konnte, so dass am Schluss beide: Mensch und Welt, wenigstens für einen Augenblick versöhnt waren. Das wahre Leben lag auf dem Grunde – des eigenen Herzens und der Dinge; die Kunst bestand darin, die Oberflächen zu durchdringen. Nur in der Tiefe konnten die Königskinder zueinander finden.

Mit philiströser Geschäftigkeit war da natürlich nichts auszurichten. Der Oberromantiker Friedrich Schlegel ging in seinem Skandalbüchlein *Lucinde* sogar so weit, den vormals verdammten Müßiggang als »einziges Fragment von Gottähnlichkeit, das uns noch aus dem Paradiese blieb«, zu preisen. Allerdings hatte der Dichter dabei weniger die mittelalterlichen Phantasien eines Schlaraffenlandes vor Augen, in dem die größte Seligkeit darin bestand, dass ein jeder sich nur auf den Rücken zu legen brauchte, und schon flogen ihm die gebratenen Täubchen von selbst in den Mund. Das »unbedingte Streben und Fortschreiten ohne Stillstand und Mittelpunkt«, die »nordische Unart« dieses »leeren, unruhigen Treibens« war für Schlegel von Übel, weil es den Menschen seiner eigentlichen Kreativität beraubte: »Nur mit Gelassenheit und Sanftmut, in der heiligen Stille der echten Passivität kann man sich an sein ganzes Ich erinnern und die Welt und das Leben anschauen. Wie geschieht alles Denken und Dichten, als dass man sich der Einwirkung irgendeines Genius ganz überlässt und hingibt?«

Zum Leidwesen Schillers und der Romantiker blieb die kontemplative Kunstreligion, die den Menschen *als Menschen* und nicht als Zimmermann, Beamten und Dienstmagd befreien wollte, für den deutschen Durchschnittsschufter jedoch bestenfalls eine Feierabendreligion. Dieser dürfte sich eher von

Immanuel Kant erkannt gefühlt haben, der dem »mit gesundem Verstandestalent verbundene[n] Fleiß des Deutschen« bescheinigte, nützlicher zu sein als alles Genie. Oder vom späten Goethe, der in *Wilhelm Meisters Wanderjahre* das faustische Universalgenie, das die Welt nach allen Seiten durchdrang, verabschiedete. Als dort der junge Wilhelm, der immer noch nach seinem Platz in der bürgerlichen Gesellschaft sucht, trotzig darauf beharrt, dass man »aber doch eine vielseitige Bildung für vorteilhaft und notwendig gehalten« habe, antwortet sein alter Freund Jarno, der sich mittlerweile »Montan« nennt und ganz aufs Steineklopfen spezialisiert hat: »Sie kann es auch sein zu ihrer Zeit [...] Ja, es ist jetzo die Zeit der Einseitigkeiten; wohl dem, der es begreift [...] Sich auf ein Handwerk zu beschränken, ist das Beste. Für den geringsten Kopf wird es immer ein Handwerk, für den besseren eine Kunst, und der beste, wenn er *eins* tut, tut er alles, oder, um weniger paradox zu sein, in dem *einen*, was er recht tut, sieht er das Gleichnis von allem, was recht getan wird.«

Der Traum einer lustvollen Rundum-Selbstverwirklichung entschwebt, die alte christlich-mystische Vorstellung, dass auch Nesselnsammeln höchste Tätigkeit sein kann, schleicht sich durch die säkularisierte Hintertür wieder ein. Im leer geräumten Domgewölbe steht sie allerdings recht ratlos da und vermag nicht wirklich zu sagen, wozu all die Schinderei gut sein soll. So ist es kein Wunder, dass die Sehnsucht, der Mensch möge auch und gerade in der Arbeit Mensch sein und nicht bloß Rädchen im gerade Schwung holenden kapitalistischen Räderwerk, Mitte des 19. Jahrhunderts noch einmal machtvoll ihr Haupt erhob. Karl Marx – und mit ihm Friedrich Engels – holten die Romantik aus den Tempeln der Poesie heraus und versuchten, sie in die Produktion zu schicken. Bereits in den *Pariser Manuskripten* von 1844 analysierte der 26-jährige Doktor der Philosophie die Tücken der »entfremdeten Arbeit«: Anstatt in beglückender »Selbsttätigkeit« zu sich selbst zu kommen, zerfalle das Leben des Arbeiters in jene Phasen, in denen er seinen immer begrenzteren und immer stupideren Aufgaben im Betrieb nachgeht, und jene Phasen, in denen er er selbst sein darf: »Zu Hause ist er, wenn er nicht arbeitet, und wenn er arbeitet, ist er nicht zu Haus.« Die Tatsache, dass viele Arbeiter ihre Arbeit flöhen »als die Pest«, deutete für Marx nicht darauf hin, dass sie vom Faulteufel besessen seien, sondern dass in ihnen der Sinn für das, was unentfremdete Arbeit sein könnte, noch nicht gänzlich erstorben sei.

Die Erbsünde der kapitalistischen Produktionslogik lag für Marx darin, dass sie einzig instrumentelle Beziehungen zuließe: Natur werde darauf reduziert, rohes Material zu sein; der arbeitende Mensch werde auf seine Arbeitskraft reduziert, zum Maschinenanhängsel gemacht. Die Freiheit, die der Mensch im Unterschied zum Tier dadurch erlangen könne, dass er imstande sei, mehr und Kunstvolleres zu produzieren, als er zur Befriedigung seiner unmittelbaren

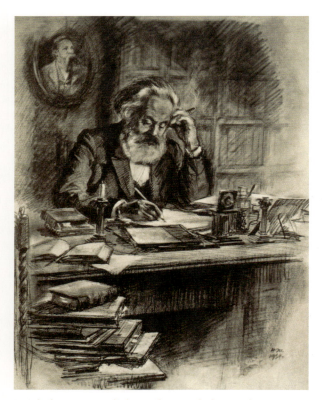

Reich der Notwendigkeit oder Reich der Freiheit? Karl Marx bei der Arbeit. Zeichnung von 1939.

Lebensbedürfnisse benötigt, beschränke sich im Kapitalismus auf die Freiheit des Ausbeuters, in »Palästen« zu residieren, während der eigentliche Arbeiter dazu verdammt sei, in »Höhlen« zu hausen.

Wie aber herauskommen aus dieser Entfremdungshölle? In *Die deutsche Ideologie*, die Marx gleichfalls noch in jugendlichem Alter zusammen mit Friedrich Engels verfasste, träumten beide davon, die Arbeit zu befreien. Dies konnte nur geschehen, indem die Arbeitsteilung, die der junge Schiller bereits angeprangert und der alte Goethe seufzend zu rechtfertigen versucht hatte, überwunden würde: »Sowie nämlich die Arbeit verteilt zu werden anfängt, hat Jeder einen bestimmten ausschließlichen Kreis der Tätigkeit, der ihm aufgedrängt wird, aus dem er nicht herauskann; er ist Jäger, Fischer oder Hirt oder kritischer Kritiker und muss es bleiben, wenn er nicht die Mittel zum Leben verlieren will – während in der kommunistischen Gesellschaft, wo Jeder nicht einen ausschließlichen Kreis der Tätigkeit hat, sondern sich in jedem beliebigen Zweige ausbilden kann, die Gesellschaft die allgemeine Produktion regelt und mir eben dadurch möglich macht, heute dies, morgen jenes zu tun, morgens zu jagen, nachmittags zu fischen, abends Viehzucht zu treiben, nach dem Essen zu kritisieren, wie ich gerade Lust habe, ohne je Jäger, Fischer, Hirt oder Kritiker zu werden.«

Die Utopie, dass auch eine Ansammlung heiterer Dilettanten ökonomisch überleben könne, weil »die Gesellschaft die allgemeine Produktion« schon irgendwie regeln werde, begann im Laufe der Jahrzehnte zu welken. Statt einer Befreiung *der* Arbeit sollte es jetzt tendenziell um eine Befreiung *von* Arbeit gehen. Im *Anti-Dühring*, den Friedrich Engels ab dem Jahr 1877 veröffentlichte, heißt es: »Erst die durch die große Industrie erreichte ungeheure Steigerung der Produktivkräfte erlaubt, die Arbeit auf alle Gesellschaftsmitglieder ohne Ausnahme zu verteilen und dadurch die Arbeitszeit eines jeden so zu beschränken, dass für alle hinreichend freie Zeit bleibt, um sich an den allgemeinen Angelegenheiten der Gesellschaft – theoretischen wie praktischen – zu beteiligen.« Von der romantischen Sehnsucht, Mensch, Gesellschaft und Natur durch Arbeit in eine lebendige, wechselseitige Beziehung zu bringen, bleibt die Kollektivromantik eines technologisch aufgerüsteten Bienenstocks, in dem nach Feierabend noch ein paar Oden an die Waben gesummt werden dürfen.

Aber empfand der Deutsche, der im späten 19. und beginnenden 20. Jahrhundert seine sechzig bis siebzig Stunden pro Woche in den Stahlwerken, Maschinen-, Chemie- und sonstigen Fabriken von Krupp bis Mannesmann malochte, tatsächlich jenen scharfen Gegensatz von einem bitteren »Reich der Notwendigkeit«, das laut Marxens *Kapital* »die Sphäre der eigentlichen materiellen Produktion« immer bleiben werde, und einem »Reich der Freiheit«, in dem »das Arbeiten, das durch Not und äußere Zweckmäßigkeit bestimmt ist, aufhört«? Oder war er nicht längst auf dem Weg in eine stählerne Romantik, die im maschinellen Schuften selbst bereits die höchste Form der Selbstbetätigung sah?

Der Philosoph und Soziologe Max Scheler meinte: Ja. Und machte genau diesen Zug der deutschen Seele dafür verantwortlich, dass seine Landsleute allen anderen Völkern so dubios geworden waren. 1916 hielt er in München einen Vortrag, der *Die Ursachen des Deutschenhasses* analysierte. Die Grundthese: Bereits vor Ausbruch des Krieges sei Deutschland, der »welthistorische Emporkömmling«, die meistgehasste Nation der Welt gewesen, weil es mit seiner Arbeitswut die anderen aus ihren jeweiligen Paradiesen vertrieben habe. Die Nachbarn im Osten wollten nichts als »Träumen, Sinnen, Fühlen, Beten [...] aber auch Schnapstrinken«, die Engländer würden nur deshalb »kaufen und verkaufen«, damit sie »Freitag abends schon die Wochenarbeit abschließen und auf den Sportplatz fahren« könnten, während die Franzosen ihren steigenden »Finanzreichtum bei wenig Kindern« vor allem dazu nutzten, »Zeit und edle Muße zu Luxus« zu haben und »nach zwanzig- bis dreißigjähriger Arbeit« einem Rentnerdasein zu frönen.

Doch dann sei plötzlich der Deutsche aufgetaucht. »Er trug das Gepräge eines schlichten Arbeitsmannes mit guten derben Fäusten; es war ein Mann, der nach dem inneren Zeugnis seiner eigenen Gesinnung nicht um zu übertreffen oder um irgendeines Ruhmes willen, nicht auch um neben oder nach der Arbeit zu genießen, nicht auch um in einer der Arbeit folgenden Muße die Schönheit der Welt zu verehren und zu kontemplieren, sondern ganz nur versunken in seine *Sache* still und langsam, aber mit einer von außen gesehen furcht-, ja schreckenerregenden Stetigkeit, Genauigkeit und Pünktlichkeit, in sich selbst und in seine Sache wie verloren, arbeitete, arbeitete und nochmals arbeitete – und was die Welt am wenigsten begreifen konnte – aus *purer Freude* an grenzenloser Arbeit *an sich* – ohne Ziel, ohne Zweck, ohne Ende.«

Diese Arbeitswut, die zugleich höchste Arbeits*lust* war, sei laut Scheler allerdings kein Phänomen, das erst mit der beschleunigten Industrialisierung im Kaiserreich ans Tageslicht getreten sei, sondern eine »Urmitgift germanischen Wesens«. Schon der Lebensphilosoph Wilhelm Dilthey glaubte eine Generation vor Scheler behaupten zu können, dass das Handeln der Germanen durch keine rationale Zwecksetzung bestimmt und begrenzt gewesen sei; vielmehr habe sich ihr Tun durch ein Übermaß von Energie ausgezeichnet, das über jeglichen Zweck hinausginge.

Als frühen Gewährsmann für die Unendlichkeitssehnsucht der Deutschen führte Scheler den barocken Philosophen und Universalgelehrten Gottfried Wilhelm Leibniz an, der von sich selbst gesagt haben soll, er habe schon beim Erwachen so viele Einfälle, dass der Tag nicht ausreiche, um sie niederzuschreiben, und der die endlose Vervollkomm*nung*, nicht eine je zu realisierende Vollkomm*enheit* zum Ziel aller menschlichen Bemühungen erklärt hatte. Auch Lessing, Goethe, Kant seien ohne das Ideal des »*ewigen* Strebens« bzw. der »*uendlichen* Pflicht« nicht zu verstehen.

Kurz vor dem Ersten Weltkrieg hatte der französische Philosoph Émile Boutroux einen Vortrag über die deutsche und die französische Seele gehalten, in welchem das einstmals germanophile Mitglied der Académie française begründete, warum seine Liebe zu Deutschland mit dem Wechsel von Goethe zu Krupp erloschen, ja sogar in Abscheu umgeschlagen sei. Die Deutschen hätten ihre zum Idealismus so begabte Arbeitsseele dem Materialismus verkauft.

Dieser Diagnose, dass sich im Laufe des 19. Jahrhunderts mit den Deutschen ein unheimlicher Wandel vollzogen habe, schloss Scheler sich in seinem Vortrag an. Obwohl er betonte, dass das neue Industrie-Rackertum seine Wurzeln im klassisch-humanistischen Unendlichkeitsstreben habe, war auch ihm nicht ganz wohl dabei, dass seine Landsleute sich nicht länger »im Äther des Gedankens«, sondern im Rausch der Warenfabrikation verlieren wollten: »Man kann und soll sein Glück, ja sein Leben hingeben – gegebenenfalls – für seinen Staat, für dessen Ehre und vor allem nach dem Worte des Evangeliums für seinen Glauben im Sinne des ›Märtyrer‹, endlich auch für sein Heil und für höchste geistige Kulturwerte – man soll es *nicht* für eine maximale Schuhsohlen- und Nähnadelproduktion hingeben. Der Märtyrer seines ökonomischen Arbeitsimpulses ist nicht erhaben; er ist komisch [...] Mit demselben heroischen Pathos und mit derselben leidenschaftlichen Unbedingtheit, mit der stolz gelassenen Gleichgültigkeit gegen Leben, Wohl, Glück, mit der Kleists Prinz von Homburg in die Schlacht stürmt – bewundernswert, da er es tut für seinen Staat und seinen König –, *darf* man einfach nicht Semmeln, Würste und Nähnadeln usw. produzieren [...]«

Königlich Preußisches Etablissement zur Fabrikation von Erbswürsten für die Armee. Holzstich von 1870/71.

Dem widersprach – zumindest indirekt – Thomas Mann. In seinen *Betrachtungen eines Unpolitischen*, die wie Schelers Vortrag über den Deutschenhass ebenfalls während des Ersten Weltkriegs entstanden, erklärte der Schriftsteller den »Leistungsethiker«, der »überbürdet und übertrainiert am Rande der Erschöpfung« arbeitete, zur »modern-heroischen Lebensform«. Seiner eigenen Romanfigur Thomas Buddenbrook, der mit 29 Jahren an die Spitze des väterlichen Handelsimperiums rückt und dessen Niedergang nicht verhindern kann, obwohl er sich für die Firma im wahrsten Sinne des Wortes totarbeitet, bescheinigte Mann in jenem Essay, ein Held der »neubürgerlichen Art« zu sein. Zwar stellte der Schriftsteller klar, dass er selbst sich keinen anderen Beruf als den des – bürgerlichen – Künstlers vorstellen konnte. Dennoch betonte er in der Tradition von Meister Eckhart bis Goethe, dass es nicht darum gehe, ob einer große Werke schaffe oder Getreide verschiffe. Was zählt, sei nicht der Inhalt der Tätigkeit, sondern die Haltung, die innere Einstellung, mit der ihr nachgegangen wird: Ordnung, Zielstrebigkeit, Fleiß, das subjektive Bewusstsein, »besser kann ich es auf keinen Fall machen«.

Der Gedanke, dass sich der Bürger als »Leistungsethiker« in heroische Höhen aufzuschwingen vermag, hätte Manns Schriftstellerkollegen Ernst Jünger allenfalls ein aasiges Lächeln entlockt. Der Bürger blieb für ihn ein schlaffer Bourgeois, und wenn er im Kontor bis zum Umfallen schuftete. Allerdings dürfte Jünger auch nicht den Schelerschen Märtyrer der Wurstfabrik vor Augen gehabt haben, als er im Jahre 1932 den Arbeiter zu *der* Ikone des neuen Zeitalters erhob. Eher schon dürften es die muskulösen Kerle mit schweißglänzenden Oberkörpern gewesen sein, die die Zeit zwischen den Stahlgewittern des Ersten und des Zweiten Weltkriegs damit überbrückten, dass sie den heroischen Kampf im täglichen Funkenregen der Stahlwerke von Thyssen, Krupp, Mannesmann und Co. weiterführten.

So stellte sich der NS-Staat seine Arbeitshelden vor. Plakat von 1937.

Arbeit war für den Schriftsteller, der den Ersten Weltkrieg als schwer verwundeter und hochdekorierter Leutnant überlebte, die Fortsetzung des Kriegs mit Mitteln, die so anders nicht waren als diejenigen, welche die Schützengräben von Langemarck und Cambrai zur Hölle gemacht hatten. Die moderne Arbeitswelt habe ihr »kriegerisches Sinnbild« in der »feurigen Landschaft«. Das abenteuerliche Herz, das sich nach der Gefahr sehnte, das mit den elementaren Kräften des Lebens ringen wollte, musste erkennen, dass es im 20. Jahrhundert zu den Materialschlachten keine Alternativen mehr gab. Also wurde die Maschine selbst in den Rang einer Urgewalt erhoben, mit der sich zu messen – und zu verbünden – nur der unerschrockene Arbeiter-Krieger wagte.

Wie die Kommunisten und (National-)Sozialisten träumte auch Jünger davon, die bürgerliche Gesellschaft in die Luft zu jagen. Neben seinem Arbeiter stand der klassische »Proletarier« jedoch wie der Spießbürger im Blaumann da. Aus dem Marx-Engels'schen Idyll des Bienenstocks war ein wütender Hornissenschwarm geworden. »Arbeit ist das Tempo der Faust, der Gedanken, des Herzens«, schrieb Jünger, »das Leben bei Tage und Nacht, die Wissenschaft, die Liebe, die Kunst, der Glaube, der Kultus, der Krieg; Arbeit ist die Schwingung des Atoms und die Kraft, die Sterne und Sonnensysteme bewegt.«

Wäre sein Arbeitsbegriff nur ein totaler gewesen, der gegen bürgerliche Ängstlichkeiten für schonungslose Vitalität und Verausgabung plädierte – man würde sich gern mit ihm anfreunden. Nichts ist dagegen einzuwenden, dass Arbeit als »Element der Fülle und der Freiheit« zu entdecken ist. Das Unbehagen setzt ein, wenn man sich anschaut, was Jünger unter »Freiheit« verstand. Hier schlug die totalitäre Tradition von Luther über den preußisch-pietistischen Pflichtbegriff bis zu Hegel durch, Freiheit mit Gehorsam, mit Unterwerfung unters Große-Ganze zu verwechseln. So hatte Freiheit für Jünger nichts damit zu tun, dass ich selbst entscheiden kann, ob und, wenn ja, für was ich mich verausgaben will.

Mit diesem Ehrenzeichen schmückte die DDR ihre Helden der Arbeit.

Freiheit bedeutete, »Anteil zu haben an einem neuen, vom Schicksal zur Herrschaft bestimmten Menschentum«, seinen Platz im »Arbeitsplan« zu kennen. Das »tiefste Glück des Menschen« bestehe darin, »dass er geopfert wird, und die höchste Befehlskunst darin, Ziele zu zeigen, die des Opfers würdig sind«.

Mit dem Wissen, was eine nationalsozialistische und eine bloß sozialistische deutsche Arbeitsdiktatur angerichtet haben, möchte man ganz schnell den Sargdeckel über den Heldengesängen schließen und sich freuen, dass auch die Deutschen im Latte-macchiato-Lebensgefühl angekommen sind. Dennoch sollte man nicht vergessen, dass selbst eine Hannah Arendt, die klug wie kein anderer Deutscher die Irrwege des Totalitären analysiert hat, darauf beharrte, dass das Glücksideal des modernen Konsumbürgers, genügend Zeit »für sich« zu haben, in der er schön Essen oder ins Kino gehen kann, ein »unseliges« ist.

»Das Leben ist der Güter höchstes.« An diesem Credo, zu dem sich die Deutschen erst seit wenigen Jahrzehnten bekennen – die im Westen schon etwas länger – und das ihnen in heroischeren Vergangenheiten nur als sein Gegenteil »Das Leben ist der Güter höchstes nicht« geläufig gewesen war, kommt niemand vorbei, der in einem Menschenrechtsstaat leben will. Das Problem, wie man das höchste Gut Leben davor bewahren kann, sich in hedonistischer Wurstigkeit zu erschöpfen und damit seinen Wert einzubüßen, ist damit nicht

Seit 1974 beweist auch das Playmobil-Männchen aus dem mittelfränkischen Zirndorf, dass es hart anpacken kann.

gelöst. Wie schrieb Hannah Arendt in ihrer *Vita activa*? »Es ist durchaus denkbar, dass die Neuzeit, die mit einer so unerhörten und unerhört vielversprechenden Aktivierung aller menschlichen Vermögen und Tätigkeiten begonnen hat, schließlich in der tödlichsten, sterilsten Passivität enden wird, die die Geschichte je gekannt hat.«

Sich in einer Arbeit aus freiem Entschluss zu verzehren – und wenn's denn die Herstellung von Würsten ist – ist allemal besser, als vor Langeweile das Gras wachsen zu hören. Und offensichtlich sind sie nicht völlig ausgestorben, die Germanen mit den überschüssigen Energien, die unendlichen Streber, die schwäbischen Apfelschnitzerinnen, die schlichten Arbeitsmänner mit den guten derben Fäusten. Wie sonst ist zu erklären, dass einer der größten deutschen Baumärkte noch nicht Bankrott gegangen ist, obwohl er seit Jahren mit dem Spruch wirbt: »Es gibt immer was zu tun«?

[td]

➤ Abgrund, Doktor Faust, Fachwerkhaus, Feierabend, Gründerzeit, Hanse, Mystik, Ordnungsliebe, Sozialstaat

BAUHAUS

»Die Menschheit hätte nichts verpasst, wenn die moderne Malerei vom Kubismus an, die moderne Musik von Schönberg an, die moderne Architektur vom Bauhaus an und die von mir bekämpfte magersüchtige Literatur nie existiert hätten«, sagte der amerikanische Großschriftsteller Tom Wolfe 1999 in einem Gespräch mit dem *Spiegel*.

Das Bauhaus ist in seiner Rolle einzigartig, nicht in seiner Leistung. Was die Leistung angeht, gibt es einen produktiven, aber unspektakulären Vorläufer und späteren Konkurrenten in Sachen Kunsthandwerk, den Werkbund.

Er wird lange vor dem Ersten Weltkrieg, im Jahr 1907, gegründet. Das Ziel ist, Handwerk, Kunst, Architektur und Industrie zusammenzuführen. Das aufstrebende Kaiserreich braucht Sachlichkeit, Funktionalismus und Standardisierung. Die Folgen der Industrialisierung sind zunächst ihre Begleiterscheinungen: Die Gesellschaft des Kaiserreichs fächert sich auf. Die Bürgerschicht fragt nach Unikaten, das Volk erwartet die Massenproduktion. Das Land lebt nicht nur von der Arbeit, es lebt auch vom Konsum.

So ist der Werkbund der Erfinder der Einbauküche. (Eine der Einrichtungen, die man, obwohl sie einen unschätzbaren Beitrag zur Erleichterung der Haushaltsarbeit darstellen, eher diskret in Erwähnung bringt. Solche Erfindungen haben einen banalen Zug, der von ihrem Gegenstand ausgeht.)

Am Anfang der Gebrauchskunst in Deutschland stehen zwei Ereignisse aus der Münchner Sezession. Der Künstler Richard Riemerschmid heiratet und findet keine passenden Möbel, um sein Heim einzurichten, und so entschließt er sich, selbst Möbel zu entwerfen. Etwa zur gleichen Zeit erhält der Architekt Peter Behrens von der Allgemeinen Elektrizitäts-Gesellschaft (AEG) den Auftrag, die Werbemittel des Unternehmens zu gestalten. Es handelt sich um eine erste »Corporate Identity« in Deutschland. Riemerschmid und Behrens gehören zu den Gründern des Werkbunds. Dessen erste Werbebroschüre schreibt ein Jahr darauf Friedrich Naumann unter dem Titel *Deutsche Gewerbekunst*.

Teil des Vorhabens ist auch die von Henry van de Velde in Weimar eröffnete Kunstschule. Sie wird 1919 vom Werkbund-Mitglied Walter Gropius übernommen und zum Stützpunkt des von ihm begründeten Bauhaus gemacht. Werkbund und Bauhaus führen im folgenden Jahrzehnt eine Koexistenz. Gropius bleibt sogar Mitglied des Werkbunds. Gleichzeitig betreibt das Bauhaus eine aggressive Selbstdarstellung mit dem Ziel, sich als die Architekturmoderne schlechthin zu präsentieren. Das ist nicht weiter erstaunlich, befindet sich die Avantgarde als Überzeugungstäterin doch meistens an der Spitze der Karawane.

Gropius beschreibt den geistigen Horizont des Bauhaus im Jahr 1923 spätromantisch und expressionistisch zugleich: »Die Idee der heutigen Welt ist schon erkennbar, unklar und verworren ist noch ihre Gestalt. Das alte dualistische Weltbild, das Ich – im Gegensatz zum All – ist im Verblassen, die Gedanken an eine neue Welteinheit, die den absoluten Ausgleich aller gegensätzlichen Spannungen in sich birgt, tauchen an seiner statt auf. Diese neu aufdämmernde Erkenntnis der Einheit aller Dinge und Erscheinungen bringt aller menschlichen Gestaltungsarbeit einen gemeinsamen tief in uns selbst beruhenden Sinn. Nichts besteht mehr an sich, jedes Gebilde wird zum Gleichnis eines Gedankens, der aus uns zur Gestaltung drängt, jede Arbeit zur Manifestation unseres inneren Wesens. Nur solche Arbeit behält geistigen Sinn, mechanisierte Arbeit ist leblos und Aufgabe der toten Maschine.«

Das Bauhaus erscheint bald als einzigartig und unersetzlich. Es ist unersetzlich, weil es verstanden hat, sich unersetzlich zu machen. Dazu gehört, neben der Bauhaus-Idee, die geschickte Verbreitung dieser Idee. Das Bauhaus ist nicht nur durch seine Architektur- und Design-Vorstellungen modern, sondern auch durch die Selbstdarstellung und Eigenwerbung. Nicht weniger wichtig als das vom Bauhaus Gebaute ist die Begleitung der Sache durch seine Zeitschrift *bauhaus* und die eigenen Bücher.

Was man nun unter »Bauhaus« tatsächlich zu verstehen hat, ist, bei einer solchen Prämisse, gar nicht die Frage. Wichtiger ist, dass einem zu dem Begriff etwas einfällt. Dass man denkt, hoppla, das hat man schon mal gehört. Ob Flachdach oder Leuchte. Egal. Beide sind Erfindungen des Bauhaus. Das Flachdach könnte sogar ein Erkennungszeichen für das Bauhaus sein, aber wer mag heute noch Flachdächer? Die bekannte Leuchte jedoch, die zeitlos geformte Tischlampe, ist von Dauer.

Bei einer Umfrage in der Fußgängerzone würde ein Großteil der Befragten wahrscheinlich auf den Baumarkt für Werkstatt, Haus und Garten tippen, der den gleichen Namen trägt und den es 125-mal in Deutschland gibt, und so heißt es 125-mal: Im Bauhaus ist der Kunde König.

Man sagt: Das Bauhaus war zeitgemäß. Es gab den Leuten die Möglichkeit, zeitgemäß zu leben. Die Bauhaus-Avantgarde wollte nicht nur ein Spiel der Formen sein, sondern auch eine Auslotung des Sozialen im architektonischen Raum vornehmen. Das Bauhaus ergänzte die Architektur selbstverständlich durch die Innenarchitektur und verband Design mit Gebrauchswert. Eine geniale Idee, für deren Akzeptanz es allerdings kaum eine Erklärung gibt, es sei denn, man geht von dem Postulat aus, dass nach dem Sinn des Abstrakten aus Höflichkeit nicht gefragt werden muss.

Durch seine Botschaft von der Einfachheit der Architekturidee erweckte das Bauhaus den Eindruck, jedermanns Sache sein zu können. Harmonische Raumgestaltung und abstrakte Linie erzeugen die Stromlinienförmigkeit. Man hat ständig den Eindruck, das Wesentliche zu sehen. Mit der dynamischen Form sind die Bauhaus-Bauten anpassungsfähig gemacht. Sie eignen sich für fast jede Bausituation. Die

Bauhaus-Wiege: Am Endpunkt der angewandten Kunst?

Stromlinie ist keine Ideologie und schon gar keine der Avantgarde. Sie verträgt sich zu gut mit dem Bestehenden. Bauhaus hat es durch die jüdischen Flüchtlinge in Tel Aviv gegeben. Bauhaus gab es in Bukarest und in den Vereinigten Staaten, in der DDR und in der Bundesrepublik. Das Bauhaus passte in die dreißiger Jahre und auch in die fünfziger. Schon 1950 zeigte das Münchner Haus der Kunst, vormals »der deutschen Kunst«, eine erste Ausstellung zum Bauhaus. Am gleichen Ort war 1937 einiges aus dem Bauhaus in der berüchtigten Abschreckungsausstellung der Nazis »Entartete Kunst« gezeigt worden. Gleichzeitig bedienten sich aber auch die Nazis der Bauhaus-Erkenntnisse. Selbst am Atlantikwall gab es Gefechtsstände im Bauhaus-Stil.

Der Nachlass des Bauhaus-Experiments ist gut geordnet. Man richtete ursprünglich in Darmstadt ein Bauhaus-Archiv ein, das sich heute in Berlin befindet.

Das Bauhaus ist als Markenname anscheinend nicht einmal geschützt. Das künstlerische Bauhaus hat es bei seinem Nachruhm sicher nicht nötig, und die Baumarktkette wohl auch nicht. Es konkurriert nicht mit dem Baumarkt, der Baumarkt erst recht nicht mit dem Künstlerhaus. Das Handwerk ist heute wieder Hobby, die Kunst nimmt es gelassen.

Gegensätze waren im Bauhaus ohnehin kein Thema. Das Bauhaus erklärt sich zum Neuen, ohne den Bruch zu inszenieren. So wird seine Entstehung zum Ergebnis einer logischen Entwicklung, zur Selbstverständlichkeit. Als würde die Linie bloß weitergezogen. Das künstlerische Bauhaus ist ein Phänomen der

Weimarer Republik und eine Facette ihrer Legende. Weil man links war oder es sein wollte, zumindest aber volksnah, massengerecht, sollte alles Schöne auch nützlich sein. Wenn Gropius jedoch beim Start des Projekts 1919 in Weimar von der »Wiedervereinigung aller werkkünstlerischen Disziplinen« spricht, fällt es einem schwer, nicht an ein dem Gesamtkunstwerk nachempfundenes Gesamtkunsthandwerk zu denken. Ist es nicht eine beinahe schon staatstragende Vision?

Das Bauhaus propagierte die angewandte Kunst, und Vater Staat hielt die Subvention bereit. Als Design- und Architekturprojekt und Lehranstalt hatte das eigentliche Bauhaus ein kurzes Leben, das kurze Leben der Weimarer Republik. Die Realität des Bauhaus verschwindet buchstäblich hinter dem mächtigen Mythos. Man fragt nicht, was vom Bauhaus übrig ist, sondern etwas ratlos: Was ist nun Bauhaus und was nicht?

In der jungen Bundesrepublik hielt man nach Persönlichkeiten wie Walter Gropius, Träger des Goethepreises der Stadt Frankfurt, und Mies van der Rohe Ausschau. Sie waren Galionsfiguren der Suche nach eigenen Traditionen, jenseits der NS-Apokalypse.

Der Bundesminister für Wohnungsbau erklärte 1968, das Bauhaus gehöre zur demokratischen Tradition in Deutschland. Das kam der Verleihung des Bundesverdienstkreuzes an das Bauhaus gleich. Es war das Siegel für den Mythos Bauhaus und der Freibrief für ein bundesrepublikanisches Lebensgefühl, in dessen Namen ein Sessel entworfen wurde, der besser zum Playboy Gunter Sachs als zum Revoluzzer Rudi Dutschke passte.

Seit der deutschen Einheit sind auch die Orte des Bauhaus wieder ins Blickfeld gerückt. Das Bauhaus stellt eine der touristischen Attraktionen der Stadt Dessau dar. Nur, allzu viel ist nicht mehr da, dafür haben Luftkrieg und Bautrupps der DDR gesorgt. Das Ensemble von Direktorenvilla und Meisterhäusern ist weitgehend zerstört. Die Rekonstruktion, auf die man sich geeinigt hat, folgt einem Prinzip der »Unschärfe«. Es wird also nachgebaut und gleichzeitig neu gestaltet. Man geht vom historischen Vorbild aus, ohne bei ihm zu bleiben.

Der Mythos macht es, dass alles Moderne wie Bauhaus aussieht. Zumindest im Nachhinein.

[rw]

➤ Dauerwelle, Fachwerkhaus, Gemütlichkeit, Kitsch, Ordnungsliebe

Wehrmachtsbunker am Atlantikwall. Das Bauhaus hatte viele Schüler.

BERGFILM

Eigentlich dürfte es dieses Genre gar nicht geben. Der Bergfilmer verachtet Vernunft und Wissenschaft und glaubt dennoch fest an des Menschen allerhöchste Kraft. Er kehrt der technisch zugerüsteten Welt den Rücken, um in die Berge zu fliehen, und hat dabei alles im Gepäck, was die jeweilige Film- und Kameratechnik hergibt. Der Großstädter ist ihm suspekt, gleichzeitig dreht er für ihn, damit dieser sich in seinem Hamburger und Berliner (und Pariser und New Yorker) Kinosessel eine Vorstellung davon machen kann, welche Stürme über dem Mont Blanc toben. Deutschland besitzt keine spektakulären Gipfel (Verzeihung, Zugspitze! Verzeihung, Watzmann!), aber Deutsche waren es, die den Bergfilm erfunden und zum Gipfel getragen haben.

Rückblende: Freiburg, kurz vor dem Ersten Weltkrieg.
Es ist noch nicht lange her, da haben die Bilder das Laufen gelernt. In den Varietés und »Kintöppen« amüsiert *Das boxende Känguruh* der Brüder Skladanowsky das deutsche Publikum, die Brüder Lumière zeigen der staunenden Welt, wie ein Zug in einen provençalischen Bahnhof einfährt, im amerikanischen Nickelodeon darf der Zuschauer gar Zeuge eines Bahnüberfalls werden, in Italien wird der erste Monumentalfilm gedreht: *Quo vadis?*
　　Während die Bilder auf wackligen Beinen vorwärts stolpern, schickt sich der Alpinismus an, den Kinderschuhen endgültig zu entwachsen. Waren Höheneskapaden wie die Bezwingung des schroffen Mont Aiguille mit Hilfe von Leitern und anderem Werkzeug im Jahre 1492 oder die Erstbesteigung des Mont Blanc im Jahre 1786 absolut singuläre Taten, beginnt in der zweiten Hälfte des 19. Jahrhunderts der systematische Gipfelsturm: 1857 wird in London der erste Alpenverein gegründet, Österreich, die Schweiz und Deutschland ziehen in den folgenden Jahren nach. 1865 steht der Brite Edward Whymper mit seinen Begleitern auf der magischen Spitze des Matterhorns (vier der Begleiter werden den Abstieg nicht überleben). 1896 nimmt die erste alpine Rettungsorganisation ihren Dienst auf. 1911 rühmt sich der Österreicher Karl Blodig, als erster Mensch alle Viertausender der Alpen bestiegen zu haben.
　　In dieser doppelten Aufbruchssituation hält es zwei junge Männer, die beide ebenso kamera- wie bergverrückt sind, nicht länger in den Mittelgebirgen des

Schwarzwalds: Der Textilzeichner Sepp Allgeier und der Geologiestudent Arnold Fanck wollen höher hinaus. Und sie wollen denen im Tiefland zeigen, wie schön und erhaben es dort oben ist.

Der an Kant geschulte Kunsttheoretiker zuckt zusammen. Schön *und* erhaben? Wie soll das gehen? Haben wir nicht gelernt, dass das Schöne und das Erhabene krasse Gegensätze sind? Auf der einen Seite die Harmonie, das der menschlichen Wahrnehmung Wohlgefällige, auf der anderen Seite das sämtliche Sinne überfordernde, schlechthin Gewaltige, das überhaupt nur zu »genießen« ist, wenn der Mensch all seinen übersinnlichen Mut zusammennimmt und dem Anblick des Furchtgebietenden trotzt?

Solch kantianische Skrupel plagen die beiden jungen Väter des Bergfilms wenig, als sie ihre Kletter-, Ski- und Kameraausrüstung einpacken, um die ersten Dokumentarfilme im Hochgebirge zu drehen. Das Schöne und das Erhabene gehen für sie fließend ineinander über. Was kann es Schöneres geben als einen Neuschneehang, der in der Sonne glitzert? Und was Erhabeneres, als wenn plötzlich ein Wetter aufzieht und den eben noch friedlichen Hang in eine Lawinenhölle verwandelt? Die Bergdramen der 1920er und 30er Jahre, in denen der heroische Mensch in Fels und Eis ums Überleben ringt, werden die Frage, wie das Schöne zugleich das Erhabene sein kann und umgekehrt, zuspitzen – aber in seinen Kinderjahren bringt das Genre noch keine tragischen Alpinopern hervor, sondern Imposant-Lehrreiches (*4628 Meter hoch auf Skiern. Die Besteigung des Monte Rosa*, 1913) oder Rasant-Unterhaltsames (*Das Wunder des Schneeschuhs*, 1920/21).

Einzig gestört haben mag das Duo Allgeier/Fanck in seinen Anfängen, dass vor ihm bereits ein Brite seine Kamera aufs Matterhorn geschleppt hat. Aber diese Bilder sind weder schön noch erhaben genug. Es reicht nicht einfach abzufilmen, wie ein Mensch einen Berg besteigt oder auf Skiern hinabfährt – ganz gleich wie grandios alpine Leistung und Naturkulisse sein mögen. Die Spannung zwischen Mensch und Berg vermittelt sich nicht, wenn die Kamera als unbeteiligter Beobachter danebensteht. Sie muss Teil des Geschehens werden, Mensch und Berg noch näher aneinanderrücken, noch härter aufeinanderprallen lassen, mit beiden mitfiebern, nur so entsteht das magische Dreieck Zuschauer – Berg – Bezwinger. Dafür sind alle Mittel recht.

Der mittlerweile promovierte Arnold Fanck erfindet mit Sepp Allgeier, der sich künftig auf die Rolle des Kameramanns spezialisieren wird, permanent neue Filmtechniken: Da es noch keinen Zoom gibt, verwendet Regisseur Fanck schwarze, unterschiedlich ausgeschnittene Masken, die das Bild fokussieren. Immer neue Objektive gibt er in Auftrag, mischt seine eigenen Flüssigkeiten zur Negativentwicklung, später wird er zur Entwicklung der ersten Spiegelreflex-Filmkamera beitragen. Noch später lässt er eine Kamera auf einen Ski montie-

Als die Bilder Skifahren lernten: *Das Wunder des Schneeschuhs* von Arnold Fanck, 1920/21.

ren, damit der Zuschauer subjektiv erleben kann, wie es ist, einen verschneiten Hang hinunterzusausen. Die »entfesselte Kamera« wird für nie da gewesene Leinwandräusche sorgen.

In München arbeitet der Soziologe Max Weber an seiner Theorie der »Entzauberung der Welt«. Die Freiburger Bergfilmpioniere brechen derweil auf, um zu beweisen, dass noch nicht die ganze Welt entzaubert ist, und dass derjenige, der die neuesten technischen Errungenschaften recht zu gebrauchen weiß, im Gegenteil sogar dazu beitragen kann, das wenige unentzaubert Gebliebene noch mehr zu verzaubern. Der Naturbursche als Technikfreak. Der Filmtüftler als Bergfex.

Gern darf man bezweifeln, dass dem Laboratorium des Dr. Frankenstein minder Monströses entspringt, bloß weil es in die Bergwelt umzieht. Das berühmt gewordene Verdikt »präfaschistisch«, das der Filmkritiker Siegfried Kracauer über das gesamte Genre Bergfilm verhängt, greift jedoch, wie sich noch zeigen wird, zu kurz. Die Tragik des Bergfilms liegt vielmehr darin, dass er zur Vernichtung dessen, was er bewahren will, beiträgt. Die vermeintliche Versöhnung von Technik und Natur im Zeichen des Schönen bleibt trügerisch. Die auratischen Bilder von wilder, unberührter Bergwelt, die Fanck & Co. ins Tiefland hinabschicken, machen selbst dem flachländischsten Großstädter Lust auf Höhe. Die alpin-cineastischen Zauberkünstler verkünden: Der Berg ruft! Es wird nicht lange dauern, und die Zivilisation folgt dem Ruf mit immer neuen Seilbahnen, Skiliften und Pistenraupen. Aber noch ziehen die Massen nicht alpwärts, sondern bloß in den nächsten Filmpalast. Das heißt: Eine gewisse Großstädterin wird schon vorher unruhig.

Berlin, U-Bahnhof Nollendorfplatz, Juni 1924.
Eine junge Frau, im August wird sie 22, tritt von einem Bein auf das andere. Sie wartet auf den Zug, ihr Knie schmerzt, Diagnose unklar, vermutlich Bänderzerrung, sie ist auf dem Weg zum Arzt, zum x-ten Spezialisten, eine Katastrophe. Gerade einmal sechs Monate ist es her, dass ihre Karriere als Ausdruckstänzerin verheißungsvoll begonnen hat: Tanzabende in München, Berlin, ja sogar in Zürich und Prag, die Kritiken freundlich bis begeistert. Dann: ein falscher Sprung, seither der stechende Schmerz, Tanzen bis auf Weiteres passé.

Die junge Frau ist Leni Riefenstahl. Noch wird ein Jahrzehnt vergehen, bis aus ihr *die* Riefenstahl wird, die erst berühmte, dann berüchtigte Filmregisseurin der Nazis. An diesem Junitag ist sie noch eine ebenso fanatische wie frustrierte junge Tänzerin, die ungeduldig auf die nächste U-Bahn wartet.

In ihren Memoiren wird sie sich an jenen Wendepunkt ihres Lebens so erinnern: »Meine Augen glitten über die [...] Plakate der mir gegenüberliegenden Wand, und plötzlich blieb mein Blick an einem hängen. Ich sah eine Männergestalt, wie sie einen hohen Felskamin überschreitet.

1930 lernte auch die Kamera das Skifahren. Dem Kinozuschauer bescherte sie zum ersten Mal den weißen Rausch aus Sicht des Rennläufers.

Darunter stand *Berg des Schicksals – Ein Film aus den Dolomiten von Dr. Arnold Fanck*. Eben noch von traurigen Gedanken über meine Zukunft gepeinigt, starrte ich wie hypnotisiert auf dieses Bild, auf diese steilen Felswände, den Mann, der sich von einer Wand zur anderen schwingt.«

Leni Riefenstahl vergisst die U-Bahn, vergisst den Schmerz im Knie, vergisst den Arzt und geht ins Kino. Noch während der *Berg des Schicksals* läuft, beschließt sie, dass sie, die Ur-Berlinerin, dorthin muss, zu den steilen Felsnadeln und -türmen. Nie hätte sie geahnt, dass Berge so schön sein können. In der Nacht liegt sie lange wach. Eine Frage lässt ihr keine Ruhe: Ist es wirklich nur die Natur, die sie gepackt hat, oder ist es die Kunst, mit der jener Film gestaltet ist?

Rückblende: Südtirol, im Sella-Gebiet, eine Berghütte, 1923.
Der Mann, der mit halb weiß verschmiertem Gesicht aus der Hütte gestürmt kommt, tobt. »Da schäm i mi! Da schäm i mi vor die Berge!«

Dr. Arnold Fanck seufzt. Das hat er nun davon, dass er nicht mehr wie bisher mit dem eingeschworenen Grüppchen seiner Bergfreunde dreht, wo jeder mal die Kamera hält, mal selbst auf Skiern durchs Bild fegt. Wenn dieser Film nur nicht *sein* Berg des Schicksals wird. Aber was hilft's, schließlich weiß er, dass er in eine Sackgasse geraten ist. Die mehr oder weniger handlungsfreien Filme laufen nicht mehr. »Schluss mit der Kletter-Doku, Schluss mit dem Ski-Dada«, hat ein Filmkollege neulich zu ihm gesagt. »Richtiges Kino braucht richtiges Drama. Und richtiges Drama braucht richtige Darsteller.«

Schön sind die Probleme, mit denen er sich jetzt herumschlagen muss, trotzdem nicht. Angefangen hat es mit diesem Zürcher Schauspieler, der Gott weiß welche Qualitäten besitzen mochte – am Berg hat er sich jedenfalls angestellt wie ein Ochs. Gut, dass er den wenigstens los ist. Aber ob es wirklich klug war, die Hauptrolle stattdessen diesem Grödener Bergführer und Spaghettikoch anzuvertrauen?

Der Kerl brüllt immer noch. »I loss mi net schminken! Die Berge san ja a net g'schminkt!«

Gegen seinen Willen muss Dr. Fanck lächeln. Eigentlich hat der verrückte Hund recht. Und dieser Kopf! Ein Charaktermonument. Wie die Augen blitzen, wenn der sich aufregt! Die Frauen werden reihenweise in Ohnmacht fallen. Es ist schon richtig, ihn vor die Kamera zu holen, diesen – wie heißt er gleich wieder? – diesen Trenker.

Berlin, UFA-Palast am Zoo, kurz vor Weihnachten, 1926.
Das Gipfel-Trio des deutschen Bergfilms hat sich gefunden. Da steht es in leuchtenden Buchstaben: *Der heilige Berg. Eine dramatische Dichtung in Bildern aus der Natur.* Regie und Manuskript: Dr. Arnold Fanck. Hauptdarsteller: Leni

Riefenstahl. Luis Trenker. Vorausgegangen ist eine aberwitzige Geschichte. Leni Riefenstahl ist mit ihrem kaputten Knie in die Dolomiten gefahren. Eine der vielen Hauruck-Entscheidungen, die sie in ihrem Leben noch treffen wird. Bei einem Filmabend im Hotel macht sie sich an Trenker heran. Sie erklärt: »Im nächsten Film spiele ich mit.« Der Südtiroler lacht über das wilde Mädel aus Preußen. Ihr Foto steckt er dennoch ein und schickt es an Fanck. Fanck reist von Freiburg nach Berlin, der Bergregisseur und die Tänzerin trinken zusammen einen Kaffee. Jahrzehnte später wird Leni Riefenstahl notieren: »In mir tobte es wie in einem Vulkan.«

Am nächsten Morgen legt sie sich auf den OP-Tisch. Das Knie muss wieder in Ordnung gebracht werden, und zwar schnell. Wie soll sie sonst Skifahren und Klettern lernen? Tanzen muss sie auch wieder. Drei Tage nach der Operation betritt ein übernächtigter Fanck das Krankenhauszimmer. Feierlich überreicht er das Manuskript, das er sich von der Seele und Leni Riefenstahl auf den Leib geschrieben hat: *Der heilige Berg ... Ob sie nicht ...?*

Leni Riefenstahl nimmt sofort an. Der Rest jedoch: Missverständnis. Schauspielerin ja. Gespielin nein. Fanck meint, der Trenker sei schuld. Riefenstahl dementiert. Trenker dementiert. Der Verdacht bleibt.

Bei den Dreharbeiten springt der Regisseur in einen Gebirgsfluss, die Tänzerin-Schauspielerin geht mit Flaschen auf ihn los, der Bergführer-Spaghettikoch-Schauspieler, der eigentlich Architekt werden wollte, hält alle für »narrisch«.

Während das Beziehungswirrwarr im richtigen Leben dem Drehbuch der Operette folgt, schwingt es sich auf der Leinwand zur großen Oper auf. Diotima, die Tänzerin, die wie die griechische Liebesgöttin Aphrodite dem Meer entsprungen scheint, reist zum Gastspiel in die Alpen. Zwei Bergfreunde sehen sie auf der Bühne des Grand-Hotels tanzen – und verlieben sich beide in sie. Diotimas Zuneigung zu dem jungen Vigo – gespielt von einem Neffen Fancks – erschöpft sich im Neckisch-Schwesterlichen, der reifere »Freund« – gespielt von Luis Trenker – setzt ihr Herz jedoch in Flammen. Die beiden träumen schon von der Verlobung hoch droben, auf dem »schönsten Berg«, da muss Trenker mitansehen, wie seine Diotima einem Mann über den Kopf streichelt, der vor ihr kniet, das Gesicht in ihrem Schoß vergraben. Außer sich stürmt er ins Gebirge, treibt seinen jungen Bergkameraden mit in die gefährliche Nordwand hinein. Es wird Nacht, aus den Tälern kocht ein Unwetter herauf, Lawinen stürzen den Bergsteigern entgegen. Vigo will umkehren, doch Trenker fragt nur: »Hast was, woran du hängst, drunten bei dem Menschengesindel?« Da erst begreift er, dass der gestreichelte Kopf, der ihn um den Verstand gebracht hat, niemand anderem gehört als Vigo. Drohend baut er sich vor ihm auf, der Junge weicht einen Schritt zurück – und tritt ins Leere. Die ganze Nacht hält Trenker den im Nichts Baumelnden am Seil, durch Sturm und Schnee hindurch, selbst

dann noch, als er längst wissen muss, dass der andere erfroren ist. Im Morgen-
grauen sieht er Bilder von einem Eisdom vorüberziehen, in dem seine Diotima
mit ihm zum Altar schreitet. Selbst halb erfroren, erhebt er sich vom schmalen Felsband, auf dem er ausgeharrt hat – und folgt dem Kameraden in den
Abgrund.

Der Film wird ein Erfolg. Ganz im Gegensatz zu *Metropolis*, der keinen
Monat später im selben Berliner Filmpalast seine Uraufführung erlebt. Während
der andere Regisseur, Fritz Lang, den Zuschauer auf die Reise durch gigantisch-
futuristische Studiobauten schickt und dabei alle Trickregister des expressio-
nistischen Kinos zieht, verkündet Fanck im Vorspann: »Die in dem Film *Der
heilige Berg* mitwirkenden bekannten Sportsleute bitten das Publikum, ihre
Leistungen nicht für photographische Tricks zu halten, für die sie sich nicht her-
geben würden. Sämtliche Freiaufnahmen wurden wirklich in den Bergen, und
zwar in den schönsten Gegenden der Alpen, in 1½-jähriger Arbeit gemacht.«

Liest man die zeitgenössischen Kritiken, scheint es in der Tat das grandios
inszenierte Naturschauspiel, die »authentische Kulisse« zu sein, welche das
urbane Publikum fesselt. Die pathetische Handlung löst eher Spott und Befremden aus. War die schmerzliche Mühe des Dr. Fanck, fürderhin Bergfilme mit
Handlung zu drehen, für die Katz'?

Die Bilder von Wolken, Gipfeln und Schneestürmen wären weniger wir-
kungsvoll, würden sie selbstgenügsam vorüberflimmern ohne den Menschen,
der in ihnen ums Überleben ringt. Im Kern erzählt *Der heilige Berg*, was alle
nachfolgenden Alpindramen erzählen: Die Bergwelt hält der menschlichen Seele
den vergrößernden Spiegel vor. Gerät die Seele aus dem Gleichgewicht, braucht
sie sich nicht zu wundern, wenn sich auch die Natur aufbäumt.

Jeder Leinwand-Bergheld lebt zunächst in respektvoller Harmonie mit dem
Gebirge, er nähert sich ihm ohne Furcht, aber auch ohne Größenwahn: Mut und
Demut. Die Frage aller Bergfilm-Fragen (zumeist wird sie ebenso besorgten wie
bornierten Verlobten bzw. Müttern in den Mund gelegt): »Was suchst du denn
immer da oben?«, beantwortet der Held mit störrischem Schweigen. Allenfalls
lässt er sich ein »mich selbst« entlocken. Glückliche Gipfelbezwingung kann
nur gelingen, wenn sie reiner Selbstzweck ist. Für sein alpinistisches *l'art pour
l'art* zahlt der Bergheld den Preis der Einsamkeit. Das Gros der Menschen versteht ihn nicht, unten im Tal gilt er als Nichtsnutz und Narr. Mit der kitschigen
Verklärung des Bergdorfs als idealer Gemeinschaft im Gegensatz zur zersplitterten Großstadtgesellschaft hat der echte Bergfilm nichts zu schaffen. Sie ist

Noch thront er über dem
Abgrund: Luis Trenker in
Der heilige Berg.

Sache des Heimatfilms, der den Bergfilm in postheroischen Zeiten unrühmlich ablösen wird.

Nur ein Kamerad, den es selbst ebenso kompromisslos hinaufzieht, vermag den einsamen Berghelden zu verstehen. Kameradschaft ist der höchste, um nicht zu sagen, einzige zwischenmenschliche Wert, den der Bergfilm kennt. Das rückt ihn in die Nähe zum Kriegsfilm – zum »präfaschistischen« Vehikel macht es ihn noch nicht.

Die Katastrophe bahnt sich an, sobald ein Riss durch die männliche Seelen-Seilschaft geht. Der Riss kann verschiedene Ursachen haben: falscher Ehrgeiz, Rivalität um den Gipfelsieg. Am schlimmsten jedoch, und das erzählt *Der heilige Berg*: Rivalität um eine Frau.

Doch in dem Maße, in dem sich Arnold Fanck vom riefenstählernen Liebesschmerz erholt, schreibt er ihr Rollen, in denen das Weib nicht Keim des Verderbens ist, sondern selbst zur Bergkameradin aufsteigt. Im folgenden Film *Der große Sprung*, dem letzten, den Fanck/Riefenstahl/Trenker zu dritt realisieren, ist aus der Dreiecks-Tragödie bereits eine Dreiecks-Komödie geworden. In *Die weiße Hölle vom Piz Palü*, die Fanck zusammen mit dem Stummfilmregisseur G. W. Pabst dreht, kreisen zwar auch zwei Männer um Leni Riefenstahl, muss auch hier der charismatische »Alleingänger« am Schluss sterben – aber ihm, der vor vielen Jahren den Bergtod seiner jungen Ehefrau mitverschuldet hat, ist ohnehin nicht mehr zu helfen. Er opfert sich, damit zumindest jenes frisch vermählte Paar, mit dem er jetzt in einen Schneesturm geraten ist, überlebt. Leni, die wacker um ihren jungen Ehegatten kämpft, der den halben Film über bewusstlos an eine Eissäule über dem Abgrund gebunden steht, nimmt das Opfer dankend an.

Drei weitere Filme Fanck/Riefenstahl folgen, mal lässt der Regisseur seine Hauptdarstellerin als Astronomin treu Funkkontakt zum Geliebten halten, der in seiner Wetterwarte auf dem stürmenden Mont Blanc eingeschlossen ist, mal lässt er sie das tollpatschige Skihaserl geben. Zum Ausgleich darf sie als Kajak-Amazone in schmucker Robbenfelljacke mit nach Grönland, auf die gefährliche Expedition *SOS Eisberg*, ein Filmprojekt, das sich Hollywoods schwäbischer Tycoon Carl Laemmle eigentlich schon abgeschminkt hatte. Der erste Versuch, im Polarmeer zwischen Eisbergen und Eisbären einen Spielfilm zu produzieren, endet damit, dass von den 120 amerikanischen Filmleuten, die losgezogen sind, nur 19 lebend zurückkehren. Doch dann kommt Fanck, erklärt: »Herr Laemmle, ich garantiere, dass ich am zehnten Tag nach meiner Ankunft in Grönland auf dem Eisberg stehe und drehe« – und bricht auf und dreht.

Es könnte immer so weitergehen: Fanck, der Celluloid-Magier, Riefenstahl, die Outdoor-Diva, auf beide auch unter extremsten äußeren Bedingungen Verlass, Hollywoods Tore stehen offen, doch mittlerweile ...

Überlebenskämpfe in Schnee und Eis: Leni Riefenstahl mit Gustav Diessl in *Die weiße Hölle vom Piz Palü*.

Rückblende: Berlin, UFA-Palast am Zoo, März 1932.
Es ist eine Sensation. Ein Bergfilm, der ganz ohne brüllende Lawinen auskommt, märchenhaft anrührend und dennoch große Oper – gedreht von einer Frau, die tragische Hauptrolle gespielt von derselben Frau. Leni Riefenstahl steht auf dem Gipfel ihres Erfolgs, so unschuldig wird sie ihn nie wieder genießen können. Nicht nur das Berliner Publikum, die europäische Filmwelt von Paris bis London liegt ihr zu Füßen, wenige Monate später wird sie auf der Biennale in Venedig die Silbermedaille gewinnen.

Im Frühjahr 1931 beendet Leni Riefenstahl die Dreharbeiten zu jener Fanckschen Ski-Komödie, in der sie alle naslang in den Schnee purzeln und »au fein!« rufen muss. Die Arbeit mit ihrem Entdecker macht ihr keinen Spaß mehr, unterfordert ihren eigenen künstlerischen Gestaltungswillen, der längst erwacht ist. Was der Fanck kann, kann sie auch – anders, besser.

Leni Riefenstahl wäre nicht Leni Riefenstahl, wenn sie den einmal gefassten Entschluss nicht direkt in die Tat umsetzen würde. Sie treibt einen – zögerlichen – Geldgeber auf, findet in dem Cineasten Béla Balázs einen Drehbuchautor, der bessere Dialoge schreiben kann als »au fein!«, sucht sich eine Filmcrew zusammen, die bereit ist, auch für schmalstes Honorar mit ihr zu arbeiten, fährt kreuz und quer durchs Tessin und die Dolomiten, bis sie die perfekten Drehorte gefunden hat, reist unermüdlich weiter, bis sie im entlegenen Sarntal endlich auf jene scharf gezeichneten Dürer-Gesichter stößt, die ihr für die Film-Bauern vorschweben.

Leni Riefenstahl in ihrem ersten selbst gedrehten Film: »Symbolisch das Ideal, das man nie erreicht, aber immer sich wünscht und erträumt – das ist das Thema vom *Blauen Licht*.«

Das blaue Licht – Eine Berglegende kann zu leuchten beginnen ... In Vollmondnächten geht von einer Edelsteingrotte weit oben im »Monte Cristallo« ein magischer Schimmer aus. Unzählige junge Männer aus dem Tal sind schon gestorben beim Versuch, die Grotte kletternd zu erreichen. Die Einzige, die nicht abstürzt: das Mädchen Junta, das in einer einsamen Hirtenhütte lebt, weil die Dorfgemeinschaft es als »verfluchte Hexe« verstoßen hat. Ein großstadtmüder Maler nimmt Quartier im Dorf, verliebt sich in die Landschaft und bald auch in das barfüßig-zerlumpte Mädchen, das von den Dörflern mit Stangen und Steinen gehetzt wird. Er zieht zu ihr auf die Alm, doch das Idyll, das ganz ohne Worte (der Maler spricht bloß deutsch, Junta bloß italienisch) und ohne Sex auskommt, währt nur bis zur nächsten Vollmondnacht. Wieder klettert Junta mit schlafwandlerischer Sicherheit hinauf zur Grotte, berauscht sich an den glitzernden Kristallen – ohne jegliche Hintergedanken, aus reiner Freude am Schönen. Der Maler aber ist ihr heimlich gefolgt. Und woran alle Burschen aus dem Dorf scheitern: Ihm gelingt es. Er betritt als erster Mann die Grotte, Junta fährt mit einem Schrei herum, das Unglück nimmt seinen Lauf. Der Maler will nicht begreifen, dass Junta nicht begreifen will, welch großen Reichtum diese Edelsteine für das Dorf und für sie selbst bedeuten könnten – Ende der Armut, Ende der gefährlichen Kraxeleien.

Während Junta unruhig im Gebirge umherstreift, erklärt der Maler den Dörflern, auf welcher Route sich die Grotte erklettern lässt. Sie rücken an mit Leitern, Körben, grobem Brechwerkzeug. Zum ersten Mal im Film bedeckt sich der Himmel, Nebel und dunkle Wolken ziehen herauf. Junta ahnt, dass Schreckliches passiert sein muss. Angsterfüllt klettert sie abermals zur Grotte hinauf und sieht, dass ihr Heiligtum geschändet, zur Gänze ausgeraubt ist. Taumelnd macht sie sich an den Abstieg – und stürzt in die Tiefe.

Der Maler, der sie sucht, um ihr die frohe Botschaft zu überbringen, dass sie im Dorf jetzt als große Wohltäterin verehrt wird, findet ihren zerschmetterten Körper am Fuße des Berges, der nie wieder als »Monte Cristallo« in Vollmondnächten leuchten wird ...

Ein echter Bergfilm – und doch ist hier fast alles auf den Kopf gestellt. Riefenstahls Lehrmeister kennt vor allem ragende Fels- und Eistürme; sie selbst lässt ihre Protagonisten zwar auch klettern, doch nur, um in die heilige Grotte hineinzugelangen. (Der Psychoanalytiker mag seine aufrechte Freude dran haben.) Der männliche Heroe betrachtet den Berg als Gegner, den es – mit mehr oder minder fairen Mitteln – zu bezwingen gilt; das Mädchen Junta befindet sich in friedlichstem Einklang mit der ganzen Natur. Sie selbst, Gestirne, Gestein, Pflanzen, Tiere sind zur romantisch-kosmischen Einheit verschmolzen, auch die Berge stellen keine bedrohliche Herausforderung dar, sondern sind harmonischer Teil des Ganzen.

Es ist nicht ohne Tragik: Ausgerechnet Leni Riefenstahl, die dem Bergfilm zwar nicht sein heroisches Pathos nimmt, ihn aber entmartialisiert, die das Erhabene zugunsten des Nur-Schönen zurückdrängt, der die stumpfe Dorfmeute ein Graus ist, deren Regiedebüt sich als Frühwerk des Ökofeminismus ausschlachten ließe, führt es doch den Mann als Natur-Schänder und -Ausbeuter vor – ausgerechnet sie wird diejenige sein, die mit ihrer Kamera Hitler zum Leinwand-Messias für die Massen verklärt, die seinen marschierenden Horden ästhetische Wucht verleiht.

Am 18. Mai 1932, nur wenige Wochen nach ihrer triumphalen Premiere im Berliner Zoopalast, schreibt sie so impulsiv, so gedankenlos, so ehrgeizig, wie sie zuvor Trenker und Fanck bestürmt hat: »Sehr geehrter Herr Hitler, vor kurzer Zeit habe ich zum ersten Mal in meinem Leben eine politische Versammlung besucht. Sie hielten eine Rede im Sportpalast. Ich muss gestehen, dass Sie und der Enthusiasmus der Zuhörer mich beeindruckt haben. Mein Wunsch wäre, Sie persönlich kennenzulernen. Leider muss ich in den nächsten Tagen Deutschland für einige Monate verlassen, um in Grönland zu filmen. Deshalb wird ein Zusammentreffen mit Ihnen vor meiner Abreise wohl kaum noch möglich sein. Auch weiß ich nicht, ob dieser Brief jemals in Ihre Hände gelangen wird. Eine Antwort von Ihnen würde mich sehr freuen. Es grüßt Sie vielmals Ihre Leni Riefenstahl.«

Der Rest ist Geschichte – hin und wieder begreiflich, häufig abstoßend, insgesamt zum Verzweifeln. Tatsache bleibt, dass Leni Riefenstahl für die Nazis zwei Parteitagsfilme und einen Wehrmachtsfilm dreht: *Sieg des Glaubens*, *Triumph des Willens*, *Tag der Freiheit*; dass sie 1940, auf dem Tiefpunkt ihrer moralischen Integrität angelangt, die Statisten für ihren zweiten und letzten Spielfilm *Tiefland* nicht mehr in einem entlegenen Gebirgstal rekrutiert, sondern in einem von den Nazis errichteten »Zigeunerlager« nahe Salzburg.

Hat Siegfried Kracauer also doch recht, wenn ihm das ganze Genre Bergfilm nicht geheuer ist?

Bundesrepublik Deutschland, nach dem Zweiten Weltkrieg bis heute.
Der Bergfilm ist tot. Seine Macher haben sich politisch verstiegen – oder werden noch im »Dritten Reich« selbst an den Rand gedrängt. Wie Arnold Fanck, der 1934, nach der endgültigen Entzweiung mit Riefenstahl, zwar noch einen Film über die legendäre Erstbesteigung des Mont Blanc dreht, dafür aber beim mittlerweile in der deutschen Filmbranche nach Allmacht strebenden Joseph Goebbels kein Lob erntet. Der Reichspropagandaminister hätte es lieber gesehen – historische Fakten hin oder her –, dass kein Franzose, sondern ein Deutscher den höchsten Berg Europas erstbestiegen hätte. Mit dem Film über die Olympischen Sommerspiele 1936 in Berlin betraut Goebbels denn auch nicht

den Altmeister des Sportfilms – was zumindest nahegelegen hätte, schließlich war es Fanck, der 1928 den offiziellen Film von den Olympischen Winterspielen in St. Moritz gedreht hat –, sondern Leni Riefenstahl. Diese bedankt sich bei ihrem ehemaligen Mentor, indem sie fast sämtliche Kameraleute einsetzt, die durch seine »Freiburger Schule« gegangen sind, Sepp Allgeier eingeschlossen. Fanck selbst versucht sich noch an zwei weiteren Spielfilmen, den einen dreht er in Japan, den anderen in Chile und Patagonien, aber beiden Filmen ist die Verlegenheit anzusehen. In den späteren Kriegsjahren, als das einstige Bergfilmidol gar keine Aufträge mehr erhält, delegiert Leni Riefenstahl kurze Dokumentarfilme an ihn, über den Atlantikwall etwa oder den Bildhauer Arno Breker.

Nach 1945 ist Fanck endgültig arbeitslos. Nicht einmal sein Sohn vermag später zu sagen, wovon der Vater in jenen Jahren eigentlich gelebt hat. Als Holzfäller soll er sich zwischendurch verdingt haben. 1974 stirbt er im Alter von 85 Jahren als weitestgehend Vergessener.

Leni Riefenstahl ergeht es kaum besser: Die Amerikaner stufen sie nach Beendigung der Naziherrschaft zwar lediglich als »Mitläuferin« ein, in der Bundesrepublik beschränkt sich ihr Status dennoch auf den der prominenten Unperson. Als Sechzigjährige sucht sie Zuflucht bei den Nuba, lebt monatelang allein mit ihrer Kamera bei dem zu dieser Zeit von der Zivilisation noch völlig abgeschnittenen Stamm im Sudan, als über Siebzigjährige macht sie den Tauchschein, um Stachelrochen und Korallengärten zu fotografieren. Erst zu ihrem hundertsten Geburtstag im August 2002 beginnt die deutsche Öffentlichkeit, das Werk ihrer wichtigsten Filmregisseurin vorsichtig (wieder) zu entdecken. Leni Riefenstahl stirbt im September 2003.

Der Einzige des ehemaligen Bergfilm-Trios, der die historischen Brüche und Irrungen unbeschadet übersteht, ist Luis Trenker. Von 1928 an, jenem Jahr, in dem er sich mit Fanck ein für alle Mal überwirft und beschließt, sein eigener Regisseur zu werden, bis in die frühen sechziger Jahre hinein dreht und spielt er einen Film nach dem anderen, allein 24 Spielfilme werden es insgesamt, hinzu kommen etliche Dokumentarfilme. Seine Bücher erreichen Millionenauflage, nach 1959 macht er als daueraufgekratzter Berggeschichtenerzähler im jungen Medium Fernsehen Karriere.

Hat Trenker sich die Hände weniger schmutzig gemacht als Fanck und Riefenstahl?

Was den Verstrickungsgrad mit dem Verbrecherregime in Berlin angeht, steht der Südtiroler, der sich je nach machtpolitischer Wetterlage mal darauf beruft, Deutscher bzw. Österreicher zu sein, mal den Italienern nahezustehen, Fanck und Riefenstahl in nichts nach. Wie Fanck begeht auch er aus Sorge um künftige Arbeitsmöglichkeiten die ebenso erbärmliche wie unnütze Dummheit, 1940 doch noch in die NSDAP einzutreten. (Leni Riefenstahl kann zwar von sich sagen, nie der Partei beigetreten zu sein – andererseits war es für die Nazis umso wirkungsvoller, behaupten zu können, dass mit dem »Fräulein Riefenstahl« eine unabhängige Künstlerin für sie arbeitete.) Im Übrigen kollaboriert Trenker, nachdem er bei den deutschen Faschisten in Ungnade gefallen war, munter mit den italienischen, was sich für seine weitere Karriere als hilfreich erweist. Kurz vor der Machtergreifung schreibt Joseph Goebbels in sein Tagebuch: »Abends Film. Luis Trenker *Der Rebell*. Die Spitzenleistung. Ein nationalistischer Aufbruch. Ganz große Massenszenen. [...] Hitler ist Feuer und Fett.« Als Trenker in der Frage, ob Südtirol italienisch bleiben oder ins Deutsche Reich abwandern soll, herumlaviert und auch noch einen Film (*Der Feuerteufel*) dreht, in welchem er eine Geschichte aus der Zeit der Kärntner Befreiungskämpfe gegen Napoleon erzählt, die sich durchaus als unfreundlicher Kommentar zu dem aktuellen Schinder Europas betrachten lässt, weichen »Feuer und Fett« Gift und Galle. »Ein Schuft und vaterlandsloser Geselle! Hinhalten und eines Tages erledigen«, notiert Goebbels über Trenker im März 1940. Über das »Frl. Riefenstahl« klagt er 1941, dass sie ihm »Sorge mit ihrem *Tiefland*-Film« mache – »eine hysterische Person, die jeden Tag etwas Neues hat«.

Diese Tagebucheinträge des markigen Schwätzers taugen nicht, um aus den Bergfilmern heimliche Widerstandskämpfer zu machen, als welche sie sich nach 1945 hin und wieder zu stilisieren versuchen. Es ist jedoch aufschlussreich, dass die einstigen Aushängeschilder nicht mehr recht brauchbar erscheinen, wenn es darum geht, in Kriegszeiten die Heimatfront auf Zack zu bringen oder harmlos zu bespaßen. Wichtiger werden jetzt Regisseure wie Veit Harlan, der bereit ist, den antisemitischen Hetzstreifen *Jud Süß* zu drehen, oder Schauspieler wie Heinz Rühmann, dessen *Feuerzangenbowle* das deutsche Gemüt vom realen Grauen ablenken soll.

In *Der Berg ruft*, seinem bis heute berühmtesten Film aus dem Jahre 1937, lässt Luis Trenker die Dorfgemeinschaft den Berg-Helden – d. h. sich selbst – als »Lump« und »Landesverräter« beschimpfen, als dieser verkündet, das Matterhorn nicht zum Ruhme des italienischen Vaterlandes, sondern gemeinsam mit seinem Kameraden, dem Briten Edward Whymper, erstbesteigen zu wollen. Es gibt keinen Zweifel, auf wessen Seite Trenkers Sympathien in diesem Film liegen. Auch *Der Berg ruft* verklärt Kameradschaft zum höchsten Wert – Untertanengeist und Gehorsam verachtet er. Nationalchauvinismus bringt die Seele des Gipfelstürmers noch mehr aus dem Tritt als die Verlockungen des Weibes. Mit echten Bergfilm-Helden lässt sich kein Staat machen, schon gar kein totalitärer. Deshalb ist es unangemessen, dieses Genre, das wie kein zweites (außer dem amerikanischen Western) den unabhängigen, erratischen Einzelgänger feiert, als »präfaschistisch« zu verdammen.

Hätte Luis Trenker lediglich seine heroischen und freiheitskämpferischen Bergdramen gedreht, er wäre in der Bundesrepublik der fünfziger und sechziger Jahre vermutlich ebenso von der Bildfläche verschwunden wie Fanck und Riefenstahl. Allenfalls spätere Generationen hätten den einstigen Bergrebellen als schräge Kultfigur wiederentdeckt. Doch Trenker liefert auch den gefälligen Bergfilm ohne tragische Spitze. Bereits in seinem Auswandererfilm *Der verlorene Sohn* von 1933/34, in dem es ihn bis nach New York verschlägt – allerdings nur, damit er am Schluss umso reumütiger in sein Bergdorf zurückkehren kann –, singt er das Hohelied auf die Heimat, das älplerische Idyll, in dem das brave Maderl unterm Marterl sitzt, Schafe hütet und strickt, während der Dorflehrer doziert: »Wer nie fortkommt, kommt nie heim!« Die schroffen Gipfel rücken in kulissenhafte Ferne, der Bergfilm hockt sich fest auf der Alm – und auf der Alm, da gibt's nicht nur koa

Ein Mann, ein Berg. Filmplakat von 1937.

Sünd', sondern auch koa Drama. Das Heroisch-Romantische verkommt zum Pathetisch-Kitschigen. Bei Schnulzen wie *Von der Liebe besiegt* darf sich der Nachkriegsspießer, der von den lauten Tönen für immer genug hat, seufzend im Sessel zurücklehnen. Auch wenn der Untertitel einmal mehr ein *Schicksal am Matterhorn* ankündigt, kann er sich schon beim Betrachten des Filmplakats darauf verlassen: Dieses Postkarten-Gipfeli frisst keine Menschen mehr.

Luis Trenker stirbt 1990 im Alter von knapp 98 Jahren in Bozen. Sein Grab in seiner Heimatgemeinde St. Ulrich in Gröden wird zur Pilgerstätte. Der Berg schweigt.

[td]

▶ Abgrund, Forschungsreise, Heimat, Mittelgebirge, Sehnsucht, Wanderlust, das Weib

BIERDURST

Im wunderschönen Monat Mai,
Die Tage wurden länger,
Erwacht' in mir der große Durst,
Der alte Seelenfänger.

Die Reise begann im Norden,
Wo Deutschland an Dänemark grenzt,
Ich setzte mich an den Hafen,
Sah ein Schiff, trank ein Pils, das flenst.

Zum Wattenmeer zog es mich westwärts,
Herb friesisch umfing mich der Wind,
Pfiff so lustig im Hals meiner Flasche,
Macht' ich auf Nummer zwei, geschwind.

In Bremen traf ich vier Tiere,
Die wollten Musiker sein,
Ich öffnete meine Börse
Und lud zum Maibock sie ein.

Schön fand ich es auch an der Alster,
Das Wasser floss gurgelnd vorbei,
Setzt' den Urtypen rasch an die Lippen
Trank ihn aus, frug ihn nicht, wer er sei.

»Aus Stralsund stammt's Bier der Gerechten!«,
So rief es der Mann vorn am Bug,
Störtebeker sein klangvoller Name,
Stürzt' den Becher, vier Liter im Zug.

Hinunter ging's stracks in die Heide,
Ein Schnücklein sprang neben mir her,
Ich dankt' es ihm mit einem Schwarzbier,
Die Stammwürze schmeckte mir sehr.

Und doch musst' ich weiter gen Osten,
Zur Hauptstadt, zur Weißen mit Schuss,
Ich hatt' es dem Schultheiss versprochen,
Beim Kindl war lang' noch nicht Schluss.

Ein Badebier nahm ich im Kloster,
War gut für Haare und Haut,
Das Handtuch reicht' mir ein Pilger,
Viel zu sagen der Mann sich nicht traut'.

Im Keller des Böhmischen Brauhaus'
Gärt ein Eisbier, gar kalt und gar klar,
Ich legte mich froh an den Elbhang
Zu der Zecher munterer Schar.

Die Schriftsteller Oskar Maria Graf und Bertolt Brecht 1943 in New York. Ein Humpen Heimat in Zeiten des Exils.

Die Thüringer lieben das Brauen,
Meister Goethe liebte es nicht,
Drum liebt' er auch nicht die Frau Luther,
Deren Bier allerdings ein Gedicht.

So wandert' ich weiter nach Hessen,
Die schäumende Vielfalt auch dort,
Grüßt' die Wälder und Seen und Auen,
Schlürft' am Herz der Natur ein Export.

In Köln ist der Kellner ein Köbes,
Zum Servieren benutzt er den Kranz,
Ich spendierte ihm gerne ein Stößchen,
Drauf er sprach, sein Name sei Franz.

Alt durft' ich dort leider nicht werden,
Mich lockt' ein erfrischender Trunk
Nach Lahnstein zu dem Martinator,
Satt rotgold, glanzfein hell, welch ein Prunk!

Der nächste Malzkörper im Saarland:
Ein Landbier, so hopfig wie mild,
Auch dem Zwickelbier war ich nicht abhold,
Hefetrüb sah im Glas ich mein Bild.

Im Schwarzwald fand ich ein Lager,
Unter Tannen sehr dunkel und hoch,
Ein Zäpfle fiel mir in den Humpen,
Wirtin Biergit lachte da noch.

Und endlich kam ich nach Bayern,
Beim Paulaner brannte noch Licht,
Maß für Maß nähert' ich mich dem Weißbier,
Betrunken war ich wohl nicht.

[td]

➤ Abendbrot, Feierabend, Heimat, Kleinstaaterei, Narrenfreiheit,
Reinheitsgebot

BRUDER BAUM

Mit Bäumen ist in Deutschland nicht zu spaßen. Vereisen im Winter die Gehwege, bricht sich das alte Mütterchen den Oberschenkelhals. Salz gestreut wird trotzdem nicht. Denn das wissen die Baumschutzbehörden zu vermelden: Streusalz ist eine echte Gefahr für unsere Straßenbäume. Und in Gefahr möchte das alte Mütterchen den Lindenbaum vor seiner Tür keinesfalls bringen. Schnitt sie nicht in seine Rinde so manches liebe Wort? Und fand sie nicht stets Ruhe dort, wenn ein falscher Bube ihr das Herz gebrochen? Bevor der alte Lindenbaum eine Blattrandnekrose riskiert, riskiert das alte Mütterchen den Oberschenkelhals.

Des Mütterchens rüstige Schwester fährt derweil nach Stuttgart, um sich dort an einen Baum zu ketten. Stadt, Land, Bund und Bahn möchten einen neuen Bahnhof bauen. Dafür aber sollen jahrhundertealte Platanen im benachbarten Schlossgarten gefällt werden. Die deutsche Seele blutet. Und kämpft. Umsonst. Die Platanen müssen ihr Leben lassen. Ihre Kronen werden abgesägt, ihre Stämme geschreddert, ihre Wurzeln aus dem Erdreich gerissen. Des Mütterchens rüstige Schwester sagt, sie habe seit dem Zweiten Weltkrieg nichts Schrecklicheres gesehen. Die Bilder der schwäbischen Baumschützer bringen es bis in die *New York Times*.

Wer sich an Bäumen vergreift, dem ist nicht über den Weg zu trauen. Das weiß schon Reichsgründer Otto von Bismarck. In seiner Autobiografie *Gedanken und Erinnerungen* urteilt er über Leo von Caprivi, der 1890 als sein Nachfolger ins Berliner Reichskanzlerpalais einzieht: »Ich kann nicht leugnen, dass mein Vertrauen in den Charakter meines Nachfolgers einen Stoß erlitten hat, seit ich erfahren habe, dass er die uralten Bäume vor der Gartenseite seiner, früher meiner, Wohnung hat abhauen lassen.«

Wäre der »Eiserne Kanzler« bereit, die Schlichtungsverhandlungen im nächsten Baumkampf zu leiten? Oder würde er lieber im schattigen Garten seiner Altersresidenz sitzen bleiben, während vom Nachbargrundstück ein leises Lied herüberweht: »Mein Freund, der Baum, ist tot. Er fiel im frühen Morgenrot ...«

Holzfällen in Deutschland ist eine heikle Mission. Seit 723. Bei Geismar im heutigen Nordhessen stand einst eine mächtige Eiche. Sie war dem Wetter- und

Geschockte Germanen im heiligen Hain: Geismar, 723 (links), und Stuttgart, 2010 (rechts).

Gewittergott Donar geweiht. Die alten Germanen verehrten diese Eiche als eines ihrer wichtigsten Heiligtümer, erflehten in ihrem Schatten freundliches Klima und wanden ihr Kränze. Doch dann kam Bonifatius. Der christliche Missionar war aufgebrochen, den heidnischen Germanen zu beweisen, dass ihre Götter machtlos seien. Unter dem Schutz von Soldaten fällt er die Donar-Eiche. Kein Gewitter verdunkelt den Himmel. Kein Blitz erschlägt ihn. Aus dem Holz der Donar-Eiche lässt Bonifatius eine Kapelle bauen und weiht sie dem Heiligen Petrus. Die Chatten (Hessen) werden als erster germanischer Stamm außerhalb der schon zu Römerzeiten missionierten Rheinlande christlich. (An dieser Stelle eine kleine Empfehlung an den Chef der Deutschen Bahn: Sollten wieder einmal Platanen gefällt werden müssen – nicht schreddern, sondern Wartesaalbänke schreinern lassen.)

Obwohl die bedeutsamste Baumfällung in der Geschichte Deutschlands mit einem Triumph des Christentums endet, scheint sie dunkle Flecken auf der deutschen Seele hinterlassen zu haben. Ist es nicht subtile Rache für die Donar-Eiche, wenn der romantische Poet Max von Schenkendorf knapp 1100 Jahre später sein Gedicht *Der Dom zu Köln* mit den Versen eröffnet: »Es ist ein Wald voll hoher Bäume, / Die Bäume seh' ich fröhlich blüh'n, / Und aus den Wipfeln fromme Träume / Zum fernen Reich der Geister flieh'n.«

Tief im Innern der christianisierten Brust pocht noch immer das altgermanische Baumherz. Das schreckt auch nicht davor zurück, dem donnerndsten aller deutschen Christenmenschen, Martin Luther, von Wittenberg bis Schwieberdingen Eichen, Buchen oder Linden zu widmen, als habe es den Zwischenfall von 723 nie gegeben. Wer glaubt, der Reformator sei mit diesem postumen

Götzendienst einverstanden – schließlich habe er selbst erklärt, er würde heute noch ein Apfelbäumchen pflanzen, wenn er wüsste, dass morgen der jüngste Tag wäre –, sei gewarnt: Das sonntagsbeliebte Zitat ist in Luthers Schriften nirgends zu finden. Zum ersten Mal taucht es in einem Rundbrief der hessischen Kirche vom Oktober 1944 (!) auf.

Der Deutsche sucht das Gespräch. Mit Bäumen. Der ertaubende Beethoven flieht, wann immer er kann, in die Natur und notiert dazu in seinem Notizbuch: »Mein unglückseliges Gehör plagt mich hier nicht. Ist es doch, als wenn jeder Baum zu mir spräche auf dem Lande, heilig! Heilig!« Erich Kästner, sonst nicht gerade für sentimentalen Überschwang bekannt, dichtet in *Die Wälder schweigen*: »Die Seele wird vom Pflastertreten krumm. / Mit Bäumen kann man wie mit Brüdern reden / und tauscht bei ihnen seine Seele um.« Und Hermann Hesse ist überzeugt: »Wer mit ihnen [den Bäumen] zu sprechen, wer ihnen zuzuhören weiß, der erfährt die Wahrheit.« Fragt sich nur: Die Wahrheit worüber? Über sich selbst? Über das Wesen des Baumes? Das Wesen des Deutschen, Ring für Ring eingelagert im Gedächtnis des alten Stammes? Lauschen wir den Bäumen selbst!

(*Auftritt Eiche*.)
EICHE: Was schert es eine deutsche Eiche, wenn sich eine Wildsau an ihr reibt.
(*Auftritt Linde*.)
LINDE: Spar dir die Grobheit. Man hat eine ernsthafte Frage gestellt.
EICHE: Dann antworte du doch. Du warst ja immer die große Trösterin, Versteherin. (*Beginnt zu singen*) »Am Brunnen vor dem Tore, da steht ein Li-hindenbaum ...«
LINDE: Es ist wahr, ich habe Generationen von Deutschen Trost geboten. In meinem Schatten haben sie geträumt, geliebt, geweint. Unter meinem Blätterdach haben sie getanzt. Unter meinem Schirm wurde Recht gesprochen. Mich haben sie nach ihrer friedlichen Wiedervereinigung in die Mitte des Landes gepflanzt. Während du sie stets zu Irrsinn angestachelt hast. Eisernes Kreuz, Ritterkreuz, Eichenlaub noch am schwärzesten Kragenspiegel. (*Beginnt zu singen*) »Heil dir im Eiiiiiichenkranz, Fürstin des Aaaaabendlands, Heil Deutschland dir!«
EICHE: Ist es mein Fehler, dass ich aus einem härteren Holz geschnitzt bin als du? Dass diese verrückten Deutschen gemeint haben, sie müssten sich ausgerechnet unter meinem Banner aufführen wie die Axt im Wald? Mach mich nicht verdächtiger, als ich bin! Die Franzosen haben mich schließlich auch verehrt.
LINDE: Besonders wenn sie Könige geköpft haben.
EICHE: Mir liegt das Heroische nun einmal mehr als das Empfindsame. Keiner

hat das so erkannt wie mein Hölderlin. (*Gerät ins Schwärmen*) »Aus den Gärten, komm ich zu euch, ihr Söhne des Berges! ... Eine Welt ist jeder von euch, wie die Sterne des Himmels lebt ihr, jeder ein Gott, in freiem Bunde zusammen ...«

LINDE: Und wo hat ihn seine Leidenschaft hingebracht? Wahnsinnig geworden ist er.

EICHE: Du bist doch nur eifersüchtig, weil er sich nicht an deinem Stamm ausgeheult hat.

(*Auftritt Buche.*)

BUCHE: Verzeiht, wenn ich mich in euer Gespräch einmische, aber als Buche sollte ich ein Wörtchen mitreden, wenn es um Deutschland geht. Ich bin die Mutter des deutschen Waldes, ich habe dieses Land schon bewachsen, da hat es euch noch gar nicht richtig gegeben. In Buchentafeln wurden Runen geschnitzt, dem Buchenstab verdankt sich der Buchstabe, und keiner hält ein Buch in der Hand, ohne an mich zu denken. Die gotischen Säulen der Dome erinnern an meine Stämme, Herr Mörike hat mir eins seiner schönsten Gedichte gewidmet: »Ganz verborgen im Wald kenn' ich ein Plätzchen, da stehet eine Buche, man sieht schöner im Bilde sie nicht ...«

(*Auftritt Tanne.*)

TANNE: Wenn man euch zuhört, könnte man meinen, dieses Land bestünde nur aus Laubbäumen.

EICHE: (*stimmt an*) »O Tannenbaum, o Tannenbaum ...«

TANNE: Ja, ja, ja, zur Weihnachtszeit bin ich ihnen willkommen, aber auch dann nur, wenn sie mich mit Lametta und Nippes verhunzen und mich halb abfackeln können. Und kaum ist Januar, fliege ich auf die Straße.

LINDE: Ich verstehe deinen Schmerz, aber ganz so düster sieht die Wahrheit nicht aus. Es gibt den *Tannhäuser*. Und auch sonst kommst du in vielen schönen Märchen vor: »Schatzhauser im grünen Tannenwald, bist schon viel' hundert Jahre alt, dein ist all' Land, wo Tannen steh'n, lässt dich nur Sonntagskindern seh'n ...«

TANNE: Und wie heißt das Märchen? *Das kalte Herz*! Während eure Deutschen jeden Laubbaum, der sich ihnen in den Weg stellt, umarmen, als wär's der eigene Bruder, machen sie mit uns, was sie wollen. Die meisten Baumschutzverordnungen kennen mich noch nicht einmal. Als Nutzholz sind wir ihnen gerade recht, aber wenn's ums große Gefühl geht – Fehlanzeige.

BUCHE: (*singt*) »Hohe Tannen weisen die Ste-herne von der Iser wildschäumender Flut. Liegt das Lager auch in weiter Fe-herne, doch du, Rübezahl, hütest es gut ...«

TANNE: Ihr prahlt mit Mörike und Hölderlin. Und mich wollt ihr mit Heino abspeisen.

BUCHE: Das Lied ist viel älter als Heino.

TANNE: Weiß ich. Musste oft genug zuhören, wenn's die Klampfenpimpfe in Böhmen gesungen haben.

BUCHE: Die Vertriebenenverbände singen es heute noch gern. Aber es gibt da auch ein sehr schönes Rilke-Gedicht: »Die hohen Tannen atmen heiser ...«

TANNE: Buche, du nervst. Diskutiert ohne mich.

(*Tanne ab. Schweigen im Walde.*)

LINDE: Soll ich ihr hinterher gehen? Meint ihr, sie tut sich was an?

BUCHE: (*nachdenklich*) In einem Punkt spürt sie schon etwas Richtiges. Ein Baum, der das ganze Jahr gleich grün im Gelände steht, kann nicht Anspruch darauf erheben, *der* deutsche Baum zu sein. Wer dieses *Stirb und werde!* nicht hat, dieses alljährliche Ausschlagen, Aufblühen, Verdorren, Kahlsein – wie soll der das deutsche Gemüt in all seiner unruhigen Tiefe widerspiegeln? – Wenn ihr mich bitte entschuldigen würdet. Ich denke, ich sollte eine kleine Abhandlung darüber schreiben.

(*Buche ab.*)

LINDE: Ich mache mir wirklich Sorgen. Vielleicht gelingt es mir, die Tanne vor einer Dummheit zu bewahren.

(*Linde ab.*)

EICHE: Und wer bleibt am Schluss mal wieder übrig?

(*Eiche allein. Auf der Lichtung erscheint die deutsche Schriftstellerin.*)

DEUTSCHE SCHRIFTSTELLERIN: Liebe Eiche, verzeih, dass ich dich störe, aber ich wollte dich die ganze Zeit schon etwas fragen. Nur war es mir unangenehm, solange die anderen dabeistanden.

EICHE: (*mürrisch*) Ja?

DEUTSCHE SCHRIFTSTELLERIN: Die Geschichte am Ettersberg.

EICHE: Was soll da gewesen sein?

DEUTSCHE SCHRIFTSTELLERIN: Sag nicht, du hast das vergessen. Die Goethe-Eiche in Buchenwald.

EICHE: Damit habe ich nichts zu schaffen. Das ist euer Problem.

DEUTSCHE SCHRIFTSTELLERIN: Das leider auch zu deinem Problem geworden ist. Wie sollen wir noch unbeschwert über dich schreiben nach dem, was die Nazis dort getan haben?

EICHE: Was kann ich dafür, dass die braunen Barbaren mich damals als einzigen Baum zwischen Lagerküche und -wäscherei haben stehen lassen? Und nur, weil der Herr Geheimrat in meinem Schatten herumpoussiert haben soll? Im Übrigen habe ich meine Strafe bekommen, als mich irgendein amerikanischer oder britischer Bomber 1944 abgeschossen hat. Lassen wir das. Gefühlsduselei war mir stets zuwider.

DEUTSCHE SCHRIFTSTELLERIN: Gefühlsduselei? Lagerhäftlinge mussten deine

Christentum und Baumverehrung: Im Fall der »Balzer-Herrgott-Buche« gehen sie eine friedliche Symbiose ein.

verkohlten Reste abholzen! Weißt du, was Joseph Roth in seinem letzten Artikel, kurz vor seinem Tod im Pariser Exil, über dich geschrieben hat?

EICHE: Wenn du deutsche Geschichte diskutieren willst, geh zur Buche! Schließlich hat sie das noch größere Problem. *Buchenwald*! Was für ein Name für ein Konzentrationslager! Und wieder alles nur wegen Goethe. Weiß doch heute ohnehin keiner mehr, dass er die Eingebung zu *Wanderers Nachtlied* am Ettersberg hatte.

DEUTSCHE SCHRIFTSTELLERIN: Ich lese dir vor, was Joseph Roth im Mai 1939 über dich geschrieben hat: »Fürwahr! man verbreitet falsche Nachrichten über das K-Lager Buchenwald; man möchte sagen: Greuelmärchen. Es ist, scheint mir, an der Zeit, diese auf das rechte Maß zu reduzieren: An der

Kein Apfelbäumchen, sondern die erste von 7000 Eichen pflanzte Joseph Beuys am 16. März 1982 im Rahmen der *documenta 7* in Kassel. Das Ende der Aktion, die unter dem Motto *Stadtverwaldung statt Stadtverwaltung* stand, erlebte der Künstler nicht mehr. 1987 pflanzte Sohn Wenzel den letzten Baum. Mit Kosten von 4,3 Millionen D-Mark waren die 7000 *Eichen* eines der teuersten Kunstprojekte ihrer Zeit.

Eiche, unter der Goethe mit Frau von Stein gesessen ist – und die dank dem Naturschutzgesetz noch wächst –, ist bis jetzt, meines Wissens, noch kein einziger der Insassen des K-Lagers ›angebunden‹ worden; vielmehr an den anderen Eichen, an denen es in diesem Wald nicht mangelt.«
Eiche: In meinen Stamm ist die Schande für immer eingeschrieben. Soll ich mir jährlich die Rinde herunterreißen, damit kein Holz darüber wächst?
Deutsche Schriftstellerin: Du sollst mir nur helfen in meiner Ratlosigkeit.
Eiche: Kind, das musst du mit dir allein ausmachen.
(*Die Eiche verschwindet im Dunkel.*)

Da stehen wir also. Befangen. Beklommen. Und wissen nicht weiter. Das Gespräch mit Bäumen hat seine Unschuld verloren. Wenn die größten Baumschützer die größten Bestialitäten begehen – wem ist dann noch zu trauen? Der Baumschützer kann sich nicht länger in der Gewissheit wiegen, er sei schon deshalb ein guter Mensch, weil er ein Herz für Bäume hat. Ein Herz für Bäume beweist nichts. Aber kein Herz für Bäume beweist noch weniger. Ein Eichenwald ist kein Damm gegen den Zivilisationsbruch. Und dennoch wird die Welt kein zivilerer Ort, wenn wir vergessen, dass die Bretter, die die Zivilisation bedeuten, einmal ein Eichenwald gewesen sind.

Lauschen. Nicht brüllen. Vielleicht ist es das Einzige, was wir unter Bäumen lernen können. Lauschen wir deshalb zum Schluss einem, dem es gelingt, Bäume zu lieben, ohne der Baumhysterie zu verfallen – obwohl er ein Deutscher ist.

»Erlauben Sie mir zunächst, mich vom Verdacht einer lavendelduftenden Sentimentalität zu reinigen [...] Wir wissen alle, dass Autostraßen nötig sind; dass brave grüne Idyllen vernichtet werden müssen, wollen wir nicht in einem Naturschutzmuseum vegetieren [...] Was aber ist Deutschland, wenn nicht seine Wiesen, seine Wälder, seine Flüsse und seine Bäume? [...] Aus dem Getöse der Autos, den Schreien der Sirenen und den kurvenheulenden Bahnen steigt leise und fast unhörbar ein Gedanke in die Welt, der neu und alt zugleich ist: der nämlich, dass sich die Seele nicht töten lässt. Dass sie derer spottet, die sie auf Flaschen ziehen wollen. Die sie registrieren wollen. Dies ist vielleicht eine seelenlose Zeit. Aber es ist eine, die die Seele sucht.

Nun ist ein alter Baum ein Stückchen Leben. Er beruhigt. Er erinnert. Er setzt das sinnlos heraufgeschraubte Tempo herab, mit dem man unter großem Geklapper am Ort bleibt. Und diese alten Bäume sollten dahingehen, sie, die nicht von heute auf morgen nachwachsen? Die man nicht ›nachliefern‹ kann? Die nicht in Serien, frei ab Wald, wieder aufgebaut werden können? Nur, damit Beamte etwas zu regieren haben? Nein, das muss nicht sein. Sie sollen stehen bleiben, uns Schatten spenden und leben – gegen die Tollheit betriebsseliger Kleinbürger im Geist und im Amt.«

Dies schreibt in Berlin am 10. Dezember 1930: Kurt Tucholsky.

[td]

➤ FREIKÖRPERKULTUR, GERMAN ANGST, JUGENDHERBERGE, MITTELGEBIRGE, SCHREBERGARTEN, WALDEINSAMKEIT, WANDERLUST

BUCHDRUCK

Es war zunächst einmal eine technische Erfindung und sollte, wie bei Erfindungen üblich, die Sache einfacher machen. Johannes Gutenberg, ein Mainzer Goldschmied, hat um die Mitte des 15. Jahrhunderts ein maschinelles Drucksystem mit beweglichen Metalllettern eingeführt: seine Druckerpresse. Als er sie in Gang setzte, spielte die Klosterhandschrift noch eine praktische Rolle. Es ging schließlich um gleich bleibende Bücher wie die lateinische Bibel, und selbst das Abschreiben zur Vervielfältigung hatte Schönschrift zu sein. Hierzu hätten feste Druckplatten genügt. Die fest gegossenen hielten sogar länger.

Mit Gutenbergs losen Lettern schien es, als gewinne auch der Text an Dynamik. Es war die größte Revolution der Informationsmöglichkeiten, und die Technik war Teil dieser Revolution. Das Verfahren blieb über Jahrhunderte fast unverändert und ist auch heute noch im Prinzip das gleiche.

Gutenbergs Druckverfahren breitete sich in ganz Europa aus. Die meisten Druckorte aber gab es im Heiligen Römischen Reich Deutscher Nation. Die durchschnittlichen Auflagen lagen anfangs bei 150 bis 250 Exemplaren, das meiste wurde in lateinischer Sprache gedruckt. Im darauffolgenden 16. Jahrhundert war die Luther-Bibel das auflagenstärkste Buch.

Der Buchdruck spielte eine entscheidende Rolle bei der Verbreitung der Ideen am Ende des Mittelalters, ohne ihn wäre die Neuzeit nicht oder weit langsamer in Gang gekommen. Ohne den Setzkasten Gutenbergs und sein Zusammentreffen mit der Luther-Bibel wäre die Reformation viel schwerer durchzusetzen gewesen, vielleicht sogar undurchführbar. Frankreichs König Franz I. machte 1535 sogar den Versuch, das Drucken jeglicher Bücher mit dem Bann zu belegen.

Mit Gutenberg nimmt das Buch nicht nur seine moderne Gestalt an, es entsteht auch der Buchmarkt, und mit dem Schriftsteller Luther tritt der Bestsellerautor in Erscheinung. Marshall McLuhan, der große Medientheoretiker des 20. Jahrhunderts, hat das von ihm vermessene Buchzeitalter 1962 als »Gutenberg-Galaxis« bezeichnet, eine Hommage an den Patrizier aus Mainz. Über den man im Übrigen kaum etwas weiß, außer dass er mit den Zünften in Konflikt geriet, nach Straßburg ging und erst nach vielen Jahren zurückkehrte, verschul-

In der Gutenberg-Galaxis: seit 500 Jahren der gleiche Blick auf den Druckbogen.

det, aber hartnäckig im Glauben an seine Erfindung, deren Perfektionierung er sein ganzes Leben widmete.

Der Setzkasten hat dem Bürger den Zugang zum Buch ermöglicht, er hat aber auch den Buchdrucker als soziale Gruppe hervorgebracht, den Proletarier mit Monokel, der die Bildung zum großen Thema für die Arbeiterschaft im 19. Jahrhundert erklärte. Aus seinen Reihen gingen zahlreiche Arbeiterinteressenvertreter und nicht zuletzt SPD-Politiker hervor: der erste gewählte Präsident der Weimarer Republik, Friedrich Ebert; Philipp Scheidemann, einflussreiches Vorstandsmitglied der Partei und in den goldenen 1920er Jahren Oberbürgermeister in Kassel; Max Kegel, der Herausgeber des *Sozialdemokra-*

tischen Liederbuches (1891); J. H. W. Dietz, der Verleger der *Sozialdemokratie*; aber auch Otto Grotewohl, Mitbegründer der SED und Marionette Walter Ulbrichts.

Buchdrucker war stets mehr als ein Beruf. Das belegt auch die Sprache des Milieus, die als Fachsprache entstanden ist, aber in ihrer Verklausulierung den Kennern die Möglichkeit gab, sich vom Rest der Kleine-Leute-Welt abzuheben. Als Beispiel die kurze Beschreibung eines alten Rituals des Druckergewerbes, des Postulats: Man trägt dazu den Cornuten-Hut. Dieser wird dem Cornuten aufgesetzt, wenn er zum Postulat schreitet. Bei der Deposition wird er ihm vom Depositor abgenommen. Der Cornut (lat. der Gehörnte) ist ein junger Buchdrucker, der ausgelernt hat, aber noch nicht unter die Gesellen aufgenommen wurde, wozu er erst der feierlichen Deposition bedarf, im Rahmen derer er seine Hörner ablegt, sie abstößt. Ursprünglich ein Studentenbrauch, den die Drucker übernommen haben. Mit dem Postulat ist also die Forderung und der Prozess der Aufnahme unter die Gesellen gemeint.

[rw]

➤ E(RNST) UND U(NTERHALTUNG), KULTURNATION, PFARRHAUS, REFORMATION

DAUERWELLE

Sehr geehrter Karl Ludwig Nessler,
verzeihen Sie, dass ich Ihre Totenruhe störe. Aber mein Friseur hat mir erzählt, dass Sie derjenige waren, der die Dauerwelle erfunden hat. Seither lässt mir die Frage keine Ruhe, ob es Zufall war, dass Sie, ein Bub aus dem Schwarzwald, zum Vater der Dauerwelle wurden, oder ob es einen tieferen Zusammenhang gibt, dass ausgerechnet ein Deutscher der Welt die Dauerwelle beschert hat.
   Mit herzlichem Gruß,
*   Ihre Thea Dorn*

Sehr verehrte Frau Dorn,
haben Sie Dank für Ihre interessierten Zeilen! Gern will ich versuchen, Ihnen zu antworten, wenngleich ich sehr beschäftigt bin, das Haarverhalten unter Jenseits-Bedingungen zu erforschen. (Ich wage zu behaupten, dass ich kurz vor einem großen Durchbruch stehe, aber bitte verstehen Sie, dass es mir zum jetzigen Zeitpunkt ratsam scheint, mich diesbezüglich in Schweigen zu hüllen. Sie machen sich keine Vorstellungen, mit welcher Kaltblütigkeit meine wirtschaftlichen Ideen seit je gestohlen wurden.)
   Wie Sie sehr richtig schreiben, stamme ich aus dem Schwarzwald, aus Todtnau, um genau zu sein. Wenn ich recht unterrichtet bin, wurde mir dort die Freundlichkeit eines kleinen Museums zuteil. Das zeigt, dass ich im Herzen meiner Landsleute nicht gänzlich vergessen bin – so wie ich meine Heimat nie vergessen werde, auch wenn ich ihr bereits früh den Rücken gekehrt habe, um mein Glück in der Schweiz, in Frankreich, in England und zuletzt gezwungenermaßen in Amerika zu suchen. Meinen Salon in London, den ich mit so viel Mühe und Fleiß aufgebaut hatte, musste ich nach Ausbruch des Ersten Weltkriegs aufgeben, weil ich in England plötzlich nicht mehr »Charles Nestlé« war, der Mann, der die Haare von Londons Damenwelt so verlässlich zu wellen verstand wie kein zweiter, sondern zum »feindlichen Ausländer« wurde.
   Falls Sie sich über meinen französischen Namen wundern: Den »Karl Ludwig« hatte ich bereits in meinen Genfer Lehrjahren zugunsten des »Charles« aufgegeben. Als ich mich dann anschickte, den ersten eigenen Salon zu eröffnen,

warnte mich Katharina, meine zukünftige Angetraute, sehr zu Recht, dass mich in London niemand eines Blickes würdigen würde, sollte ich mich als »Karl Ludwig Nessler aus Todtnau« vorstellen. So wurde ich also »Charles Nestlé aus Paris«. Ich hoffe, Sie legen mir dies nicht als Verrat aus. Aber was hätte ich tun sollen, die Zeiten waren so, als Friseur galt man nur etwas, wenn man aus Paris kam. Und – ich sage dies nicht ohne Schmerz: Verdenken mochte ich es den Engländern nicht, dass sie ihre Haare damals keinem Barbier aus Todtnau anvertraut hätten. Noch immer erfüllt es mich mit Schrecken, wenn ich an meine Lehrzeit bei Meister Busam in Schopfheim zurückdenke. Mit Haar, das seit meiner frühen Kindheit doch meine größte Leidenschaft war, durfte ich mich gar nicht befassen, stattdessen musste ich Männerkinne einseifen und schaben und – das Allerschlimmste! – dem Meister helfen, wenn Kundschaft zum Schröpfen oder Zahnbrechen kam. Als mich eines Tages so ein ungehobelter Holzfäller ohrfeigte, beschloss ich, mein Bündel zu schnüren und in die Welt hinaus zu gehen.

Eine Weile zog es mich zum Uhrmacherhandwerk hin, und dann war es ja auch die Zeit, in der die ersten Betriebe damit begannen, elektrische Apparate herzustellen, es war faszinierend! Begierig sog ich alles Neue auf, das sich mir zeigte, und doch spürte ich immer deutlicher, dass meine eigentliche Berufung anderswo lag: Ich *musste* das Problem des naturwelligen Haares lösen, wie es sich mir als kleinem Buben schon gestellt hatte!

Immer wieder ist von engstirnigen Geistern in aller Welt über mich gespottet worden: Der Nessler, der würde am liebsten eine wissenschaftliche Hochschule für Dauerwellen gründen. Nichts hätte mir je ferner gelegen! Es war mir immer um die wirtschaftliche Verwendung meiner Entdeckungen zu tun. Und dennoch muss ich mit aller Bescheidenheit – ich weiß, ich habe nie eine akademische Ausbildung genossen –, dennoch muss ich darauf bestehen, dass ich zu meiner Entdeckung, wie sich das menschliche Haar auch am lebenden Kopf dauerhaft wellen lässt, nie hätte gelangen können, ohne dass ich zeit meines Lebens die gründlichsten Studien betrieben hätte, um das Problem vom Ansatz her zu lösen. Der von mir hoch geschätzte Marcel, bei dem ich in Paris selbst Privatstunden genommen habe, hatte ja die allergrößte Kunstfertigkeit darin entwickelt, Haar zu ondulieren – aber wissenschaftlich durchdrungen hat er das Problem eben nie! Auch er, der wahrlich ein Meister unseres Berufs war, wollte nichts von meiner »Theorie der Vorregenäußerung« hören. Erfahrungen zeigen, dass der Friseur im Grunde genommen nicht zum Studieren geneigt ist.

Dabei ist es doch offensichtlich, dass es einen tieferen Grund dafür geben muss, warum ich schon am naturwelligen Haar meiner älteren Schwestern stets zuverlässig hatte ablesen können, ob es bald Regen geben würde – nämlich immer dann, wenn es sich noch stärker lockte als sonst, während das Haar meiner nicht-gewellten Schwestern ganz unveränderlich glatt blieb. Oder jene unvergessliche Beobachtung, die ich als Bub beim Ziegenhüten gemacht hatte: Was war mit den Hunderten und Tausenden von dürren Zweigen und Pflanzenfasern am Waldesrand, die sich frühmorgens in locken-, spiral- und wellenförmiger Bewegung fanden, um Stunden später wieder gerade herabzuhängen? Ich ging am nächsten Morgen hin und untersuchte es! Und stellte fest, dass die gelockten Zweige voll Feuchtigkeit waren. Der Morgentau hatte sich in die Zellen geflüchtet, sie ausgefüllt, die Stängel in die Weite getrieben und an Länge zusammengezogen. Dann aber entzog die immer höher steigende Sonne den Pflanzen ihre Feuchtigkeit, die Zellen fielen zusammen, die Spannung ließ nach, der Wuchs streckte sich gerade. Der Schluss aus all meinen Beobachtungen konnte nur sein: Sich am Kopfe wellendes Haar ist keine Tatsache, sondern eine Folge!

Das war, wenn Sie so wollen, die Geburtsstunde der Dauerwelle. Nur Haar, das bereit ist, Feuchtigkeit aufzunehmen und zu speichern, vermag sich zu locken. Ein Bub aus Todtnau, der weder richtig lesen noch schreiben konnte, schickte sich an, die Struktur des menschlichen Haars zu begreifen! Einsichten zu gewinnen, vor denen all die anderen Meister ihre Augen verschließen wollten!

Aber glauben Sie mir: Es war noch ein weiter, steiniger Weg, den ich zurücklegen musste, bis ich von diesen meinen frühesten Naturbeobachtungen endlich zur dauerhaften Herstellung gewellten Haars am menschlichen Kopfe schreiten konnte.

Ich sage es mit tiefer Dankbarkeit: Ich glaube nicht, dass ich diesen Weg ohne meine Katharina je bis zum erfolgreichen Ende hätte beschreiten können. Keiner meiner Lehrmeister in Genf und Paris war bereit, mich bei meinen Experimenten zu unterstützen, ja auch mein Chef in London, in dessen Salon ich schließlich meine erste Anstellung als Geschäftsführer gefunden hatte, wollte nichts von meinem Traum einer Dauerwelle wissen, sondern versuchte mich zu nötigen, bei der ewig gleichen Marcel-Ondulation stehen zu bleiben. Aber ich *musste* meine Haarstudien weiter betreiben. Ich spürte, dass ich kurz davorstand, das Problem auch praktisch zu durchdringen. Mein Apparat war weit entwickelt, die chemische Lösung hatte ich gefunden. Also forschte ich heimlich weiter, bis mich mein Chef eines Nachts überraschte und auf der Stelle entließ.

Ich stand vor dem Nichts, allein in London, doch da erschien mir zum zweiten Mal im Leben mein rettender Engel, meine Katharina. Schon in Paris, als wir uns bei der Arbeit zuerst kennengelernt hatten, war sie als Einzige bereit gewesen, mich an ihrem Haar anwenden zu lassen, was ich mir theoretisch erschlossen hatte. Was hat die arme Tapfere nicht alles erdulden müssen! Eine hässliche Brandblase am Kopf, versengtes Haar – aber eine Strähne blieb damals schon, als ich noch ganz am Anfang stand, dauerhaft gelockt zurück. Da wusste ich, dass ich auf dem richtigen Weg bin.

Um Missverständnisse zu vermeiden: Nie habe ich mit dem Haar meiner Kundschaft experimentiert! In all den Jahren in London und New York, als in meinen Salons täglich hundert, zweihundert und mehr Dauerwellen gelegt wurden, musste keine einzige Kundin Beschwerde gegen mich führen, weil ich sie oder ihr Haar geschädigt hätte. Nur wer keine Klagen im Geschäft erzeugt, hat eine gute Zukunft vor sich. Was wir in meiner Heimat »Hanswursteleien« nennen, darf in der Aufnahme der Dauerwelle nicht geduldet werden. Deshalb habe ich immer darauf bestanden, dass in meinen Salons nur Dauerwellen, und zwar nichts als Dauerwellen angefertigt werden. Der Friseur, der im Allgemeinen stehen bleibt, schlägt doch nur selbst den Boden aus seinem Daseinsschiff.

Stellen Sie sich nun einen Mann vor, der während der Jahre des Ersten Weltkriegs aus London fliehen musste, weil er sich weigerte, seine deutsche Staatsbürgerschaft zugunsten der britischen aufzugeben, der nach Amerika aufbrach, um in der Neuen Welt ein neues Geschäft zu gründen, obwohl er auch dort das Kainszeichen des Feindes trug.

Vermutlich werden Sie sich fragen, warum ich damals nicht einfach in meine Heimat zurückgekehrt bin. Ich kann nur sagen: Meine Berufung lag nicht darin, mit dem Gewehr in der Hand zu kämpfen. Auch wenn ich meine Heimat in späteren Jahren, als sie im Elend versank, während mein Wohlstand ins Endlose zu wachsen schien, wahrlich großzügig unterstützt habe, hätte ich nicht aufs Schlachtfeld hinausgewollt. Hinzu kam, dass Deutschland mir damals noch nicht reif zu sein schien, um meine Ideen wirklich aufzunehmen. Und ein klein wenig ist es sicher auch die Lust am Abenteuer gewesen, die mich das Schiff nach Amerika besteigen ließ.

Was musste ich jedoch bei meiner Ankunft in New York feststellen! Andere hatten meine Patente bereits verwertet, über 600 Dauerwellenapparate waren im Umlauf. Aber was für Apparate, erbärmliche Kopien, mit denen noch dazu falsch hantiert wurde! Die Arbeit, die mit dem Raub meiner Idee geleistet worden war, war so schlecht, dass keine einzige Kundin bereit gewesen wäre, sich ein zweites Mal eine Dauerwelle legen zu lassen. Aber ich ließ mich nicht entmutigen, investierte mein letztes Geld in Flugschriften und Inserate, um das verlorene Vertrauen des amerikanischen Publikums in die Dauerwelle wiederherzustellen. Ich will mich nicht selbst loben – es war ein glänzender Erfolg!

Allerdings dauerte es auch in New York eine Weile, bis ich mich wirklich durchgesetzt hatte. Wie schon in London beharrte ich darauf, dass gute Arbeit ihren guten Preis haben muss, und verlangte zwei Dollar pro Wickler. *Ich* kannte ja die Vorzüge wirklichen Wissens und Könnens. Und letztlich hat dann auch die Kundschaft begriffen, dass Charles Nestlé wenig versprach – um viel zu geben. 1922 schon konnte ich damit beginnen, mein Geschäft zu vergrößern, erst belegte ich zwei Häuser in der 49. Straße (Ost), 1927 erstreckte sich mein

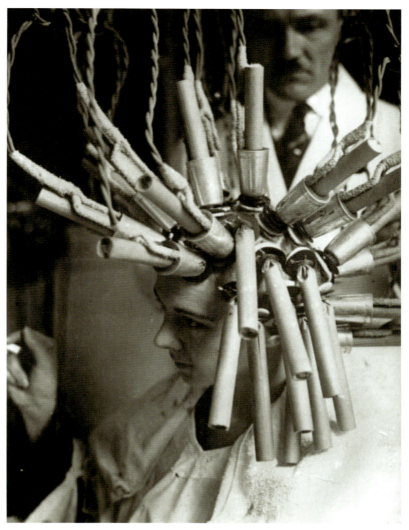
Dauerwellenapparat von 1929.

Salon dann über die ganze Häuserfront von Nummer 8 bis Nummer 14. Ich eröffnete weitere Geschäfte am Broadway und in der 5th Avenue, begann mit der Produktion von Dauerwellenapparaten für den Heimgebrauch, mein Aufstieg schien unaufhaltsam zu sein.

Doch ich spürte, wie es mich weniger und weniger befriedigte, reiner »businessman« zu sein. Die beste Eigenschaft, die der Mensch hat, ist, dass er nie zufrieden ist, sondern immer vervollkommnen will. Also verkaufte ich 1926, auf dem Höhepunkt meines Erfolgs, sämtliche Geschäfte und Fabriken für die stolze Summe von 1 600 000 Dollar – und zog mich auf meinen geliebten Landsitz »Deerpark« zurück, um mich dem weiteren Haarstudium zu widmen. Wenn es mir schon vergönnt war, das Haargesetz ergründet zu haben, wollte ich dieses Wissen auch schriftlich niederlegen, also schrieb ich Abhandlungen, *Die Geschichte des Haares* und, wichtiger noch, *Unser schwindendes Haar*.

Denn das war ja das zweite große Problem, das mir keine Ruhe ließ: den Prozess der Haaralterung zu begreifen – um ihn eines Tages aufhalten zu können. Ich war sicher, mit meinem »ChaNess«, jenem Apparat, der Haar *und* Haut verjüngte, das Problem der Glatze endlich gelöst haben, doch dann ... Ach, schweigen wir.

Das wenige von meinem Vermögen, das jenen unseligen »Schwarzen Freitag« überlebt hatte, schmolz im Krieg dahin. Den Verlust des Geldes hätte ich leicht verkraftet, Geld ist ohnehin nur ein schlüpfriger Grund. Mit dem Mammon wird man doch nur das Spiel der Interessenten und glaubt dabei auch noch, es sei Kulturfortschritt. Schließlich hat man Hunde, Stinkkarren und Radios und hundert andere Dinge, ohne die man gut auskommen könnte, und stellt fest, dass man trotz allem nicht glücklich ist.

Eigentlich ist der am besten dran, der kein Geld hat, denn er weiß wenigstens, weshalb er am Morgen aufsteht. Er behält das Gefühl und die Hoffnung. Nein, der Verlust meines Vermögens war es nicht, was mir das Herz gebrochen hat. Mein Herz brach, als ich erleben musste, dass auch die Amerikaner nicht mehr aufgeschlossen waren, mich auf den neuen Pfaden, die ich beschritt, zu begleiten. Welch großen Segen hätte mein »ChaNess« der Menschheit bringen können, wenn nur die Amerikaner an mich geglaubt hätten!

Aber ich will nichts Bitteres über dieses Land sagen, das mir eine zweite Heimat geworden ist, auch wenn es mich am Schluss, ohne mit der Wimper zu zucken, im Elend versinken ließ.

Sehr verehrte Frau Dorn, ich weiß nicht, ob ich Ihre Frage befriedigend beantworten konnte, ob es Zufall war oder nicht, dass ausgerechnet ich, Karl Ludwig Nessler aus Todtnau, zum Vater der Dauerwelle werden durfte. Aber mehr kann ich Ihnen nicht erklären. Nehmen Sie nur mein Leben, und Sie werden sehen, dass die Antwort darin schlummert.

In diesem Sinne verbleibe ich mit vorzüglichsten Grüßen,
Ihr Charles Nessler

[td]

➤ Arbeitswut, Bruder Baum, Gründerzeit, das Weib

DOKTOR FAUST

»Magica«, schreibt Paracelsus, »ist an ihr selbst die verborgenste Kunst und größte Weisheit übernatürlicher Dinge auf Erden. Und was menschlicher Vernunft zu erfahren und zu ergründen unmöglich ist, das kann durch diese Kunst der *magica* erfahren und ergründet werden. Denn sie ist eine große und verborgene Weisheit, während die Vernunft eine große öffentliche Torheit ist.«

Was man sich merkt, gilt als Wissen, ist es aber bekanntlich nicht in jedem Fall. Wissen ist zwar nicht geheim, es gibt aber durchaus auch eine geheime Version davon. Es gibt sie seit eh und je, und ihre Existenz ist eine Herausforderung. Entscheidend ist, dass das Geheime am Wissen nicht als obskur gehandelt wird, dass es vielmehr das Offengelegte bestätigt und gleichzeitig seine Unvollständigkeit anzeigt. Man ist gewarnt, und das sollte auch genügen. Denn das Leben ist zwar dem Herzschlag zu verdanken, das Fortkommen in ihm aber dem Kopf zuzurechnen.

Am Ende des Mittelalters hat die neu aufkommende Wissenschaft ihren Anschub durch sensationelle Ereignisse und ihren Rückbezug im Gerüst der viel gescholtenen Scholastik. Der Anschub trägt sie der kopernikanischen Wende zu, dem blendenden Sonnenschein der Aufklärung. Der Rückbezug sorgt für die Beibehaltung der Magie von Erkenntnis und Erkanntem. Je mehr man sich scholastisch der Abstraktion zuwandte, desto mehr verlor man sich an die Zahl. Sie war mystisch und zugleich real, sie ließ sich summieren und subsummieren, man konnte sie aber auch beschwören. Die Alchemie übertrumpft noch mühelos die Chemie, die Astrologie kommt vor der Astronomie. Und später wird es so sein, dass die Ästhetik sich noch vor der Erkenntnis stillschweigend bemerkbar macht. Wer dieses Erlebnis kennt, weiß: Nur das Schöne kann einem entgleiten, alles andere reißt sich los. Und er weiß, worauf es manchmal ankommt: auf Frömmigkeit und Innerlichkeit, und dass sie nicht Ergebnis sind, sondern Konstante. Mal bejubelt, mal versteckt.

Ritter, Tod und Teufel erscheinen am Horizont. Wie Reiter, die an der Seele rühren.

Philippus Aureolus Theophrastus Bombast von Hohenheim (1493–1541), genannt Paracelsus, Arzt, Alchemist und Philosoph, und Heinrich Cornelius

Agrippa von Nettesheim (1486–1535) Theologe, Jurist, Philosoph, beispiels-weise. Sie alle gelten als die Wissenschaftler der Zeit, über sie wusste man Bescheid. Scholastiker? Humanisten? Egal.

Der weitaus interessantere, die Faszination auslösende, ist Faust. Dr. Johann Faust, über den wir deutlich mehr vermuten, als wir über ihn wissen. Einem Steckbrief ist zu entnehmen, dass er – lange vor Goethe – 1480 in Knittlingen (Württemberg) geboren sei. Faustus, der Glückhafte, wie das Latein der Zeit ihn zu nennen beliebt. 1507 ist er Schulmeister in Kreuznach, 1520 lebt er in Bamberg, 1532 in Nürnberg, danach in Würzburg. Faust stirbt 1540 in Staufen im Breisgau.

Über Johann Faust gibt es eine Vielzahl von Geschichten. Der Theologe Johann Gast erzählt in seinen *Sermones convivales* von einem Essen mit diesem Faust in Basel, im Collegium. Faust habe dem Koch Vögel verschiedener Art gegeben, von denen Gast nicht wusste, ob und wo er sie gekauft haben könnte. Es waren Vögel, wie er sie in dieser Gegend noch nie gesehen hatte. Faust hatte einen Hund und ein Pferd bei sich, die, wie der Pfarrer glaubte, Teufel waren, da sie alles verrichten konnten. Die Leute hatten Johann Gast davon berichtet: Der Hund habe Faust mitunter das Essen gebracht, er habe dabei die Gestalt eines Dieners angenommen. Faust endete auf schreckliche Weise. Der Teufel habe ihn erwürgt, schreibt Gast. Seine Leiche habe auf der Bahre auf dem Gesicht gelegen, obgleich sie fünf Mal umgedreht worden sei.

Die Magie sollte gegen den Teufel wirksam sein. Zu Johann Fausts Zeiten begann man damit zu prahlen, die Höllengeister seien vertrieben. Er dagegen erklärte, seine Seele dem Teufel verpfändet zu haben. Aber wozu?

Wer so fragt, kommt nicht weit.

Faust hat viele Anhänger und später noch viel mehr Interpreten. Die große Frage aber ist: Warum paktiert er mit dem Teufel? Für die Deutenden ist Faust die Verkörperung der Antwort, auf die sie aus sind.

Er, der einer wie jeder andere auch ist und sich mit allem, was er unternimmt, verdächtig macht, er fürchtet den Tod wie die anderen. Und egal, was er mit sei-nem Leben macht, es wird ein kurzes sein. Was hilft mein Klagen, sagt sich und uns der Faust des Volksbuchs und greift nach Glas und Becher, und die Orgel setzt ein. Lauten, Geigen, Zithern, Harfen, Krummhörner, Posaunen, Schwegel, Zwerchpfeifen. Die Musik spielt auf, und nichts ist geklärt. Faust fertigt für den Fürstbischof von Bamberg ein Geburtshoroskop an. Gegen Honorar, versteht sich. Ein andermal lässt er im Hof einen Gockel fangen, den er auf den Tisch stellt. Er gibt ihm zu trinken, und der Gockel fängt an zu pfeifen. Fausts Studen-ten machen sich einen Jux daraus. Auf sein Geheiß ziehen sie die weißen Hem-den an. Sie sehen einander an, und es scheint ihnen, als wären sie ohne Kopf. So gehen sie in die Nachbarhäuser, und die Leute erschrecken sich. Worauf die

Studenten zu Faust zurückgehen und sich wieder um den Tisch setzen, und alles ist in Ordnung, und plötzlich haben sie Eselsköpfe und Riesenohren. Es ist die Fastnacht, und sie gehen jetzt doch noch schlafen.

Er aber kriegt von allem nicht genug. Will die Grenzen nicht wahrhaben. Meint, Gold machen zu können. Da hilft auch kein Teufel. Spekulieren aber lässt sich's mit ihm. Denn die Figur bleibt dunkel. Sie bleibt ein Rätsel.

Faust war von Anfang an eine literarische, eine Jahrmarktsbuden-Figur. Man holt ihn aus dem Puppenspiel und stellt ihn auf die große Bühne. Dort will man ihn jeweils zeitgemäß. Man will ein Schicksal sehen, das einem selbst widerfahren könnte. 1772 ist Goethe dran, sein *Urfaust*. Gleich danach der schnelle Friedrich Müller – der nicht nur Maler, sondern auch Dichter war und dem auch sonst nichts entgeht – mit einem philosophischen Roman. 1791 schreibt Friedrich Maximilian Klinger über *Fausts Leben, Thaten und Höllenfahrt*. Und so geht das Jahr für Jahr. 1808 veröffentlicht Goethe seinen bereinigten *Faust. Erster Teil*. Und

Einen Zauberer und Schwarzkünstler nennt das Titelblatt des Volksbuchs aus dem 16. Jahrhundert den Doktor Faust.

Christian Dietrich Grabbe spaltet 1828 die Person, was Folgen hat, bis heute. Sein Titel: *Don Juan und Faust*.

Es ist Friedrich Maximilian Klinger, der schreibt: »Die Wut des Löwen brüllt aus mir, und wenn sich unter meinem Fuß die Hölle öffnet – ich springe über die Grenzen der Menschheit.« Was aber ist die Rolle des Don Juan beim so »bejahten Exzess des Willens- und Wissensdurstes«, wie Ernst Bloch sagt? Don Juan macht im Tandem den Faust kleiner und das Faustische größer. Da steht nicht etwa ein armer Tor, da waltet ein Prinzip. Laut Heinrich Heine konnte der Faust nur eine Fabel sein oder eben ein Deutscher.

»Vernimm nun deines Lebens Gewinn«, sagt der Teufel bei Klinger, »und ernte ein, was du gesät hast, erinnre dich dabei, dass ich keinen deiner Frevel ausführte, ohne dich vor den Folgen zu warnen. Gezwungen von dir unterbrach ich den Lauf der Dinge, und ich, der Teufel, stehe schuldlos vor dir, denn alles sind Taten deines eigenen Herzens.«

Grabbes Don Juan hingegen fragt: »Wozu übermenschlich, wenn du ein Mensch bleibst?« Und Faust entgegnet: »Wozu Mensch, wenn du nach Übermenschlichem nicht strebst.« Der Rest ließe sich gut überspringen. Dem Don Juan genügt sein Herzschlag. Das Wissen ist für ihn bloß Vorwand.

Goethe hat in einer nahezu lebenslangen Beschäftigung die Figur in seinen eigenen Klassik-Gestus gedreht. Bei ihm heißt es: »Nur der verdient sich Freiheit wie das Leben, der täglich sie erobern muss.« Goethe hat den Faust ins Weltliterarische übertragen. Er hat aus der Figur einen Prototypen des nach Erkenntnis strebenden, tätigen Menschen gemacht. »Dass ich erkenne, was die Welt im Innersten zusammenhält«, heißt es bei ihm. Er hat den Faust aus dem Zwielicht des späten Mittelalters befreit und ins Licht der Weimarer Klassik gehoben. Er hat in der Ungeduld des Goldmachers die Unruhe des Denkers gefunden.

Später, viel später, im 20. Jahrhundert, ist es Thomas Mann, der die Faust-Frage angesichts des Absturzes der deutschen Seele neu stellt. Er erweckt ihn zum Musiker Adrian Leverkühn, was aber konnte der noch – der Roman erschien 1947 – richten? Anders gefragt: Hätte er nicht der Mann der Stunde sein können in der Nachkriegszeit, als es durchaus um das Übermenschliche ging, um die übermenschliche Anstrengung? Jene, die nötig war, um aus den Ruinen wieder Städte zu machen, gefestigte Orte für das Überleben des Deutschen. Wäre er nicht der unentbehrliche Ingenieur? Aber was ist schon ein Ingenieur für einen Goethe oder einen Thomas Mann? Noch dazu ein VW-fahrender Ingenieur?

Faust? Was soll Faust mit einem VW? Es gibt wenig, was ernüchternder sein könnte, als nach einer Dürrenmatt-Premiere aus dem Theater ins Freie zu treten, das Freie als Parkplatz zu erkennen und danach in einem VW Käfer Platz zu nehmen.

Nein, in der Nachkriegszeit war Faust nicht vorgesehen. Zum einen hatten die Nazis zu viel an ihm herumgedoktert, zum anderen ging es weder um eine große Zukunft noch um des Pudels Kern. Es ging zunächst einmal darum, dass es weiterging. Dafür aber brauchte man keinen Faust, dafür genügte ein Ludwig Erhard.

So konnte aus unserem Nachkriegs-Faust nicht viel werden. Er verlor sich in der Masse, die abwechselnd über Entfremdung, Anpassung und den Verlust aller Mitte debattierte.

Nach einigen Darstellungen, die aber auch frei erfunden sein können, ist Faust seit einem Aufenthalt in Donaueschingen verschollen. Er sei bei einem Experiment verschwunden. Es soll ein musikalisches gewesen sein. In gewisser

Will Quadflieg als Faust und Gustaf Gründgens als Mephisto in dem Film von 1960. Während die Gründgens-Familie erfolgreich gegen die Veröffentlichung des Schlüsselromans von Klaus Mann klagte, engagierte sich Quadflieg zwecks moralischer Wiedergutmachung in der Friedensbewegung.

Weise Schwarzkunst. Beim neu ins Leben gerufenen Festival der Musik, ein Avantgarde-Aushängeschild der biederen Republik. Ob er den Leverkühn geben wollte?

Nach dem Einsatz der Atombombe war jedes Gespräch zwischen Faust und Mephisto für die einen eine Zumutung und für die anderen eine Geringfügigkeit. Die Wissenschaftler der jungen Bundesrepublik ziehen sich aus der Affäre. Sie warnen öffentlich vor ihrer Arbeit. Sie setzen sich an die Spitze der gesellschaftlichen Moralbewegung, wie Carl Friedrich von Weizsäcker, oder gehen gleich nach Amerika, wie Wernher von Braun. Den Rest der Last überantworten sie den Schriftstellern, zunächst den Schweizern Friedrich Dürrenmatt und Max Frisch. Sie sind für die Nachkriegs-Bundesrepublik unbelastet und daher zur moralischen Verhandlung des Geschehenen legitimiert. Dürrenmatt lässt seine *Physiker* über ihr Tun meditieren, und Frisch zieht ein weiteres Mal den Don Juan aus der Tasche, *Don Juan oder die Liebe zur Geometrie*. Wenn das Verbrechen so deutlich in Erscheinung getreten ist, dass das Tragische einer Handlung nicht mehr plausibel ist, kann Don Juan wieder auf den Plan treten.

1962 erscheint ein Buch mit dem Titel *Faust und das Faustische*. Sein Autor ist Hans Schwerte, und das wiederum ist jener Germanist, der unter dem Namen Hans Schneider in Himmlers Stab beschäftigt war. Er hat es in der Nachkriegszeit unter falscher Identität zum Rektor der RWTH Aachen gebracht. Faust?

Eine letzte Version erfährt der Stoff durch den Versuch, ihn in der DDR einzugemeinden. Der Stalinismus versetzt den Faust aus seiner Dialektik ins Paradoxe: In Hanns Eislers *Johann Faustus* lässt der Autor seinen Helden vor dem Vorhang sagen: »Ich dachte, sie werden mich verfolgen. Schlimmres ist geschehen: Sie kamen mich zu ehren. Ich will alles gestehen.«

Zur Erinnerung: In der DDR führte Mephisto die Amtsgeschäfte.

In der Bundesrepublik eroberte sich, nach einer ersten Unsicherheit, verursacht durch seine wiederholte Absentierung am Nierentisch und der angeblichen Bemerkung aus dem wahren Leben, »Heinrich, mir graut's vor dir!«, die ausgerechnet der Schauspielerin Ruth Leuwerik zugeschrieben wird, der Faust ohne größere Umstände wieder die Bühne. Die Regie führt seither das Wort.

[rw]

➤ Fachwerkhaus, Forschungsreise, German Angst, Gründerzeit, Musik, Mystik

EISENBAHN

Sieht man sich frühe Darstellungen von Zugfahrten aus dem 19. Jahrhundert an, so fällt einem bald auf, dass die Bahnwagen sehr klein gemalt sind, und die Personen darauf ungewöhnlich groß wirken. Man kann den Eindruck haben, es handle sich um richtige Menschen, die mit einer Modelleisenbahn fahren. Was war zuerst, die Eisenbahn oder die Modelleisenbahn?

Es ist die Eisenbahn, versichert man uns von allen Seiten, halb im Scherz und halb im Ernst, als gelte es plötzlich, die Tatsachen gegen etwas zu verteidigen, das zwar keine unmittelbare Gefahr ausmacht, aber doch für Verunsicherung sorgen könnte. Gerade in einer Zeit wie der unsrigen, die alles außer Kraft zu setzen versteht, den gesunden Menschenverstand und das untrügliche Gefühl, so dass selbst das Spielerische schon von der Insolvenz betroffen ist.

Die Grundidee der Modelleisenbahn ist der Nachbau, und zwar in lebensnaher Form. Am Anfang war zwar die Eisenbahn, doch die Modelleisenbahn ist ihrem Vorbild weit voraus.

Während die echte Eisenbahn ständig an ihre Grenzen stößt, trifft die Modelleisenbahn bloß auf die Grenzen der Phantasie ihres Betreibers. Wo es bei der Eisenbahn zum Eisenbahnunglück kommt, gibt es bei der Modelleisenbahn höchstens einmal einen kleinen Zwischenfall. Im Ergebnis neigt die Eisenbahn zum Spektakulären und damit auch zum spektakulären Scheitern, während die Modelleisenbahn zum unauffälligen Accessoire des Heimes wird.

Mit der Eisenbahn wächst die Technik dem Menschen zum ersten Mal sichtbar über den Kopf. Schon die Dampflokomotive wird als Monster betrachtet. Adelbert von Chamisso spricht in seinem Eisenbahn-Gedicht von 1830 vom »Dampfroß«. Fürst Hermann von Pückler-Muskau nennt sie ein »Ungetüm«.

Die Eisenbahn wird zum wichtigsten Kommunikationsmittel des frühen Industriezeitalters und zum Hauptinvestionsobjekt des Nationalstaats, der sich mit seiner Infrastruktur identifiziert. Das Spektakuläre der Eisenbahn hat diese zum festen Bestandteil der staatlichen Selbstdarstellung gemacht. Zum Nationalstolz gehört auch der Stolz auf das Beherrschen von Logistik. So wird jedes Versagen der Eisenbahn in der Öffentlichkeit bis heute ungeduldig kommentiert. Dabei hat die Bahn die Macht, die sie einst besaß, schon lange eingebüßt.

Der Verhaltensforscher Konrad Lorenz hat ein Problem mit seiner Modelleisenbahn, um 1970.

Sie ist bei Weitem nicht mehr der einzige Logistikträger Deutschlands.

Vorbei sind die Zeiten, als man noch einen Lenin, nachdem man ihn in seinem Züricher Café aufgestöbert hatte, im versiegelten Zugwaggon durch Deutschland fuhr, um ihn im Auftrag eines verzweifelten Generalstabs im Petersburger Aufstand, der Oktoberrevolution von 1917, in Stellung zu bringen. Die Stabsoffiziere glaubten wohl wirklich, sie könnten mit einem Salonwagentrick den Ausgang des Weltkriegs doch noch zu ihren Gunsten beeinflussen. So wurde die Reichsbahn zur Geburtshelferin des Bolschewismus, die einschlägige Episode aber hat das Zeug zu einem Schildbürgerstreich.

Selbst die Transporte in die Nazi-Vernichtungslager, die ohne eine perfekt funktionierende Bahn gar nicht möglich gewesen wären, sind Geschichte, und auch der Kalte Krieg, in dem sich die beiden deutschen Staaten die Reichshinterlassenschaft teilten und die DDR sich des Markenzeichens Reichsbahn annahm, ist beinahe schon vergessen.

Bei der Bahn hat sich seit ihrer ganz großen

1947 herrscht noch Zuversicht bei der Reichsbahn. Zwei Jahre später übernimmt die DDR den Ostteil des Unternehmens und macht seine Züge zu den langsamsten in Mitteleuropa.

Zeit in den letzten Jahrzehnten des 19. und in der ersten Hälfte des 20. Jahrhunderts so manches verändert, und es ist trotzdem technisch nicht allzu viel passiert. Mehr, als mit dem Wort »vom rollenden Flügelrade« zum Ausdruck kommt, ist eigentlich nicht zu formulieren. Die Formel aber stammt bereits aus den 1882 erschienenen Memoiren des Eisenbahn-Schriftstellers Max Maria von Weber, einem Sohn des Komponisten Carl Maria von Weber. Er gab in zahlreichen Büchern dem Bahnwesen ein eigenes Sprachgehäuse.

Die zentralen technischen Begriffe der Zeit aber werden immer öfter zu Bildern, die das Lebensgefühl vermitteln. Die Bahn ist das Transportmittel der Gründerzeit und der Metaphernzulieferer der Jahrhundertwende von 1900. Sie holte das Licht der Kathedrale in den Wartesaal, den Expressionismus des Weltuntergangs konnte sie aber damit nicht ausblenden. Zwei große deutsche Gedichte der so angestimmten Moderne, von Ernst Stadler (*Fahrt über die Kölner Rheinbrücke bei Nacht*, 1913) und Jakob van Hoddis (*Weltende*, 1911), sind so düster, dass man annehmen könnte, sie seien im Schützengraben entstanden.

Für Stadler ist die ganze Welt »ein enger, nachtumschienter Minengang«. Der Expressionismus ist nicht eine Folge des Weltkriegs und seiner Zerstörungen und Verstörungen, er ahnt die Katastrophe vielmehr voraus. »Die Eisenbahnen fallen von den Brücken«, heißt es dagegen lapidar bei Jakob van Hoddis. In dieser Gefühlsdoppelung von Aufbruch und Untergang wird die Bahn zum Bedeutungsgiganten.

Je größer die technische Leistung erscheint, von der man auszugehen hat, desto größer ist auch der Zweifel an ihr. Neben den Traum der Erkenntnis tritt der Albtraum der Folgen der Erkenntnis. Fontanes Ballade *Die Brück' am Tay* zitiert 1879, angesichts eines schottischen Eisenbahnunglücks, das berühmte »Tand, Tand ist das Gebilde von Menschenhand«. Die Hexen des Macbeth beherrschen anspielungsreich den Katastrophenort. Sie symbolisieren die Naturgewalten, die vom Menschen nicht zu bändigen sind, und vom Realisten, fügen wir hinzu, schwer zu beschreiben. Er umgeht das Problem durch den Shakespeare-Verweis.

Das Kaiserreich kennt nicht nur den wilhelminischen Machttraum von der Bagdad-Bahn, die den Nahen Osten oder Vorderen Orient, wie er damals hieß, durch einen Schienenstrang von Berlin nach Bagdad unter deutsche Kontrolle bringen sollte. Es hat auch den Bahnwärter Thiel aus der Studie von Gerhart Hauptmann. Sie trug sich in Neu-Zittau bei Erkner nahe Berlin zu. Idylle und Unergründlichkeit verschmelzen darin.

»Es ist still ringsum geworden, totenstill; schwarz und heiß ruhen die Geleise auf dem blendenden Kies. Der Mittag hat die Winde erstickt und regungslos wie aus Stein steht der Forst.« Das war 1887. Auf einem Nebengleis, wie es tausend andere gab. Das aber Ort eines Menschenschicksals wurde.

An den großen Trassen zwischen den Metropolen lagen sie zu Hunderten, die kleinen Bahnhöfe, die vielen Haltestellen, die man sich alle gar nicht merken konnte, wenn man mal auf einer Nebenstrecke fuhr.

Noch gibt es sie, die Bahnhöfe der kleinen Orte, der bloßen Haltestellen, wenn sie auch seit Jahren zum Verkauf stehen, aber wer will sie schon erwerben und wozu? Sie wurden zum Wohnen angeboten, dafür aber eignen sie sich kaum.

Schließlich liegen sie an der Bahn, und, selbst wenn sie nicht mehr halten, rasen die Züge doch mit dem typischen Lärm am ehemaligen Bahnhof vorbei. Und nicht zu vergessen, der Nahverkehr. Das tägliche Pendlervolk, das sich schon morgens um sechs auf den Weg macht. Die eine Hälfte schweigt eine Zigarette lang, die andere Hälfte ist lustig wie die Moderatoren im Frühstücksfernsehen. Das alles ist nicht die Wahrheit, aber die Realität.

In dieser Realität folgt gegen sieben Uhr der Nachwuchs, die Teenager, die es in die Schulen treibt, in die Stadt nebenan und wieder zurück. Hin und her.

Der eigentliche Sinn der Fahrt: das allgemeine Grabschen. Als wären sie alle miteinander verlobt, wie man früher gesagt hätte. Aber was hat eine Verlobung schon mit einer Zugfahrt zu tun oder gar mit dem Nahverkehr? Egal. Später verliert man sich ohnehin aus den Augen.

Wer ein Bahnhofsgebäude erwirbt, rechnet zumindest insgeheim mit der Stilllegung der Strecke, und das, obwohl ihm klar ist, dass er, wenn er zu seinem Geschäft kommen will, sich in Zukunft ins Auto zu setzen hat. Anders kommt hier keiner mehr fort. Trotzdem fasziniert ihn der Gedanke, einen Bahnhof zu erwerben. Es ist, als würde er damit über das Gleis verfügen. Als wäre er in der Lage, etwas, was auch immer das sein mag, aufgrund seines Willens anzuhalten und, was noch wichtiger ist, loslassen zu können. Als hätte er nicht nur einen Bahnhof erworben, als hätte er auch die Verfügung über den Fahrplan.

Der neue Besitzer des Bahnhofsgebäudes steht vor seinem unverhofften Haus und blickt unwillkürlich auf die Uhr, auf die Bahnhofsuhr, die er beibehalten hat. Als wollte er die Pünktlichkeit eines Zuges prüfen, den es längst nicht mehr gibt. Den Zug gibt es zwar nicht mehr, aber die Menschen, wie die Lokalzeitung schreibt, zumindest die Anwohner, wissen noch von ihm.

So ist die Unpünktlichkeit der Bahn eines der großen Themen der Lokalzeitung. Nach deutschen Vorstellungen wäre die Unpünktlichkeit eine Sekundäruntugend.

Nachrichten sind Regionalnachrichten. Sie waren es immer schon. Sie handeln vom Naheliegenden und manchmal auch von der großen weiten Welt.

Und dann kommt plötzlich die Frage auf, wem jetzt, nachdem der Bahnhof verkauft worden ist und das Gebäude sich in privater Hand befindet, der Bahnhofsvorplatz gehöre. In wessen Zuständigkeit fällt dieser nun, sobald der Bahnhof kein Bahnhof mehr ist? Muss der Bahnhofsvorplatz dann als solcher weiter erhalten werden oder ließe auch er sich gegebenenfalls umwidmen?

Die Bahn gibt es in Deutschland seit 1835. Im Grunde ist es der Nahverkehr, den es seither gibt. Von Nürnberg nach Fürth ging die erste Strecke. Genau genommen kam das Gleis als Nebengleis zu den Deutschen. Als wäre es von Anfang an ein Ausflugszug gewesen, ein Tanzzug, etwas, was man sich leistet.

Zum Vergleich: Die erste Strecke in England führte von Manchester nach Liverpool. Selbst die Beatles nahmen dort den Zug. Den Zug von Fürth nach Nürnberg zu nehmen, um nach Nürnberg zu gelangen, oder den Zug von Nürnberg nach Fürth zu nehmen, um nach Fürth zu gelangen, ist dagegen unerheblich.

Wir wollen aber nicht den Eindruck erwecken, es gehe hier um Nürnberg oder gar um Fürth, weshalb wir noch auf ein zweites Beispiel zu sprechen kommen: Leipzig und Dresden. Diese Strecke, so heißt es, sei wohl die gesamte Familie des Kapellmeisters und Komponisten Richard Wagner gefahren. Man eilte zur Premiere seines *Rienzi* von Leipzig nach Dresden. Das war die Reise wert. So ein Zug war zwar nicht schnell, aber er war schneller als die Droschke. Die Bahn war nie schnell, sie war immer nur schneller als die Konkurrenz. Schneller als das Schiff und, später, als das Auto.

Die Idee der Schnelligkeit fassten die Werbestrategen in den 1990ern mit dem Satz zusammen: Halb so schnell wie das Flugzeug, doppelt so schnell wie das Auto. Damit, so die Kritiker, habe die Bahn »abgehoben«. Den klassischen Zug, der immer auch Panoramazug war, erklärte man verächtlich zum Bummelzug. So gab es nur noch Abfahrtszeiten und Ankunftszeiten.

Davon ist auch der klassische Nahverkehr betroffen. Dieser Nahverkehr wird in seinem Hauptanliegen, der Pünktlichkeit, von den Fernzügen regelrecht behindert. Sie haben, was der Nutzer des Nahverkehrs nicht versteht, und zu Recht auch nicht verstehen wird, den Vorrang. Wer aber wird schon von Ludwigsburg nach Potsdam reisen, ohne in Stuttgart das Flugzeug nach Berlin zu nehmen? Da hilft es auch wenig, dass der Großraumwagen eines ICE sich kaum von einer Lufthansamaschine unterscheidet. Und es nützt auch nichts, dass in Göttingen der Brezelverkäufer zu- und in Hildesheim wieder aussteigt.

Heute hat jeder ICE seinen Namen wie das Flugzeug, aber merkt sich jemand den Namen des Zuges oder des Flugzeugs, in dem er sitzt? Wird er sagen, ich bin heute mit dem »Claus Graf Stauffenberg« von Bonn nach Berlin gereist? Oder ich nehme morgen den »Maria Sibylla Merian« von Stuttgart nach Hamburg?

Deutschland hat keine Bahnstrecke, die von sich reden machte, wie die norwegische Bergenbahn oder die Semmeringbahn in Österreich, es sei denn, man hält den Hindenburgdamm zwischen Sylt und dem Festland für spektakulär. Und es hat auch keine berühmten Züge wie den Orient-Express, den Royal Scotsman oder den südafrikanischen Blue Train, sieht man mal vom »Fliegenden Hamburger« der 1930er Jahre ab. Er fuhr in Rekordzeit zwischen Berlin und Hamburg und gilt als der erste Schnelltriebwagenzug. Die auf Dieselmotoren beruhende Schnelltriebwagentechnik ist eine deutsche Erfindung.

Sie half den Traum von der Geschwindigkeit zu beschleunigen, schaffte das Monster Lokomotive ab und beförderte allein schon mit der aerodynamischen Form den Vergleich mit dem Flugzeug. Am Ende wäre es ein Flugzeug, das auf der Schiene bleibt. Es wäre der Transrapid, die Magnetschwebebahn, eine der jüngeren kühnen Technikideen, mit der sich die Realität bisher nicht anfreunden konnte. Man arbeitet jahrzehntelang am Projekt »Transrapid«, um ihn dann aus Verlegenheit als S-Bahn von München zum Flughafen fahren zu lassen, und als auch daraus nichts wird, verschifft man ihn nach Shanghai. Ist der Transrapid an mangelnder Praktikabilität gescheitert oder an den Kriterien des Praktikablen in einer Zeit des Kleingeistes, in der nicht einmal ein Bahnhof in Stuttgart

Der kolorierte Charme des Hindenburgdamms: einmal Westerland und zurück.

abgerissen werden kann, ohne dass es dabei zu Tumulten kommt? Man sollte die Bahnsteigkarte wieder einführen.

Übrigens diskutiert man nicht über die Bahn, man diskutiert über die Zukunft der Bahn. Als gebe es immer noch das Kursbuch als Fahrplan und das *Kursbuch* als Zeitschrift der kritischen Intellektuellen der Republik. Beides gibt es so nicht mehr.

Also folgen wir in schlaflosen Nächten den Führerstandsfahrten auf den schönsten Strecken Deutschlands und der ganzen Welt und träumen von der eigenen Lok. Als wären wir Jim Knopf und Lukas und Emma und Molly, und als befänden wir uns auf der Strecke der Bäderbahn, von Kühlungsborn nach Doberan, und würden, wie man so schön sagt, uns neu erfinden.

Wohlfahrtsmarken: vier berühmte Triebwagentypen der alten Reichs- und der neuen Bundesbahn.

Um dann, gegen Morgen, wieder wach zu sein, im Kopf die Wörter von früher: Kurswagen, Bummelzug, Großer Bahnhof. Jim Knopf vergrößert Lummerland, Lukas kümmert sich um Emma, und die hat plötzlich ihre Molly. Denn wenn es gar nicht mehr weitergeht, wird eine kleine Lok geboren. Und schon geht's voran auf der Mollybäderbahn. Zur Kur und überhaupt.

[rw]

➤ Fahrvergnügen, Gemütlichkeit, Gründerzeit, Männerchor

E(rnst) und U(nterhaltung)

Julia, die vor dem Schlafengehen noch in einem guten Buch lesen möchte, könnte durchaus eine Figur der Werbung sein, ist es aber nicht. Julia ist eine Leserin aus dem richtigen Leben. Was sie aber unter einem guten Buch versteht, das kann vieles sein. Es muss gut geschrieben sein. Damit meint unsere Julia ein Buch, das sie weder unter- noch überfordert. Julia arbeitet in einem Anwaltsbüro, wo sie den ganzen Tag über Schriftsätze hin- und herreicht. Man kennt im Büro ihre Leidenschaft für die schöne Literatur. Ab und zu wird sie auch nach einem Buchtipp gefragt. Meistens aber orientieren sich die Anwälte an den Rezensionen in der Zeitung. Als Anwalt liest man das Feuilleton. Dort aber ist, trotz aller gegenteiligen Behauptungen, die Welt der Lektüren immer noch geteilt. Als Anwalt zeigt man sich gelegentlich in der Oper und man erzählt nebenbei auch mal von dem Buch, das man gerade liest, und von dem Bild, das man gestern erst gekauft habe. Einen Daniel Richter.

Julia könnte im Übrigen auch in einer Arztpraxis arbeiten. Auch die Ärzte gehören zu den Lesern. Wenn die Anwälte aber an der Sprache interessiert sind, weil diese in ihrem Fach das entscheidende Instrument stellt, sowohl zur Bekräftigung eines Sachverhalts als auch bei seiner Entkräftung, geht es bei den Ärzten um die Menschenkenntnis. In den Augen der Ärzte gibt die Literatur über die Eigenschaften des Menschen Auskunft. Beide, der Anwalt wie der Arzt, nehmen die Sache mit der Kunst sehr ernst. Für zwei Dinge haben sie gar kein Verständnis: Wenn Vandalen sich im Yachthafen an ihrem Segelboot vergreifen und wenn ihnen ein Vampirroman empfohlen wird.

Um die Unterscheidung von E(rnst) und U(nterhaltung) kommt man im bürgerlichen Deutschland selbst im Zeitalter der Love-Parade nicht herum. Was für eine Musik man hört, und welcher Art der Roman ist, den man gerade liest, ob es sich um ernste Musik handele oder nicht doch um einen Unterhaltungsroman, sind unumstößliche Kriterien bei der Einschätzung der neuen Bekanntschaft oder des neuen Mitarbeiters. Der Mittelstand hängt an Bildung und Knigge, Geld zählen kann schließlich jeder.

So hat man für derlei Situationen das entsprechende Verhalten parat, man weiß, was man sagen darf und was man besser für sich behält. Auch wenn man sich nicht auskennt, und bei den Neuerscheinungen schon gar nicht, sollte man in jedem Fall eine dezidierte Meinung beisteuern können.

Regel Nummer eins: Bücher von der Bestsellerliste nur ausnahmsweise nennen. Nur wenn man sicher ist, dass es sich um einen Titel handelt, den der reine Zufall oder eine Kollektivlaune der Leserschaft an den Pranger der Meistverkauften gestellt hat.

Will man hingegen sichergehen, dann nimmt man sich die Bestenliste des SWR vor. Diese richtet sich nicht nach den Verkaufszahlen, sondern nach dem Geschmack einer Jury aus dem eisernen deutschen Feuilleton. So viel zum Neuen. Zur Neuerscheinung, wie die Branche es nennt.

Es wird aber an den Espressotheken des Kulturbetriebs nicht nur von der laufenden Produktion die Rede sein. Immer gut, wenn man einen Gedanken an die Großen der Literaturgeschichte verschwenden kann, wenn man etwas über Kafka zu sagen weiß, über Goethes *Wilhelm Meister* und, warum nicht, über den großartigen, gerade erst wiederentdeckten Johann Fischart, den ersten deutschen Kenner des Rabelais. Man scheue sich nicht, Musil zu sagen und Grimmelshausen. Man nenne sie in einem Atemzug, aber man sage bitte möglichst nicht »kafkaesk«. Das gehört zur Terminologie der literaturinteressierten Friseure.

Es ist die Freiheit der Beurteilung, die der Kunst die Grenzen setzt.

Bleibt die Frage, wann und wie der Dichter und Denker zu seinem von allen offenbar anerkannten Ruf kommen konnte, durch den er nicht zuletzt auch Macht erwarb, eine ganz neue Form der Macht, die nicht mehr die Schwerter kontrollierte, sondern den Tagesbefehl und den Schlachtruf.

Es war die Aufklärung des 18. Jahrhunderts, die dieses möglich machte, indem sie sich aus der Religionsdienstleistung verabschiedete. Es war die Begleitmusik der Säkularisation. Im Ergebnis hatte der Theologe den Platz in der Öffentlichkeit für den Philosophen zu räumen. Man orientierte sich nicht mehr an Melanchthon, sondern an Leibniz. Die Philosophie wird zum Beruf. Die Macht, die die Dichter und Denker nun hatten, beruhte auf einer Sprachregelung, aber auch auf dem Instrument Sprache selbst. Die Vernunft, auf die man sich berief, beruhte auf der Kommunikation. Das Wort aber ist nicht nur Münze, sondern auch Sinnbild. So konnte man das Land der Griechen mit der Seele suchen.

Das Profane, dem man sich klar denkend zugewandt hatte, macht nicht nur das Sakrale klein und mickrig, sondern vor allem sich selbst: Die Lessings erklärten sich zu Weltbürgern und blieben in Wolfenbüttel.

Das Bürgertum übernimmt im 18. Jahrhundert die Rituale, ohne den Adel abzulösen. Auch sie, die Bürger, konnten im Prinzip König sein, aber sie würden nie die mittelalterliche Autorität, die auf den zwei Körpern des Königs beruht, dem irdischen und dem himmlischen, für sich beanspruchen können. So hat sich der Denker in die Verlegenheit des aufgeklärten Absolutismus begeben. Er ist vom konventionellen Hofdichter zum Gelegenheits-Arschkriecher geworden.

So war es zumindest in Deutschland. Der Ernsthaftigkeit einer höfischen Kultur fehlte hier schlicht der Hof. Die vielen Fürsten konnten höchstens Sponsoren sein, nicht anders als heute die Kommunen, die sich mit einem Stadtschreiberstipendium für Schriftsteller hervortun wollen. Den Klein- und Großfürsten konnte man huldigen, man konnte es aber auch bleiben lassen.

Das galt auch für Preußen. Was hatten Lessing und Friedrich II. als bekennende Aufklärer gemeinsam? Friedrich war zunächst einmal Monarch. Die Aufklärung leistete er sich privat. Ansonsten wurde auch ihm gehuldigt.

Unter den Dichtern, die Friedrich II. zu dessen Lebzeiten besangen, war auch Johann Wilhelm Ludwig Gleim. Er wiederum galt als der größte deutsche Dichter im 18. Jahrhundert und war gleichermaßen berühmt für seine *Preußischen Kriegslieder in den Feldzügen 1756 und 1757 von einem Grenadier* und seine Mondgedichte und sonstige Anakreontik.

Originalton Gleim: »War nur Monarch, war nie Despot, / Macht ging ihm nie vor Recht / War unser erster Patriot / Des Vaterlandes Knecht.«

Die in deutscher Sprache verfasste Gelegenheitsdichtung dürfte dem Monarchen allerdings entgangen sein. Nach eigenem Bekunden hatte er nämlich seit seiner Jugend kein deutsches Buch mehr gelesen. Friedrich II. bevorzugte das Französische, das er aber nur mit einer gewissen Approximation beherrschte, will man Voltaire und dessen maliziösen Bemerkungen über den preußischen Konversationspartner Glauben schenken, von dem er sich ganz gern an den Hof einladen ließ.

Selbst »Vater« Gleim, finanziell sorgenfreier Kanonikus in Halberstadt, hat es zu einer überraschenden Volte im Schlussvers seines letzten Gedichts auf den Monarchen, ein dreiviertel Jahr vor dessen Tod, gebracht. Darin heißt es plötzlich: »Er ließ uns alle Freiheit, selbst / die Freiheit – dumm zu sein!«

Friedrich II. hat den Vers, wie man heute feststellen kann, ohne Schaden überstanden. Voltaire verzeiht die Geschichtsschreibung ohnehin alles, nur den Gleim kennt keiner mehr. Dafür hat er in Halberstadt ein eigenes Museum. Es wurde 1862 eingerichtet und ist eines der ältesten Literaturmuseen in Deutschland.

Und was ist mit Lessing? Er war an allen Aufklärungsfronten tätig, suchte schließlich die Macht des Wortes auf der Bühne zu nutzen, als wäre es die Kanzel, und das alles, um als Krönung zum Versöhnungskitsch des Nathan zu gelangen.

Die Dichter und Denker beklagen sich gern über ihren ungesicherten Status. Das Missverständnis über ihre Rolle ist aber nicht nur der Macht zuzuordnen, sie haben auch selbst dazu beigetragen.

Die Macht der Literatur (1): Der selbstmörderische Werther inspirierte auch manchen Leser zum Suizid.

Sie hatten zwar den Vorteil der sich laufend verbessernden Technik der Verbreitung ihrer Ideen, aber sie waren nicht nur die Gewinner des Buchdrucks, sondern auch die Verlierer. Der Buchdruck ließ gerade durch die immer einfacher werdende Herstellung von Büchern deren Bedeutung als Machtinstrument der Eliten schrumpfen.

Mit der Aufklärung entsteht auch der Buchmarkt, und dieser unterscheidet nicht, auch nicht in der Frage der Ideen, und schon gar nicht des Niveaus, auf dem sie in Erscheinung treten. Auch darin zeigten sich die Grenzen der Aufklärung. Vorübergehend versuchte man sich mit der Weimarer Klassik aus der Affäre zu ziehen. Das half aber nicht viel. Weimar lebte vom Tandem Goethe und Schiller, und es war nicht kopierbar.

Um dem Problem beizukommen, musste die Romantik gefunden werden.

Lesen war im 18. Jahrhundert bereits eine verbreitete Angelegenheit. Was man zu lesen bekam, wollte bereits sortiert und vorsortiert sein. Man hatte schon das Bedürfnis, Goethe und seinen Schwager Christian Vulpius als Schriftsteller voneinander zu unterscheiden. Beide sind Autoren von veritablen Bestsellern ihrer Zeit. Goethe mit *Die Leiden des jungen Werthers* und Vulpius mit *Rinaldo Rinaldini*.

Gemeinsam ist ihnen, dass sie ein gewisses Protestpotenzial sublimieren. Der von Unzufriedenheiten geplagte Leser kann sich mit den Figuren der beiden Texte identifizieren.

Gemeinsam ist ihnen auch eine erstaunliche Langlebigkeit im kollektiven Gedächtnis. Goethes *Werther* ist nicht nur Schulpflichtlektüre, er ist sogar mit der Adaption an die DDR-Verhältnisse durch Ulrich Plenzdorf mit seiner Erzählung *Die Leiden des jungen W.* zu neuer politischer Brisanz gekommen, aber auch Vulpius büßte zumindest den Ruf der Botschaft nicht ein. Aus seinem Roman stammt das Räuberlied *In des Waldes tiefsten Gründen*. Sein Held aber, dessen Vorbild der beliebte Räuberhauptmann Fra Diavolo gewesen sein soll, wird 1968 zum Protagonisten einer 13-teiligen TV-Serie in deutsch-

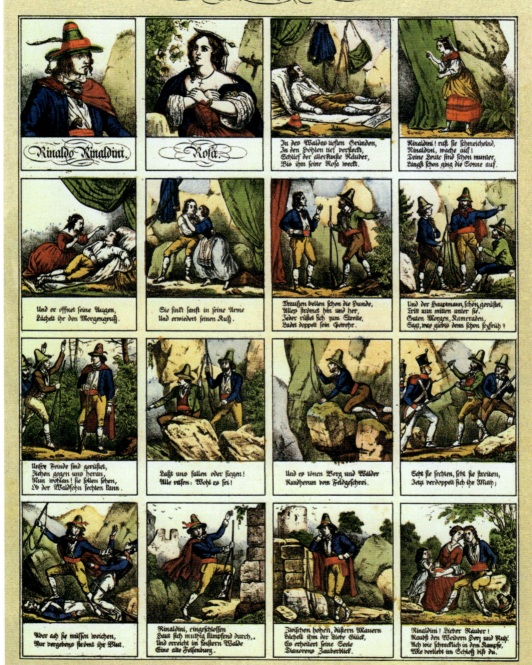

Die Macht der Literatur (2): Der edle Räuber sorgt für Gerechtigkeit.

französischer Koproduktion, die von der ARD mit dem Romantitel *Rinaldo Rinaldini* gesendet wurde. Der französische Titel lautete: *La Kermesse des Brigands.*

Es war Schiller, der den Romancier »Halbbruder des Poeten« nannte, eine nicht nur folgenreiche Äußerung, sondern auch eine bezeichnende, was die Vorstellung von der Schriftstellerei in Deutschland betraf in einer Zeit, als unsere Literatur in mancherlei Hinsicht noch in ihren Anfängen steckte. Was machte den Roman in Deutschland für die schreibende Zunft so uninteressant, dass man sich als Autor erlauben konnte, ihn bibliographisch in die zweite Reihe zu verbannen?

Dabei wurden Romane durchaus gelesen, gerade im 18. Jahrhundert, es war nicht anders als heute. Man las die Übersetzungen der Moderomane aus dem Französischen und Englischen und machte sie, so gut es ging, auf Deutsch nach. Ein Beispiel dafür sind die zahlreichen Robinsonaden in den Versionen deutscher Autoren.

In der später sogenannten Weltliteratur stellt der Roman von Anfang an – am Ende des Mittelalters und am Anfang der Neuzeit – das Königsgenre und beruft sich dementsprechend gern, und zwar im angelsächsischen Raum und in den vulgärlateinischen Territorien Spaniens und Frankreichs, ausdrücklich auf das Versepos und den Ritterroman. Er ist auserkoren, der Bürgerschaft in der allgemeinen Verzweiflung der Zeit, in ihren großen Hoffnungen und eschatologischen Ängsten ein Sittengemälde zu verschaffen. Die Romane dieser Übergangszeit sind eminent satirisch. Kaum eine andere Kunst hat so anschaulich das Weltbild des Adels ausgeschmückt und bruchlos das des aufstrebenden Bürgertums.

Die Form des Romans ist dehnbar genug. Indem sie der Unterhaltung und der Erziehung gleichermaßen zu dienen weiß, erreicht sie das größtmögliche Publikum. Damals wie heute.

Der Roman schenkt dem Leser einen Logenplatz wie in der Oper. Er lässt ihn in dem Glauben, ein Libretto in die Hand bekommen zu haben, das Skript zur Verfolgung der Handlung auf der großen Bühne. Es ist der Roman, der die Belletristik zum Lesestoff macht. Er entspricht aber auch wie kein anderes Genre dem Lebensgefühl einer Zeit und einer Gesellschaft. Doch muss man sagen, das Verhältnis der Deutschen zum Roman ist bis heute gespalten. Immer kamen die wichtigsten Romane aus dem Ausland. Mit dem eigenen deutschen Roman im Gepäck konnte man kaum mithalten, geschweige denn kontern. Bleibt die Frage: Warum schrieben die deutschen Autoren nicht die Romane, die ihre Leser lesen wollten?

Stattdessen erklärte man den Unterhaltungswert des Romans zum Störfaktor. Es waren die Romantiker, die sich zuletzt gegen den Roman stellten, und zwar mit dem verwandten Genre der Novelle. Auch sie ist keine deutsche Erfindung, sie geht vielmehr auf Boccaccio und Geoffrey Chaucer zurück. Während der Roman in seiner geschmeidigen Form den Karnevalscharakter seiner Darstellungen nicht verbergen konnte, passte die Novelle mit ihrer strengen Form und der Hartnäckigkeit, mit der sie ihre Botschaft vermittelte, viel besser zur deutschen Ernsthaftigkeit des Pfarrhauses. Sie zeichnete nicht ein Gesellschaftsbild, sie leuchtete mit Vorliebe einen Fall aus. In ihr war die Wirklichkeit Fragment, die Figuren aber wurden umso unerbittlicher gestaltet. Diese Figuren hatten sich den Zwängen zu stellen, sie mussten handeln. Eine Novelle entlässt keinen aus der Handlung, ohne dass sein Schicksal besiegelt wäre. Das 19. Jahrhundert stand im Zeichen der Novelle. Eine Riesenanthologie der Novelle reicht vom Sprachvirtuosen Kleist bis zum heute fast vergessenen Paul Heyse, dem deutschen Literaturnobelpreisträger. Die Novelle ist die kleindeutsche Lösung in der Literatur. Man kann aber auch sagen, die Novelle hat deutsche Tugenden aufzuweisen.

Ihr Ende sollte erst im 20. Jahrhundert kommen, in dessen zwanziger Jahren. Die Neue Sachlichkeit machte ihr, nach langer Agonie, den kurzen Prozess. Erst mit dem Niedergang der Novelle begann der langsame Aufstieg des deutschen Romans. Von Theodor Fontane bis Wolfgang Koeppen.

Die gelungenen Romane des 20. Jahrhunderts sind allesamt Beispiele für das Zusammenwirken von Unterhaltungswert und Ernsthaftigkeit. Trotzdem gibt es weiterhin die Unterscheidung zwischen E und U. Selbst wenn ihr der Gegenstand abhandenkommen sollte, die Unterscheidung wird bleiben. Welcher Deutsche lässt sich schon gern sagen, dass er ein Buch liest, allein um sich zu unterhalten? Er möchte schließlich eine Anerkennung dafür, dass er sich lesend am Buch abarbeitet. Der deutsche Leser liest zwar nicht mit dem Bleistift in der Hand, aber im Geist macht er sich Notizen. Wenn man ihn so vor Augen hat, quasi mit seinem Nachtkästchen-Bleistift und dem guten Buch dazu, kommt einem unwillkürlich der Gedanke, Lesen sollte man von der Steuer absetzen können, nein, nicht nur die Bücher, die man liest, sondern die Lektüre selbst.

Und Julia, unsere Gute-Bücher-Leserin? Ihr hat man zwei Listen zugesteckt, sagen wir, von Facebook-Freunden. Welchen Roman wird sie wählen?

[rw]

➤ Buchdruck, Feierabend, Kulturnation, Musik, Pfarrhaus, Sehnsucht

Anhang I: Roman total!

Zehn deutsche Experimente im 20. Jahrhundert

1. Thomas Mann, *Joseph und seine Brüder.* 1323 Seiten! (1933–1943)
   (Wie man aus einer Bibelanekdote, die Goethe zu kurz vorkam, eine Romantetralogie macht. Das Maximum des Fabulierens?)
2. Hermann Broch, *Der Tod des Vergil.* 522 Seiten. (1945)
   (Die letzten Stunden des römischen Dichters. Von Tod und Leben und von der Schriftstellerei.)
3. Robert Musil, *Der Mann ohne Eigenschaften.* 2159 Seiten! (1931 ff.)
   (Der Roman, in dem das Stichwort Kakanien geprägt wurde.)
4. Heimito von Doderer, *Die Dämonen.* 1360 Seiten! (1956)
   (Panorama der politischen Kämpfe im Österreich der zwanziger Jahre. Der deutsche Roman mit den meisten Figuren.)
5. Hans Henny Jahnn, *Perrudja.* 814 Seiten. (1929/1958)
   (Der Versuch, in zeitloser norwegischer Landschaft mythisch bestimmtes Leben zu gestalten.)
6. Albert Vigoleis Thelen, *Die Insel des zweiten Gesichts.* 943 Seiten. (1953)
   (Mallorca in den dreißiger Jahren: Denker, Müßiggänger, Freizeit-Nazis und Spitzel.)
7. Uwe Johnson, *Jahrestage.* 1703 Seiten! (1970–1983)
   (Johnson verbindet New York mit Jerichow in Mecklenburg. Das wird allen aus Jerichow Kommenden gefallen.)
8. Peter Weiss, *Die Ästhetik des Widerstands.* 1195 Seiten! (1975–1981)
   (Der Bildungsbürger als Arbeiter in einer ideologischen Wunschbiographie)
9. Arno Schmidt, *Zettel's Traum.* 1536 Seiten! (1970)
   (Ein Tag im Sommer 1968. Es ist viel von Poe die Rede.)
10. Peter Handke, *Mein Jahr in der Niemandsbucht.* 628 Seiten. (1994)
    (Eine umfangreichere Entrückung der Handkeschen Art, eine weitere Zeitgeistbeklagung.)

Anhang II: Lesestoff

Zwölf Romane des 20. Jahrhunderts (für den Deutschen mit Augenmaß)

1. Thomas Mann, *Buddenbrooks* (1901)
    (Das Urmuster aller deutschen Familienromane des 20. Jahrhunderts.)
2. Heinrich Mann, *Der Untertan* (1918)
    (Der Roman, der wie kein anderer unser Bild des Wilhelminismus geprägt hat.)
3. Franz Kafka, *Der Prozess* (1925)
    (Jemand musste Josef K. verleumdet haben.)
4. Joseph Roth, *Radetzkymarsch* (1932)
    (Melancholischer Nachruf auf die einzigartige Donaumonarchie.)
5. Alfred Döblin, *Berlin Alexanderplatz* (1929)
    (Kultroman und Hymne auf die Unterschicht in der Weimarer Republik.)
6. Klaus Mann, *Mephisto* (1936/1981)
    (Schlüsselroman um die Karriere des Schauspielers Gustaf Gründgens im »Dritten Reich«. Macht und Geist treffen aufeinander. Der Geist, der sich der Macht andient, verliert.)
7. Wolfgang Koeppen, *Das Treibhaus* (1953)
    (Über Restauration, Adenauer und die Lolita-Angst eines linksliberalen Intellektuellen in der politischen Klasse der Bonner Republik.)
8. Max Frisch, *Stiller* (1954)
    (Die moderne Identitätsfrage, nachkriegsgemäß und ein bisschen schweizerisch, nachgefragt bei Kierkegaard.)
9. Günter Grass, *Die Blechtrommel* (1959)
    (Provokativer Roman der Nachkriegszeit über die Vorkriegszeit [und für die Nachkriegszeit]. Bewährter politischer Baedeker mehrerer Studienrats-Nachkriegsgenerationen.)
10. Heinrich Böll, *Billard um halb Zehn* (1959)
    (Kölner Familiendesaster im Zeichen der Vergangenheit, die nicht vergeht. Katholisch und katholisch kritisch. Markenzeichen Böll.)
11. Thomas Bernhard, *Auslöschung. Ein Zerfall* (1986)
    (Die letzte große, furiose Selbstinszenierung des grantigen Österreich-Kritikers.)
12. Martin Walser, *Ein springender Brunnen* (1998)
    (Der Roman, in dem die Geschichte einer Jugend in Wasserburg am Bodensee erzählt wird und in dem einer der hintergründigsten Sätze über die dreißiger Jahre steht: »So lange etwas ist, ist es nicht das, was es gewesen sein wird.«)

FACHWERKHAUS

Wir haben uns in ein Fachwerkhaus, Baujahr 1500, verliebt. So das ältere Paar, das ich schon ein halbes Leben kenne. Wenn sie alle paar Jahre vorbeischauen und in irgendeiner Sache »wir« sagen, »wir haben«, weiß ich, es geht ihnen gut. Während sie von ihrer neuesten Angelegenheit sprechen, von ihrer Entdeckung des Fachwerkhauses, haben sie unverkennbar einen Glanz in den Augen. Es ist ein bisschen wie bei Leuten, die erst kürzlich einer Freikirche beigetreten sind und soeben jemanden getroffen haben, der sich ihre Bibelauslegung anhört. Sie leben, wie wir alle, mit der Vergänglichkeit, lernen aber immer noch was dazu, bevor es verloren geht. Sie sind der grundversorgte Mittelstand, der sich das schönere Denken leistet und Deutschland in der Balance hält.

Jetzt suchen sie einen Fachmann, der das Haus für sie besichtigen könnte, bevor sie es kaufen werden. Einen, der sich mit der Fachwerkbauweise auskennt. Mit Ausfachung, Füllung, Gaube, Handlauf, Laibung, Lochfraß und Schüttung.

Man kann das Fachwerk nüchtern als Bauweise betrachten und es dabei belassen. Auch unter dem Aspekt des Technischen ist es üppig beschrieben. Mit dem, was im Buchhandel zur Verfügung steht, könnte man sich jederzeit eine Fachwerk-Handbibliothek anlegen. Das ist aber nicht nötig. Die einschlägigen Baufirmen, die die Handwerkstradition pflegen, sind mit Rat und Tat dabei, falls man selbst bauen möchte.

Es geht beim Fachwerk um eine wahrhaftig uralte Bauweise. Sie ist viel älter als beispielsweise die deutsche Nation. Die Spur ihrer Technik verliert sich in weit zurückliegender Geschichte, dort, wo diese noch Geschichtslosigkeit ist. Sie fußt auf einem Urmuster des Hauses, das seine Form durch die Verbindung von Gerüst und Füllwand erhält.

Es geht um eine Baumethode, die alle Epochen unbeschadet überlebt hat, weil sie ihren Zweck optimal erfüllt und von keiner Weiterentwicklung abhängig ist. Es ist wie mit dem Zündholz, das seit Jahrhunderten gleich ist und es auch bleiben wird.

Kurzum, der Fachwerksbau ist in den aktuellen Wohntrend ideal eingepasst. So wirbt ein Unternehmen im Frühjahr 2011: »Unsere Klimalehmprodukte

Geburtshaus von Levi Strauss (geboren als Löb Strauß), Erfinder der Markenjeans, in Buttenheim. Heute Museum.

schaffen beste wohngesunde Wohlfühlräume.« Die Firma stellt Fachwerkziegel her.

Für die Beständigkeit des Fachwerkhauses ist aber weder Herkunft noch Dauerhaftigkeit ausschlaggebend, sondern seine Unverwechselbarkeit. Was unverwechselbar ist, ist letzten Endes nicht nur ein technisches, es ist vor allem ein ästhetisches Phänomen. Mit anderen Worten, das Fachwerkhaus ist schön, und es gilt auch als schön. Seine Schönheit prägt immer noch zahllose Innenstädte im heutigen Deutschland. Manche haben sogar durch Rekonstruktion die historischen Stadtkerne gezielt wieder mit dem Wahrzeichen Fachwerk versehen. Ein Beispiel dafür gibt es in Hildesheim. Das Knochenhaueramtshaus gilt als schönstes Fachwerkhaus der Welt. Das kleinste bewohnte hingegen steht in Mosbach, es ist das Kickelhainhaus mit 52 Quadratmetern auf mehreren Etagen, und das größte überhaupt ist in Halle an der Saale, bei den Franckeschen Stiftungen zu sehen.

Das Fachwerkhaus ist zwar keine deutsche Erfindung, es wurde aber von den Deutschen angenommen wie von keinem anderen Volk und dadurch gewissermaßen eingedeutscht. Der Grund mag im weitgehend handwerklichen Charakter der Sache liegen, zu dem wir Deutschen neigen, das aber kann nicht alles sein. Es ist letzten Endes eines der Erfolgsgeheimnisse des deutschen Mittelstands: die Gabe, die Aneignungsfähigkeit vor die Anpassungsbereitschaft zu setzen. Man eignet sich etwas an und macht es perfekt. So wird das Übernommene zum deutschen Markenzeichen.

Das Fachwerkprinzip folgt einer Grundidee der Baukunst. Indem das bezugsfertige Haus sein Gerüst sichtbar bleiben lässt, wird die Bautechnik zum Detail der Erscheinungsform, zum Ornament. Diese Doppelung macht das Fachwerkhaus leicht und gleichzeitig sicher, wie ein Luftschiff am Boden. Die Wahrheit ist, man wird sich eher Hans Sachs, den Meistersinger und Mann der Zunft, als den frei denkenden Walther von der Vogelweide als Bewohner eines Fachwerkhauses vorstellen.

Nun ist das Fachwerk weder die einzige zur Verfügung stehende Hausbautechnik, noch ist es eine besonders spektakuläre oder gar raffinierte. Es handelt sich eher um eine Tradition und ihre Glaubwürdigkeit. Das Traditionelle zeigt sich mit der allgemein nachvollziehbaren Technik. Jeder versteht, wie ein Fachwerkhaus gebaut ist, jeder kann es lernen. Wem das Ikea-Prinzip des Zusammenschraubens zu banal vorkommt, der möge sich dem Fachwerkhaus widmen. Ein solches Haus lässt der bekennende Bauherr in Friedenszeiten als Luxushaus bauen, er weiß aber auch: Kämen andere Zeiten, ungeregelte, könnte man in der Not, mit dem bisschen an handwerklicher Begabung, so hat man es ihm erklärt, ein Fachwerkhaus auch selbst errichten. Das beruhigt. Eine Million dieser Häuser soll es auf deutschem Boden geben.

Die deutsche Stadt, der Stadtkern, die Phantasie davon, sind vom Fachwerkhaus geprägt. Wer in Wismar den Marktplatz verlässt, steht in engen Gassen zwischen den Fachwerkhäusern. Hier wurde 1922 *Nosferatu* gedreht, der große stumme Film von der Angst.

Die deutsche Stadt ist im Mittelalter entstanden, und dieses war auch die Zeit, in der man sich für den Fachwerkbau entschieden hat. Mit der vielfältigen Wiederentdeckung des Mittelalters seit den achtziger Jahren des vorigen Jahrhunderts ist auch das Interesse für das Fachwerkhaus als Teil deutsch verstandener Traditionen gewachsen.

Ein Fachwerkhaus bewohnen ist wie einem Hobby nachgehen. Der Mann braucht seine Modelleisenbahn nicht mehr, die Frau kann auf ihre Online-Strickrunde verzichten. Man besucht stattdessen Wochenendseminare, um sich für die Fachwerkhausreparatur zu qualifizieren. Diese Seminare haben, neben aller Einübung von Handfertigkeit, auch etwas Künstlerisches, selbst wenn es nicht ausdrücklich um die Kunst geht, aber immerhin um den Lehm. Den Lehm formt man in der Bautechnik und in der Therapie.

Beim Fachwerkhaus denkt man zunächst einmal, es ginge um das Holz. Danach denkt man, es gehe um den Lehm. Eichenholz, erfährt man, sei das beste. Wen wundert es? Eiche ist zwar längst nicht mehr deutsch, aber immer noch ewig. Das Argument heute: Eichenholz käme ohne chemischen Holzschutz aus. Das gilt aber auch für die Douglasie. Würden Sie der Eiche die Douglasie vorziehen?

In Wirklichkeit geht es gleichermaßen um das Holz und um den Lehm, um die Verbindung zwischen Holz und Lehm. Hier scheint die Magie zu sitzen, die das Wohnen nun mal braucht. Oder, wie man heute sagt, die Wohnqualität.

Das alles entspricht den Mittelstands-Wertvorstellungen. Sie lassen Bio-Ei und L'Oréal kompatibel erscheinen. Auch die Joghurt-Werbung passt gut ins Fachwerkhaus: Sie zeigt eine Patchwork-Familie beim Frühstück mit Wohngefühl.

Den neuen Umgang mit dem Fachwerkhaus als Ausdruck der Akzeptanz unserer Geschichte zu betrachten, wäre sicherlich verwegen. Trotzdem ist es eine stillschweigende Wiedergutmachung des Ortes dieser Geschichte. Man kann Fachwerkhaus sagen und Tradition meinen, deutsche Tradition, ohne es ausdrücklich sagen zu müssen. So, wie man Öko sagt und Heimat meint, ohne dass es einem auffällt.

[rw]

➤ Arbeitswut, Bauhaus, Doktor Faust, Gemütlichkeit, Mittelgebirge

FAHRVERGNÜGEN

Fahrvergnügen ist motorisierte Wanderlust.

Halt!, ruft's da aus der Landschaft, alles falsch! Was seht ihr denn, wenn ihr in euren Stinkekarren durch mich hindurchrast? Keine Blume riecht ihr mehr, keinen Vogel hört ihr. Eure Motoren knattern, eure Scheinwerfer blenden, und ich verkomme zur Fototapete, die an euch vorüberwischt.

Die Landschaft ist konservativ, das ist ihr gutes Recht. Aber stimmt es, dass die Autofahrerei uns allesamt in blinde Raser verwandelt hat?

Auch der Wanderer bleibt nicht an jedem Heideröslein stehen, wenn er vor Einbruch der Dunkelheit die Schenke erreichen will. Und wie viele Deutsche lieben ihr Auto nicht deshalb, weil sie mit ihm hinausfahren können ins Grüne – an Orte, an die sie keine Bahn mehr bringt? Eine Fahrt auf kleinem Sträßchen an der Ostseeküste oder am Alpenrand entlang, noch dazu mit offenem Verdeck, bleibt Landschaftsanbetung. Selbst auf der Autobahn bei Tempo zweihundert kann einen der Zauber überfallen, wenn die Sonne im Westen ihr Lichtspiel treibt. Der Taugenichts wäre heute nicht zu Fuß, sondern in einem klapprigen VW-Bus unterwegs gen Süden.

Hermann Hesse hätte eingestimmt in die Litanei der preisgegebenen Landschaft. Der Schriftsteller, ein passionierter Wanderer – der sich bei seiner Indienreise allerdings gern in der Riksha ziehen ließ –, träumte von einer »Hochjagd auf Automobile«. In seinem *Steppenwolf* lässt er auf »Luxuswagen« schießen in der Absicht, »die fetten, schöngekleideten, duftenden Reichen, die mit Hilfe der Maschinen das Fett aus den andern pressten, samt ihren großen, hustenden, böse knurrenden, teuflisch schnurrenden Automobilen totzuschlagen, endlich die Fabriken anzuzünden und die geschändete Erde ein wenig auszuräumen und zu entvölkern, damit wieder Gras wachsen, wieder aus der verstaubten Zementwelt etwas wie Wald, Wiese, Heide, Bach und Moor werden könne«.

Auf Drängen seiner dritten Ehefrau Ninon schaffte sich der Schriftsteller – und mittlerweile Nobelpreisträger – in den späten vierziger Jahren das erste eigene Automobil an, das nur kurze Zeit ein unspektakulärer Standard Fourteen war und dann einem stattlichen Mercedes Ponton wich. Von seiner fahrfreudigen Gattin ließ sich der 72-Jährige über den Julierpass chauffieren, den er

»Wir fahr'n, fahr'n, fahr'n / auf der Autobahn: / Vor uns liegt ein weites Tal, / die Sonne scheint mit Glitzerstrahl. // Die Fahrbahn ist ein graues Band, / weiße Streifen, grüner Rand ...« Cover des legendären Albums von Kraftwerk, 1974.

wie so viele andere Alpenpässe in jüngeren Jahren zu Fuß überquert hatte. Wirklich Frieden machen mit der neuen Fortbewegungsart wollte der Wanderer indes nicht. Auf seiner Reise reimte er: »Müd, aber streng und scharfgeschnitten / Zieht lang der Straße Band inmitten, / Einst Heer- und Pilgerweg, und jetzt / Von schnurrenden Maschinen abgewetzt / Mit Menschen drin, die alles hätten, / Sich aus dem Lärm ins Sommerglück zu retten, / Nur keine Zeit, nur keine Zeit.«

Hätte ein anderer Dichterkollege diese Zeilen vernommen – er hätte hohnlachend Gas gegeben und den nostalgischen Fahrgast samt Hut in einer Staubwolke stehen lassen. Zwar hätte auch Bertolt Brecht nichts dagegen gehabt, die »fetten, schöngekleideten, duftenden Reichen« aus ihren »Luxuswagen« herauszuschießen – im Unterschied zu Hermann Hesse hätte er sich aber ohne Bedenken selbst hinters Steuer der erbeuteten Karossen geschwungen. 1926 konnte sich der Autor von *Baal* und *Mann ist Mann* sein erstes Auto leisten – einen gebrauchten englischen Daimler, der allerdings so wie sein zweites Auto, ein Opel, den Ansprüchen des rasanten Fahrers nicht genügte. Frei nach der Devise »Was ist der Erwerb einer Schrottkiste gegen die *Erwerbung* eines Edelschlittens?«, ließ er im Frühjahr 1928 seine Geliebte und Co-Autorin Elisabeth Hauptmann bei diversen Autoherstellern anklopfen, ob diese bereit wären, dem armen B. B. im Gegenzug zu einer literarischen Huldigung ein flotteres Gefährt zu überlassen. Der damals führende österreichische Automobilhersteller zeigte Interesse. Wenige Wochen später erschien in der Berliner Zeitschrift *Uhu* das Gedicht *Singende Steyrwägen*. Dort war unter anderem zu lesen: »Wir liegen in der Kurve wie Klebestreifen. / Unser Motor ist: / Ein denkendes Erz. // Mensch, fahre uns!! // Wir fahren dich so ohne Erschütterung / Dass du glaubst, du liegst / In einem Wasser. / Wir fahren dich so leicht hin / Dass du glaubst, du musst uns / Mit deinem Daumen auf den Boden drücken und / So lautlos fahren wir dich / Dass du glaubst, du fährst / Deines Wagens Schatten.«

Ob Brecht seiner eigenen Reklame auf den Leim gegangen war, als er ein knappes Jahr später mit seinem geschenkten Steyr-Cabriolet an einen Baum prallte? Doch weder der Automobilhersteller noch der Autor ließen sich beirren. So wie Mercedes-Benz in den späten 1980er Jahren Werbung mit jenem spektakulären Unfall machte, bei dem eine ihrer Limousinen von einer südafrikanischen Küstenstraße abgekommen war und der Fahrer unverletzt überlebt hatte, obwohl er hundert Meter in die Tiefe gestürzt war, wurde auch der Unfall des Dramatikers nachgestellt und – abermals in *Uhu* – ausführlich dokumentiert. Brecht, der mit zwei gebrochenen Kniescheiben und einer Narbe im Gesicht davongekommen war, erhielt ein neues Steyr-Cabriolet – das er fuhr, bis ihn die Nationalsozialisten ins Exil trieben und den Wagen beschlagnahmten.

Wer Benzin geleckt hat, ist bereit, alle anderen Grundsätze über Bord zu werfen. So war den Nazis der deutsche Wald – dessen Schutz sie doch sonst bei jeder sentimentalen Gelegenheit gelobten – plötzlich egal, als es darum ging, Autobahnen zu bauen. Fraglich ist auch, ob sie das Unternehmen vor allem

Rekonstruktion des Verkehrsunfalls, den Bertolt Brecht im Jahre 1929 mit seinem Steyr-Cabriolet hatte.

deshalb in Angriff nahmen, weil sie die Wirtschaft in Schwung bringen, das Reich vernetzen und Stärke demonstrieren wollten. Möglicherweise waren die Gründe weit irrationaler. So schwärmte Joseph Goebbels, der Erfinder der »stählernen Romantik«, die Mensch und Technik verschmelzen sollte, in seinem Tagebuch: »In toller Fahrt die herrliche Autobahn herunter.« Der Chemiker und Wissenschaftsjournalist Walter Ostwald rief seine Landsleute 1939 gar zum »fröhlichen Kraftfahrwandern« auf.

Wie sich der gesamte NS-Staat nicht eignet, einen Satz, der sich auf ihn bezieht, mit »es war nicht alles schlecht …« beginnen zu lassen, eignen sich Autobahnen und Volkswagen nicht, mit einem »denn das war gut« fortzufahren. PS-Leidenschaft ist im Kern amoralisch. Gerade daher bezieht sie in einem Land, das sonst keine Gelegenheit auslässt, alles, was es tut, ins Gewand des Moralischen zu zwängen, ihre ungebrochene Faszination. Der Autonarr mit dem Bleifuß hat keine Mission. Er will Spaß und gibt Gas, wie es in dem Liedchen der Neuen Deutschen Welle heißt.

Wenn es so etwas wie »gute« Automobilisten gegeben hat, waren es die Erfinder des mehrere Pferde starken und dennoch pferdelosen Wagens. Der schwäbische Prometheus Gottlieb Daimler (eigentlich hieß er Däumler) und mit ihm sein Edelkonstruktuer Wilhelm Maybach steckten all ihre Lebensenergien darein, Motoren und Gefährte zu entwickeln, mit deren Hilfe sich der Mensch zu Lande, zu Wasser und in der Luft sollte grenzenlos bewegen können. Als Fabrikanten im Dienste des Geschwindigkeitskicks verstanden sie sich nicht. Immer schnellere Autos zu bauen, dazu stachelte die beiden der kapriziöse Geschäftsmann Emil Jellinek an, eine Art früher Rennstallbesitzer und stolzer Vater einer Tochter namens – Mercedes.

Auch Carl Benz, der im Januar 1886 wenige Monate vor Gottlieb Daimler den ersten Motorwagen der Welt zum Patent anmeldete, wollte die Menschheit vorwärtsbringen – nicht katapultieren. Der Autopionier, der bei den allerersten Probefahrten mit seinem motorisierten Dreirad im wahrsten Sinn des Wortes die Pferde scheu machte und außerdem sechs Hühner, drei Enten, zwei Gänse und einen Hund überfahren haben soll, war ein strikter Gegner des Temporauschs. Zu Beginn des 20. Jahrhunderts führten genau diese Skrupel zum Zerwürfnis mit seinem fähigsten Ingenieur.

August Horch, der spätere Gründer von Audi (nach einem juristischen Streit verlor er die Rechte an seinem Nachnamen, weshalb die Fahrzeuge, die er nach 1910 baute, auf seinen latinisierten Namen hörten), hatte schon als Kind in der Werkstatt seines Vaters Eisenkufen unter seinen Holzschlitten montiert, um schneller den Hang hinunterzukommen. Horch war der Erste, der sich rückhaltlos zur automobilen Geschwindigkeit bekannte. Der Chef selbst nahm an Rennen teil, vor dem Ersten Weltkrieg machte er Audi zum Dauersieger im

Motorsport. Als sein neues Unternehmen, die alte Firma Horch und zwei weitere Automobilhersteller fusionierten, stellte er einen weiteren begnadeten Konstrukteur ein: Ferdinand Porsche entwickelte für die Auto Union jene Silberpfeile, die sich mit den Silberpfeilen, die das mittlerweile gleichfalls fusionierte Unternehmen Mercedes-Benz baute, in den dreißiger Jahren die heißesten Jagden über den Asphalt lieferten.

Die Wagen zu lenken, war eine Kunst. Zum prominentesten deutschen Ben Hur jener Zeit avancierte Bernd Rosemeyer. In den Silberpfeilen der Auto Union fuhr er von Rennsieg zu Geschwindigkeitsrekord. Im Oktober 1937 durchbrach er die magische Marke von 400 km/h. Goebbels' »stählerne Romantik« hatte ihr Idol gefunden. Die Tatsache, dass der Rennfahrer mit der Fliegerin Elly Beinhorn verheiratet war, einer Frau, die mindestens so tollkühn unterwegs war wie er, tat seiner Aura keinen Abbruch, im Gegenteil: Der NS-Staat rühmte sich, mit dem »schnellsten Ehepaar der Welt« aufwarten zu können.

Das Hochgeschwindigkeits-Hochglanz-Märchen nahm sein jähes Ende, als Rosemeyer im Januar 1938 bei dem Versuch, den neuen Rekord zu überbieten, den sein Konkurrent unmittelbar zuvor in einem Mercedes-Benz aufgestellt hatte, auf der Autobahn Frankfurt—Darmstadt von einer seitlichen Windbö erfasst und in den Wald geschleudert wurde. Der Rennfahrer war auf der Stelle tot. Auch seine allerletzte Ruhe fand er unter Bäumen: auf dem Waldfriedhof in Berlin-Dahlem.

Von dort sind es keine drei Kilometer bis zur ältesten »Nur-Kraftwagenstraße« (sprich: Autobahn) der Welt – der AVUS. Die »Automobil-Verkehrs- und -Übungsstraße« wurde 1921 eröffnet. Und von Anfang an ging es dort rasant zu. Sie war nicht etwa gebaut worden, damit die Berliner ein Gelände hätten, auf dem sie ihre ersten ungelenken Fahrversuche machen konnten, ohne Tiere, Kutschen und Passanten zu gefährden. Deutsche Rennfahrer, die damals noch der internationalen Konkurrenz hinterherfuhren, sollten eine Strecke bekommen, auf der sie die immer leistungsstärkeren Motoren, die deutsche Ingenieure entwickelten, ausreizen konnten. Im Alltag mussten sich die Rosemeyers & Co. die Straße allerdings mit selbst ernannten Rennfahrern teilen.

Das schönste Zeugnis eines solch privaten Geschwindigkeitsrausches findet sich bei Vicki Baum. In ihrem Bestseller *Menschen im Hotel* schickt die Schriftstellerin den magenkrebskranken Provinzbuchhalter Otto Kringelein – der noch nie in einem Auto gesessen hat und wenigstens jetzt, in den Wochen vor seinem Tod, das Leben hemmungslos genießen will – zusammen mit einem schneidigen Baron auf die AVUS: »Es fing an mit einer Luft, die immer kälter wurde, immer steifer, und die schließlich ganz hart gegen sein Gesicht schlug wie mit Fäusten. Der Wagen bekam eine Stimme und sang von unten herauf und immer höher, zugleich geschah etwas Grässliches in Kringeleins Beinen. Sie füllten sich mit

Luft gleichsam, es stiegen Blasen in seinen Knochen hoch, dann wollten ihm die Knie zerplatzen.« Nachdem der Baron die Tachonadel seines Sportwagens bis zu 118 km/h hinaufgejagt hat – anno 1929 für den Nicht-Profi ein Höllentempo –, lässt Vicki Baum den Baron seufzen: »So, jetzt ist mir leichter.« »Mir auch«, ergänzt der bleiche, aber selige Provinzbuchhalter. Katharsis durch Technik.

Hält es der Brite für den Inbegriff der Freiheit, eine eigene Meinung zu vertreten, der Franzose, regelmäßig auf die Barrikaden zu gehen, und der Amerikaner, eine Waffe und keine Krankenversicherung zu haben, geht dem Deutschen das Herz auf, wenn ihn niemand daran hindert, die Autobahn mit der Geschwindigkeit hinunterzubrausen, die sein Motor hergibt.

»Freie Fahrt für freie Bürger.« Mit jenem legendären Motto reagierte der ADAC im Februar 1974 auf den Plan, ein generelles Tempolimit von 100 km/h auf deutschen Autobahnen durchzusetzen. Der Satz ist die geheime Prä-Präambel zum Grundgesetz geworden. Seit einigen Jahren versuchen der Bundesverkehrsminister und der Deutsche Verkehrssicherheitsrat dem entgegenzusteuern, indem sie »Runter vom Gas!« fordern und an den Autobahnen immer drastischere Plakate aufstellen, die Opfer von Verkehrsunfällen zeigen. Grüne Politiker wollen die Automobilindustrie dazu bringen, keine fahrbaren Geschosse mehr, sondern nur noch Umweltschoner zu produzieren. Bislang vergeblich. Der Deutsche des frühen 21. Jahrhunderts hat sich zwar die Lust am Rauchen verderben lassen, sein Fahrvergnügen lässt er sich (noch) nicht rauben. Sobald er am Steuer sitzt, bricht aus ihm der alte Germane hervor, der sich von keinem römischen Statthalter und auch sonst niemandem vorschreiben lässt, mit welcher Geschwindigkeit er durch die Landschaft zu marodieren hat. Wenn nicht gerade Stau herrscht, sind die tempolimitfreien Autobahnstrecken die letzte Wildnis, die es in Deutschland gibt.

Dass Autofahren etwas mit Freiheit, Wildsein zu tun hat, dass Auto-mobil und Auto-nomie Geschwister sind, haben seit Anbeginn nicht nur die Männer gespürt. Auch Frauen hatten Benzin im Blut. So setzte Bertha, die resolute Gattin von Carl Benz, ihre Mitgift dafür ein, dass dieser seinen Traum vom »lebendigen Motorwagen« verwirklichen konnte. Es war keine reine Gattenliebe, die Bertha dazu trieb; die Frau, die in ihrer Jugend hatte entdecken müssen, dass ihre Mutter am Tag ihrer Geburt in die Familienbibel eingetragen hatte: »Leider wieder nur ein Mädchen«, hoffte, mit Hilfe der neuen Erfindung ihrer engstirnigen Familie zu beweisen, wozu »ein Mädchen« imstande war.

Und so beschloss sie im August 1888 entweder selbst – oder ließ sich von ihren beiden Söhnen dazu überreden –, hinter dem Rücken ihres Mannes den Motorpatentwagen zu besteigen und den weiten Weg nach Pforzheim, zur Kindstaufe im Hause ihrer Schwester, zu fahren. Die Heimlichkeit war nötig, denn »Papa Benz«, dem die Mannheimer Polizei mittlerweile fast komplett

Frau am Steuer: Bertha Benz im August 1888 mit ihren Söhnen bei der ersten automobilen Überlandfahrt der Welt.

untersagt hatte, mit seinem »Höllengefährt« weiter die Gegend unsicher zu machen, wäre von dem tollkühnen Plan kaum begeistert gewesen. (Liest man seine Lebenserinnerungen, scheint der Erfinder nach anfänglichem Zornausbruch doch stolz auf den Mumm gewesen zu sein, den seine Frau und die beiden Söhne bewiesen hatten.)

Die erste Langstreckenfahrt der Welt in einem Wagen ohne Pferde war nervenaufreibend und schweißtreibend, aber erfolgreich. Manch einem Bauern am Wegesrand fiel vor Staunen die Heugabel aus der Hand, andere liefen schreiend davon – doch niemand wagte es, die Frau am Steuer aufzuhalten. Zum größten Hindernis wurden Treibstoffengpässe, eine ausgeleierte Kette, ein verstopfter Benzinzufluss und die badischen Hügel, an denen das Dreirad mit seinem braven Einzylinder-Viertaktmotor und nur zwei Gängen scheiterte. Bertha Benz ließ sich nicht ausbremsen. In einem späten Radio-Interview erklärte die hochbetagte Dame: »Ich bin auch allein kutschiert, so lang, dass ebe die Sach gelaufe is. Wenn's ebe nimmer gelaufe is, bin ich ebe abgestiege und hab Hand geschobe.«

Im Frühjahr 1938 trat die aus Würzburg stammende Journalistin Margret Boveri eine noch wildere Reise an. In ihrem geliebten, schon vor dem Start leicht altersschwachen »Bungo« fuhr sie in Begleitung einer Freundin von Istanbul über Damaskus, Bagdad und Teheran bis nach Isfahan. Bereits in Anatolien wären die beiden Frauen mehrmals beinahe stecken geblieben: Die Straßen waren miserabel, Flüsse über die Ufer getreten, Brücken zerstört. Regelmäßige Schäden an Karosserie und Motor kamen hinzu.

»Doris und ich liegen abwechselnd unter dem Auto«, schreibt die Boveri in ihrem Reisebericht *Ein Auto, Wüsten, blaue Perlen*, dessen eigentlicher Held der »Bungo« ist. Kann es ein schöneres Bild für die einträchtige weibliche Hingabe an ein gemeinsames Gefährt geben?

Ein nicht weniger erotisches Verhältnis zum Auto unterhielt in jenen Tagen Erika Mann, die Tochter des Literaturnobelpreisträgers, die sich anders als die Boveri mit den Nationalsozialisten weder arrangieren konnte noch wollte. 1929 brüskierte sie ihren Noch-Ehemann Gustaf Gründgens damit, dass sie die Hauptrolle ausschlug, die dieser ihr in einer von ihm inszenierten Produktion am Deutschen Theater Berlin angeboten hatte, und lieber eine Ausbildung zum Auto-Monteur machte. Der kühne Wechsel des Rollenfachs zahlte sich aus: Als Erika mit ihrem Bruder Klaus eine zweimonatige Tour durch Marokko und den Süden Spaniens unternahm, wusste wenigstens ein Mann, was zu tun war, wenn der »kleine Ford« im Wüstensand liegen blieb.

Für die Schriftstellerin, Schauspielerin und Kabarettistin bedeutete Autofahren nicht nur die Freiheit, »die Länder weit öfter als die Kleider« zu wechseln. (Erika Mann schrieb jenen bekannt gewordenen Satz 1931 in Rom, als sie – höchst erfolgreich – an einer Rallye quer durch Europa teilnahm. Erst Bertolt Brecht benutzte ihn in seinem Gedicht *An die Nachgeborenen* dazu, die Unbehaustheit des Exilanten zu beschreiben.) In ihren »frühen Glossen und Schmonzetten« erklärte Mann das Auto zum idealen Testvehikel für potenzielle Liebespartner: »Willst Du jemanden ausprobieren – Dame oder Herrn –, geh nicht ins Theater, auch nicht tanzen und dinieren – geh auf Reisen, aber auf sportliche, fahre Ski mit dem auszuprobierenden Geschöpf, oder Auto am besten. Eine Nachtfahrt im Auto und du weißt alles [...] Solange ihr in der Stadt seid, darfst du ein leidlich flottes Tempo verlangen; an den Stops müsst ihr zu den Ersten zählen, die losfahren, wenn es grün wird. Unerlaubtes tut ihr nicht – ihr haltet euch stets an der äußersten Grenze des Erlaubten. Draußen dann legt ihr los. Der am Steuer braucht nicht zu sprechen. Trotzdem musst du das Gefühl haben, dass er deine Gegenwart nicht einen Augenblick lang vergisst. Ihr sollt stetig fahren, nicht über 90 Kilometer, doch nie unter 50. Solche, die bald mit 120 brausen, bald, fällt es ihnen bei, einen Witz zu erzählen, auf 35 sinken oder gar schäkernd halten, sind verfehlt und kommen nicht in Frage.«

125

Mit welcher Geschwindigkeit sich Vater Thomas Mann von Tochter Erika bevorzugt durch die Gegend kutschieren ließ, ist leider nicht überliefert. Gewiss ist nur, dass der großbürgerliche Autoliebhaber im Leben nicht auf den Gedanken gekommen wäre, sich selbst hinters Steuer eines seiner kostbaren Gefährte zu setzen. Am 4. Februar 1925, als sich bereits abzeichnete, dass sein dritter Roman, *Der Zauberberg*, ein noch größerer Verkaufserfolg als *Buddenbrooks* werden würde, schrieb er einem Freund: »Ich habe, unter uns gesagt, an Eintrittsgeldern in mein mystisch-humoristisches Aquarium schon einige 70 000 Mark verdient, und so habe ich mir denn ein Auto angeschafft, einen hübschen sechssitzigen Fiat-Wagen. Unser Windbeutel Ludwig ist schon zum Chauffeur ausgebildet, und so werde ich fortan 33-pferdig in die Stadt fahren, nach allen Seiten leutselig grüßend.«

War kein bezahlter »Windbeutel« zur Hand, mussten Tochter Erika oder Sohn Golo und später auch Ehefrau Katja – die allerdings eine sehr mäßige Autofahrerin gewesen sein soll – herhalten, um den Dichterfürsten unters Volk zu bringen.

Ebenso skrupellos, wie sie den Brechtschen Steyr beschlagnahmt hatten, konfiszierten die Nationalsozialisten den Buick und die Horch-Limousine, die im Jahre 1933 den Mannschen Fuhrpark bildeten. Auch der DKW-Zweitakter, den Golo von seinem Vater anlässlich der bestandenen Promotion bei Karl Jaspers geschenkt bekommen hatte, verschwand im Rachen des braunen Behemoth. Einzig Erika gelang es, ihren Ford ins sichere Ausland zu bringen.

Abermals ein Fiat, dann ein Chevrolet und wieder ein Buick – so lauteten die Stationen des Mannschen Exils aus Sicht des Autobesitzers. Mobile Geborgenheit in einer Zeit, die alle anderen Geborgenheiten vernichtet hatte. Auch das ist Fahrvergnügen.

Die Freude am Gefahrenwerden begann Thomas Mann erst nach dem Zweiten Weltkrieg zu vergehen. Als er im Sommer 1950 eine längere Reise durch die Schweiz machte, besuchte er u. a. Hermann Hesse in dessen Tessiner Residenz und ließ sich anschließend über den St. Gotthard nach Zürich chauffieren. Abends notierte er in sein Tagebuch: »Ärger mit frech überholendem Pöbel; krankte den ganzen Tag daran.« Die beginnende Massenmotorisierung war nichts für den Großschriftsteller, der noch mit lackierten Pferdekutschen aufgewachsen war und jegliche Form der »kleinbürgerlichen Beförderung« stets verabscheut hatte.

Einen Hang zum Elitären hatten die deutschen Automobilisten seit den Gründerjahren: Während Gottlieb Daimler seinen Ehrgeiz daransetzte, fahrbare Wertarbeit zu leisten, dachte in den USA Henry Ford darüber nach, wie Autos für alle herstellbar wären. Sein Ford T, im Volksmund »Tin Lizzy« (»Blechliesel«) genannt, wurde 1908 als erstes Automobil der Welt am Fließband gefertigt. Kurz vor seinem Tod im Jahre 1900 soll Gottlieb Daimler noch prophezeit haben, dass die weltweite Nachfrage nach Kraftfahrzeugen die Million nie überschreiten werde – allein schon aus Mangel an verfügbaren Chauffeuren. Als die Produktion der »Tin Lizzy« 1927 eingestellt wurde, hatte Ford insgesamt 15 Millionen Exemplare seines Erfolgsmodells verkauft, und es darf davon ausgegangen werden, dass die allerwenigsten von einem Chauffeur gesteuert worden sind.

Der unelitärste deutsche Autobauer der zwanziger Jahre war Opel. Der Gründer und Namenspatron Adam Opel, der selbst nur Nähmaschinen und Fahrräder produziert hatte, war sogar so unelitär gewesen, dass er die Herstellung von Autos mit der Begründung abgelehnt hatte, es handele sich bei dieser neumodischen Erfindung ohnehin nur um ein »Spielzeug für Millionäre«. Erst nach dem Tod des Patriarchen stiegen die fünf Opel-Söhne, die allesamt gute Radrennfahrer gewesen waren, ins Kraftfahrzeuggewerbe ein. 1924 verließ das erste deutsche Fließbandauto das Werk in Rüsselsheim und brachte Opel den Aufstieg zum größten deutschen Automobilhersteller der damaligen Zeit. Im Vergleich zur »Blechliesel« war der »Laubfrosch« allerdings immer noch ein Nischenprodukt. Während bei Ford pro Jahr durchschnittlich 750 000 Wagen vom Fließband rollten, waren es bei Opel gerade einmal 20 000 bis 30 000.

Zur Massenware wurde das deutsche Auto erst mit dem Volkswagen. Im Herbst 1933 beauftragte Hitler den Präzisions- und Ästhetikfetischisten Ferdinand Porsche damit, ein Auto zu entwickeln, das den Namen »Volkswagen« tatsächlich verdiente: ein Vehikel, das in wenigen Jahren hunderttausendfach über die parallel entstehenden Reichsautobahnen brummen sollte, schnell, aber nicht zu schnell, außerdem familienfreundlich, erschwinglich in den Anschaf-

Da freut sich der »Führer«: Anlässlich von Hitlers 49. Geburtstag präsentiert Ferdinand Porsche (im dunklen Anzug links) ein Modell seines »Kraft-durch-Freude-Wagens«.

fungskosten und sparsam im Benzinverbrauch. Den »Kraft-durch-Freude-Wagen« serienmäßig zu bauen, war allerdings der Bundesrepublik vorbehalten. Im Zweiten Weltkrieg wurden keine Untersätze zum »fröhlichen Kraftfahrwandern«, sondern Kübelwagen für die Wehrmacht gebraucht.

Just diesem Umstand verdankte der Käfer seinen späteren Höhenflug: Nie hätte er zum Kultobjekt und 1972 sogar zum meistverkauften Auto der Welt aufsteigen können – von diesem Spitzenplatz verdrängte ihn erst 2002 der VW-Golf –, wäre er im allgemeinen ikonographischen Bewusstsein mit den Nazis verbunden gewesen. Denn nicht nur die wirtschaftswunderlichen Deutschen, auch die Amerikaner schlossen in den fünfziger Jahren das niedliche und trotzdem robuste Automobil ins Herz, als habe nicht Adolf Hitler dessen Konstruktion angeordnet, sondern Walt Disney.

Wie sehr die Amerikaner den deutschen Wonnebrocken liebten, verrät ein Slogan, mit dem Volkswagen 1960 in den USA warb: »I don't want an imported car. I want a Volkswagen.«

Es ist kaum zu glauben: Ausgerechnet jenem Auto, dem die nationalsozialistische Vergangenheit wie keinem zweiten im Chassis steckte, zollten die Amerikaner die größtmögliche Anerkennung, indem sie es zu einem der ihren erklärten. Noch schwerer zu glauben: Die revolutionäre Werbekampagne, die so einprägsame Sprüche wie »Think small« oder »Going, going« hervorbrachte, war von Doyle Dane Bernbach ersonnen worden – einer Agentur, deren Mitarbeiter mehrheitlich jüdischer Herkunft waren und zu deren Auftraggebern in den frühen sechziger Jahren auch die israelische Fluggesellschaft EL AL gehörte.

Entnazifizierung, Versöhnung gar im kreisrunden Zeichen einer Automarke? Oder Triumph des Kapitalismus übers historische Bewusstsein? Sicher ist nur, dass niemand so sehr wie der VW Käfer – außer Konrad Adenauer und dem Fräuleinwunder – dazu beigetragen hat, den Amerikanern und damit der ganzen Welt zu signalisieren, dass sie die bundesrepublikanischen Deutschen nicht zu fürchten brauchten. Endgültig zum Friedenskäfer machten ihn kalifornische Hippies, die ihre Blumen und »Peace«-Logos besonders gern auf sein dralles Blech malten.

Wer wollte da noch an »stählerne Romantik« oder »Kraft durch Freude« denken, als Volkswagen of America im Jahre 1990 eine neue Werbekampagne startete, in der eine beruhigend sonore Stimme den Zuschauer aus dem Fernseher heraus aufforderte, ins neueste VW-Modell einzusteigen und »Fahrvergnügen« zu erleben, »when car and driver become one«. Sollte der deutsche Autowahn am Ende doch für etwas gut gewesen sein?

[td]

➤ Eisenbahn, Forschungsreise, Gründerzeit, Wanderlust, das Weib

A Volkswagen, obviously.

It's easy to spot a Volkswagen. Even with enough snow on it to hide the beetle shape.

It's the one that keeps moving.

A Volkswagen will even go up icy hills when other cars won't go at all because we put the engine in the back. It gives the rear wheels much better traction.

That's half the problem. But the engine can't just be there. It has to keep working.

So we cool the VW engine with air, not water. There's no need for anti-freeze, no chance of the block cracking. (No possibility of boiling over in summer, either.) And there's no draining. No flushing. No rust.

You can park a VW outdoors in sub-zero weather or dig it out of a snowbank; it's ready to roll as soon as you turn the key.

If you happen to live where ice and snow are no problem, don't think you can't judge the VW's extraordinary abilities.

Just try it in sand or mud.

Werbeanzeige aus der Kampagne, die die Agentur Doyle Dane Bernbach 1959 für den amerikanischen Markt entwarf.

FEIERABEND

Wenn die Sonne hinterm Schwarzwald oder in der Nordsee versinkt, geht ein Seufzer der Erleichterung durchs Land: *Endlich Feierabend!* Das heißt: Im Zeitalter der gewerkschaftlich geregelten 35-Stunden-Woche darf die Sonne den Seufzer voll mithören. Wie viel besser haben wir es doch als unsere Urahnen, die vor zweihundert Jahren geschlagene 82 Stunden pro Woche malochten, und sich um 1900 noch zehn Stunden pro Tag, sechs Tage die Woche abrackern mussten. Kein Zweifel, die protestantische Verfleißigung der Deutschen ist längst der Entfleißigung gewichen. So sehr, dass es Bundeskanzler Helmut Kohl im Jahre 1993 zu dem legendären Wutausspruch trieb: »Eine erfolgreiche Industrienation, das heißt eine Nation mit Zukunft, lässt sich nicht als kollektiver Freizeitpark organisieren.«

Aber hier soll es nicht um die Frage gehen, ob die Deutschen noch so viel arbeiten, wie sie könnten, wenn sie müssten (oder umgekehrt). Hier soll es darum gehen, was die Deutschen mit all der ungeheuren Zeit anfangen, die ihnen nach getaner Arbeit bleibt. Dass diese Frage selbst in Jahrhunderten, in denen die Deutschen im Vergleich zu heute über weniger als halb so viel Freizeit verfügten, keine unproblematische war, zeigt sich, wenn man liest, was der Eisenacher Arzt und Geschichtsschreiber Christian Franz Paullini im Jahre 1700 in seinem *Philosophischen Feierabend* anmahnt: »Denn ja mein Gebrauch nicht ist, die edlen Stunden mit Würfeln, Karten, Trinken, unnützem Gewäsch und dergleichen Lappalien zu verderben, sondern solche bestmöglich in Acht zu nehmen, recht zu brauchen, und durch Mühe und Redlichkeit immer was Gutes zu wirken.«

Die Arbeit hört auch nach der Arbeit nicht auf. Wer ein rechter Arbeiter im Weinberg des Herrn sein will, der nutzt den Feierabend nicht zur vulgären Zerstreuung, sondern um sich zu bilden oder andere schöne Taten zu vollbringen. Das spätere Bürgertum hat eine ganze Reihe von Institutionen geschaffen, mit deren Hilfe die »edlen Stunden« sinnvoll gefüllt werden konnten: Hausmusikabende, Lesezirkel, gemeinnützige Vereine. Noch später, um 1900, kommen die Volkshochschulen hinzu, die auch den Arbeiter zum gehobenen Feierabend animieren wollen.

Es wäre falsch, in diesen bildungsbürgerlichen Bemühungen vorrangig die Weiterführung des Arbeitskrampfes mit anderen Mitteln zu sehen. Der Feierabend wurde tatsächlich als feierlicher Höhepunkt des Tages empfunden. So erklärt der Kulturhistoriker Wilhelm Heinrich Riehl 1880 im Vorwort zu seiner Novellensammlung *Am Feierabend*, dass allen Erzählungen eins gemein sei: »Die Stimmung des heiteren Behagens, der tiefinneren Versöhnung, des reinen, klaren Abendfriedens. In diesem Sinne nannte ich das Buch: *Am Feierabend*. Nicht weil ich als Novellist nunmehr Feierabend hätte machen wollen, ›Schicht machen‹, wie die Bergleute sagen, – auch nicht, weil ich die [...] Geschichten so nebenher am Feierabend geschrieben hätte, wann ich eben nichts Gescheiteres zu tun gewusst, sondern weil der Friede des Feierabends in meiner Seele einzog, so oft ich die Feder zu diesen kleinen Gebilden ansetzt und weil ich den Feierabend auch in die Seele meiner Leser tragen möchte.«

Des Tages Hektik geht. Des Abends Friede kommt. In diesem Sinne waren auch die Bildungsbürger des 19. Jahrhunderts am *Chillen*, nicht mit dem *iPad*, sondern mit der Feder – oder zumindest einem Buch – in der Hand. Und selbst die schlichteren Gemüter, die nicht schrieben oder lasen, träumten vom stillen Frieden draußen in der Natur, der sich über Auen und Felder senkt, während die Vöglein ein letztes Lied anstimmen, der fleißige Bauer seine Sense wohlverdient in die Scheune stellt und die Dorfgemeinschaft sich zur Abendandacht unter freiem Himmel versammelt: »Kein schöner Land in dieser Zeit / Als hier das unsre weit und breit / Wo wir uns finden / Wohl unter Linden / Zur Abendzeit ...« Allerdings dürfte dieser Lobgesang öfter in Städten erklungen sein als dort, wo der bukolische Abendfriede angeblich zu Hause war.

Bei der abendlichen Einkehr ins eigene Gemüt handelt es sich indes um mehr als um bräsige Gemütlichkeit. Wie verdrängt auch immer, schwingt in den melancholisch gefärbten Stunden zwischen Sonnenuntergang und Nachtruhe mit, dass etwas zu Ende geht, und du nur beten bzw. singen kannst, dass du morgen früh, so Gott will, wieder geweckt wirst.

»Auch währt nur alles kurze Zeit / In dieser Welt, und dann / Geht zu der langen Ewigkeit / Der Feierabend an. / Dann sind wir wieder alle gleich, / Das Tagewerk ist aus, / Und alles gehet, Arm und Reich / Um seinen Lohn nach Haus.« So heißt es 1787 im *Hamburger Musenalmanach*. (Ob die DDR-Bürokraten dieses Gedicht von Anton Grolzhamer im Sinn hatten, als sie beschlossen, ihre Altersheime »Feierabendheime« zu nennen?)

Aber natürlich geht es am deutschen Feierabend beileibe nicht überall so besinnlich zu. Ermahnungen wie die von Paullini, die »edlen Stunden« nicht mit »Würfeln, Karten, Trinken, unnützem Gewäsch und dergleichen Lappalien zu verderben«, zeugen davon, dass auch die Deutschen früherer Jahrhunderte

Abendandacht von Ludwig Richter, 1842.

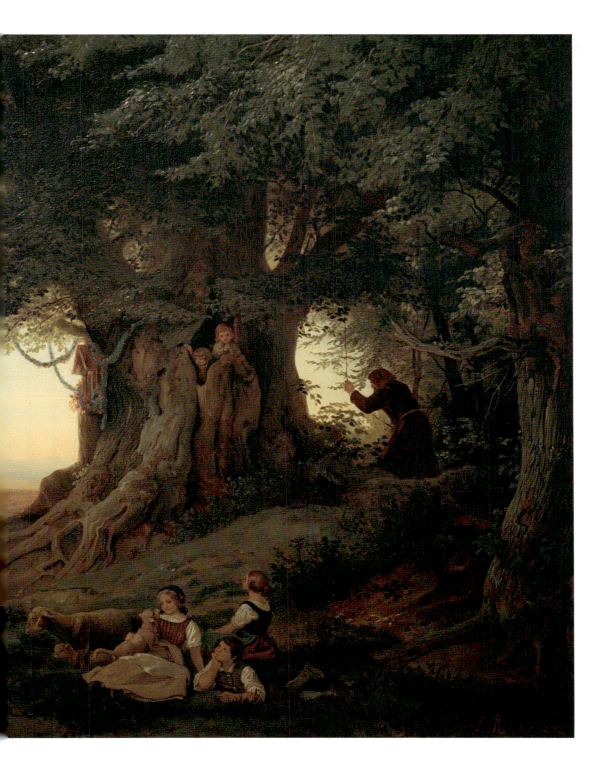

in Wahrheit nichts lieber taten, als nach des Tages Mühen noch einen draufzumachen.

Der wichtigste Treibstoff, um am Feierabend zu Höchstform aufzulaufen, war und bleibt der Alkohol. Bereits der römische Geschichtsschreiber Tacitus staunt über die Mengen an »Gerstensaft« und Wein, die der Germane nach der Auerochsenjagd in sich hineinschüttet: »Wollte man ihnen, ihrer Trunksucht nachgebend, verschaffen, so viel sie wollen, so könnte man sie leichter durch ihr Laster als mit Waffen besiegen.«

Wer ein *Kommersbuch*, das Liederbuch der Studentenverbindungen, in die Hand nimmt, wird sich möglicherweise über die Metallzacken wundern, die beide Buchdeckel zieren. Dabei handelt es sich um sogenannte Biernägel. Sie sollen verhindern, dass das Buch auf dem Kneipentisch durchweicht. Wer die Lieder studiert, kann sich rasch davon überzeugen, dass – wer immer das *Kommersbuch* gekauft hat – gut daran getan hat, in die teurere Ausgabe mit den Biernägeln zu investieren. Das Lied vom sich rülpsend im Bett wälzenden Kurfürsten Friedrich von der Pfalz etwa lässt recht präzise Rückschlüsse auf die Pegelstände am burschenschaftlichen Feierabend zu, lautet sein Refrain: »War halt doch ein schönes Fest! / Alles wieder voll gewest!« *Einer geht noch, einer geht noch rein ...*

Notburga von Rattenberg, die »Feierabendheilige« aus dem 13. Jahrhundert, die jeden Abend beim ersten Glockengeläut die Feldarbeit niederlegte, um zu beten, und zu deren Ehren im tirolischen Dorf Eben immer noch alljährlich am 13. September eine Prozession stattfindet, würde sich mit Schaudern abwenden.

Doch der Alkohol ist nicht die einzige Versuchung, die den Feierabend zum Unheiligen macht. In dem Maße, in dem im 20. Jahrhundert der Begriff »Feierabend« durch den der »Freizeit« abgelöst – und damit bereits die Erweiterung der arbeitsfreien Zone angedeutet – wird, entwickelt sich eine aufgekratzturbane Tingeltangel-Industrie mit Tanzlokalen, Lunaparks und Filmpalästen, die dem ländlichen Feierabendidyll, an dessen Vision sich die geplagten Städter vormals erbauten, endgültig den Garaus macht. Und in der die kritisch-marxistisch geschulten Zeitgeister nichts als den hässlichen Januskopf der kapitalistischen Produktionsindustrie erkennen mögen.

Ernst Bloch widmet in seinem dreibändigen Hauptwerk *Das Prinzip Hoffnung*, das er im amerikanischen Exil geschrieben hat, den »Täuschungen der Freizeit: Ertüchtigung zum Betrieb« ein ganzes Kapitel, das so beginnt: »Abends spannt der gedrückte Mensch endlich aus, wird gleichsam frei. Er darf sich erholen, und er darf es deshalb, weil auch ein Arbeiter ermüdet. Er bekommt Freizeit nach des Tages Last und Müh, um sich als Maschine zu speisen und ölen.«

Im selben Sinne rechnen Theodor W. Adorno und Max Horkheimer in ihrer *Dialektik der Aufklärung*, ebenfalls im amerikanischen Exil entstanden, mit der

»Kulturindustrie« ab: »Amusement ist die Verlängerung der Arbeit unterm Spätkapitalismus.« Oder markiger: »Fun ist ein Stahlbad.«

Eine der »Amüsierwaren« ist den beiden – Adorno vor allem – ein besonderer Dorn im Auge: das Kino. Und deshalb träumt er davon, die Kinos stillzulegen, nicht ohne zu betonen, dass »solche Stilllegung [...] keine reaktionäre Maschinenstürmerei« wäre. Das Einzige, was ihn vor der Umsetzung seiner Phantasie zurückschrecken lässt, ist die Erkenntnis, dass »das Dunkel des Kinos [der Hausfrau] trotz der Filme, die sie weiter integrieren sollen, ein Asyl [gewährt], wo sie ein paar Stunden unkontrolliert dabeisitzen kann, wie sie einmal, als es noch Wohnungen und Feierabende gab, zum Fenster hinausblickte.« Vielleicht sollte Lieschen Müller ein Aufstützkissen mitnehmen, wenn sie das nächste Mal ins Kino geht, um ihrem Leinwandhelden dabei zuzusehen, wie er die staubige Landstraße hinuntergeht.

Ernst Bloch vermag in seiner durchindustrialisierten Gegenwart immerhin noch »gewisse Reste erfüllterer Muße« auszumachen, etwa im »Steckenpferd«. Adorno ist da strenger. In einem Radiovortrag über Freizeit, den der Frankfurter Philosoph im Mai 1969 kurz vor seinem Tod hält, gibt er seinem Befremden Ausdruck, das ihn jedes Mal befällt, wenn ihn ein Journalist nach seinen »hobbies« fragt. »Ich habe kein ›hobby‹«, antwortet der konsternierte Philosoph. »Nicht dass ich ein Arbeitstier wäre, was nichts anderes mit sich anzufangen wüsste, als sich anzustrengen und zu tun, was es tun muss. Aber mit dem, womit ich mich außerhalb meines offiziellen Berufs abgebe, ist es mir, ohne alle Ausnahme, so ernst, dass mich die Vorstellung, es handele sich um ›hobbies‹, also um Beschäftigungen, in die ich mich sinnlos vernarrt habe, nur um Zeit totzuschlagen, schockierte, hätte nicht meine Erfahrung gegen Manifestationen von Barbarei, die zur Selbstverständlichkeit geworden sind, mich abgehärtet. Musik machen, Musik hören, konzentriert lesen ist ein integrales Moment meines Daseins, das Wort ›hobby‹ wäre Hohn darauf.«

Christian Franz Paullini grüßt aus der Ferne. Doch anders als der Feierabendphilosoph der frühen Neuzeit, der jedem einzelnen ins Gewissen redet, mag der Berufskritiker des Spätkapitalismus niemandem einen Vorwurf machen, wenn dieser seine freie Zeit mit Schwachsinn verplempert: »Unter den herrschenden Bedingungen wäre es abwegig und töricht, von den Menschen zu erwarten oder zu verlangen, dass sie in ihrer Freizeit etwas Produktives vollbrächten.« Ring frei für die Volksverdummung, die später das »Unterschichten-Fernsehen« übernehmen wird. Es genügt ja, wenn der Philosoph seine Feierabende mit Schönbergs Klavierwerk zubringt.

Ähnlich pessimistisch, was sinnvolle Freizeitgestaltung angeht, äußert sich Hannah Arendt 1958 in ihrem philosophischen Hauptwerk *Vita activa*. Lebte der antike Mensch noch für den Erhalt seiner Polis bzw. seines Staates durch

Sowohl der linken wie der rechten Kulturkritik ein Dorn im Auge: der schrille Feierabend mit seinen »Amüsierwaren«, wie er sich in den 1920er Jahren auch in deutschen Großstädten durchsetzte.

politisches Handeln, und versuchte der »Homo faber«, der herstellende Mensch, bis zu Beginn der industriellen Revolution immerhin noch, sich in Artefakten zu verewigen, so habe der zeitgenössische Mensch – ganz gleich, ob im Kommunismus oder im Kapitalismus – keinerlei Vorstellung mehr von »höheren und sinnvolleren Tätigkeiten«, für die sich die Befreiung vom Arbeitsdruck überhaupt lohnen würde: »Die überschüssige Zeit des Animal laborans wird niemals für etwas anderes verbraucht als Konsumieren, und je mehr Zeit ihm gelassen wird, desto begehrlicher und bedrohlicher werden seine Wünsche und sein Appetit. Zwar verfeinern sich die Begehrlichkeiten, so dass der Konsum nicht mehr auf die Lebensnotwendigkeit beschränkt bleibt, sondern im Gegenteil sich gerade des Überflüssigen bemächtigt; aber dies ändert nicht den Charakter dieser Gesellschaft, sondern birgt im Gegenteil die schwere Gefahr in sich, dass schließlich alle Gegenstände der Welt, die sogenannten Kulturgegenstände wie die Gebrauchsobjekte, dem Verzehr und der Vernichtung anheimfallen.« Zugespitzt könnte man sagen, dass der hedonistische Hamster, der zu keinem politischen Engagement, zu keiner Kontemplation und keiner echten Kreativität mehr fähig ist, noch am wenigsten Unheil anrichtet, wenn man ihn möglichst rund um die Uhr in seiner Tretmühle beschäftigt hält.

Die Verachtung der Freizeitindustrie kommt jedoch mitnichten nur aus dem neoaristotelischen bis neomarxistischen Lager. In der Weimarer Republik sind es vor allem Ärzte, die davor warnen, sich am Feierabend passiv zu berauschen. Ein nationalkonservativer Mediziner wie Rudolf Neubert, Mitarbeiter am Deutschen Hygiene-Museum in Dresden, erklärt den glitzernden Filmpalästen bereits im Jahre 1930 den Krieg: »Auch im Kino wird dem Zuschauer etwas vorgemacht, in aller Bedeutung des Wortes [...] Er hat für seine 80 Pfennig [...] zwei Stunden lang Ruhe vor sich selbst, kommt aber auch nicht zu sich selbst.

Das ist nun das Allerkennzeichnendste: Jemand, der sich in seinem Erholungsbedürfnis der Großstadt-Amüsierindustrie anheimgibt, kommt nicht zur Besinnung, kommt nicht zu sich selbst. Er schwebt auf einer weichen Woge mit und kann, wenn nicht irgendwelche äußere und innere Erschütterungen ihn herausreißen, sein ganzes Leben so fortgetragen werden. Das Schlimme dabei ist nur, dass er dann überhaupt niemals dazu gekommen ist, aus eigener Kraft seelische Nöte zu überwinden und aus dieser Überwindung innerlich zu wachsen. Er wird seelisch ein vollkommenes Weichtier, so wie ein Mensch, der sich immer in der Sänfte tragen lässt und sich gegen Wind und Wetter in Pelze hüllt, körperlich ein Weichling wird, und wenn er täglich heldenhaften Wettkämpfen zusieht.«

Anders als die Marxisten glaubt der Sozial-Hygieniker jedoch nicht daran, dass erst der Kapitalismus abgeschafft werden muss, um dem modernen Menschen wieder die Tore zum echten Feierabend zu öffnen. Zwar bescheinigt auch Neubert der Industrialisierung, dass sie die Arbeit entseelt und das Hirn mechanisiert, dennoch beschreibt er ihre Janusköpfigkeit anders: »Die Maschine [...] *gibt* Freizeit an viele Menschen, aber *verlangt* sie auch.« Es muss nur gelingen, die »Entartung der Erholung« durch die urbanen Amüsierbetriebe rückgängig zu machen. Von einem revolutionierten Freizeitverhalten verspricht sich Neubert eine Gesamterneuerung des Lebens hin zu größerer seelischer und körperlicher Gesundheit, zu mehr Eigenständigkeit: »Wenn wir immer mehr Menschen dazu bringen können, ihre Erholungszeit selbst in die Hand zu nehmen und sie auszunützen zur Willensstärkung und zum Wachstum ihrer Seele, dann kann von hier aus auch in diesen Menschen die Kraft aufwachsen, nun ihr ganzes Leben in die Hand zu nehmen und zu formen.« Dazu tut allerdings eine »systematische Erziehung« der »unerzogenen Massen« Not: statt Sportpalast Ausgleichsgymnastik; statt Varieté Volkshochschule; statt saufen Muße pflegen; statt Kartenkloppen gesellige Spiele im Schillerschen Sinne, dass der Mensch »nur dort ganz Mensch [ist], wo er spielt«.

Im »Dritten Reich« tritt Neubert in die NSDAP ein – obwohl er in der gleichgeschalteten Massenbespaßung, wie sie die Organisation »Kraft durch Freude« mit ihren »bunten Abenden« und sonstigen Großveranstaltungen betreibt, keine Verwirklichung seiner Ideen sehen dürfte. Das »Amt Feierabend«, das 1936 innerhalb der KdF-Organisation eingerichtet wird und unter der Parole »Feierabend auf der Autobahn« Tonfilmwagen, Schlagersänger und eine eigens geschaffene »Reichsautobahnbühne« im Sonderbus kreuz und quer durchs frisch asphaltierte Reich schickt, müsste ihm ein Graus sein.

In der Frage, wie das richtige »Feierabendwerk« auszusehen hätte, sind die braunen Reihen allerdings nicht so fest geschlossen, wie sie sich gern präsentieren: Alfred Rosenberg, einer der einflussreichsten Nazi-Ideologen, ist kein

Freund der »Rummelbewegung«, wie sie die KdF-Organisation ankurbelt. In seiner Zeitschrift *Volkstum und Heimat* lässt er 1934 gegen all diejenigen polemisieren, die »ihre Freizeit nicht mehr als Feierabend erleben können« und sich stattdessen »der Vergnügungsindustrie anvertrauen«.

Auch wenn es die braunen und edelroten Verächter der Vergnügungs-/Kulturindustrie nicht explizit aussprechen: Ihre Ablehnung des vertingelten Feierabends ist in erster Linie eine Ablehnung des amerikanisierten Feierabends. Es ist kein Zufall, wenn ein Sprachfeinschmied wie Adorno die englischen Begriffe »Fun« oder »hobbies« stehen lässt, um das noch falschere im ohnehin schon falschen Leben zu bezeichnen.

In der Bundesrepublik, im Zeichen der *Reeducation*, ist der Siegeszug des Feierabends *american style* nicht mehr aufzuhalten, auch wenn bildungsbürgerliche Kritiker wie Karl Korn, einer der Gründer und langjähriger Herausgeber der *Frankfurter Allgemeinen Zeitung*, unvermindert gegen die »Kulturfabrik« wettern.

In der DDR wird der Feierabend zum zwiespältigen Problem. In den fünfziger und sechziger Jahren dominiert der erziehungsdiktatorische Gedanke: Auch die Freizeit soll der Entwicklung der »sozialistischen Persönlichkeit« dienen – Goethe muss dafür ebenso herhalten wie der Gesang im Arbeiterchor. Ein Junger Pionier meldet sich in seiner Freizeit nicht zum Flippern, sondern zum Ernteeinsatz. In gut kulturkonservativ-vergnügungsfeindlicher Tradition wird die bloße Zerstreuung verachtet als ein Rauschmittelchen, das der neue Mensch nicht mehr nötig habe. Doch so wie Karl Marx von seinem jugendlichen Traum abrückt, in der kommunistischen Gesellschaft sei der Gegensatz von Arbeit und Freizeit aufgehoben, weil der unentfremdete Arbeiter sich in allem, was er tut, jederzeit selbst verwirkliche, erkennt auch die DDR in der zweiten Hälfte ihres Lebens, dass es immer ein schnödes »Reich der Notwendigkeit« geben wird, weshalb das »Reich der Freiheit« erst nach Feierabend beginnen kann. Mitte der sechziger Jahre wird die Sechs-Tage-Arbeitswoche schrittweise auf eine Fünf-Tage-Arbeitswoche reduziert. Im April 1968 wird die DDR-Verfassung, die von Anfang an das Recht eines jeden Bürgers auf Arbeit kennt, um das Recht auf »Freizeit und Erholung« erweitert. Der SED-Staat verspricht bzw. droht, »durch den planmäßigen Ausbau des Netzes volkseigener und anderer gesellschaftlicher Erholungs- und Urlaubszentren« den Rahmen für die verfassungsgetreue Freizeitgestaltung bereitzustellen.

Daneben entsteht ein Alltagsspaßangebot, das in der Fürsorgediktatur jedoch nicht so anders aussieht als jenseits des Eisernen Vorhangs: Noch bevor in der Bundesrepublik der »Holiday-Park« seine Tore öffnet, wird 1969 im Berliner Plänterwald ein großer Vergnügungspark eingeweiht. Die Attraktionen heißen hüben wie drüben: Riesenrad, Achterbahn und Zuckerwatte. Einzig

Karl Marx hätten sich die Barthaare gesträubt: Feierabend-Karikatur aus der DDR.

durch Namensgebungen wie »Kosmosgondeln« oder »Sputnik« (»originell und schnell«) versucht man, den sozialistischen Anstrich zu wahren – und die kalkulierten Adrenalinstöße sind billiger zu haben als im kapitalistischen Westen.

Von der großen »Alternative«, der »Aufhebung der Entfremdung« und der »Selbstverwirklichung der Persönlichkeit in allen Dimensionen menschlicher Aktivität« träumen nur noch Reformkommunisten wie Rudolf Bahro, deren Forderung nach einer zweiten »Kulturrevolution« im Sozialismus bei den SED-Funktionären allerdings auf gereizte Ohren stößt. Eine offizielle Studie des Ostberliner Kulturwissenschaftlers Helmut Hanke aus dem Jahre 1979 ergibt, dass die östliche Sofa-Kartoffel ihren Feierabend am liebsten genauso verbringt wie die westliche Couch-Potato: Füße hoch, Fernseher an, Bierflasche auf. So gern das »bessere Deutschland« seine kulturelle Überlegenheit über das amerikanisch verflachte Westdeutschland behauptet: Diejenigen, die abends zusammenkommen, um sich Hölderlin vorzulesen, bleiben auch dort die Bewohner einer kleinen Nische.

Aus der Feierabendgestaltung seiner Bürger hält sich das wiedervereinigte Deutschland so vornehm heraus, wie es sich für einen liberalen Staat gehört.

(Nur bei den öffentlich-rechtlichen Rundfunkanstalten redet es hin und wieder ein Wörtchen mit – aber das ist eine andere Geschichte.) Dafür gibt es heute in Bremen einen internationalen Studiengang »Angewandte Freizeitwissenschaft«, den man sogar mit einem *Bachelor of Arts* abschließen kann, um baccalaurierter »Eventmanager«, »Wellnessberater« oder »Tourismusplaner« zu werden. Und Horst W. Opaschowski, der freundliche Zukunftsforscher und Politikdauer-berater, hat die akademische Welt um die schöne Disziplin der »Freizeitsozio-logie« bereichert, die sich mit »Determinationszeit«, »Obligationszeit« und »Dispositionszeit« beschäftigen darf.

Früher bedeutete Feierabend schlicht und einfach: Einkehr, Entschleuni-gung – des Tages Tretmühlen stehen endlich still. Ist es im Grunde nicht immer noch jener altdeutsche Abendfriede, den der gestresste Zeitgenosse sucht, wenn er um 19 Uhr die Yoga-Matte schultert und ins nächste Sportstudio hetzt, um dort bei Pranayama-Atmung und Sonnengruß »runterzukommen«? Vielleicht versucht er es am nächsten Feierabend einfach damit, sich in den heimischen Lehnstuhl zu setzen und ein Gedicht von Joseph von Eichendorff zu lesen:

»Schweigt der Menschen laute Lust:
Rauscht die Erde wie in Träumen
Wunderbar mit allen Bäumen,
Was dem Herzen kaum bewusst,
Alte Zeiten, linde Trauer,
Und es schweifen leise Schauer
Wetterleuchtend durch die Brust.«

[td]

➤ ABENDBROT, ABENDSTILLE, ARBEITSWUT, BIERDURST, FUSSBALL, GEMÜTLICHKEIT, MÄNNERCHOR, MUSIK, SCHREBERGARTEN, VEREINSMEIER

FORSCHUNGSREISE

Seit das Internet den Zeitbegriff bestimmt, hat alles, womit man rechnet, den Charakter einer Last-Minute-Aktion angenommen. *In 80 Tagen um die Welt* zu kommen war einmal eine kühne Schriftstelleridee. Heute wäre es bestenfalls eine Entschleunigung. Und damit wieder etwas, was Sinn ergeben würde?

Die aktuelle Reise ist in den meisten Fällen nichts weiter als ein Katapultieren von einem Ort an den anderen. Die Betrachtung der Welt vollzieht sich im Schnelldurchlauf. Man kann nichts mehr versäumen, man kann es nur unterlassen.

Alles, das ganze Drum und Dran, ist perfekt hergerichtet, die halbe Welt ist buchbar und mit dem bloßen Auge wahrzunehmen. Man wirft uns Oberflächlichkeit vor, aber in Wahrheit ist es die Auswahl unserer Vorlieben, die uns zu Touristen werden lässt. Man kann das Typische buchen und genauso gut das Untypische. Das meiste jedoch, was man auf einer Reise heute in Erfahrung bringen kann, sieht man auch auf YouTube und Google Earth. Der Deutsche ist gern Tourist, und das trotz seines Computers. Der Deutsche ist Weltmeister, auch in Sachen Tourismus.

Die Reise ist mittlerweile ganz und gar dem Reiseziel untergeordnet, dem Reisezweck, es sei denn, man entscheidet sich für eine Kreuzfahrt. Dann aber ist man auf dem Schiff und in der Welt des Schiffs, man ist Teil des Programms. Dieses hat mit den Längen- und Breitengraden, an denen man sich gerade aufhält, recht wenig zu tun. Wo der Äquator tatsächlich verläuft, weiß nur das Messgerät, und selbst die nahenden Boote der Seeräuber lassen einen für den Augenblick denken, die bevorstehende Geiselnahme sei Teil des Programms.

In der besserwisserischen Zeit, in der wir leben und nicht wissen wollen, woher plötzlich die Seeräuber wiederkehren, wurde die Erfahrung durch das Erlebnis abgelöst. Früher, als das Reiseziel noch ein unbekannter Ort sein konnte, und Samarkand sich noch nicht um die Austragung des Eurovision Song Contest bewarb, gingen die Menschen aus ganz anderen Gründen auf die Reise als heute. Es gab noch was zu entdecken, und das, was es zu entdecken gab, »Amerika«, lag noch außerhalb des eigenen Kopfes.

Nun ist »Amerika« entdeckt. Die Vermessung der Welt hat stattgefunden.

Wir wissen alles und nichts, können uns nicht einmal ein ausreichendes Bild davon machen. Denn was uns zur Verfügung steht, ist Schnappschuss und trotzdem nur Kopie.

Damals aber, als man sich noch ins Unbekannte begeben konnte, und das in der berechtigten Annahme, etwas dabei zu lernen, hatte die Reise zumindest zwei Aufgaben, durch die sie zur Bildungs- und Forschungsreise wurde: Sammlung und Beschreibung.

Jede Nation, die etwas auf sich hielt, hatte ihre namhaften Forschungsreisenden. Vom Seidenstraßen-Erkunder Marco Polo und Louis Antoine de Bougainville, dem ersten Franzosen, der 1766 bis 1769 die Welt umsegelte, bis zu Charles Darwin und David Livingstone, dem schottischen Missionar und Afrikaforscher. Ihre Reiseberichte galten der gesamten Nation.

Bis zum 18. Jahrhundert handelte es sich weitgehend um Einzelgänger, um Ausnahmeprojekte, um Phantasien von Waffenbrüdern, Klerikern, Kaufleuten und anderen Abenteurern und deren Geldgebern. Was wäre Kolumbus ohne den kastilischen Hof?

»Lange wäre Amerika mit allen seinen Schätzen unentdeckt geblieben, wenn sich nicht ein Columbus durch seine Standhaftigkeit und edle Schwärmerey, trotz aller Hindernisse, die ihm Neid und Unwissenheit in den Weg legten, zu Ferdinand und Isabellen gleichsam hingedrängt hätte«, schreibt Georg Forster im März 1777 in London. Von ihm wird noch die Rede sein.

Zur öffentlichen Aura, zur Staatsräson, kam die Forschungsreise mit dem Aufstieg der Naturwissenschaften. Zunächst galt es, die unbekannten Territorien, von denen der Abenteurer bis dahin in vielfältiger Weise zu berichten wusste, zu kartographieren. Die Geographie war zu einer der erkenntnisreichsten Wissenschaften aufgerückt. Sie war Erdkunde im Wortsinn. Im ausgehenden 18. Jahrhundert hatte sie allerdings nicht mehr viel zum Weltbild beizutragen. Man war stillschweigend bereits bei den Mineralien angelangt.

Die Forschungsreise galt nun der Beschreibung der Pflanzen- und Tierwelt. Das Reisen wurde so zu einer Form der Erfahrung. Wer sein Ziel erreichte, war bewandert. Er hatte Löwen gesehen. Die Reisebeschreibung erhielt ihren wissenschaftlichen Charakter, den einschlägigen Erfahrungswert, und man begann, sie daran zu messen.

Was in den Jahrhunderten zuvor meist als Zufallsentdeckung oder Begleiterscheinung historisch wurde, bekam nun endgültig seine Zweckgestaltung, die Reise wurde zur Expedition. Die Mitglieder einer Expedition sind nicht auf Vergnügungstour, sie sind im Auftrag unterwegs. Sie erkunden das Terrain, liefern mit jeder Beschreibung auch die Vorlage für die handfeste Intervention. Die Expedition wird so im 19. Jahrhundert zum Vorlauf der kolonialen Besitzergreifung.

Wie die Forschungsreise den Sponsor braucht, so braucht die Expedition ihren öffentlichen Auftraggeber. Ohne einen Macht ausstrahlenden Großstaat keine Expedition. Erst wenn Wirtschaftsinteressen strategisch verstanden werden, verbündet sich der Staat mit den Kaufleuten. Afrika rückt als Rohstofflieferant in den Mittelpunkt des Interesses. Die Forschungsreise wird zum Aufklärungsunternehmen, zur Erkundungsfahrt. Es gilt stets, ins Innere Afrikas vorzustoßen. Und man spricht bald auch vom Herzen der Finsternis. Dem Kontinent wird ein Geheimnis verpasst. Afrika wird zum Inneren Afrikas und damit zum Seelenort. Die Afrikaforscher unterscheiden sich vom Rest der Branche.

In Deutschland fehlt bis zur Gründung des Kaiserreichs der nennenswerte Auftraggeber solcher Erkundungsunternehmungen. Erst der Wilhelminismus begibt sich ins Abenteuer der Afrika-Vermessung, und auch er nur zögerlich. Davor sind die deutschen Forschungsreisenden Teilnehmer und Teilhaber ausländischer Expeditionen. Zwei von ihnen machen es besonders deutlich, Forster und Alexander von Humboldt.

Das Leben des Georg Forster war kurz. Dafür war es ihm gegeben, seine Interessen schon früh zu erkennen. Als Halbwüchsiger nahm sein Vater, ein Theologe evangelisch-lutherischen Glaubens, der allerdings mehr Interesse an den Naturwissenschaften als am Häuptling im Himmel zeigte, den Sohn mit auf seine Reisen.

So wird Georg Forster zum Teilnehmer einer der berühmtesten Forschungsreisen überhaupt, der zweiten Expedition des Kapitäns Cook, dessen guter Name heute noch von Reisebüros verwendet wird. Drei Jahre dauert die Fahrt auf den Weltmeeren von 1772 bis 1775. Forster hat so die Gelegenheit, nicht nur die fremde Pflanzen- und Tierwelt kennenzulernen und zu beschreiben, sondern auch den Völkern zuzuschauen und sogar ihre Sprachen zu erlernen, wofür er anscheinend ein Talent besaß.

Nach seiner Rückkehr schrieb er ein Buch auf Englisch. Hier der aufschlussreiche Titel der uns vorliegenden deutschen Ausgabe: *Johann Reinhold Forster's [...] Reise um die Welt während den Jahren 1772 bis 1775 in dem von Seiner itztregierenden Großbrittannischen Majestät auf Entdeckungen ausgeschickten und durch den Capitain Cook geführten Schiffe* the Resolution *unternommen.* So wurde der junge Forster zwar nicht zum bahnbrechenden Naturwissenschaftler, aber zum Erfinder des wissenschaftlich begründeten Reiseberichts.

Zurück in der alten Welt, war er in London und Paris zunächst ein europäischer Star, danach in belanglosen Professuren (zumindest in seinen eigenen Augen) in Wilna und Kassel und zuletzt in Mainz, wo er, fürstlich ausgestattet, zum Bibliothekar bestellt war. Dort, im »mainzischen vis inertiae«, wie er an seinen Freund Christoph Friedrich Nicolai schreibt, erreichten auch ihn die

Land in Sicht. Am Himmel eine unbekannte Vogelart. Von Forster, dem Forschungsreisenden, selbst gemalt.

Ausläufer der Französischen Revolution. 1792 gehörte er zu den Mitbegründern der Mainzer Revolte. Dafür reichte es gerade so: für eine Revolution in Mainz, in Bergzabern und Bingen, eventuell noch in Landau. Und auch das nur wegen des anwesenden französischen Militärs.

Forster gehörte zu den Jakobinern der Stadt, wobei nicht ganz klar ist, was es zu bedeuten haben konnte, in Mainz Jakobiner zu sein. Fest steht, dass er für das Erscheinen einer deutschen Übersetzung von Thomas Paines Verteidigung der Revolution, *The Rights of Man*, gesorgt und diese auch mit einer anonymen Vorrede versehen hat.

Aber auch insgesamt erwiesen sich die Ausrufung der Republik und der umgehend besiegelte Anschluss-Antrag an Frankreich als politischer Fehlgriff. Die Sache ist eher geschichtlich interessant, weil sie dem politisch korrekten Historiker von heute zur ersehnten Fundstelle des Fortschrittlichen verhilft. Die Mainzer Republik ist zwar bedeutungslos, aber populär.

Forster befand sich zum Zeitpunkt des Endes der Republik gerade in Frankreich, im Auftrag der Mainzer. Er blieb also in Paris, wo er knapp vierzigjährig starb, an einer Tuberkulose, wie es heißt. Außerhalb der Fachwelt war er schnell vergessen.

Erst die DDR belebte die Erinnerung an den Politiker Forster. Solche Landeskinder in der Geschichte konnte sie gut gebrauchen, um ihre Herkunft aus der sowjetischen Besatzungsmacht zu verharmlosen und so zu tun, als ob sie eine Legitimität in der deutschen Geschichte hätte. Als ob sie der Endpunkt dieser Geschichte hätte sein können. Sie widmete »ihrem Forster« sogar eine Briefmarke.

Heute aber kennt man Forster auch in Mainz. Jedenfalls braucht man keine DDR mehr, um eine solche historische Figur wie Georg Forster zu feiern.

Auf den politisch untragbaren Forster folgt ein Gigant des deutschen Forschungsbetriebs, Alexander von Humboldt, Sohn eines preußischen Offiziers und einer Hugenottin, Bruder des Wilhelm von Humboldt, der die preußische Bildung auf modernen Kurs brachte.

Alexander von Humboldt hat sich in seiner Jugend, nach einem Studium der Kameralistik in Frankfurt an der Oder, das ihn für den preußischen Verwaltungsdienst vorbereiten sollte, zunächst einmal bei einschlägigen Studien und Aufträgen etwas ganz anderem, nämlich dem Bergbau und dessen organisatorischen Angelegenheiten, gewidmet. Er hat unter anderem aus eigenen Mitteln in Bad Steben im Frankenwald die erste Arbeiter-Berufsschule in Deutschland ins Leben gerufen. Zum Schutz der Grubenarbeiter erfand er ein Atmungsgerät, den Vorläufer der Gasmaske, und verschiedene Sicherheitslampen.

Seine erste Forschungsreise von 1799 bis 1804 führt ihn nach Mittel- und Lateinamerika und endet mit einem Abschlussbesuch beim amerikanischen

Humboldt und sein Begleiter Bonpland im Jahr 1800 am Orinoco. Gemalt 70 Jahre danach von E. Enders.

Präsidenten Thomas Jefferson. Humboldt finanziert diese Reise selbst und verbindet mit ihr den Anspruch, der nach ihm bald nicht mehr gegeben sein wird: alles an Wissen zu versammeln und in eine überschaubare Form zu bringen. Humboldt gelingt die geographische Ortsbestimmung des Casiquiare, der umstrittenen Gabelteilung des Orinoco. Er führt Höhenmessungen auf dem Chimborazo durch, den er bis auf 5759 Meter Höhe erklimmt. Das trägt ihm den damaligen Höhenrekord im Bergsteigen ein. Als Humboldt und sein Reisepartner Aimé Bonpland am 3. August 1804 in Bordeaux mit vierzig Kisten eintreffen, haben sie auch 6300 bis dahin unbekannte Pflanzen dabei.

Die Auswertung der Reise dauert viele Jahre und ergibt, neben zahlreichen kleineren Publikationen, auch sein wohl populärstes Buch *Ansichten der Natur*, zwei Monumentalwerke, ein 36-bändiges Werk über die amerikanische Reise,

Voyage aux régions équinoxiales du Nouveau Continent, und den *Kosmos*, ein Buch, das vor ein paar Jahren in einer Ausgabe der »Anderen Bibliothek« noch einmal das Interesse der deutschen Öffentlichkeit weckte. Der Grund scheint vor allem die Poesie zu sein, die von diesem Werk ausgeht, das einst eines der Wissenschaft gewesen ist und die ganze materielle Welt darstellen sollte. Das Überholte, das Geschichte Gewordene oder sonstwie ins Nutzlose Gekehrte geht unversehens in Erhabenheit auf. Die Patina der Wissenschaft wird zur Farbe der Ästhetik.

Humboldt aber, einer der Letzten seines Schlages, weltweit anerkannt und in verschiedenen Wissensgebieten bewandert, kurzum ein bekannter Mann, Humboldt ist der letzte der Erdbeschreiber. Bei ihm gehören Geographie, Geologie, Botanik und Zoologie noch zusammen. Seine Erkenntnisse sind noch am Gegenstand festzumachen, und der Gegenstand ist bei der Erkenntnis noch mit im Bild. Es geht ein letztes Mal um die Ansicht, um die Expedition, danach werden neue Dimensionen geschaffen. Labor und Experiment werden zu den großen Nachfolgebegriffen in Quantenphysik und Mikrobiologie. Mit ihnen verschwindet die Forschung aus dem öffentlichen Leben und aus der kollektiven Imagination. Ihre Erkenntnisse aber kehren als technische Erfindung in die Realität zurück. Die Menschen staunen über die Damen auf dem Hochrad, aber sie staunen nicht allzu lange.

Humboldt, der Kosmopolit, der die meiste Zeit seines Lebens nach der großen Reise in Paris verbrachte, blieb letzten Endes durch seinen Bruder Wilhelm und dessen Beziehungen zum preußischen Hof, für den er immer wieder auch diplomatisch tätig war, ein Preuße, wozu im Übrigen keine allzu großen Anstrengungen nötig waren. Man konnte Kosmopolit und Preuße sein.

Es handelte sich, so viel zur Erklärung, um eine aristokratische Betrachtung der Dinge des Lebens.

Die bürgerliche Welt hingegen, die sich im Entstehen befand und Zug um Zug den geistigen Horizont besetzte, versuchte nicht mehr alles in den Dienst der Weltdeutung zu stellen. Sie wird das meiste als Technik verstehen und die Forscher und Entdecker als Spezialisten.

Anders betrachtet aber nimmt die deutsche Forschungsreise zu diesem Zeitpunkt erst ihren offiziellen Anfang, bei dem sie allerdings auch schon zur Staatsangelegenheit wird. Es geht um die Afrika-Expeditionen. Sie werden erst mit dem Potenzial des Kaiserreichs finanzierbar und mit einem unmissverständlichen Auftrag von dessen Protagonisten geschmückt. Damit beginnt praktisch die Geschichte der deutschen Kolonien, eine der größten Fehlkalkulationen des Wilhelminismus.

Die Kolonialidee, mit dem Rohstoffbedürfnis begründet, war schlichtweg eine Dummheit. Als ob man Rohstoffe nicht kaufen könnte. Als ob sie billiger wären, wenn man sie sich nimmt – zum Preis des Friedens. Und Krieg ist teuer. Teurer noch als Frieden.

Bismarck lehnte die Kolonialidee anfangs grundsätzlich ab. Er sah keinerlei ökonomischen Sinn darin und damit sollte er auch Recht behalten. Die deutschen Kolonien haben stets mehr gekostet, als sie unterm Strich einbringen konnten. Aber die herrschende Ideologie des 19. Jahrhunderts, bestimmt durch die weltweiten Machtoptionen von England und Frankreich und getragen vom Materialismus der aufkommenden Industrie, machte die Kolonialidee zu einem Pflichtfach der Machtpolitik. Ohne Kolonie gab es keinen Zutritt zum Club.

Die neuen Forschungsreisenden, die nach Alexander von Humboldt kommen, sind auch Wissenschafter, die aber nicht mehr einem Ganzen verpflichtet sind, sondern sich mit dem sogenannten Detail beschäftigen. So hatte sich ein kleiner Club von Kennern und Spielern zusammengefunden, deren Interesse an der Forschung sich mit dem Interesse an der politischen Macht verband. Sie wollten nicht nur Schmetterlingssammler, sie wollten auch Gouverneure sein.

Als einer von ihnen, Eduard Vogel, im Sudan verschwand, und sein Verschwinden sich in zahllosen Legenden niederschlug, wurden eigens Expeditionen losgeschickt, um sein Schicksal aufzuklären. Die Forschungsreise wird zur Aufklärung der Forschungsreise. Zum Nachrichtenereignis, zur Sensation. Spätestens da aber kann sich die deutsche Öffentlichkeit dem Zauber der Afrika-Forschung nicht mehr entziehen.

Vogels Popularität in Deutschland wird durch seinen Verleger August Petermann, Herausgeber von *Petermanns geographischen Mitteilungen*, einem Organ der öffentlichen Neugier, wachgehalten. Einige seiner Kollegen werden im deutschen Kolonialismus eine Rolle spielen: Gustav Nachtigal und vor allem Carl Peters, der Kolonialpolitiker Nummer eins im Kaiserreich. Er, der aus einem Pastorenhaus stammte, hatte über Schopenhauer promoviert und später Deutsch-Ostafrika eingerichtet.

Für die Kolonien gab es von Anfang an und bis zuletzt großes öffentliches Interesse, das sich aber mit keinem praktischen Bedürfnis verband. Es sind kaum Deutsche in die Kolonien umgezogen, die Lobby der Ideologen aus der Kolonialbeamtenschaft und der mit ihr verbundenen Forschung jedoch reichte aus, um das Thema am Leben zu halten.

Die Kolonien verschwanden mit den Friedensverträgen von 1919, sie wurden von den Siegern übernommen. Das Interesse aber ist geblieben, es wächst und existiert bis heute. Es gibt einen Riesenberg an Literatur über das Thema, eine erstaunliche Bereitschaft zur Duldung und Aneignung einer Thematik, bei der man sich fragen muss, was für eine Funktion sie überhaupt hat. Gehört die Kolonialidee zur Summe der Sehnsüchte, zum diffusen Sehnsuchtspotenzial, ohne das wir Deutsche nicht auskommen? Durch sie entstanden Bilder einer

149

Die deutschen Kolonien haben stets mehr gekostet, als sie einbringen konnten.

politischen, ökonomischen oder kulturellen Phantasie. Die Kolonie ist im Kopf. Sie war es und sie ist es geblieben. Ein Utopie-Ersatz?

Expeditionen waren letzten Endes auch Abenteuer. Je sicherer die Welt wurde, desto weniger Gelegenheit zur Aventüre gab es. Am Ende des 19. Jahrhunderts wurden immer größere Teile der Erde zu Lehrstoff erklärt, war das exotische Potenzial des Planeten weitgehend ausgeschöpft.

Wer es ernst meinte, versuchte an den letzten geographischen Zipfel zu gelangen, das letzte unerreichte Ziel, den Nordpol, was immer das auch war, zu besichtigen. Es begann bezeichnenderweise ein Wettlauf darum, wer als Erster das Ziel im ewigen Eis erreichen könnte. Mit diesen Pol-Expeditionen, mit ihrem Wettbewerbscharakter wird die Forschungsreise endgültig zur Performance. Wenn es bis dahin den Forschern darum gegangen war, etwas Unbekanntes kennenzulernen, es zu beschreiben und zu veranschaulichen und so der Öffentlichkeit zur Verfügung zu stellen, ging es jetzt zunehmend um die eigene Leistung, um die Stärkung des Ego. Man ging zwar auch bisher gelegentlich in Konkurrenz und ließ sich auch mal zum Wettlauf verleiten, wie bei den Nilquellen, aber es blieb bei immer noch sichtbaren Interessen und Aufträgen politischer oder handelspolitischer Natur.

Um aber das Ego zu beflügeln, musste man keine Kolonialtruppen befehligen oder die Bahnhöfe der Usambara-Bahn in Ostafrika inspizieren. Auf der Pol-Expedition ging es ums Ganze, ums Überleben. Dort, im Niemandsland aus Eis, konnte man zum Kannibalen werden oder zum großen Flaggenhisser. Wer den Niemandsort erreichte, war – tot oder lebendig, mit abgenagten Knochen oder der Fahne über dem Kopf – ein Held. Er hatte seinen Platz in der Nationalgeschichte und darüber hinaus in der Weltgeschichte des Sports.

Heute kann man für eine Leistung von nationalem Rang höchstens mit einem Bundesverdienstkreuz rechnen, und das bekommt man schon für einen Beitrag zur Entwicklung des deutschen Schlagers.

Deutsche mischen bei den Polrennen kaum mit. Nur einer begibt sich ins ewige Eis. Das ist Alfred Wegener, der Meteorologe und Geowissenschaftler. Sein Ziel war Grönland. Der aus einer Pastorenfamilie stammende Wegener arbeitete nach einem Studium der Physik, Meteorologie und Astronomie, zunächst an der Volkssternwarte Urania in Berlin. Das Sternegucken aber hielt er bald für nicht lohnend und so wandte er sich dem Rest seiner Ausbildung zu.

Er hat zahlreiche Bücher zum Thema Meteorologie verfasst, deren Ergebnisse vor allem auf seiner Beteiligung an zwei Grönland-Expeditionen beruhten. Als sein Hauptwerk aber gilt heute das 1915 in einer ersten Fassung publizierte

Die Entstehung der Kontinente und Ozeane. Es ging darin vor allem um die Kontinentaldrift, für uns Laien: das Auseinanderbrechen von Afrika und Amerika. Wegener wurde dafür zu Lebzeiten von der gesamten Fachwelt angefeindet, weil diese sich nicht von ihrer Theorie der Landbrücken verabschieden konnte. (Die Vorkommen von Fossilien gleicher Art auf verschiedenen Kontinenten wurden durch Wanderung über jene Landverbindungen erklärt.) Wegeners Theorie der Kontinentalverschiebung aber wurde zu einer der wichtigsten Voraussetzungen für die heutige Forschung zur Plattentektonik.

1930 kehrte Wegener von seiner dritten Grönland-Expedition nicht mehr zurück. Obwohl er nicht an den Pol-Wettläufen beteiligt war, hatte er doch den Tod im unbezwingbaren Eis gefunden.

Der Vollständigkeit halber sei gesagt, dass auch dieser Mann, der viele Ideen hatte und auch umzusetzen verstand, seinen Beitrag zur Welt des Schaulaufs geleistet hat. Für die Teilnehmer an seiner letzten Grönland-Expedition entwarf Wegener Spezialkleidung nach dem Vorbild des grönländischen Anoraks. Das Modell wurde später von der Wintersportmode übernommen.

Die Pol-Expeditionen markieren das Ende der geographischen Erfassung. Von der Reise in die große weite Welt geht es unverkennbar zurück zum Ich. Die nächste Runde gehört im 20. Jahrhundert den Bergsteigern. Sie sind nicht mehr Forscher, sondern Leistungssportler.

[rw]

▸ Bergfilm, Doktor Faust, Gründerzeit, Sehnsucht

Alfred Wegener, Meteorologe, Entdecker der Kontinentaldrift und Förderer des Anoraks, auf einer Grönland-Expedition.

FREIKÖRPERKULTUR

Ein einsamer Strand in der Bretagne, es ist kalt. Ein nacktes Paar, Mann und Frau, jagt sich federballspielend über den Sand. Dem jungen Franzosen, der von Kopf bis Fuß in Neopren vermummt sein Surfbrett unter den Arm klemmt und der Brandung entgegeneilt, ist klar: Deutsche – obwohl das Meeresrauschen die Rufe, die zwischen beiden hin- und herfliegen, übertönt. Auf der anderen Seite des Atlantiks ist derweil ein amerikanischer Familienvater sicher, dass es keine Gerrilyn ist, die sich auf dem Handtuch neben seinen Kindern so selbstvergessen textilbefreit sonnt, sondern eine Gerlinde, weshalb er sie gleich auf Deutsch bittet, sich ein wenig zu bedecken. Gerlinde allerdings will nicht gedankenlos provozieren, sie hat über »Utopien der Nacktkultur im späten Kaiserreich und der Weimarer Republik« promoviert, und weil der Amerikaner so gut Deutsch spricht, erklärt sie ihm, dass sie hier mitnichten einfach nur nackig herumliege, sondern vielmehr mit einem »Lichtkleid« angetan sei.

So hüllenlos der deutsche Nudist/Naturist/FKKler durch die Welt streift, so gewaltig ist der Überbau, den die »Nacktkultur« in ihrer Entstehungszeit errichtet hat. Die Anfänge reichen zurück ins ausgehende 19. Jahrhundert. Keine frivole Marotte soll gerechtfertigt werden – es geht ums gesellschaftskritische Ganze.

Industrialisierung und Urbanisierung haben in Deutschland später eingesetzt als in anderen westlichen Ländern, dafür entwickelt sich die neue, am Tropf der Technik hängende Massengesellschaft umso schneller. Lebten 1871, zur Zeit der Reichsgründung, noch etwa zwei Drittel der Deutschen in Gemeinden mit weniger als 2000 Einwohnern, sind es 1910 nur noch vierzig Prozent. Im Gegenzug ist der Anteil derjenigen, die in Städten mit mehr als 100 000 Einwohnern leben, von fünf auf zwanzig Prozent gestiegen. Der Bauer spannt im Märzen keine Rösslein mehr an, setzt keine Felder und Wiesen mehr in Stand, während die Bäu'rin im Garten gräbt und recht – eingespannt sind beide jetzt in maschinelle Produktionsabläufe, statt geeggt und gesät wird geschraubt und gefalzt, den Rhythmus geben nicht mehr das Wetter und die Jahreszeiten vor, sondern der sommers wie winters gleiche Zehn-Stunden-Tag. Ihren Feierabend verbringen der ehemalige Bauer und die Bäu'rin nicht mehr unter der schattigen

Linde auf ihrem Hof, sondern eingepfercht hocken sie, zusammen mit ihren fünf Kindern, in einer dunklen Zwei-Zimmer-Hinterhof-Wohnung und hoffen, dass sie sich bald eine Bleibe mit Fenster werden leisten können.

Wie so oft in der Geschichte leiden nicht diejenigen, die selbst im verrußten Kellerloch sitzen, am ausdrucksstärksten, sondern die Bewohner von Beletage und Jugendstil-Villa, denen die Apokalypse vor der Tür zu stehen scheint, wann immer sie daran denken, was aus der Welt geworden ist. Stellvertretend für das Industrieproletariat, das zum Teil tatsächlich unter unwürdigsten Umständen haust, verzweifeln die gebildeten Stände an der fortschreitenden Moderne und formulieren als große Ausbruchsdevise: Raus! Raus aus den verpesteten Städten! Raus aus den engen Gassen! Raus aus dem »stahlharten Gehäuse« von Bürokratie und Industrie, von Technik und Geldwirtschaft!

Unter dem Schlagwort »Lebensreform« entstehen seit den 1880er Jahren die verschiedensten alternativen Bewegungen, die – so unterschiedlich sie sind – alle an der Krankheit Zivilisation herumlaborieren

Nackt und tierlieb: Zeichnung *Du sollst nicht töten!* von Hugo Höppener, alias Fidus, 1892.

und Erlösung durch radikale Umkehr versprechen: Gegen die sich etablierende Impf- und Schulmedizin wird die Naturheilkunde ins Feld geführt; der ehemalige Dorfpfarrer Sebastian Kneipp verspricht, den siechen Menschen dank Wasserkuren und Diäten ganzheitlich gesunden zu lassen; Rudolf Steiner beginnt, Goethe, Gnosis und manches mehr zur Anthroposophie zu kreuzen; jugendliche Wandervögel schultern Rucksack und Klampfe, um singend ins Grüne hinauszuziehen; und als habe Eva damals im Paradies nicht in den Apfel, sondern in die Schlange gebissen, erkennen leidenschaftliche Vivisektionsgegner und Vegetarier im Tiere-Quälen und Tiere-Essen den Sündenfall, den es rückgängig zu machen gilt. Rousseau ist seit über hundert Jahren tot – doch nie und nirgends findet sein Ruf »Zurück zur Natur!« ein kräftigeres Echo als im deutschsprachigen Raum an der Wende vom 19. zum 20. Jahrhundert.

Der »Kohlrabi-Apostel« von München: Karl Wilhelm Diefenbach, Maler, Vegetarier, »Lichtmensch« und Kommunengründer.

Am wörtlichsten nehmen das große anti-zivilisatorische »Raus!« jene, die glauben, die Kluft zwischen Leib und Seele, zwischen Kosmos und Mensch, zwischen Reich und Arm schließen zu können, indem sie die Hüllen fallen lassen.

Der erste Nudist aus Überzeugung ist der Maler Karl Wilhelm Diefenbach. Seine Konversion zum Lebensreform-Glauben geschieht in den 1870er Jahren: Nach einer Typhus-Erkrankung muss er operiert werden, sein rechter Arm bleibt verkrüppelt. Diefenbach ist überzeugt, Naturheilkunde und fleischlose Kost hätten ihn kuriert, weshalb er zum Verkünder einer vegetarisch-naturnahen Lebensweise wird. Barfuß, mit wildem Bartwuchs und in eine Kutte gekleidet wandelt er durch München und predigt gegen den »Verzehr von Tierfetzen«. Obwohl man im Schwabing jener Jahre esoterische Exzentriker gewohnt ist, kommt es zu regelmäßigen Zusammenstößen zwischen dem »Kohlrabi-Apostel« und der Obrigkeit. 1887 zieht sich Diefenbach nach Höllriegelskreuth ins Isartal zurück – und gründet dort in einem stillgelegten Steinbruch die erste Kommune, in der nach seinen Vorstellungen gelebt werden darf bzw. muss. Der Aussteiger entpuppt sich – wie manch einer nach ihm – als autoritärer Guru: Fleisch, Tabak, Alkohol, Privatbesitz und bürgerliche Ehe sind tabu, der Meister bestimmt, wer wann mit wem in welcher Weise verkehren darf oder auch nicht. Gemeinsam wird ein Körperkult zelebriert, der auf »Licht, Luft, Sonne, Nacktheit und Beschwingtheit« fußt.

Weltanschaulich nicht weniger aufgeladen, aber deutlich mondäner gibt sich die Künstler-Kolonie »Monte Verità«, die 1900 auf einem Hügel oberhalb des schweizerischen Ascona u. a. von Gusto Gräser gegründet wird. Seine ersten Erfahrungen mit alternativem Leben hat der siebenbürgische Dichter bei Diefenbach gesammelt. Der Friede zwischen Pazifisten und Anarchisten, Nudisten und Ausdruckstänzerinnen, Anthroposophen und Psychoanalytikern, Veganern und Vegetariern ist zwar stets ein wackliger, dennoch existiert die Kolonie in ihrer ursprünglichen Form bis 1920. (Und kann heute noch als Hotel/Museum/Konferenzcenter besucht werden.) Prominente Gäste wie der dadaistische Künstler Hans Arp, der Philosoph Ernst Bloch oder die Schriftsteller Gerhart Hauptmann und Hermann Hesse machen den »Wahrheits-Berg« zum radikal schicken Mythos.

Doch nicht nur in der Abgeschiedenheit der bayerischen oder Tessiner Natur drängt es den Zivilisationserschöpften danach, wenigstens für einige Stunden am (Sonn-)Tag aus den Kleidern fahren zu dürfen. Auch der Großstädter möchte keinen Stoff mehr zwischen sich und dem Universum rascheln hören, wenn er die Arme zum Lichtgebet gen Himmel reckt: Nackte Haut wird zum kosmischen Kommunikationsorgan. Der »Lichtmensch« strebt danach, sich durch Nacktheit selbst neu zu gebären, auf dass er nicht länger einen von der Seele getrennten Körper habe, sondern beide zur »Körperseele« verschmelzen.

»Ich lebe nackt und aufmerksam wie ein Hirsch.« Der Dichter Hermann Hesse beim Nacktklettern anno 1910.

Im wilhelminischen Kaiserreich mit seinen rigiden Sittenvorstellungen stößt dieser nudistische Überschwang auf geringes Verständnis. Die ersten »Licht- und Luftbäder«, die in den 1890er Jahren entstehen, sind mehr oder weniger verbotene Orte, an denen sich die sektenartigen Zirkel heimlich treffen, um gemeinsam zu »nackten«. Erst nach dem Ersten Weltkrieg dürfen die Nudisten offiziell Grundstücke anmieten – so entwickelt sich etwa in den 1920ern der Motzener See südöstlich von Berlin zur »nassen Wiege der deutschen Freikörperkultur«. Allerdings gelten auch dann strenge Auflagen: Die Gelände müssen von Bretterzäunen umgeben sein, und zwar von »astlochlosen«, damit die »Nackenden« den Spaziergänger im Sonntagsstaat nicht in voyeuristische Versuchung führen. Im offiziellen Weimar gilt, was der körper- und bewegungsfanatische Friedrich Ludwig Jahn im frühen 19. Jahrhundert behauptet hat: »Undeutsch bleibt jede öffentlich hingestellte Nacktheit.«

Schaut man sich die verschiedenen Programme an, mit denen das »Nackten« zur »Kultur« erhoben werden soll, muss man jedoch sagen: Hier irrt der Turnvater. Die »öffentlich hingestellte Nacktheit« wird zu etwas sehr Deutschem. Sehnsüchte, die die deutsche Seele auch im bekleideten Zustand umtreiben, treten unverhüllt umso deutlicher hervor.

Protestantisch gefärbte Heilserwartungen verbindet der ehemalige Pastor Magnus Weidemann, der nach dem Ersten Weltkrieg den Talar abwirft, um auf Sylt zum Maler, Aktfotografen und Mit-Herausgeber des Nudisten-Magazins *Die Freude. Monatshefte für deutsche Innerlichkeit* zu werden. 1923 predigt er dort in einer eigenwilligen Auslegung des Paul-Gerhardt-Lieds *Jesu, meine Freude*: »Gott ist Freude, Welt und Leben sind Freude. Sonnenlicht ist ihr Sinnbild. Unsere Seele ist ihr Organ. Und wer in der Freude bleibt, der bleibt in Gott, und Gott in ihm [...] Die neudeutschen Menschen, Männer und Frauen, Jünglinge und Mädchen und Kinder – Kinder besonders, Sonnenkinder werden es sein – sie tragen die Freude in beiden heißen Händen. Sie streuen sie aus wie Blumen zum Fest, wie Samen zum Heil. Und ihr Reich wird nicht untergehen, denn es ist Gottes Reich.«

Die Behausungen der neuen »Innerlichkeitsmenschen« sollen von allem spießbürgerlichen Einrichtungstand befreit werden, auf dass keinem mehr einfiele, dass man dort, wo »unsere Kinder unverhüllt im Naturkleide umherspielen [...] eine Zigarette oder ein Gläschen Likör anbieten oder mit hohen Absätzen hereinklapperstelzen könnte«.

Noch wütender fallen die Invektiven aus, mit denen Heinrich Pudor gegen die artifizielle Frauenmode des Fin de Siècle zu Felde zieht. Der Publizist, der in seiner Aphorismensammlung *Nackende Menschen. Jauchzen der Zukunft* davon träumt, ein Weib zu sein, damit er »einen Menschen an die Brust legen« und ihn mit seiner »Lebens-Milch tränken« könne, gerät in Pogromstimmung, sobald er ein Korsett erblickt: »Das einzige Mittel, das hier helfen kann, ist das, eine Liga zu gründen, deren Mitglieder sich verpflichten, jedes Frauenzimmer, das ein Korsett trägt, auf offener Straße als unanständig oder als Hure – denn die Huren haben das Korsett erfunden und einer Hure allein ist das Korsett würdig, kein anständiges Weib sollte ein Korsett tragen – auszuzischen, die Korsettläden unmöglich zu machen, dadurch dass man Plakate an ihre Schaufenster klebt, ›Artikel für Huren‹.« In den folgenden Jahrzehnten wird sich der Verfasser, der seinen Namen sinnigerweise zu »Heinrich Scham« eindeutscht, als fanatischer Antisemit hervortun.

Aber beileibe nicht alle Gegner des eingeschnürten Frauenleibs sind Präfaschisten. Der Wunsch nach »Reformkleidung«, in der frau sich ungehemmt bewegen kann, ist bei den Frauenrechtlerinnen der Jahrhundertwende ebenso stark wie bei den Ausdruckstänzerinnen, die den Tanz in jeder Hinsicht vom starren Korsett befreien wollen. Gesucht wird nach einer Schönheit, die keine äußeren Regeln mehr befolgt, sondern einzig aus der eigenen Empfindung strömt.

Neben diesen Anhängern einer expressiv gewendeten Innerlichkeit gibt es die gegenteilige Bewegung, die gut hundert Jahre nach der Weimarer Klassik das Land der Griechen mit der Seele sucht – und mit dem Leib. Betrachtet man Fotografien, die in Nudisten-Zeitschriften wie *Deutsch Hellas* oder *Die Schönheit* abgedruckt sind, hat man den Eindruck, die antiken Statuen und Reliefs, die Johann Joachim Winckelmann einst aus griechischer Erde ausgrub, um sie ins deutsche Bewusstsein einzupflanzen, seien jetzt, in der Weimarer Republik, mit Haut und Haaren auferstanden.

Einen eisernen Willen zur Körperskulptur legt auch der Erste-Weltkriegs-Offizier Hans Surén an den Tag und trifft damit den Nerv der Zeit. Seine 1924 erschienene Schrift *Der Mensch und die Sonne*, halb Esoterik-Fibel, halb Gymnastik-Ratgeber, erlebt allein in den ersten beiden Erscheinungsjahren 61 Aufla-

Nackte Avantgarde: Titelbild des Nudistenmagazins *die neue zeit* aus dem Jahr 1931.

gen, verkauft sich bis zum Ende des Zweiten Weltkriegs 250 000 Mal. Die dort abgebildeten durchtrainierten, enthaarten, sonnengebräunten, ölglänzenden Leiber – häufig ist es Surén selbst, der seine Muskeln zeigt – würden in jedem Fitnessstudio der Gegenwart neidvolle Blicke auf sich ziehen.

Wenig gemein mit dieser Art von kriegerischer Körper-Elite hat der sozialistische Strang der Naturisten-Bewegung. Sein prominentester Vertreter ist Adolf

Koch, der unter dem Motto »Wir sind nackt und nennen uns du« in der Weimarer Zeit einen FKK-Verein am Motzener See, eine Zeitschrift und verschiedene »Körperkulturschulen« gründet, die bis zu 70 000 Mitglieder zählen. Hier geht es nicht um heldische Leibes-Veredelung durch »Deutsche Gymnastik«, wie Surén sie propagiert, sondern um die Befreiung des geschundenen Arbeiterkörpers durch Heil- und Ausgleichssport. Ein Gesinnungsgenosse von Koch erklärt 1930 in dem populären Nudisten-Magazin *Licht-Land*, warum dies nackt zu geschehen habe: »Wenn der Angestellte oder Arbeiter an seinem arbeitsfreien Tage als Lichtfreund in die Natur hinauswandert und dort seine Kleider von sich wirft, so macht er sich von allen Unterschieden frei, welche Kleidung, Rang und Besitz hervorrufen, und damit frei von dem Hasse, der in jedem vom Leben stiefmütterlich behandelten Arbeitsmenschen lebt und sich gegen seine besser gestellten Mitmenschen richtet [...] Er wird also wenigstens seinen Lichtsonntag als freier Mensch unter freien Menschen verbringen können. Je tiefer die Lichtbewegung in das deutsche Volk eindringen wird, desto mehr wird sich unser Volk zu einem brüderlichen Ganzen zusammenschweißen. An die Stelle heuchlerischer Demokratie wird edler Gemeinsinn treten.«

Die Hoffnung, dass alle Menschen Brüder würden, begegneten sie sich nur hüllenlos, erfüllt sich nicht. Schuld daran ist nicht nur, dass die Differenz zwischen einem Zylinder- und einem Schiebermützenträger harmlos ist im Vergleich zu der Kluft, die sich zwischen einem nackten Athleten und einem nackten Fettwanst auftut. (Soziale Gerechtigkeit herrschte nur dann, wenn unter jedem Zylinder ein Fettwanst und unter jeder Schiebermütze ein Athlet zum Vorschein käme.) Schuld sind auch unappetitliche Figuren wie Richard Ungewitter, die bereits im ausgehenden Kaiserreich von der »planmäßigen Züchtung schöner, rassereiner, gesunder Menschen« träumen und in der Großstadt deshalb nicht nur einen heiklen Moloch, sondern das »Rassengrab des nordischen Menschen« sehen. Der ehemalige Gärtnereigehilfe wird zur Frontfigur eines völkischen Nudismus, in seiner »Loge [später: Treubund] des aufsteigenden Lebens« versammeln sich bereits 1911 all jene, die davon überzeugt sind, dass »Juden [...] für das deutsche germanische Volk ebenso wie Neger und anderes minderwertige Rassengesindel in jeder Beziehung Gift« sind.

Allerdings sind es nicht seine völkischen Umtriebe, die Ungewitter mit seinen Publikationen sowohl im Kaiserreich als auch in der Weimarer Republik immer wieder in Schwierigkeiten bringen. Die katholischen »Männervereine zur Hebung der Sittlichkeit« haben die nackten Rassisten nicht weniger als die protestantischen, von Griechenland träumenden, Ger werfenden oder sozialistischen Enthüllungs-Künstler im Verdacht, dass sich hinter dem ganzen Sonnen-Getöse letztlich bloß Schweinkram verbirgt. Auch die Justiz, die sich seit 1900 auf einen umfangreichen Paragraphen gegen die Verbreitung unzüchtiger

Schriften stützen kann, knöpft sich die »Nackenden« jeglicher Schattierung immer wieder vor. Mit Ausnahme von Adolf Koch, der an seinen »Körperkulturschulen« sexuelle Aufklärung betreibt und mit dem berühmtesten Sexualforscher der Weimarer Zeit, Magnus Hirschfeld, zusammenarbeitet, sind deshalb alle Licht- und Luftmenschen heftig darum bemüht, ihre Nacktheit als »keusch« darzustellen und den Nudismus als Mittel, die »krankhaft gesteigerte« Sinnlichkeit der Zeit mit ihrer verdrucksten Lust an Hinterzimmer-Pornographie und Revue-Girls wieder auf ein natürliches Maß zu reduzieren. Dennoch kann man sich die hedonistischen Nudisten, die mit ihrer gemischtgeschlechtlichen »Körperkeckheit« die Spießer durchaus brüskieren wollen, gut vorstellen, wie sie in einem Nachtclub Anita Berber bei deren »Tänzen des Lasters, des Grauens und der Ekstase« zujubeln. Nur Ungewitter und seine Mannen werden dazu verdammt gewesen sein, durchs Astloch zu blinzeln.

Die Nationalsozialisten setzen dem nackten Treiben schnell und entschlossen ein Ende. Bereits am 3. März 1933 erklärt der preußische Minister des Inneren Wilhelm Frick in einem Runderlass zur Bekämpfung der Nacktkulturbewegung: »Eine der größten Gefahren für deutsche Kultur und Sittlichkeit ist die sogenannte Nacktkulturbewegung [...] Die Nacktkulturbewegung ertötet bei den Frauen das natürliche Schamgefühl, nimmt den Männern die Achtung vor der Frau [...]« Da hilft es auch nichts, dass die Völkischen ihren Nudismus doch stets mit der »gesunden Zuchtwahl« gerechtfertigt haben, weil »jedes deutsche Weib, [würde es] öfter einen nackten germanischen Mann sehen, [...] nicht so vielen exotischen Rassen nachlaufen« würde. Im ganzen Land werden FKK-Gelände von Mitgliedern der SA und der Hitler-Jugend verwüstet.

Am heftigsten kollaboriert der militärische Nudist Hans Surén mit den Nazis. Diese bedanken sich, indem sie ihm den pompösen Operettentitel »Sonderbevollmächtigter des Reichsbauernführers für Leibeserziehung und Inspekteur im Reichsnährstand« verleihen. Allerdings vermag auch er sie nicht davon zu überzeugen, die braun-schwarzen Uniformen im Interesse der Körperertüchtigung öfter mal fallen zu lassen. In einem Brief des Reichsausschusses für Volksgesundheit an den Erfinder der Surén-Gymnastik heißt es 1935: »Wie können rassische Güter, d.h. in der Erbmasse verankerte Anlagen, durch äußere Einflüsse wie Sport und dergleichen gebildet werden?«

Nicht einmal der Rassist Ungewitter, der weniger auf Gymnastik denn auf die Gene setzt, vermag im NS-Staat Karriere zu machen. (Dafür ernennt ihn der Deutsche Verband für Freikörperkultur 1953 zum Ehrenmitglied.) Die andere Frontfigur des völkischen Krawall-Nudismus, jener Heinrich Pudor, der erst den Begriff »Nacktkultur« geprägt hatte, um sein Leben dann dem »Kampf gegen Juda für die arische Rasse« zu widmen, wird von den Nazis aus dem Verkehr gezogen: Im November 1933 nehmen sie ihn in Schutzhaft, weil er sich in seinem Magazin *Hakenkreuz* u. a. über die zu lasche Judenpolitik des neuen Regimes beschwert. Hans Surén, dessen Sonnenbuch in einer völkisch nachgerüsteten Ausgabe auch im »Dritten Reich« Bestseller bleibt, wird 1942 wegen »Erregung öffentlichen Ärgernisses« zu einer Geldstrafe verurteilt – zwei Nachbarinnen wollen ihn mehrfach beim Onanieren auf seiner heimischen Terrasse beobachtet haben.

Der Erfinder der »Deutschen Gymnastik« Hans Surén.

Das Gros der Nudisten verhält sich hingegen so, wie sich das Gros der Deutschen insgesamt verhält: Man arrangiert sich und versucht, seine eigenen Schäfchen ins Trockene zu bringen. Schon im April 1933 bekennt sich der FKK-Reichsverband zum NS-Staat und beschließt sich gleichzuschalten. Als »Kampfring für völkische Freikörperkultur« und »Bund für Leibeszucht« darf man auch weiterhin dem Sonnenkult huldigen. 1942 – während im östlichen Teil des Reichs Millionen von Juden nackt in Gaskammern getrieben werden – gelingt es, eine neue »Polizeiverordnung zur Regelung des Badewesens« durchzusetzen, die in der Bundesrepublik (mit Ausnahme von Bayern) bis in die sechziger Jahre hinein Bestand haben wird. Demnach dürfen »einzelne Personen oder Personengruppen gleichen oder verschiedenen Geschlechts [...] auch öffentlich nackt baden, wenn sie unter den gegebenen Umständen annehmen können, dass sie von unbeteiligten Personen nicht gesehen werden, insbesondere auf einem Gelände, das hierzu freigegeben worden ist«. Lichtmenschentum schützt vor Blindheit nicht.

Im Nachkriegsdeutschland hat man andere Sorgen, als sein Heil im Nacktbaden zu suchen. Dennoch eröffnet bereits 1946, mitten im zerstörten Berlin, genauer gesagt im amerikanischen Sektor, der Sozialist Adolf Koch sein »Institut für Körperkultur« neu – auf einem gezeichneten Titelblatt der *Adolf-Koch-Blätter für humanistische Erziehung* reichen sich zwei Nackte vor Trümmerlandschaft die Hände. In der Bundesrepublik schließen sich die Nudisten-Veteranen im November 1949 zum Deutschen Verband für Freikörperkultur zusammen. 1953 versucht in Hannover die »fkk-jugend – Bund der Lichtscharen«, an die alte lebensreformerische Symbolik anzuknüpfen, aber ebenso wie die 68er, die in ihren Kommunen, WGs und Kinderläden das Nacktsein noch einmal zur großen gesellschaftskritischen Geste überhöhen, bleiben all diese Anstrengungen nicht mehr als ein fader Nachklang zu jenen Aufbruchsphantasien, die das wilhelminische Reich und die Weimarer Republik herausforderten. Welchen Spießer will man provozieren, wenn dieser längst selbst im FKK-Urlaub mit hängender Wampe am Campinggrill steht und seine Würstchen wendet? Allenfalls in den multikulturellen Großstädten der Gegenwart führt es wieder zu echten Konflikten, wenn hedonistische Sonnenfreunde sich im selben Park rekeln, in dem sich die türkische Großfamilie zum Wochenendpicknick versammelt.

Mehr subversives Potenzial behält die Freikörperkultur in der DDR. Im September 1945 verbietet die Sowjetische Militäradministration sämtliche FKK-Vereine. Die Ost-Nudisten wollen sich die blanke Freude jedoch nicht so einfach nehmen lassen: Der ehemalige »Prießnitz-Verein« in Erfurt etwa benennt sich schlicht in »Kleingartenverein zur Sonne« um – und liefert sich ein zähes Katz-und-Maus-Spiel mit der Volkspolizei. Jahrzehnte bevor die West-Schickeria in Kampen auf Sylt oder im Münchner Englischen Garten antritt, das nackte Leben zu genießen, macht sich die östliche Intelligenzija in Ahrenshoop von allen textilen Zwängen frei. Eine berühmte Anekdote will wissen, dass der Staatsdichter und spätere Kulturminister Johannes R. Becher beim Besuch des Ostseebades eine nicht mehr ganz junge Frau, die nackt am Strand döste, anschnauzte: »Schämen Sie sich nicht, Sie alte Sau?« Als Becher kurz darauf den Nationalpreis erster Klasse an Anna Seghers verlieh und die Geehrte mit »liebe Anna« begrüßte, soll die Autorin von *Das siebte Kreuz* dazwischengerufen haben: »Für dich, Hans, immer noch die alte Sau!«

Im Mai 1954 versucht die SED-Regierung, das wilde Nacktbaden zunächst in Ahrenshoop und später, nachdem der *Spiegel* im September einen höhnischen Artikel über die ostdeutschen Nackedeis gebracht hatte, an der ganzen DDR-Ostseeküste zu unterbinden. Der Arbeiter- und Bauernstaat fürchtet um seinen internationalen Ruf. Allerdings steht das Regime argumentativ nicht gut da, schließlich können die prominenten Nudismus-Befürworter wie Traute Richter, Schauspielerin am Staatstheater Dresden, darauf verweisen, dass die einschlägige Polizeiverordnung aus der Nazi-Zeit stammt – und dass Badeanzüge oder gar der eben erfundene Bikini dem Geist des kapitalistischen Materialismus verhaftet seien. Wohl oder übel gibt die Partei bereits 1956 das uneingeschränkte Nacktbaden an »entsprechend gekennzeichneten« Orten frei: Der FKK-Strand wird zur bevorzugten Nische im real existierenden Sozialismus.

Es hat etwas archaisch Befreiendes, sich nach einer Wanderung die verschwitzten Kleider vom Leib zu reißen und in einen kalten See zu springen. Dennoch wäre es schön, wenn auch der Gelegenheitsnudist das erinnernswerteste ästhetische Credo im Sinn hätte, das Johannes R. Becher hinterlassen hat: »Habt Mitleid! Zeigt Erbarmen! Schont die Augen der Nation!«

Böse Zungen berichten übrigens, den Dichter selbst nackt in Ahrenshoop angetroffen zu haben.

[td]

➤ Abgrund, Bruder Baum, Feierabend, Gründerzeit, Jugendherberge, Reinheitsgebot, Schrebergarten, Strandkorb, Vereinsmeier, Wanderlust, Winnetou

Fussball

Eines ist gewiss: Nicht wir haben jenes Spiel erfunden, bei dem 22 Mann (seit einer Weile auch Frau) neunzig Minuten lang hinter einem Ball herrennen und am Schluss immer die Deutschen gewinnen. Den Fußball-Erfinder-Pokal mögen Chinesen, Italiener oder Franzosen den Engländern streitig machen. Gewiss ist aber ebenfalls, dass das deutsche Talent, sich Fremdes anzuverwandeln, bis am Schluss alle meinen, es handele sich um eine urdeutsche Angelegenheit, auf keinem Feld sichtbarer wurde als auf dem Fußballfeld.

Dabei hatte es »König Fußball« nicht leicht, im Kaiserreich Fuß zu fassen. Nicht in ihren waghalsigsten Träumen dürften die deutschen Fußballpioniere vorausgesehen haben, dass der DFB eines Tages mit über 6,7 Millionen Mitgliedern der größte nationale Sportverband der Welt sein würde. Als »englische Krankheit« wurde das neue Spiel angefeindet, der schwäbische Turnlehrer Karl Planck veröffentlichte 1898 ein Pamphlet, in dem er dem »Stauchball« bescheinigte, »etwas Lümmelhaftes und Gemeines« an sich zu haben, denn »was bedeutet [...] der Fußtritt in aller Welt? Doch wohl, dass der Gegenstand, die Person nicht wert sei, dass man auch nur die Hand um ihretwillen rührte. Er ist ein Zeichen der Wegwerfung, der Geringschätzung, der Verachtung, des Ekels, des Abscheues.«

Anders als der Engländer trieb der Deutsche damals noch keinen »Sport«. Er widmete sich der »Leibeserziehung«. Und diese hatte bevorzugt durch Turnen oder Gymnastik zu geschehen. Allerdings drohte der deutschen Turnbewegung, die Friedrich Ludwig Jahn 1810/11 ins Leben gerufen hatte, im Kaiserreich der ursprüngliche Elan verloren zu gehen. Zwar brauchten sich die Turnvereine nicht mehr zu verstecken wie in den unruhigen Jahren von 1819 bis 1842, in denen sie als umstürzlerische, kryptopolitische Organisationen von der preußischen Obrigkeit verboten worden waren, im Gegenteil: Die Turnerei hatte es sogar zum anerkannten Schulfach gebracht. Andererseits war der deutsche Nationalstaat, für den die Turnbewegung seit ihrer Entstehung gekämpft hatte, 1871 Wirklichkeit geworden. Wenn der »Turnvater« in der Berliner Hasenheide die Jugend dazu ermuntert hatte, sich mit Schwebehang und Ziehklimmen fürs Vaterland zu stählen, hatte dies im napoleonisch besetzten Preußen, das den

Befreiungskriegen entgegenfieberte, eine andere Strahlkraft gehabt als in der Gründerzeit – zum wirtschaftlichen Aufschwung, der nun oberstes Ziel war, vermochte der Felgaufschwung eben nur bedingt beizutragen. Dennoch versuchten die Turner, am alten paramilitärischen Ideal festzuhalten. Eben damit aber sorgten sie für den muffigen Hintergrund, vor dem der Fußball als neue, freiere Form der Körperertüchtigung zu leuchten beginnen konnte. Ganz gleich, wie zornig sie polemisierten: Auf die »Turnbewegung« folgte die »Spielbewegung«.

Der Verdacht, dass es sich bei der »Fußlümmelei« um einen proletarisch-vulgären Zeitvertreib handele, ging ohnehin an den Realitäten vorbei. Vom Fußballfieber wurden zunächst die gebildeten Stände befallen. Der Gymnasiallehrer Konrad Koch, der selbst ein begeisterter Turner gewesen war, hatte das fremde Regelwerk samt Lederbällen aus England mitgebracht. Das erste Fußballspiel auf deutschem Boden fand 1874 unter seiner Anleitung mit Schülern des Martino-Katharineums in Braunschweig statt. Dem promovierten Alt-Philologen und Germanisten ging es weniger darum, einen Hauch der weiten britischen Welt in seine Heimat zu tragen. Er witterte im Fußball etwas durch und durch Deutschtaugliches. Und so rechtfertigte er den umstrittenen Import auch damit, dass »unser deutsches Turnen, so wie es sich bis jetzt gestaltet hat, [...] nicht [genügt], um die Leibesübungen zur Volkssitte zu erheben«.

Am überkommenen Turnen störte Koch vor allem, dass es nicht mehr wie in den Anfangsjahren auf grüner Wiese stattfand, sondern in stickigen Hallen. Mit diesem Einwand hatte er den Zeitgeist auf seiner Seite: Im selben rasanten Tempo, in dem sich das wirtschaftlich rückständige Deutschland zur Industrienation entwickelte, wuchs die Sehnsucht nach frischer Luft und Bewegung im Freien. Nun war aber nicht überall – zumal nicht in den explodierenden urbanen Ballungsgebieten – ein Wald vor der Tür, der zur deutschesten aller Freizeitbeschäftigungen, dem Wandern, eingeladen hätte. Der Fußball begann zu jener Geheimwaffe zu werden, mit der Großstadtpädagogen damals schon versuchten, die Neigung ihrer Zöglinge zu Stubenhockerei und Alkoholexzessen zu bekämpfen.

Bis heute verbinden wir mit dem Kaiserreich, dass es vor allem verdruckste Untertanen hervorgebracht hätte. Der Erfolg des Fußball-Lehrers zeigt, dass im Wilhelminismus der Wind mitnichten nur aus einer Richtung wehte. »Die Turnschulstunden aber«, schreibt Koch, »die eine an militärische Disziplin anstreifende Ordnung nötig machen, beschränken die freie Bewegung des Einzelnen zu sehr und schließen einen Verkehr der Schüler untereinander innerhalb der Stunde völlig aus.« Wirklich motivieren könne man die Jugend nur »auf dem Boden der Freiheit«. Liberalismus im Fußballtrikot.

Dass das neue Spiel ein ziemliches Gerumpel war, bei dem je nach Auffassung auch die Hände zum Einsatz kommen durften, war dabei unwichtig.

165

to allow = bewilligen, zu=
sprechen.
appeal = Einspruch
Association Football = Fuß=
ball (einfacher Fußball, ohne
Aufnehmen des Balles).
backs = Hinterspieler.
to back up = aufrücken, unter=
stützen.
captain = Spielwart (Spiel=
kaiser).
to caution = verwarnen.
to centre = nach der Mitte
stoßen.
centre! = (Zuruf) Mitte!
centre - forward = Mittel=
stürmer.
to charge = anrennen, vor=
laufen.
forwards = Stürmer.
foul = ungehörig, unehrlich.
free-kick = Freistoß.
fullback = Schlußspieler (im
gemischten Spiele).
goal = Tor, Mal.
goal-keeper = Torwächter.
goal-kick = 1. (im einfachen
Spiel) Abstoß (vom Tore).
2. (im gemischten Spiele)
Torstoß (auf das Tor).
goal-line = Mallinie (Torlinie).
goal-post = Torpfosten, Mal=
stange.
half-back = Halbspieler, Mark=
mann.
half time = Halbzeit.
halves = Plural von half-back.
hands! = Hand!
to heel out = herausfersen.
in-goal = im Mal, Malfeld.
to kick = stoßen.
kick-off = Anstoß.
to knock-on = vorschlagen.
linesmen = Linienrichter.
mark = Kerbe.
match = Wettspiel.
no side = Schluß.
to obstruct = stören, im Wege
stehen.
off side = abseits.
on side = im Spiel.
out! = aus!
out of play = aus dem Spiele,
tot.

Braunschweig.

to collar = festhalten.
combination = Zusammenspiel.
corner = Ecke.
corner-kick = Eckball, Eckstoß.
crossbar = Querstange.
dead-ball-line = Spielgrenze.
to disallow the charge = den
Vorlauf verbieten.
drawn = unentschieden.
to dribble = treiben.
to drop = einen Sprungstoß
(Prellstoß) ausführen.
drop-kick = Sprungstoß (Prell=
stoß).
drop-out = Abstoß (im ge=
mischten Spiel).
fair = anständig, ehrlich.
fair-catch = Freifang.
fairly held = festgehalten.
to pass = abgeben, zuspielen.
penalty-goal = Straftor.
penalty-kick = Strafstoß.
place-kick = Platzstoß.
punt = Fallstoß.
referee = Schiedsrichter.
Rugby Football = gemischter
Fußball (mit Aufnehmen des
rush = Vorstoß.   [Balles).
to rush = einen Vorstoß machen.
score = Spielergebnis.
to score a goal = ein Tor ge=
winnen, zählen.
scrummage = Gedränge (Men=
gen).
shoot = Schuß (Stoß) aufs Tor.
to shoot = schießen.
to tackle = fassen, halten.
team = Mannschaft, Riege.
three-quarter back = Drei=
viertelspieler, Hinterspieler.
to throw forward = vorwerfen.
to throw out = hereinwerfen.
touch = Mark, Seitenlinie.
touch down = Handauf.
to touch down = anhalten
(die Hand auflegen).
touch-in-goal = Malmark.
touch-judges = Linienrichter,
Seitenrichter.
touch-line = Marklinie, Seiten=
grenze.
tripping = Beinstellen.
try = Versuch.
unfair = ungehörig, unfein.

Konrad Koch.

Man spreche deutsch: Übersetzungsliste englischer Fußballbegriffe
von Konrad Koch, erschienen 1903 in der *Zeitschrift des Allgemeinen
Deutschen Sprachvereins.*

Der Wettkampfgedanke stand für Koch ohnehin nicht im Mittelpunkt. Zwar ging er bald dazu über, Spiele zwischen seinem Gymnasium und anderen Schulen der Umgebung zu organisieren, doch blieb er in dieser Hinsicht dem alten Turnergeist verpflichtet, bei dem es weniger ums Gegeneinander als ums Miteinander ging.

In einem anderen Punkt erwies sich Koch noch deutlicher als Nationalist: Auf deutschem Rasen sollte nicht englisch, sondern deutsch gesprochen werden. Der Deutschlehrer, der eng mit dem Schriftsteller Wilhelm Raabe befreundet war, verstand die Germanisierung der Fußballsprache als grundnotwendigen Schritt, um aus *Football* ein deutsches Spiel machen zu können. 1900, in dem Jahr, in dem sich der Deutsche Fußball-Bund gründete, schimpfte er in einem Aufsatz: »Jeder deutschfühlende Zuschauer kommt in Versuchung, einem solchen Bürschchen, wenn es von ›Goal‹ und von ›Kicken‹ spricht, handgreiflich darzutun, wie wenig sich das für einen deutschen Jungen passt.« Konsequenterweise veröffentlichte er nur drei Jahre später im Stile der barocken Sprachreiniger, die im 17. Jahrhundert das Deutsche von allen Fremdwörtern hatten befreien wollen, eine Liste mit achtzig einschlägigen Begriffen. Dieser verdanken wir es bis heute, dass wir – anders als Deutsch-Schweizer und Österreicher – nicht »offside!«, »corner!«, »penalty!«, »goal!« brüllen, sondern »Abseits!«, »Ecke!«, »Elfmeter!«, »Tor!«. Nicht einmal die sprachpuristischen Franzosen haben den Fußball so konsequent ins Eigene übertragen. Zwar musste der »Spielkaiser« im Laufe der Jahrzehnte dem »Spielführer« und schließlich dem quasi-englischen »Kapitän« weichen – aber ist er in Gestalt von »Kaiser Franz« nicht immer noch höchst präsent? Die Kochsche Liebe zum Deutschen ging so weit, dass er auch gegen populäre Vereinsnamen wie »Victoria«, »Tasmania« oder »Kickers« zu Felde zog und stattdessen »Wotan«, »Siegfried« oder »Hermann« empfahl.

Damit allerdings entstand die erste Front innerhalb der neuen »Spielbewegung«. Diesmal waren die Gegner keine altväterlichen Turner, die noch deutscher sein wollten als der »Spielkaiser«, sondern Kosmopoliten wie Walther Bensemann, der am Fußball vor allem den internationalen Geist schätzte, im Sport eine »Religion« sah, »vielleicht heute das einzige wahre Verbindungsmittel der Völker und Klassen«.

Kennen- und liebengelernt hatte der Sohn eines jüdischen Bankiers den Fußball während seiner Internatszeit in der französischen Schweiz. Als er 1889 zurück nach Deutschland kam, begann er noch als Schüler mit der fußballerischen Missionsarbeit an seinem Karlsruher Gymnasium. 1891 gründete er den Karlsruher FV, später die Karlsruher Kickers und zahlreiche weitere Mannschaften im süddeutschen Raum. Bei der Gründung des DFB war er gleichfalls dabei, allerdings gab es von Anfang an Spannungen zwischen ihm und den anderen Offiziellen, die mehrheitlich die deutsch-nationale Linie Konrad Kochs vertraten.

Auseinandersetzungen hatte es noch vor der DFB-Gründung um die ersten internationalen Fußballspiele mit deutscher Beteiligung gegeben: Bereits 1893 hatte Bensemann in Frankreich und England heftig dafür geworben, sich fußballerisch näherzukommen. Der Plan, ein deutsch-französisches Freundschaftsspiel ausgerechnet in Straßburg zu veranstalten, jener symbolträchtigen Stadt, die nach knapp zweihundert Jahren französischer Herrschaft seit 1871 zu Deutschland gehörte, scheiterte allerdings krachend. Schuld daran waren nicht nur deutsche Pickelhauben. Eine Pariser Zeitung stellte klar: »Wenn wir nach Straßburg kommen, werden wir mit unseren Kanonen kommen.«

Immerhin konnte 1898 in Paris das »Ur-Länderspiel« einer deutschen Auswahl gegen einen britisch-französischen Verein stattfinden. Das stolze Telegramm danach dürfte allerdings weniger im Bensemannschen Sinne gewesen sein: »Seiner Majestät dem deutschen Kaiser in Potsdam unterbreiten die Vertreter der maßgebenden Vereine des deutschen Fußballsports Berlin untertänigst die gehorsamste Mitteilung, dass heute in Paris zum ersten Mal eine aus allen deutschen Gauen zusammengesetzte Fußballmannschaft über einen hervorragenden französischen Fußballverein einen Sieg von 7:0 Malen errungen hat.« (Mit welchen Worten der »Spielkaiser« dem Kaiser in Potsdam die 2:13-Niederlage im Ur-Länderspiel gegen England ein Jahr später vermeldet hat, ist leider nicht überliefert.)

Die beiden Gesichter, die den Fußball bis heute zum Weltfaszinosum machen, zeigten sich früh: National-Chauvinisten konnten in ihm die Verlängerung des Kriegs mit anderen Mitteln sehen. Für kosmopolitische Pazifisten stellte er das beste Mittel zur Völkerverständigung dar.

Nach dem Ersten Weltkrieg tat sich die national-chauvinistische Fraktion allerdings schwer damit, den Fußball für ihre Zwecke einzuspannen. Schuld daran dürfte zum einen gewesen sein, dass die verheerende Niederlage, festgeschrieben in den Versailler Verträgen, so tief schmerzte, dass symbolische Siege auf dem Rasen nur schwache Genugtuung verschafft hätten. Außerdem galt in der Weimarer Zeit die eingangs erwähnte launige Definition von Fußball, die der britische Stürmerstar Gary Lineker 1990 geliefert hatte, mitnichten: 23 Siege, 13 Unentschieden, 19 Niederlagen – so die eher durchwachsene Bilanz der Nationalmannschaft jener Zeit. Bereits beim ersten offiziellen Länderspiel 1908 gegen die Schweiz hatte sich die deutsche Elf mit einem 3:5 geschlagen geben müssen. Das erste Länderspiel nach dem Ersten Weltkrieg, wiederum gegen die Schweiz, ging mit 1:4 noch schlechter aus. Da vermochte nur wenig zu trösten, dass die Deutschen bei den Olympischen Spielen 1912 mit einem spektakulären 16:0 das vorrevolutionäre Russland vom Platz gefegt hatten.

Schuld am ausbleibenden Höhenflug war weniger, dass es keine auffälligen deutschen Spieler gegeben hätte: Adolf Jäger, Heiner Stuhlfauth, Ernst Kuzorra oder Fritz Szepan hätten in der Weimarer Zeit locker internationale Fußball-karrieren machen können. Nur versteifte sich der DFB darauf, das olympische Ideal des sportlichen Amateurs, dessen Leibeskunst durch Profitstreben ent-weiht würde, noch ernster zu nehmen als der Gründer der neuen Olympischen Spiele höchstpersönlich. 1920 etwa entließ der Westdeutsche Spielverband fast alle Spieler des späteren FC Schalke 04, weil die Kumpel zu ahnen begonnen hatten, dass in ihren Oberschenkeln/Waden/Fußspitzen mehr Kapital steckte als in den schmutzigen Kohleschächten, in die sie werktagsüber malochen gingen. »Den Professionalismus entlarven und auslöschen« nannte sich der Feldzug, den der DFB gegen den »Bezahlfußball« führte und der darin gipfelte, dass 1925 allen deutschen Amateurmannschaften verboten wurde, gegen aus-ländische Profimannschaften aus der Tschechoslowakei, Ungarn und Österreich zu spielen. Walther Bensemann, der mittlerweile das legendäre Fußballblatt *Kicker* gegründet hatte, wetterte dort gegen den »ungeheuerlichen«, »taktlosen« und »überheblichen« Beschluss: »Es wird sich herausstellen, dass die übergroße Majorität der FIFA-Verbände durchaus nicht gesonnen ist, am deutschen Sport-wesen zu genesen.«

So sehr Bensemann die deutsche Borniertheit hasste – auch er war kein Fan davon, den Fußball den kalten Gesetzen des Marktes zu unterwerfen. Die vielen »linken« Fußballvereine, die sich in der Weimarer Zeit unter dem eigenen Dach des Arbeiter-Turn- und Sportbunds versammelt hatten und ihre Turniere am »bürgerlichen« DFB vorbei austrugen, erst recht nicht. Bei aller weltanschau-lichen Zerstrittenheit: Darauf, dass der Fußball eine Kunst um der Kunst willen bleiben sollte, konnten sich die unterschiedlichsten Flügel der »Spielbewegung« einigen. Bis heute hallt diese urdeutsche Fußballauffassung nach, wenn etwa das Sport-Feuilleton der *Frankfurter Allgemeinen Zeitung* noch in den 1990er Jahren, als Fußball längst zum globalen Milliardengeschäft geworden war, Karl Marx aufbot, um seufzend festzustellen, dass die Fußballindustrie alle »idyl-lischen Verhältnisse zerstört« und »kein anderes Band zwischen Mensch und Mensch übrig gelassen« habe »als das nackte Interesse, als die gefühllose bare Zahlung«.

Dieser Sonderweg sorgte dafür, dass im deutschen Fußball deutlich länger als in anderen europäischen Ländern ein »Band« bestehen blieb: die Bindung des Spielers an seinen Heimatverein. Da die Fußballfunktionäre der Weimarer Zeit allenfalls im Verborgenen mit dem Geldbündel wedeln durften, um außer-gewöhnliche Spieler anzulocken, war der Gelsenkirchener/Kaiserslauterner/ Karlsruher Stürmer/Verteidiger/Torwart einigermaßen fest mit seiner Scholle verwachsen. Bis 1963 sollte es dauern, dass Deutschland seine Bundesliga bekam – zuvor spielte man in den regionalen Verbänden, und erst am Schluss einer jeden Saison traten die besten Vereine im K.o.-Verfahren gegeneinander an, um den deutschen Meister zu ermitteln.

Als die Nationalsozialisten an die Macht kamen, war Fußball so selbstverständlich zu einem »deutschen Sport« geworden, dass sie auch ihn gleichschalteten – indem sie etwa die Arbeiterfußballvereine auflösten und jüdischen Fußballern wie Julius Hirsch oder Gottfried Fuchs – der beim 16:0 gegen Russland sagenhafte zehn Tore geschossen hatte – das Leben zur mörderischen Hölle machten. Erfolgreicher wurde der deutsche Fußball unter dem braunen Regime nicht. Zwar war das Reich bei der Weltmeisterschaft 1934 in Italien überraschend auf dem dritten Platz gelandet (an der ersten WM 1930 in Uruguay hatte es aufgrund der Wirtschaftskrise und der weiten Anreise nicht teilgenommen), bei den Olympischen Spielen in Berlin hingegen musste es sich im Viertelfinale dem »Fußballzwerg« Norwegen geschlagen geben. 1938, nach dem »Anschluss«, flammte der Traum von der fußballerischen Großmacht kurz auf: Gemeinsam mit dem »österreichischen Wunderteam«, das von 1931 bis 1933 alle anderen europäischen Spitzenmannschaften (und die Deutschen) das Fürchten gelehrt hatte, wollte man in Frankreich Weltmeister werden. Am 9. Juni schied die »großdeutsche Mannschaft« im Achtelfinale gegen die Schweiz aus.

Der blutige Größenwahn der Nationalsozialisten, die Welt in ein Schlachtfeld zu verwandeln, sorgte dafür, dass weder 1942 noch 1946 Fußballweltmeisterschaften ausgetragen wurden – und dafür, dass die Deutschen an der ersten WM nach dem Zweiten Weltkrieg 1950 in Brasilien nicht teilnehmen durften. Am 22. November desselben Jahres waren es abermals die Schweizer, die bereit waren, sich als erste Mannschaft mit den Deutschen, die sich so tief ins Menschheits-Abseits verrannt hatten, wieder auf einem Rasen zu bewegen. Die (West-) Deutschen gewannen mit einem bescheidenen 1:0. Niemand konnte ahnen, dass knapp vier Jahre danach die Bundesrepublik ihre eigentliche Geburt aus dem Geiste des Fußballs erleben sollte.

Als die späteren »Helden von Bern« mit ihrem Trainer Sepp Herberger im Juni 1954 in die Schweiz aufbrachen, um am beschaulichen Thuner See, an dem 150 Jahre zuvor Heinrich von Kleist seine ersten Dramen geschrieben hatte, Quartier zu beziehen, interessierte das im zerstörten Deutschland lediglich die wirklich Fußballvernarrten. Die Erregungskurve stieg erst an, nachdem die Deutschen, die in ihrem ersten Spiel die Türken mit einem fleißigen 4:1 besiegt hatten, dem WM-Favoriten Ungarn mit 3:8 unterlagen. Von »nationaler Schande« war die Rede. Trainer Herberger, der – wie er später erklären konnte – in voller taktischer Absicht eine B-Mannschaft auf den Rasen geschickt hatte, bekam Briefe, in denen ihm u. a. empfohlen wurde, sich einen Strick zu kaufen und sich am nächsten Baum aufzuhängen, »aber möglichst so, dass der Strick

»Der Ball ist rund.« Sepp Herberger macht's vor, 1950 in Duisburg.

nicht zerreißt, damit man diesen hinterher noch verwenden kann«. In diesem Augenblick hörte die Fußballweltmeisterschaft 1954 – zumindest im deutschen Bewusstsein – auf, eine reine Sportveranstaltung zu sein, und wurde zum Drama, das Heinrich von Kleist hätte geschrieben haben können.

Der geschmähte Trainer liest die Hasspost aus der Heimat seinen Spielern vor. Jetzt wollen, jetzt müssen sie siegen, für ihn, für ihren Sepp, für die Ehre. *Elf Freunde müsst ihr sein, wenn ihr Siege wollt erringen ...* Der »Geist von Spiez« erhebt sein mythisches Haupt. Der stürmisch-empfindsame Helmut Rahn, der aus Enttäuschung darüber, beim Türkeispiel auf der Bank gesessen zu haben, sich des Nachts aus seinem Zimmer gestohlen und betrunken hat, wird seinem Trainer beweisen, dass er alles kann, wenn dieser nur an ihn glaubt. Doch noch darf er nicht schießen, beim entscheidenden zweiten Spiel gegen die

Türkei ist er wieder nicht dabei. Diesmal gelingt es ihm, seine Wut zu bändigen. Deutschland hat 7:2 gewonnen, das ist alles, was zählt. Seine Stunde wird kommen, kommt, im Viertelfinale gegen Jugoslawien, schweres Spiel, quälendes Spiel, aber er ist dabei. Knappe Führung, der Trainer fragt, »Helmut, wo bleibt das Tor, das du mir versprochen hast?«, es wird kommen, da ist es, 85. Minute, 2:0 für Deutschland, jetzt ist alles möglich. Sogar ein 6:1 gegen Österreich im Halbfinale. Rahn dabei, Rahn schießt kein Tor, das tun an diesem Tag Schäfer, Morlock und dann immer wieder Walter, mal Fritz, mal Ottmar, die Brüder, die Mannschaft, eine Freude. Daheim jubelt die *Welt*: »Wir werden gewinnen, sagten die Österreicher und lächelten. Wir wollen gewinnen, sagten die Deutschen mit finsterer Miene. Kein Wunder, dass die Männer von der blauen Donau untergingen.« Nur einmal kurz müssen die Deutschen doch lächeln, als sie im österreichischen *Kurier* lesen, es sei ein »Sieg der nur aufs Endziel ausgerichteten Roboter über die Vertreter der Ästhetik« gewesen. Aber wer hat jetzt Zeit für Zeitungslektüre, der 4. Juli ist da. Das Wunder, von dem Zarah Leander mitten im Krieg gesungen hatte, sie wisse, dass es einmal geschehen werde – heut' wird's Ereignis. Dem Fritz sein Wetter haben die Götter schon geschickt, es regnet, es gießt, es strömt. Schnell noch die Schraubstollen am Fußballschuh gewechselt, Vorsprung durch Technik, die Ungarn werden sich wundern. Die Ungarn wundern sich. Die Deutschen, die daheim millionenfach an den Fernseh- und Radio-Apparaten kleben, wundern sich. Der Reporter entschwebt ins Fußball-Wunderland: »Halten Sie mich für verrückt! Halten Sie mich für übergeschnappt! [...] Schäfer flankt nach innen! Kopfball! Abgewehrt! Aus dem Hintergrund müsste Rahn schießen – Rahn schießt! Tor! Toor! Toor! Tooor!«

Die Herbergerschlacht ist aus. *Ihr aber kommt, ihr wackern Söhne Teuts, und lasst, im Hain der stillen Eichen, Wodan für das Geschenk des Siegs uns danken ...*

Deutschland taumelt. In West. Und in Ost. Die Welt macht sich Sorgen. In *Le Monde* erscheint ein warnender Bericht aus Bern: »Die Erde zittert. Es regnet. Es regnet, und mir ist kalt. Eben schon, als die 60 000 Deutschen brüllten, überlief mich ein Schauer [...] Strahlend, jung, begeistert singen sie kraftvoll, dass die ganze Welt es hören und wissen soll, dass wieder einmal ›Deutschland über alles‹ ist.«

In der Tat hatten die eilends fürs Endspiel angereisten Fans im Wankdorfstadion die erste Strophe der Nationalhymne angestimmt. Und DFB-Präsident Peco Bauwens hatte zwei Tage nach dem Wundersieg im Münchner Löwenbräukeller eine Festrede gehalten, in der er Wotan, dem alten »Germanengott«, für dessen Hilfe gedankt und vom »Führerprinzip in der Mannschaft« geschwärmt hatte. Aber gab es wirklich Grund zu erneuter Sorge? Oder waren es nicht vielmehr letzte Zuckungen der alten Gewohnheitsmacht? Der Bayerische

Rundfunk hatte die Übertragung der entgleisten Rede sofort abgebrochen, die *Süddeutsche Zeitung* hatte am 5. Juli behutsam getitelt: »Ein großer Sieg, ein großer Tag, aber nur ein Spiel«, und als Bundespräsident Theodor Heuss der deutschen Mannschaft wenig später das Silberne Lorbeerblatt verlieh, rügte er indirekt Reporter Herbert Zimmermann dafür, dass er im Eifer des Gefechts Torwart Toni Turek zum »Fußballgott« erhoben hatte: »Wir sind wegen des Sportes da. Ich glaube, wir sollten ihn außerhalb der Politik halten. Wir sollten auch die Werte nicht verschieben lassen.«

Und die Werte verschoben sich nicht. So wie der Kameradschaftsmythos, der in Stalingrad blutig untergegangen war, im »Wunder von Bern« seine zivile Neugeburt erlebt hatte, wurden auch den Helden keine martialischen Denkmäler errichtet – man überhäufte sie mit Goggo-Rollern, Suppenwürfeln, Porzellanfiguren und Enzianschnaps. Die Deutschen blieben am Nierentisch, auch wenn sie den unglücklichen Rahn bis zum Lebensende mit der Bitte verfolgten: »Hömma, Helmut, erzähl mich dat dritte Tor ...« Die Helden mit dem Kleistschen Dramenpotenzial endeten zum Teil zwar tragisch, aber allesamt unheroisch als Tankstellenbesitzer, Zigarrenhändler, Sportlehrer.

Den gelassensten und historisch hellsichtigsten Kommentar zum »Wunder von Bern« hatte die links-liberale *Schweizer Nationalzeitung* geschrieben: »Dass man sich in Deutschland noch mehr von einem Spiel als von Militärmärschen begeistern lassen kann, ist eigentlich eine Offenbarung eines natürlichen, gesunden Kerns.«

Es scheint tatsächlich so: Je fußballverrückter Deutschland wurde – desto pazifistischer wurde es. Trotz oder gerade wegen der Wiederbewaffnungsdebatte, die die Gemüter in den fünfziger Jahren erhitzte. Es wäre übertrieben, hier einen ursächlichen Zusammenhang zu sehen. Aber das deutsche Streben danach, fußballerische Weltmacht zu werden, vertrug sich bestens mit dem Rückzug aus der Weltpolitik. Auch wenn Sepp Herberger gesagt haben mag, Fußball sei »Krieg im Frieden« – in der Bundesrepublik hatte der national-chauvinistische Geist auch auf dem Rasen ausgespielt.

Nirgends wurde dies deutlicher, als 1974 die erste Fußballweltmeisterschaft in Deutschland stattfand. »Die Welt zu Gast bei Freunden« – zwar blieb es Werbeagenturen der 2000er Jahre vorbehalten, dieses Motto zum Slogan zu stanzen, aber genau dies war damals schon gemeint: Deutschland wollte sich als freundliches, friedliches, allen Exzessen abholdes Land präsentieren. Die Wirklichkeit sah freilich nicht ganz so harmlos aus: Zwei Jahre zuvor hatten palästinensische Terroristen bei den Olympischen Spielen in München elf Mitglieder der israelischen Mannschaft als Geiseln genommen – der verzweifelte Versuch deutscher Einsatzkräfte, die Sportler zu befreien, endete im tödlichen Debakel. Die führenden Gestalten der ersten RAF-Generation wie Andreas Baader, Gudrun

Ensslin und Ulrike Meinhof, die den »Schwarzen September« als »antifaschistisch« bejubelt hatte, saßen im Sommer 1974 noch immer in den Gefängnissen und warteten darauf, dass ihnen der Prozess gemacht würde. Die Sorge, dass andere Terroristen abermals versuchen könnten, die Gefangenen mit einem spektakulären Attentat freizupressen, war berechtigt. Im Mai hatte Bundeskanzler Willy Brandt im Zuge der »Guillaume-Affäre« sein Amt niedergelegt – und dann hatte das Los auch noch bestimmt, dass die westdeutsche Fußballmannschaft bereits in der Vorrunde auf die Mannschaft aus der DDR treffen würde.

Dies alles dürfte jedoch weniger der Grund dafür gewesen sein, dass die WM im eigenen Land mehr schlecht als gut gelaunt begann. 1972 war die Mannschaft um Trainer Helmut Schön zum ersten Mal Europameister geworden. Die westdeutschen Intellektuellen hatten spätestens in Wembley ihre Liebe zum runden Leder entdeckt, verklärten die zottelig-wuschelköpfigen Spieler wie Günter Netzer oder Paul Breitner als Fußball-Revoluzzer und erwarteten ungestümen Ballzauber, während der gemeine deutsche Fan beschlossen hatte, dass der Weltmeistertitel diesmal kein Wunder, sondern Pflicht sei. Nur so ist zu erklären, dass der 1:0-Sieg gegen Chile im Eröffnungsspiel wie eine Niederlage geschmäht wurde. Beim zweiten Spiel beschimpften die Zuschauer im Hamburger Volksparkstadion den »Spielführer« Beckenbauer als »Bayernschwein«. Kaiser Franz revanchierte sich, indem er in Richtung Publikum ausspuckte. (Und der DFB ahnte, dass es keine gute Idee gewesen war, auch das nächste Spiel der westdeutschen Mannschaft, die aus dem halben FC Bayern bestand, im hohen Norden stattfinden zu lassen.) Mit dem 3:0 gegen Australien hatte man sich vorzeitig für die nächste Runde qualifiziert – und schlich dennoch ungeliebt vom Platz. »Deutschland weg, hat kein Zweck«, skandierten plötzlich auch solche Fußballfreunde, denen im Leben noch kein »Ho, Ho, Ho-Chi-Minh« über die Lippen gekommen war. Vier Tage später durfte der deutsche Fußball-Sado-Masochismus sein größtes Fest bei dieser WM feiern: Der Magdeburger Stürmer Jürgen Sparwasser schoss sein berühmtestes Tor. Die BRD unterlag der DDR mit 0:1.

Es wäre der Moment gewesen, in dem Trainer Schön »seinen Jungs« die Hassbriefe der Bevölkerung hätte vorlesen müssen. Aber was hätte es gebracht? Weder genoss er die unangefochtene Autorität Herbergers noch hätten sich die Spieler-Individualisten mit einer Ruck-Rede zusammenschweißen lassen. Zwischen 1954 und 1974 lag mehr als zwanzig Jahre im Kalender. Der »Geist von Spiez« war in der »Nacht von Malente« allenfalls als Gespenst dabei. So übernahm beim Krisengipfel in der spartanischen Sportschule, in der die westdeutsche Mannschaft während der Vorrunde ihr ungeliebtes Quartier bezogen hatte, nicht der Trainer, sondern der »Spielführer« die Regie, der Libero, der freie Mann, der Kaiser. Und der Kaiser bewies, dass er die neue Zeit begriffen hatte, dass ein Appell an Kameradschaftsgeist und -ehre nicht genügte, auch wenn er die anderen Spieler aufforderte, den inneren Schweinehund zu besiegen. Massive Veränderungen in der Mannschaftsaufstellung mussten her. Begraben wurde der riskante Angriffsstil mit drei bis vier Spitzen, an dem das Herz von Trainer Schön seit der WM 1970 gehangen hatte. Der Kaiser verlangte nach einer stärkeren defensiven Absicherung – und bekam sie. Effizienz vor Schönheit. Über den Kampf zum Spiel. Die Rechnung ging auf.

Vergaß man seinen symbolischen Wert, war das Sparwasser-Tor ohnehin nicht mehr als ein Pyrrhussieg gewesen. Indem der Magdeburger die DDR auf den ersten Gruppenplatz geschossen hatte, hatte er ihr im nächsten Durchgang Brasilien, die Niederlande und Argentinien als Gegner beschert, während die Bundesrepublik als Gruppenzweiter auf Jugoslawien, Schweden und Polen traf. Die westdeutsche Mannschaft nutzte die Gunst der leichteren Finalgruppe und erkämpfte sich mal zäh, mal beschwingt, mal wasserballartig den Einzug ins Endspiel; die Ostdeutschen fuhren mit zwei Niederlagen und einem Unentschieden hinter den Eisernen Vorhang zurück.

Der junge Gary Lineker wird das Finale von der englischen Insel aus im Fernsehen verfolgt haben. Möglicherweise kam ihm damals schon der Verdacht, dass – ganz gleich, was geschieht – die Deutschen ohnehin gewinnen werden. Der Glanz war auf Seiten der Holländer und trug den Namen Johan Cruyff. Die Verbissenheit war auf Seiten der Deutschen und trug den Namen Berti Vogts. Die Verbissenheit siegte. Cruyff verlor, nachdem er dem »Terrier« in der ersten Spielminute noch entwischt war und Uli Hoeneß zu einem Foul im deutschen Strafraum verleitet hatte, unter der lästigen Dauerbewachung die Lust am Spiel. Im Gegenzug stürzte Bernd Hölzenbein im holländischen Strafraum (freiwillig oder nicht), Paul Breitner griff sich den Ball, glich aus, Gerd Müller schoss kurz vor Ende der ersten Halbzeit das zweite Tor. Eine Stunde später war das Spiel aus. Die Bundesrepublik Deutschland war zum zweiten Mal Weltmeister geworden.

Ähnlich stoisch kommentierte Rudi Michel das Geschehen fürs deutsche Fernsehvolk. Das Maximum an Freudentaumel, zu dem sich der Reporter nach dem Schlusspfiff hinreißen ließ, klang so: »Und jetzt, meine Herren, können Sie langsam die Sachen entkorken ... die besseren Sachen, und Sie, meine Damen, können mittrinken.«

Nicht mittrinken in jener fußballhistorischen Nacht sollten hingegen die deutschen »Spielerfrauen«. Angeblich verwehrte ein DFB-Funktionär der Hoeneß-Gattin den Zutritt zum Festbankett mit der Bemerkung: »Hier herrscht noch Zucht und Ordnung« – woraufhin die siegreichen Fußball-»Revoluzzer« das Hilton-Hotel verließen und in Münchner Diskotheken ganz ohne Offizielle feierten.

Die Anekdote passt ins Bild, das linksintellektuelle Fußballfreunde noch heute vom »Ramba-Zamba«-Team der Siebziger pflegen. Aber hatte es sich bei den Konflikten zwischen den »jungen Wilden« und den Altvorderen des DFB tatsächlich um den großen weltanschaulichen Zusammenstoß der Generationen gehandelt? Oder nicht doch eher um einen Wandel, der fürs deutsche Fußballverständnis zwar nicht weniger wesentlich war – aber rein gar nichts zu tun hatte mit einem idealistischen Sturm gegen braune Verkrustungen?

Bereits vor dem Eröffnungsspiel der WM hatte es in Malente wüste Auseinandersetzungen zwischen der Mannschaft und ihrem Trainer bzw. dem DFB gegeben. Dabei war es allerdings mitnichten darum gegangen, dass Helmut Schön über das »Dritte Reich« einmal gesagt hatte, dass es »trotz des sinnlosen Krieges, der das Leben immer mehr beeinflusste, [...] für uns Sportler eine herrliche Fußballzeit« gewesen sei. Es war um Geld gegangen. Um die Prämien, die der DFB seinen Spielern im Fall des Titelgewinns zahlen wollte.

Die »Helden von Bern« waren überglücklich gewesen, als jeder von ihnen tausend D-Mark und dann noch einmal zweihundert Mark pro Auftritt erhalten hatte. 1974 bot der DFB 30 000 Mark pro Spieler an – ein obszön niedriges Angebot, wie die »jungen Wilden« fanden.

Günter Netzer war 1973 als erster deutscher Profi seit Gründung der Bundesliga ins Ausland gegangen – zu Real Madrid. (»Uns« Uwe Seeler hatte 1961 das millionenschwere Angebot, seinen Heimatverein, den HSV, für Inter Mailand zu verlassen, noch stolz abgelehnt.) Doch auch die anderen, die in Deutschland geblieben waren, hatten präzise Vorstellungen davon, welche Summen international im Spiel waren. Brasilianern und Italienern waren von ihren Verbänden angeblich bis zu 150 000 Mark Titelprämie in Aussicht gestellt worden. Der »rote« Paul Breitner, der nach der WM ebenfalls als Edel-Legionär ins faschistische Franco-Spanien ging, drohte damit, aus Malente abzureisen. Auch Helmut Schön wollte entweder selbst hin- oder den gesamten Kader hinausschmeißen – die Profitgier der Jüngeren widerte ihn an. Am Schluss einigte man sich auf 70 000 D-Mark.

Wie viel einfacher hatte es da doch der glückliche Kaiser Franz, der die Deutschen 1990 als »Teamchef« zum dritten Weltmeistertitel führen durfte! Die Mauer – die zwischen Ost und West – war gefallen. Die Wiedervereinigung stand vor der Tür. Wohlerzogene junge Spieler wie Jürgen Klinsmann oder Andy Brehme waren so weltläufig geworden, dass sie in Italien ihren Cappuccino nahezu akzentfrei bestellen konnten. Die Prämiensumme von 125 000 Mark war im Vorfeld gütlich ausgehandelt worden. Die »Spielerfrauen« durften ihre Helden sogar einmal während des laufenden Turniers besuchen. Und Udo Jürgens hatte der Mannschaft ein hübsches Reiseliedchen komponiert: »Wir sind schon auf dem Brenner, / Wir brennen schon darauf. / Wir sind schon auf

»Ramba-Zamba«: Paul Breitner Anfang der 1970er Jahre mit Mao, deutschsprachiger *Peking Rundschau* und deutschem Boxer.

»Auf Jahre hinaus unschlagbar?« – noch ist nichts entschieden: Kaiser Franz verfolgt das Finale der Fußballweltmeisterschaft 1990 in Rom vom Spielfeldrand.

dem Brenner, / Ja, da kommt Freude auf.« Selbst die grüne Bundestagsabgeord-
nete Antje Vollmer hatte dem Ritt über die Alpen ihren Segen erteilt: »Wer den
deutschen Fußballern in diesen Tagen zuschaut, der verliert – wie auch ich –
irgendwie die Angst vor den Deutschen. Sie spielen nämlich nicht nur gut und
erfolgreich; sie spielen auch irgendwie schön und irgendwie richtig emanzipato-
risch.« Wann immer es in Mailand, Turin und Rom – irgendwie – eng wurde, saß
Bundeskanzler Helmut Kohl auf der Ehrentribüne und drückte die Daumen.
Abgerundet wurde das heitere Bild damit, dass 1990 die erste Fußballweltmeisterschaft war, bei der Schienbeinschoner Pflicht wurden.

Nur allernotorischste Fußballnörgler mochten da schimpfen, dass das deutsche Spiel zu »defensiv« sei oder den »Milchbubis« die »innovative Kraft« ab-
gehe. Zwar randalierten deutsche Hooligans in der Innenstadt von Mailand, aber
da englische Hooligans auf Sardinien ebenfalls eine Straßenschlacht anzettelten,
war die Welt geneigt, in den Schlägern keine Vorboten einer neuerlich drohenden
deutschen Großmacht-Brutalität zu sehen. Der alte Schrecken fuhr den Fußball-
verzückten nur kurz in die Knochen, als Franz Beckenbauer nach dem Titelge-
winn in Rom verkündete: »Es tut mir leid für den Rest der Welt: Aber wenn jetzt
noch die DDR-Spieler dazukommen, sind wir auf Jahre hinaus unschlagbar.«

Vielleicht hätte der Kaiser in den Geschichtsbüchern blättern sollen, dann
wäre ihm klar gewesen, dass eine ähnliche Ankündigung dem deutschen Fußball
schon einmal nicht gut bekommen war. Immerhin gelang es seinem Nachfolger
Berti Vogts, 1996 in England der erste gesamtdeutsche Fußball-Europameister
zu werden. Als König/Kaiser/Gott wurde er dennoch nie verehrt.

Wie das wiedervereinigte Deutschland insgesamt auf dem europäischen
Teppich blieb, hob auch der Fußball nicht ab. Wenn es in den neunziger Jahren
so etwas wie einen spezifisch deutschen Zug gab, war es der, den Gegner durch
Athletik und Dynamik niederzuringen – jene Tugenden, mit denen noch erfolgreicher Steffi Graf die Damentenniswelt und Michael Schumacher die Formel 1
dominierten.

Den letzten echten Sonderweg in Sachen Fußball hatte Berti Vogts während
seiner Amtszeit als Bundestrainer beendet: 1994 versammelte sich die Nationalmannschaft zum letzten Mal in einem Tonstudio, um sich als brummend unge-
lenker Männerchor zu versuchen. Mit *Far away in America* verabschiedeten
sich die Spieler von der zwanzigjährigen Tradition, die mit »Fußball ist unser
Leben, / Denn König Fußball regiert die Welt, / Wir kämpfen und geben alles, /
Bis dann ein Tor nach dem andern fällt« begonnen hatte. Das Begräbnis war
konsequent. Der altdeutsche Geist, der Heinrich den Löwen zu der Erkenntnis
gebracht hatte: »Kampf ohne Sang fehlt der Drang«, und noch Sepp Herberger
dazu bewogen haben mochte, seine Elf im Mannschaftsbus *Hoch auf dem
gelben Wagen* anstimmen zu lassen, hatte sich ohnehin verflüchtigt.

»Fußball ist unser Leben, denn König Fußball regiert die Welt ...« Die deutsche Nationalmannschaft bei der Aufnahme zur WM-Platte 1974: Jupp Kapellmann, Franz Beckenbauer und Sepp Maier, dahinter Gerd Müller, Uli Hoeneß und Klaus Wunder (jeweils von links nach rechts).

Im Edelbus, der Trainer Jürgen Klinsmann und seine »Jungs« bei der Weltmeisterschaft 2006 zu den deutschen Stadien fuhr, lief die elegische Eso-Hymne des Soul-Sängers Xavier Naidoo: »Dieser Weg wird kein leichter sein, / Dieser Weg wird steinig und schwer. / Nicht mit vielen wirst du dir einig sein, / Doch dieses Leben bietet so viel mehr ...«

Es war der kongeniale Soundtrack zum »Sommermärchen«. Deutschland: endlich wirklich entspannt. So soft und bunt wie die Hubba-Bubba-Kaugummis, mit denen die nach 1970 Geborenen aufgewachsen waren. »Schwarz-Rot-Gold« mutierte spielerisch zu »Schwarz-Rot-Geil«. Auch als der Traum vom vierten Weltmeistertitel im Halbfinale platzte – die Feier ging weiter. Spätestens da mussten noch die Besorgtesten erkennen: Kein neuer Patriotismus steigt hier aus der Versenkung, selbst wenn im Biergarten wieder die Nationalhymne gesungen wird und Abertausende von Fahnen geschwenkt werden. Alles nur Partyotismus. *Dieses Leben bietet so viel mehr ...*

Im Film zum Märchen, mit dem der Regisseur Sönke Wortmann vom DFB beauftragt worden war, erzählt Team-Manager Oliver Bierhoff, wie sie das Mannschaftsquartier, das von Karl Lagerfeld aufs Allergediegenste eingerichtete Schlosshotel in Berlin-Grunewald, mit Loungemöbeln und Play-Stations so umdekoriert haben, dass sich die jungen Spieler dort »austoben« können. Als Bundeskanzlerin Angela Merkel die Mannschaft besuchte, fragte Torwart Jens Lehmann, der zu diesem Zeitpunkt beim FC Arsenal angestellt war, was für ihn »als Vater von drei Kindern« ein Anreiz sein könnte, wieder nach Deutschland zurückzukehren. Merkels Antwort: »Das Erste, was mir einfällt, ist das Elterngeld.« Der Witz kam an.

Und dennoch: Versuchte die Fußballweltmeisterschaft 2006 nicht stärker an das nationale »Wunder von Bern« anzuknüpfen als die von 1974? Damals hatten die Offiziellen darauf verzichtet, das zwanzigjährige Jubiläum groß zu feiern. Erst zum fünfzigjährigen Jubiläum, im Vorfeld der zweiten WM auf deutschem Boden, war massiv daran gearbeitet worden, den Mythos aufzupolieren. Sönke Wortmann hatte einen gefühlvoll-versöhnlerischen Spielfilm gedreht, der sogar den damaligen Bundeskanzler Gerhard Schröder bei der Uraufführung zu Tränen gerührt haben soll. Welten liegen zwischen diesem Film und *Die Ehe der Maria Braun* von 1979, in der Rainer Werner Fassbinder Herbert Zimmermanns exaltierte Reportage als Hintergrund benutzt hatte, um das Nachkriegs-Drama seinem tödlichen Ende entgegentaumeln zu lassen.

Vielleicht war es den Organisatoren von 2006 nicht bewusst, aber indem sie die »Fanmeile« und damit das »Public Viewing« erfanden, machten sie dort weiter, wo die Deutschen im beginnenden Wirtschaftswunderland aufgehört hatten – nur dass das gemeinsame Fußballschauen diesmal keinem Mangel an Fernsehgeräten geschuldet war, sondern der Sehnsucht nach kollektiver Erfahrung. Und war das »Wir sind wieder wer!« im Jahre '54 nicht letztlich dieselbe inhaltsleere Gefühlsaufrichtung gewesen, als welche sich die neue Lust am Flagge-Zeigen im Jahre 2006 erweisen sollte?

Fußball ist ein Seelenspiegel. Allerdings kein magischer. Wer hineinschaut, sieht nicht mehr und nicht weniger als sich selbst. Das heißt für die Gegenwart: Wir sehen eine spielfreudige, multi-kulturelle, körperlich fitte Truppe, die nichts weiter will, als ihr Geld in Ruhe dort zu verdienen, wo es am meisten zu verdienen gibt, angeleitet von Männern in perfekt geschnittenen Hemden, bei denen keiner mehr zusammenzuckt, wenn sie »Organisation mit höchster Disziplin« als deutsche Tugend preisen.

[td]

➤ Feierabend, Grenzen, Gründerzeit, Heimat, Kleinstaaterei, Krieg und Frieden, Männerchor, Ordnungsliebe, Vereinsmeier

Public Viewing anno 1954 (links) und anno 2006 (rechts).

GEMÜTLICHKEIT

Oh, deutsches Gemüt! Was bist du nicht alles: demütig, hochmütig, leichtmütig, gleichmütig, gutmütig, sanftmütig, einmütig, freimütig, kleinmütig, großmütig, langmütig, edelmütig, heldenmütig, übermütig, reumütig, wankelmütig, wehmütig, schwermütig. Bisweilen zeigst du dich anmutig, unmutig, missmutig, wagemutig, todesmutig. Nur selten bist du wohlgemut, von frohgemut ganz zu schweigen.

Solche Fülle an Gemüt braucht einen Ort, an dem sie sich zu Hause fühlen darf. Idealerweise ist dies die eigene Brust. Dort möge das Gemüt aufgehoben sein, sich nicht hetzen lassen von den Zeitläuften, auch wenn es jede Erschütterung aufs Empfindlichste registriert. Einen solchen Menschen dürfen wir als »gemütlich«, wenn nicht gar »gemütvoll« bezeichnen. Er gleicht dem Blatt, das jeder Windzug zum Zittern bringt und dennoch fest am Ast sitzt. Doch Blätter haben die Neigung zu fallen, fürchten sich vor den Winden, die sie heillos durch die Welt wirbeln wollen. Je weniger Halt das Gemüt in der eigenen Brust findet, desto heftiger drängt es danach, sich Trutzburgen der Gemütlichkeit zu errichten.

Die Karriere der Gemütlichkeit beginnt im frühen 19. Jahrhundert: Biedermeier I. Die Industrialisierung schickt Dampfmaschinen vor sich her, die dunkle Wolken ausstoßen, Eisenbahnen schneiden sich durchs Land. Mechanische Webstühle rattern, als wollten sie das Maschinengewehr vorwegnehmen. Aktiengesellschaften treiben ihr tolles Spiel mit Papier, das heute alles und morgen nichts mehr wert sein kann. Der deutsche Bürger, politisch zu spät und also zu kurz gekommen, krempelt die Ärmel hoch und wagt sich hinaus ins feindliche Erwerbsleben, während drinnen die züchtige Hausfrau waltet, stets bemüht, dem Geschafften ein gemütliches Heim zu bereiten.

Kommoden, anfangs noch zierlich, werden schwerer, Büfetts bekommen Bäuche, Fenster verstecken sich hinter Gardinen, harte Böden werden mit Teppichen weich und leise gemacht. Das Sofa, in den Salons von Aufklärung und Romantik der Austragungsort munterster Gedankenkämpfe, wird zum Gemütsauffänger, zum therapeutischen Möbel, noch bevor Dr. Freud die neurotisch und hysterisch gewordenen Zeitgenossen auf seine berühmte Couch in Wien bittet.

Abendgesellschaft, Adolph Friedrich Erdmann von Menzel, 1846/47.

Gelesen wird die *Gartenlaube*, jene legendäre Zeitschrift, die sich in ihrer ersten Ausgabe vom Januar 1853 dem Publikum so vorstellt: »Grüß euch Gott, Ihr lieben Leute im deutschen Lande! Zu den vielen Geschenken, die Euch der heilige Christ beschert hat, kommen auch wir mit einer Gabe – mit einem neuen Blättchen! Seht's Euch an in ruhiger Stunde [...] Wenn Ihr im Kreise Eurer Lieben die langen Winterabende am traulichen Ofen sitzt oder im Frühlinge, wenn vom Apfelbaume die weiß und roten Blüten fallen, mit einigen Freunden in der schattigen Laube – dann leset unsere Schrift! Ein Blatt soll's werden fürs Haus und für die Familie, ein Buch für Groß und Klein, für jeden, dem ein warmes Herz an den Rippen pocht, der noch Lust hat am Guten und Edlen! Fern von aller raisonierenden Politik und allem Meinungsstreit in Religions- und andern Sachen, wollen wir Euch in wahrhaft guten Erzählungen einführen in die Geschichte des Menschenherzens und der Völker, in die Kämpfe menschlicher

Leidenschaften und vergangener Zeiten. [...] So wollen wir Euch unterhalten und unterhaltend belehren. Über das Ganze aber soll der Hauch der Poesie schweben wie der Duft auf der blühenden Blume, und es soll Euch anheimeln in unsrer Gartenlaube, in der Ihr gut-deutsche Gemütlichkeit findet, die zu Herzen spricht. So probiert's denn mit uns und dann Gott befohlen!«

Wann immer er kann, zieht sich der Bürger zurück, auf dass sein Gemütsleben in der rastlos-rauen Gegenwart nicht verkümmern möge. Dabei umgibt er sich gern mit Gleichgesinnten, doch Geselligkeit ist kein steifes Repräsentieren, wie es dem Adel ansteht, zwanglos soll es zugehen. Deshalb bleibt die »Gute Stube«, das Renommierzimmer des Kleinbürgers, im realen Alltag ungeheizt, während er sich lieber in der behaglichen Küche versammelt. Oder in einer Kneipe, die von sich selbst behauptet, »urgemütlich« zu sein.

Von Anfang an gab es in Deutschland ein geographisches Gemütlichkeitsgefälle, galten die Süddeutschen als gemütlicher denn ihre norddeutschen Landsleute. Und so ertönt auch heute noch *die* Hymne auf die deutsche Gemütlichkeit bevorzugt in bayerischen Bierzelten. Dabei wurde *Ein Prosit der Gemütlichkeit!* um 1895 herum von Georg Kunoth, einem Bremer Journalisten und Politiker, komponiert: »Ach, wie schön ist doch das Leben, / Wenn es schmückt Gemütlichkeit! / Lasst die Stimmen uns erheben, / Dass man hört es weit und breit: / Mit Sing und Sang, / Mit Kling und Klang: / Ein Prosit, ein Prosit der Gemütlichkeit! // Fröhlich weilen wir beisammen, / Schwebend über Raum und Zeit; / Und der Lebensfreude Flammen / Lodern in Gemütlichkeit! // Seht den König auf dem Throne! / Wohl trägt er ein Purpurkleid; / Was nützt ihm die gold'ne Krone, / Fehlt ihm die Gemütlichkeit? // Wenn sich andre töricht streiten, / Sind wir einig und gescheit; / Denn wir lassen stets uns leiten / Nur von der Gemütlichkeit! // Woll'n die Sorgen euch erbeuten, / Packt euch Kummer, packt euch Leid, / Dann kommt schleunigst zu uns Leuten / Molligster Gemütlichkeit!«

Das 20. Jahrhundert mit seiner entfesselten Fortschrittswut geht der »molligsten Gemütlichkeit« noch unbarmherziger an den Kragen als sein Vorgänger. Während der Deutsche Michel weiter versucht, die Zumutungen von Industriemoloch und Großstadthektik abzufedern, indem er sich hinter Vorhängen, Ölschinken und Kissen verschanzt, setzt die Avantgarde zum Kahlschlag an. Zwar fordert das Bauhaus die Architekten, Bildhauer, Maler auf, zum Handwerk zurückzukehren – aber nicht etwa, um altdeutscher Schnitz- und Polsterarbeit zu frönen: Kalte Materialien wie verchromtes Stahlrohr und Stoffe aus Eisengarn ziehen in die heimischen vier Wände ein. Klare, funktionale Formen verdrängen das Bräsig-Behagliche. Wer sich einen »Freischwinger« ins Wohnzimmer stellt, signalisiert, dass er die Zeichen der Zeit erkannt hat – Rückzugskuscheln passé.

Als die Nationalsozialisten an die Macht kommen, zwingen sie das Bauhaus ins Exil. Und errichten Repräsentationsbauten, im Vergleich zu deren monströser Kälte das Bauhausgebäude Dessau als anheimelnde Puppenstube erscheint. Doch offensichtlich ertragen die Nazis ihren architektonischen Größen- und Kältewahn selbst so wenig, dass es sie in ihrer Freizeit regelmäßig ins Alpenidyll und unters Hirschgeweih zieht. Hitler flieht auf seinen »Berghof« am Obersalzberg, Göring macht es sich in Jagdhütten bequem, und selbst der Urbanste unter dem braunen Gesindel, Goebbels, frönt in seiner Villa auf der Insel Schwanenwerder plüschiger Biederkeit.

Einen seiner krudesten Ausdrücke findet der nationalsozialistische Spagat zwischen Bombast und Mief in einem Plan, von dem der Oberbaumeister und Rüstungsminister Albert Speer in seinen in späterer Haft verfassten *Spandauer Tagebüchern* berichtet: »In jedem Großdorf [der eroberten Ukraine] müsse es, so meinte Hitler [...], eine Station geben, die immer gleich lautend ›Gasthof zur Post‹ heiße, wie in Bayern auch. Auch hier schlug wieder seine fast zur Manie gewordene Vorstellung durch, der in den Weiten Russlands verlorene deutsche Bauer müsse überall im Osten Anlaufstellen finden, wo er sich heimisch und geborgen fühlen könne.« Laut Speer soll Hitler selbst an Entwürfen für eine neue Art von Eisenbahnen gebastelt haben, deren Wagen sechs Meter breit

Wohnraum mit Essecke in Haus »Wachenfeld«, das Adolf Hitler zum »Berghof« ausbauen ließ.

gewesen wären: Rollende Gemütlichkeitscontainer für erschöpfte Ursupatoren. Obszönität kennt keine Grenzen.

Doch auch der windhundflinke, lederzähe und kruppstahlharte Kamerad an der Heimatfront braucht seinen Ort, an dem er von allem Marschieren und Strammstehen ausspannen kann. Im *Hausbuch für die deutsche Familie*, das der Reichsbund für Standesbeamten jedem frisch vermählten Paar in die Hand drückt, rät eine Hannah Böhmer unter der Überschrift »Wie man sich einrichtet« der deutschen Frau, die ihre Berufstätigkeit gern gegen die Ehe eingetauscht hat und lernen soll, wie man mit knappen Mitteln wirtschaftet: »Eine geschmackvolle Zusammenstellung von Tapeten, Gardinen und Möbelbezügen schaffen [sic!] eine schöne Farbenharmonie, die nicht zahlenmäßig berechnet zu werden braucht, und ein paar hübsche Hochzeitsgeschenke, schmissige Sofakissen, eine stimmungsvolle Landschaft an der Wand und eine freundliche Tischdecke geben dem Raum die letzte Note der Behaglichkeit.«

Das Nazireich wird von den Alliierten eingestampft – das *Hausbuch für die deutsche Familie* überlebt bis in die sechziger Jahre, nur dass es jetzt vom Bundesverband der deutschen Standesbeamten herausgegeben und (leicht) überarbeitet wird. So erteilt in der Neuauflage nicht mehr Hannah Böhmer ihre Einrichtungsratschläge, sondern eine gewisse Irmgard Schütz-Glück darf dort über die »Gründung des Heimes« schreiben: »Die Wohnung wie die Einrichtungsgegenstände sind unpersönlich. Leben und Wärme erhalten die Räume erst durch die Menschen, die darin wohnen, sie mit ihrem Leben füllen und ihnen ihren persönlichen Stempel aufprägen. Dann erst wird die Wohnung zum *Heim*, zu einer Stätte der Geborgenheit für die Familie [...] Jedes Wohnzimmer muss eine *gemütliche Ecke* haben. Ein kleiner runder Tisch und ein paar bequeme Sessel versammeln an regnerischen Nachmittagen oder langen Winterabenden die Familie im Lichtkreis der Stehlampe [...] Bilder, Vorhänge, Teppiche, Kissen, Tischdecken und Zimmerpflanzen geben dem Raum die persönliche Note und die Gemütlichkeit.«

Vorbei die Zeit, in der selbst Sofakissen noch »schmissig« zu sein hatten – willkommen im zweiten deutschen Biedermeier!

Die 68er packen ihre Äxte aus, um das »Gelsenkirchener Barock« zu zerlegen, mit dem die deutschen Väter und Mütter des Wirtschaftswunders ihre Vergangenheit zumöbliert haben. Auch wenn er in seiner Jugend selbst gern in der WG-Küche sitzt, Rotwein trinkt, Kerzen in leere Rotweinflaschen steckt und Räucherstäbchen anzündet, reagiert der Intellektuelle der alten Bundesrepublik allergisch auf den Begriff »Gemütlichkeit«. In *Deutsche Stichworte*, einem »kritischen« Essaysammelband aus dem Jahre 1984, wird gewarnt, dass »Gemütlichkeit« kein »harmloses Wort« sein könne, weil »Gemütlichkeit und Brutalität [...] die psychischen Determinanten des Bandenlebens« seien. Im

Spießbürger stecke eben immer schon der Spießgeselle, der allzeit bereit sei, auch mal richtig ungemütlich zu werden.

Die Kinder der 68er haben da weniger Berührungsängste. Aber sie haben das Wort »Gemütlichkeit« zum ersten Mal ja auch nicht aus dem Mund eines ehemaligen Gauleiters vernommen, sondern aus dem Mund eines niedlichen Zeichentrick-Bären, der noch dazu aus den USA stammt. Wie kann Gemütlichkeit etwas Verdächtiges sein, wenn es in Walt Disneys *Dschungelbuch* heißt: »Probier's mal mit Gemütlichkeit, mit Ruhe und Gemütlichkeit ...« Dass Balu, der Bär, im Original etwas ganz anderes singt: »Look for the bare necessities, the simple bare necessities«, dass er also nicht »Ruhe und Gemütlichkeit« empfiehlt, sondern eine Besinnung auf die schlichten Grundbedürfnisse – das finden die Post-68er erst später im Englischunterricht heraus. Aber dann ist es zu spät. Gemütlichkeit hat sich in ihren ängstlich gewordenen, kindlich gebliebenen Herzen als Sehnsucht festgesetzt, ganz gleich, wie kaltschultrig das Designersofa daherkommt, auf dem sie ihre Depression pflegen. Während die Laptop-Nomaden des frühen dritten Jahrtausends immer souveräner durch die Weiten des Internet surfen und zumindest in ihren Zwanzigern und Dreißigern bereit sind, den Wohnort fast so oft zu wechseln wie das Betriebssystem, vergeht ihnen der Leichtsinn früherer Generationen, die dem quietschenden und eiernden Globus versprachen, ihn zu schmieren, damit er wieder rund läuft.

Um Himmels willen, nicht noch mehr Beschleunigung! Geht es an den internationalen Börsen nicht turbulent genug zu? Die Rente wird ohnehin nur noch der Weihnachtsmann bringen, der Klapperstorch ist vom Aussterben bedroht, in den Kühlregalen gammelt das Fleisch, und der gemeinen Supermarkttomate ist schon längst nicht mehr über den Weg zu trauen. Irgendwo muss es doch einen Hafen geben! Und wenn's nur die Lounge um die Ecke ist. Das eigene Nest wäre natürlich noch besser.

Das dritte deutsche Biedermeier hat wieder einmal genug von der Unwirtlichkeit unserer Städte. Junge Familien zieht es hinaus aufs Land, wo man vielleicht sogar eine Gartenlaube aufstellen kann. Und diejenigen, die in den urbanen Zentren ausharren, versuchen, es sich dort zumindest ein bisschen gemütlich zu machen.

Neue Deutsche Mädchen, so der Titel eines 2008 erschienenen Buches, geben nicht mehr Gas, weil sie Spaß wollen, sondern treten auf die Bremse. So bekennt Elisabeth Raether, Jahrgang 1979, eine der beiden Autorinnen, die ihr rastloses Single-Leben zwischen Paris und Berlin beenden wollen: »Ich sehnte mich nach alten Formen, nach richtigen Möbeln, nach schweren Lampenschirmen, nach Bilderrahmen, die in die Wand gedübelt werden, nach Ordnung und Vorhersehbarkeit, nach Verlässlichkeit.« Zum Ende des Buches kann das »Neue Deutsche Mädchen« immerhin ansatzweise Erfolg vermelden: »Es war das erste Mal, dass

Alois W., Kranführer, und Katharina W., Hausfrau: »Wir haben uns selbst ein Haus gebaut, damit wir ein Heim haben und dass wir sagen können, wir haben es geschafft. Wir sind noch nie in Urlaub gefahren. Früher mussten wir am Haus arbeiten, jetzt wollen wir endlich genießen, was wir uns erarbeitet haben.« *Das deutsche Wohnzimmer*, 1980 photographiert von Herlinde Koelbl.

ich eine Lammkeule gemacht habe. Vor ein paar Wochen habe ich meine erste Hühnersuppe gekocht [...] Wir haben ein Bild an der Wand angebracht, ein großes, auf Metall aufgezogenes Foto von einem verschneiten Rosenkohlfeld, von den knorrigen Pflanzen, die halb mit Schnee bedeckt ungewöhnlich schön aussehen.« Irmgard Schütz-Glück wäre begeistert.

Oh, deutsches Gemüt! Ich verstehe, dass du ein Zuhause brauchst! Aber warum entsinnst du dich nicht dessen, was der österreichische Schriftsteller Karl Kraus schon 1912 erkannt hat: »Ich verlange von einer Stadt, in der ich leben soll: Asphalt, Straßenspülung, Haustorschlüssel, Luftheizung, Warmwasserleitung. Gemütlich bin ich selbst.«

[td]

Michael G., Privatier und Taxifahrer: »Ich habe meine Wohnung so eingerichtet, dass ich weiß, hier wohne ich. Und die anderen Leute sollen das auch sehen.« Karin H., Optikerlehrling: »Ich versuche, mich selbst zu finden und mich abzugrenzen gegen andere Menschen.«

➤ Abendbrot, Bauhaus, Fachwerkhaus, Feierabend, Heimat, Kitsch, Mutterkreuz, Ordnungsliebe, Puppenhaus, Schrebergarten, Strandkorb, Das Unheimliche, Vereinsmeier, Das Weib, Weihnachtsmarkt

German Angst

»Wenn die Deutschen noch Polytheisten wären, hätten sie sicher einen Angstkult, würden den Göttern der Angst Statuen aufstellen und ihnen Opfer darbringen.« Als Walter Laqueur, der israelisch-amerikanische Historiker mit deutschen Wurzeln, diesen Satz 1984 schrieb, konnte er nicht ahnen, dass knapp zwanzig Jahre später Christoph Schlingensief der Angst tatsächlich eine Kirche bauen würde. Wobei das Holzkapellchen, das zunächst auf der Biennale in Venedig ausgestellt war und später aufs Dach des Kölner Museums Ludwig – mit Blick auf den benachbarten Dom – wanderte, nur die Spitze des Angstberges war. Eigenen Angaben zufolge bestand die »Church of Fear« im Jahre 2005 aus 900 Basisgemeinden mit über 20 000 Mitgliedern auf fünf Kontinenten. Jeder, der aufgenommen werden wollte, musste zunächst sein persönliches Angstbekenntnis ablegen, »das Bekenntnis dazu, dass man den Lösungs- und Erlösungsversprechungen der selbst ernannten Weltenlenker nicht traut«. Dass man bereit war, einen Linienflug aufzuhalten, indem man unmittelbar vor dem Start »Ich habe Angst!« durch die Maschine brüllte. Nach dem Angstbekenntnis erfolgte die Beförderung zum Säulenheiligen, der seine radikale Angst – die ihn laut Schlingensief zum gesellschaftlichen Außenseiter stempele – mal in venezianischen Gärten, mal an der Frankfurter Hauptwache durch ausdauerndes Pfahlsitzen unter Beweis stellte.

Man mag die Idee, eine »weltweite Angstkirche« zu stiften, für Kunst oder für den Aktionismus eines Exzentrikers halten, der wenig später an einem tödlichen Lungenkrebs erkrankte und dann auch sein Siechtum öffentlich zelebrierte. Selbst wenn er wie sein verschmitzter Cousin aussah, war Schlingensief nicht der Deutsche Michel. So kopfschüttelnd dieser also vor den Umtrieben des Aktionskünstlers stehen mag – fordert er nicht selbst sofort: »Abschalten!«, wenn am anderen Ende der Welt ein Atomkraftwerk havariert? Glaubt er nicht, dass der ganze Wald stirbt, sobald einige Bäume erkranken? Dass die Deutschen ihrem Ende entgegenwanken, nur weil die Geburtenzahlen rückläufig sind?

Es gibt keine westliche Gesellschaft, die sich vom medial angetriebenen Hysterie-Kreisel nicht bisweilen schwindlig drehen lässt. Dennoch ist es mehr als transatlantische Herablassung, wenn sich Amerikaner über die »german

Pünktlich zum Weltjugendtag 2005 in Köln stellte Christoph Schlingensief seine »Kirche der Angst« dem Museum Ludwig aufs Dach.

angst« lustig machen. Der Satz »Ich habe Angst« gilt hierzulande als Argument, und zwar nicht als irgendeines – er besitzt die Wucht einer Letztbegründung. Nur oberflächliche Unmenschen wollen darüber diskutieren, ob die Angst eine reale Quelle hat, sich auf eine konkrete, unmittelbare Bedrohung bezieht, oder dem gleicht, was der Psychoanalytiker als »Angstneurose« bezeichnet. Wer Angst empfindet, ist im Recht. Wer unbeirrt an seiner Angst festhält, obwohl es nüchterne Gründe gäbe, sich von ihr zu verabschieden, beweist Charakterstärke.

Der Verdacht drängt sich auf, dass dieser deutsche Sonderweg wie so viele nach Wittenberg führt. Doch ist es im Falle der Angstbeseeltheit nicht ganz einfach, Martin Luther haftbar zu machen. Zwar war er überzeugt, dass die Welt reif sei für das Jüngste Gericht, und witterte den Antichristen an jeder Ecke – mal in Gestalt des Papstes, mal der Türken, der Juden oder der aufständischen Bauern von 1525 –, mit konkreten apokalyptischen Drohgebärden hielt er sich jedoch zurück. Der Reformator öffnete der Angst ein anderes Tor: Indem er die rituellen Vermittlungsinstanzen, die die Papstkirche zwischen Gott und dem Gläubigen eingerichtet hatte, abschaffte, ließ er den einzelnen Christenmenschen allein mit seinem Gott. Das verschaffte den Vorteil, eine innigere Nähe zum Herrn zu verspüren – andererseits war es aber auch Furcht einflößend, dass die irdischen Hirten das verschreckte Schaf nun nicht mehr der göttlichen Gnade versichern konnten, wenn es nur fleißig Rosenkränze betete, Ablassbriefe kaufte und Wallfahrten machte. Sola fide. Die Intensität seines eigenen Glaubens, die Glut seiner eigenen Reue waren und sind für den Protestanten die einzigen Anhaltspunkte, dass er auf dem Weg zum Heil ist. Je flammender er beides empfindet, desto besser.

Wovor fürchtet sich Hieronymus Holzschuher? Detail aus dem Gemälde von Albrecht Dürer, 1526.

»Mein Heyland! was werd' ich beginnen! / Ich gantz mit Lastern überhäufft, / In tieffsten Unglücks-Schlam vertäufft. / Jetzt werd' ich meiner Boßheit innen / Jetzt werd' ich durch mich selbst erschreckt: / Indem mich deine Gnad' auffweckt. / Und mir, wie hoch ich dich verletzet / Und hart erzörnt vor Augen setzet.« Mit diesen inbrünstigen Versen drückte der Dichter und Protestant Andreas Gryphius die *Hertzens-Angst eines bußfertigen Sünders* aus. Das »mea culpa, mea culpa, mea maxima culpa« des katholischen Schuldbekenntnisses klingt daneben wie ein Capri-Schlager.

Im 17. Jahrhundert, dem Zeitalter von Gryphius, bekam die deutsche Angst einen weiteren mächtigen Lehrmeister: den Dreißigjährigen Krieg. Man muss kein Neurotiker gewesen sein, um in dieser Epoche das Fürchten zu lernen. Nur ein Haudrauf wie Siegfried oder der furchtlose Taugenichts aus dem Grimmschen Märchen hätte keine Angst gehabt, von marodierenden Landsknechten erstochen, erschlagen, verbrannt, vergewaltigt oder von Hunger und Seuchen dahingerafft zu werden. Wer sich damals nicht fürchtete, war abgestumpft, ent- oder verrückt. Dieser Krieg hinterließ indes ein Angsttrauma in Deutschland, das mit seiner Brutalität und Dauer allein nicht zu erklären ist. Vordergründig war er darum geführt worden, ob Deutschland ein katholisches oder protestantisches Land sein sollte. Letztlich war er jedoch ein Gemetzel gewesen, das sich,

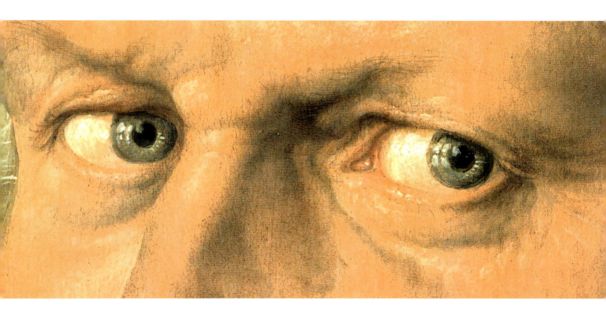

je länger es dauerte, immer weiter von allen rational formulierbaren Kriegszielen entfernte. Oder, wie es der Kulturhistoriker Egon Friedell zusammenfasste: Es entstand »das schauerlich-groteske Monstrum dieses bestialischen, blindwütigen, endlosen und prinzipienlosen Krieges [...], der ein Menschenalter lang fraß, um zu fressen, und nicht begreifen lässt, warum er anfing, warum er aufhörte und warum er überhaupt auf der Welt war«.

Wer einen solch absurden Krieg überlebt hatte, der war bereit, dem Schicksal jederzeit das Schlimmste zuzutrauen. Doch nicht alle in Deutschland verfielen der Melancholie, die Gryphius seine weltverhangenen Gedichte und Dramen schreiben ließ. Andere gaben sich dem Hochgefühl des »Hurra, wir leben noch!« hin und gingen daran, ihre Barock-Schlösschen und -Kirchen aufs Goldigste zu verschnörkeln. Die Pietisten wiederum waren zwar wie Luther davon überzeugt, dass alle Menschen Sünder seien und ihnen – wenn sie sich nicht grundlegend änderten – die ewige Verdammnis gewiss sei, aber anders als der Reformator glaubten sie, einen verlässlichen Weg zum Seelenheil gefunden zu haben: Tief empfundene Reue, echter »Bußkampf« führten bei ihnen zum Erlebnis der »Wiedergeburt«, die es dem Gläubigen erlauben sollte, durch konsequente Frömmigkeit, Arbeit und Bescheidenheit in die »Fußstapfen des lebendigen Gottes« zu treten. Erlösung ereigne sich nicht nur in einer fernen Vergangenheit oder Zukunft, sondern im Hier und Jetzt. Die Heilsunsicherheit, die den Lutheraner gequält hatte, war deutlich gemildert.

Insgesamt schien die Angst im Deutschland des 18. und 19. Jahrhunderts eine Atempause einzulegen – d. h. sie hörte vorübergehend auf, eine existenzielle Befindlichkeit zu sein, die es aller Welt mitzuteilen galt. Wer immer noch von Angstträumen gepeinigt wurde, behielt sie für sich oder suchte nach (rationalen) Strategien, sie zu bekämpfen. Der Aufstieg der Naturwissenschaften nährte die Hoffnung, den Schlägen der Natur künftig weniger schutzlos ausgeliefert zu sein. Der Bildungsoptimismus der Aufklärer sah im Menschen keine Bestie, sondern ein formbares Wesen, das sich bei richtiger Anleitung zum Wahren, Schönen und Guten erziehen ließ. Wenn Johann Wolfgang von Goethe seinen Faust auf teuflische Abwege schickt, lädt dieser zwar manchen Tadel auf sich – aber keine Furcht. (Einzig das Gretchen wird von finster-schwülen Ahnungen geplagt, bis es ihr am Schluss vor ihrem Heinrich – aus gutem Grund – graut.)

In der Philosophie machte sich die rabiate Zuversicht eines Georg Wilhelm Friedrich Hegel breit, der überzeugt war, dass Geschichte kein richtungsloses Chaos sei, sondern sich in ihr der »Weltgeist« realisiere, der zur allgemeinen Beruhigung auch noch »vernünftig« sei. Nur kurzsichtige Laien mochten darüber klagen, wenn die »welthistorischen Individuen«, die jener Weltgeist als seine Geschäftsführer eingesetzt hatte, auf ihrem Marsch »manche unschuldige Blume zertreten, manches zertrümmern« mussten. Mit Blick auf die reale politisch-historische Situation zu Hegels Zeit hieß dies: Die jüngsten Kriege von und gegen Napoleon waren kein sinnloses Blutvergießen, im Gegenteil – in ihnen war der Weltgeist seiner finalen Verwirklichung abermals einen großen Schritt näher gekommen. Der postnapoleonische preußische Staat mochte vielleicht noch nicht die bestmögliche aller Welten sein – für die beste aller bislang erreichten hielt ihn der schwäbische Wahlpreuße Hegel schon.

In den Glauben, dass es mit der Menschheit unaufhaltsam aufwärts gehe, träufelte die Romantik ihre Wermutstropfen. Aber auch diese Künstler vertieften sich in die Abgründe, Dunkelheiten, Nachtseiten der Welt nicht, um dort das Fürchten zu lernen, sondern im Gegenteil: weil sie dort das wahre, das intensivere Leben witterten. So düster die Gemälde eines Caspar David Friedrich sind, so todessehnsüchtig die Gedichte eines Novalis oder Joseph von Eichendorff, so unheimlich die Erzählungen eines E. T. A. Hoffmann, so herzenstraurig die Lieder eines Franz Schubert oder Robert Schumann – aus all diesen Werken spricht keine grelle Angst. Die Ahnung, dass alles ganz anders sein könnte, als es scheint, und morgen ohnehin vorbei, lud zum Träumen ein.

Der erste Verkünder des heraufziehenden nervösen Zeitalters war Georg Büchner. Blickt man auf seine Lebensdaten, war der 1813 geborene und bereits 1837 verstorbene Schriftsteller in der Spätromantik, im Biedermeier und Vormärz daheim. Doch die Hausnummern trügen. Zwar träumte der politische Autor Büchner vom Frieden, den er den Hütten, und vom Krieg, den er den Palästen wünschte, damit Deutschland, das »jetzt ein Leichenfeld« sei, bald »ein Paradies« würde. Als Dichter erzählte er jedoch mitnichten vom sozialistischen Eden, das unmittelbar bevorstünde, sondern von der existenziellen Verlorenheit des Menschen. Sein geschundener, von Angstvisionen geplagter Soldat Woyzeck hetzt »wie ein offnes Rasiermesser durch die Welt« und findet dennoch nirgends Zuflucht: »Wenn die Sonn in Mittag steht und es ist als ging die Welt im Feuer auf, hat schon eine fürchterliche Stimme zu mir geredet!« Hinter ihm, unter ihm, überall lauert die Gefahr. Jahrzehnte bevor Sigmund Freud begann, die Fallgeschichten von Paranoikern und Schizophrenen zu analysieren, freut sich der sadistische Doktor in Büchners Drama über die schöne »aberratio mentalis partialis«, die sein Versuchskaninchen Woyzeck ausgebildet hat. Die Welt als Hölle und Wahnvorstellung.

Auch die Geschichtsphilosophie nahm im Laufe des 19. Jahrhunderts nach und nach Abschied davon, Sinn- und Trostlieferantin zu sein. Arthur Schopenhauer sah, wohin er blickte, nichts als blindwütigen Willen am Werk, dem sich allenfalls Einzelne durch Kontemplation und Meditation zu entziehen vermochten. Friedrich Nietzsche entdeckte in der Geschichte die »ewige Wiederkehr« – es sollte ihn übermenschliche Anstrengungen kosten, vor dem endlos rollenden »Rad des Seins« nicht zu fliehen, sondern sich heiter darauf flechten zu lassen. Die letzte mächtige Bastion des (deutschen) Geschichtsoptimismus errichteten Karl Marx und Friedrich Engels, indem sie dem Proletarier die Weltrevolution in Aussicht stellten. Fürchten sollte sich bei ihnen nur der Kapitalist, der in der zweiten Hälfte des 19. Jahrhunderts auch in Deutschland mit frischem Mut daranging, Mensch und Natur seinen stählernen Produktionsabläufen zu unterwerfen.

Das Unbehagen an der rasanten Geschwindigkeit, mit der Deutschland den technologischen und industriellen Rückstand aufholte, den es im Vergleich zu europäischen Ländern wie England oder Frankreich hatte, befiel nicht nur Kommunisten. Wem jedoch der Glaube fehlte, alles werde gut, sobald die klassenlose Gesellschaft durchgesetzt sei, fühlte sich mit seinem Unbehagen alleingelassen. In der Entfremdung von der Natur hat die »german angst« ihre tiefste Quelle. Bis heute suchen die alten germanischen Waldgeister den Deutschen in seinen Albträumen heim, als wollten sie sich dafür rächen, dass er sie einst aus ihren heiligen Hainen vertrieben hat. Der germanische Sündenfall beginnt nicht damit, dass Eva in den Apfel beißt, sondern damit, dass Adam das Beil hebt, um den ersten Stamm zu spalten und sich und Eva ein Haus zu bauen. Es mag der Aufklärung gelungen sein, den Deutschen die Angst vor der Erkenntnis zu nehmen, die Angst davor, auf eigene Faust zu denken. Die Angst vor dem, was Faust mit seiner Erkenntnis anstellt, ist in der späten Neuzeit gewachsen. Und wo es keinen Gott mehr gibt, den man um Vergebung für seine Schuld anflehen könnte, bleibt nur die ängstliche Frage an den Ingenieur, ob das Teufelszeug, das er in Wald und Flur hinstellt, auch wirklich »sicher« ist. Oder der Versuch, die eigene Existenz durch konsequente »Lebensreform« wieder mit der Natur zu versöhnen.

Solche Bestrebungen sind kein Kind des bundesrepublikanischen Ökoko, weit konsequenter gab es sie im Kaiserreich und in den angrenzenden deutschsprachigen Gebieten. Mit Naturheilkunde, Vollwertkost, Freikörperkultur und Bewegung an der frischen Luft versuchten nicht nur die Mitglieder esoterischer Landkommunen wie der »Vegetarischen Obstbau-Kolonie Eden« der Umklammerung von Technik und Großstadt zu entkommen und ihr Leben auf den Naturlehrpfad zurückzulenken. Auch Franz Kafka folgte dem alternativen deutschen Zeitgeist, indem er sich vegetarisch ernährte, sich für Homöopathie und die anthroposophische Lehre Rudolf Steiners interessierte, naturheilkundliche Sanatorien aufsuchte und seine Morgengymnastik nackt am offenen Fenster trieb. Allerdings war der Prager Schriftsteller ein zu feinnerviger Geist, als dass es ihm gelungen wäre, seine Ängste damit erfolgreich zu übertünchen. Im Jahre 1921 schrieb er an seinen Freund Max Brod: »Und doch ist es nichts als gemeinste Angst, Todesangst. So wie wenn einer der Verlockung nicht widerstehen kann, in das Meer hinauszuschwimmen, glückselig ist, so getragen zu sein, ›jetzt bist Du Mensch, bist ein großer Schwimmer‹, und plötzlich richtet er sich auf, ohne besonders viel Anlass, und sieht nur Himmel und Meer und auf den Wellen ist nur sein kleines Köpfchen und er bekommt eine entsetzliche Angst [...]«

Kafkas Angst speiste sich nicht allein aus dem Gefühl, zu »klein« zu sein – keinen Platz im Kosmos zu finden; nicht allein daraus, dass er als Jude permanent dem Zweifel ausgesetzt war, ob die Mehrheitsgesellschaft ihn annehmen oder ausstoßen wollte (»Du bist doch Jude und weißt, was Angst ist«); nicht allein aus dem von Hass und Schuldgefühlen befrachteten Verhältnis zum Vater. Einsamkeit, Unentschlossenheit, Unruhe, Richtungslosigkeit, Krankheit, Verlust, Versagen: Alles vertiefte den Krater, den die Angst gerissen hatte. In einem seiner Briefe an Milena – die Beziehung zu ihr siedelte der Schriftsteller ebenfalls ganz im »Gebiet der Angst« an – beschwor er seine Angst als etwas, »was mich willenlos macht, mich herumwirft nach Belieben, ich kenne nicht mehr oben und unten, rechts und links«. Beruf, Familie, Verlobte vermochten keinen Halt zu geben, im Gegenteil. Die einzige Rettung bestand darin, der »gehirnzerreißenden« Angst freien Lauf zu lassen in Erzählungen, in denen die Strafkolonien des Lebens den Einzelnen so zermürbten, dass dieser am Schluss bereit war, die Tatsache, überhaupt zu existieren, als seine große Schuld anzuerkennen: »Seine Meinung darüber, dass er verschwinden müsse, war womöglich noch entschiedener als die seiner Schwester. In diesem Zustand leeren und friedlichen Nachdenkens blieb er, bis die Turmuhr die dritte Morgenstunde schlug. Den Anfang des allgemeinen Hellerwerdens draußen vor dem Fenster erlebte er noch. Dann sank sein Kopf ohne seinen Willen gänzlich nieder, und aus seinen Nüstern strömte sein letzter Atem schwach hervor.« So das Ende des Handlungsreisenden Gregor Samsa, den die Angst in den berühmtesten Käfer der Literaturgeschichte verwandelt hat.

Buchumschlag der Erstausgabe.

Auch wenn Kafka in einem anderen Brief an Milena erklärte, dass er aus Angst bestehe, dass sie vielleicht sein »Bestes« und das einzig »Liebenswerte« an ihm sei, darf man dennoch davon ausgehen, dass er Angst hatte vor der Angst. Mut zur Angst wollte erst Martin Heidegger machen. In Anlehnung an Nietzsche und den dänischen Philosophen Sören Kierkegaard erklärte er, dass es nicht Aufgabe der Philosophie sei, den Menschen »frei werden zu lassen von der Angst«, vielmehr habe sie die Pflicht, »den Menschen gerade radikal der Angst auszuliefern«.

Unter »Angst« verstand Heidegger nicht die konkrete Furcht vor diesem oder jenem, sondern das Gefühl, jegliche Daseinsgewissheit zu verlieren. »Das Drohende kann sich deshalb auch nicht aus einer bestimmten Richtung her innerhalb der Nähe nähern, es ist schon ›da‹ – und doch nirgends, es ist so nah, dass es beengt und einem den Atem verschlägt – und doch nirgends.« Der Autor von Sein und Zeit empfahl in dieser Situation mitnichten den Gang auf die Couch, um sich vom alles verschlingenden Bedrohungsgefühl heilen zu lassen. Im Gegenteil, er riet dem existenzphilosophisch berührbaren Zeitgenossen, sich der Angst rückhaltlos auszuliefern. Nur so erschließe sich noch der Zugang zu einem Sein, das nicht zugestellt sei mit technischen Hilfsmitteln und sozialen Sicherungssystemen, mit all dem »Zeug«, das der moderne Mensch vergeblich ersonnen habe, um sich geborgener zu fühlen in der Welt. Auch wenn Heidegger einen gewissen Kult daraus machte, sich immer wieder in seine rustikale Holzhütte im Schwarzwald zurückzuziehen oder die Teilnehmer von philosophischen Kongressen damit zu brüskieren, dass er zu Vorträgen in Skikleidung direkt vom Tiefschneehang erschien, war er kein simpler Zurück-zur-Natur-Apostel. Seine Zivilisationskritik zielte weniger darauf, die Technik zu verdammen. Ihm ging es darum, in der Welt, wie sie war, das Bewusstsein zu retten, dass trotz aller medizinischen und sonstigen Möglichkeiten das menschliche Dasein nach wie vor ein »Sein zum Tode« bleibt, und dass dieses »Sein zum Tode wesenhaft Angst« ist. Indem das »Man« aber »den Mut zur Angst vor dem Tode nicht aufkommen« lässt, besorgt es »die Umkehrung dieser Angst in eine Furcht vor einem ankommenden Ereignis«.

Noch triftiger als für die Weimarer Zeit, in der Heidegger seine erste große Angst-Analyse schrieb, ist diese heute. Denn liegt das besonders Unangenehme an den bundesrepublikanischen Hysteriewogen vom »Atomtod« über das »Waldsterben« bis zur »Klimakatastrophe« nicht gerade darin, dass »man« ständig davon überzeugt ist, das Ende der Welt nahen zu sehen – aber gleichzeitig ebenso fest davon überzeugt scheint, die eigene Sterblichkeit austricksen zu können, wenn »man« sich nur laut genug von den Sündern distanziert, die das Unheil zu verantworten hätten?

Sein und Zeit ist weit davon entfernt, ein Büchlein der Lebensweisheit zu sein. Dennoch ließe sich mit Heidegger als Imperativ formulieren: *Spüre, dass du* – trotz Nichtrauchen, Ökokost und Ausdauersport – sterblich bist, dann brauchst du nicht mehr so viel Energie darauf zu verschwenden, dich heute vor der Schweinepest und morgen vor der Vogelgrippe zu fürchten!

Die anschwellende Furcht im technischen Zeitalter beschäftigte auch den Schriftsteller Ernst Jünger. Als junger Soldat war er in den Ersten Weltkrieg gezogen, um das Abenteuer zu suchen. Mehrfach verwundet überlebte er die Stahlgewitter an der Westfront, musste jedoch erkennen, dass »freier Wille, Bildung, Begeisterung und der Rausch der Todesverachtung« allein nicht ausreichten, um »die Schwerkraft der wenigen hundert Meter zu überwinden, auf denen der Zauber des mechanischen Todes« regierte.

Anders als die Pazifisten zog Jünger daraus nicht den Schluss, dass Kriege künftig unführbar geworden seien, sondern versuchte, die Materialschlacht, die er in den französischen und flandrischen Schützengräben kennengelernt hatte, aufs zivile Leben auszuweiten. Er begrüßte die »Zwanzigjährige[n], mit hartem, von Tatsächlichkeiten gehämmertem Gesicht, denen der Schwung der Schnellbahnen, das Tempo der Fabrik, Gedichte aus Stahl und Eisenbeton das

Tschernobyl ist überall. Besonders in Deutschland. *Spiegel*-Titel aus dem Mai 1986.

selbstverständlichste Erlebnis ihrer Kindheit gewesen sind«, weshalb sie »an Steigerung des Lebens durch die Maschine gewöhnt« seien.

Erst nach dem Zweiten Weltkrieg verabschiedete sich Jünger vom heroischen Realismus, dessen unerschrockener Arbeiter-Krieger keinen Unterschied mehr kennt zwischen Mensch und Material. Zum Freund des Bundesbürgers, der schon bei der morgendlichen Zeitungslektüre blinzelnd nach dem nächsten Desaster Ausschau hält, wurde der Schriftsteller dennoch nie. Mit kühler Klarsicht – die den meisten seiner früheren Texte abging – führte Jünger 1951 in seinem Essay *Der Waldgang* die permanente Hysteriebereitschaft auf den Verlust der Freiheit zurück. Der Einzelne gleiche »dem Passagier in einem sich schnell bewegenden Fahrzeug, das ›Titanic‹ oder das auch Leviathan heißen kann. Solange das Wetter gut ist und die Aussicht angenehm, wird er den Zustand minderer Freiheit kaum gewahren, in den er geraten ist. Es tritt im Gegenteil ein Optimismus auf, ein Machtbewusstsein, das die Geschwindigkeit erzeugt. Das wird dann anders, wenn feuerspeiende Inseln und Eisberge auftauchen.« Dann schlägt die Hybris in Panik um, der Einzelne wird sich seiner verdrängten Hilflosigkeit und Ohnmacht jäh bewusst.

Da der gelassenere Jünger aus dieser Diagnose weder den Schluss ziehen wollte, dass sich der Passagier einfach als Schiffskolben verstehen müsse, noch den, gar nicht erst an Bord der »Titanic« zu gehen, konnte er als die »eigentliche Frage unserer Existenz« erkennen: »Wäre es [...] möglich, zugleich auf dem Schiff zu verbleiben *und* sich die eigene Entscheidung vorzubehalten?« Wäre es möglich, »die Furcht zu vermindern, während der Automatismus fortbesteht«?

Empfehlung Nummer eins lautet, die »Welt der Krankenkassen, Versicherungen, pharmazeutischen Fabriken und Spezialisten« nicht gänzlich zu meiden – aber dennoch einen gesunden Abstand zu ihr zu wahren. Vitalität, innere Fülle entstehen nicht, indem man alle paar Monate zur nächsten Vorsorgeuntersuchung rennt und noch eine Lebensversicherung abschließt, sondern indem man sich wieder daran erinnert, »was Feste sind«. Unter »Fest« soll hier nicht unbedingt die nächste Betriebsweihnachtsfeier verstanden werden, sondern das »Fest«, das ahnt, dass es Selbstverschwendung ist, dass es rauschhaft entgleiten kann.

Jünger war seit zwölf Jahren tot, als im Sommer 2010 bei der Love-Parade in Duisburg 21 Menschen starben und mehr als 500 verletzt wurden. Hätte er noch gelebt, hätte er womöglich gefragt, ob just jene Art der (miserabel) organisierten Massenbespaßung den Verlust wert gewesen sei. Seine Schiller-Wallensteinsche Grundüberzeugug »Und setzet ihr nicht das Leben ein, / Nie wird euch das Leben gewonnen sein« wäre durch die Katastrophe nicht erschüttert worden.

Der gravierendste Wandel, den die Deutschen nach den Desastern des Nationalsozialismus in ihrem Selbstverständnis vollzogen haben, lag in der Abkehr von der Todesverachtung, die allen Generationen zuvor beigebracht worden war. Niemand darf mehr von mir verlangen, dass ich mein Leben für ihn, fürs Vaterland, aufs Spiel setze. Darin liegt ein immenser Freiheitsgewinn. Wenn mir aber von allen Seiten eingeflüstert wird, mein Leben vor mir herzutragen wie ein rohes Ei, finde ich mich in neuen Angstfesseln wieder.

Der radikale Wechsel von Todesverachtung zu Todesverleugnung hat die deutsche Seele in eine weitere Schieflage gebracht. Rührt unsere größere Angstbereitschaft nicht auch daher, dass wir – anders als andere zivilisierte Nationen wie Frankreich, Großbritannien oder die USA – nie wieder *schuld* daran sein wollen, dass ein Mensch stirbt? Selbst dann nicht, wenn es darum ginge, Freiheit und Menschenrechte zu verteidigen? Dass aus einem in seiner Geschichte mal mehr, mal weniger, mal extrem militaristischen Volk die Speerspitze des weltweiten Pazifismus geworden ist? Aus den barbarischen Verbrechen, die die Nationalsozialisten im Namen Deutschlands begangen haben, haben wir den Schluss gezogen, dass wir nie wieder Täter sein dürfen. Beschert uns das aber nicht im Gegenzug die diffuse Angst, fürderhin ausschließlich Opfer sein zu können?

Von Ernst Jünger stammt die Feststellung, dass »dieselben Menschen nicht nur ängstlich, sondern fürchterlich zugleich« seien. Die bundesrepublikanische Wirklichkeit bis heute scheint dem zu widersprechen. Wir haben uns in unseren Ängsten so gut eingerichtet, dass sie uns bislang lediglich Windkraftparks bescheren und die NATO-Partner regelmäßig vor den Kopf stoßen. Eine neuerliches Umkippen der »german angst« in Aggression ist nicht in Sicht.

Eine zentrale Angst, die die Deutschen in Kriege, vor allem in den Ersten Weltkrieg hineingetrieben hat, war das Gefühl, umzingelt zu sein. Eine Angst, die in einem Land, das sich seiner inneren und äußeren Grenzen nie sicher sein konnte, sondern flechtenartig wuchs und schrumpfte, verständlich war. Diese Angst ist durch die endgültige Anerkennung, dass die Ostgebiete nicht mehr zu Deutschland gehören, die Wiedervereinigung und die Einbettung in die Europäische Union zur Ruhe gekommen. Was aber, wenn sich das wirtschaftlich zerrissene Europa als weniger stabiles Gebilde erweisen sollte, als wir es derzeit noch hoffen dürfen?

Ohne die beliebteste neudeutsche Angst – die Angst der Deutschen vor sich selbst – schüren zu wollen, sei festgehalten: Besser wäre es, die Angst aus der Politik herauszuhalten, keine Sicherheiten dort zu behaupten, wo sie nicht zu behaupten sind (von der Rente bis zur Atomkraft), und keinen Zweifel daran aufkommen zu lassen, dass Deutschland die Europäische Union will und militärisch zum Westen gehört.

Angst soll dichten. Angst soll singen. Mag die Furcht vor diesem und jenem lautstark auf die Barrikaden gehen, um Ausschau zu halten nach einem, den sie haftbar machen kann, nach einem, der die Furcht abstellt. Wahre Angst ist still. Sie weiß, dass sie es mit *Nichts* zu tun hat. Und wem das Schwarz vor den Augen gar nicht mehr weichen will, der gehe in die Kirche und suche Trost unter den schwarzen Flügeln, die sein Pfarrer ausbreitet.

[td]

➤ Abgrund, Bruder Baum, Doktor Faust, Grenzen, Krieg und Frieden, Ordnungsliebe, Puppenhaus, Reinheitsgebot, Das Unheimliche, Waldeinsamkeit, Das Weib, Wiedergutmachung

GRENZEN

»Was mich betrifft: Ich habe jahrelang in der Schweiz gelebt und fühle mich dort wie zu Hause. Ich war mit einem Italiener verheiratet und habe gerne in Italien gelebt. Alle diese Umstände haben bewirkt, dass ich ganz frei bin von einseitigem Nationalismus. Aber national fühle ich durchaus.« Mit diesen Worten eröffnete die Schriftstellerin Ricarda Huch im Oktober 1947 den ersten und letzten gesamtdeutschen Schriftstellerkongress für eine lange Zeit, in der gerade das Nationalgefühl ausgeklammert werden sollte.

Am Ende der Veranstaltung, die von den Kulturoffizieren der sowjetischen Besatzungsmacht nicht ohne Hintergedanken angeregt worden war, reiste Ricarda Huch, die damals in Jena lebte, ahnungsvoll und in aller Eile in die Westzonen. Die Strapazen der Reise, oder auch Flucht, über die kommende innerdeutsche Grenze hat die 83-Jährige nur schlecht vertragen. Sie erkrankte und starb bald darauf in Schönberg im Taunus. Im Westen in spe.

So begann die Nachkriegszeit ohne die große Chronistin und Interpretin des Alten Reiches, des Dreißigjährigen Kriegs und der deutschen Romantik. Die deutsche Nachkriegskultur musste ohne ihre Stimme und ihren Rat auskommen.

Das letzte Projekt der Nazi-Kritikerin Huch, die es bereits 1933 abgelehnt hatte, eine Loyalitätsbekundung für deren Regime zu unterzeichnen und anschließend aus der Preußischen Akademie der Künste austrat, sollte eine Porträtreihe der Gegner des Nationalsozialismus sein, eine Würdigung der Unbeugsamen in der Diktatur. *Der lautlose Aufstand* wurde von Günther Weisenborn fertiggestellt und erwartungsgemäß ideologisch links festgezurrt. Das war nicht in Ricarda Huchs überparteilichem Sinn und wurde auch bald zur Waffe im Kalten Krieg. Darin geriet die Warnung vor dem »Dritten Reich« regelmäßig zur Warnung vor Deutschland.

Ein Krieg, der nicht geführt wird, kann schlecht die Beweise für Verbrechen des jeweiligen Gegners zutage fördern. Desto mehr muss er das Feindbild beschwören. Erschwerend kam hinzu, dass die nun atomgerüstet, aber kriegsmüde einander gegenüberstehenden Supermächte bis kurz davor noch gemeinsam die Nazis bekämpft und besiegt hatten. Die einen im Namen der Freiheit und des Rechtsstaats, die anderen im Auftrag des Zwangs-Kollektivs.

In dieser Konstellation fiel den Deutschen die seltsame Aufgabe zu, das schwächelnde Feindbild mit den Zutaten von gestern zu beleben und gleichzeitig in der Rolle des erfolgreich Kolonisierten zu posieren. So galt der Nachkriegsdeutsche jeweils als notorisch unbelehrbar und als Weltanschauungs-Musterschüler.

Vor Deutschland wurde in der Nachkriegszeit so beflissen gewarnt, dass man denken musste, es gelte, die Deutschen vor sich selbst zu retten, und als sei der gesamte Truppenaufmarsch in Europa allein zu diesem Zweck erfolgt. Die Front des Kalten Kriegs verlief nicht nur zwischen Ost und West, eine Kalte-Bürgerkriegs-Front zog sich durch die deutsche Gesellschaft. Zahlreiche Schriftsteller mischten sich regelmäßig unter die Warnungsträger. An den einschlägigen Infoständen leistete man jahrzehntelang seine Unterschrift auf die jeweils vorliegende Selbstbezichtigung. Zuletzt, als die Mauer schon gefallen war, liefen Vermummte in den Fußgängerzonen hin und her und riefen: Nie wieder Deutschland!

An ihnen vorbei aber marschierten geschäftige Kolonnen, die aus dem Bauhaus-Markt kamen und nach Hause eilten, mit Gipstöpfen und Holzwolle bewaffnet, um ihre Datschen für den ersten gesamtdeutschen Winter abzudichten. Nie wieder Deutschland?

Selbst wenn alles Deutsche auf klitzekleine Sekundärtugenden reduziert war, auf Fleiß, Pünktlichkeit und Zuverlässigkeit, die man auch noch milde belächeln konnte, und es möglich oder gar nötig gewesen sein sollte, sich sein Vaterland durch Soziologie zu erklären, von Max Horkheimer bis Arnold Gehlen, von Helmut Schelsky bis Jürgen Habermas, war da nicht doch etwas, was die Herren Diskursverwalter und Begriffsdesigner übersehen hatten?

Von den selbst ernannten Mahnwachen einer moralisch hochgerüsteten Öffentlichkeit einmal abgesehen, sprach man sogar in den unduldsamsten 68er Abrechnungsformeln immer noch von Deutschland. Die, die BRD sagten, egal wie wichtig sie sich dabei vorkamen, blieben stets in der Minderheit.

Wahr aber ist auch, dass Deutschland in den Köpfen eine immer ungenauere Form annahm. Die einen, die Älteren, die, die immer noch das Sagen hatten, meinten mit Deutschland das Reichsgebiet in den Grenzen von 1937. Das war auch die offizielle Sprachregelung der unmittelbaren Nachkriegszeit, als man Landkarten verwendete, die einen Anspruch veranschaulichen sollten, der die Phantasie der Geschlagenen anzuregen vermochte, dafür aber zur realen Grenzziehung wenig auszusagen hatte. In dieser Vorstellung gab es die »DDR« in Anführungsstrichen, und Polen gab es in so manchem Kopf gar nicht.

Die anderen, die Jüngeren, die geschichtslosen, dachten sich bald überhaupt nichts mehr beim Blick auf die Landkarte. Für sie war es der Straßenatlas, und für sie war Deutschland die Bundesrepublik. Nicht mehr, aber auch nicht weniger?

Kennzeichnend für Deutschland ist seine ungesicherte territoriale Form nicht erst seit der Nachkriegszeit. Frankreich zeigt seit nunmehr tausend Jahren in etwa die gleiche Figur auf der Landkarte, von Spanien nicht zu reden. Selbst von Italien hat man bei aller politischen Zerrissenheit auf dem Globus eine klare Vorstellung. Deutschland hingegen hat seine Form unentwegt verändert. Durch seine Teilung nach dem Zweiten Weltkrieg in einen Ost- und einen Weststaat, wobei nur der Weststaat als Nachfolgestaat des Deutschen Reichs galt, kam es der Selbstauflösung so nahe wie nie zuvor in seiner Geschichte.

Und doch. War dieses Deutschland als Bundesrepublik nicht auch in die Lage des mittelalterlichen »Heiligen Römischen Reiches Deutscher Nation« versetzt? Ausschlaggebend für jenes verwirrend verschachtelte Staatswesen war seine Nord-Süd-Achse, die Karl der Große von Aachen nach Rom gelegt hatte, indem er die Kaiserkrönung dem Papst anvertraute. Das war im Jahr 800. Er wertete mit seiner Geste das kommende, schwache Staatsgebilde kulturell immens auf und legte gleichzeitig den Grundstein zum Investiturstreit, der der Machtfrage eine institutionelle Dynamik verlieh. Aus der Frage, wer Amt und Würde vergibt, der Papst oder der Kaiser, erwuchs ein Konkurrenzphänomen, das nur durch Institutionen funktionsfähig gemacht werden konnte. Wo Papst und Kaiser sich nicht einigen konnten, waren plötzlich Kurfürsten und Bischöfe meinungsbildend tätig. Es entstand so eine dritte Potenz, der Reichstag.

Dieser später wenig geschätzte Mechanismus, ein »Durcheinander verrotteter Reichsformen und unfertiger Territorien«, wie Preußens Chefhistoriker Heinrich von Treitschke es sah, aber hatte einen Bestand von eintausend Jahren, und ist auch zuletzt nicht an sich selbst gescheitert, sondern an Superstar Napoleon. In Ricarda Huchs Worten: »Das Alte Reich konnte eine Hauptstadt nicht haben, denn sein Haupt, der Kaiser, hatte keinen festen Sitz, sondern wanderte, wenn er nicht Krieg führte, von Ort zu Ort, um seiner höchsten Aufgabe zu genügen, nämlich Recht zu sprechen. Die Kaiser waren keine Monarchen in dem später aufkommenden Sinne und das Alte Reich kein Fürstentum nach heutigem Begriff; eher könnte man es ein Gottesreich nennen, mit einem Richter an der Spitze, dem das Volk sich freiwillig unterwarf, wie der Mensch sich Gott unterwirft.«

Die Abschottung des Ostens hinter Mauer und Eisernem Vorhang machte die Nord-Süd-Achse in der Nachkriegszeit wieder zum zentralen Ordnungsprinzip der deutschen Staatsangelegenheiten. Die Fixpunkte waren diesmal das Provisorium Hauptstadt Bonn und die Römischen Verträge von 1956, die den Anfang der EU markieren.

Dieses Prinzip, das den Grundstock der Zugehörigkeit zum Abendland bildet, war im Hochmittelalter durch die Ostkolonisation erweitert worden.

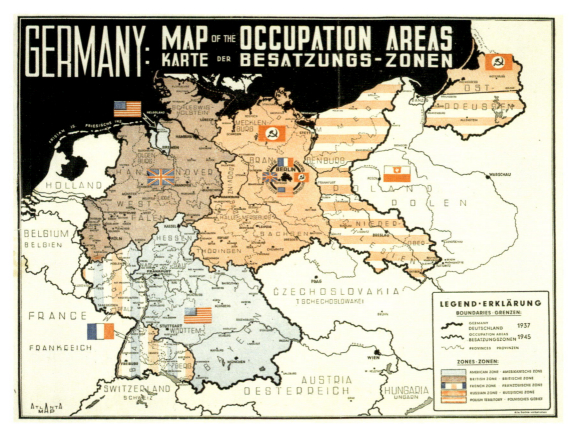

1937 und 1945. Deutschland am Nullpunkt seiner Geschichte.

Durch die Ostkolonisation bekam Deutschland als Reich eine Ost-West-Achse, von den Niederlanden bis Ostpreußen und nach Schlesien. Diese Ost-West-Achse wurde im Ergebnis des Zweiten Weltkriegs praktisch annulliert.

Durch die neuen Grenzziehungen von 1949 hat Deutschland ein Drittel seines Territoriums eingebüßt. Darüber hinaus mussten zwölf Millionen Flüchtlinge und Vertriebene vor allem im westlichen Kernland aufgenommen werden. Das erwies sich gleichermaßen als eine moralische wie logistische Leistung. Das vereinigte Deutschland von heute spricht davon, auch nach zwanzig Jahren, immer noch zögerlich. Man bleibt lieber im Ungenauen, als sich der ganzen Wahrheit zu stellen, und das ist auch nicht ungewöhnlich.

Es beginnt damit, dass man das Territorium der ehemaligen DDR als Ostdeutschland bezeichnet. Historisch ist das Gebiet der DDR überwiegend Teil Mitteldeutschlands gewesen.

Ostdeutschland gibt es nicht mehr. Es ist im Zweiten Weltkrieg untergegangen. Ostdeutschland liegt in Polen, in Tschechien oder, wie Königsberg, im Nichts. In Ostpreußen, in den Filmen des Volker Koepp (angefangen mit *Kalte Heimat* von 1995), in der kollektiven Imagination. Königsberg kann nicht restlos aus dem Gedächtnis verschwinden, wenn Kant darin einen festen Platz haben soll. So bestimmen nicht nur Verträge die deutschen Grenzen, auch das kulturelle Gedächtnis redet mit.

Deutschland wird auch in Zukunft zwei Arten von Landkarten haben. Die topographischen und die der kulturellen Imagination. Entscheidend ist auch weiterhin die Imagination. Sie stellt nicht die Besitzfrage, sie stellt die Frage nach dem Eigenen. Das Topographische hingegen meint die gesetzte Grenze. Sie zu überschreiten ist ebenso banal wie ihre Sicherung.

Aufschlussreicher ist noch etwas ganz anderes, der Limes. Er geht mitten durch Deutschland und meint bis heute die römische Kultur. Er verkörpert eine Kulturgrenze, auf deren beiden Seiten wir uns als Deutsche wiederfinden. Den Unterschied zwischen Regensburg und Rostock sieht man auf den ersten Blick, maßgeblich aber ist der zweite. Deutschland ist mehr als sein Territorium. Das ist nicht zuletzt daran zu erkennen, dass viele der Grenzen zu den Nachbarstaaten wie Regionalgrenzen aussehen. Als würde man bei der Grenzüberschreitung bloß den Dialekt wechseln.

Im Deutschen gibt es kein eigenes Wort für den Begriff »Grenze«. Grenze kommt aus dem Slawischen. Limes wiederum ist lateinischen Ursprungs und bezeichnet die Reichweite Roms, des Imperiums. Entscheidend für das Verhalten der Deutschen ist vielmehr ihr Freiheitsbegriff. Die Neigung, ihn als kollektive Antriebskraft einzusetzen. Dem Trotz, der bis heute im Lied steckt, wenn einer singt: »Die Gedankens sind frei!«, haftet für alle Zeiten etwas Kämpferisches an. Etwas, das weder der Limes noch Bonifatius, der den Germanen die Botschaft des Christentums brachte, überwinden konnten. Der deutsche Mars steht nicht im Zeichen des Zorns, er steht im Zeichen des Trotzes. Es ist ein Angelpunkt der deutschen Seele, der das Made in Germany möglich machte, aber auch das post-1848er »Trotz alledem!« eines Ferdinand Freiligrath.

Die Anmaßung der Deutschen, nach den dunklen Jahrhunderten, die dem Zerfall des Römischen Imperiums folgten, die Nachfolge zu beanspruchen, ist wahrlich nicht folgenlos geblieben. Es hat die bisweilen gefährlich obsessive Idee verstärkt, man sei mehr als nur ein Volk, mehr als nur ein ganz gewöhnliches Staatswesen. Es hat aber auch jene lose Form der Kollektivität gefunden, die bis heute in den föderalen Strukturen Deutschlands zum Ausdruck kommt. Deutschland kennt viele und vielerlei Grenzen. Grenzfragen aber gibt es keine mehr. Alles, was mit den Nachbarvölkern zu regeln war, ist zumindest völkerrechtlich geregelt. Den Rest garantiert die EU.

Wie sieht eigentlich die Karte der Deutschen heute aus? Zunächst einmal ist es eine Wetterkarte, die der Deutsche am Morgen im Fernsehen zu Gesicht bekommt. Auf ihr ist nur Inland zu sehen. Man sieht, wo's regnet in Deutschland und wo die Sonne zu scheinen beliebt. Danach erst, sozusagen nach dem Frühstück, treten mehr oder weniger diskret die Nachbarvölker in Erscheinung. Das hat entweder politische oder touristische Gründe. Paris liegt nebenan, aber Paris ist Paris, London ist schon etwas weiter. Es liegt, wie man früher sagte, hinter dem Ärmelkanal. Man muss sich schon für das Königshaus interessieren, um der Sache wirklich näherzukommen. Es ist zwar Verwandtschaft, aber von Wilhelm dem Zwoten. Ach ja, die Briten!

In die Niederlande fahren wir schnell mal zum Supermarkt, und in Belgien kaufen wir ein Haus. In diesem Jahr machen wir Urlaub in der Schweiz. Das ist zugegeben ungewöhnlich, aber wir hatten einfach mal Lust auf ein Chalet. Auf das Wohngefühl am Berg. Danach wandern wir ein paar Tage in Österreich, aber ist das wirklich Ausland?

Höchstens Wien, das ist Ausland, selbst wenn man nicht von Norderney kommen sollte.

Und schon geht's weiter.

Jetzt kommt man ja überall hin und wird überall mit dem Euro übers Ohr gehauen. Von Wien aus geht's in die Zahnklinik nach Sopron und danach mal kurz hinüber nach Bratislava, Donau gucken.

Sind ja alles nicht wirklich Nachbarn, aber Made in Germany liegt jetzt wieder mitten in Europa. Damit ist man auch schon in Polen. In den Masuren und in den Beskiden. Wo der Wolf seine Rückkehr nach Deutschland vorbereitet, und wir waren dabei!

Einmal um Deutschland herum. Nichts leichter als das! Überall die offenen Grenzen, man gewöhnt sich so schnell daran. Was ist heute eigentlich noch Ausland? Magdeburg, hätte man in den 90ern gesagt. Mecklenburg. Macpom. Alles Geschichte. Alles Geschichten. Aber Ausland? Wo denn? Jetzt haben wir doch glatt die Dänen vergessen!

Macht nichts, dafür segeln wir im nächsten Jahr bis Kopenhagen!

[rw]

➤ German Angst, Kleinstaaterei, Krieg und Frieden, Vater Rhein

GRÜNDERZEIT

»Krise« ist eines der Wörter mit der wahrscheinlich größten Verbreitung. Mehr noch, es überschreitet fast alle Grenzen. Mit dem Wort gehen Oberschicht und Unterschicht gleichermaßen genervt um. Die Oberschicht sieht sich von der Krise bedroht, die Unterschicht, die früher gelegentlich Schadenfreude zeigte, hat Angst. Sie müsse um den Sozialstaat bangen, sagt man ihr. Die Oberschicht wiederum fürchtet mehr das Chaos als die Revolution. Die Krise gehört zum festen Kommunikationsrepertoire in unserer Gesellschaft.

Auch die Historiker verhalten sich nicht anders als alle anderen. Sie verschonen uns weder mit den Krisen ihres Objekts noch des Metiers. Nicht selten berichten sie aus den vergangenen Zeiten mit einer Genugtuung, die sonst nur ein Märchenerzähler verspürt, wenn er einmal eine Geschichte erzählen darf, die ein böses Ende nimmt.

Selbst wenn von der Gründerzeit des deutschen Kaiserreichs in der zweiten Hälfte des 19. Jahrhunderts die Rede ist, wird zunächst einmal die Krise ausgepackt. 1873: Finanzkrise! Stagnation habe Deutschlands Wirtschaft erfasst, für ganze zehn Jahre. Mag sein. Man könnte sich über das statistische Material streiten, aus dem dies abgeleitet wird, es wäre aber nur ein Nebenschauplatz dessen, was wir hier erzählen wollen und was von viel größerer Bedeutung ist als die sogenannte Krise. Letzten Endes ist diese eine Verlegenheit von Bankhäusern. Der Börsenkrach ergab sich aus dem Zusammenhang zwischen maßloser Spekulation und überhitzter Konjunktur, wie die Fachsprache es nennt. Über die Realwirtschaft muss das noch nichts Besonderes aussagen.

Unbestritten ist, dass in dieser Zeit die Erfinder reihenweise mit erstaunlichen Ideen, bedeutsamen technischen Neuerungen und Entwicklungen in Erscheinung treten. Sie katapultieren das Land und seine Gesellschaft in kürzester Zeit nach vorn. Damit sind wir bei der eigentlichen Frage: Wie war das möglich? Wie schafft es ein Agrarstaat, innerhalb von nur zwei Jahrzehnten in eine der Spitzenpositionen der Weltwirtschaft zu gelangen? Es hängt zwar vieles von den Finanzierungsmöglichkeiten ab, aber woher kommt dieser Schöpfergeist – dieses wichtigste Element im Gesamtprozess der Wertschöpfung?

Der Ausgangspunkt ist im Umbruch von den reinen Naturwissenschaften zur Technik im Verlauf des 19. Jahrhunderts zu suchen. Die Naturwissenschaften waren noch zu akademisch gebunden, zu theoretisch abstrakt und von »Scholastik« grundiert, ihre Entdeckungen bezogen sich auf das Vorgefundene, auf die Natur, deren Erscheinungsformen zur Interpretation herausforderten oder auch nur einluden.

Ganz anders verhält es sich mit der Technik. Technik ist nicht primär an Naturgegebenheiten geknüpft, sie ist vielmehr die Methode, mit der künstliche Formen geschaffen werden können, um einem Zweck zu dienen. Natur ist zuweilen erhaben, Technik im besten Fall raffiniert.

Dafür verpflichtet sie zu nichts. Bei ihr geht es um den Einfall. Ihn muss man nicht einmal erklären, man muss ihn nur umsetzen, verwirklichen. Ob man dabei bloß einem Trick folgt oder einem Gesetz auf der Spur ist, ob man dieses Gesetz für einen Trick hält oder den Trick für ein Gesetz, ist nebensächlich – worauf es ankommt, ist das Know-how.

Dass die Deutschen so erfolgreich wurden, als die Technik die Gesellschaft zu beherrschen begann und so die Industrialisierung in ihrer ganzen Bandbreite erst möglich machte, hat sicherlich mit den Anfängen deutscher Arbeitsformen zu tun. Während Engländer und Franzosen seit dem Mittelalter das Hauptaugenmerk auf die Manufaktur legten, auf Tuche und Webstoffe und den einschlägigen Handel, fielen die Deutschen vor allem durch Tüftelei und handwerkliches Geschick auf. Sie waren Goldschmiede und Uhrmacher, Drechsler und Gerber, Steinmetze und Büchsenmacher, setzten das Handwerk gegen die Manufaktur. Von dieser Tradition aber konnte nun die Industrialisierung profitieren.

Auch hatten Absolutismus und Aufklärung abgewirtschaftet, man musste ohne große Worte auskommen, ohne den verlogenen Ton der Huldigung und die brüchige Stimme der Vernunft, und so war menschliches Handeln in viel größerem Maße möglich als in den Zeiten davor.

Die zweite Hälfte des 19. Jahrhunderts schuf die Grundlagen der industriellen Arbeit und Wertschöpfung. Sie stand im Zeichen des reinen Nutzens. Alles beruhte auf der Erfindung und ihrer Anwendung. Patentierung, Normierung, Standardisierung und Serienproduktion bildeten den Rahmen des aufkommenden modernen Wirtschaftens. Der kurze Weg von der Phantasie zur Realität, den man damit einschlug, bedurfte nur noch des Kredits. Das Kaiserreich schuf die Voraussetzungen zum Höhenflug in kürzester Zeit. Man konnte denken, Gott habe mit den Fingern geschnippt, oder auch nur nüchtern feststellen, dass Finanzleute in Frankfurt erfolgreich die Gründung der Deutschen Bank betrieben. Trotz aller Krise! Einer der Gründungsdirektoren war 1870 Georg Siemens, ein Neffe zweiten Grades von Werner von Siemens.

211

Werbung für das »selbsttätige« Waschmittel Persil, um 1907.

Man kann vieles erfinden, Nützliches und weniger Nützliches, auch Überflüssiges. Einen Spazierstock etwa, mit Taschenlampe, Feuerzeug und Zigarrenabschneider. Man kann mit einer Erfindung durchstarten oder auf völliges Unverständnis stoßen. Das alles hat jeweils mehr mit dem Zeitgeist zu tun als mit realen Bedürfnissen. Im 19. Jahrhundert war der Zeitgeist der Technik zugewandt. Ein Glücksfall.

Die deutschen Erfindungen wurden zum Antrieb der wichtigsten Industriezweige der Zeit: Maschinenbau, Metallwirtschaft, Chemie und Elektrotechnik. Zu den bahnbrechenden Erfindungen gehörten die verschiedenen Motorentypen, die in Deutschland entwickelt wurden. Sie bildeten das Kernstück der kommenden Automobilindustrie. Von Otto bis Diesel. Zwei Generationen waren es in der Regel, die die Großunternehmen aufbauten: Thyssen, Krupp, Mannesmann, Bosch und Siemens, AEG und BASF.

Jedes Zeitalter hat sein bevorzugtes Material. Für die Gründerzeit ist es der Stahl. Krupp wird zum Meister des Stahlgusses. Thyssen liefert zunächst Achsen, Federn und Räder für die Bahn, um später das Stahlblech-Walzen voranzubringen, und Mannesmann verschafft dem Maschinenbau durch die nahtlosen Rohre einen beispiellosen Auftrieb. Dieser begann mit August Borsigs Lokomotiven, die ein rasant wachsendes Schienennetz befuhren. Es war, als setzten sie die gesamte Gesellschaft in Bewegung.

Gleichzeitig entstand das Telegraphennetz der Siemenswerke. In allen Bereichen waren jetzt Ingenieure unterwegs, ein neuer Typus des Wirtschaftsorganisators betrat die Bühne der Gesellschaft: Fritz Henkel, Sohn eines Lehrers, trat 1865 als Lehrling in die Farben- und Lackfabrik der Gebrüder Gessert in Elberfeld ein und diente sich bis zum Prokuristen hoch. Der junge Kaufmann erwarb dort Kenntnisse der Chemie. 1876 ließ er im Aachener Handelsregister die Waschmittelfirma Henkel & Cie eintragen. Seine entscheidende Entdeckung war die Verbindung von Soda und Wasserglas zum ersten Vollwaschmittel. Zum größten Erfolg des Unternehmens wurde das 1907 eingeführte Persil. Es ist immer noch das meistgekaufte Waschmittel in Deutschland.

Einer der vielseitigsten Erfinder und Unternehmer der Gründerzeit war Werner Siemens, der eine Ausbildung als preußischer Artillerieoffizier hatte. Er gründete 1847 zusammen mit dem Mechaniker Johann Georg Halske eine Telegraphenbauanstalt. Daraus entwickelte sich später der Siemens-Konzern. Werner Siemens wurde 1888 für seine Verdienste in den Adelsstand erhoben. Er richtete das Preußische Staatstelegraphennetz ein, das erste dieser Art in Europa. Aufgrund von Beziehungen nach England, die durch Werners Bruder Wilhelm, auch William genannt, der in London lebte, zustande kamen, verlegte man das erste Unterseekabel durch den Ärmelkanal, um später eine wahrhaftig spektakuläre Fernkabelverbindung zwischen London und Indien einzurichten. Werner von Siemens mischte auch in anderen Bereichen als Erfinder und Erneuerer der Technik mit. Die erste netzgetriebene Elektrolok geht auf ihn zurück, und auch der Dynamo.

Eine Vielzahl deutscher Erfindungen revolutionierte die wichtigsten Bereiche der Industrie. So verändert Maybachs Bienenwabenkühler das Auto. Georg Knorr löste das komplizierte Problem des Zug-Bremsens mit der nach ihm benannten Knorr-Bremse. Heinrich Lanz prägte mit seinen Landwirtschafts-

Unteilbares Deutschland: Lanz-Bulldog-Parade in Markkleeberg bei Leipzig, 1983.

maschinen die gesamte Agrarwirtschaft. Sein Bulldog wird später zum Traktor schlechthin. Kaum zu glauben, dass in der Firma zeitweise auch Luftschiffe gebaut werden. Bahnbrechend war er aber bei einer anderen Idee. Lanz unterhielt als eines der ersten Unternehmen ein eigenes Ersatzteillager und eine Reparaturwerkstatt. Die 1887 von Emil Rathenau gegründete und später von seinem Sohn Walther geleitete AEG wird zum erfolgreichsten Elektrounternehmen der Zeit. Ihren Ingenieuren gelingt 1891 anlässlich der Internationalen Elektrotechnischen Ausstellung in Frankfurt am Main die Übertragung von Drehstrom über eine Strecke von 175 Kilometern. Damit beginnt in Deutschland die allgemeine Elektrifizierung mit Wechselstrom.

Durch die fortlaufende Ausdifferenzierung der technischen Möglichkeiten wurde aus der Zufallserfindung immer häufiger eine Tätigkeit mit Methode. Erfinder wurden zu Forschern. Ihr Ort wurde das Labor. Dort nahmen die großen Erfindungen der Physik und Chemie, nicht zuletzt der Medizintechnik, ihren Anfang.

Um die Jahrhundertwende glaubt sich Deutschland jedem Wirtschaftskrieg gewachsen. Seine Produkte sind von Weltrang. Sein geistiges Potenzial ist kaum auszuschöpfen. Frankreich und Großbritannien sind abgeschlagene Gegner. Nur noch Amerika gilt als ein ernst zu nehmender Konkurrent.

Damit ist die Gründerzeit erfolgreich abgeschlossen, und es kommt zum alles vernichtenden Krieg, in den sich die europäischen Mächte gegenseitig hineinziehen wie in ein böses Märchen, an dessen Ende sich Zuhörer und Erzähler gleichermaßen verloren vorkommen.

Worin aber bestand die Krise, worin besteht sie?

Die Gründerzeit lehrt uns, dass für Leistung Zuversicht nötig ist, vor allem aber der Wille zur Gestaltung. Dazu gehört auch, kühne Ideen zuzulassen, sie zu fördern. Eine Krise ist nicht nur Finanz- oder Wirtschaftskrise, sie ist vor allem eine Krise der Werte. Die Werte aber bestimmen das Verhalten.

Man kann sich um die Erneuerung der Industrie bemühen oder für das Guinness-Buch der Rekorde trainieren. Die Entscheidung darüber liegt bei einem selbst. Das sollte man bedenken.

[rw]

➤ Arbeitswut, Dauerwelle, Eisenbahn, Fahrvergnügen, Grundgesetz, Sozialstaat

GRUNDGESETZ

Manchmal denkt man ja, in schlimmen Zeiten ginge es ums Essen, oder wie Brecht es wohl gesagt hat, ums Fressen. Und manchmal denkt man auch, wenn die schlimmen Zeiten dann vorbei sind, ginge es wieder nur ums Fressen. »Wenn das Haus zerstört ist«, schreibt die Dichterin Marie Luise Kaschnitz, »müssen wir uns an die Dinge halten, die noch immer da sind, die Bäume über dem Hohlweg der Kindheit, das Sternbild, das zu Häupten der nächtlichen Straße noch immer an derselben Stelle steht. In den Trümmern zu wühlen ist eine widerwärtige und sinnlose Beschäftigung. Aber war denn dieses verlorene Haus eines aus Mörtel, Lehm und Stein? Bestand es nicht vielmehr ganz und gar aus der Gewissheit und dem Traum?«

1949 ging es um die Verfassung. Um weniger konnte es gar nicht gehen. War doch die Kapitulation vier Jahre davor einem Offenbarungseid der Nation gleichgekommen. Von Deutschland war nicht viel mehr übrig als »Trizonesien«, wie die Kabarettisten der Zeit das Gebiet der drei West-Besatzungszonen zu nennen pflegten. Den Rest hatte sich »der Russe« bereits unter den Nagel gerissen, und nun ergab sich bei allem Desaster doch noch eine Chance für Westdeutschland, durch den Kalten Krieg, der gerade seinen Anfang nahm. Er stimmte die Westalliierten nachdenklich und kürzte die Überlegungen über die Zukunft der Deutschen ab. Man rechnete wieder mit uns. Der neue Feind war der alte Verbündete der Alliierten, aber auch der Nazis: Stalin.

Preußens Seniorhistoriker Friedrich Meinecke veröffentlichte noch 1945 seine Gedanken über die deutsche Katastrophe, ein Jahr darauf konnte Ernst Niekisch, notorischer Wanderer zwischen den Welten, West und Ost als deutsche Schicksalskoordinaten entschlüsseln, und dann kam auch schon ein Erik Reger, Mitbegründer des *Berliner Tagesspiegels,* mit der Losung »Vom künftigen Deutschland«. Reger schreibt 1947 dieses: »Nahezu die Hälfte des einst voreilig gepriesenen zwanzigsten Jahrhunderts liegt hinter uns. Was immer die andere Hälfte bringen mag, wird Folge dessen sein, was zwischen 1914 und heute geschah. Die für die ganze Welt entscheidende Frage lautet, ob der Beitrag des deutschen Volkes zur zweiten Jahrhunderthälfte ebenso rühmlich sein wird, wie sein Anteil an der Gestaltung der ersten unrühmlich war.«

Neben der Konstellation des Kalten Kriegs war es vor allem dieses Pathos der »Verantwortlichkeit vor der Geschichte«, wie Reger es nennt, das den Deutschen ihren Neustart erlaubte. Alle durften die Finger in die Wunde legen. Denn aus den Deutschen sollten diesmal Verbündete werden. Und zwar im Schnellverfahren.

1948 gibt es im Westen Deutschlands elf Länderchefs. Sie wollen keinen neuen Westzonenstaat, sondern verlangen von den Alliierten lediglich eine »einheitliche Verwaltung« der drei Besatzungszonen. Die Ministerpräsidenten fürchten alles, »was geeignet sein könnte, die Spaltung zwischen West und Ost weiter zu vertiefen«. Dies soll General Lucius D. Clay, Chef der amerikanischen Besatzung, so kommentiert haben: Ein »sonderbarer Zustand [...] Ich als Vertreter einer Siegermacht will den Deutschen Vollmachten geben, und die Deutschen erklären, diese Vollmachten gar nicht in Anspruch nehmen zu wollen.« Er hat dann wohl die Länderchefs von Bayern, Bremen, Hessen und Württemberg-Baden zu sich ins I.G.-Farben-Haus in Frankfurt zitiert und gewettert: »Sie haben mit Ihren Entschlüssen Ihre wirklichen Helfer und Freunde, die Amerikaner, brüskiert [...] Wenn wir im Westen nicht hier wären, wären Sie längst russisch.«

So hatten sich die zurechtgewiesenen, zögerlichen Deutschen an die Rekonstruktion ihres Staates zu machen. Und schon stand die Frage an: Welches Deutschland kann, und vor allem, welches darf es sein? Die Verfassungsmacher trafen sich zur Klausur im abgelegenen Bonn, und am Ende stand nicht nur fest, was alles nicht mehr zu retten war, sondern auch wohin die Reise zu gehen hatte. Bonn war nicht Weimar und sollte es auch nicht werden.

Als Verlierer sahen sich zunächst die nationalen Kräfte, und das sowohl in Trizonesien als auch in der russischen Zone, die bald nur noch »die Zone« genannt wurde. Dort richtete sich der Bolschewismus des berüchtigten Stalin per Ukas in Gestalt der Ulbricht-Seilschaft ein. Die von Ulbricht ausgegebene Parole lautete: »Es muss demokratisch aussehen, aber wir müssen alles in der Hand haben.« Im Westen hingegen war die neu aufkommende politische Klasse angehalten, Marktwirtschaft und Demokratie auf- und auszubauen.

Der Unterschied zwischen West und Ost spiegelte den Unterschied zwischen den Vereinigten Staaten und der Sowjetunion. Mit dieser Erkenntnis begann nach langer Geschichtszeit der Westen in Deutschland wieder zu leuchten. Als hätte sich nach Preußens Verglühen das Abendland zurückgemeldet. Preußen, durch das Deutschland geographisch, aber auch mental nach Osten verschoben worden war, dieses Preußen wurde nun für die gesamte Tragödie verantwortlich gemacht, der preußische Geist auf den Militarismus reduziert. Das war insofern hilfreich, weil man auf diese Weise nicht Deutschland insgesamt verwerfen musste.

Man war 1949 nicht frei, hatte aber einen gewissen Spielraum. Das sahen auch die Autoren des Grundgesetzes so. Sie gingen von einer provisorischen

Situation aus und vermieden alles Endgültige. Sie nannten den Rechtstext auch nicht »Verfassung«, sondern »Grundgesetz«. Und sie waren darauf bedacht, mit einer Präambel eine Klausel für die Wiederkehr der geopolitischen Normalität einzubauen. Für den Fall, das am Ende des Kalten Kriegs die Stunde Deutschlands von Neuem schlagen sollte:

»Im Bewusstsein seiner Verantwortung vor Gott und den Menschen, von dem Willen beseelt, seine nationale und staatliche Einheit zu wahren und als gleichberechtigtes Glied in einem vereinten Europa dem Frieden der Welt zu dienen, hat das Deutsche Volk in den Ländern Baden, Bayern, Bremen, Hamburg, Hessen, Niedersachsen, Nordrhein-Westfalen, Rheinland-Pfalz, Schleswig-Holstein, Württemberg-Baden und Württemberg-Hohenzollern, um dem staatlichen Leben für eine Übergangszeit eine neue Ordnung zu geben, kraft seiner verfassunggebenden Gewalt dieses Grundgesetz der Bundesrepublik Deutschland beschlossen.

Das im Namen des Parlamentarischen Rats unterzeichnete Grundgesetz.

Es hat auch für jene Deutschen gehandelt, denen mitzuwirken versagt war. Das gesamte deutsche Volk bleibt aufgefordert, in freier Selbstbestimmung die Einheit und Freiheit Deutschlands zu vollenden.«

Es ging, wie man sieht, um die nationale Einheit und staatliche Freiheit, gegen die Teilung und für die Selbstbestimmung. Das zeigt letzten Endes ein für die damalige tatsächliche Lage, in der man sich befand, beeindruckendes Selbstbewusstsein. Mit dieser Präambel wurden der bedingungslosen Kapitulation von 1945 bereits Grenzen gesetzt. 1990, als die Zeit der freien Selbstbestimmung nach vierzig Jahren gekommen war, zeigte sich der historische Wert ihrer Symbolik. Es war nicht mehr als eine geringfügige Überarbeitung nötig, um sie zum Startpassus des Grundgesetzes für das jetzt vereinigte Deutschland zu machen. Die Präambel war 1990 ebenso aktuell wie das gesamte Grundgesetz. Während das Grundgesetz aber die Freiheiten verwaltet, hütet die Präambel die deutsche Staatsräson: »Im Bewusstsein seiner Verantwortung vor Gott und den Menschen, von dem Willen beseelt, als gleichberechtigtes Glied in einem vereinten Europa dem Frieden der Welt zu dienen, hat sich das Deutsche Volk kraft seiner verfassungsgebenden Gewalt dieses Grundgesetz gegeben. Die Deutschen in den Ländern Baden-Württemberg, Bayern, Berlin, Brandenburg, Bremen, Hamburg, Hessen, Mecklenburg-Vorpommern, Niedersachsen, Nordrhein-Westfalen, Rheinland-Pfalz, Saarland, Sachsen, Sachsen-Anhalt, Schleswig-Holstein und Thüringen haben in freier Selbstbestimmung die Einheit und Freiheit Deutschlands vollendet. Damit gilt dieses Grundgesetz für das gesamte Deutsche Volk.«

Dass diese Präambel 1990 im vereinigten Deutschland konsensfähig sein konnte, zeigt wiederum, dass beide deutsche Nachkriegsgesellschaften nicht bloß amerikanisch oder sowjetisch waren, sondern zunächst einmal, wenn auch unterhalb des Politischen, deutsch geblieben sind. Der Wille zu Deutschland hat seine Alchemie nicht eingebüßt, und das trotz der Versuche ganzer Kohorten von Denkern in Ost und West, sie auszumerzen. Unser kulturelles Antlitz war nicht zur Fratze zu machen. Die Zeiten, in denen ein Bundespräsident die Frage nach der Vaterlandsliebe mit dem Bonmot meinte beantworten zu können, er liebe seine Frau, sind vorbei. Man darf die Nationalfarben wieder tragen.

Germania ist vielleicht nicht anmutig, dafür aber standfest.

Laut Grundgesetz ist der Souverän in unserem Staat das Volk. Das aber ist nicht etwas, was uns von anderen Völkern unterscheiden würde. Das, was uns unter Umständen unterscheiden könnte, ist vielmehr die Rolle jener kritisch gestimmten Intellektuellen, die im Lauf der Jahrzehnte aus der Gesellschaftskritik einen Sport gemacht haben: Nicht »Wer wagt mehr?« zählt, sondern ein krachendes »Wer warnt mehr?«. Sie haben alles »Deutsche« ins Lächerliche gezogen, weil sie glaubten, in unseren Eigenschaften den Grund für die Katastrophe gefunden zu haben. Auf diesen Irrweg hat sie ein Großmarxist wie Georg Lukács geführt, der die deutschen philosophischen Waldspaziergänge kurzerhand dem Irrationalismus zuordnete. Die Torheit des Meisters sei mit einem Zitat aus *Die Zerstörung der Vernunft* belegt: »Einerseits haben das englische und das französische Volk einen großen Vorsprung vor dem deutschen dadurch gewonnen, dass sie ihre bürgerlich-demokratischen Revolutionen schon im 17. beziehungsweise am Ende des 18. Jahrhunderts ausgefochten haben, andererseits aber hat das russische Volk gerade infolge seiner verspäteten kapitalistischen Entwicklung seine bürgerlich-demokratische Revolution in die proletarische überleiten können und hat sich dadurch Leiden und Konflikte erspart, die noch heute für das deutsche Volk bestehen.«

So hat man sich letzten Endes selbst ins ideelle Aus manövriert. Diese Diskurshüter waren weltweit die Einzigen, die 1989 darüber staunten, dass die

Menschen auf den Straßen im Osten und vor dem Fernseher im Westen gleichermaßen ein vereinigtes Deutschland befürworteten.

Dem hatten die genervten Kleingeister mit der sonst spitzen Feder kaum etwas entgegenzuhalten. Unter dem Pflaster war kein Strand. Die beliebte Frankfurter Parole von 68 war falsch.

So gingen sie zum Gegenangriff über. Das Volk habe die Ideale des Kommunismus verraten, hieß es in den Theaterkantinen von Berlins neuer Mitte, weil es nicht imstande gewesen sei, für eine Übergangszeit von zwei- bis dreihundert Jahren auf den Verzehr von Bananen zu verzichten. So die Sprecher der vernunftbegabten Intelligenzija, von Stefan Heym bis Heiner Müller.

Sie versuchten es vorübergehend mit Scharmützeln: Es sollte eine ganz neue Verfassung geschrieben oder wenigstens die Hymne gewechselt werden. Und das allein schon deshalb, weil die Ostdeutschen 1949 nicht mitreden konnten. Statt des Deutschlandlieds sollte nach dem Willen mancher Brechts Kinderhymne erklingen: »Anmut sparet nicht noch Mühe / Leidenschaft nicht noch Verstand / Dass ein gutes Deutschland blühe / Wie ein andres gutes Land.«

Damit hatten sie sich nur ein weiteres Mal blamiert. Die Disqualifikation hatten sie noch früher selbst in die Wege geleitet, indem sie sich in der Nachkriegszeit gegen die Bundesrepublik stellten und für die DDR warben, zumindest um Verständnis für diese. Während ihnen die Bundesrepublik als restaurativ galt, war die DDR mit Kinderkrankheiten befallen. (Typisch für diese Haltung sind die Statements von Peter Weiss, der die Bundesrepublik als »Morast« bezeichnete. Eher ambivalent verhielt sich ein Grass, der die DDR kritisch betrachtete, aber die Wiedervereinigung problematisch fand. Zu den rühmlichen Ausnahmen hingegen ist Walter Kempowski, der seine kritische Haltung zur DDR von Anfang bis Ende beibehielt, zu zählen.)

Die linksliberalen Intellektuellen wollten nicht zurück, weder ins Reich noch in die lamentable Republik, aber wollten sie tatsächlich nach Moskau, wie ihre Gegner ihnen unterstellten? Sie wurden jedenfalls nicht müde, sich als Kosmopoliten zu bezeichnen und damit als weit über dem Geschehen Schwebende. In der realpolitischen Auseinandersetzung aber waren sie jeweils bloß antiamerikanisch, antiklerikal, antiisraelisch, antikapitalistisch, antiwestlich und pazifistisch. Mit einem Wort, sie waren Gegner der Westbindung.

Westbindung heißt für Deutschland, die politische Abgrenzung zu Frankreich und der angelsächsischen Welt zu vermeiden. Es ist nicht einfach nur die Parteinahme für die Vereinigten Staaten, wie oft unterstellt wird. Die Westbindung ist auch der Verzicht auf die Sonderrolle zwischen West und Ost, und sie bedeutet die Rückkehr zum »Heiligen Römischen Reich Deutscher Nation«, das seinerzeit das Rückgrat des Abendlands bildete und damit die wahre Rolle Deutschlands in der Gestaltung Europas zumindest erahnen lässt. Sein tausendjähriger Bestand im abendländischen Werteraum (800–1806) grundiert die deutsche Normalität – und nicht der von Preußen gepflegte Abstand zum Westen.

Der Wilhelminismus war nicht die Krönung des deutschen Wegs in der Geschichte, er war vielmehr der Gipfel des Missverständnisses über diesen Weg. Nach der deutschen Vereinigung in den frühen 1990er Jahren, als alle glaubten, vor der Rückkehr des »Dritten Reiches« warnen zu müssen, gab es einen einzigen Autor, der die Rekonstruktion des Heiligen Römischen Reiches Deutscher Nation sah. »Wenn die Franzosen das Wiedererstehen des Deutschen Reichs befürchten«, so Alain Minc in seinem 1993 erschienenen Buch *Das neue Mittelalter*, »täuschen sie sich über den Charakter dieses Reichs; zu Unrecht meinen sie, das Bismarcksche Modell zeichne sich in ihm ab, wo doch eine ganz andere Version zutage tritt, ein neues Heiliges Römisches Reich Deutscher Nation [...] Auf diese Weise, und nicht durch das Wiederaufleben des klassischen ›Drangs nach Osten‹ findet Deutschland wieder zu seinem Mitteleuropa, das die Räume des eigentlichen deutschen Kaiserreichs und die Ausdehnung Österreich-Ungarns zusammenfasst.«

Verfassung ist nicht zuletzt auch Ausdruck der Verfasstheit einer Gesellschaft. Preußen war, genau genommen, ein Projekt des außerhalb des Limes gebliebenen Germaniens. So gesehen, ist die Westbindung das wichtigste Merkmal des heutigen Deutschlands. Sie wird durch das Grundgesetz gesichert, und sie erst gibt dem Grundgesetz seinen tieferen Sinn.

Die Gefahr besteht nicht etwa in einer Rückkehr des »Dritten Reiches«, wie immer wieder gebetsmühlenartig behauptet wird, sondern im Aushöhlen und Aufgeben der Westbindung. Deutschland hat mit der Westbindung den von Helmuth Plessner geschilderten Sonderweg der verspäteten Nation des 19. Jahrhunderts, vor allem die daraus abgeleitete politische Doktrin, aufgegeben.

Doch der deutsche Intellektuelle geht den Pakt mit dem Teufel im Osten dennoch ein. Nicht aus Gründen der Räson, sonst würde er für die Macht im Staate kämpfen, sondern aus Leidenschaft für die Utopie. Es ist aber eine Leidenschaft aus dem Raucherzimmer. Anstatt sich selbst zum Revolutionär aufzuschwingen, huldigt er regelmäßig dem Gesetzesbrecher. Seltsamerweise erscheint der späte Nachfahr des Idealismus bürgerlich fasziniert von der Gewalt und paktiert mit ihr. Heinrich Böll und Ulrike Meinhof als deutsches Paar? Er, der als ehemaliger Wehrmachtssoldat seine Lektion gelernt hat und, in Bezug auf sie, die Meinhof, doch von freiem Geleit spricht? Für sie, die Publizistin, die Terroristin? Und sie, die sich zur Staatsfeindin macht, um den Staat Bundesrepublik zum Feind erklären zu können, zum Unrechtsstaat? Sie, die den Satz »Die Würde des Menschen ist antastbar« schreibt, um damit den Artikel 1 des Grundgesetzes als nutzlos zu entlarven, als rhetorisches Beiwerk einer besonders raffiniert gestalteten Staatsgewalt?

Die vier Mütter des Grundgesetzes: Friederike Nadig (SPD-Delegierte von Nordrhein-Westfalen), Helene Wessel (Zentrums-Delegierte von Nordrhein-Westfalen), Helene Weber (CDU-Delegierte von Nordrhein-Westfalen), Elisabeth Selbert (SPD-Delegierte von Niedersachsen), v.l.n.r. Insgesamt hatte der Parlamentarische Rat, der die Verfassung erarbeitete, 77 Mitglieder.

Es ist schon eine richtige Beobachtung, dass 1989 keine Revolution stattfand, sondern die Rückkehr zur Restauration, die bitter nötig war. Es war die Restauration der Normalität. Der deutschen und der europäischen. Deutschland lag für alle sichtbar wieder in der Mitte Europas und auch in seinem Zentrum. Die deutsche Realität hat nach einem halben Jahrhundert mit dem deutschen Selbstverständnis gleichziehen können. Die Vorgeschichte biegt wieder wie selbstverständlich in die Geschichte ein.

Es ist die Suche nach immer neuen Gründen für das Zustandekommen des »Dritten Reichs«, die den Blick auf den Rest der deutschen Geschichte verzerrt und damit auch die historische Wahrheit. Warum wollen wir nicht endlich einsehen, dass das »Dritte Reich« keine zwangsläufige oder gar schicksalhafte Folge deutscher Geschichte war, sondern das Ergebnis eines kollektiven moralischen Zusammenbruchs?

Erst das fehlende Vertrauen in die Weimarer Republik und damit in die Demokratie und deren auf der Verfassung ruhenden Institutionen hat den Wahlsieg und die Ermächtigung eines Hitler möglich gemacht.

Man hat nach der goldenen Regel des modernen Extremismus das Wahlsystem zur Abwahl des Systems genutzt, um danach noch mit deutschem Drang zur Vollständigkeit ein Ermächtigungsgesetz zur Anwendung zu bringen. Wie es aber kommen kann, dass eine Gesellschaft sich von einem Barbaren verführen lässt, weil dieser den Handkuss beherrscht, kann man immer wieder von Neuem beobachten.

Eine Gesellschaft setzt sich nur die Grenzen, die ihr nach erfolgter Katastrophe abverlangt werden. Wem die Ordnung nicht mehr göttlich erscheint, der braucht wohl die Erfahrung der verbrannten Erde, um sich zu orientieren. In der allgemeinen Ratlosigkeit folgt auf die »Entzauberung der Welt«, wie Max Weber es formulierte, der Versuch der Wiederherstellung des Zaubers, mit dem Ergebnis, dass aus den einschlägigen Mythen Fetische werden und aus den Zeremonien Rituale. Die Welt muss nur gnadenlos choreografiert werden, und schon sieht sie wie ein Parteitag aus und der Hauptredner wie der Erlöser. Eine der folgenreichsten Angelegenheiten in der säkularen Gesellschaft ist die galoppierende Entwertung des Jesus-Auftritts.

Die Weimarer Republik, die wir bis heute gern aus dem Blickwinkel des damals in der Nähe des Berliner Nollendorfplatzes logierenden Christopher Isherwood, des späteren Autors der Romanvorlage für den Film *Cabaret,* betrachten, hatte keine Autorität in der deutschen Gesellschaft. Schon die Tatsache, dass ihre Ausrufer, um die Staatsrechtlichkeit zu adressieren, nach Weimar auswichen, weil ihnen in Berlin das politische Parkett zu unsicher vorkam, hätte zu denken geben können. Die Weimarer Verfassung wurde von einer Verlegenheitsmacht in Kraft gesetzt, die selbst nicht ganz von ihrer Legitimität überzeugt war. So ging sie zu Goethe und Schiller, nicht um das Volk zu überzeugen, sondern um es für sich zu gewinnen.

Hat man in Artikel 1 den ersten Satz (»Das Deutsche Reich ist eine Republik«) gelesen, ist man sich nicht ganz sicher, ob es sich nicht doch um eine Drohung handelt. Der zweite Satz hört sich danach fast verschämt an. Er lautet: »Die Staatsgewalt geht vom Volk aus.« Dazu lässt sich sagen: So wie die Politik ihren Auftritt in verschiedenster Weise zu gestalten vermag, so kann auch das Volk in höchst unterschiedlicher Formation in Erscheinung treten.

Es erübrigt sich natürlich zu fragen, was gewesen wäre, hätte man 1918 nur den Monarchen und nicht die Monarchie abgeschafft. Der Konjunktiv schreibt bekanntlich nicht Geschichte, und selbst die Geschichten, die er zu erzählen vermag, wirken im realen Nachhinein wenig überzeugend.

Trotzdem: Das wilhelminische Kaiserreich entwickelte für sich eine durchaus gelungene Kompromissformel zwischen Monarchie und republikanischem Geist. Es war, jeweils nach Betrachtungsweise, sicherlich mehr und ganz sicher auch weniger, als jede konstitutionelle Monarchie der Zeit zu bieten gehabt hätte. Der Kaiser konnte sich zwar zum Chef der Verfassungsdeutung erklären oder sich auch dafür halten, die republikanischen Kräfte konnte er aber nicht ignorieren. Das Kaiserreich funktionierte weitgehend, weil sich beide Seiten Illusionen machen konnten. Die einen glaubten an den Kaiser, die anderen ans Parlament. So hatte die Monarchie Konstitution.

Das Kaiserreich war halb gottgegeben, halb selbst gebastelt. Es folgte einer deutschen Kleinbürger-Lieblingsrezeptur: mit dem Gottgegebenen kokettieren und in der Sache kräftig mitmischen. Zu den erfolgreichsten Romanen der Zeit gehört Gustav Freytags *Soll und Haben*, ein Plädoyer für ein deutsches Bürgertum, das sich mit seinen Tugenden gegen die faule Aristokratie, aber auch gegen die »jüdische« Kaufmannsmentalität durchzusetzen habe.

Die Gesellschaft des Kaiserreichs war eine Konsensgesellschaft. Laut Verfassung von 1871 handelte es sich sogar um einen Bundesstaat. In ihr agierten alle Kräfte, aber ohne dass ein Gleichgewicht zwischen ihnen austariert worden wäre, die Balance war bloß verordnet. Man kann es als ein Orchester betrachten, in dem es einen allgemein akzeptierten Dirigenten gab. Worüber man sich nicht ganz einig war, war das Stück, das er zu dirigieren hatte.

Seine Legitimität konnte ein solcher Staatsklangkörper nur aus der historischen Bedeutung seines Handelns und in der ebenso historischen Begründung dieses Handelns beziehen. Kurzum, für die Noten des Stücks brauchte man dringend eine Quellenangabe. Nur so lässt es sich erklären, dass sich nach 1870 ganze Heerscharen von Interpreten der deutschen Geschichte über längst Vergangenes hermachen, um es in billigster Weise für den Gegenwartsstaat zu instrumentalisieren. Etwa so: »Der Franke wollte nun den Rhein, / der Bismarck sprach: das kann nicht sein. / Schlagt zu! / Bei Sedan fiel der Franke bleich / und neu erstand das Deutsche Reich. / Gebt Ruh!«

In einem geradezu postmodernen Gestus wurde eine Erstidentifikationsbasis geschaffen. Das Kaiserreich legt sich in den 1880er Jahren einen wahren Denkmalsgürtel um. Er reicht vom Helden Hermann bei Detmold bis zur Germania im Niederwald.

Die Historienbühne war der Tummelplatz für Intellektuelle, zeigte aber auch die Bruchstelle an, die der Konsens verdeckte. Sie betraf damals schon das Verhältnis der Intellektuellen zur Macht. Der Konflikt, den das Kaiserreich konzeptbedingt verursacht hatte, wurde durch die führende Rolle Preußens, durch die Wilhelminisierung des Reichs, fatal verschärft. Unausgesprochen, dafür aber umso symbolkräftiger, stand die Paulskirchenidee weiterhin im Konflikt mit dem Ordnungsstaat, auch Obrigkeitsstaat genannt, obwohl dieser sich durchaus auf Kant hätte berufen können, wäre er nicht so mickrig gewesen, so banausisch. Das Kaiserreich galt nicht nur als kleindeutsche Lösung, es war das auch. Worauf aber sollte sich im Jahr 1870 eine eventuelle Paulskirchenversammlung berufen? Etwa auf die Französische Revolution? Es war im Übrigen Frankreich, das 1870 Preußen den Krieg erklärte. Und es war nicht das Frankreich der Revolution, sondern das von Napoleon III., einem Putschisten.

Der zerklüfteten deutschen politischen Landschaft fehlte die ordnende Hand eines modernen Staats, nicht der Gestus der Revolte. Zu den Begleiterscheinungen der historischen Verspätung gehörte auch die unzeitgemäße Zuordnung von Besitz und Autorität. Die deutschen Kleinstaaten hatten zwar die Verfügungsgewalt über ihre Bürger, aber sie hatten in deren Augen keine Autorität. Es wird stets beklagt, dass die Kleinstaaterei die Entstehung eines deutschen Nationalstaats verzögert habe. Das weitaus größere Problem aber besteht darin, dass die Zerklüftung die Einrichtung einer modernen Gesellschaft und deren Institutionen vielfach blockierte und, schlimmer noch, der Deformation unterwarf. Der Kleinstaat kann weder eine Gesellschaftspyramide ausstatten noch eine Nationalkultur einrichten.

In Ermangelung anderer Faktoren wird die Bildung bald zum zentralen Unterscheidungsmerkmal der Eliten, zumal kein ausreichendes Vermögen da ist, um sich damit etabliert zu wissen. Die Machtelite des Kaiserreichs besteht, ganz preußisch, vor allem aus der Beamtenschaft. Die Staatsdiener haben ihr gesichertes Einkommen und einen unmündigen Lebenswandel vor sich. Der Verzicht auf die Meinungsfreiheit war fester Bestandteil des Arbeitsvertrags. Man glänzte durch Leistung, nicht durch Einfallsreichtum.

Die zweite Hälfte des 19. Jahrhunderts war eine günstige Zeit sowohl für Naturfreunde als auch für Technikfreaks. Sie stand im Zeichen der Naturwissenschaften und der Technik, nicht der Philosophie. Dementsprechend ging es um die Formel, nicht um die Formulierung. Man glaubte wieder einmal, dem Perpetuum mobile näher gekommen zu sein und den Golem beleben zu können.

Der Philosophie blieben nur die literarischen Ausrucksformen. Sie sah sich dem Unseriösen des Aphorismus ausgeliefert. Dass sich zur Not selbst daraus etwas machen lässt, beweist nicht zuletzt Nietzsche.

Nietzsche ist aber auch der Beweis dafür, dass in einer solchen Gesellschaft, in der man mit dem gerade erfundenen Automobil zur Sonntagspredigt fahren kann, ohne dabei sonderlich aufzufallen, dem Intellektuellen nur die Oppositionsrolle bleibt. Es sei denn, er macht sich zum Amtssprecher des Zeitgeists.

Das 19. Jahrhundert hat den Fortschrittsbegriff zum intellektuellen Markenzeichen gemacht. Damit wird eine lineare Entwicklung der Geschichte wissenschaftlich hergeleitet und eingefordert. Die Geschichte behält ihren theologisch formulierten Endpunkt, aber den Weg dorthin bestimmen nunmehr der Mensch und sein Erfindungsgeist. Als Grundprinzip galt, dass ihm nichts mehr heilig zu sein habe. Es war die frühe Geburtsstunde des Tabubruchs.

Alles Wichtige, was in dieser Zeit gedacht wird, beruft sich auf die naturwissenschaftliche Erkenntnis, überzeugt aber vor allem durch die praktischen Vorteile der Neuerungen für das Alltagsleben. Das mechanische Zeitalter hatte den großen Vorteil, dass seine Erfindungen mühelos und von jedermann auf ihre Nützlichkeit geprüft werden konnten.

Preußens Ordnungsstaat war das ideale Instrument für die Annahme des praktischen Elements der neuen Erkenntnisergebnisse. Zum Beamten gesellt sich der Ingenieur. Der Ingenieur ist nicht nur der Inhaber der Erfindung oder des Patents, wie der Beamte sagen würde, sondern auch der Begleiterscheinungen. Er ist der Herr der Arbeit und der aufkommenden sozialen Frage. Die wiederum stellt sich auch dem Beamten, der schließlich für die Ordnung und damit auch für das soziale Gleichgewicht zuständig ist. Jenseits aber vom Siegeszug der Technik – fast unbemerkt – entstehen, begünstigt durch Industrialisierung und Forschung, zwei höchst ambivalente Phänomene: die Masse als gesellschaftlicher Mehrheitsbeschaffer und der mit Erbgut ausgestattete Mensch als Maßstab aller Dinge.

So wurde, als alles vorbei war und nur noch Trümmer übrig waren, das Grundgesetz der Bundesrepublik stillschweigend gegen die Gesamtheit der vermeintlichen und tatsächlichen Rechtsstaatsentgleisungen seit 1870 in Stellung gebracht. Das konnte man sich 1948, ganze hundert Jahre nach der Paulskirche, als Parlamentarischer Rat im unscheinbaren Bonn versammelt, angesichts der Katastrophe und im Augenblick der größten deutschen Staatskrise überhaupt leisten. Von diesem Augenblick der Schwäche profitieren wir bis heute. Dass uns der Rechtsstaat verordnet wurde, haben wir rechtzeitig vergessen.

Die Bundesrepublik sieht sich ausgesprochen gern als Verfassungsstaat. Die Anrufung des Verfassungsgerichts gehört buchstäblich zum guten Ton. Das mag die Skeptiker beruhigen, es hat aber gelegentlich auch etwas von Bürgersport. Das Grundgesetz ist die am meisten respektierte Verfassung in der Geschichte Deutschlands. Das hat Gründe, aber auch Folgen, und diese sollten wir zu schätzen wissen.

Die Erfahrung mit dem Nationalsozialismus sollte uns eines lehren: Nicht die deutsche Kultur ist nationalsozialistisch, vielmehr war ihr täglicher Missbrauch das Geschäft der Nazibande. Zurückhaltung ist gut, aber nicht alles. Das betrifft auch das Understatement von 1949. Die Verfassung kann noch so adäquat wirken und dementsprechend respektiert werden, sie wird nie die Nationalhymne oder die Muttersprache als Alltagssprache in der jeweiligen Symbolik überflüssig machen können. Jeder Staat braucht den Staatsakt, um als Vaterland plausibel zu sein. Nur wer diesen Zusammenhang nicht begreift, kann meinen, das Gemeinschaftsgefühl ließe sich in Gestalt der Wortkonstruktion »Verfassungspatriotismus« neutralisieren. Ruft vielleicht jemand im Stadion angesichts eines Sportsieges »Bundesrepublik!« oder ruft er »Deutschland!«? Zurückkommend auf Art. 1 von Weimar (»Das Deutsche Reich ist eine Republik«) gilt auch umgekehrt: Die Bundesrepublik ist das Deutsche Reich. Das deutsche Land.

Macht nichts!

[rw]

➤ German Angst, Kleinstaaterei, Krieg und Frieden, Sozialstaat, Wiedergutmachung

HANSE

Wer die Hand gegen den Kapitän erhob, der ging dreimal unter den Kiel, und wer im Zorn das Messer zog, dem wurde es durch die Hand in den Mast gestoßen.

Solches wird über das Leben an Deck der Hanseschiffe berichtet. Als Kaufmann war man nicht nur Schiffseigner, sondern auch Betreiber und Nutzer. Der Handel war in den rauen Zeiten des Mittelalters mit vielen Gefahren verbunden, die nur noch in unserer Phantasie Platz finden. Man kann sich im heutigen Deutschland kaum noch vorstellen, dass unter den Bedingungen des Mittelalters ein geregelter Handel möglich gewesen sein soll.

Es gibt eben harte Zeiten, und es gibt bequeme Zeiten. In harten Zeiten denkt man nicht sofort an die Gefahren, denn das meiste, was man unternimmt, ist ein Wagnis oder sogar ein Ding der Unmöglichkeit. In den bequemen Zeiten hingegen kann einem nichts sicher genug sein, um sich darauf einzulassen.

Talent für den Handel wird den Deutschen ziemlich selten nachgesagt. Angesiedelt zwischen den Weltmeistern der Verwandlung von Werten in Waren, den Engländern und den Holländern, und den der Subsistenzwirtschaft zugewandten, auf den Eigenbedarf orientierten Slawen unterscheiden sich die Deutschen von ihren westlichen Nachbarn durch ein geringeres Interesse an Kauf und Verkauf, von ihren östlichen Nachbarn wiederum durch ein auffallendes Engagement bei der Überwindung der Subsistenz.

Dem Westen erscheint die deutsche Ordnung als staatliche Einmischung in die Marktwirtschaft, für den Osten ist die Organisation des Warenverkehrs der Ausdruck eines übertriebenen Ordnungseifers. Deutschland, eingeklemmt zwischen West und Ost? Dieser prekären Lage versucht es seit eh und je durch seine Nord-Süd-Verbindung zu entgehen. Diese Bindung Deutschlands begleitet seine gesamte Geschichte, seine kulturellen Entscheidungen, ob es nun um den Papst geht, um die Italien-Sehnsucht oder um die Antike. Deutschland wäre gern ein Anrainer am Mittelmeer, und das nicht nur der Strände, sondern der historischen Größe wegen. Da es aber de facto kein Anrainer ist, versuchte es, sich lange Zeit zumindest in den Symbolen der Kultur den träumenden Ufern anzunähern. Zumindest unsere Dichter und Denker wurden zeitweise zu

Die Hamburger »Bunte Kuh« soll gar keine Kogge gewesen sein, sondern bloß eine leichtere Schnigge, die zur Seeräuberbekämpfung eingesetzt war. Alle Abbildungen stammen aus späteren Zeiten.

verkleideten Griechen. Das beeindruckte vor allem uns selbst, und so war es ja auch gemeint.

Der Süden, der wirkliche, aber genügt sich, er ist darin dem Westen ähnlich, obzwar der Beweggrund ein ganz anderer ist. Wenn für den Süden die Anrufung der großen Vergangenheit, deren Trümmer überall zu besichtigen sind, ausreicht, so gilt für den Westen die Kompetenz zur Ausrufung der Moderne und der Moden. Worauf es aber ankommt, ist die Erkenntnis, dass man weder den Westen noch den Süden beherrschen kann.

Selbst wenn man den Süden erobert, kann man nur in ihm aufgehen. Alle Sieger über Rom und Athen sind untergegangen. Rom und Athen sind zwar längst nicht mehr das, was sie einmal waren, im Grunde sind sie gar nichts mehr, aber ohne ihre Kultursymbolik ist alles andere in Europa nicht der Rede wert. Sie haben die Grammatik der europäischen Kultur gesetzt. Danach haben sie für ein paar Jahrhunderte die Schafe weiden lassen. Aus Verzweiflung oder aus Trotz, wer kann das schon wissen? Vielleicht war es auch nur der Anblick von uns Barbaren, der sie zur Resignation brachte. Die mit den Mitteln der freien Natur praktizierte Denkfaulheit nützte ihnen aber gar nichts. Sie hatten in den Augen der regelmäßig zur Stippvisite und zwecks Ausgrabung anwesenden Deutschen mit ihrer Schafzucht die Anakreontik erfunden. Man kann das eigene Bild in den Augen des anderen schlecht korrigieren. Von dieser unauffälligen Macht des Missverständnisses profitierten die Deutschen in ihren erfolgreichsten Denkmustern. Was wäre der deutsche Idealismus ohne die griechische Philosophie?

Der Westen und der Süden zeigten den Deutschen die Grenzen auf. Der Westen als Inhaber des Marktes, als Zöllner und Protektor, der Süden als Kenner des Erbes, als Verwalter von Bibliotheken, von Schätzen auf Pergament und Papier, von Bewiesenem und Erwiesenem, von Gedachtem und Ausgedachtem, von Gesetzen und Gesetzeskraft. So wurden wir zu Kunden und Touristen.

Offen war der Verlauf der Geschichte nur zur slawischen Nachbarseite der Deutschen im Osten. So kam es seit dem frühen Mittelalter zur Ostsiedlung, die vor allem zu Städtegründungen im slawischen Siedlungsgebiet führte und dort primär das Handwerk bekannt machte, und nicht zuletzt das Stadtrecht.

In den Anfangszeiten der Ostsiedlung, im 12. Jahrhundert, spielte der Deutsche Orden speziell in den Ostseegebieten die entscheidende Rolle, er sollte auch für die Hanse unverzichtbar sein. Der Hochmeister in Person galt als Hanse-Mitglied, und so schützte der Orden die Handelswege der Kaufleute ins Baltikum.

Die Hanse stellt ein in mehrfacher Hinsicht erstaunliches Ergebnis von Handelstätigkeit und Handelspolitik dar. Als Interessengemeinschaft von Kaufleuten aus dem Norden Deutschlands gegründet, wird sie mit der Zeit zu einem Städtebund, auf den ersten Blick vergleichbar vielleicht mit den norditalienischen Städten, aber mit weit weniger Sinn für die Innovation und Ästhetik als diese. Es fehlte im Norden die Ausdruckskraft der Renaissance. Das dort Wiedergeborene war hier, im Norden, bloß ein Angeeignetes.

Das Handelsgebiet der Hanse reichte von Brügge im Westen bis Nowgorod im Osten, heute Weliki Nowgorod. Die Hanse war ein loser Verbund mit vielen Absprachen und Vereinbarungen, aber sie war kein Staat und auch kein Staat im Staate. Als ihr Zentrum galt von Anfang an die Stadt Lübeck, von dort aus wurden die Fäden gezogen. Die Hanse war Teil des Heiligen Römischen Reiches Deutscher Nation, und dessen lockere, bisweilen lückenhafte Autoritätsausübung ermöglichte Abweichungen und Eskapaden aller Art, was in einem Standard-Staatsgebilde so nicht möglich gewesen wäre.

Hanse ist im Übrigen ein altes deutsches Wort, es bedeutet Schar oder Gefolgschaft, aber auch bewaffnete Schar. Im Gefolge der Hanse und ihrer Handelstätigkeit wurde nicht zuletzt eine Grundstruktur des Nordens geschaffen, der in jener Zeit, im Vergleich zum Kerngebiet des Abendlands, noch wenig erschlossen war. Die Städte, die zur Zeit der Hanse gebaut wurden, waren allesamt Orte ihrer Tätigkeit. So ist die hanseatische Prägung des Baltikums zu erklären. Händler verschiffen nicht nur Waren, sondern auch, selbst wo sie keine großen Ideen mitbringen, den Zeitgeist.

Die Macht der Hanse war ihr Schiffsbestand. Die Flotte der Hanse war die größte ihrer Zeit, im 14. Jahrhundert sollen sich ihre Kapazitäten auf 100 000 Tonnen Tragfähigkeit belaufen haben. Die Hanse fuhr einen eigenen Schiffstyp, die Kogge. Sie war nicht optimal zu bewegen, hatte aber durch ihre auffallende Bauchigkeit eine einprägsame Form. Später wurde sie zum Wappensymbol und ist bis heute in den Stadtwappen zu finden.

Die Hanse und ihr Operationsgebiet waren viel größer, als man sich das heute vorstellt. Man denkt wohl meist, sie habe sich auf die Küstenstädte von Bremen bis Stralsund beschränkt. Zu den wichtigsten Hansestädten jedoch gehörte Köln. Nur kultivierte es seine Hanse-Vergangenheit und die Erinnerung daran nicht. Köln versteht sich als katholische Rheinmetropole, bis zur Nordsee sind es von Köln aus zweihundert Kilometer. Obwohl die Hanse seinerzeit auch den Binnenhandel auf den Flüssen und über Land bis nach Süddeutschland hin betrieb, wird sie heute weitgehend als ein Phänomen der Ostseeküste betrachtet.

Die historische Hanse wurde zum Beispiel einer Corporate Identity. Wenn seinerzeit Lübeck ihr Zentrum war und damit auch seine große Zeit hatte, machte später Hamburg den großen Marketingeffekt daraus und erhielt so die Sache am Leben. Denn von der Marke »Hanse« profitierten alle zusammen. Geschäftsprinzipien wurden bis heute weitergetragen und gelten immer noch als Argumente. So liest man in einem Streitgespräch vom September 2010 zwischen dem Bahnvorstand Rüdiger Grube und dem verkehrspolitischen Sprecher der Grünen, Winfried Hermann, Folgendes:

Grube: »Ich bin Hanseat und ehrbarer Kaufmann, und ich habe gelernt: Ein Vertrag wird geschlossen, damit er erfüllt wird.«

Hermann: »Auch hanseatische Kaufleute überprüfen doch die Grundlagen eines Vertrags.«

Am Ende ist alles Spielzeug oder Sehenswürdigkeit. Die Hanse ist Sehenswürdigkeit. Man baut ihre Schiffe nach, und wo man nicht mehr so genau weiß, wie es sich mit dem Original verhielt, trägt einen die Fantasie über den »Bremer Roland« fort, und es geschieht im Namen des Tourismus.

Die Hanse wuchs recht unauffällig in die Geschichte hinein. Ist es, weil sie sich nicht auf den Ozean hinauswagte? Sie segelte die Ufer entlang, ihre Kapitäne verschifften auch die eigene Fracht. Es ging nicht nur darum, sie an den Mann zu bringen, sondern sie nicht einzubüßen. Auch das Meer des Nordens

Von Brügge bis Nowgorod, immer schön am Ufer entlang: die Ausdehnung der Hanse.

hatte seine Seeräuber und sonstigen Schurken. Wo aber sind sie, die Helden der Hanse? Kontoristen machen keinen Kasus aus ihrem Tun.

Dementsprechend solide ist auch das Nachleben der Hanse. Bekannte deutsche Marken führen in ihren Namen die Hanse. Die Hansa Armaturen und die Versicherung HanseMerkur. Die Pflaster der Hansaplast kommen aus dem europaweit größten Unternehmen der Branche. Die Lufthansa gilt als eine der weltweit zuverlässigsten Airlines.

Die Nachfahren des Hanse-Patriziats werden im späteren Kaiserreich die Bürgerschicht stärken. Und Lübeck wird nicht nur der Schauplatz eines der bedeutendsten bürgerlichen deutschen Romane sein, sondern auch der Herkunftsort der Familie des Autors, Thomas Mann. Diese Familie wird im 20. Jahrhundert beispielhaft für die Verteidigung der Würde der Deutschen wirken.

Der – abgesehen von den Manns – heute bekannteste Hanseat ist ein Seeräuber, ein roher Kerl, der angeblich vier Liter Bier in einem Zug austrank, Klaus Störtebeker. Vor seiner Hinrichtung auf dem freien Platz in der Stadt Hamburg, um 1400 soll es gewesen sein, habe er mit den Ratsherren ausgehandelt, dass er als Enthaupteter an seinen Mitverurteilten vorbeischreiten dürfe, und jeder, an dem er ohne Kopf vorbeikäme, sei zu verschonen. Es heißt, der Henker habe ihm ein Bein stellen müssen, um dem Spuk ein Ende zu bereiten.

Nach Störtebeker ist ein Bier in Stralsund benannt, das Bier der Gerechten. In Ralswiek auf Rügen gibt es die Störtebeker-Festspiele, und von Achim Reichel hat man *Das Störtebekerlied*.

Manchmal, man muss es schon sagen, hat das Volk eine komische Laune. Es möchte dann lieber der Gesetzlosigkeit ausgeliefert sein, statt einen geordneten Schiffsverkehr und seine Vorteile zu akzeptieren.

Die größte Angst nach der Angst vor dem Tod scheint die Angst vor der Langeweile zu sein. Die Hanse aber ist ein gutes Beispiel dafür, wie Geschichte sich den Raum gibt, den sie zu ihrer Entfaltung braucht. Sie wächst und zerfällt beinahe von selbst. Dazwischen aber liegen ganze vier Jahrhunderte, in denen es um die Ware ging, um Tuche und Pelze, um Wachs und um Salz, um Salzfisch und Gerste, um Holz und um Bier. Die flämischen Tuche, die holländischen, die Tuche aus England, Tuche des Westens, die in den Osten gingen, die Pelze, die im Gegenzug aus dem Osten kamen, aus Russland, Livland und Preußen. Die Pelze und das Wachs. Das Wachs für das Licht.

[rw]

➤ Arbeitswut, Ordnungsliebe, Vereinsmeier

HEIMAT

Heimat kann ein kostbares Gut sein oder auch nur ein gemütlicher Ort. Heimat ist etwas, das jeder haben kann, vorausgesetzt er erhebt darauf Anspruch.

Die Heimat beruft sich auf die Kindheit, und ohne die Herkunft kommt sie nicht aus. Herkunft meint die Zugehörigkeit und die Kindheit das Aufwachsen bei dieser Zugehörigkeit. Heimat ist Ort und Zeit in einem, sie ist angehaltene Vergänglichkeit. Mit einem Mal ist die Landschaft wieder vertraut, und die Muttersprache wendet sich Wort für Wort zur Mundart, zum Dialekt.

Zur Heimat hat die deutsche Öffentlichkeit ein kompliziertes Verhältnis, es sei denn, Heimat steht für etwas anderes und ist ein Ersatz. Sie kann Wahlheimat sein oder Neue Heimat, wie sich schon mal eine Wohnungsbaugesellschaft des DGB genannt hatte.

»So entsteht in der Welt etwas, das allen in die Kindheit scheint und worin noch niemand war: Heimat«, meint Ernst Bloch und macht das Bild damit zum Begriff. Das aber wirft ein weiteres Schlaglicht auf das Verhalten deutscher Intellektueller des vorigen Jahrhunderts. Wo es mit gusseiserner Logik nicht weitergeht, bringen sie die Utopie ins Spiel. Alles, was nicht per Aufklärung fassbar wird, ist in ihren Augen nicht zu verorten. Diese Hartnäckigkeit aber ist nicht nur Ausdruck des alten deutschen Gegensatzes zwischen Geist und Macht, sie kennzeichnet auch die Chronik der Missverständnisse zwischen den Denkern und den Bürgern, zwischen Öffentlichkeit und Gesellschaft in Deutschland.

Doch, Heimat! Es gibt sie! Und sie ist dort, wo man etwas zum ersten Mal erlebt hat, etwas, das sich so stark einprägt, dass alles andere, alles spätere, einer Wiederholung gleichkommt. Das Gefühl aber, das man bei der Erinnerung an dieses erste Mal hat, nennt man Heimweh!

Ich habe gelesen, habe nachgedacht. Ich habe geschlafen, bin wach geworden, mitten in der Nacht, und hatte das Wort »Deutschland« auf den Lippen. Das Wort »Deutschland« und dann das Wort »Muttersprache«.

Ich war plötzlich wieder das Kind im fernen Banat. Dort, im Dreiländereck Ungarn, Rumänien und Serbien. Meine Vorfahren waren zwei Jahrhunderte davor ins Banat gekommen. Sie sind von Ulm aus die Donau runtergefahren.

Das Banat war damals eine österreichische Provinz und später eine ungarische und nach dem Ersten Weltkrieg eine rumänische. Wir aber blieben Banater Schwaben und wurden unversehens zu einer deutschen Minderheit. Wir waren keine Auswanderer, aber wir wurden zu Staatsgestrandeten Kakaniens.

Ich stand als Kind im Hof unseres Familienhauses, am Dorfrand, blickte über den Lattenzaun. Sah den Zug am Wald vorbeifahren, sah ihn hinter dem Horizont verschwinden, dachte mir die Stadt aus, in der er ankommen würde. Die Ankunft und die Ankunftszeit. Alles geschah ohne mich, ich war noch ein Kind.

Ich sah mich im Hof stehen, sah mich auf dem Klotz hocken, dem groben Klotz, auf dem das Holz gehackt wurde für den Küchenherd. Es war Frühjahr, es war Sommer, es war Herbst und es war Winter. Es waren die fünfziger Jahre, und die Frauen liefen durch den Hof. Zwei Frauen. Meine Mutter, meine Großmutter.

Ich ging ins Haus und hörte sie im Hof singen. Sie sangen wie in der Jugend meiner Mutter, und sie sangen wie in der Jugend meiner Großmutter. Die Jugend meiner Großmutter fiel in den Ersten Weltkrieg, die Jugend meiner Mutter in den Zweiten.

Sie sangen zweistimmig. »Mädle, ruck ruck ruck an meine grüne Seite.« Oder: »Du, du liegst mir im Herzen, du, du liegst mir im Sinn.« Sie sangen: »Du, du machst mir viel Schmerzen, weißt nicht, wie gut ich dir bin.«

Ich bekam ein Akkordeon. Die meisten deutschen Kinder hatten ein Akkordeon. Das Akkordeon galt als ein deutsches Instrument. Die rumänischen Kinder schauten uns manchmal beim Akkordeonspiel zu, und das war auch schon alles. Unsere deutschen Akkordeons hießen »Hohner« und »Weltmeister«. Die meisten Kinder im Dorf hatten ein Weltmeister, ich hatte ein Hohner.

Ich spielte: »Wenn alle Brünnlein fließen, so muss man trinken. Wenn ich mein Schatz nicht rufen darf, tu ich ihm winken.« Ich spielte aber auch Neues aus dem Radio. Ich spielte die neuesten Hits aus Deutschland. Nach Noten, die einer der Musiklehrer aus dem Dorf aufgeschrieben hatte. Wir setzten die Texte aus dem Radio dazu. Wir hörten den Österreichischen und den Bayerischen Rundfunk, den Hessischen und den Saarländischen und – nicht zu vergessen – Radio Luxemburg. Das Ganze, jeweils nach Wetterlage. Es waren Mittelwellensender, und auf der Mittelwelle war nicht nur jede Musik zu hören, sondern auch jedes Gewitter.

Unsere Heimat war das Banat, unsere Muttersprache Deutsch. Wir waren Deutsche, und wir legten Wert darauf, es zu sein. Man konnte jeden Augenblick zum Rumänen werden, ohne es zu erkennen, wie wir befürchteten.

In der Schule lernten wir, dass es außer der Heimat Banat das größere Vaterland gab. Das Vaterland, das der Staat war. Der rumänische Staat. Wir aber hatten

Der Autor und ein Jugendfreund in den sechziger Jahren. Sie spielen auf ihren Akkordeons höchstwahrscheinlich *La Paloma*.

etwas, worüber die Rumänen nicht verfügen konnten, wir hatten außer dem Vaterland die Muttersprache und damit das Mutterland. Wir kannten es nicht aus eigener Anschauung, aber es war uns näher, als zu erwarten gewesen wäre. Obwohl es, als ich ein Kind war, unerreichbar blieb. Im Stalinismus waren die Grenzen zu. Wir hatten keine Pässe, aber der deutsche Radiofunk sprach uns Trost zu. Mit den Einzelheiten aus dem Radio wurde das Mutterland zu Deutschland.

Im Dorf war alles geordnet und sortiert, auch mit den Menschen war es nicht anders. Jeder hatte sein Dorf. Die Deutschen hatten ihr Dorf, und die Rumänen hatten ihr Dorf. In dem einen Dorf sprach man Deutsch, in dem anderen Dorf sprach man Rumänisch.

Rumänisch war die Staatssprache, Deutsch die Muttersprache. Wenn ich deutsch sprach, dachte ich deutsch, und wenn ich rumänisch zu sprechen hatte, dachte ich ebenfalls deutsch.

Eines Tages fand ich in einem Dachboden-Buch im Dorf das Notenblatt des *Deutschlandliedes*. Ich nahm es mit nach Hause, und zu Hause holte ich das Akkordeon hervor. Ich spielte zuerst die Noten ab. Dann sang ich den Text dazu. Ich sang die erste Strophe, wusste aber nicht, dass es die erste Strophe ist, und wusste ebenso wenig, was es mit der ersten Strophe auf sich hat. Dass man die erste Strophe nicht zu singen hat. Ich hätte mir gar nicht vorstellen können, dass ein Lied mit der dritten Strophe beginnt oder dass man aus einem Lied nur die dritte Strophe singt, das hätte ich damals überhaupt nicht verstanden.

Ich verstehe es auch heute nicht ganz, aber heute weiß ich, warum es so ist. Ich weiß, dass die Vergangenheit nicht Geschichte werden kann, weil die Nazis uns das deutsche Wort im Munde umgedreht haben. Sie machten alle ersten

Donauschwäbische Mädchen in den dreißiger Jahren. Deutsche, die nie in Deutschland gelebt haben.

Strophen zu ihrer ersten Strophe. Und wenn es ihnen letzten Endes auch nichts nützte, stürzte es uns doch in die Sprachlosigkeit. Dass wir um den Unterschied zwischen Hoffmann von Fallerslebens Deutschlandbild und dem des Anstreichers wissen, sollte eigentlich genügen. Was aber genügt schon in diesem zögerlichen Land, in das ich gekommen bin, indem ich aus dem Osten wegging? Aus dem Ostblock, aus diesem Ostblockstaat.

Ich nahm mein Mutterland mit, im Kopf, als Konterbande, meine Muttersprache und, eine Kleinigkeit, die deutsche Kultur. Das ganze Gerede über Migration und Integration spart eines aus, das Deutsche. Das, was Deutschland ausmacht und mit Deutschland uns selbst.

Ja, wir haben es vergessen.

Wir können auch erklären, warum wir es vergessen haben.

Manche meinen sogar, es sei gut gewesen, das alles zu vergessen, dass es Schnee von gestern sei, der unter Umständen wie Blei liegen würde. Diesen schweren Schnee, wer möchte, wer sollte ihn schon heben?

Wer, wenn nicht wir?

In der Nachkriegszeit wurde, nach Flucht und Vertreibung aus dem Osten, zunächst einmal der Heimatverlust zum großen Thema. Die nachrückenden Generationen durften im besten Fall eine Heimatstadt ihr Eigen nennen. Es ist heute kaum noch vorstellbar, was alles den Dämonen der Geschichte vor die Füße geworfen wurde.

Erst mit den siebziger Jahren kehrt das Selbstverständliche vorsichtig in die deutsche Öffentlichkeit zurück. Wofür man kurz davor noch abgestraft wurde, das durfte plötzlich ein Filmemacher: Edgar Reitz. Er durfte seine Fernsehfamiliensaga aus dem Hunsrück *Heimat* nennen. Das war eine Sensation. Die deutsche Seele war für einen großen Augenblick erschüttert.

Reitz hat ein Monumentalwerk geschaffen, unter dem Oberbegriff »Heimat« sind seit 1980, in zwanzig Jahren, dreißig Filme entstanden. Sie erzählen Familiengeschichte im Spannungsfeld zwischen Region, Provinz und Nation. Heimat ist damit Region, sie kann Provinz sein und sie ist Baustein der Nation. Ursprünglich war Heimat ein Begriff der Grundbuchverwaltung. Heimat bezeichnete alles, was zum Besitz einer Familie gehörte, insbesondere Haus und Grundstück. »Das Haus ist ein Ziel«, schreibt Reitz in dem Bildband *Die Heimat Trilogie*, den er im Jahr 2004 herausgegeben hat. »Wenn man es betritt, ist man angekommen. Wenn man es verlässt, braucht man ein neues Ziel. Ein Haus allein ist nicht Heimat, aber eine Heimat ohne Haus ist leer.«

Man könnte diesen Gedanken weiterführen und sagen, ein Vaterland ohne Heimat sei leer. Denn was ist schon die Vaterlandsliebe, was wäre sie ohne ein Heimweh?

Und seither?

Von den Schriftstellern hat es Bernhard Schlink mit dem im Jahr 2000 publizierten Essay *Heimat als Utopie* nochmals probiert. Er brachte Heimat mit einem populären Intellektuellenbegriff in Verbindung, mit dem »Exil«, und auch in der Sache der Utopie kam er in der Nachfolge von Ernst Bloch zu einer Kompromissformel. »Heimat ist ein Ort nicht als der, der er ist, sondern als der, der er nicht ist.« Daran mögen sich die Dialektiker der Aufklärung ergötzen.

Wir aber gehen einen Schritt weiter. Wir sagen: Heimat ist eines der schönsten Wörter der deutschen Sprache.

[rw]

➤ Gemütlichkeit, Kleinstaaterei, Männerchor, Mittelgebirge, Sehnsucht

JUGENDHERBERGE

Unlängst verirrte ich mich im Internet und gelangte auf die Seite des Deutschen Jugendherbergswerkes. Nun gut, dachte ich, Jugendherbergen waren schon immer dazu da, dem müden Wanderer Rast zu bieten. Kaum hatte ich das Portal durchschritten, das mich mit dem Spruch »Gemeinschaft erleben!« begrüßte, kam ich aus dem Staunen nicht mehr heraus.

Unter dem Stichwort »Häuser mit Profil« erfuhr ich von »Kultur-Jugendherbergen«, in denen »die jungen Gäste« alte Würstchendosen bemalen dürfen, um diese als Lichtreflektoren bei Bühnenshows einzusetzen. Ich las von »Graslöwen-Klassenfahrten«, die Grundschülern »erlebnisorientierte und hochwertige Programme rund um das Thema Nachhaltigkeit« bieten. Die »erste ökologische Wohlfühl-Jugendherberge Deutschlands« in Mirow, im Herzen der Mecklenburgischen Seenplatte, wirbt mit »fraktalen Seminarräumen« (»Weltpremiere!« »Lernräume der Zukunft!«) und »organisch-flurloser Wohlfühlarchitektur«. Das »Sunday-Funday«-Projekt will Kinder und Jugendliche spielerisch mit der Solarenergie vertraut machen, indem es ein »Solarifahri« bereitstellt, einen Bollerwagen mit Solarzelle, der bei Ausflügen mitgezogen werden kann und zu einer »Solar-Disko« auf dem Dorfplatz oder »Solar-Kochen« auf grüner Waldlichtung anregt. Die »Gesundheits-Jugendherberge« Finnentrop-Heggen wiederum lädt ein zum »Düfte schnuppern, Wände ertasten, Farbe fühlen«, abends finden Lehrgänge zum Thema Kneippen und Sauna-Anwendung statt. Das Essen, wird versprochen, sei »gesund, ökologisch und lecker«.

Was war nur aus der guten alten Jugendherberge geworden? Gab es sie etwa nicht mehr, die kargen Säle, voll gestellt mit durchgelegenen Stockbetten, die Duschen, die nie richtig warm werden wollten, die mürrischen Herbergsväter und noch mürrischeren Herbergsmütter, die großen Metallkannen, die roten Tee oder den gefürchteten dickhäutig-blassen Kakao enthielten, die vertrockneten Graubrotschreiben am Abend, der Aufschnitt, der sich an den Rändern wölbte, weshalb Schmelzkäse-Ecken zur Delikatesse aufstiegen, die Spüldienste, die auch höhere Töchter und Söhne zum einzigen Mal im Leben mit den Abgründen einer Industrieküche vertraut machten? Ob auf CO_2-neutralen »Prima-Klima-Klassenfahrten« immer noch Flaschendrehen gespielt wurde?

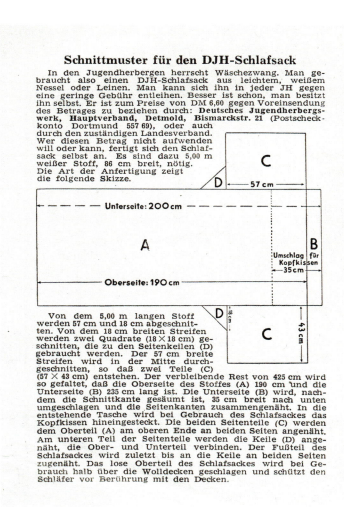

»In den Jugendherbergen herrscht Wäschezwang.« Aus der Broschüre *Wanderregeln*, herausgegeben vom Deutschen Jugendherbergswerk, 1957.

Rauchten auch Teenager, die »gut drauf, aber natürlich« waren, nachts ihre ersten heimlichen Zigaretten? War die Jugendherberge überhaupt noch jene eigentümlich anarchische Kaserne, in der es strenger zuging als daheim und gleichzeitig über alle Stränge geschlagen werden konnte?

Ich suchte »meine« alten Jugendherbergen im Netz und war beruhigt, dass die in Zwingenberg immer noch so spartanisch-teutonisch aussah, wie ich sie in Erinnerung hatte, wenngleich auch dort die Erlebnis-Pädagogik Einzug gehalten hatte. (»Qualifizierte Angebote zur Kultivierung der Erlebnisfähigkeit von Kindern und Jugendlichen.«) Die vier Flachdachbunker von Oberreifenberg lagen immer noch so krude in der Landschaft wie anno 1984. Rührung überkam mich, als ich auf die Bilder von nackten Backsteinwänden und hölzernen Stockbetten stieß, versehen mit dem Kommentar, die Jugendherberge Oberreifenberg verfüge über »gemütliche Zimmer mit insgesamt 222 Betten«.

Am nächsten Morgen ging ich in die Bibliothek. Ich wollte mehr erfahren über die Geschichte der Jugendherberge. Vielleicht waren die heutigen »Graslöwen« den Wurzeln der Bewegung ja näher, als ich dachte.

Angefangen hat alles mit einem wanderfrohen Lehrer: Richard Schirrmann. Bereits in seiner ostpreußischen Heimat verlegte er den Unterricht immer häufiger ins Freie, überzeugt, dass die polnisch-masurischen Schüler besser Deutsch lernten, wenn er mit ihnen durch die Natur zog, wo die fremden Wörter ein Gesicht bekamen. 1901 ging der 27-Jährige nach Westfalen, fortan war es die bleiche Industriejugend Gelsenkirchens, aufgewachsen im Schatten der Schlote, die er auf Wanderungen ins Münsterland und in die Ruhrberge mitnahm. Bisweilen barfuß soll Schirrmann seinen Schülern vorausgewandert sein, mit Schillerkragen und Rucksack. Der Schulbehörde war der »wanderdulle« Lehrer nicht geheuer, sie versetzte ihn ins sauerländische Altena – an jenen Ort, an dem die heute noch existierende erste Jugendherberge der Welt entstehen sollte. Aber bis dahin war es noch ein weiter Weg. Auch die neue Anstalt wollte von Schirrmanns Konzept der »Frischluftschule« nicht viel wissen, ein abermaliger Wechsel war die Folge.

Nun war Schirrmann um 1900 herum nicht der Einzige, der die deutsche Jugend aus dem »Stank und Staub der Industrie- und Großstadt« herausholen wollte. Jugendwandern als Allheilmittel gegen den urbanen »Pesthauch des Menschengrabes« lag überall in der Luft. In Berlin-Steglitz nahm kurz vor der Jahrhundertwende die Wandervogel-Bewegung ihren Anfang, 1907 entstanden die ersten Schüler- und Studentenherbergen. Zumeist handelte es sich um gewöhnliche Gasthäuser, die bereit waren, der wandernden Jugend verbilligte Zimmer zu vermieten. Doch so wie die Wandervögel in erster Linie bürgerlichen Elternhäusern entflattert waren, blieb auch der Zugang zu den Schüler- und Studentenherbergen dem einfachen Volksschüler verwehrt. Gerade bei diesen aber vermutete Schirrmann die größten seelischen und körperlichen Schäden, verursacht durch die »gefährliche Abwendung von der Natur«. Voll Abscheu beschrieb er einen typischen wilhelminischen Schulwandertag, wie er sich vor dem Ersten Weltkrieg langsam zu etablieren begann: »Da geht's im Sonntagsstaat mit viel Geld in der Tasche ein Stückchen Wegs zur nächsten Waldschenke. Scheel sehen die zurückgebliebenen Kinder ärmerer Leute aus Fenstern und Zaunwinkeln hinterdrein. Oder man macht eine kostspielige längere Eisenbahnfahrt bis an den Fuß eines vielgenannten Berges, bis an ein Denkmal, das man gesehen haben muss, und kehrt im nahen Gasthof ein, wo eine fein gedeckte Tafel mit viel Kaffee und Kuchen wartet und ein befrackter Kellner

240

Knaben und Mädchen wie Herren und Damen bedient. Dann werden ein paar Spielchen gemacht, und das Lehrerkollegium besinnt sich auf sich selbst, während die Jugend sich hinter Hecken und Zäunen verkrümelt, Wiese und Kornfeld zertritt, die Köpfe sich vielleicht blutig schlägt oder den Automaten leerzieht.« Gegen diese »Auswüchse« empfahl Schirrmann eine Art von Schulausflug, der außer robusten Sohlen unter den Füßen und einem leichten Bündel auf dem Rücken keinen weiteren Aufwand erforderte: »Darum nicht wie selten Zuckerbrot, sondern wie *grob hausbacken Brot* soll man das Wandern genießen. *Zu starken, gesunden Waldläufern und heimatkundigen Pfadfindern möchte ich deutsche Knaben und Mädchen erziehen!*«

Schirrmann schreckte nicht davor zurück, mit seinen Schülern bis zu vierzig, fünfzig Kilometer täglich zurückzulegen – und rühmte sich, dank der Luft-, Licht- und Fußbäder während der Mittagsrast nie ein »fußkrankes Kind« erlebt zu haben. Wurden mehrtägige Wanderungen in Angriff genommen, übernachtete man in Scheunen und auf Heuböden.

Im Sommer 1909 geriet Schirrmann mit seinen Schülern im Bröltal in ein heftiges Unwetter. Schnell musste eine außerplanmäßige Herberge gefunden werden – ein Dorfschullehrer erklärte sich bereit, sein Klassenzimmer als Notunterkunft zur Verfügung zu stellen: Der Jugendherbergsgedanke war geboren. Zurück in Altena, arbeitete Schirrmann fieberhaft an dem Plan, möglichst viele deutsche Schulen dafür zu gewinnen, im Sommer ihre Klassenzimmer leer zu räumen und statt der Bänke und Tische Bettgestelle mit Strohsäcken aufzustellen. An der Nette-Schule, an der Schirrmann mittlerweile unterrichtete, ging er mit forschem Beispiel voran und funktionierte sein Klassenzimmer alle Ferien wieder zur ersten »Volksschülerherberge« um. Gleichzeitig machte er sich auf die Suche nach Unterstützern. Den aktivsten fand er in dem gleichfalls »wanderdullen« Fabrikanten Wilhelm Münker, einem leidenschaftlichen Umweltschützer, der in seiner Freizeit zivilisationskritische Aufsätze wie *Die Eisenbahn auf dem Holzwege* verfasste und sich zum organisatorischen Kopf der Bewegung machte. 1912 konnte die Mutter aller Jugendherbergen in der mittelalterlichen Burg Altena ihre Tore öffnen. Der stolze Herbergsvater hieß: Richard Schirrmann.

Der Erste Weltkrieg, zu dem auch Schirrmann eingezogen wurde, unterbrach den Aufschwung, doch bereits 1920 existierten in Deutschland mehr als tausend Jugendherbergen, deren Zahl sich in den folgenden dreizehn Jahren noch einmal verdoppelte.

Auch im Ausland begann man, sich für den Jugendherbergsgedanken zu interessieren. 1932 entstand der Internationale Jugendherbergsverband – sein Präsident: Richard Schirrmann. Die Konferenzsprache bei diesem ersten Treffen war Deutsch – obwohl Vertreter aus allen mitteleuropäischen Ländern samt

Großbritannien anwesend waren. 1935 durfte Schirrmann in seiner Eigenschaft als Verbandspräsident in die USA reisen, wo zwei Jahre zuvor in New England die ersten *Youth Hostels* im Sinne des Erfinders gegründet worden waren. Noch konnte dieser enthusiastisch ausrufen: »Pädagogen aller Völker und Rassen, vereinigt euch mit der Jugend, um durch Wandern und Herbergen neue Menschen zu formen, die den verderblichen Materialismus bändigen und den wahren Frieden sichern!«

Im eigenen Land sah die Lage mittlerweile düster aus. Die Hitler-Jugend des Baldur von Schirach hatte sich bereits im April 1933 des Jugendherbergswerkes bemächtigt – angeblich sei es »marxistisch« unterwandert. Anfangs glaubten

Im Vordergrund: junge Wandervögel. Im Hintergrund: die älteste Jugendherberge der Welt auf Burg Altena im Sauerland.

Schirrmann und Münker noch, sich mit den braunen Marschierhorden irgendwie arrangieren zu können. Heimlich spotteten sie über den Reichsjugendführer, der »nie einen Rucksack auf dem Rücken«, geschweige denn jemals in einer Jugendherberge übernachtet habe. Schirachs Günstling Johannes Rodatz, den dieser zum »Führer des Reichsverbandes für deutsche Jugendherbergen« ernannte, titulierten sie als PS-verliebten »Automobilhäuptling«. Über den »Jungsturm« der HJ konnten die beiden alten Wandersmänner nur den Kopf schütteln. Fremd war ihnen der Patriotismus, der jetzt verkündete: »Das durch die Natur ›latschen‹ kann nicht viel dazu beitragen, einen Wiederaufstieg unseres Volkes in Wirtschaft und Kultur zu fördern. Heute heißt die Losung: ›Von der Wanderhorde zur Kolonne!‹« In Briefen aus den dreißiger Jahren klagten sich die beiden ihr Leid, dass ihnen keine wandernde Jugend mehr begegne, wann immer sie in den Wald gingen. Die »stählerne Romantik«, wie sie den Nationalsozialisten vorschwebte, war eben doch nur eine sehr entfernte Cousine der naturverbundenen Romantik à la Wandervogel.

Wilhelm Münker legte seine Arbeit für das Jugendherbergswerk schon im September 1933 nieder. Richard Schirrmann harrte, obwohl er aus allen offiziellen Funktionen hinausgedrängt worden war, noch bis 1937 auf seiner geliebten Burg Altena aus, dann wurden auch ihm die Schikanen von Rodatz' Kumpanen zu viel und er zog sich in den Taunus zurück.

Weder Schirrmann noch Münker waren Nationalsozialisten. Widerständler waren sie allerdings nur auf sehr eingeschränkte Weise. Münker schreckte beispielsweise nicht davor zurück, wann immer es um Umweltschutz ging, Seite an Seite mit einem strammen Parteimitglied wie Wilhelm Lienenkämper zu kämpfen, der sich 1938 im *Sauerländischen Gebirgsboten* über den »Naturschutz vom Nationalsozialismus her gesehen« Gedanken gemacht hatte. Auch befand Münker sich in seiner Eigenschaft als Vorsitzender des »Ausschusses zur Rettung des Laubwaldes« in enger gedanklicher Nachbarschaft mit dem Konzept »Dauerwald«, das Reichsforstmeister Göring zumindest in den ersten Jahren seines Treibens als forstwirtschaftliche Marschrichtung vorgegeben hatte. Liest man Texte, die der unverändert leidenschaftliche Zivilisationskritiker Münker nach 1945 geschrieben hat, könnte man denn auch zu dem Schluss kommen, das größte Verbrechen des »Dritten Reichs« hätte darin bestanden, dem deutschen Jugendwandern den Garaus gemacht zu haben.

Im Oktober 1949, wenige Monate nach Gründung der Bundesrepublik, gründete sich in Altena auch der Hauptverband des deutschen Jugendherbergswerks neu. Die mittlerweile 75-jährigen Herren Schirrmann und Münker wurden zum Ehrenpräsidenten bzw. Ehrenmitglied ernannt. Im Vorwort zur Jubiläumsbroschüre erklärte der Herausgeber der »Jugendburg-Bücherei« in einer eigenwilligen Verquickung von alt- und neudeutscher Rhetorik: »40 Jahre schon – also ein gutes Menschenleben lang – wird immer stärker vom Jugendherbergswerk als einer echt deutschen Idee und Schöpfung gesprochen und geschrieben, und es gibt wahrlich kaum eine Tat, die so deutsch im tiefsten und weitesten Sinne unserer volklichen Eigenart ist, wie eben die Anregung und Ausbreitung des Jugendwanderns mit Hilfe der Jugendherbergen [...] So wurden die Jugendherbergen nach dem Willen ihrer Gründer im edelsten Wortsinne Heimstätten echter Begegnung der Jugend aller Richtungen und Völker, Mahnmale des Friedens, Inseln der Ordnung und Sauberkeit, der Zucht und Verständigung.«

Ob die »Graslöwen«-Animateure von heute solche Sätze noch unterschreiben würden? Die Antwort muss mit Radio Eriwan lauten: Im Prinzip ja. Denn verbirgt sich hinter den Wellness-Wattierungen unserer Tage nicht derselbe weltanschauliche Kern? Dass ein pazifistischer Gemeinschaftssinn, der alle Schranken überwindet, in der Natur am kräftigsten sprießt? Dass degenerierte Großstadtkinder, besonders jene aus bildungs- und damit gleichzeitig naturfernen Schichten, wieder ins Freie hinausgeführt werden müssen, lernen müssen, eine Buche von einer Tanne zu unterscheiden, erfahren müssen, dass Erdbeeren nicht in Tiefkühltruhen, sondern an Sträuchern wachsen, und dass echte Erdbeeren »leckerer« schmecken als chemisch hergestelltes Erdbeereis? Natürlich würde keiner der grünen Pädagogen das Wort »Zucht« in den Mund nehmen, um seinen Öko-Drill als das zu bezeichnen, was er ist; würde es nie und nimmer wagen, Kinder und Jugendliche auf Gewaltmärsche mitzunehmen, die als einziges Event Luft-, Licht- und Fußbäder am Waldesbächlein vorsehen. »Abholen« ist zum sanften, »spielerischen« Vorgang geworden.

Vielleicht hätte Richard Schirrmann das »Solarifahri« samt »Solar-Picknick« für einen Ausbund an Dekadenz gehalten und auf das bewährte Lagerfeuer verwiesen. Vielleicht hätte er den Klimarettungs-Bollerwagen aber auch lebhaft begrüßt. Nur eines ist gewiss: Er hätte ihn selbst gezogen. Bereits 1909 stellte er klar, wer beim Jugendwandern Herr über die Energieversorgung zu sein hat: »Niemand aber darf Zündhölzer besitzen. Das ›teure Feuer‹ behüte ich allein.« Prometheus war kein Wanderführer.

[td]

➤ Abendbrot, Bruder Baum, Freikörperkultur, Gründerzeit, Kindergarten, Mittelgebirge, Ordnungsliebe, Vereinsmeier, Waldeinsamkeit, Wanderlust

KINDERGARTEN

Wer vor seinem inneren Auge das Bild kleiner Menschen sieht, die zwiebelgleich aus der Erde sprießen oder stachelbeerhaft an Sträuchern wachsen, sobald er das Wort »Kindergarten« hört, braucht sich nicht zu schämen. Seine Vorstellung ist durchaus im Sinne des Erfinders, lautete diese doch: »Wie in einem Garten unter Gottes Schutz und unter der Sorgfalt erfahrener einsichtiger Gärtner im Einklang mit der Natur die Gewächse gepflegt werden, so sollen hier die edelsten Gewächse, Menschen, Kinder als Keime und Glieder der Menschheit in Übereinstimmung mit sich, mit Gott und Natur erzogen werden.«

Am 28. Juni 1840 gründete Friedrich Fröbel im thüringischen Blankenburg bei Rudolstadt den ersten Kindergarten der Welt. Gewiss hatte es zuvor auch in Deutschland Orte gegeben, an denen Kinder tagsüber in fremde Obhut gegeben werden konnten. Diese Einrichtungen nannten sich »Kinder-Bewahranstalten« – und viel mehr als Anstalten, die dazu dienten, die Kinder armer Leute vor dem gröbsten materiellen Elend zu bewahren, waren sie tatsächlich nicht.

Fröbel hingegen verstand sich als leidenschaftlicher »Menschenerzieher«. Der Sohn eines Dorfpfarrers, der ohne Mutter aufwachsen musste, war als junger Hauslehrer ins schweizerische Iferten gegangen, um dort den berühmtesten Pädagogen seiner Zeit, Johann Heinrich Pestalozzi, kennenzulernen. Dessen eng an Rousseau angelehntes Konzept, Kinder zwar auch intellektuell zu fordern, aber vielmehr noch zu einem schlichten, frommen, naturnahen und handwerklichen Leben zu erziehen, hatte ihn tief beeindruckt.

Bereits 1829 entwickelte Fröbel erste eigene Pläne zu einer »Pflege- und Entwicklungsanstalt für drei- bis siebenjährige Kinder«. Anders als Johann Bernhard Basedow, der 1774 in Dessau die erste »Schule der Menschenfreundschaft« – auf gut Griechisch: »Philanthropin« – ins Leben gerufen hatte, hielt Fröbel jedoch nichts davon, kleine Wunderkinder heranzuzüchten. Er wollte keine Vorschule, in der bereits Dreijährige zum Lesen und Schreiben und Sechsjährige dazu animiert wurden, Latein zu parlieren. Ihm ging es um die freie Entwicklung des Kindes, nur so könne »das Göttliche in dem Menschen« gepflegt werden. Von einer philanthropischen Erziehungsanstalt wie derjenigen in Schnepfenthal bei Gotha, die der evangelische Pfarrer Christian Gotthilf Salzmann in

Der erste Kindergarten der Welt im thüringischen Blankenburg: »Nur das Wesen eines Gartens drückt sinnbildlich, aber umfassend aus, wie die Kindheit behandelt werden soll [...] Darum ist auch der Name ›Kindergarten‹ für die erste und früheste Kinderpflegeweise allgemein notwendig.« (Friedrich Fröbel)

der Nachfolge von Basedow gegründet hatte und in der auf einer »Meritentafel« mit kleinen gelben Nägeln den Zöglingen »der Grad ihres Fleißes bemerkbar gemacht« wurde, hielt Fröbel nicht viel.

Noch ablehnender stand er den pietistischen Waisenhaus- und Schulkasernen gegenüber, deren Modell der Theologe August Hermann Francke bereits im Jahre 1695 in Glaucha bei Halle geschaffen hatte. Zwar bezeichnete auch dieser fromme Christ seine Stiftungen als »Pflanz-Garten« oder »Baumschulen für das ganze Land« – vom paradiesischen Idyll, wie Fröbel es vorschwebte, waren sie allerdings weit entfernt. Denn anders als der Rousseau-Anhänger Fröbel gingen die Pietisten nicht davon aus, dass Kinder unschuldig zur Welt kämen und die Aufgabe des Pädagogen deshalb vorrangig darin läge, zu verhindern, dass sie kulturell verdorben würden. Für sie war der Mensch von Natur aus verderbt, weshalb er zu etwas Besserem »auferzogen« werden müsse.

»Denn sehet ein kleines Kind an, wie sich von Mutterleibe an die böse Unart in ihm regt, sonderlich aber der eigene Wille und Ungehorsam; und wenn es ein wenig erwächset, bricht hervor die angeborene eigene Liebe, eigene Ehre, eigen Lob, eigene Rache, Lügen und dergleichen.« Dies harsche Zeugnis, das der nachreformatorische Theologe Johann Arndt den Kindlein ausgestellt hatte, machte August Hermann Francke zur Grundlage seiner pädagogischen Maximen. Zum wichtigsten Ziel seiner »Auferziehung« wurde es, »dass der natürliche Eigen Wille gebrochen werde« und das Sündenkind stattdessen lerne, Gottes Willen zu gehorchen. Wichtigstes Mittel war ein rigide strukturierter Alltag aus Arbeit, Unterricht und Gebet. Spiel und Spaß galten als Leimruten des Teufels. Wer dabei ertappt wurde, war zu bestrafen.

Auch wenn es bei Fröbel beileibe noch nicht so anarchisch-antiautoritär zuging, wie in den Kinderläden der späten 1960er und 70er Jahre: Angesichts solch pietistischen Drills hätte dem empfindsamen Reformpädagogen die Seele geblutet. Gerade das Spiel, das schon Friedrich Schiller als die ideale Daseinsform des Menschen gepriesen hatte, war für ihn unentbehrlich, um die besten Triebe im Kinde zu fördern: »Wie Gott in der Welt, auf Wiese und Acker, [...] das große Erziehungsbuch der Menschheit geschrieben hat, [...] so will auch ich in Kinderspiel und Lebenslust des Menschen Erziehungsbuch schreiben [...]« Allerdings stand in diesem Erziehungsbuch nicht, Kinder schlicht sich selbst und dem Schlamm zu überlassen. »Spielpflege« hieß das Zauberwort. Um ihre Feinmotorik, Phantasie und Kreativität gezielt anzuregen, gab der Pädagoge den Kindern hölzerne Klötzchen, Kugeln und Walzen zum Spielen – noch heute sind diese »Fröbel-Gaben« in jedem besser sortierten Kindergarten zu finden. Ebenso leidenschaftlich wurde gesungen: »Häschen in der Grube saß da und schlief, saß da und schlief, armes Häschen bist du krank, dass du nicht mehr hüpfen kannst? Häschen, hüpf! Häschen, hüpf! Häschen, hüpf!«

Der eigentliche Schwerpunkt aber lag auf der Gartenarbeit. Dabei war der Garten mehr als bloß ein Ort, an dem Kinder lernen konnten, ihre Hände sinnvoll zu gebrauchen und einen Apfel von einer Birne zu unterscheiden. Der Kindergarten sollte den Kleinen den Zugang zu jenem Garten Eden wieder eröffnen, den ihre Urahnen beim Sündenfall verspielt hatten. Und auch den Frauen wollte Fröbel mit seinem Kindergarten die Möglichkeit aufzeigen, wenigstens durch die Hinterpforte wieder ins Paradies eingelassen zu werden.

Schon Martin Luther hatte gepredigt, dass das aufopferungsvolle Leben für ihre Kinder der einzige Weg sei, auf dem die verdammten Erwachsenen vielleicht doch noch den Weg zu ihrem Seelenheil gewinnen könnten. Der Protestant Fröbel setzte die Luthersche Mission fort, indem er neben den Kindergärten Ausbildungseinrichtungen für Kindergärtnerinnen gründete und seine letzte große Publikation *Mutter- und Koselieder* unter das Motto stellte: »Kommt, lasst uns unsern Kindern leben!«

Nach Fröbel waren Kindergärten keineswegs dazu da, jenen Müttern, die selbst keine Zeit oder Lust hatten, sich ganztägig um die Aufzucht ihrer Sprösslinge zu kümmern, das Gewissen zu erleichtern, indem sie die lieben Kleinen gut aufgehoben wussten, wenn sie anderweitigen Tätigkeiten nachgingen. Die Erziehung in der Familie durch die leibliche Mutter und die Erziehung im Kindergarten durch die ausgebildete Kindergärtnerin sollten Hand in Hand gehen. »Im Gemüte des Menschen soll seine echte Sinnlichkeit tief gegründet werden; es muss aber eine doppelte Richtung oder Seite des Menschen ihre lebensvolle, lebendige Einheit und Einigung finden, nämlich die Richtung und Seite nach dem Besonderen, Einzelnen und Selbständigen und nach dem Allgemeinen, Einigen, Gemeinsamen.« Diese doppelte Funktion bildete sich in den Kindergärten selbst ab: Im Zentrum gab es zahlreiche »Unfusionsgärtchen«, welche jedes »Kind und Kindchen« so anlegen durfte, dass sich in der Art der Bepflanzung sein »eigenstes, innerstes, stilles, seelenvolles, ungestörtes Gemütsleben« ausdrückte. Umgeben waren diese Inseln des Einzelgängertums von einem »allgemeinen und allgemeinsamen« Garten.

Der preußischen Monarchie war dieser naturwüchsige Kollektivismus, in dessen Schutz das Individuum erst richtig zur Blüte kommen sollte, allerdings suspekt. Im August 1851 wurden die Kindergärten als »Teil des Fröbelschen sozialistischen Systems« verboten. Selbst die Proteste von Fröbels illustrer

Ernsthaft ins Spiel vertieft: Kinder mit Fröbel-Gaben. Aufnahme aus den 1930er Jahren.

248

Anhängerschar, zu der auch Karl August Varnhagen von Ense zählte, der ehemalige Gatte der mittlerweile verstorbenen Salonnière Rahel Varnhagen, vermochte die Obrigkeit nicht umzustimmen. (Varnhagen von Ense war überzeugt, dass das »stupide Vieh« von preußischem Kultusminister Friedrich und Karl Fröbel miteinander verwechselt hatte. Letzterer war ein Neffe des Kindergartengründers, Leiter der »Hochschule für das weibliche Geschlecht« in Hamburg und als solcher ein leidenschaftlicher Verfechter von Frauenbildung und Völkerverständigung.)

Erst eine andere adlige Fröbel-Verehrerin, die Baronin Bertha von Marenholtz-Bülow, erreichte es, dass die Kindergärten im April 1860 wieder zugelassen wurden. Friedrich Fröbel selbst war da schon seit acht Jahren tot. Auch wenn sich der Meister über seine Apostelin zuletzt abfällig geäußert hatte – sie sei »eine Verführerin«, aus deren Bestrebungen »nicht ein einziger Kindergarten« hervorgegangen sei –, ließ sich die Baronin in ihrem missionarischen Eifer nicht bremsen. Sie reiste nach London, Paris, Zürich, Genf, Antwerpen und Amsterdam und sorgte so dafür, dass der Kindergarten in der zweiten Hälfte des 19. Jahrhunderts zu einem deutschen Exportschlager wurde. Bis heute existiert der Begriff als deutsches Lehnwort im Englischen, zahlreiche andere Sprachen haben ihn sich angeeignet.

Überhaupt waren es Frauen, die die Nachfolge Fröbels antraten: Eine Großnichte der Baronin Marenholtz-Bülow gründete 1874 in Berlin das erste »Pestalozzi-Fröbel-Haus«, das sich zum Ziel gesetzt hatte, »die Kleinkinderfürsorge und Jugenderziehung« zu verbessern sowie »Frauen für die Berufe der Hauswirtschaft und der Erziehung« auszubilden. Revolutionärer klangen dagegen die Bestrebungen Nelly Wolffheims, die versuchte, Sigmund Freud und Friedrich Fröbel zusammenzubringen, indem sie – ebenfalls in Berlin – 1922 den ersten psychoanalytischen Kindergarten Deutschlands gründete.

In vielem ähnelte die Leidenschaft, mit der sich die Deutschen dem Feld der frühkindlichen Erziehung widmeten, der Leidenschaft, mit der sie die Forstwissenschaft entwickelten. So wie der Wald durch die fortschreitende Industrialisierung bedroht war und nur eine Chance hatte, weiter zu bestehen, wenn er in einen Forst verwandelt wurde, war die frühkindliche Geborgenheit bei der Mutter durch die fortschreitende Emanzipation und außerhäusliche Berufstätigkeit von Frauen bedroht und musste durch den Kindergarten ersetzt werden. Auf beiden Gebieten gab es von Anfang an den Streit, wer von den neuen Einrichtungen am meisten profitierte. Die Fortschrittsfeinde meinten: die Industrie, indem man dafür sorgte, dass ihr der Rohstoff bzw. die billigen Arbeitskräfte nicht ausgingen. Die Fortschrittsfreunde hingegen waren überzeugt, dass sowohl Forst als auch Kindergarten mehr als bloße Notlösungen seien, sondern sich hier im Gegenteil eine Natur zweiter Potenz verwirklichen ließ: der Forst

»Antiautoritärer Kinderladen« in Bochum, 1971.

als der gesündere Wald; das im Kindergarten erzogene Kind als das glücklichere im Vergleich zu jenem, das nur im engen Familienkreis aufwuchs.

Schaut man sich in der Gegenwart um, hat sich am alten Streit nicht viel geändert. Den Fortschrittsfreunden erscheint der Kindergarten – oder die »Kita« – noch immer als der Ort, an dem gerade die Sprösslinge aus »prekären« Familien die einzige Chance erhielten, einen gelingenderen Lebensweg einzuschlagen. Die Seite der Fortschrittsfeinde hingegen kann sich heute entweder auf die Soziobiologie berufen, die vermeintlich wissenschaftlich begründet, wie schädlich eine Trennung von der Mutter für das Kleinkind sei, oder sie kann die beiden Irrwege ins Feld führen, die den deutschen Kindergarten zu einer Einrichtung gemacht hatten, die weniger am Wohl des Kindes interessiert war als vielmehr daran, genormte Mitglieder eines totalitären Systems heranzuziehen.

Die Merkwürdigkeit, dass manch »Linker« heute zwar die staatliche Kinderganztagsbetreuung mit Verve fordert, in der Forstwirtschaft aber noch immer ein Ärgernis sieht, während manch »Rechter« die umgekehrten Vorlieben und Aversionen pflegt, lässt sich nur damit erklären, dass kaum ein Deutscher die

Hoffnung komplett aufgeben mag, irgendwo möge sich Natur doch noch in ihrer ursprünglichen Form erhalten. Und so kann es passieren, dass der eine, dem das Kreischen der Motorsägen keine schlaflosen Nächte bereitet, umso heftiger leidet, wenn er sich das Kreischen des Kindes vorstellt, das von seiner »Rabenmutter« in der »Kita« abgegeben wird. Und dass der andere, der im Kindergarten den Vorglanz einer besseren Zukunft sieht, weint, wenn er an die gefällten Stämme am Wegesrand denkt.

Die Sehnsucht nach dem verlorenen Paradies wird die Deutschen noch lange »den Wald« oder »die Mutter« verklären lassen. Dennoch scheint auch hierzulande langsam die Einsicht zu wachsen, dass Forst und Kindergarten zwar ihrerseits keine kommenden Paradiese sind, dafür aber Handlungsspielräume eröffnen, von denen Adam und Eva nur träumen konnten.

[td]

➤ Bruder Baum, Jugendherberge, Mutterkreuz, Ordnungsliebe, Rabenmutter, Schrebergarten, das Weib

In einem Fröbel-Kindergarten wäre so etwas nicht passiert …

Wie Kinder Schlachtens miteinander gespielt haben

Einstmals hat ein Hausvater ein Schwein geschlachtet, das haben seine Kinder gesehen; als sie nun am Nachmittag miteinander spielen wollen, hat das eine Kind zum andern gesagt: »Du sollst das Schweinchen und ich der Metzger sein«, hat darauf ein bloß Messer genommen, und es seinem Brüderchen in den Hals gestoßen. Die Mutter, welche oben in der Stube saß und ihr jüngstes Kindlein in einem Zuber badete, hörte das Schreien ihres anderen Kindes, lief alsbald hinunter, und als sie sah, was vorgegangen, zog sie das Messer dem Kind aus dem Hals und stieß es im Zorn dem andern Kind, welches der Metzger gewesen, ins Herz. Darauf lief sie alsbald nach der Stube und wollte sehen, was ihr Kind in dem Badezuber mache, aber es war unterdessen in dem Bad ertrunken; deswegen dann die Frau so voller Angst ward, dass sie in Verzweiflung geriet, sich von ihrem Gesinde nicht wollte trösten lassen, sondern sich selbst erhängte. Der Mann kam vom Felde und als er dies alles gesehen, hat er sich so betrübt, dass er kurz darauf gestorben ist.

Brüder Grimm: *Kinder- und Hausmärchen*, Band 1 (1812)

KIRCHENSTEUER

Es fing mit Lippe-Detmold an, mit Oldenburg und Sachsen.

»Das vereinigte Deutschland ist in seiner Substanz kein christlich geprägtes Land, es ist weder katholisch noch protestantisch. Christlich ist allein die Kirchensteuer.« Das schrieb der liberale Chef-Sarkast der alten Bundesrepublik Rudolf Augstein 1991 in einem Leitartikel des von ihm herausgegebenen *Spiegel*.

Zeit für ein Stoßgebet? Unser Kompromissvorschlag: Man verzichte ausnahmsweise einmal auf die Yoga-Morgenübung und versuche es stattdessen mit den hier folgenden Zeilen. Man kann sie laut und deutlich sprechen oder auch flüstern. Man kann sich dabei an etwas erinnern, vielleicht sogar an die Situation, in der man sie zum ersten Mal sprach. Betete.

Unser Vater in dem Himmel! / Dein Name werde geheiliget. / Dein Reich komme. / Dein Wille geschehe auf Erden wie im Himmel. / Unser täglich Brot gib uns heute. / Und vergib uns unsere Schulden, / wie wir unseren Schuldigern vergeben. / Und führe uns nicht in Versuchung, sondern erlöse uns von dem Übel. / Denn dein ist das Reich und die Kraft / Und die Herrlichkeit in Ewigkeit. Amen.

So weit das Vaterunser, das Gebet des Jesus von Nazareth. Er hat es seine Jünger beten gelehrt. Es ist aber auch das Gebet des Felix Mendelssohn Bartholdy und der *Toten Hosen*, die es vertonten. Und es ist das Vaterunser des Martin Luther. So sprach er es 1545. In seinem Deutsch. Und so sprach man es lange Zeit in einer der großen christlichen Kirchen Deutschlands – der Steuerkirchen, in deren Angelegenheiten man sich gern öffentlich einmischt, weil der Deutsche, der zur Steuerabgabe bereite, diese Abgabe für die beste Legitimation des Bürgeranspruchs hält, die Bücher zu prüfen. Er zahlt anstandslos, aber er prüft auch gern. Mehr noch: Für ihn wird die Kirche durch Beitrag und Mitgliedschaft zum Verein und die Bibel zur Satzung. Der Steuerbürger aber erklärt sich zum Laienprediger. Er versteht es, aus allem eine Gebrauchsanweisung zu machen, auch aus der Heiligen Schrift. Für ihn geht das Vaterunser, von ihm durchgesehen, dann so: »Du, Gott, bist unser Vater und Mutter im Himmel, / dein Name werde geheiligt. / Deine gerechte Welt komme. / Dein

Wille geschehe, wie im Himmel, so auf der Erde. / Das Brot, das wir brauchen, gib uns heute. / Erlass uns unsere Schulden, / wie auch wir denen vergeben, / die uns etwas schuldig sind. / Führe uns nicht zum Verrat an dir, / sondern löse uns aus dem Bösen.«

Das ist das »Vaterunser in gerechter Sprache« von 2006. Keimfrei und zur Eingabe beim IWF bestens geeignet. Während Luther der Anrufung die Feierlichkeit zuspricht, die sie zur zeitlosen Beschwörung werden lässt, machen die Geschlechter-Gerechten die Sprache sozialamtlich kompatibel und das Anliegen zur Wohlfahrtsangelegenheit. Ihr Vaterunser ist das Ende des Vaterunsers, sie aber verstehen es als seine Rettung, die gleichzeitig ihre eigene wäre und für die sie schließlich Steuern bezahlt haben.

Dieses Vater-und-Mutter-unser macht aus der Kirche eine Herberge, eine Notunterkunft, und aus dem Gottesdienst eine Sozialarbeit. So hat alles seinen guten Zweck, und zwar durch geordnete Verhältnisse.

Kirchen gehen nicht aus Geldmangel unter.

Die geltende Regelung der Kirchenfinanzierung ist eine deutsche Besonderheit, sie wurde im 19. Jahrhundert eingeführt. Die Idee kam aus der Staatsverwaltung und wurde anfangs nur in einigen Teilstaaten des Deutschen Reichs angewandt.

Es gibt zwar auch in anderen Ländern diverse Abgaben und Beiträge, die unter anderem den Kirchen zugutekommen, aber nirgends gibt es eine solche Auftragsbestätigung in Form einer Vereinbarung mit dem Finanzamt. Dieses kassiert sogar Gebühren für die Transaktionen.

Und wer ist der Verursacher? Napoleon, natürlich, der frivole Meister des Kollateralschadens. In diesem Fall war es sein Frieden von Lunéville 1801. Damit gingen Elsass und Lothringen an Frankreich. Die linksrheinischen Grund-

und Bodenverluste der weltlichen Besitzer, sprich des deutschen Adels, wurden in einer Verlegenheitslösung durch die Säkularisation von rechtsrheinischem Kloster- und Kirchenbesitz ausgeglichen. Weil das den Klerus um sein Auskommen brachte, sollte fürs Erste durch eine Steuer Abhilfe geschaffen werden.

Die Steuer war zwar als Ausnahmeregelung gedacht, aber wie alle erfolgreichen Ausnahmeregelungen kam sie wiederholt zur Anwendung. Denn wer ist schon ohne Verlegenheit, wenn er mit nichts als den Mitteln der Politik den Staatshaushalt finanzieren soll? Die deutschen Kleinstaaten der Zeit verleibten sich die Idee umgehend ein. Als Erstes führte Lippe-Detmold 1827 die Steuer ein. Es folgten Oldenburg (1831), Sachsen (1838), Bayern (1892). Als letztes Land hat in den Jahren 1905 und 1906 Preußen in der Frage gleichgezogen. War die Kirchensteuer der Preis der Säkularisation oder war sie mehr? War sie nicht auch die Umgehung der Debatte um Gott und die Welt, die Abkürzung des Verfahrens um die Trennung von Kirche und Staat? Katholisch gesprochen: Der Bürger wirft die Münze mit lässiger Hand in den Klingelbeutel, den der Staat ihm hinhält, und nach dem Ende des Hochamts nimmt die Kirche diskret die Münze entgegen, und der Staat berechnet ihr ebenso diskret eine geringfügige Gebühr für den Aufwand.

Die Kirchensteuer war eine Sache vor Ort. Sie blieb bis zuletzt kaiserlich ungeregelt. Erst die Weimarer Republik sollte daraus einen festen Bestandteil der Verfassung machen und damit den realen Grund- und Stolperstein zur heutigen Regelung legen.

Die Nazis ließen sie, wie so manches, weiter bestehen, und das Grundgesetz übernahm sie ausdrücklich aus der Weimarer Verfassung, um sie in gleicher Weise wie das historische Vorbild der Ländergesetzgebung zu überantworten.

Im Übrigen gelten nicht nur die beiden Großkirchen als anspruchsberechtigte Körperschaften, sondern auch noch einige andere Glaubensgemeinschaften, u. a. die Jüdischen Gemeinden, Alt-Katholiken oder freireligiöse Gemeinschaften. Manche machen davon Gebrauch, andere nicht. Die Dänische Seemannskirche Hamburg etwa treibt ihre Steuern selbst ein. Zahlreiche Freikirchen verzichten auf die Steuergelder und sind trotzdem krisenfrei.

Kirchen gehen nicht aus Geldmangel unter.

Die Kirchensteuer betrifft aber nicht nur Religionsgemeinschaften. Der Glaubensverhandlung dienen nach Ansicht des Verfassungsgerichts auch die Weltanschauungsgemeinschaften. Auch für die Humanisten kann Kirchensteuer eingezogen werden, jedenfalls wäre es zulässig.

Amen?

[rw]

➤ Kleinstaaterei, Reformation, Sozialstaat

KITSCH

Dass sich der Kitsch als solcher kaum greifen lässt, hat wahrscheinlich weniger mit den jeweiligen Kunstvorstellungen zu tun als mit seiner Funktion. Kitsch ist stets konkret, ob es sich nun um einen Porzellanelefanten in der Rolle des Sparschweins handelt oder um das Konterfei eines Diktators auf einem Federhalter mit Goldrand, um Prometheus in der Wandnische eines griechischen Restaurants oder die holzgeschnitzte Madonna auf einem Südtiroler Balkon.

Kitsch ist sogar meist nicht die Sache selbst, sondern ihre Hermeneutik. Erst die Landschaft, in der er sich befindet, macht den röhrenden Hirschen zu dem, was ihm nachgesagt wird. Nicht *Der Wanderer über dem Nebelmeer* ist romantischer Kitsch, sondern seine endlose Zitierung als Buch-Cover. Kitsch ist, mit einem Verlegenheitskriterium beschrieben, wenn man etwas nicht mehr sehen kann, ohne sich dabei ein Lachen verkneifen zu müssen.

So lassen sich über den Kitsch allerhand Vermutungen anstellen. Es fängt schon bei dem Wort selbst an. »Kitsch« ist zwar zum ersten Mal in der Münchner Kunsthandelszene der 1870er Jahre belegt, trotzdem wird auch über seine Herkunft aus dem Jiddischen und sogar aus dem Englischen spekuliert. Jedenfalls hat der »Kitsch« von München aus die Kunstdebatten befeuert, Auktions-Skandale veranlasst und wird bis heute in seiner deutschen Schreibweise sowohl in Frankreich als auch im angelsächsischen Raum verwendet. Für das, was trotz seiner Konkretion nicht eindeutig genug fassbar ist, hat man gern ein Fremdwort zur Hand.

Alles weitere ist Soziologie, Kunstsoziologie, und damit plausibel.

Kitsch entsteht mit dem Aufkommen der bürgerlichen Gesellschaft, mit ihren technischen Voraussetzungen und ästhetischen Erwartungen. Zum Kitsch kommt es mit der Reproduzierbarkeit von Kunst. *Mona Lisa* im Louvre ist nicht Kitsch, aber ihre Reproduktion auf der Postkarte oder der Tasse aus dem Museumsshop, von der aus sie uns womöglich zuzwinkert, ist es schon. Wenn in jedem zweiten Hausflur die Hopper-Bar die Wand ziert, und das als Billigposter, kann es sich nur noch um Kitsch handeln.

Die Massengesellschaft verlangt nach der Massenkunst, die um 1870 zunächst einmal Devotionalien-Motive zur Verfügung stellt. Es ist Gründerzeit,

Patentierung, Normierung und Standardisierung begleiteten den Einzug der Industrie ins Kaiserreich. Auch der Gartenzwerg ging in die Serienproduktion.

die Zeit, in der jeder einen Gartenzwerg haben möchte. Durch ihn will man sich nicht von allen anderen unterscheiden, man will dazugehören. Dass diese Haltung in Deutschland besonders ausgeprägt war, hat wahrscheinlich mit der späten, aber rasanten Entwicklung der Gesellschaft zu tun. Kurzum, die Nachfrage nach den Hirschen und Zwergen war groß.

Das gilt genauso für das 20. Jahrhundert. Jedem System seinen Kitsch: Es gibt den Kaiserreich-Kitsch, den religiösen Kitsch, den Nazi-Kitsch und den Kommunismus-Kitsch. Und darüber hinaus gibt es den allgegenwärtigen Kitsch der Konsumgesellschaft: Nichts, was es nicht auch als Kitsch gäbe. Siehe den Gelsenkirchener Barock, und so kann jeder jedem etwas vorhalten, auch wenn man sich sonst nichts zu sagen hat. Polemik verbindet.

Die Konsumgesellschaft aber fügt dem Ganzen noch eine kleine Perfidie hinzu. Sie erlaubt, den Kitsch mit einem Augenzwinkern zu quittieren. Alles halb so schlimm?

Im angelsächsischen Raum redet man sich in der Kitschfrage schon lange mit der Pop-Kultur heraus. Diese existiert auf Grund der Idee der Affirmation. Sie sagt ja zu Marilyn und ja zu Mao. Ist Andy Warhols Marilyn Kitsch oder bloß Kult? Was aber ist Kult, wenn nicht Trash? Und ist Kitsch dann Trash oder ist beides bloß »camp«?

Das wäre eine amerikanische Diskussion, keine deutsche. Und, einmal abgesehen davon, dass wir hier nicht grundlos amerikanische Diskussionen führen sollten, geht es auch nicht um eine Diskussion, es geht um das Wort, und dabei muss man zugeben, das Wort »Kitsch« ist eine geniale Erfindung. Schon bei seinem Klang glaubt man den Bezug zur Sache zu erkennen. Was auch immer mit dem Wort in Berührung gebracht wird, ist danach kontaminiert.

Kitsch ist ein Machtwort. Es eignet sich besonders für Laien, da es jegliche Fachterminologie in der Diskussion überflüssig macht. Mit der Bezeichnung »Kitsch« kann man im Grunde fast alles niedermachen. Kitsch ist geradezu eine Bezichtigung. Sogar der Versuch seiner Zurückweisung gerät noch zur Steigerung, wie der freche Ausdruck »Edelkitsch« verrät.

[rw]

➤ Bierdurst, E(rnst) und U(nterhaltung), Gemütlichkeit, Puppenhaus, Schrebergarten

Kleinstaaterei

Valerio: »Wir sind schon durch ein Dutzend Fürstentümer, durch ein halbes Dutzend Großherzogtümer und durch ein paar Königreiche gelaufen, und das in der größten Übereilung in einem halben Tage [...] Teufel! Da sind wir schon wieder auf der Grenze; das ist ein Land wie eine Zwiebel, nichts als Schalen, oder wie ineinandergesteckte Schachteln, in der größten sind nichts als Schachteln, und in der kleinsten ist gar nichts.«
(Georg Büchner, *Leonce und Lena*)

»Was ist des Deutschen Vaterland? / So nenne mir das große Land! / Ist's was der Fürsten Trug zerklaubt? / Vom Kaiser und vom Reich geraubt? / O nein! Nein! Nein! Das Vaterland muss größer sein!«
(Ernst Moritz Arndt, 1814)

Es gibt wohl kaum jemanden in Deutschland, der sich nicht schon mal gefragt hätte, ob das alles wirklich sein müsse, trotz schöner Idee: der tägliche Föderalismus. Wenn wir Föderalismus sagen, denken wir doch, mal ehrlich, zunächst an die Blockaden im Bundesrat, an den immerwährenden Landtagswahlkalender, an die ewig öden Landtagswahlkämpfe, die allesamt etwas vom Torfstechen haben. An die Landtagswahlreden und Landtagswahlgeschenke auf Kosten der Bundespolitik. An die Landtagswahlkämpfer und an die Landespolitiker, an ihre Wähler. An den Länderproporz. An die Landesfürsten, die einmal im Monat anreisen, um im Bundesrat alles noch komplizierter zu machen, als es ohnehin schon ist, und das bei aller Föderalismusreform und bei allem Reformwillen. Man sieht die Landesfürsten aus ihren Dienstwagen steigen, in denen sie auf der gesamten Fahrt bis Berlin in Akten geblättert haben, die sich mit der Talsperre in Z oder dem Bahnübergang von X beschäftigen, und wenn sie nun aus ihren Limousinen steigen, recken sich ihnen die Hauptstadt-Mikrofone entgegen und fragen sie nach ihrer Meinung zur Bundespolitik.

Wer hat nicht schon mal den Kopf geschüttelt beim Anblick all dieser Ministerpräsidenten und Staatssekretäre der Länder, die sogar Vertretungen in der Hauptstadt unterhalten, die wie Botschaften aussehen, so dass man meinen könnte, es handele sich bei den Bundesländern um Ausländer. In Wirklichkeit sind es die Oberbürgermeister von Kassel und Co., die hier die Regierungsgewaltigen geben.

Schauen wir uns einige der merkwürdigsten Ergebnisse der Landespolitik an:

– Die Baumschutzverordnung in München sieht vor, dass Bäume, um schützenswert zu sein, einen Stammumfang von 80 Zentimetern aufbringen müssen, und zwar zu messen auf einer Höhe von 100 Zentimetern. In Berlin wird bei 130 Zentimetern Höhe gemessen.
– Laut Jagdverordnung darf in NRW generell mit Wippbrettkastenfallen gejagt werden, während in Thüringen lediglich auf Wildkaninchen und Haarraubwild die Jagd mit Fangvorrichtungen gemacht werden darf.
– In Bayern darf nur noch in der »Außengastronomie«, sprich: im Biergarten, geraucht werden. In allen anderen Bundesländern darf in ausgewiesenen Raucherräumen geraucht werden. Sonderregelungen: In Berlin ist dies in Shisha-Gaststätten möglich, die keine alkoholischen Getränke anbieten. In Berlin, Hessen, Nordrhein-Westfalen und Sachsen müssen ausgewiesene getränkegeprägte Rauchergaststätten mit weniger als 75 Quadratmetern Gastfläche keinen Nichtraucherraum anbieten. Im Saarland sind inhabergeführte Kneipen davon ausgenommen. In Nordrhein-Westfalen gibt es Raucherclubs. In diesen ausgewiesenen Örtlichkeiten darf geraucht werden, ebenso wie in Hessen, Nordrhein-Westfalen und Sachsen bei geschlossenen Gesellschaften.
– Kopftuchverbot für Lehrerinnen herrscht in Bayern, Baden-Württemberg, Saarland, Hessen, NRW, Bremen, Niedersachsen. In Rheinland-Pfalz, Schleswig-Holstein und den Neuen Bundesländern darf mit Kopftuch an den Schulen unterrichtet werden.

Das aber kann nicht alles sein, denkt man jetzt, und es ist auch nicht alles. Der Föderalismus hat seinen guten Grund und auch seine guten Seiten. Manches davon liegt weit zurück, das meiste aber halten wir ihm gar nicht zugute, weil es uns selbstverständlich erscheint. Das aber ist eine der folgenreichsten schlechten Gewohnheiten unserer Öffentlichkeit: Alles Positive, alle Leistungen werden als Selbstverständlichkeit betrachtet.

Blicken wir zurück: Zu Beginn des 18. Jahrhunderts gibt es etwa fünfzig Hochschulen im deutschsprachigen Gebiet. In England gab es nur Oxford und Cambridge. Oxford und Cambridge gibt es auch heute, und es gibt keine deutsche Hochschule, die mit Oxford und Cambridge konkurrieren könnte.

Die beachtliche Zahl der deutschen Hochschulen ergab jedoch Aufstiegschancen für die begabten Söhne aus weniger wohlhabenden Familien. Dazu die

These von Peter Watson (*Der deutsche Genius*): Die deutsche Intelligenz sei enger an der praktischen Staatsverwaltung beteiligt gewesen als die Intelligenz irgendeines anderen Landes. Dem sollte man hinzufügen: Das Kaiserreich war in jener Zeit, und noch lange danach, ein vorindustrielles Land. In ihm brachte nicht die Industrialisierung die neue Führungsschicht nach vorne, sondern der Bildungsbürger, der sich sozusagen halbtags verpflichtete, die Staatsbuchhaltung zu betreuen. Den kategorischen Imperativ im Gepäck, wanderte er über dem Nebelmeer.

Das Prinzip unseres Föderalismus ist integral. Es durchdringt die gesamte Gesellschaftsstruktur. 1785, in den Zeiten der Agonie des Alten Reichs, erschienen immer noch 1225 Zeitschriften-Titel, in Frankreich hingegen 82. Bis heute befindet sich ein Fünftel aller Opernhäuser weltweit in Deutschland – langlebiges Erbe des von Büchner bespöttelten feudalen Zwiebel-Schachtelturms.

Dazu passt die Intendanten-Bemerkung eines Peter Voß bezüglich des ARD-Fernsehkonzepts: »Das macht uns keiner nach!« Er hätte hinzufügen können, weder in der Vielfalt noch administrativ. Das föderale Prinzip ist schließlich nicht nur ein organisatorisches Instrument, es konzediert und ordnet zu. Die Länder sind dabei, sie reden mit, sie sind präsent und stellen sich dar. Zu den wichtigsten Markenzeichen der ARD gehört, neben der *Tagesschau*, der *Tatort*. Auch er ist föderal konzipiert. Jedes Dritte Programm verfügt über mindestens einen eigenen *Tatort*. Und zwar im Proporz.

Es gab aber auch immer schon leidenschaftliche Gegner dieses harmonischen Wettstreits der deutschen Gesellschaft. Sie sehen darin die Quelle allen Übels. »Alle Leiden, die seit dem Gedenken der Geschichte Deutschland betroffen haben, sind aus der *Landsmannschaftsucht* und *Völkleinerei* entsprungen«, schrieb im Jahre 1808 Friedrich Ludwig Jahn, besser bekannt als »Turnvater«. »Wer schon darum allein Menschen ausschließlichen Wert beilegt, weil sie mit gleichem Wasser getauft, mit dem nämlichen Stocke gezüchtigt, denselben Kot durchtreten oder von Jugend auf gleiche Klöße, Fische und Würste mit Salat gegessen, dieselbe Art Schinken und Jütochsen verspeiset oder Pumpernickel, Spickgänse und Mohnstriezel verzehrt; und deshalb nicht mehr verlangt, sondern geradezu fordert, dass jedermann echt kloßicht, wursticht, fischicht, salaticht, schinkicht, jütochsicht, pumpernicklicht, spickgänsicht und mohnstriezlicht bleiben soll – liegt am schweren Gebrechen der *Landsmannschaftsucht* darnieder. Wer indessen von der Verkehrtheit ergriffen war, seiner Hufe Land für ein Königreich, seine Erdscholle für ein Volksgebiet anzusehen und die anderen Mitvölker und Invölker des Gesamtvolks nebenbuhlerisch anzufeinden, damit nur statt eines Gemeinwesens das Unwesen von Schöppenstädt, Schilda usw. bestehe – hatte Teil an dem Unsinn der *Völkleinerei*, in welcher Deutschland unterging.«

Jedes Dritte Programm hat mindestens einen eigenen *Tatort*; die Österreicher und die Schweizer gehören auch zur *Tatort*-Nation.

Wumms! Wie konnte es so weit kommen?, fragt man sich nach dieser Tirade. Der Kaiser im Heiligen Römischen Reich Deutscher Nation hatte keine Zentralgewalt, er hatte auch keine Autorität, er war bloß das Symbol der Staatsautorität. Im Orient hätte man ihn auf der Sänfte herumgetragen. Hier ließ man ihn von Pfalz zu Pfalz reiten, als sei er der Oberinspektor der Luxusherbergen und nicht ein obdachloser Kaiser.

Trotzdem war er unentbehrlich. Man brauchte seine Schwäche, um miteinander umgehen zu können. Das Alte Reich war eine Konstruktion für die innenpolitische Verworrenheit, nach außen musste es lächerlich wirken.

Das Reich bestand aus über dreihundert selbstständigen Territorien und zahlreichen weiteren Gebieten mit Sonderrechten, in denen offenbar Recht und Willkür, Chancen und Privilegien in scheinbarem Chaos zum Tragen kamen, aber auch vieles offen bleiben konnte. Die Unzulänglichkeiten dieses Baukastens zeigten sich überdeutlich anlässlich des napoleonischen Angriffs. Er wollte nicht bloß das Reich zerschlagen, sondern auch dessen Symbolik. Napoleon begünstigte unfreiwillig die Idee des deutschen Nationalstaats. Die Sehnsucht nach einem einheitlichen politischen Staat wird in den Befreiungskriegen gegen Napoleon zum Mehrheitsgefühl. Danke, Bonaparte!

Bis dahin dominierte zumindest in den Eliten die Idee der Kulturnation. Der Sprachnation. Mit Napoleons Aktivitäten war die Idee des Kaiserreichs geboren, und sein Preis war der Wilhelminismus. Preußen war der große Gewinner des antinapoleonischen Widerstands. Österreich, das seine Interessen zu weit über die Grenzen des deutschen Kulturkreises hinausgeschoben hatte, war viel zu sehr mit sich selbst beschäftigt, und so war es für Preußen ein Leichtes, diesen Konkurrenten aus dem Rennen zu werfen.

Nun könnte man einwenden, es habe noch eine dritte Kraft gegeben, die Preußen Konkurrenz machte, die Revolutionäre aus der Paulskirche nebst ihrer gesamten Vorgeschichte seit dem Hambacher Fest. Dass sie kaum eine Chance hatten, lag nicht nur an der preußischen Übermacht, sondern auch an ihrem Parlamentarismuskonzept. Sie hätten damit – so der Verdacht – nur die untergegangene Reichsform wiederholt. Die Rolle Preußens beim Sieg über Napoleon überzeugte die Öffentlichkeit im Provisorium Deutscher Bund, der auf dem Wiener Kongress als Ersatzordnungsfaktor für das Alte Reich gegründet wurde. Darin waren als Mitgliedstaaten und zum Bund gehörende Territorien zusammengeschlossen:

Das Kaisertum Österreich mit einem Teil seiner Kronländer
Das Königreich Preußen mit einigen seiner Provinzen
Das Königreich Bayern
Das Königreich Sachsen
Das Königreich Hannover
Das Königreich Württemberg
Das Großherzogtum Baden
Das Großherzogtum Hessen
Das Großherzogtum Luxemburg
Das Großherzogtum Mecklenburg-Schwerin
Das Großherzogtum Mecklenburg-Strelitz
Das Großherzogtum Sachsen-Weimar-Eisenach
Das Großherzogtum Oldenburg
Das Kurfürstentum Hessen

Das Herzogtum Holstein
Das Herzogtum Schleswig
Das Herzogtum Lauenburg
Das Herzogtum Nassau
Das Herzogtum Braunschweig
Das Herzogtum Sachsen-Gotha
Das Herzogtum Sachsen-Coburg
Das Herzogtum Sachsen-Meiningen
Das Herzogtum Sachsen-Hildburghausen
Das Herzogtum Anhalt-Dessau
Das Herzogtum Anhalt-Köthen
Das Herzogtum Anhalt-Bernburg
Das Herzogtum Limburg
Das Fürstentum Hohenzollern-Hechingen
Das Fürstentum Hohenzollern-Sigmaringen
Das Fürstentum Lichtenstein
Das Fürstentum Lippe
Das Fürstentum Reuß ältere Linie
Das Fürstentum Reuß jüngere Linie
Das Fürstentum Schaumburg-Lippe
Das Fürstentum Schwarzburg-Rudolstadt
Das Fürstentum Schwarzburg-Sondershausen
Das Fürstentum Waldeck
Die Landgrafschaft Hessen-Homburg
Die Freie Stadt Bremen
Die Freie Stadt Frankfurt
Die Freie Stadt Hamburg
Die Freie Stadt Lübeck

[rw]

➤ GRUNDGESETZ, KULTURNATION, SPARGELZEIT,
VATER RHEIN, VEREINSMEIER

KRIEG UND FRIEDEN

1618 beginnt der verheerende Krieg, den man den Dreißigjährigen nennen wird. In Prag ist Fenstersturz. Beamte des habsburgischen Königs werden aus einem Fenster der Burg in die Tiefe gestürzt. In Böhmen beginnt die Revolution des lokalen Adels, der sich die religiösen – hussitischen – und sprachlichen – tschechischen – Privilegien erhalten will. Der deutsche Krieg nimmt seinen Lauf.

Zuerst aber kommt der Komet. Sein flammender Schweif steht für Hunger, Pest und Tod.

Es ist schon zu lange Kriegszustand unter den Deutschen, den »Teutschen«, es herrscht Glaubenskrieg. Beide Seiten sind gut gerüstet. Reformation und Gegenreformation, Papstkirche und Protestanten stehen einander gegenüber. Ein ganzes Jahrhundert schon, bei Intrigen, Scharmützeln und Gefechten. Es kommt zum Schmalkaldischen Bund, dem ersten Militärbündnis der Protestanten, und dem »Waffenstillstand« des Augsburger Religionsfriedens. Alles Botschaften, wie sich zeigen wird, alles Vorboten.

Es gibt die großen Erklärungen und ein allgemeines Gezeter um die »teutsche Libertät« und das untrügliche Volksempfinden, das aber noch lange keinen vom Hocker reißt. 1608 wird die »Protestantische Union« gegründet, das Bündnis der Fürsten, die sich gegen den Kaiser stellen, gegen Rom, aber auch gegen das Haus Habsburg. 1609 antworten die Papisten mit der Ausrufung der »Liga«. 1611 wird Gustav II. Adolf, der spätere große Spieler des Kriegs, König von Schweden. 1612 richten die abtrünnigen Niederlande eine eigene Gesandtschaft »beim Türken« ein. 1613 werden die Romanows vom Moskauer Zarentum als Dynastie angenommen. 1617 finden die Hundertjahrfeiern zum Beginn der Reformation des Martin Luther statt. Schweden schließt mit Moskau den »Ewigen Frieden von Stolbova«. Die Würfel sind gefallen.

Die ersten Schlachten werden geschlagen. Johann t'Serclaes von Tilly und Albrecht Wenzel Eusebius von Wallenstein heißen die künftigen Feldherren der katholischen Liga, die bekanntesten. Ernst von Mansfeld kommandiert das Heer der protestantischen Fürsten. 1620 kommt es zur Schlacht am Weißen Berg, vor Prag. Das Heer der Fürsten, der Böhmen und der Stände wird von den Kaiserlichen vernichtend geschlagen.

Der Zorn der katholischen Landsknechte habe den Kampf entschieden, nachdem ihnen zu Ohren gekommen sei, dass die Protestanten die Bilder aus den Kirchen entfernt und den abgebildeten Heiligen die Augen ausgestochen hätten. Das ist natürlich eine Legende. In Wirklichkeit ging es um die Privilegien der böhmischen Stände, die der Kaiser der Gegenreformation opfern wollte. Das Alte Reich aber lebte von den Asymmetrien seiner Gestaltung.

1624 wird von den Rosenkreuzern und ihrer Geheimgesellschaft das Ende der Welt erwartet. Es stirbt Jakob Böhme, der große deutsche Mystiker des 17. Jahrhunderts. 1625 wird die Haager Allianz zwischen England, den Niederlanden und Dänemark zur Rettung der »teutschen Freiheit« gebildet. Damit wird der Krieg gesamtmitteleuropäisch. 1626 setzen sich die Schweden in Preußen fest. Auch sie hinterlassen eine Spur der Verwüstung. Die herumziehenden Heere der beiden Parteien und ihrer Unterstützer machen die Lebenswelt zum Schlachtfeld, auf dem die Mühlsteine herumliegen, glühende Eisen, wie es heißt, und es heißt auch, Mansfeld war da, jetzt ist er tot. Er soll, nachdem er das Testament aufgesetzt hatte, in voller Rüstung, die letzten Stunden stehend, auf zwei Freunde gestützt, auf den Tod gewartet haben.

Berlin, 2007: Klaus Maria Brandauer als Wallenstein.

1627 wird eine absolutistische Landesordnung in Böhmen eingeführt. Wegen der Hugenotten kommt es zwischen Frankreich und England zur Krise.

1628 scheitert Wallenstein mit der Belagerung von Stralsund.

1629 schließen Habsburg und Dänemark den Frieden von Lübeck.

1630 landet Gustav Adolf an Pommerns Küste. Wallenstein wird vom Kaiser entlassen. Kepler, Astronom und Astrologe, stirbt.

1631 schließen Frankreich und Schweden das Abkommen von Bärwalde, eine epochale Verständigung zur Rettung der »Teutschen Libertät«, wie die Mächte behaupten werden. Tilly und Gottfried Heinrich Graf von Pappenheim, der kaiserliche Reiterführer, zerstören Magdeburg.

1632 kehrt Wallenstein mit seinem zweiten Generalat zurück. Gustav Adolf begibt sich auf den Kriegszug in den Süden des Reichs. Tilly, der Katholizismusversessene, stirbt. Gustav Adolf und Pappenheim fallen in der Schlacht bei Lützen. Die Niederlande und Spanien führen Friedensverhandlungen.

1633 gründet Axel Oxenstierna, der schwedische Reichskanzler, den Heilbronner Bund mit den rheinischen Protestanten. Armand-Jean du Plessis, Herzog von Richelieu, die Eminenz Frankreichs, hat Erweiterungspläne zum Rhein.

1634 wird Wallenstein ermordet.

1635 greift Frankreich offen in den deutschen Bürgerkrieg ein.

1636 Sieg der Schwedenarmee bei Wittstock. Andreas Gryphius schreibt sein großes Gedicht *Tränen des Vaterlandes*, das die Verwüstungen beklagt.

1639 Sieg des Liga-Befehlshabers Octavio Piccolomini bei Thionville. Pesttod von Martin Opitz, dem prominenten Erneuerer der deutschen Poetik.

1640 Friedrich Wilhelm, der große Kurfürst, übernimmt die Regierungsgeschäfte. Einberufung des Reichstags nach Regensburg dient der Beendigung des deutschen Kriegs.

1643 werden Münster und Osnabrück zu den Orten der Friedensverhandlungen bestimmt.

1644 Es ist Krieg zwischen Schweden und Dänemark.

1646 Carl Gustav Wrangel und Henri de Turenne, die Kommandeure der Schweden und Franzosen in Deutschland, koordinieren ihren Feldzug ins Reich. Die Schweden stehen wieder in Böhmen. Die Niederlande und Spanien verhandeln in Münster.

1648 kommt es zum Friedensvertrag zwischen Habsburg-Spanien und den Niederlanden. Schweden erobert Prag. Abschluss des »ewigen Friedens« in Münster zwischen Frankreich und Kaiser samt Reichsständen sowie in Osnabrück mit Schweden. Wiederherstellung der libertären Verfassung und des geopolitischen Gleichgewichts in Europa. Schweden wird als Garantiemacht mittels Pommern und Bremen zum Reichsstand, Frankreich erhält Teile des Elsass und stärkt sein Vorfeld zum Rhein.

Der Dreißigjährige Krieg ist der Vorbote der kommenden Weltkriege. Er ist es durch seine flächendeckende Präsenz auf einem Territorium, das er über einen langen Zeitraum zum Kriegsschauplatz macht. Und er ist es auch durch die ideologische Begründung der Kriegsziele.

Es ist, sobald ein Jahrhundert seinen Anfang nimmt, als hätten die tektonischen Platten kurz das Bedürfnis, sich zu rühren, als wollte alles Schlafende mal kurz gewendet werden, ohne Rücksicht auf Verluste.

1914 war es wieder so weit. Zuerst kommt wieder der Komet. Diesmal macht man sich über ihn lustig, man ist schließlich aufgeklärt, und abgeklärt ist man auch, und so ist der Komet auf Scherzpostkarten zu sehen, die man sich gegenseitig zuschickt. Und dann war es doch wieder, wie es immer ist.

Plötzlich erklärten alle einander den Krieg, und man fragt sich bis heute, wie es dazu kommen konnte. Keinen der Akteure, deren Mittelmäßigkeit auf der Hand lag und deren Desinteresse offenkundig war, hätte man zu größeren Entscheidungen für fähig gehalten. Nicht einmal Wilhelm II., geschweige denn Theobald von Bethmann Hollweg, den längst vergessenen Reichskanzler, konservativ und liberal, mit guten Kontakten zur SPD, durch und durch ein Innenpolitiker.

Die Wahrheit ist, dass das europäische Gleichgewicht, wie es im 19. Jahrhundert diplomatisch ausgehandelt worden war, 1914 als kollektives Sicherheitssystem nicht mehr funktionieren konnte. Die Heilige Allianz der fünf europäischen Mächte, die 1815 Napoleon in die Schranken weisen konnte, war hundert Jahre später ein Fossil. Das hatte mit der west- und mitteleuropäischen Industrialisierung allgemein zu tun, und speziell mit dem Aufstieg des deutschen Kaiserreichs zur Großmacht, auch im Selbstverständnis. Man könnte auch sagen, die Heilige Allianz des Wiener Kongresses vertrug die kleindeutsche Lösung nicht.

Während das Kaiserreich eine rasante Entwicklung hinter sich hatte und der führenden ökonomischen Macht des Westens, Großbritannien, ins Gehege kam, war der zweite mitteleuropäische, deutsch begründete Staat, die Donaumonarchie, in größten Schwierigkeiten, was die Anpassungsnotwendigkeit an die Moderne betraf.

Während das Kaiserreich sich im Stil der Zeit und der zu erwartenden Zukunft mühelos als Nationalstaat präsentieren konnte, erschien die Donaumonarchie immer öfter als ein Relikt vergangener Jahrhunderte und überholter Staatsformen. Wie immer in solchen Fällen wirkten zahllose Kräfte an der Beschleunigung des Zerfallsprozesses. Und so wurden große und kleine und auch winzige Affären oder auch nur Vorkommnisse zum Anlass der Katastrophe.

In einer Sonderausgabe des *Reichsanzeigers* wurde am 6. August 1914 folgender Aufruf des Kaisers veröffentlicht.

»An das deutsche Volk!

Seit der Reichsgründung ist es durch 43 Jahre Mein und Meiner Vorfahren heißes Bemühen gewesen, der Welt den Frieden zu erhalten und in Frieden unsere kraftvolle Entwicklung zu fördern. Aber die Gegner neiden uns den Erfolg unserer Arbeit. Eine offenkundige und heimliche Feindschaft von Ost und West und jenseits der See haben wir zu ertragen im Bewusstsein unserer Verantwortung und Kraft. Nun aber will man uns demütigen. Man verlangt, dass wir mit verschränkten Armen zusehen, wie unsere Feinde sich zu tückischem Überfall rüsten. Man will nicht dulden, dass wir in entschlossener Treue zu unserem Bundesgenossen stehen, der um sein Ansehen als Großmacht kämpft und mit dessen Erniedrung auch unsere Macht und Ehre verloren ist. So muss denn das Schwert entscheiden. Mitten im Frieden überfällt uns der Feind. Darum auf zu den Waffen! Jedes Schwanken, jedes Zögern wäre Verrat am Vaterlande. Um Sein oder Nichtsein unseres Reiches handelt es sich, das unsere Väter sich neu gründeten. Um Sein oder Nichtsein deutscher Macht und deutschen Wesens. Wir werden uns wehren bis zum letzten Hauch von Mann und Roß, und wir werden diesen Kampf bestehen, auch gegen eine Welt von Feinden. Noch nie ward Deutschland überwunden, wenn es einig war. Vorwärts mit Gott, der mit uns sein wird, wie er mit den Vätern war.«

Über die Stimmung Unter den Linden nach der Mobilmachung berichtet die *Frankfurter Zeitung*: »Unter den Linden und vor dem königlichen Schloss«, heißt es darin, »sammelten sich bald nach der Bekanntgabe der Mobilmachung viele Hunderttausende von Menschen. Jeder Wagenverkehr hörte auf. Der Lustgarten und der freie Platz vor dem Schloss waren dicht angefüllt von den Menschenmassen, die patriotische Lieder sangen und wie auf Kommando gleichmäßig immer wieder den Ruf erneuerten: Wir wollen den Kaiser sehen! Gegen halb sieben Uhr erschien der Kaiser am mittleren Fenster der ersten Etage von einem unbeschreiblich starken Jubel und Hurrarufen begrüßt. Patriotische Lieder wurden angestimmt. Nach einiger Zeit trat in der Menge Ruhe ein. Die Kaiserin trat an die Seite des Kaisers, der den Massen zuwinkte, dass er sprechen wolle. Unter tiefstem Schweigen sprach der Kaiser dann ungefähr mit weithin vernehmbarer, langsam stärker werdender Stimme: Wenn es zum Kriege kommen soll, hört jede Partei auf, wir sind nur noch deutsche Brüder. In Friedenszeiten hat mich zwar die eine oder andere Partei angegriffen, das verzeihe ich ihr aber jetzt von ganzem Herzen. Wenn uns unsere Nachbarn den Frieden nicht gönnen, dann hoffen und wünschen wir, dass unser gutes deutsches Schwert siegreich aus dem Kampf hervorgehen wird.

An diese Worte des Kaisers schloss sich ein Jubel, wie er wohl noch niemals in Berlin erklungen ist. Die Menge stimmte begeistert erneut patriotische Lieder an.«

Unterdessen marschierte, gemäß dem Schlieffenplan, das deutsche Heer im neutralen Belgien ein. Der Plan sah vor, die befestigten Verteidigungslinien Frankreichs zu umgehen.

Das Heer bombardiert die Stadt Löwen, niederländisch: Leuven, die Bibliothek, ein Hort des abendländischen kulturellen Gedächtnisses, wird getroffen, Inkunabeln und wertvolle Bücher fallen den Flammen zum Opfer. Der Gegner nutzt den Zwischenfall propagandistisch. Darauf geben 93 prominente Unterzeichner eine Antwort, unter dem Titel *Aufruf an die Kulturwelt.* Darin heißt es unter anderem: »Es ist nicht wahr, dass unsere Kriegsführung die Gesetze des Völkerrechts missachtet. Sie kennt keine zuchtlose Grausamkeit. Im Osten aber tränkt das Blut der von russischen Horden hingeschlachteten Frauen und Kin-

August 1914: Kaiser Wilhelm II. erklärt vom Balkon des Berliner Stadtschlosses den Kriegszustand.

der die Erde, und im Westen zerreißen Dumdumgeschosse unseren Kriegern die Brust. Sich als Verteidiger europäischer Zivilisation zu gebärden, haben die am wenigsten das Recht, die sich mit Russen und Serben verbünden und der Welt das schmachvolle Schauspiel bieten, Mongolen und Neger auf die weiße Rasse zu hetzen.«

Zu den Unterzeichnern gehörten »als Vertreter deutscher Wissenschaft und Kultur«: Richard Dehmel, Fritz Haber, Ernst Haeckel, Adolf von Harnack, Gerhart Hauptmann, Max Klinger, Max Liebermann, Friedrich Naumann, Max Planck, Max Reinhardt, Wilhelm Röntgen, Siegfried Wagner, Wilhelm Wundt. Den Text des Aufrufs soll der Komödienschreiber Ludwig Fulda verfasst haben. Eine Erwiderung, von Georg Friedrich Nicolai verfasst und mit dem beschwörenden Titel *Aufruf an die Europäer* versehen, fand nur noch die Unterstützung von Albert Einstein und zwei weiteren Unterzeichnern.

Die Gründe für den Ersten Weltkrieg sind nicht allein im Militarismus und der wilhelminischen Expansionsgier zu finden. Der Militarismus hatte durchaus eine eigene folkloristische Komponente. Den letzten Krieg hatte man 1870 geführt, also 44 Jahre davor. Es war eine Armee, die ungefähr so viel Kampferfahrung hatte wie die Bundeswehr in den 1990er Jahren, als sie auf den Balkan ging. Die Pickelhaubenträger hatten eher etwas Biercommenthaftes in ihrem Verhalten als zweckmäßige Kriegstreiberei. Und der angebliche slawische Hinterhof jenseits der Ostgrenze rebellierte längst erfolgreich gegen die Integration in ein deutsches Mitteleuropa. Er agitierte vielmehr für den Schulterschluss mit der Entente cordiale, dem Bündnis des Westens mit Russland, um die jeweiligen nationalstaatlichen Pläne verwirklichen zu können. Vor allem der tschechische Philosoph Tomáš Garrigue Masaryk betätigte sich in alter böhmischer Tradition als Lobbyist und ging zu diesem Zweck während des Kriegs sogar in die Vereinigten Staaten.

Zu den Gründen für den Weltkrieg gehört auch, dass die Kaiserreichsdeutschen, die dem Westen ihre Wettbewerbsfähigkeit demonstrieren wollten, als lästige Konkurrenz registriert wurden. Je ähnlicher sie dem Westen wurden, desto lästiger waren sie. Sie hatten auf eine Visitenkarte gehofft und dabei ins Portefeuille gegriffen.

Das alles zusammen führte zu einer allgemeinen Interessenblockade. Den Rest des Porzellans zerschlug eine schon sprichwörtlich ignorante Diplomatie. Fazit: Die Kriegsfrage lässt sich nicht durch die Kriegsschuldfrage beantworten oder gar ersetzen.

Selbst für einen Weltkrieg kann der Ursprung nichtig sein. In diesem Fall war es die Ermordung des habsburgischen Thronfolgers Franz Ferdinand angelegentlich einer Visite im bosnischen Sarajevo. Das führt zur Kriegserklärung von Österreich-Ungarn an Serbien, was wiederum dessen Schutzmacht Russland auf den Plan ruft und im Gefolge davon schließlich die Mächte des Westens, Frankreich und Großbritannien. Das deutsche Mitteleuropa, das von dem nationalliberalen Friedrich Naumann in seinem Buch *Mitteleuropa* beschworene, stand bald schon in einem Zweifrontenkrieg, den der Schlieffenplan ursprünglich verhindern sollte. Es hat ihn verloren.

Mit dem Ausgang des Ersten Weltkriegs und besonders mit der Art seiner Friedensverträge von 1919 und 1920 aus den Pariser Vororten, wie sie die Siegermächte durchgesetzt haben, wird grosso modo das gesamte 20. Jahrhundert und sein Missgeschick erklärt. So wird gesagt, dass mit dem Ersten Weltkrieg die bürgerliche Welt des 19. Jahrhunderts zum Ende kam, und zwar nicht nur in den Gesellschaften der Verlierer, sondern auch bei den Siegern. Mit dem Ersten Weltkrieg war die Massengesellschaft zum ersten Mal, durch ihre Anonymität gesichert, auf die Bühne der Geschichte getreten. Dass der Auftritt weniger überzeugend als überwältigend war, blieb zunächst ohne Bedeutung.

Die Massen setzten sich in der Krise plötzlich unkontrolliert in Bewegung, sie ließen sich von nichts und niemandem mehr zur Ordnung rufen. Das Erlebnis der Sinnlosigkeit des Schützengrabens, Angst und Schrecken der Kriegshandlungen, der Dilettantismus der Befehlshaber in Heer und Politik treiben ihnen den Respekt vor der Staatsautorität aus. Im Schutz der anonymen Masse verwandeln sich die bis dato offiziell bewaffneten Scharen in rebellierende Haufen und aufbegehrende Anarchisten. Im allgemeinen Chaos kommt eine Art Kosmopolitismus der Unterschicht zum Zuge, der die Interessen des Kapitals als Kriegsursache und Kriegsgrund benannte. Aus der Kriegsmüdigkeit erwächst das Interesse für den Klassenkampf. Karl Marx hat für einen Augenblick scheinbar recht, es ist aber auch gleichzeitig – und das wird nicht gesagt – die erste große Ausrede der Kriegsteilnehmer. Sie, die als Gesinnungs-Proletarier plötzlich ihre gemeinsamen Interessen vor Augen haben, hatten schließlich mehrere Jahre lang aufeinander geschossen.

1917 aber, zunächst in St. Petersburg, 1918 und danach in den Verliererstaaten des Krieges, vor allem in den beiden deutschen, war man Revolutionär. Schickte sich an, die Räterepublik einzuführen. In München, in Berlin, in Wien und Budapest. Der Ausgang der Sache ist bekannt, in Deutschland aber hinterließ die erzwungene Mäßigung durch die Sozialdemokratie starke extremistische Bewegungen, den Nationalsozialismus und den Kommunismus.

Dass die Republik nicht zur Ruhe kommen konnte, wird vor allem mit der ökonomischen Situation begründet. Es ist aber nicht der einzige Grund. Vielmehr war es so, dass ein Großteil der Interessengruppen keine Autorität in der Weimarer Staatsführung erkennen konnte. Die deutsche Öffentlichkeit war nicht vorbereitet auf die Republik. Ihr fehlte vor allem der Monarch, nein, nicht die Fehlbesetzung Wilhelm II., sondern der Monarch als Autoritätsfaktor. Die Weimarer Republik war wie das Reich ohne Kaiser, wie Preußen ohne König.

Es wird wohl kaum ein Zufall sein, dass Jahr für Jahr neue Preußen-Filme in die Kinos kamen. Im Jahr 1932 waren es sieben Filme: *Marschall vorwärts*, historischer Film um Marschall Blücher aus den Befreiungskriegen gegen Napoleon, *Die elf Schillschen* Offiziere, historisches Drama aus der Zeit der Befreiungskriege, *Der schwarze Husar*, eine historische Komödie aus der Zeit der Befreiungskriege, *Die Tänzerin von Sanssouci*, historische Komödie um Friedrich den Großen und die Tänzerin Barberina, *Tannenberg*, ein Dokumentarspielfilm über die Schlacht bei Tannenberg im Ersten Weltkrieg, *Theodor Körner*, über den Dichter der Befreiungskriege, und *Trenck*, ein Abenteuerfilm aus der Zeit Friedrichs des Großen. Ein durchaus volkspädagogisches Unterfangen.

Zu den Debatten und Stammtischdiskussionen der Weimarer Republik gehörte an wichtigster Stelle die Ursachenforschung betreffend den Ersten

Weltkrieg. Dabei ging es vor allem in den konservativen Kreisen darum, (sich) die Niederlage zu erklären. Da ist viel von Verrat die Rede, und es gibt vor allem die »Dolchstoßlegende«, von der Obersten Heeresleitung in Umlauf gebracht. Sie besagt, das Heer sei im Felde unbesiegt gewesen, und Sozialdemokraten und Juden hätten die Sache am Verhandlungstisch verspielt.

Zu den Hauptgründen für das Scheitern der Weimarer Republik werden die Auflagen der Friedensverträge durch die Siegermächte gezählt. Wahr ist, dass diese Verträge Ausdruck einer absichtsvollen Demütigung waren und infolgedessen dem Verlierer keine Möglichkeit offen ließen, sich in irgendeiner Weise, sei es nur vor sich selbst, rechtfertigen zu können. Es waren keine guten Friedensverträge. Sie waren nicht für die Ewigkeit gedacht und hatten auch nicht die »westfälische« Haltbarkeit.

Sie begünstigten vielmehr den Revisionismus, dem in der deutschen Öffentlichkeit eine wichtige Rolle in der Propaganda der Nazipartei zukommen wird. Die Niederlage im Ersten Weltkrieg erklärt in gewisser Weise die Machtergreifung durch die Nazis, rechtfertigt aber nicht die Kapitulation der deutschen Gesellschaft vor dem Totalitarismus und vor der irregulären Gewalt.

Die Weimarer Republik folgte in Gesetzgebung und institutionalisierter Verwaltung den Prinzipien der Demokratie, aber diese mussten mit Gewalt verteidigt werden. In der Weimarer Republik gab es ein legitimiertes Parteiensystem, aber jede halbwegs ernst zu nehmende Partei hatte ihre paramilitärische Organisation. Es waren nicht nur die Nazis mit ihrer berüchtigten Sturmabteilung SA, sondern auch der Rotfrontkämpferbund der KPD, das Reichsbanner von SPD, Zentrum und DDP und der Stahlhelm, der der Deutschnationalen Volkspartei (DNVP) zur Verfügung stand. Die Mitglieder des Rotfrontkämpferbunds grüßten sich im Übrigen auch schon mal mit »Heil Moskau« und »Heil Stalin«.

Die Weimarer Republik war in den Augen fast aller Beteiligten ein Provisorium. Der Grundsatz der zwanziger Jahre hieß Revision. Und die Nazis hatten es verstanden, sich als die konsequentesten Fürsprecher des Revisionismus zu präsentieren. Sie galten bald als das Original, die anderen als Kopie.

1933 war es dann so weit.

Am 24. März wird im Reichstag das »Gesetz zur Behebung der Not in Volk und Staat«, das Ermächtigungsgesetz, beschlossen.

Am 10. April wird der 1. Mai zum »Tag der nationalen Arbeit« erklärt.

Am 1. Juni wird ein »Gesetz zur Verminderung der Arbeitslosigkeit« beschlossen, im Grunde ein Arbeitsbeschaffungsprogramm.

Am 20. Juli wird das Konkordat zwischen dem Vatikan und dem Reich unterzeichnet.

Am 25. August wird eine Ausbürgerungsliste bekannt gemacht.

Am 14. Oktober verlässt Deutschland den Völkerbund, den Vorgänger der heutigen UN.

1934. Am 17. April erfolgt eine Note Frankreichs an Großbritannien wegen Bruchs des Versailler Vertrags durch Deutschland.

Am 24. April wird der Volksgerichtshof eingerichtet.

Am 2. August stirbt Hindenburg.

1935. Am 16. März wird das Gesetz für den Aufbau der Wehrmacht beschlossen.

Am 15. September folgt das Gesetz zum Schutz des deutschen Blutes und der deutschen Ehre.

1936. Am 7. März marschieren deutsche Truppen in das entmilitarisierte Rheinland ein.

Am 1. August beginnen die Olympischen Spiele in Berlin.

Am 26. November wird die Kunstkritik verboten.

1937. Am 26. Januar wird das Beamtengesetz beschlossen.

Am 14. März erscheint die Papst-Enzyklika *Mit brennender Sorge*.

Am 19. Juli wird in München die Ausstellung »Entartete Kunst« eröffnet.

Im Herbst beginnt die systematische Arisierung jüdischen Vermögens.

1938. Pastor Niemöller (der Bekennenden Kirche) wird ins KZ eingeliefert.

Am 12. März marschiert die Wehrmacht in Österreich ein.

Am 17. August Verfügung über die Zwangsvornamen für Juden.

Am 18. August tritt General Beck als Gegner eines Angriffskriegs zurück.

Am 29. September Münchner Abkommen über das Sudetenland.

Am 9. November Reichspogromnacht.

1939. Am 20. April Große Truppenparade zu Hitlers 50. Geburtstag.

Am 23. Mai erklärt Hitler der Generalität seine Angriffspläne.

Der 23. August 1939 war ein Mittwoch. Die Wetteraufzeichnung besagt, dass es im August des Jahres 1939 etwas zu warm war. Modisches Muss für die Dame von Welt war der kurze Bolero, lässt er doch die schmale Taille sehen. Zu den neuen Wagen, die in Serie gingen, gehörten der BMW 335 und der Maybach SW 42. Der Film des Jahres 1939 war ein amerikanisches Bürgerkriegsdrama: *Vom Winde verweht*. Zu den Büchern des Jahres gehörten Ernst Jüngers *Auf den Marmorklippen* und James Joyce' *Finnegans Wake*. In Paris wurde das neue Schauspiel von Jean Giraudoux *Undine* uraufgeführt. In Buenos Aires begann die Schacholympiade. In Moskau wurde in Anwesenheit von Stalin ein deutsch-sowjetischer Nichtangriffspakt unterzeichnet.

Sieben Tage später, als die deutschen Armeen in Polen einmarschieren, hat der Zweite Weltkrieg begonnen. Es vergehen noch knapp drei Wochen, bis Wehrmacht und Rote Armee am 22. September aufeinandertreffen, um an der

Magdeburg, 1631: Tilly erobert die Stadt.

Magdeburg, 1945: Die US-Armee befreit die Stadt.

Demarkationslinie eine gemeinsame Siegesparade zu veranstalten. Ein Foto des Ereignisses in Brest zeigt die beiden Generäle Heinz Guderian und Semjon Moissejewitsch Kriwoschein in bester Laune. Ein erster Teil des geheimen Zusatzprotokolls zum Nichtangriffspakt, die Aufteilung Polens, ist vollzogen. Während im polnischen Kernland die deutsche Gewaltherrschaft um sich greift, erleben im ehemaligen Ostpolen, in Galizien, die Menschen den bolschewistischen Terror. Das Szenarium aus Gewalt, Willkür, Erschießungen, Deportationen wird sich in den anderen Staaten, die Gegenstand des Zusatzprotokolls geworden sind, wiederholen.

1940 besetzt die Rote Armee, wie mit Hitler vereinbart, das Baltikum, die Nordbukowina und Bessarabien. Es ist das »rote Jahr«, es wird zur Vorschau auf das, was nach dem Ende des Krieges auf Ostmitteleuropa insgesamt wartet. Als die Rote Armee 1944 ein zweites Mal ins Baltikum, nach Polen und Ostrumänien vordringt, betrachtet sie dort kaum jemand als Befreier. Mit einer verständlichen Ausnahme.

Diese Ausnahme bilden die Juden aus dem KZ, dem Höllengewerk des Holocaust. Für sie wird die Rote Armee zur letztmöglichen Rettung. Nicht wenige von ihnen, vor allem die jungen, revanchieren sich, indem sie in den Dienst der bolschewistischen Besatzungsmacht treten. Sie werden in den Anfangsjahren der Sowjetisierung Ostmitteleuropas zwangsläufig zu Helfern Stalins, um in einer zweiten Phase des Staatsstreichs, jener der Aneignung der Nationalinteressen durch die kommunistischen Machthaber, für die Verbrechen bei der Usur-

Friedensbewegung (1): Heinrich Böll spricht 1983 im Bonner Hofgarten gegen die Raketen-Nachrüstung der NATO.

276

pation der Macht verantwortlich gemacht zu werden, den Sündenbock zu stellen. Während die Nazis als Techniker des Genozids in Erscheinung traten, blieb Stalin ein Techniker der Macht. So konnte er die Sowjetunion in ihren Grenzen von 1940 für ein halbes Jahrhundert positionieren.

Sie ist am Ende des Krieges Siegermacht, gleichberechtigt mit den Westmächten. Mehr noch. Während England und Frankreich zwar als Sieger gelten, aber ihre Bedeutung verloren haben, befindet sich Stalins Russland im Zenit seiner Hegemonialmöglichkeiten. Der Diktator des Proletariats schmückte mit seinem Konterfei 1942 bereits zum zweiten Mal die Titelseite des *Time Magazins* – als Mann des Jahres (zum ersten Mal erhielt er den Titel 1939; im Jahr davor war es Hitler, angeblich wegen seines großen Einflusses auf das Weltgeschehen. Man darf es auch Appeasement nennen).

Der Westen hat Hitler besiegt, aber mit Stalins Hilfe. Man hat das Bündnis mit dem Verbrecher als ein taktisches betrachtet, und der Preis dieser Unterschätzung des Totalitären war entsprechend hoch. Sie führte zur Verharmlosung des Gulag und letzten Endes zum Kalten Krieg als Dauerzustand.

Friedensbewegung (2): Nicole aus dem Saarland gewinnt mit ihrem Lied *Ein bisschen Frieden* 1982 den Grand Prix d'Eurovision.

Der Sowjetunion ist vor diesem Hintergrund ein neuer Typ von Imperialismus geglückt. Moskau hat sich zum Zentrum der Weltrevolution ausgerufen. Es wird mit dem Kriegsende nicht nur zum Hauptgegner des Westens, sondern auch Hauptsprecher aller Gegner dieses Westens. Damit beginnt der Kalte Krieg, und es bedeutet die Teilung Deutschlands und Europas insgesamt in Einflusszonen der beiden Supermächte. Im Zeichen des Kalten Kriegs gab es für alles und jedes den Beifall von der falschen Seite. Das Faktum, dass die Waffen schwiegen, verhalf den Worten zu umso größerer Macht. Begrenzen ließen sie sich nur durch Entwertung. Und eine Entwertung ergab sich laufend aus der Bezichtigung des Wortes, aus der Wortverdrehung.

Es war kein neuer Westfälischer Friede in Sicht. Er musste noch warten. Bis 1989. Und dann war es 1989, und alles wurde neu. Es ist Frieden in Europa, und Deutschland trägt dazu bei.

[rw]

Kriegslied
Matthias Claudius (1779)

's ist Krieg! 's ist Krieg! O Gottes Engel wehre,
Und rede Du darein!
's ist leider Krieg – und ich begehre
Nicht schuld daran zu sein!

Was sollt' ich machen, wenn im Schlaf mit Grämen
Und blutig, bleich und blass,
Die Geister der Erschlagnen zu mir kämen,
Und vor mir weinten, was?

Wenn wackre Männer, die sich Ehre suchten,
Verstümmelt und halb tot
Im Staub sich vor mir wälzten und mir fluchten
In ihrer Todesnot?

Wenn tausend tausend Väter, Mütter, Bräute
So glücklich vor dem Krieg,
Nun alle elend, alle arme Leute,
Wehklagten über mich?

Wenn Hunger, böse Seuch' und ihre Nöten
Freund, Freund und Feind ins Grab
Versammleten, und mir zu Ehren krähten
Von einer Leich' herab?

Was hülf' mir Kron' und Land und Gold und Ehre?
Die könnten mich nicht freun!
's ist leider Krieg – und ich begehre
Nicht schuld daran zu sein!

➤ GERMAN ANGST, GRENZEN, GRUNDGESETZ, PUPPENHAUS,
WIEDERGUTMACHUNG

KULTURNATION

Das meiste, was die Französische Revolution auf die Tagesordnung brachte, scheidet heute noch die Geister. Zu ihren großen Themen gehört, und das wird viel zu selten betont, die Nation. Das hin und wieder irreführende Dreigestirn »Freiheit, Gleichheit, Brüderlichkeit« bezieht sich stets auch auf diese. Die Nation wird zum Instrument des ersten modernen Diktators in Europa: Napoleon. Er hat sich ungebeten zum Garanten der Bürgerrechte erklärt und, damit keine Zweifel aufkommen konnten, das bürgerliche Gesetzbuch sogleich in »Code Napoléon« umbenannt. Er wollte damit sagen: Die Revolution bin ich.

Deutschland, in dem bis dahin mitunter wortgewaltig die Zerstückelung des Alten Reichs, die vielbeschworene Kleinstaaterei, beklagt wurde, die Staatsnation aber höchst selten anvisiert war, hatte angesichts der napoleonischen Übermacht ein akutes Problem der Mobilisierung zur Verteidigung des Vaterlands.

Was sollte man als Deutscher denn auch verteidigen? Den Ordnungsstaat Preußen, den habsburgischen Josephinismus, und das gegen ein Frankreich des Code Napoléon? Deutschland war nicht nur zerrissen wie eh und je, es hatte sich weitgehend mit seiner politischen Unübersichtlichkeit abgefunden.

So ließ man den misslichen Begriff des »Politischen« einfach weg und erklärte die »Kultur« zum Maßstab alles Deutschen. Der Kult um die Kulturnation nahm allerdings in der Zeit vor Napoleon seinen Anfang. Als die Weimarer Klassiker um Goethe und Schiller an ihrem Musenhof Weltbürgertum und Kulturnation ins Gespräch brachten, konnten sie sich auf die Aufklärer Herder und Lessing stützen. Das war, von Weimar aus betrachtet, nicht bloß eine Einladung an die deutsche Öffentlichkeit, sich mit den Verhältnissen zu arrangieren, sondern auch der Versuch, sich selbst an die Spitze eines neu gestalteten Selbstbewusstseins zu bringen. Es war eine Gelehrtenrepublik, die es vorsichtig vermied, sich als solche zu bezeichnen. Die Nation ohne Staat sollte den Dichtern und Denkern dienen. Die beiden federführenden Weimarer haben dies auf den Punkt gebracht.

Zuerst Schiller, in einer fragmentarischen Prosaskizze zu einem Gedicht, das allerdings postum erschien. Goedeke, der Herausgeber, gab ihm den Namen

Schiller erklärt dem Weimarer Musenhof die Kulturnation.

Deutsche Größe und datierte das Ganze auf 1797. »Deutsches Reich und deutsche Nation«, schreibt Schiller in diesem Entwurf, »sind zweierlei Dinge. Die Majestät des Deutschen ruhte nie auf dem Haupte seiner Fürsten. Abgesondert von dem Politischen hat der Deutsche sich einen eigenen Wert gegründet, und wenn auch das Imperium untergegangen, so bliebe die deutsche Würde unangefochten. [...] Sie ist eine sittliche Größe, sie wohnt in der Kultur und im Charakter der Nation, die von ihren politischen Schicksalen unabhängig ist [...] indem das politische Reich wankt, hat sich das geistige immer fester und vollkommener gebildet.«

Das ist starker Tobak, und in der Nationenfrage zumindest naiv, wenn nicht ignorant, wäre es doch bloß, denkt man den Gedanken zu Ende, eine Art »innere« Nation, die dem Deutschen bliebe. Etwas fürs Ego, aber ohne Territorium und ohne politische Autorität und Handhabe.

Es geht aber noch weiter, in den *Xenien*, mit Goethe und Schiller, als stünden sie schon auf dem Denkmalssockel und hätten die Autorität des Denkmalinhabers. Unter dem Stichwort *Das Deutsche Reich* heißt es dort: »Deutschland? aber wo liegt es? Ich weiß das Land nicht zu finden, / Wo das gelehrte beginnt, hört das politische auf.« Und mit dem Vermerk *Deutscher Nationalcharakter*: »Zur Nation euch zu bilden, ihr hoffet es, Deutsche, vergebens, / Bildet, ihr könnt es, dafür freier zu Menschen euch aus.«

Bleibt die Frage: In welchem Ordnungsrahmen sollte dieser Selbstbefreiungsakt durch Bildung stattfinden, wenn nicht im Gehege der Nation? Wer sonst sollte die deutsche Sprache und die Kultur dieser Sprache fördern?

Wilhelm von Humboldt schreibt an Goethe aus Paris: »Philosophie und Kunst sind mehr der eigenen Sprache bedürftig, welche die Empfindung und die Gesinnung sich selbst gebildet haben und durch die sie wieder gebildet worden sind.« Gerade durch die feinere Ausbildung der Sprache, der Philosophie und der Kunst nehme die Individualität und die Verschiedenheit der einzelnen Nationen zu. »Was mich an Deutschland knüpft, was ist das anderes, als was ich aus dem Leben mit Ihnen, mit dem Kreise schöpfte, dem ich nun schon seit beinahe zwei Jahren entrissen bin.«

Auch Humboldts Nationalgeist ist kein politischer: »Die Staatsverfassung und der Nationalverein sollten, wie eng sie auch ineinander verwebt sein mögen, nie miteinander verwechselt werden.« Er besteht auf der Verschiedenheit der Nationen. Allerdings seien die Deutschen – so wie einst die Griechen – am besten geeignet, der Menschheit die reine Essenz des Humanen vorzuhalten. Winckelmann lässt grüßen. Die Wiederentdeckung des Griechischen enthielt auch die Einsicht, dass das untergegangene und praktisch machtlose Griechenland dennoch einen bis dato überwältigenden kulturellen Einfluss hinterlassen hat, dieser Gedanke aber war Balsam für die Seele des deutschen Bildungsbürgertums, das die zahllosen Fürsten vor Augen hat, die auf ihrem jeweiligen Grundstück zwar das Sagen haben, aber das Reich, das die Künste mittragen sollte, nicht zur Geltung bringen können.

Johann Gottlieb Fichte beschäftigt sich mit diesen Fragen in *Die Grundzüge des gegenwärtigen Zeitalters* am Ende der 14. Vorlesung: »Welches ist denn das Vaterland des wahrhaft ausgebildeten christlichen Europäers? Im Allgemeinen ist es Europa, insbesondere ist es in jedem Zeitalter derjenige Staat in Europa, der auf der Höhe der Kultur steht.«

1806 wird Napoleon, der Imperator aus dem Nachbarland, mit Armee und Handbibliothek Mitteleuropa im Handstreich nehmen. Dagegen wehren sich vor allem der Preußenstaat und die nachgerückte Generation der Denker, die ihn verteidigen. Allen voran Fichte. Mit den Erfahrungen von 1806 wurden die Akademiker politisch.

Wie das Kräftemessen mit Napoleon ausging, ist bekannt. Der Imperator verliert letzten Endes gegen die »Heilige Allianz« der drei Großmächte Österreich, Preußen und Russland. Die Kulturnation aber macht weiter. Der Kult um Goethe und Schiller gewinnt neue Dimensionen. Sie hatten ein reiches Nachleben im Dienst der Kulturnation, zunächst im 19. Jahrhundert. Goethe und Schiller wurden zum Dioskurenpaar durch die Herausgabe des Briefwechsels und vor allem durch die Einweihung des Denkmals vor dem Hoftheater in Weimar am 4. September 1857. Es waren liturgische Highlights des Kulturnationsglaubens.

Eine nicht ganz unwichtige Rolle kam bereits im Vorfeld dieser Ereignisse der neuen Fürstengruft in Weimar zu, deren Bau 1826 abgeschlossen war. Die 26 Särge der fürstlichen Familie waren bereits 1824 ins Gewölbe gebracht worden. Die erste Beisetzung, die in der Gruft stattfindet, ist jedoch die Umbettung der vermeintlichen Gebeine Friedrich Schillers am 16. Dezember 1827.

1813: Johann Gottlieb Fichte siegt mit dem Berliner Landsturm über Napoleon.

283

Goethes Sarg wird am 26. März 1832 neben dem von Schiller aufgestellt. Ursprünglich war für die beiden zwar ein eigenes Mausoleum im Gespräch, nun blieben sie aber in der Gruft.

Die Wallfahrt zu den Särgen beginnt 1882, zu Goethes 50. Todestag.

Goethe und Schiller hatten als Fürsten der Kulturnation auch im 20. Jahrhundert vieles an Symbolik zu erledigen.

Nach dem Zusammenbruch des Kaiserreichs wird das Dichtertandem zum Rechtfertigungsgrund von Politik und Ideologie. Die erste deutsche Republik spielt sogar im Anschluss an die beiden mit Weimar in ihrer Selbstdarstellung. Die Idee der Kulturnation wird sich bald auf die Ausschmückung des Nationenbegriffs beschränken. Den Missbrauch der Kulturnation betreiben sowohl die Nazis als auch die Kommunisten. Sie versuchen, sich als Erben der Weimarer Klassik zu präsentieren. So bezeichnet Propagandachef Goebbels Schillers *Wilhelm Tell* als »Führerdrama«, und der NSDAP-Ideologe Alfred Rosenberg spricht von »Goethes Germanischer Wesenheit«. DDR-Cheflügner Walter Ulbricht hingegen fabuliert in einer Rede von 1962 darüber, dass ein zukünftig gesamtdeutscher sozialistischer Staat »der dritte Teil des *Faust*« sein würde.

Während des Zweiten Weltkriegs evakuieren die NS-Behörden die Särge in einen Bunker nach Jena. Im August 1945 werden sie in die Gruft zurückgebracht. 2006 bis 2008 wird ein Forschungsprojekt durchgeführt, das ergibt, dass die Gebeine in Schillers Sarg von verschiedenen Menschen stammen – aber sicher nicht von Schiller. Der Sarg in der Gruft ist deshalb heute leer. Das aber ändert nichts am allgemeinen Interesse: Der Tourist betrachtet den leeren Schillersarg ebenso neugierig, wie er den Sarg mit den sterblichen Überresten des Dichters in Augenschein nehmen würde.

Wenn die Klassiker des 18. Jahrhunderts in der Kleinstaaterei einen eher schulterklopfenden Umgang mit dem Fürsten pflegten, zumindest in Weimar, und ihm hin und wieder ein Werk zueigneten, so war der Status der Intellektuellen in den Diktaturen des 20. Jahrhunderts von der Macht diktiert. Man konnte Kollaborateur sein oder Exilant oder in der inneren Emigration. In der Weimarer Republik war man Parteigänger von links und rechts oder unpolitisch, in der Regel aber staatsfern.

Nach 1945 ist unter den Intellektuellen angesichts der Totalitarismen erneut Staatsferne angesagt. Man ist auch jetzt wieder auf Abstand aus. Geprobt wird der Widerstand allerdings am Gegenstand Bundesrepublik, genau dem Staat, der in der bisherigen deutschen Geschichte am wenigsten durch Intoleranz und Autoritätsmissbrauch aufgefallen ist. Nun verknüpfte man das Schicksal der Nation gern mit der Utopie. Man glaubte zwar nicht direkt an die DDR, aber an die Utopie, die man mit ihr verband, – die Idee des Kommunismus. Man sah im Arbeiter- und Bauernstaat den Ansatz eines Gegenentwurfs zur verhassten

Gruppe 47 in sicherem Abstand zum Adenauer-Staat: v. l. n. r., sitzend: Heinrich Böll, Hans Werner Richter, Wolfgang Hildesheimer, Martin Walser, Milo Dor; stehend: Ingeborg Bachmann, Ilse Aichinger, Christopher Holme, Christopher Sykes.

Kapitalwirtschaft. Es war die Verwechslung von Himmelspforte und Zellentür.

Der Begriff der »Kulturnation« bekam nun eine direkte politische Aufgabe: Vor dem Hintergrund der deutschen Teilung geriet er zur diplomatischen Floskel. Man konnte via Kulturnation die Einheit der deutschen Kultur ansprechen, ohne die Existenz der DDR in Frage zu stellen.

Damit wird die Kulturnation zum Verlegenheitsbegriff. Sie dient in Notsituationen dazu, die Differenzen zu entschärfen. Mit der Kulturnation werden Gräben überbrückt, die politisch nicht zu überschreiten wären. Und damit ist bei Weitem nicht nur der Ausnahmezustand des Kalten Kriegs gemeint, sondern auch das ganz gewöhnliche deutsche Zuordnungsmuster: dass der Georg-Büchner-Preis, die wichtigste deutsche Literaturauszeichnung, auch an Schweizer und Österreicher vergeben wird; dass Radio Luxemburg deutsche Sendeplätze zur Verfügung stehen; dass das Schweizer und Österreichische Fernsehen im 3sat-Kulturprogramm dabei sind und vieles mehr.

BRD-kritische Schriftsteller argumentierten 1990 gegen die Wiedervereinigung auch damit, dass eine Kulturnation genüge. Günter Grass wollte plötzlich sogar wie einst Fichte Europäer sein. Martin Walser hingegen, Parteigänger der deutschen Einheit ohne Wenn und Aber, bezeichnete 1988 die Kulturnation barsch als »Abfindungsformel«. Für ihn stellte sie eine Gefahr für die Wiedervereinigung dar. Anders Günter de Bruyn, der Schriftsteller aus dem Osten Deutschlands, Chronist des bürgerlichen Preußen, der die Kulturnation als Ergänzung zur Staatsnation betrachtet.

Was aber ist heute, wo alle Länder deutscher Herkunft innerhalb des Schengengebietes liegen, der Begriff »Kulturnation«? Die deutsche Einheit ist vollendet, und der Faschismus ist ausgeblieben. Dass die Kulturnation aber auch jetzt wieder zum aktuellen Thema wird, hat mit der Integrationsproblematik zu tun. Eine Nation muss die Fähigkeit besitzen, die Bedingungen der Zugehörigkeit zu formulieren. Diese aber gehen über den verfassungsrechtlichen Aspekt hinaus und sind kulturell zu verstehen.

[rw]

➤ Doktor Faust, E(rnst) und U(nterhaltung), Feierabend, Musik, Pfarrhaus, Querdenker, Reformation

MÄNNERCHOR

Auf der ganzen Welt gibt es Männer. Und fast überall kann es passieren, dass diese Männer zu singen beginnen. Der Weltmusikreisende hat gregorianische Mönchsgesänge aus Spanien oder die schmissig-tristen Melodien der Wolga Kosaken im Ohr. Dennoch gibt es eine Art von Männergesang, eine vielstimmige Verbrüderung vom tiefstem Bass bis zum höchsten Fisteltenor hinauf, da steht der Lauschende sofort im Wald, noch bevor er ein einziges Wort verstanden hat: Vorn streift der Jäger mit seinem munterem Horn durchs Unterholz, während hinten der Rhein vorbeiströmt. Deutschland-Skeptikern gilt der Männerchor deshalb als klingende Verkörperung des Furchtbar-Teutonischen: *Harmonium und Männerchor – so stell' ich mir die Hölle vor ...*

Der sozialdemokratische Krimiautor Hansjörg Martin widmet dem Männergesangwesen 1981 einen Roman, in dem *Das Zittern der Tenöre* nicht nur damit zu tun hat, dass die Sangesbrüder einer deutschen Kleinstadt in die Jahre kommen, in denen ihre Stimmen brüchig werden, sondern der gemeinsam verdrängten braunen Vergangenheit geschuldet ist. So vordergründig diese Engführung ist, so richtig ist der Verdacht, dass es sich beim deutschen Männerchor nie um eine reine Kunstanstrengung gehandelt hat. Von Anfang an ist er auch politisches Instrument.

Im Januar 1809 gründet der Komponist und Musikpädagoge Carl Friedrich Zelter, der bereits der »Sing-Akademie«, der ältesten gemischten Chorvereinigung der Welt, vorsteht, mitten im napoleonisch besetzten Berlin den ersten exklusiven Männerchor. Die »Liedertafel« orientiert sich am Vorbild von Artus' Tafelrunde. Einmal im Monat treffen sich Bürger und Adlige patriotischer Gesinnung, um »bei einem frugalen Mahle in deutscher Fröhlichkeit und Gemütlichkeit edle Geselligkeit« zu pflegen und Lieder zu singen, die aus der Feder der eigenen Mitglieder als Dichter oder Komponisten stammen. Die Ablehnung von »welschem [sprich: italienisch-französischem] Tand« geht Hand in Hand mit der Sehnsucht, die innerdeutschen Schranken zu überwinden: seien es solche des Standes oder des Landes. Es ist kein Zufall, dass spätere Männergesangvereine sich bevorzugt »Concordia« oder »Harmonia« nennen.

Auch wenn der Wegbereiter des schweizerisch-süddeutschen Chorwesens, der Musiklehrer Hans Georg Nägeli, Männern bescheinigt, dass sie »schärfere Lautierkraft« besäßen, während bei Frauen »das Ondulatorische« vorherrsche, kommen die Männergesangvereine in ihrer Entstehungsphase weniger martialisch als vielmehr treuherzig idealistisch daher: »Brüder, reicht die Hand zum Bunde! / Diese schöne Feierstunde / Führ' uns hin zu lichten Höh'n! / Lasst, was irdisch ist, entfliehen, / Unsrer Freundschaft Harmonien / Dauern ewig, fest und schön.«

Die Musikwissenschaftler streiten darüber, ob das berühmte *Bundeslied* tatsächlich von Wolfgang Amadeus Mozart vertont worden ist. Tatsache ist, dass es nicht nur in Freimaurer-Logen gern gesungen wird. Die Überzeugung, dass der Gesang Männern Flügel verleiht, mit deren Hilfe sie sich über die alltägliche Niedertracht zu erheben vermögen, drückt sich auch in jenem vorbiedermeierlichen Volkslied aus, das bei kaum einem Sangestreffen unangestimmt bleibt: »Wo man singet, lass dich ruhig nieder, / Ohne Furcht, was man im Lande glaubt. / Wo man singet, wird kein Mensch beraubt; / Bösewichter haben keine Lieder.«

Erst in der Zeit der Befreiungskriege gegen Napoleon wird die »schärfere Lautierkraft« der Männerstimmen dazu eingesetzt, sich selbst Mut an- und den Franzosen Angst einzusingen. 1813 formiert sich in Preußen das »Lützowsche Freikorps«, ein wild entschlossener, halb offizieller Trupp aus Studenten, Schriftstellern und anderen Leitfiguren von Ludwig »Turnvater« Jahn bis hin zum empfindsamen Poeten Joseph von Eichendorff. Unter ihnen befindet sich auch der Dichter Theodor Körner, der noch im selben Jahr fällt. Er hinterlässt den Gedichtzyklus *Leyer und Schwerdt*, den der romantische Komponist Carl Maria von Weber zum männerchorischen Kultwerk erhebt: »Was glänzt dort vom Walde im Sonnenschein? / Hör's näher und näher brausen. / Es zieht sich herunter in düsteren Reih'n, / Und gellende Hörner schallen darein, / Erfüllen die Seele mit Grausen. / Und wenn ihr die schwarzen Gesellen fragt: / Das ist Lützows wilde, verwegene Jagd!«

Im Oktober 1813 verliert Napoleon die Völkerschlacht bei Leipzig, die französische Armee muss sich hinter den Rhein zurückziehen, der Wiener Kongress macht sich daran, dem europäischen Festland eine neue politisch-territoriale Ordnung zu geben. Doch die deutschen Hoffnungen auf nationale Einheit und bürgerlichen Aufbruch werden enttäuscht: Zurück ins Jahr 1792, heißt die von Fürst von Metternich ausgegebene Devise. Die Restauration beginnt, die feudale Kleinstaaterei geht weiter. 1819 werden im Rahmen der Karlsbader Beschlüsse die von Friedrich Ludwig Jahn wenige Jahre zuvor als Mittel der nationalen Erhebung ins Leben gerufenen Turnvereine verboten, ebenso die studentischen Burschenschaften, deren erste sich 1815 in Jena gegründet hatte. Die Gesang-

Der Dichter Theodor Körner mit zwei Kollegen auf Vorposten. Gemälde von Georg Friedrich Kersting, 1815.

vereine hingegen werden verschont. Obwohl sie demselben Geist verpflichtet sind, erscheinen die Sangesbrüder der Obrigkeit offenbar unverdächtiger als die Turner und akademischen Hitzköpfe. Oder sie wagt es schlicht nicht, einen Vereinstypus anzugreifen, der sich der hehrsten aller deutschen Künste, der Musik, verschrieben hat. Die unterdrückt brodelnde Nationalseele flieht ins Lied.

Überall im Land entstehen neue Gesangvereine. In Stuttgart wird 1824 der bis heute existierende »Liederkranz« aus der Taufe gehoben, der sich in seiner ersten Satzung darauf verpflichtet, die »Erinnerung an große Deutsche wachzuhalten«, wie etwa an Friedrich Schiller, mit dem mehrere der Gründungsväter freundschaftlich verbunden gewesen sind. Der süddeutsche »Liederkranz« gibt sich weniger elitär als die preußische »Liedertafel« – er lässt sogar einen »Frauenzimmerchor« zu. Beim ersten schwäbischen Sängerfest 1827 in Plochingen spielen die Frauenzimmer dann allerdings nur eine untergeordnete Rolle.

Unter dem wachsamen Auge der Zensur formuliert ein Festredner Ziel und Zweck der Veranstaltung: »Nicht nur Freude holt der Sterbliche aus des Gesanges kristallnem Hause, für das Höchste, Teuerste, was er kennt, für Glauben, Freiheit, Fürst und Vaterland wird hier sein Gemüt begeistert [...] Er schwebt hoch über dem kleinlichen Streben, den ängstlichen Sorgen der Alltagswelt, er wird seinen Mitmenschen näher gerückt, und niedersinken vor des Gesanges Macht der Stände lächerliche Schranken.«

Wenn sie auch an der Schranke zwischen Mann und Frau nicht wirklich rühren wollen, so geloben die Sangesbrüder, eine andere »lächerliche Schranke« niederzureißen: Der Frankfurter »Liederkranz« tritt bei dem von ihm veranstalteten deutschen Sängerfest 1838 mit der Parole an: »Ob er Christ sei, Jude, Heide; / Aus der Nähe, aus der Weite; / Volksmann oder Royalist, / wenn er nur ein Sänger ist!«

Im Gegensatz zur deutschen Burschenschaftsbewegung ist der Männerchor im beginnenden 19. Jahrhundert einigermaßen frei von Antisemitismus. Am »Hepp-Hepp«-Geschrei, mit dem ein vulgärer Mob Juden durch die Straßen jagt, wollen sich die Sangesbrüder nicht beteiligen. Der Stolz auf die gemeinsame Sprache, die Sehnsucht, in der Musik einen gemeinschaftlichen Ausdruck zu finden, übertönt religiöse Differenzen und dumpfe Vorurteile, die in der Hingabe an den Gesang ohnehin überwunden werden sollen.

Zur zentralen – wir würden heute sagen – »Integrationsfigur« wird der Komponist Felix Mendelssohn Bartholdy, dessen Vater, ein erfolgreicher jüdischer Bankier, seine Kinder taufen lässt und später selbst zum Protestantismus konvertiert. 1846 ist Mendelssohn der Chefdirigent des 1. deutsch-flämischen Sängerfestes in Köln. Ein Fackelzug geleitet ihn zu seiner Unterkunft, Trompetenfanfaren begleiten seinen Weg zum Dirigentenpult. Zur Eröffnung wird sein *Festgesang an die Künstler* nach einem Schiller-Gedicht uraufgeführt. Die jüdisch-deutsche Symbiose vollzieht sich im Geiste einer höheren Kunstreligion: »Von ihrer Zeit verstoßen, flüchte / Die ernste Wahrheit zum Gedichte / Und finde Schutz in der Kamönen Chor. / In ihres Glanzes höchster Fülle, / Furchtbarer in des Reizes Hülle, / Erstehe sie in dem Gesange / Und räche sich mit Siegesklange / An des Verfolgers feigem Ohr.«

Mehr als zweitausend deutsch-flämische Männerkehlen lassen diese Ode an die Kunst erschallen. Völkerverständigende Sangesgigantomanie, lange bevor Gotthilf Fischer seine Chöre auf die Straße der Lieder schickt.

Nicht weniger größenverliebt geht es beim wichtigsten Sängerfest des Vormärz zu, das nur einen Sommer später am Fuße der Wartburg stattfindet. Zwei Tage lang wird auf Einladung des Thüringer Sängerbundes gesungen, werden Reden gehalten, finden Festparaden statt. Die Bahn setzt auf dem soeben fertiggestellten Streckenabschnitt von Halle nach Eisenach Sonderzüge ein. Bier fließt in Mengen. Der Ort ist mit Bedacht gewählt: 1817 hatte das erste Wartburgfest stattgefunden, zu dem damals die Jenaer Urburschenschaft alle national gesinnten Studenten gerufen hatte. Bei beiden Festen wird Martin Luther, der auf der Wartburg im Herbst 1521 das Neue Testament übersetzt hatte, als »Sieger über die geistige Knechtschaft«, als Begründer der einheitlichen deutschen Sprache gefeiert. Der zweite Tag des Sängerfestes wird mit dem berühmten Luther-Lied *Ein' feste Burg ist unser Gott* eröffnet.

Der Schatten der Wartburg eignet sich nicht nur, um dem Schöpfer des deutschen Kirchenliedes zu huldigen. Der Pfarrer und Volkspädagoge Heinrich Schwerdt, der das Sängerfest leitet, verpflichtet wiederum Felix Mendelssohn Bartholdy und setzt den *Echo*-Chor von Carl Maria von Weber aufs Programm. Tausende Männer singen: »Im Wald, im Wald, / Im frischen, grünen Wald, / Im Wald, wo's Echo schallt, / Da tönet Gesang und der Hörner Klang / So lustig den schweigenden Forst entlang! / Trara, trara! Trara, trara, trara!« Und siehe da, in der felsigen Senke, auf dem Festplatz unterhalb der Wartburg, tönt's tatsächlich aus dem Wald zurück. Romantische Verschmelzung von Mensch und Mensch, von Masse und Natur.

Auch einer der wichtigsten Festredner, der liberale Politiker Oskar von Wydenbrugk, Mitglied des Weimarer Landtags und ein Jahr später Mitglied der Frankfurter Nationalversammlung in der Paulskirche, bemüht die Natur, um leidenschaftlich zu versichern, dass »das ganze deutsche Volk im Geist und Gemüt« trotz aller sichtbaren Verästelungen verbunden sei: Es gleiche einem Baum, dessen Wurzeln »die gemeinsame Sprache und das gemeinsame Lied« seien.

Neun Jahre bevor Deutschland mit der Reichsgründung die lange ersehnte nationale Einheit gewinnt – wenn auch nicht in der demokratischen Verfassung, für welche die Revolutionäre von 1848/49 gekämpft hatten –, schließen sich die

»Wer hat dich du schöner Wald / Aufgebaut so hoch da droben?« Der »Club Eintracht« auf Landpartie, Zeichnung von 1888.

Sängerbünde Deutschlands und Männergesangvereine der im Auslande lebenden Deutschen zum Deutschen Sängerbund zusammen. Und als ahnten sie, dass die Vereinigung, die sie chorpolitisch vorgemacht haben, bald auch auf der großen politischen Bühne geschehen wird, verkünden die Schwarz-Rot-Gold-Kehlchen selbstbewusst in ihrer Satzung: »Durch die dem deutschen Lied innewohnende einigende Kraft will auch der Deutsche Sängerbund in seinem Teile die nationale Zusammengehörigkeit der deutschen Stämme stärken und an der Einheit und Macht des Vaterlandes mitarbeiten.«

Die allumarmende Sangesbrüderlichkeit ist indes von kurzer Dauer: Schon in den 1870er Jahren flattern die Rotkehlchen davon, um neue, sozialdemokratisch bis sozialistisch gestimmte Gesangvereine zu gründen, die auch den einfachen Arbeiter auf die Flügel des Gesanges erheben. Statt »Concordia« nennen sie sich »Einigkeit«, statt »Harmonia« »Freiheit« oder »Vorwärts«. Gesungen wird zunächst allerdings dasselbe sakral-bildungsbürgerliche Repertoire von Händel bis Beethoven, die romantischen Chorwerke von Schubert und Schumann; Volkslieder wie das *Ännchen von Tharau* oder die *Loreley* lassen gerade das proletarische Herz, um das sich die Krallen des maschinellen Fortschritts immer unbarmherziger legen, von alten Zeiten träumen.

Einen neuen, eigenen Typus von deutschem Arbeitergesang, der Schluss macht mit den »Kollektivcarusos«, die ihren »Bekannten und Verwandten ein schönes Liedlein vorsingen, um sie in süße Träume zu versetzen«, entwickelt erst der in Leipzig geborene und in Wien aufgewachsene Komponist Hanns Eisler.

In der Metropole der musikalischen Avantgarde gehört es nach dem Ersten Weltkrieg zum guten Ton, dass die Granden wie Arnold Schönberg oder Anton Webern nicht nur die Musentempel stürmen, sondern auch die Arbeiter-Singvereine revolutionieren. Das gesangliche Niveau ist hoch: In seinen ersten Kompositionen für Männerchor aus dem Jahre 1925 schreckt Eisler weder vor komplizierten Rhythmen noch scharfen Dissonanzen zurück. Neue Wiener Schule goes Agitprop. Die entsprechend kämpferisch-doppelbödigen Texte findet der Komponist bei Heinrich Heine: »Deutscher Sänger! Sing und preise / Deutsche Freiheit, dass dein Lied / Unsrer Seelen sich bemeistre / Und zu Taten uns begeistre, / In Marseillerhymnenweise. // Sei nicht mehr die weiche Flöte, / Das idyllische Gemüt – / Sei des Vaterlands Posaune, / Sei Kanone, sei Kartaune, / Blase, schmettre, donnre, töte!«

Dagegen sieht die alt-deutsche Männerchorbewegung in der Tat alt aus. Markige Texte aus dem 19. Jahrhundert hat zwar auch sie zu bieten: »Du herrlich deutscher Männerchor, / Lass deine Lieder brausen! / Auf! Bringe in der Feinde Heer / Entsetzen, Nacht und Grausen.« Aber wer kennt heute noch den Wortschmied Heinrich Stein oder den Tonsetzer Richard Genée?

Der letzte Großmeister, der ein Männerchorwerk im deutsch-nationalen Geist komponiert, ist Anton Bruckner. Zum 50. Jubiläum des (bürgerlichen) Wiener Männergesang-Vereins wird 1893 sein symphonischer Chor *Helgoland* uraufgeführt. Die österreichischen Sangesbrüder verklären das tapfere sächsische Inselvolk, das mit Gottes Hilfe die drohende römische Invasion abzuwehren vermag. Dass es sich bei dem Besungenen um einen realen historischen Vorgang handelt, ist zweifelhaft. Aber darum geht es auch nicht: Entscheidender Auslöser für die Komposition dürfte gewesen sein, dass die Nordsee-Insel wenige Jahre zuvor vom Vereinigten Königreich Großbritannien ans Deutsche Reich zurückgegeben worden war. Diese von Österreichern dargebrachte deutsche Triumph-Kantate ist das Ende einer Tradition. Nach ihr bringt künstlerisch ernst zu nehmende Kampfgesänge nur noch die Linke hervor.

Im Herbst 1925 geht Eisler nach Berlin. Dort wird er endgültig zum bekennenden Kommunisten, sucht die Nähe zur KPD, wird zu *dem* Vorreiter des deutschen Arbeiterkampflieds. Er bricht mit seinem »Meister« Schönberg, bei dem er studiert hat, kritisiert dessen elitäres Kunstverständnis, das besagt: »Wenn es Kunst ist, dann ist es nicht für die Menge. Und wenn es für die Menge ist, dann ist es nicht Kunst.«

In dichter Reihenfolge verfasst Eisler proletarische Kampflieder wie *Der Rote Wedding*, das *Komintern-* und das *Stempellied*. Sein Werk für gemischten Chor *Auf den Straßen zu singen* ist programmatisch gemeint – uraufgeführt wird es dann allerdings doch im Konzertsaal der Hochschule für Musik.

Noch bevor die Zusammenarbeit mit Bertolt Brecht beginnt, lässt der Komponist den klassenkämpferischen Zeigefinger auf der Bühne erheben. Ein Sprecher kündigt an: »Achtung! Achtung! Wir singen heute nicht diese üblichen Chorstücke, die Sie sicher schon oft gehört haben.« Es folgt eine musikalisch raffinierte Verballhornung des Kirchen-, Natur- und Liebeslieds, die in einer Variation auf die beliebte *Loreley* von Heinrich Heine und Friedrich Silcher gipfelt: »Ich weiß nicht, was soll es bedeuten ...« Mit schneidender Stimme unterbricht der Sprecher den Gesang: »Denn wir wissen, was das bedeutet!« Und der Chor sekundiert: »Das heißt sich abwenden von der Wirklichkeit. Das heißt sich abwenden von der Forderung des Tag's. Das heißt sich abwenden von unserm Kampf. Auch unser Singen muss ein Kämpfen sein!« Selbst wenn das Chorwerk mit einer Anspielung auf die Internationale endet: Im angestrengt didaktischen Gestus des Stücks drückt sich etwas ebenfalls zutiefst Deutsches aus.

Mit der Machtergreifung Hitlers müssen die roten Sänger die Straße, die auch sie zu ihrem Kampfplatz gemacht hatten, den braunen Horden überlassen, die jetzt ungehindert singen dürfen: »Es zittern die morschen Knochen / Der Welt vor dem roten Krieg, / Wir haben den Schrecken gebrochen / Für uns war's ein großer Sieg ...«

In einer verzweifelten Anstrengung versucht Eisler gemeinsam mit Brecht, bereits aus dem Exil heraus dem braunen Schreckensregime doch noch mit rotem Kampfgesang zu begegnen. Für die 1. Arbeitermusik- und Gesangsolympiade, die im Juni 1935 in Straßburg stattfindet, texten und komponieren sie das *Einheitsfrontlied*, das die zersplitterten linken Gruppierungen endlich zusammenschweißen soll: »Drum links, zwei, drei! / Drum links, zwei, drei! / Wo dein Platz, Genosse, ist! / Reih dich ein in die Arbeitereinheitsfront / Weil du auch ein Arbeiter bist.« Dreitausend singende »Proleten« aus den verschiedensten Ländern, Männer und Frauen, schmettern im Herzen Europas das Lied in den sich verdüsternden Himmel – und dennoch vermag die Sangeseinheit das politische Band, um das es mit anderen Vorzeichen schon den Sängerkämpfern des Vormärz gegangen war, nicht fester zu schlingen.

Im Rückblick weiß man nicht, was mehr erschüttert: die idealistische Naivität, der (alte deutsche) Glaube, das Rad der Geschichte durch Gesang herumreißen zu können – oder die blinde Hoffnung, dass eine rote Einheitsfront das Heilmittel gegen die braune Einheitsfront sein könne, dass »Drum links, zwei, drei! Drum links, zwei, drei!« die richtige Antwort auf die »fest geschlossenen Reihen« des Horst-Wessel-Lieds sei.

Nach dem Zweiten Weltkrieg ist die Zeit des heroisch singenden Mannes in beiden Teilen Deutschlands vorbei. Im Osten macht sich Hanns Eisler im Auftrag des SED-Regimes daran, die Nationalhymne zu komponieren. Reiner Männergesang hat im sozialistischen Einheitsstaat keine Funktion mehr. Ebenfalls gemeinsam mit Johannes R. Becher versucht Eisler, *Neue deutsche Volkslieder* zu schaffen. Zwar nehmen die beiden auch diesen Auftrag ernst: Titel wie *Deutsche Heimat, sei gepriesen* oder *Wieder ist es Zeit zum Wandern* belegen dies. Allerdings gelingt es dem neudeutschen Liedgut nicht, in der Sängerseele Wurzeln zu schlagen. Die träumt nach allen Verwüstungen und Schuldverstrickungen mehr denn je vom Lied aus alten Zeiten.

Im Westen ziehen sich die Männergesangvereine, die sich mit dem Nationalsozialismus arrangiert hatten, in muffige Hinterzimmer zurück. In seinen neuen Satzungen kann sich der (West-)Deutsche Sängerbund nicht entscheiden, ob seine Ziele »auf Frieden, Freiheit, Freude zwischen den deutschen und allen sangesfrohen Menschen diesseits und jenseits der Grenzen gerichtet« sind (1949) – oder ob er durch »die einigende Kraft des deutschen Liedes [...] das deutsche Volksbewusstsein stärken, die Gemeinschaft aller Volksschichten fördern und das Gefühl der Zusammengehörigkeit der deutschen Stämme kräftigen« will (1952). Erst 1975 heißt es lapidar: »Der DSB bekennt sich zum Grundgesetz der Bundesrepublik Deutschland.« Das beruhigt das demokratische Gemüt. Aber was soll es bedeuten? Klingt die *Loreley* anders, wenn sie im Geiste des Grundgesetzes vorgetragen wird?

Eine bizarre Auswirkung haben die Bemühungen, den deutschen Männergesang vom Ruch des Völkischen zu reinigen: Die Chöre von Felix Mendelssohn Bartholdy, erst von den Nazis aus den Konzertprogrammen gestrichen, weil sie ihnen als jüdisch galten, verschwinden in der Bundesrepublik abermals aus dem Repertoire – dieses Mal, weil sie zu deutsch sind. In der Tat hatte der Komponist sich im patriotischen Überschwang des frühen 19. Jahrhunderts die Freiheit erlaubt, in seinem erfolgreichsten Werk dieser Gattung eine kleine, aber entscheidende Änderung vorzunehmen. Im berühmten Eichendorff-Gedicht *Der Jäger Abschied* heißt es konsequent in allen Strophen: »Lebe wohl, du schöner Wald!« Zum Schluss seiner Hymne macht Mendelssohn daraus: »Lebe wohl, du deutscher Wald!« Erst in unseren Tagen will es dem Männerchor langsam gelingen, sich an dieser Stelle nicht trotzig zu versteifen, so wie sich das Ohr nur schwer daran gewöhnt, nicht zu erröten.

Politisch hat der Männerchor heute ausgesungen. Die deutsche Wiedervereinigung fand ganz ohne ihn statt. Und jene Verschmelzungsschauer, wie sie einst den Massenrücken am Fuß der Wartburg oder in Straßburg hinunterliefen, kommen einzig noch im Fußballstadion auf, wenn Zigtausend raue Männerkehlen denselben Schlachtgesang anstimmen.

Vielleicht erinnern sich die Grünen eines Tages des neudeutschen Eisler/Becher-Volkslieds *Als das Kraftwerk wurde Volkes Eigen* und lassen es bei ihren Parteitagen anstimmen. Aber natürlich wäre dies kein Männergesang, sondern ein strikt quotierter.

Mehr als eine Besonderheit wird der Männerchor in Zeiten, in denen der gemischte Chor die Regel ist, ohnehin nicht sein können. Dennoch sind die viertausend Männergesangvereine, die es in Deutschland immer noch gibt, mehr als ein angestaubtes Ärgernis, das vom Gender Mainstreaming erfasst und fortgespült werden sollte. Wo sonst – außer im Fußballstadion – dürfen gestandene Kerle noch so sentimental sein, ohne sich als Jammerlappen zu fühlen? Jede, die einmal erlebt hat, wie weich selbst die verstocktesten Opernchorherren werden, wenn sie den Jägerchor aus dem *Freischütz* oder die Gralsritterchöre aus *Parsifal* singen dürfen, begreift, welch einzigartige Gemütsmöglichkeit hier berührt wird.

Durch alle politischen Verwerfungen hindurch und trotz aller kämpferischen Aufladung, die das Männergesangwesen begleitet hat, entspringen seine Lieder letztlich demselben idealistisch-romantischen Bedürfnisquell, dem das gesamte deutsche Volkslied entsprungen ist. Lassen wir dem Mann also seinen Gesang, dessen reinster Text lauten müsste:

Mädchen Liebe Herz
Schön treu gut
Leben Glück Schmerz
Allein still süß
Himmel Augen Gott
Sanft hold rein
Küssen weinen verlassen
Vergessen gedenken – kehr heim.

[td]

➤ ABENDSTILLE, E(RNST) UND U(NTERHALTING), FEIERABEND, FUSSBALL, GRUNDGESETZ, HEIMAT, MUSIK, REINHEITSGEBOT, SEHNSUCHT, VATER RHEIN, VEREINSMEIER, WALDEINSAMKEIT

Berliner Hymnentafel im Frühling. Gemälde von Matthias Koeppel aus dem Jahre 1994. Der Maler selbst ist dem Vokalensemble freundschaftlich verbunden, das hin und wieder »Starckdeutsch« singt, jene Kunstsprache, die Koeppel aus Unzufriedenheit mit dem üblichen »Mittelschwachhochdeutschen« entwickelt hat: »Vn demm Hurrz büsz ze denn Ullpn / Snd di Häusur steitz di sullpn.«

MITTELGEBIRGE

»Wie wenig beglückend der Standpunkt auf großen, außerordentlichen Höhen ist, habe ich recht innig auf dem Brocken empfunden. Lächeln Sie nicht, mein Freund, es waltet ein gleiches Gesetz über die moralische wie über die physische Welt. Die Temperatur auf der Höhe des Thrones ist so rau, so empfindlich und der Natur des Menschen so wenig angemessen, wie der Gipfel des Blocksbergs, und die Aussicht von dem einen so wenig beglückend wie von dem andern, weil der Standpunkt auf beidem zu hoch, und das Schöne und Reizende um beides zu tief liegt. Mit weit mehr Vergnügen gedenke ich dagegen der Aussicht auf der mittleren und mäßigen Höhe des Regensteins, wo kein trüber Schleier die Landschaft verdeckte, und der schöne Teppich im ganzen, wie das unendlich Mannigfaltige desselben im einzelnen klar vor meinen Augen lag.«

Das schreibt Heinrich von Kleist in einem frühen Aufsatz – vermutlich 1798 –, der seinem Freund Rühle von Lilienstern gewidmet ist. Es stellt fest, dass sie als Jünglinge noch auf »regellosen Bahnen« umherwandeln, es aber darum gehe, im Leben die »beglückende Mittelstraße« zu finden.

Damit eine Frivolität als solche erkennbar wird, bedarf es eines entsprechenden Kontextes, vor allem aber der Fähigkeit des Beobachters, die Hürden dieses Kontextes zu nehmen. Das gilt nicht nur für den Dichter Kleist. Es gilt auch für den Fall des von der Zigarettenmarke Camel aufs T-Shirt gebrachten Spruchs: »Mittelgebirge sind auch okay.«

»Mittelgebirge« ist eines der Wörter, die die deutsche Sprache der Weltkultur beigefügt hat. Selbst die Angelsachsen waren ob der Namensgebung des geographischen Mittelmaßes offenbar sprachlos genug, um uns das letzte Wort in der ihnen nicht ganz geheuren Sache zu überlassen.

Zumal es gar keinen dringend notwendigen Begriff verkörpert, jedenfalls nicht geographisch. Die Unterscheidung zwischen Berg und Hügel sollte eigentlich genügen. Die Frage ist, warum man das Bedürfnis hatte, von einem »Mittelgebirge« zu sprechen. Und wieso wurde ein so offensichtlich überflüssiger Begriff allgemein angenommen? Obgleich vom sprachlichen Ausdruck her ans Gebirge angelehnt, ist es schon mit wenigen Worten deutlich davon abgrenzbar. Das Mittelgebirge ist nicht majestätisch wie der Berg, es ist nicht über-

Odertal mit Brocken um 1900.

wältigend für das Auge, noch lässt sich dort eine spektakuläre Besteigung in Angriff nehmen. Das Mittelgebirge ist vielmehr der Raum der Wanderung.

Im Unterschied zum zerklüfteten Gebirge erscheint das Mittelgebirge als sanfter Übergang von Wald zu Wiese und von Wiese zu Wald. Was aber unterscheidet das Mittelgebirge von der Hügellandschaft? Wieso heißt es »deutsches Mittelgebirge« und nicht »deutsche Hügellandschaft«?

Alle Gebirge in Deutschland, mit Ausnahme der Alpen und Voralpen, sind Mittelgebirge. Den Norden von Mitteleuropas Montanzone nimmt die bis zu 1602 Meter hohe Mittelgebirgsschwelle ein. Sie beginnt mit den belgisch-französischen Ardennen, geht quer durch Deutschland und Tschechien bis zu den

Wo jeder Wanderpfad Grenzen überschreitet. Wegweiser durchs Mittelgebirge.

Karpaten in der Slowakei. Südlich der Schwelle schließen sich beidseitig des Oberrheingrabens bis zu 1493 Meter hohe Schichtstufenländer an. Die deutschen Mittelgebirge gehören zu den ältesten Gebirgen Europas. Vor 225 Millionen Jahren, in der Zeit der Trias, befand sich Mitteleuropa zeitweise über und zeitweise unterhalb des Meeresspiegels. Zumeist wechseln sich als Sedimentschichten Buntsandstein und Muschelkalk ab. Es folgten in der Jurazeit Kalkablagerungen und in der Kreidezeit Kreide.

Durch die natürliche Abtragung, durch die Alpengebirgsbildung kam es zu Bruchschollen. Diese waren Anhebungen und Absenkungen unterworfen, die zu verschiedenen Formen geführt haben. So weit das gute alte Lexikon.

Nimmt man sich die Liste der deutschen Mittelgebirge vor, hat man unwillkürlich den Eindruck, eine Kleinstaaterei der Natur vor Augen zu haben. Alles hat hier seinen Namen, seinen Rang. Jeder Wanderpfad überschreitet Grenzen. Man kommt der Markierung folgend von A nach B und man kommt auch vom Hundertsten ins Tausendste und geht doch nicht verloren. Alles Einzutragende ist eingetragen. Die Natur vor dem Hotel ist besenrein. Das Mittelgebirge ist wie die gute Stube der Natur. Unterhalb des Mittelgebirges sind, wie es heißt, die Grundbücher gelagert. Es stimmt. Die Ortschaften ruhen auf den Dokumentenschichten, auf den Tintensedimenten.

Es sind Schmuckstücke. Wie aus der Hutschachtel, hätte man früher gesagt, hier kann man es immer noch.

Man steht auf, um ins Haus zu kommen, und bückt sich, um es wieder zu verlassen. Man ist im Siebengebirge, im Siebenhaargebirge, im Taunus, oder mitten in einem deutschen Kinofilm und auf der Flucht und schließlich doch nur auf dem Schinderhannes-Radweg, von Emmelshausen nach Simmen, benannt nach dem legendären Räuber.

Wer eilt nicht gern zu Fuß davon, um statt im Büro anzukommen, in einem Wirtshaus an der Lahn einzukehren? Wer schwingt sich nicht aufs Fahrrad, um es in Heidelberg über den Philosophenweg zu schieben, statt dem »call for papers« für die anstehende Konferenz Folge zu leisten?

Wer durch den Schwarzwald läuft, durch Eifel und Odenwald, Kaiserstuhl und Siebengebirge, wer den Katzenbuckel gesehen hat, den Totenkopf und den Feldberg, weiß es: Deutschland ist schöner als »Schöner Wohnen«! Das Mittelgebirge ist ein Landstrich, dem man wie kaum einem anderen die Menschenhand ansieht. Es ist Kulturlandschaft pur, parkartig. Komplett erschlossen und bestens vermarktet. Es ist Urlaubsdeutschland. Hier wäre man sogar als Einheimischer gern Tourist. Und man ist es auch, als Ausflügler, bei Segelflug und Vogelperspektive. Ist sie nicht schön, die Rhön?

Und dann noch Freiburg: Wo gäbe es sonst noch einen Hausberg zu bestaunen, der noch dazu »Schauinsland« heißt? Früher aber »Erzkasten« genannt wurde, wegen der Erzvorkommen und des Bergbaus? Und dessen Bergwerk weiterbesteht, als Museumsbergwerk?

Geben wir es zu: Manchmal möchte man Amerikaner sein, um das alles unvoreingenommen würdigen zu können.

[rw]

➤ Bergfilm, Heimat, Jugendherberge, Waldeinsamkeit, Wanderlust

MUSIK

I.
»Kann man Musiker sein,
ohne deutsch zu sein?«

Hätten die Amerikaner Thomas Mann nach dem Zweiten Weltkrieg zu ihrem Sonderberater in Sachen *Reeducation* gemacht, er hätte schlaflose Nächte verbracht. Was tun mit all den deutschen Orchestern, Konzertsälen und Opernhäusern? Diejenigen, die zerstört waren, in Trümmern liegen lassen – und den Rest verbieten, schließen, niederreißen? Oder in Tanzkapellen und Tanzlokale umwandeln? Verbot aller »ernsten« deutschen Musik im eigenen Land?

Am 29. Mai 1945 hatte Thomas Mann, mittlerweile amerikanischer Staatsbürger, in Washington einen Vortrag gehalten, in dem er zu erklären versuchte, wie es zu der Katastrophe hatte kommen können, die *Deutschland und die Deutschen* in den vergangenen zwölf Jahren angerichtet hatten. Schon bald in seiner Rede brachte der Schriftsteller, der zu diesem Zeitpunkt an seinem *Doktor Faustus. Das Leben des deutschen Tonsetzers Adrian Leverkühn, erzählt von einem Freunde* schrieb, den Teufel ins Spiel, die »geheime Verbindung des deutschen Gemütes mit dem Dämonischen«. Das Dämonische aber war für Thomas Mann nichts anderes als die Musik: »Sie ist christliche Kunst mit negativem Vorzeichen. Sie ist berechnetste Ordnung und chaosträchtige Wider-Vernunft zugleich, an beschwörenden, inkantativen Gesten reich, Zahlenzauber, die der Wirklichkeit fernste und zugleich die passionierteste der Künste, abstrakt und mystisch. Soll Faust der Repräsentant der deutschen Seele sein, so müsste er musikalisch sein; denn abstrakt und mystisch, das heißt musikalisch, ist das Verhältnis des Deutschen zur Welt.«

Abstrakt, mystisch, dämonisch, musikalisch. Wie soll mit solch gefährdeten und gefährlichen Schwärmern ein ziviler, »vernünftiger« Staat zu machen sein? Mann zitiert Honoré de Balzac, der den Deutschen bereits 1839 bescheinigt hatte, dass sie zwar eine natürliche Begabung für sämtliche musikalischen Instrumente besäßen, aber keine Ahnung hätten, wie die »großen Instrumente der Freiheit« zu spielen seien. Spöttischer sagte es Kurt Tucholsky: »Wegen ungünstiger Witterung fand die deutsche Revolution in der Musik statt.«

»Die deutsche Seele up to date.« Thomas Mann, der Fülle des Wohllauts lauschend, 1932.

Der musikgläubige Thomas, dem es trotz allem, was geschehen war, noch immer schwerfiel, seinen Glauben in die Grenzen der bloßen Vernunft zu weisen, empfand das Dilemma in aller Schmerzlichkeit: »Sie [die Deutschen] haben dem Abendland – ich will nicht sagen: seine schönste, gesellig verbindendste, aber seine tiefste, bedeutendste Musik gegeben, und es hat ihnen Dank und Ruhm dafür nicht vorenthalten. Zugleich hat es gespürt und spürt es heute stärker als je, dass solche Musikalität der Seele sich in anderer Sphäre teuer bezahlt – in der politischen, der Sphäre des menschlichen Zusammenlebens.«

Die Rede, die Thomas Mann im Mai 1945 in der Library of Congress hielt, war ein in Moll getauchtes Echo auf das, was er dreißig Jahre zuvor, während des Ersten Weltkriegs, in seinen *Betrachtungen eines Unpolitischen* geschrieben hatte. Auch dort ging es ihm um die Unverträglichkeit von Zivilisation und Kultur, von Demokratie und Musik. Sein leidenschaftliches Ziel damals: Kultur und Musik gegen Zivilisation und Demokratie zu verteidigen. Er pries die Musik als »das reinste Paradigma, den heiligen Grundtypus aller Kunst« und wetterte gegen die (demokratische) Politik »*als Verdrängerin der Musik*, welche bis dahin den höchsten Rang im gesellschaftlich-künstlerischen Interesse der Nation« eingenommen habe. Er sprach vom »Finis musicae«, der drohenden Gefahr, dass die Musik »vor der Zivilisation, der Demokratie, wie Nebel vor der Sonne vergehen könnte«, und wünschte sich mit Richard Wagner, es möge umgekehrt sein.

Jener war es auch, der den jungen Mann überhaupt erst zum Patrioten hatte werden lassen. Als 20-Jähriger erlebte er ein Wagner-Konzert in Rom. »Nervöse Tränen« seien ihm in die Augen geschossen, als »zum zweiten Male das Not-hung-Motiv heraufkam«, und die Italiener um ihn herum zu zischen und pfeifen begonnen hätten. Da habe er gespürt, wo »die Heimat seiner Seele« sei.

»Kann man Musiker sein, ohne deutsch zu sein?« Die Frage war für Thomas Mann eine rhetorische. Ebenso gut hätte er fragen können: »Kann man deutsch sein, ohne Musiker zu sein?« In seinen »unpolitischen« Zeiten war er jedenfalls eifrig bemüht zu versichern, dass er »zwar Literat, aber mehr noch Musiker« sei. Die Rolle des einst so verhassten »Zivilisationsliteraten« selbst zu übernehmen, der die Kunst nicht länger gegen die Humanität ausspielen, sondern dieser dienen lassen will – dazu konnte sich der Schriftsteller erst im Zeichen des totalen politischen Unheils durchringen.

Die Weltliteratur stünde ärmer da, würde es aber verkraften, entfernte man aus ihr alle deutschen Epen, Gedichte, Dramen, Erzählungen und Romane. Die bildende Kunst würde den Verlust aller deutschen Gemälde und Skulpturen kaum bemerken. Jene Musik hingegen, die man heute etwas ungenau als »Klassik« bezeichnet, ist ohne die Werke, die vom Beginn des 18. bis zur Mitte des 20. Jahrhunderts im deutschen Kulturraum entstanden, unvorstellbar.

Die Frage nach der Musik führt ins Innerste der deutschen Seele.

II.
»Bei einer andächtigen Musique ist allezeit Gott mit seiner Gnaden Gegenwart.«

Von Anfang an war Musik in Deutschland eine ernsthafte Angelegenheit. Die mittelalterlichen Minnesänger musizierten weniger aus Lust an der Freude als vielmehr deshalb, weil sie ihrer Lust nicht anders Lauf lassen durften. Statt nach der Edelfrau griffen die Ritter der Sublimation zur Leier. Dabei allerdings erlaubten sie sich deutlich größere Freiheiten als ihre französischen Kollegen. Während die Troubadoure auf eher starren Versfüßen durchs Land klapperten, gaben die Minnesänger ihrem Sehnen in fließenderen Melodien Ausdruck: das deutsche Urerlebnis, dass Musik ungezwungen aus den Tiefen der Seele strömen

304

soll. Dasselbe gilt für das Volkslied, das seit dem Beginn des 14. Jahrhunderts zu blühen begann: Auch hier neigten die Deutschen dazu, wildere Tonsprünge zu machen als ihre sangeslustigen Nachbarn.

Einen krassen Gegensatz bildeten die Meistersinger, die sich mit dem Niedergang des Rittertums zu den ersten »bürgerlichen« Gesangsverwaltern machten. Sie übertrugen all ihr Schuster-, Schneider- und Schreinerethos mit solch peinlicher Genauigkeit auf die Musik, dass es Richard Wagner dreihundert Jahre später in seinen *Meistersingern von Nürnberg* nicht schwerfiel, sich über die kleinkarierten Versschmiede lustig zu machen, die den Gesang einer strengen »Tabulatur« unterwarfen und sogar einen »Merker« einsetzten, der jede Regelabweichung durch lautes Klopfen mit dem Stock rügte. Kein Zweifel: Wagners Herz schlug für den jungen Ritter, der gegen die »Meister-Kräh'n« seine »Begeistrungs-Glut« zum Quell der Musik erklärt. Trotz allem Spott, den Wagner über den Beckmessereien ausgoss: Am Schluss seiner Oper ließ er »die deutschen Meister« hochleben. Der Drang nach ungehemmtem Ausdruck ist nur die eine Seite der deutschen Musikleidenschaft. Die Sehnsucht nach Ordnung ist ihre andere. Jeder der großen deutschen Tonkünstler rang mit dem Problem, wie beides zu versöhnen ist, auf seine Weise.

In die Sphäre der Heiligkeit erhob Martin Luther den Gesang. Selbstverständlich hatte es zuvor schon sakrale Musik gegeben, vor allem in Italien, wo der gregorianische Choral rund tausend Jahre zuvor entstanden war. Erst der Reformator jedoch – selbst ein passionierter Sänger, Lauten- und Flötenspieler, der einige seiner Kirchenlieder selbst vertont hatte – erfand den Gemeindegesang und machte ihn zum festen Bestandteil des Gottesdienstes. Man könnte lästern, dass er dies vor allem deshalb tat, weil die entschlackte protestantische Messe dem Gläubigen sonst nicht mehr viel zu bieten hatte. Doch Luther ging es tatsächlich um die Musik. Für ihn war sie »eine Gabe und Geschenk Gottes«. Er schrieb ihr sogar die Macht zu, den Teufel zu vertreiben, weil man bei ihr »allen Zorns, Unkeuschheit, Hoffart und anderer Laster« vergäße. In einer seiner *Tischreden* verkündete er: »Ich gebe nach der Theologie der Musik die nächste Stelle und die höchste Ehre.« Mit Luther hörte die Musik auf, angenehme Zerstreuung oder frommes Begleitgeräusch zu sein. Der Reformator lastete ihr die Bürde auf, die Menschheit gen Himmel führen zu sollen.

Dieses theologisch aufgeladene Konzept von Musik vertiefte der Pietismus. Der Rostocker Prediger und Erbauungsschriftsteller Heinrich Müller veröffentlichte im Jahre 1659 ein Büchlein mit dem Titel *Geistliche Seelenmusik*. Außer Kirchenliedern fanden sich dort ausführliche Betrachtungen über den Zusammenhang von Musik und Gottesdienst: »Zwar alles, was wir in dem Namen GOTTES mit Worten oder Werken tun, gereicht GOTT zu Ehren, doch wird GOTT sonderlich durchs Singen geehret. Denn wer singet, der bezeuget damit, dass sein Gottesdienst aus einem fröhlichen, willigen, lustigen Herzen gehe, wie man von einem Menschen, dem Arbeiten eine Lust ist, spricht: Er tut's mit Singen [...] Wer singend betet, der betet zweimal, denn er betet mit Lust.«

Nicht jeder Gesang erfüllte diese hehre Funktion. Die gesamte weltliche Musik seiner Zeit war dem frommen Mann ein Gräuel. (Anton Reiser und weitere Glaubensbrüder setzten sich nur wenige Jahrzehnte später vehement dafür ein, das Hamburger Opernhaus, das 1678 als erste bürgerliche Institution dieser Art in Deutschland eröffnet worden war, wieder zu schließen.)

Auch wenn er sie noch ins christliche Zwangsgewand steckte – bereits der Pietist Müller lobte an der Musik genau das, was sie den (säkularen) Musikpredigern der folgenden Jahrhunderte als höchste Form der Kunst erscheinen ließ: dass sie wie nichts anderes auf der Welt geeignet sei, »das träge Gemüt« zu ermuntern und »das kalte Herz« anzuzünden. Müllers Empfehlung, wie der Gläubige sich aufs Singen einstimmen sollte, hätte aus der Romantik stammen können: »Ach, lass die Welt mit ihrem Dreck fahren!« Diese Doppelrolle, das Gemüt zu erregen und es gleichzeitig aus allen irdischen Verstrickungen zu befreien, wird die Musik in Deutschland nicht mehr los: Der Grundstein zum Tempel der Innerlichkeit ist gelegt.

Wie sehr es sich bei der religiösen Überhöhung von Musik um einen deutschen Sonderweg handelt, wird deutlich, blickt man nach England: Im Zuge der »Großen Revolution« schafften dort die Puritaner, die dem Pietismus sonst in vielem geistesverwandt waren, sowohl die anglikanische Liturgie als auch die Kathedralmusik ab. 1644 erließen sie ein Gesetz, die Orgeln aus den Kirchen zu entfernen und alle Chöre aufzulösen. (Erst unter Karl II. begann die englische Musik, sich von diesem puritanischen Reinigungsfeldzug langsam zu erholen.)

Die rationale Seite der Musik erforschte Johannes Kepler in seinen *Harmonices Mundi*. Von Platon und den Pythagoreern übernahm der Naturphilosoph, Astronom und Mathematiker die Auffassung, dass die musikalische Harmonie die Harmonie der Welt, der kosmischen Sphären widerspiegele und deshalb den Menschen zum Guten, Harmonischen hin beeinflussen könne, da dessen Seele aus denselben harmonischen Zahlen zusammengesetzt sei.

Der barocke Universalgelehrte Gottfried Wilhelm Leibniz war der Erste, der sich gründlicher mit der Frage beschäftigte, *warum* die Musik so »bequem« sei, »die Gemüter zu bewegen«. Über Kepler hinausgehend, beschrieb er die beklemmende Wirkung, die Dissonanzen auf die menschlichen Sinne ausübten, und den gesteigerten Genuss, wenn diese sich in neuerlichen Harmonien auflösten. Zwar betonte auch Leibniz den Zusammenhang zwischen kosmischer und musikalischer Ordnung. Eine moralische Funktion räumte er der Musik nicht ein. Für ihn war sie ein unbewusster Rechenspaß, »eine heimliche arithmetische Tätigkeit der Seele, die dabei nicht weiß, dass sie zählt«.

Die Werke des ersten deutschen Musiktitanen konnte Leibniz, als er seine Definition im Jahre 1700 niederschrieb, noch nicht im Ohr gehabt haben. Zu jenem Zeitpunkt war Johann Sebastian Bach nichts weiter als ein 15-jähriger Mettensänger im Lüneburger Michaeliskloster, der mit einem Monatsgehalt von zwölf Groschen im soliden Mittelfeld der Chorknaben rangierte. Auffällig wurde Bach zum ersten Mal in Arnstadt, wo er es als 18-Jähriger zum Organisten der soeben wiedererrichteten Neuen Kirche brachte. Schon bald zitierten die Kirchenoberen den jungen Musiker zu sich, der in seinem Orgelspiel »viele wunderliche *variationes* gemachet, viele fremde Töne mit eingemischet« habe, so dass »die Gemeinde darüber *confundiret* [verwirrt] worden« sei. Der Weg bis zum gefeierten Thomaskantor und städtischen Musikdirektor in Leipzig war noch weit.

Doch auch in jugendlichen Jahren besaß Bach genug Selbstbewusstsein, sich von derlei Vorwürfen nicht beirren zu lassen. Zwar war er wie die Komponisten vor – und viele nach – ihm »Angestellter« im Dienste adeliger und geistlicher Brotherren. Anders als Heinrich Schütz oder der von ihm so bewunderte Dieterich Buxtehude aber verstand Bach sich als Ton-Künstler, nicht -Lakai.

Drei Jahre vor seinem Tod ließ er sich von Friedrich dem Großen zu einem seiner aberwitzigsten kontrapunktischen Bravourstücke drängen: Der Preußenkönig hatte Bach nach Potsdam gerufen, um zu sehen, ob dieser wirklich jener Alleskönner war, als den ihn die deutsche Musikwelt verehrte. Zu diesem Zweck hatte der flötenspielende König ein Thema ausgetüftelt (oder von seinem Hofmusiker, Bachs eigenem Sohn Carl Philipp Emanuel, austüfteln lassen), das so kompliziert war, dass er es für unvariierbar halten durfte. Bach setzte sich ans Hammerklavier und improvisierte zum allgemeinen Erstaunen eine dreistimmige Fuge. Sein *Musikalisches Opfer* vollendete der Komponist, indem er sich zurück in Leipzig daranmachte, eine sechsstimmige Fuge über das königliche Thema auszuarbeiten.

Bei allen Zugeständnissen, die Bach an Kurfürsten, Könige oder die Kirche machte – letztlich diente seine Musik nur einem Herrn: Gott. Der pietistisch erzogene Luther-Leser blieb bis zu seinem Lebensende fest im Glauben: »Bei einer andächtigen Musique ist allezeit Gott mit seiner Gnaden Gegenwart.«

Auch wenn Bach der erste Komponist war, der die Musik als autonomere Kunst begriff, der sie davon befreite, bloß fromme Begleitmusik (oder noch schlimmer: plätschernde Tafelmusik) zu sein – den für die deutsche Musikauffassung so entscheidenden Schritt von der Musik*religion* zur *Musik*religion vollzog er noch nicht. Allerdings stellte er die Weichen dazu.

Als Bella Salomon, die Großmutter des komponierenden Geschwisterpaares Felix und Fanny Mendelssohn Bartholdy, sich in den zwanziger Jahren des 19. Jahrhunderts wieder einmal darüber erboste, dass ihre gesamte Familie dabei war, vom jüdischen zum protestantischen Glauben zu konvertieren, soll Fanny

307

erklärt haben, dass sie in Wahrheit doch gar nicht zum Protestantismus übergetreten seien – sondern zu Bach. Dem konnte die Großmutter nichts entgegensetzen: Schließlich war sie selbst glühende Bachantin. Ihrem Enkel Felix hatte sie zu dessen 14. Geburtstag eine Abschrift der in Vergessenheit geratenen *Matthäus-Passion* geschenkt. Erst durch die Wiederaufführung des monumentalen Werks, die der mittlerweile 20-Jährige im März 1829 in der Berliner Sing-Akademie leitete, wurde Bach zu der deutschen Ikone, deren Aura weit über die Grenzen der musikalischen Fachwelt hinaus zu strahlen begann.

Die gewaltige Wirkung Bachs lässt sich nur so erklären: Er war der Erste, dem es gelang, die disparaten, widersprüchlichen Strebungen der Musik zu bündeln. Mutige Melodieführung vereinte sich bei ihm mit komplexer Harmonik. Zuvor hatte in der Barockmusik das Prinzip dominiert, dass die Melodiestimme nicht mit anderen selbstständigen Stimmen verwoben, sondern von einem schlichten Generalbass begleitet wird. Stärker noch als die italienischen Renaissance-Komponisten erkannte Bach, dass »die Harmonie [...] weit vollkommener [wird], wenn alle Stimmen miteinander arbeiten [und] bei einer jeden eine eigene mit den übrigen ganz wohl harmonierende Melodie anzutreffen ist«.

Der kontrapunktische Satz, den Bach zu seinem Höhepunkt führte, war mehr als ästhetische Spielerei. Er verstand ihn als Ausdruck und Sinnbild der göttlichen Schöpfungsordnung, als »Concordia discors« – streitenden Einklang. Noch heute hoffen musikalische Geister, aus diesem Kompositionsprinzip, dem Mit- und Gegeneinander gleichberechtigter Stimmen, eine ganze Ethik ableiten zu können. So gab sich der Dirigent Daniel Barenboim 2008 in seinem Buch *Klang ist Leben* dem Traum hin, dass selbst der Nahost-Konflikt zu lösen sei, »wenn die Israelis und die Palästinenser die Parallele zwischen ihrem eigenen Dialog und der Struktur einer Fuge erkennen« würden. Denn: »Wahres Anerkennen [...] bedeutet, die Andersartigkeit eines Mitmenschen zu akzeptieren und seine Würde nicht zu verletzen. Dass so etwas möglich ist, wird in der Musik von kontrapunktisch aufeinander bezogenen Stimmen oder von der Vielstimmigkeit, der Polyphonie, gezeigt. Dass man die Individualität des anderen akzeptieren und ihm seine persönliche Freiheit lassen muss und kann, ist eine der wichtigsten Lehren, die wir aus der Musik zu ziehen haben.«

Doch Bach war nicht nur der Vater einer solch waghalsigen musikalischen Diskursethik. Ihm gelang es, strengste, nachgerade mathematische Konstruktion und tiefsten Seelenausdruck zu verbinden. Seine *Matthäus-Passion* etwa ist in ihrer Struktur so vielschichtig, dass die Musikologen sie noch in hundert Jahren nicht vollständig analysiert haben werden. Gleichzeitig schreit hier das gequälte Menschenherz so unverstellt auf, dass man aus Stein sein muss, um sich davon nicht erweichen zu lassen. Anders als die erbsenzählerischen Meistersinger war der Meister der kontrapunktischen Ordnung jederzeit bereit, den wildesten Ge-

»Viele wunderliche *variationes* gemachet ...«
Bach beim Orgelspiel.
Lithographie von 1850.

fühlsausbruch zuzulassen: »Sind Blitze, sind Donner in Wolken verschwunden? / Eröffne den feurigen Abgrund, o Hölle; / Zertrümmre, verderbe, verschlinge, zerschelle / Mit plötzlicher Wut den falschen Verräter, das mördrische Blut!« Der Text vermittelt nur eine schwache Ahnung davon, wie Bach die beiden Chöre der *Matthäus-Passion* rasen lässt, nachdem Jesus gefangen genommen ist.

Wenn es stimmt, dass Maßlosigkeit, Streben über alle zweckrationale Zielsetzung hinaus, ein Grundzug der deutschen Seele ist, war Bach auch in dieser Hinsicht eine ihrer reinsten Verkörperungen: Über tausend Vokal-, Orgel-, Klavier-, kammermusikalische und Orchesterwerke in Form von Kantaten, Motetten, Messen, Passionen, Chorälen, Suiten, Präludien, Fugen, Sonaten, Konzerten und Variationen hinterließ er, als er 1750 im Alter von 65 Jahren starb. »Nicht Bach! Meer sollte er heißen!« Zu diesem Huldigungsausruf ließ sich der Genius hinreißen, der die Musik ihrer nächsten Revolution unterziehen sollte.

III.
»Denn die Tonkunst ist gewiss das letzte Geheimnis des Glaubens, die Mystik, die durchaus geoffenbarte Religion.«

Hatte Bachs Künstlerselbstbewusstsein sich noch von seiner demütigen Gottesfrömmigkeit Zügel anlegen lassen, trat mit Ludwig van Beethoven der erste prometheische Tonkünstler auf, der Mensch und Welt nach radikal neuem Bild formen wollte. Seine Devise: »Es gilt, dem Schicksal in den Rachen zu greifen.« Nicht, dass er die Nähe zu Gott weniger inbrünstig gesucht hätte als Bach. Nur konnte der Katholik Beethoven sie im herkömmlichen Glauben nicht mehr finden: Die Rastlosigkeit, die sein Werk vorwärtspeitscht, ist im Kern eine zornige. Musik war kein Gnadengeschenk Gottes mehr – durch sie wollte der verlassene Mensch beweisen, dass er selbst gottähnlich werden konnte. Die harmonische Ordnung empfing er nicht, indem er die Ohren gen Himmel richtete: Alles musste er aus sich selbst schöpfen. Das machte – nicht erst den ertaubenden – Beethoven zu einem zwanghafteren Tonarchitekten, als Bach je war.

Noch radikaler vollzog Beethoven die Abkehr von der Rolle, die der sakralfeudale Musikbetrieb für den Tonkünstler an der Wende vom 18. zum 19. Jahrhundert vorgesehen hatte. Zwar begann auch er als gewöhnlicher Hofmusiker in Bonn, wo er für die Konzerte in Kirche, Kammer und Theater verantwortlich war. Zwar blieb er in Wien, wo er sich endgültig als Genie des bürgerlichen Konzertsaals etablierte, bis zuletzt von adeligen Mäzenen abhängig. Die Anekdote, die eine Klavierschülerin Beethovens aus dessen frühen Jahren in der k.u.k.-Metropole überliefert hat, zeigt jedoch, wie sehr das Künstlerselbstbewusstsein gewachsen war: Auf Knien soll eine ältere Gräfin den jungen Beethoven, der in einem Sessel lümmelte, angefleht haben, für sie zu spielen – umsonst. Unvorstellbar, dass Bach einer hohen Adeligen eine ähnliche Abfuhr erteilt hätte.

Bei einem Privatkonzert, bei dem Beethoven unaufmerksame Zuhörer erleben musste, soll er seine Darbietung gar abgebrochen haben mit der Bemerkung: »Für solche Schweine spiele ich nicht.« »Papa« Haydn hätte sich eine derartige Frechheit niemals erlaubt, und selbst das anarchische »Wunderkind« Mozart hätte die unaufmerksamen »Schweine« allenfalls damit brüskiert, dass es ein schweinisches Liedchen angestimmt hätte.

Sein ideales Publikum fand Beethoven in den deutschen Dichtern und Denkern der Romantik. Johann Gottfried Herder war bereit, auch im Falle nichtgeistlicher Musik von der »heiligen Tonkunst« zu sprechen, und Ludwig Tieck erklärte: »Denn die Tonkunst ist gewiss das letzte Geheimnis des Glaubens, die Mystik, die durchaus geoffenbarte Religion.« Waren die Aufklärer darangegangen, das Sakrale zu profanisieren, machten sich die Romantiker daran, das

Profane zu sakralisieren. 1799 schilderte Tiecks musikliebender Herzensbruder Wilhelm Heinrich Wackenroder in seinen *Phantasien über die Kunst für Freunde der Kunst*, wie sich sein literarisches Alter Ego Joseph Berglinger der Musik hingibt: »Wenn Joseph in einem großen Konzerte war, so setzte er sich, ohne auf die glänzende Versammlung der Zuhörer zu blicken, in einen Winkel und hörte mit eben der Andacht zu, als wenn er in der Kirche wäre – ebenso still und unbeweglich, und mit so vor sich auf den Boden sehenden Augen. Der geringste Ton entschlüpfte ihm nicht, und er war von der angespannten Aufmerksamkeit am Ende ganz schlaff und ermüdet.« Die Geburt des Klassikkonzerts aus dem Geiste des Gottesdiensts.

Woher aber bezog die Musik ihre Heiligkeit, wenn sie nicht mehr im luthersch-pietistisch-bachschen Sinne dazu diente, die Herzen für Gott zu öffnen? »Wahrlich, es ist ein unschuldiges, rührendes Vergnügen, an Tönen, an reinen Tönen sich zu freuen! Eine kindliche Freude! – Wenn andre sich mit unruhiger Geschäftigkeit betäuben, und von verwirrten Gedanken, wie von einem Heer fremder Nachtvögel und böser Insekten, umschwirrt, endlich ohnmächtig zu Boden fallen; – oh, so tauch' ich mein Haupt in dem heiligen, kühlenden Quell der Töne unter, und die heilende Göttin flößt mir die Unschuld der Kindheit wieder ein, dass ich die Welt mit frischen Augen erblicke und in allgemeine, freudige Versöhnung zerfließe.« So beschrieb Wilhelm Heinrich Wackenroder *Die Wunder der Tonkunst*.

Das Zitat zeigt, wie vollständig die Musik im Denken und Fühlen der Romantiker die Religion beerbt hatte: Dem von der Welt Erschöpften, mit Mühsal Beladenen, bot sie erlösenden Seelentrost. Und als wäre dies allein nicht Wunder genug, sollte sie ihn auch noch reinwaschen, sein Herz in den Stand kindlicher Unschuld zurückversetzen. »Seid umschlungen Millionen! / Diesen Kuss der ganzen Welt!« – es war dieselbe Sehnsucht, der Beethoven ein Vierteljahrhundert später im letzten Satz seiner Neunten Sinfonie Ausdruck verlieh, als er im Verbrüderungsrausch zu Schillers utopischer Ode *An die Freude* griff.

Nun schrieben die Romantiker der Musik ihre wundersam seelenheilende Wirkung aber gerade deshalb zu, weil sie ohne Worte, ohne Begleittext auskam. Gegen die pietistischen Vorgänger, die einzig dem Gesang frommer Verse Heiligkeit zugebilligt hatten, und gegen die Franzosen und Italiener, die noch immer die Oper für die höchste Gattung der Tonkunst hielten, entwarfen die deutschen Musikschriftsteller um 1800 herum das radikale Programm einer »reinen« Musik. »Wenn von der Musik als einer selbstständigen Kunst die Rede ist, sollte immer nur die Instrumentalmusik gemeint sein, welche, jede Hülfe, jede Beimischung einer anderen Kunst verschmähend, das eigentümliche, nur in ihr zu erkennende Wesen der Kunst rein ausspricht.« So kategorisch drückte es der musizierende Dichter E. T. A. Hoffmann in seiner Rezension zu Beethovens

Konzert von Künstlers Gnaden: *Beethoven spielt vor einer Gesellschaft im Hause des Fürsten Lichnowsky.* Neu kolorierte Reproduktion eines Gemäldes von Julius Schmid, 1900.

Fünfter Sinfonie aus. Obwohl er selbst sich nur an einer einzigen Sinfonie versuchte und ansonsten Vokalmusik, Bühnenwerke und Kammermusik komponierte, ließ er keinen Zweifel daran, dass er jene Gattung für den Gipfel der Musik hielt.

Wie unerhört neu diese Musikform damals war, ist heute kaum mehr nachzuempfinden: Weder eignete sie sich zum Tanzen noch zum Mitsingen, noch bot sie einem Virtuosen die Gelegenheit, auf seinem Instrument zu brillieren, noch gab sie ein gepflegtes Hintergrundgeräusch beim Tafeln ab, als welches man die Kammermusik problemlos missbrauchen konnte. Wer eine Sinfonie hören wollte, musste in den Konzertsaal pilgern. Doch anders als der Opernzuschauer bekam er dort keine großen Dramen von Liebe, Tod und Leidenschaft geboten, sondern – ja, was eigentlich?

Der Aufstieg der Sinfonie hatte mit Joseph Haydn und Wolfgang Amadeus Mozart begonnen. Ersterer hatte bereits behauptet, dass seine Musik eine »Sprache« sei, die auf der ganzen Welt verstanden werde, weil sie ohne Text und Handlung imstande sei, »Charaktere« darzustellen. Zur »Oper der Instrumente«, zum »ganzen Drama an menschlichen Affekten«, als welche die Romantiker sie verehrten, wurde die Sinfonie jedoch erst mit Beethoven.

Anders als die beiden Österreicher produzierte dieser seine Sinfonien nicht am laufenden Band, sondern beschränkte sich auf die magisch gewordene Zahl Neun, die nach ihm (fast) kein sinfonischer Komponist mehr zu überbieten wagte. Jeder Musikgebildete erkennt die Hauptthemen der Beethoven-Sinfonien sofort – wohingegen er in Verlegenheit geriete, verlangte man Ähnliches im Fall der über hundert Haydn- oder gut vierzig Mozart-Sinfonien.

Diese Selbstbeschränkung war nicht nur dem Beethovenschen Drang geschuldet, als Künstler ein möglichst stimmiges, geschlossenes Oeuvre zu hinterlassen. (Er war der erste Komponist, der seine Werke selbst mit Opuszahlen versah. Nicht einmal die Hälfte seiner Kompositionen hielt er für wert, in den Kanon aufgenommen zu werden. Der von Klavierschülern aller Länder millionenfach totgeklimperten Bagatelle *Für Elise* etwa versagte er diese Ehre.) Die Reduktion entsprang vor allem Beethovens Bedürfnis, mit jedem einzelnen Werk etwas Einzigartiges, Unverwechselbares zu sagen.

»Schicksalssinfonie«, »Pastorale«, »Apotheose des Tanzes«: Auch wenn die Titel bzw. Charakterisierungen größtenteils nicht von Beethoven selbst stammen, zeigen sie, dass seine Sinfonien nicht »bloß« Musik sind, sondern ihnen ganz bestimmte – auch außermusikalische – Ideen zugrunde liegen. Dennoch entsprechen sie nicht dem, was spätere Musiktheoretiker als »Programmmusik« bezeichneten. Nichts hätte Beethoven ferner gelegen, als seinen Zuhörern eine Art Reiseführer an die Hand zu geben, wie es etwa im frühen 20. Jahrhundert Richard Strauss tat, indem er die einzelnen Abschnitte seiner *Alpensinfonie* mit konkreten Überschriften wie »Wanderung neben dem Bache« oder »Am Wasserfall« versah.

Beethoven war »absoluter« Musiker. Zugleich war er der erste intellektuelle Komponist. Nicht nur, weil er – abermals anders als Haydn und Mozart – ein eifriger Leser der Schriften von Schiller, Kant und Herder war. Auch seine eigenen Werke verstand er als Beiträge zum politischen, philosophischen und weltanschaulichen Diskurs der Zeit. Wie man mit »reinen« Tönen dennoch eine »Botschaft« übermitteln kann – und wie heikel es wird, wenn die Exegeten darangehen, diese »Botschaft« zu entschlüsseln –, lässt sich am besten an Beethovens Dritter Sinfonie, seiner *Eroica*, zeigen.

Mit der Arbeit an dem revolutionären Werk begann er im Jahre 1801. Zur selben Zeit wurden seine *Geschöpfe des Prometheus* mit großem Erfolg in Wien uraufgeführt. Dennoch war der Komponist unzufrieden. Zu steif, zu konventionell erschien ihm das Korsett einer Ballettmusik. Es musste gelingen, die Geschichte des Titanen, der sich gegen die Götter auflehnt und die Menschen aus ihrer schicksalhaften Umnachtung befreien will, indem er für sie das Feuer stiehlt, zu erzählen, ohne dass irgendwelche Tänzer dazu hüpften. Also übernahm Beethoven thematisches Material aus dem *Prometheus* in seine Dritte Sinfonie, in der er es kompositorisch weit freier und konsequenter verarbeiten konnte.

Eine zweite Lichtgestalt stand Beethoven vor Augen. Über der Partitur, die der glühende Verehrer der Französischen Revolution 1804 vollendet hatte, stand: »Symphonie grande, intitolata Bonaparte« – »Große Sinfonie, Bonaparte gewidmet«. Nachdem sich sein Idol im Dezember desselben Jahres zum Kaiser gekrönt hatte, soll Beethoven das Titelblatt allerdings voll Zorn herausgerissen haben mit der Bemerkung: »Ist der auch nichts anders wie ein gewöhnlicher Mensch! Nun wird er auch alle Menschenrechte mit Füßen treten, nur seinem Ehrgeize fröhnen.« Als das Werk im April 1805 uraufgeführt wurde, trug es den Titel: »Sinfonia eroica, composita per festiggiare il sovvenire di un grand'uomo« – »Heldensinfonie, komponiert, um das Andenken an einen großen Mann zu feiern«.

Welcher »große Mann« mit der *Eroica* geehrt werden sollte, blieb fortan dem Ermessen der jeweiligen Zeitgenossen anheimgestellt. Im November 1847 erklang sie bei der Totenfeier für Felix Mendelssohn Bartholdy im Leipziger Gewandhaus. 1892 dirigierte sie Hans von Bülow in Berlin und erklärte: »Wir Musikanten mit Herz und Hirn, mit Hand und Mund, wir weihen und widmen heute die heroische Sinfonie [...] dem Bruder Beethovens, dem Beethoven der deutschen Politik, dem Fürsten Bismarck!« Und Elly Ney, die berühmte Pianistin und Beethoven-Interpretin (und Hitler-Anhängerin), erzählte im Zweiten Weltkrieg von der Zuschrift eines Sturzkampffliegers: »Nach einem Stuka-Angriff hörte ich abends im Rundfunk zufällig die *Eroica*. Da spürte ich ganz deutlich, dass diese Musik Bestätigung unseres Kampfes ist, eine Heiligung unseres Tuns.«

Einem musikalischen Werk zum Vorwurf zu machen, dass spätere Adepten es für ihre jeweiligen politischen Zwecke vereinnahmen, ist läppisch. Und dennoch leistete Beethoven dieser Vereinnahmung selbst Vorschub. Seine Helden-Widmung, die zu allen möglichen Projektionen einlud, spielte dabei noch die geringste Rolle. Weit entscheidender war, dass er mit seiner *Eroica* eine Tonsprache geschaffen hat, die danach schreit, verstanden zu werden. *Hört ihr denn nicht, was ich euch zu sagen habe!* Mit diesem Gestus zieht sie das Publikum in ihren Bann. Sobald das Publikum jedoch mitzuteilen versucht, was es verstanden hat, versagen ihm die Worte – oder es sucht Zuflucht bei fragwürdigen Auslegungen. In diesem Sinne ist die Musik Beethovens in der Tat dämonisch: ein tönender Geist, der niemals zu fassen ist, obwohl er mit aller Macht dazu auffordert.

»Glühende Strahlen schießen durch dieses Reiches tiefe Nacht, und wir werden Riesenschatten gewahr, die auf- und abwogen, enger und enger uns einschließen und alles in uns vernichten, nur nicht den Schmerz der unendlichen Sehnsucht.« So versuchte E. T. A. Hoffmann den Bildersturm zu beschreiben, den Beethovens Fünfte Sinfonie in ihm entfachte. Wem der Mut zum Abgrund fehlt, wer nicht bereit ist, sich wie die Romantiker dem »Unaussprechlichen hinzugeben«, kann sich vor dieser Musik nur fürchten.

In keinem anderen Land der Welt haben sich die Philosophen so damit herumgequält, Musik als paradoxe Sprache ohne Worte zu erklären wie in Deutschland. Für Immanuel Kant, der eine heilige Scheu vor den Abgründen des Lebens pflegte, war die Angelegenheit noch einfach: Musik war die »Sprache der Affekten« – und als solche nicht viel wert. »Mehr Genuss als Kultur« sei sie, weil sie, anders als die Poesie, nichts »zum Nachdenken übrig bleiben« lasse. Die romantische Behauptung, dass man in der Musik »Gedanken ohne jenen mühsamen Umweg der Worte« denke, hätte der Rationalist aus Königsberg als krausen Unfug abgetan. Mit der »reinen« Instrumentalmusik konnte sich der Verfechter der »reinen« Vernunft schon gar nicht anfreunden: In seiner Ästhetik nahm sie den untersten Rang ein, angesiedelt irgendwo zwischen »Laubwerk [...] auf Papiertapeten« und formenprächtigen »Schaltieren des Meeres«.

Deutlich ambitionierter (und kenntnisreicher) versuchte Georg Wilhelm Friedrich Hegel, die Tonkunst zu erklären. In seinem ästhetischen System nahm sie immerhin eine gehobene Position zwischen Architektur, Skulptur und Malerei als den untersten und den verschiedenen Gattungen der Literatur als den obersten Stufen ein. Zwar bestimmte auch er sie als »die Kunst des Gemüts, welche sich unmittelbar an das Gemüt selber wendet«, witterte in ihr ein »haltungsloses freies Verschweben« und die Gefahr, dass sich dort ein »ganz leeres Ich, das Selbst ohne weiteren Inhalt« bespiegele. Dennoch schätzte er an ihr, dass sie in ihren höchsten Ausprägungen, bei Bach etwa, die beiden Extreme »tiefste Innigkeit« und »strengsten Verstand« in sich vereinige. Musik war für Hegel die Kunstform, in der sich das Individuum zum ersten Mal in aller Tiefe selbst erkundete – was ihren Aufstieg parallel zum gesellschaftlichen Aufstieg des Individuums als selbstbewusstem Bürger erklärte. An der welthistorischen Aufgabe, dieses in sich befangene Individuum mit der allgemeinen »Substanz« der Geschichte, der Kultur, den Sitten des Volkes, dem es angehörte, zu versöhnen, musste die Musik Hegel zufolge allerdings scheitern. Aus dem Käfig der Innerlichkeit vermochte sie, zumal die reine Instrumentalmusik, nicht auszubrechen. Das kühne Vorhaben, »absolute Musik« zu komponieren und damit gleichzeitig nationale Mythen zu schaffen, nahm erst der dritte der deutschen Musiktitanen in Angriff.

IV.
»Der Komponist offenbart
das innerste Wesen der Welt und spricht
die tiefste Weisheit aus, in einer Sprache,
die seine Vernunft nicht versteht.«

Richard Wagner ist der Sündenfall und die Apotheose der deutschen Musik. Mit ihm verlor die Kunst jegliche Bescheidenheit. Die Herzen für Gott öffnen? Wie lächerlich! Für welchen denn – doch nicht etwa für den abgehalfterten Spießer mit dem weißen Bart, an dessen Existenz ohnehin nur noch hinterwäldlerische Kirchenmäuse glauben? Den Alltagserschöpften ein erquickendes Bad im kühlenden Quell der Töne gönnen? Pfui, wie philisterhaft! Die Menschheit bessern? Welch müßiges Ziel! Der Mensch will nicht gebessert – er will *erlöst* werden! Willkommen im Reich der totalen Kunst!

Erlösung ist das Leitmotiv, das Wagners gesamtes Werk beherrscht, auf allen Ebenen. Der politische Pamphletist und Revolutionär, der im Mai 1849 in Dresden auf die Barrikaden ging, kämpfte dafür, das kleinstaatlich zerstückelte Deutschland von allen feudalen, kirchlichen und kapitalistischen Unterdrückern zu erlösen. Ein Jahr später, im Züricher Exil, in das der »Königlich Sächsische Hofkapellmeister« nach seinen Revoluzzer-Umtrieben hatte fliehen müssen, verfasste er eine Tirade, die klang, als hätten Ludwig Feuerbach, Karl Marx und Friedrich Engels mehrere Gläser Met zu viel gehoben: »Nicht unsere klimatische Natur hat die übermütig kräftigen Völker des Nordens, die einst die römische Welt zertrümmerten, zu knechtischen, stumpfsinnigen, blödblickenden, schwachnervigen, hässlichen und unsauberen Menschenkrüppeln herab gebracht, – nicht sie hat aus den uns unerkennbaren, frohen, tatenlustigen, selbstvertrauenden Heldengeschlechtern unsere hypochondrischen, feigen und kriechenden Staatsbürgerschaften gemacht, – nicht sie hat aus dem gesundheitstrahlenden Germanen unseren skrophulösen, aus Haut und Knochen gewebten Leineweber, aus jenem Siegfried einen Gottlieb, aus Speerschwingern Dütendreher, Hofräte und Herrjesusmänner zu Stande gebracht, – sondern der Ruhm dieses glorreichen Werkes gehört unserer *pfäffischen Pandektencivilisation* mit all ihren herrlichen Resultaten, unter denen, neben unserer Industrie, auch unsere unwürdige, Herz und Geist verkümmernde Kunst ihren Ehrenplatz einnimmt, und welche schnurgerade aus jener, unserer Natur ganz fremden Civilisation, nicht aber aus der Notwendigkeit dieser Natur herzuleiten sind.«

Die Wiedergeburt des Germanentums konnte für Wagner nur aus dem Geiste der Kunst als der »höchsten gemeinschaftlichen Lebensäußerung des Menschen« geschehen. Doch bevor die Kunst Deutschland erlösen konnte, musste zunächst einmal die Kunst selbst erlöst werden – von allen Zersplitterungen und

Zwängen, die sie nicht weniger lähmten als Siegfrieds degenerierte Nachfahren. Im »Kunstwerk der Zukunft« sollte zusammenwachsen, was zusammengehörte, inhaltlich wie formal: Die Gegenwart sollte mit der ältesten Vergangenheit, dem nordisch-germanischen Sagenschatz verschmelzen, während die verschiedenen Einzelkünste von der Musik über das Drama bis hin zur bildenden Kunst aufhören sollten, isoliert nebeneinanderher zu existieren. Der Gesamtkunstwerker war der Avantgardist, der die neuzeitliche Arbeitsteilung und die damit einhergehende Entfremdung überwand, bevor die Gesellschaft reif dafür war. Wagner machte Ernst mit dem, wovon bereits Schiller und die Romantiker geträumt hatten: eine Kunst zu schaffen, die den *ganzen* Menschen erfasste.

Als größte Todsünde seiner Zeit hatte Wagner den »Egoismus« ausgemacht. Er witterte ihn nicht nur in den zwischenmenschlichen Beziehungen, in den sozialen Verhältnissen, sondern ebenso in der Musik. Zwar begrüßte der Revolutionär ebenso wie der Komponist die Emanzipation des Einzelnen als notwendigen Fortschritt. Diese Emanzipation wurde für ihn jedoch in dem Moment zur Perversion, in dem der Einzelne aus den tradierten Systemen nur deshalb ausbrach, um künftig ganz für sich allein zu stehen – anstatt in der Befreiung *von* alten Gemeinschaftsbanden die Befreiung *zu* einer neuen Art von Gemeinschaft zu erkennen. Wie fließend in Wagners Denken die Übergänge zwischen Gesellschaftstheorie und ästhetischer Theorie waren, zeigt eine Passage aus *Oper und Drama*, jenem Essay, in dem er die Theorie seines Gesamtkunstwerks ausführlich entwickelte: »Diese Haupttöne sind gewissermaßen die jugendlich erwachsenen Glieder der Familie, die sich aus der gewohnten Umgebung der Familie heraus nach ungeleiteter Selbstständigkeit sehnen: Diese Selbstständigkeit gewinnen sie aber nicht als Egoisten, sondern durch Berührung mit einem andren, eben außerhalb der Familie Liegenden.« Und weiter: »Die Jungfrau gelangt zu selbstständigem Heraustreten aus der Familie nur durch die Liebe des Jünglings, der als der Sprössling einer anderen Familie die Jungfrau zu sich hinüberzieht. So ist der Ton, der aus dem Kreise der Tonart hinaustritt, ein bereits von einer andren Tonart angezogener und von ihr bestimmter, und in diese Tonart muss er sich daher nach dem notwendigen Gesetze der Liebe ergießen. Der aus einer Tonart in eine andre drängende Leitton, der durch dieses Drängen allein schon die Verwandtschaft mit dieser Tonart aufdeckt, kann nur als von dem Motive der Liebe bestimmt gedacht werden.« Der Musik bescherte Wagner mit dieser Philosophie eine revolutionäre Befreiung: Sie begann, sich vom System der Tonarten, das sich im Abendland herausgebildet hatte und dem sich alle bisherigen Komponisten unterworfen hatten, in Richtung einer freieren Tonalität zu emanzipieren. Der »Leitton« ist das Prinzip, das die Wagnersche Musik zu einer so eigentümlich schwebenden, rastlos drängenden, ewig sehnenden macht – zur kongenialen Musiksprache für Dramen, die davon erzählen, wie

Wagner-Porträt vor Schlussszene aus *Parsifal*. Undatierte Zeichnung von Franz Stassen (1869–1949).

zwei Menschen alle familiären und sonstigen Ketten herkömmlicher Wohlanständigkeit sprengen, um ganz ineinander zu versinken: Senta und ihr »fliegender Holländer«, Elisabeth und Tannhäuser, Tristan und Isolde, Siegfried und Brünnhilde.

Doch Wagner war nicht nur ein Befreier der Musik. Im Rahmen seiner Geschlechtertheorie – die er wie seine gesellschaftstheoretischen Überlegungen eins zu eins auf musikdramatische Zusammenhänge übertrug – legte er ihr neue Fesseln an. »*Die Musik ist ein Weib.*« In dieser verblüffenden Feststellung gipfelte der erste Teil von *Oper und Drama*. Beethoven – und die romantischen Musikschriftsteller – hätten die Musik in eine historisch zwar notwendige, aber nichtsdestotrotz fatale Sackgasse hineingelockt. »Absolute Musik«, die versuchte, konkrete Inhalte ganz aus sich heraus auszudrücken, eine autonome Sprache zu werden, müsse an sich selbst irrewerden.

Es entbehrt nicht einer unfreiwilligen Komik: Ausgerechnet Wagner, der die Opernbühne als Erster mit außer sich geratenden Hysterikerinnen (und Hysterikern ...) bevölkerte, warf Beethoven vor, die Musik zu einer hysterisch-frigiden Emanze gemacht zu haben – die sich nach nichts mehr sehne als nach der »Erlösung« durch das Wort. Bereits in seiner Analyse der Neunten Sinfonie hatte Wagner behauptet, Beethoven habe seinen Irrtum selbst erkannt und deshalb im letzten Satz Zuflucht bei Schillers Ode *An die Freude* gesucht. Die Erlösung sei jedoch daran gescheitert, dass die Melodie, anstatt mit dem Text eins zu werden, diesen »patriarchalisch« dominiere, womit sie sich abermals eine Rolle anmaße, die ihr nicht zukomme. Um wahrhaft erlöst zu werden, müsse Musik einsehen, dass ihre Macht sich auf »empfangende Hingabe« beschränke, darauf, »unendliche Melodie« zu sein, die aus einem idealerweise unsichtbaren Orchestergraben heraufdringt und dem Drama, das sich oben im Rampenlicht entfaltet, zu höchster Potenz verhilft.

Die Selbstdemütigung, die Wagner sich als Musiker mit dieser Theorie zufügte, verkraftete er nur, indem er sich gleichzeitig zum Urheber der »zeugenden« Kraft im Musikdrama machte: zum eigenen Librettisten. So wie im *Ring des Nibelungen* Göttervater Wotan darüber wacht, dass seine in wehrlosen Tiefschlaf verbannte Lieblingstochter Brünnhilde nicht von jedem dahergelaufenen Strolch bestiegen wird, wachte der Tondichter Wagner darüber, dass seine Musik sich nur an Texte verausgabte, die das Selbstopfer wert waren. Und so wie Siegfried, der Held, dem es schließlich gelingt, Brünnhilde zu entjungfern, ebenfalls ein Nachkomme Wotans ist, durfte sich auch Wagners Musik keinem Drama an die Brust werfen, das nicht von ihm stammte. Das Gesamtkunstwerk hört auf, Befreiungsutopie zu sein: Es wird zur inzestuösen Allmachtsphantasie eines Künstlergottes, der sämtliche Schöpfungsfäden selbst in der Hand behalten will.

Wagner hätte diesen Vorwurf weit von sich gewiesen: Nach eigener Auffassung war er schließlich derjenige, dem es gelungen war, zwischen Text und Musik eine innige, quasi organische Beziehung herzustellen, während die Opernkomponisten vor ihm bloß willkürliche Zwangsehen gestiftet hätten. Anders als die älteren Textbücher sollten seine Dramen den Keim zur Musik bereits in sich tragen, von sich aus zur Musik hindrängen. So begründete der Dichter Wagner seine Neigung zu Stabreimen à la »Winterstürme wichen dem Wonnemond« denn auch damit, dass diese unmittelbar nach musikalischem Ausdruck verlangten. Das Wort erlöst die Musik – die Musik erlöst das Wort. Am Ende seines Schaffens, im Bühnenweihfestspiel *Parsifal*, ließ er diese Metaphysik in der gesungenen Wunderformel kulminieren: »Erlösung dem Erlöser!«

Für Wagner war die bisherige Oper jedoch nicht allein daran gescheitert, dass sie die Entfremdung zwischen Drama und Musik nicht aufzuheben vermochte; dass sie mit ihrem konventionellen Gerüst aus Rezitativen, Arien, Duetten, Ensemblestücken und Chören eine wahrhafte Durchdringung der beiden Sphären nicht zuließ; dass sie ihre Themen nicht aus der Tiefe der jeweiligen Volksmythologie schöpfte, sondern sich auf der internationalen Stoffbörse nach Belieben bediente. Zum immer brennenderen Problem wurde für Wagner die Suche nach einem Ort, an dem das »Kunstwerk der Zukunft« seinen Erlösungszauber in aller Heiligkeit entfalten konnte. Die »Zudringlichkeiten eines deutschen Hoftheaters«, das »Repertoiretheater mit seinen Abonnenten und Rezensenten« verursachten ihm einen wachsenden Ekel. Schon in *Oper und Drama* hatte er Carl Maria von Weber – der mit seinem *Freischütz* den prinzipiell richtigen Versuch unternommen habe, eine deutsche Volksoper zu schaffen – vorgeworfen, die »süß verschämte« Blume des Volkslieds ihrer »göttlich zeugenden Wildnis« entrissen, sie »oben im Prunkgemache« in eine »kostbare Vase« gesetzt und so der »riechenden Nase jedes gaunerischen Wollüstlings« dargeboten zu haben. Dasselbe Schicksal wollte er seinem Opus Maximum, dem *Ring des Nibelungen*, ersparen. Im Vorwort, das Wagner dem Text zu seinem Bühnenfestspiel 1863 vorausschickte, entwickelte er präzise Vorstellungen, wie das Festspielhaus der Zukunft auszusehen habe: In einer der »minder großen Städte Deutschlands« sollte es gelegen sein, um das verhasste »großstädtische Theaterpublikum und seine Gewohnheiten« zu umgehen; ein karges Amphitheater, in dem nichts vom musikdramatischen Geschehen ablenkte und das Orchester endlich in der unsichtbaren Versenkung verschwinden konnte; die beteiligten Sänger sollten nicht gestern Gluck und morgen Meyerbeer singen müssen, sondern sich ganz auf die Wagnerschen Mysterien einlassen können, so wie das Publikum aus »öffentlich Eingeladenen«, das zu dem gesamten Ring-Zyklus – der drei Abende und einen Vorabend umfasste – eigens anreisen müsste: »Im vollen Sommer wäre für jeden dieser Besuch zugleich mit einem erfrischenden Ausfluge verbunden, auf welchem er, mit Recht, zunächst sich von den Sorgen seiner Alltagsgeschäfte zu zerstreuen suchen soll. Statt dass er, wie sonst, nach mühsam im Arbeitskabinett oder in sonst welcher Berufstätigkeit hingequältem Tage, des Abends die einseitig angespannten Geisteskräfte wie aus ihrem Krampfe loszulassen, nämlich sich zu zerstreuen sucht und deshalb, je nach Geschmack, eben oberflächliche Unterhaltung ihm wohltätig dünken muss, wird er diesmal sich am Tage zerstreuen, um nun, bei eintretender Dämmerung, sich zu sammeln, und das Zeichen zum Beginn der Festaufführung wird ihn hierzu einladen.« Heiter sei das Leben, ernst sei die Kunst.

Über den Schwachpunkt seines visionären Projekts machte sich Wagner keine Illusionen: Wer sollte es bezahlen? Seine eigenen Mittel hätten noch nicht einmal für den Bau der Eingangsstufen gereicht. Zu diesem Zeitpunkt war Wagner (wieder einmal) bankrott. Bei aller Abneigung gegen den Feudalismus fiel ihm kein anderer Ausweg ein, als auf private Gönner oder »die Tat« eines entschlossenen Fürsten zu hoffen, dem einleuchtete, dass einzig eine solche Institution den deutschen Geist nach vorn bringen könne, weil sie »an sich schon vollkommen dem deutschen Wesen« entspreche, »welches sich gern in seine Bestandteile scheidet, um den Genuss der Wiedervereinigung sich als Hochgefühl seiner selbst periodisch zu verschaffen«. Das Vorwort endet mit der bangen Frage: »Wird dieser Fürst sich finden?«

Er fand sich. Und märchenhafter noch: Er war ein schöner, junger, idealistischer König. Kaum an die Macht gekommen, rief der 18-jährige bayerische Thronfolger Ludwig II. im Mai 1864 Wagner kurz vor dessen 51. Geburtstag zu sich, um dem Idol, dessen *Lohengrin* und *Tannhäuser* ihn zu Tränen gerührt hatten, sein Herz zu Füßen zu legen – und das bayerische Staatssäckel.

Das Bayreuther Heiligtum in seinem Eröffnungsjahr 1876.

Das stets heikle Verhältnis Herrscher-Künstler erreichte seinen travestierten Höhepunkt: Liest man in den über 600 Briefen und Telegrammen, die Ludwig II. und Richard Wagner in ihrer knapp zwanzigjährigen Liaison gewechselt haben, ahnt man rasch, wer hier der eigentliche Gebieter und wer der Untertan ist.

Im November 1869 schrieb Wagner an seinen »erhabenen Freund und huldvollen Wohltäter«, der bereits die Uraufführungen von *Tristan und Isolde* und den *Meistersingern* in München ermöglicht hatte: »So bitte ich Sie denn, nach eigener reiflicher Erwägung mich klar und bestimmt wissen zu lassen, ob Sie je ernstlich und wahrhaftig die Ausführung des großen Planes wollten, nach welchem Wir die Nibelungen aufführen und der deutschen Welt als den monumentalen Ausgangspunkt einer neuen, edlen Kunstepoche hinstellen wollten?« Und der König versicherte dem »Meister«: »Nie ist es möglich, dass mein Enthusiasmus für Sie und Ihre göttlichen Werke erlahme, geben Sie nie solchen Zweifeln an Ihrem treuesten Freunde und Anhänger Raum; wahrlich er verdient es nicht, dass Sie ihn auch nur mit dem leisesten Schatten eines solchen Verdachtes betrüben.«

1872 fand die feierliche Grundsteinlegung zum Festspielhaus in Bayreuth statt. Vier Jahre später strömte das *Rheingold*-Vorspiel endlich aus dem mystischen Abgrund, wuchs die Weltesche durch Hundings Haus, bejauchzten Siegfried und Brünnhilde ihre »leuchtende Liebe« und den »lachenden Tod«, ging Walhall in Flammen auf. Wagners Traum, »ein deutsches National-Unternehmen hervorzurufen, dessen Leitung natürlich [...] gänzlich allein nur [ihm] in die Hände gelegt werden darf«, war Wirklichkeit geworden. Mochte das soeben gegründete Kaiserreich – das sowohl Wagner als auch Ludwig verachteten – sein Zentrum in Potsdam haben, zur Hauptstadt der Kulturnation, des »wahren Deutschland«, wurde Bayreuth.

Einer der geladenen Gäste, die in das oberfränkische Städtchen pilgerten, war Friedrich Nietzsche. Der Philosoph und Altphilologe, der den Christengott in den Orkus schicken wollte, um den Übermenschen aus der Taufe zu heben, war Wagner mit Haut und Haaren verfallen. 1872 hatte er seine erste große Abhandlung *Die Geburt der Tragödie aus dem Geiste der Musik* veröffentlicht. Obwohl Wagner selbst nie darum verlegen gewesen war, seine Werke mit einem gewaltigen theoretischen Überbau zu versehen, leistete Nietzsche zusätzlich philosophische Schützenhilfe: »Aus dem dionysischen Grunde des deutschen Geistes ist eine Macht emporgestiegen, die mit den Urbedingungen der sokratischen [d. h. der reflektierenden] Kultur nichts gemein hat und aus ihnen weder zu erklären noch zu entschuldigen ist, vielmehr von dieser Kultur als das Schrecklich-Unerklärliche, als das Übermächtig-Feindselige empfunden wird, *die deutsche Musik*, wie wir sie vornehmlich in ihrem mächtigen Sonnenlaufe von Bach zu Beethoven, von Beethoven zu Wagner zu verstehen haben.« Damit lobte Nietzsche an der Musik, am musikdramatischen Gesamtkunstwerk genau das, was sie dem geräuschempfindlichen Rationalisten Kant so suspekt gemacht hatte: ihren Überwältigungscharakter. Was auch Hegel noch in aller Distanz formuliert hatte: »Die eigentümliche Gewalt der Musik ist eine *elementarische* Macht« – bei Nietzsche wurde es zur leidenschaftlichen Befürwortung. Zu spät erkannte der verzweifelte Vitalist, der die Menschheit lehren wollte, neue Feste zu feiern, dass auch sein Gott Wagner in Wahrheit nicht zum Leben, sondern zum Sterben einlud. Und zwar – anders als Nietzsche sich einredete – nicht erst mit dem Bühnenweihfestspiel *Parsifal*, das der enttäuschte Philosoph als krankhaft christlichen Askesezirkus niedermachte. Wäre der junge Nietzsche weniger betört gewesen, hätte er von Anfang an erkennen können, dass die Wagnerschen Erlösungswerke das Dasein nur deshalb ekstatisch bejahten, um es im nächsten Augenblick endgültig zu verneinen. »In dem wogenden Schwall, / in dem tönenden Schall, / in des Welt-Atems / wehendem All –, / ertrinken, / versinken –, / unbewusst –, / höchste Lust!« So beseelt stirbt etwa Isolde ihren Liebestod – nur eine von vielen Wagnerfiguren, deren ganzes Streben danach zielt, endlich ins Nichts hinübergleiten zu dürfen.

Der Philosoph, in dem Wagner sein eigenes Denken wie in keinem zweiten widergespiegelt glaubte, war nicht der arme, heillos ergebene Nietzsche: Es war Arthur Schopenhauer. Im Herbst 1854 hatte Wagner sich zum ersten Mal in dessen Hauptwerk *Die Welt als Wille und Vorstellung* vertieft. Wenige Monate später schrieb er an seinen künftigen Schwiegervater Franz Liszt: »Was sind vor diesem alle Hegels etc. für Charlatans! Sein Hauptgedanke, die endliche Verneinung des Willens zum Leben, ist von furchtbarem Ernste, aber einzig erlösend. Mir kam er natürlich nicht neu, und niemand kann ihn überhaupt denken, in dem er nicht bereits lebte.«

Wagners Begeisterung für Schopenhauer war kein bloßer Narzissmus. Der philosophische Hagestolz, der am glücklichsten war, wenn er daheim auf seiner Flöte Mozart und Rossini spielen konnte, war der erste Denker, der bereit war, der Musik nicht nur den einsamen Königsplatz unter den Künsten einzuräumen, sondern sie gar in den Rang der Philosophie zu erheben. In Abwandlung der früheren Definition, die Leibniz von der Musik gegeben hatte, erklärte er diese als »eine unbewusste Übung in der Metaphysik, bei der der Geist nicht weiß, dass er philosophiert«.

Was war in der deutschen Philosophie geschehen, dass die Musik zu solch höchsten Ehren gelangen konnte? Sie war radikal vernunftskeptisch geworden. Hatte Kant noch das »Ding an sich« als eine Art zentrales Welthirn angenommen, das jedes Individuum zur Vernunft befähigte, war Hegel von einem »Weltgeist« ausgegangen, der zwar schon etwas grobschlächtiger, aber dennoch vernünftig durch die Geschichte marschierte, hatte Schopenhauer den Glauben verloren, dass hinter dem Weltgeschehen eine wie auch immer geartete Vernunft steckte. Für ihn wurde die Welt von einem blinden, somatischen Willen bewegt. Der Philosoph hatte nicht länger die Aufgabe, den Menschen zur Vernunft und damit zur Autonomie zu erziehen. Alles, was er tun konnte, war, dem Menschen klarzumachen, dass er nicht der souveräne Steuermann seines Geschicks war, für den er sich hielt, sondern lediglich das ohnmächtige Organ, dessen sich der Wille nach Lust und Laune bediente. Die einzige Aussicht auf Glück, auf Seelenfrieden, bestand darin, dem Willen ein Schnippchen zu schlagen, indem man ihn verneinte.

Nun meinte Schopenhauer damit keine kollektive Aufforderung zum Selbstmord. Höchste Lebensklugheit hatte erlangt, wer erkannt hatte, dass die Welt als erhabenes Schauspiel zu betrachten sei, von dem man sich mitreißen ließ, ohne dass es einem wirklich die Eingeweide zerwühlte. Besser als dem ewig doch vernunftverhafteten Philosophen gelang dem Musiker das Kunststück, sich dem Weltwillen rückhaltlos hinzugeben und diesen gleichzeitig »auf das Gebiet der bloßen *Vorstellung*« hinüberzuspielen. »Der Komponist offenbart das innerste Wesen der Welt und spricht die tiefste Weisheit aus, in einer Sprache, die seine Vernunft nicht versteht; wie eine magische Somnambule Aufschlüsse gibt über Dinge, von denen sie wachend keinen Begriff hat.« In dieselbe Trance vermochte der Komponist den Zuhörer zu versetzen, indem er ihn verschiedensten Gemütserregungen unterwarf, die allerdings nicht länger die Freude oder das Entsetzen über etwas Bestimmtes waren, sondern *die* Freude als solche, *das* Entsetzen. »Nur so verursacht die Musik uns nie wirkliches Leiden, sondern bleibt auch in ihren schmerzlichsten Akkorden noch erfreulich, und wir vernehmen gern in ihrer Sprache die geheime Geschichte unsers Willens und aller seiner Regungen und Strebungen, mit ihren mannigfaltigen Verzögerungen, Hemmnissen und Qualen, selbst noch in den wehmütigsten Melodien. Wo hingegen, in der Wirklichkeit und ihren Schrecken, unser *Wille selbst* das so Erregte und Gequälte ist.«

Das Ansinnen, mit Musik Politik, gar nationale Politik zu betreiben, hätte Schopenhauer – der nie eine Wagner-Oper gehört haben dürfte – für Missbrauch gehalten. Zwar traute er der Musik zu, eine zweite, erträglichere Welt zu schaffen – aber nur, solange sie ein ganz und gar selbstständiges Reich blieb, fernab von allen außermusikalischen Ambitionen. Schopenhauer überhöhte die Musik metaphysisch, nicht politisch. Nirgends mutete der Philosoph – der im Mitleid das einzige Gegengift sah, das die Menschheit daran hindern konnte, sich gegenseitig zu quälen und zu meucheln – der Musik eine gesellschaftskritische oder gar -verbessernde Funktion zu. Diese Zurückhaltung sollte die deutsche Musikphilosophie im 20. Jahrhundert abermals verlernen.

V.
»Der uralte Einspruch der Musik versprach: ohne Angst leben.«

Theodor W. Adorno war der Philosoph, der nach Arthur Schopenhauer wie kein zweiter in der Musik die letzte Rettungsbastion des zum Elend verdammten Menschen sah. Auch Adorno war Vernunftskeptiker. Anders als Schopenhauer wollte er jedoch nicht die Vernunft als solche verabschieden. Vielmehr ging es ihm darum, sie aus jener dialektischen Fehlentwicklung zu retten, die bereits in der Antike begonnen und im Spätkapitalismus ihren unseligen Höhepunkt erreicht habe: dass der Mensch seine Ratio zwar erfolgreich dazu eingesetzt habe, sich aus den ursprünglichen Naturzwängen zu befreien, sich damit aber von der lebendigen Welt verdinglichend entfernt und einem umso brutaleren gesellschaftlichen Zwangssystem ausgeliefert habe. Am emanzipatorischen Ideal hielt der Kopf der Frankfurter Schule fest. Wie seine (neo-marxistischen) Mitstreiter war er nur überzeugt davon, dass die bürgerlich-kapitalistische Gesellschaft nicht die freie Assoziation von Individuen war, als welche ihre Anhänger sie feierten. Die gesamte kritische Theorie trat mit dem Anspruch auf, den Weg aus dem »Verblendungszusammenhang« hin zu einer wahrhaft freien Gesellschaft zu weisen, in der der Einzelne seine Individualität erst wirklich behaupten und sich jenseits des Warenverkehrs mit seinen Mitmenschen tatsächlich austauschen konnte.

Denselben utopischen Impetus unterstellte Adorno, der Musiker unter den kritischen Theoretikern, der Kunst. Sie allein sei »Statthalter unbeschädigten Lebens mitten im beschädigten, welches das Subjekt zur Ideologie herrichtete«. Die ästhetische Form sei humaner, ziviler als alle bisherigen Gesellschaftsformen, denn jene realisiere, woran diese hartnäckig scheiterten: »Die gewaltlose Synthesis des Zerstreuten, die es doch bewahrt als das, was es ist, in seiner Divergenz und seinen Widersprüchen [...]« Das Wort »Erlösung« wurde von Adorno tunlichst gemieden, doch auch er schrieb der Kunst die nachgerade magische Fähigkeit zu, das neuzeitlich entfremdete Subjekt sowohl mit sich selbst zu versöhnen – »Kunstwerke sind die vom Identitätszwang befreite Sichselbstgleichheit« – als auch mit der stummen, unterjochten Welt, die es umgab: »Was Natur vergebens möchte, vollbringen die Kunstwerke: Sie schlagen die Augen auf.«

Im Gegensatz zur Schopenhauerschen sieht die Adornosche Ästhetik in der Kunst jedoch kein Quietiv, kein metaphysisches Beruhigungsmittel, das hilft, den Weltschmerz zu betäuben. Wahre Kunst war für ihn nur diejenige, in der sich die Möglichkeit konkretisierte, »es könnte auch anders sein«. Die »Unwahrheit« des Wagnerschen Musikdramas witterte Adorno denn auch darin, dass es keine konkrete Utopie verkörpere, sondern als Ausweg aus dem beschädigten

Leben einzig den Nihilismus anzubieten habe: »Als ewig und unaufhebbar spottet es aller Versuche zu seiner Veränderung und nimmt den Widerschein der Würde an, die es dem Menschen vorenthält [...] Vor dem Gegensatz zwischen Individualinteresse und totalem Lebensprozess wird die Flagge gestrichen und die Kapitulation als Staatsakt gefeiert.« Die pseudoreligiösen Erlösungsversprechen Wagners reduzierten sich darauf, »Heimgang ohne Heimat« zu sein, »die ewige Ruhe ohne Ewigkeit, das Trugbild des Friedens ohne Substrat dessen, der am Frieden teilhätte«.

Obwohl Adorno von der Kunst verlangte, Gesellschaftskritik zu sein, war er weit davon entfernt, einer biederen Inhaltsästhetik, wie sie etwa der sozialistische Realismus predigte, das Wort zu reden. Die Humanität der Kunst bestehe gerade nicht darin, dass sie versuche, die Menschheit mit Hilfe irgendwelcher Parolen zu erziehen. »Das Rohe, subjektiver Kern des Bösen, wird von Kunst, der das Ideal des Durchgeformten unabdingbar ist, a priori negiert: Das, nicht die Verkündigung moralischer Thesen oder die Erzielung moralischer Wirkung ist ihre Teilhabe an der Moral und verbindet sie einer menschenwürdigen Gesellschaft.« Eine Gesellschaftskritik ohne Worte, der es auf paradoxe Weise gelang, »das Unversöhnte zu bezeugen und gleichwohl tendenziell zu versöhnen«, konnte sich für Adorno nur in einer »nicht-diskursiven Sprache« artikulieren. Und diese erkannte er, mehr noch als in den anderen Künsten – in der (reinen) Musik.

Der Gedanke war nicht neu. Bereits die romantischen Musikidealisten hatten ihn – auf naiverem Niveau – vertreten. Neu war die historische Situation. Adorno war der Erste, der versuchen musste, den alten deutschen Kunstidealismus über seinen menschheitshistorischen Bankrott hinaus zu retten. Wer mochte noch allen Ernstes behaupten, dass »bei einer andächtigen Musique [...] allezeit Gott mit seiner Gnaden Gegenwart« sei, dass »die heilende Göttin« der Tonkunst »die Unschuld der Kindheit« wieder einflöße, nachdem nationalsozialistische Schlächter sich in ihren Konzentrationslagern Häftlingsorchester gehalten, bei Schubertschen Streichquartetten Tränen der Rührung vergossen und die Schreckensmeldungen des Krieges mit Liszt verbrämt hatten?

Im Schmerz über das Grauen hatte Adorno sich 1951 zu der Behauptung hinreißen lassen, »nach Auschwitz ein Gedicht zu schreiben«, sei »barbarisch«. Nur wenige Jahre später, in seiner *Ästhetischen Theorie*, widerrief er das eigene Verdikt: »Wer Kunst abschaffen will, hegt die Illusion, die entscheidende Veränderung sei nicht versperrt.« Adorno blieb durch und durch Ästhet. Der Weinhändlersohn, der als Kind schon seiner Mutter, der Sängerin, gelauscht und das Klavierspiel bei seiner Tante, der Sängerin und Pianistin, gelernt hatte, wollte, ja *konnte* die Kunst nicht in die Verbannung schicken. Sie zu retten, bot er all seinen musiktheoretischen Witz, all seine philosophischen Kräfte auf.

In den Abgrund hatten nicht allein die deutschen Barbaren die Musik geführt. In der Weimarer Republik und später im amerikanischen Exil machte Adorno eine Erfahrung, die ihm – langfristig gesehen – die Kunst noch gravierender zu bedrohen schien: die quietschfidele »Kulturindustrie«, deren Frevel in den Augen des Philosophen nicht nur darin bestand, dass sie selbst leicht konsumierbaren Schund am Fließband produzierte, sondern dass sie auch die »ernsten« Kunstwerke zu bloßen Konsumgütern degradierte. Um aus dieser doppelt fatalen Situation einen Ausweg zu finden, blieb Adorno nichts anderes, als die Wurzel des Übels bei der Kunst selbst zu suchen. Es musste ihm gelingen, »wahre« Werke von »unwahren« zu unterscheiden und zu zeigen, dass nur Letztere dazu angetan waren, mit den totalitären Teufeln zu paktieren und/oder sich von der Kulturindustrie vereinnahmen zu lassen, während sich Erstere dank ihrer Sperrigkeit, dank ihres »Rätselcharakters«, dem barbarischen und dem banausischen Zugriff zugleich entzögen.

Im Falle Wagners war die Lage für Adorno eindeutig: Dessen Werke machten sich beider Vergehen schuldig. Im Unterschied zu seichteren Wagner-Verächtern begnügte sich Adorno jedoch nicht mit dem Verweis, dass jener Antisemit und einer der Lieblingskomponisten Hitlers gewesen war, und die Nazis ihre Fahnenaufmärsche besonders gern in Bayreuth zelebriert hatten. In seinem *Versuch über Wagner* erklärte er, dass sich »das Moment der Unwahrhaftigkeit im Wagnerschen Ausdruck [...] bis in seine kompositorischen Ursprünge hinab verfolgen« ließ. Vor allem Wagners Leitmotivtechnik, die dieser in seinem *Ring* perfektioniert hatte, erschien Adorno von einer krankhaften »allegorischen Starre« befallen. Das »peinliche Gefühl«, das ihn bei Wagner überkam, führte er unter anderem darauf zurück, dass dessen Musik »den Zuhörer unablässig am Ärmel« zupfe. Leitmotive waren für Adorno keine echten musikalischen Motive, die nach komplexer Durchführungs- und Variationsarbeit verlangten. Jene erfüllten lediglich eine Signalfunktion, damit selbst der unaufmerksamste Zuhörer den Eindruck haben durfte, im rauschenden Germanen-Dschungel die Orientierung zu behalten.

Adorno verurteilte die Leitmotive nicht nur als Reklametafeln, die das Gesamtkunstwerk marktschreierisch anpriesen und so den »Warencharakter« der Wagnerschen Musik begünstigten. Schlimmer noch: Sie seien die perfekten Rädchen in einem totalitären Getriebe, da sie keinerlei »Innenleben« besäßen, ihnen jegliche Selbstständigkeit fehle. Was Musik doch gerade in einzigartiger Weise leisten sollte, den »reinen Immanenzzusammenhang von Ganzem und Teilen« herzustellen, sei in der Leitmotivtechnik zur selben brutalen Unterjochung des Einzelnen durchs Ganze pervertiert, die Kennzeichen der gesellschaftlichen Barbarei ist: »Bei Wagner überwiegt denn auch schon das totalitär-herrschaftliche Moment der Atomisierung; jene Entwertung des Einzelmoments gegenüber der Totalität, die echte, dialektische Wechselwirkungen ausschließt [...] In Wagners Musik wird bereits jene Entwicklungstendenz des spätbürgerlichen Bewusstseins sichtbar, unter deren Zwang das Individuum umso emphatischer sich selbst hervorhebt, je scheinhafter und ohnmächtiger es in der Realität geworden ist.«

Nun schepperte aus den Weltempfängern aber nicht nur der »Walkürenritt«, glaubten die Nazis nicht nur in der *Götterdämmerung* den passenden Soundtrack zu ihren Weltherrschafts- und Untergangsvisionen zu erlauschen. Dasselbe Schicksal ereilte die Werke von Beethoven, Bruckner, Brahms und all den anderen klassischen bis spätromantischen Komponisten, die heute noch bei keiner »Klassik-Hitparade« fehlen dürfen und im »Dritten Reich« – mit Ausnahme der jüdischen Komponisten – landauf, landab gespielt wurden. Musste Adorno einräumen, dass auch diese »das Moment der Unwahrhaftigkeit« bereits in sich trügen?

Wie schwer sich Adorno mit der Antwort auf diese Frage tat, verrät seine lebenslängliche Beschäftigung mit Beethoven. Hunderte von Notizen, Reflektionssplittern sind überliefert – zum Buch wollten sich die Fragmente nicht zusammenfügen. In seinem Wagner-Essay machte er zwar klar, dass Beethoven für ihn der unvergleichlich wahrhaftigere Komponist war. Anstatt sich leitmotivisch »aufzuspreizen«, komme bei diesem »das Einzelne, der ›Einfall‹ kunstvoll-nichtig« daher, »wo immer die Idee der Totalität den Vorrang« habe. Das musikalische Motiv werde »als ein an sich ganz Abstraktes eingeführt, lediglich als Prinzip des reinen Werdens«, und indem daraus das Ganze sich entfalte, werde »das Einzelne, das im Ganzen untergeht, zugleich auch von diesem konkretisiert und bestätigt«.

Adorno selbst dürfte bewusst gewesen sein, auf welch schmalem Grat er hier argumentierte. In einer seiner Notizen zum geplanten Beethoven-Buch äußerte er sich deutlich skeptischer, ob dem Inbegriff des »frühbürgerlichen Musikers« die dialektische Versöhnung von Einzelnem und Ganzem tatsächlich gelungen war: »Die Beethovensche Musik stellt in der Totalität ihrer Form den gesellschaftlichen Prozess vor, und zwar derart, dass jedes einzelne Moment, mit anderen Worten: jeder individuelle Produktionsvorgang in der Gesellschaft verständlich wird nur aus seiner Funktion in der Reproduktion der Gesellschaft als ganzer [...] Die Beethovensche Musik ist gewissermaßen die Probe aufs Exempel, dass das Ganze die Wahrheit ist.« Und plötzlich scheint der Unterschied zwischen Beethoven und Wagner doch kein kategorialer, sondern bloß ein relativer zu sein. Auch in der bei jedem Komponisten fundamentalen Frage, wie er den expressiven Rausch ordnend bändigt, kam Adorno nicht umhin, eine gewisse Gewaltsamkeit festzustellen: »Die Konstellation des Chthonischen und des Biedermeier« sei »eines der innersten Probleme bei Beethoven«. Wenn

Adorno in einem anderen Fragment vom »metronomfreundlichen« Beethoven spricht, in dessen Musik »komplementär auf jede Zählzeit etwas eintritt«, klingt es endgültig so, als ob er es selbst bei den Werken dieses Komponisten in der Ferne marschieren hörte.

Letztlich übertrug Adorno die Verantwortung, dass Musik, die der klassischen Tonalität verpflichtet war, nicht zum Opium fürs Volk wurde, dem Zuhörer. Dieser sollte bei aller Hingabebereitschaft die analytische, reflektierende Distanz bewahren. »Genuin ästhetische Erfahrung muss Philosophie werden oder sie ist überhaupt nicht«, heißt es in der *Ästhetischen Theorie*.

Dass er die Musik durch strenge Rezeptionsauflagen – die der Laie ohnehin ignorierte – nicht retten würde, sah Adorno selbst. Musik konnte die Gefahr, missbraucht zu werden, nur dann wirklich bannen, wenn sie den Zuhörer von sich aus hinderte, gedankenlos in ihr zu versinken. Musik musste »neue Musik« werden. Sie allein, die von der Kulturindustrie als unverständlich abgelehnt, von den Nazis als »entartet« diffamiert, verfolgt und verboten wurde, vermochte sich an beiden Fronten ihre Unschuld zu bewahren.

Eine solche Musik, die den etablierten Betrieb von Grund auf erschütterte, war zu Beginn des 20. Jahrhunderts vor allem in Wien entstanden. Adorno selbst war 1925 in die Donaumetropole gegangen, um bei Alban Berg, den er später als »Meister des kleinsten Übergangs« feierte, Kompositionslehre zu studieren. Der musikrevolutionäre Vordenker der »Neuen Wiener Schule« hieß jedoch Arnold Schönberg. Dessen Credo, dass Musik nicht »schmücken«, sondern »wahr sein« sollte, sprach Adorno aus dem Herzen.

In jungen Jahren durchaus noch von Wagner fasziniert und inspiriert, drängte Schönberg danach, die Ketten der Tonalität ein für alle Mal zu sprengen. Die Mission seiner ersten Schaffensphase lautete: Emanzipation der Dissonanz. Der verstockte Zuhörer sollte begreifen, dass er sich Falsches angewöhnt hatte, indem er stets verlangte, jede Dissonanz in Konsonanz aufgelöst zu bekommen. Wer dissonante Klänge lediglich als Spannungsmittel zuließ, um sich am Schluss doch wieder in den vertrauten klassisch-harmonischen Wohlklängen wiegen zu können, verkannte, dass Erstere sich von Letzteren allenfalls graduell unterschieden.

In den Konzerthäusern seiner Zeit stieß Schönbergs Plädoyer, der Dissonanz ein eigenes Daseinsrecht einzuräumen, weniger auf taube als vielmehr auf erboste Ohren. Die Uraufführung seines *II. Streichquartetts in fis-moll* im Dezember 1908 wurde zum Skandal: Das Publikum im Wiener Bösendorfer-Saal lachte, zischte und pfiff. Dabei bewegte sich jenes Werk noch am Rande der Tonalität – zur gänzlich frei atonalen Kompositionsweise sollte Schönberg erst ein Jahr später in seinem musikalischen Monodram *Erwartung* finden. Die Verbitterung des Komponisten wurde gemildert, als ein kleiner Musikverein das

329

Konzert vor einem handverlesenen Publikum wiederholte. Auf die Eintrittskarten hatte Schönberg diesmal drucken lassen, dass ihr Besitz lediglich zu ruhigem Zuhören, nicht aber zu Meinungsäußerungen, auch nicht zu Applaus, berechtige.

In einem späteren Aufsatz über Schönberg kritisierte Adorno diese Vorgehensweise seines Idols mitnichten als autoritären Gestus, wie er ihn dem selbstherrlichen Komponistendirigenten Wagner stets vorgeworfen hatte. »Musik, die sich treiben lässt von der reinen und unverstellten Expression, wird gereizt empfindlich gegen alles, was diese Reinheit antasten könnte, gegen jegliche Anbiederung an den Hörer wie jegliche des Hörers an sie, gegen Identifikation und Einfühlung.« Was der Bayreuther Schweretöner nicht durfte: sein Publikum zu einer gottesdienstähnlichen Andacht zwingen wollen –, dem Wiener Neutöner war es erlaubt. »Tatsächlich erheischt Schönbergs Musik von Anbeginn aktiven und konzentrierten Mitvollzug; schärfste Aufmerksamkeit für die Vielheit des Simultanen; Verzicht auf die üblichen Krücken eines Hörens, das immer schon weiß, was kommt; angespannte Wahrnehmung des Einmaligen, Spezifischen und die Fähigkeit, die oftmals auf kleinstem Raume wechselnden Charaktere und ihre wiederholungslose Geschichte präzis aufzufassen.« Auch in der sarkastischen Bemerkung Schönbergs, Zuhörer benötige er nur, »soweit es aus akustischen Gründen unentbehrlich ist, weil's im leeren Saal nicht klingt«, wollte Adorno nichts Menschenverachtendes erkennen. Im Falle Schönbergs handele es sich um den legitimen Wunsch, seine Werke der allgemeinen Betriebsamkeit zu entheben: »Bei Schönberg hört die Gemütlichkeit auf. Er kündigt einen Konformismus, der die Musik als Naturschutzpark infantiler Verhaltensweisen inmitten einer Gesellschaft beschlagnahmt, die längst erkannte, dass sie sich ertragen lässt nur, wenn sie ihren Gefangenen eine Quote kontrollierten Kinderglücks zukommen lässt. Er versündigt sich gegen die Zweiteilung des Lebens in Arbeit und Freizeit; er verlangt für die Freizeit eine Art Arbeit, die an dieser selbst irremachen könnte.« Dass er damit sinngemäß wiedergab, was Wagner in seinem Entwurf fürs »Festspielhaus der Zukunft« geschrieben hatte, entging dem Philosophen.

Wie sehr sich auch Schönberg nach einer elitären Institution sehnte, in der seine Werke endlich die Würdigung erfuhren, die ihnen die schnöde Welt vorenthielt, belegt ein Brief, den er im Jahre 1924 an Max Egon II. zu Fürstenberg schrieb. Der deutsch-österreichische Fürst war Schirmherr der »Donaueschinger Kammermusikaufführungen zur Förderung zeitgenössischer Tonkunst«, die seit 1921 jeden Sommer in dem badischen Städtchen stattfanden. Er hatte Schönberg eingeladen, eine Aufführung seiner *Serenade* zu dirigieren. Der enthusiastische Komponist antwortete: »Das herrliche Unternehmen in Donaueschingen habe ich lange schon bewundert; dieses Unternehmen, das an die

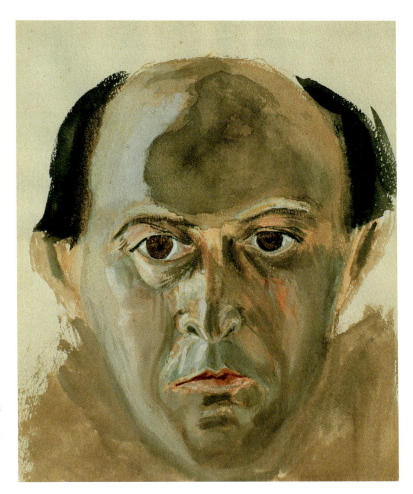

»Kunst kommt nicht von Können, sondern von Müssen.« Eines der zahlreichen Selbstbildnisse, die Arnold Schönberg gemalt hat.

schönsten, leider vergangenen Zeiten der Kunst gemahnt, wo der Fürst sich schützend vor den Künstler gestellt und dem Pöbel gezeigt hat, dass die Kunst, eine Sache des Fürsten, sich gemeinem Urteil entzieht. Und nur die Autorität solcher Personen vermag, indem sie den Künstler teilnehmen lässt an der Sonderstellung, die eine höhere Macht gegeben, diese Abgrenzung allen bloß Gebildeten und Hinaufgearbeiteten sinnlich fasslich vorzuführen, und dazutun den Unterschied zwischen Gewordenen und Geborenen; zwischen denen, die mittelbar zu einer Stelle und Tätigkeit gelangt, und denen, die unmittelbar dazu geboren sind. Darf ich somit, Durchlaucht, meine größte Bewunderung für die große Tat ausdrücken, die die Donaueschinger Kammermusikaufführungen im Kulturleben darstellen, so geschieht es nicht ohne stolz zu sein auf den schmeichelhaften Ruf, durch den Sie mich ehren.« Das musikalische Genie stellt sich auf die Zehenspitzen, um dem Hochwohlgeborenen am Schluss doch nur auf Du und Durchlaucht zu begegnen. Wie viel weniger devot war Wagner »seinem« Ludwig gegenübergetreten!

Auch in Sachen Nationalismus war Schönberg vom Bayreuther Tondichterfürsten nicht so weit entfernt, wie es auf den ersten Blick scheinen mag. In einem Essay, der zur selben Zeit entstand, in der Schönberg seine Methode der »Komposition mit zwölf nur aufeinander bezogenen Tönen« entwickelte, erklärte er, dass er beabsichtige, »die in der Volksbegabung wurzelnde Überlegenheit der deutschen Nation auf dem Gebiete der Musik« zu sichern. Noch deutlicher wurde er, als er 1923 verkündete, durch die Entdeckung der Zwölftonmusik sei »die Vorherrschaft der deutschen Musik für die nächsten hundert Jahre« garantiert. Schönberg, der Kommunismus und Demokratie gleichermaßen ablehnte, verstand sich weder als österreichischer noch als jüdischer, sondern in emphatischem Sinne als deutscher Komponist. Seine Abkehr vom deutschen Kulturpatriotismus und die Hinwendung zum Judentum begannen erst, nachdem er den wachsenden Antisemitismus am eigenen Leib zu spüren bekam. Endgültig wurden sie, als er vor den Nazis ins Exil fliehen musste.

Mit Recht würde Adorno einwenden, dass es der Schönbergschen Musik nichts von ihrer revolutionär-emanzipatorischen Kraft nimmt, nur weil ihr Schöpfer in seinen politischen Ansichten nationalfeudal dachte. Auch die Musik Wagners wird in ihrer Substanz nicht ziviler, nur weil dieser sich in seinen politischen Kampfschriften volksnah gab und die Verachtung des »Pöbels« für eine arrogante Dummheit hielt.

Aber führte die Schönbergsche Kompositionsweise, seine Zwölftonmethode zumal, tatsächlich zu der ganz anderen, »neuen« Musik, die alles Totalitäre in sich überwunden hatte und die Menschheit zu wahrhaft freien Ufern führte? Schönberg selbst hätte diese Frage mit einem ärgerlichen Kopfschütteln abgewehrt. Die Adornoschen Anstrengungen, ihn zum komponierenden Arm der Frankfurter Schule zu stilisieren, waren ihm zeitlebens auf den Nerv gegangen. So sehr er kritisch kommentierend an den Entwicklungen und Verirrungen seiner Zeit Anteil nahm – er selbst wollte reiner Künstler sein. Die Tonalität hatte er nicht deshalb zur freien Tonalität und schließlich Atonalität gelockert, um damit die gesellschaftliche Anerkennung des »Nicht-Identischen«, des »Ausgeschlossenen« zu fordern. Sein kompositorisches Tun war ihm schlicht als musikhistorisch zwingender Entwicklungsschritt erschienen. So wie es ihm zwingend erschien, nachdem er die klassische Ordnung vernichtet hatte, mit der Zwölftonmusik ein neues musikalisches Ordnungsprinzip zu begründen. Der Gedanke – vereinfachend gesagt –, dass jeder der zwölf Töne, aus denen die abendländische Tonleiter besteht, erst dann wieder erklingen darf, sobald alle anderen erklungen sind, war keine Gerechtigkeitstheorie. Und man darf dem Komponisten dankbar sein, dass er seine Zwölftonmethode nicht zum Gesellschaftsprinzip überhöhte: Selbst Adorno musste in seinem letzten Lebensjahrzehnt einräumen, dass der serielle Gedanke – spätestens als ihn Schönberg-Nachfolger auf alle musikalischen Parameter wie Tondauer und Lautstärke ausdehnten – zu einem so unbarmherzig starren Ordnungssystem führte, dass sich im Vergleich dazu die klassische Sonatenhauptsatzform als anarchische Spielwiese ausnimmt.

Sollte Schönberg sich überhaupt in der Nachbarschaft zu irgendeiner außermusikalischen Disziplin gewähnt haben, waren es weder die kritische Philosophie noch Soziologie, sondern allenfalls die Naturwissenschaften. So wie Albert Einstein die Welt der Physik mit seiner Relativitätstheorie umgestürzt hatte, wollte er die Welt der Musik revolutionieren, indem er das erschütterte, was jahrhundertelang ihr sicherstes Fundament gewesen zu sein schien: dass sie sich linear in einem zeitlichen Kontinuum bewegte. Schönberg wollte ein neues musikalisches Raum-Zeit-Verständnis schaffen, indem »jede Bewegung von Tönen [...] in erster Linie als ein wechselseitiges Verhältnis von Klängen, oszillierenden Schwingungen aufgefasst werden muss, die an verschiedenen Orten und zu verschiedenen Zeiten auftreten«.

Obwohl Schönberg eine komplexe *Harmonielehre* veröffentlichte und ein akribischer Kompositionslehrer war, hatte er stets das Triebhafte am musikalischen Schaffensprozess betont: »Das Bewusstsein hat wenig Einfluss darauf. Er [der Künstler] hat das Gefühl, als wäre ihm diktiert, was er tut. Als täte er es nur nach dem Willen irgendeiner Macht in ihm, deren Gesetze er nicht kennt. Er ist nur der Ausführende eines ihm verborgenen Willens, des Instinkts, des Unbewussten in ihm. Ob es neu oder alt, gut oder schlecht, schön oder hässlich ist, er weiß es nicht. Er fühlt nur den Trieb, dem er gehorchen muss.« Dieses Zitat aus seiner *Harmonielehre* ist eindeutig näher an Schopenhauer (und Sigmund Freud) als an Adorno, der dennoch unbeirrt auf dem vermeintlich hochreflexiven Charakter der Schönbergschen Musik – gegen die »unwahre«, die bloß überwältigen will – beharrte: »Sein Pathos gilt einer Musik, deren der Geist sich nicht zu schämen brauchte und die damit den herrschenden beschämt. Seine Musik will mündig werden an ihren beiden Polen: Sie setzt das bedrohlich Triebhafte frei, das sonst Musik nur filtriert und harmonistisch gefälscht durchlässt; und spannt die geistige Energie aufs Äußerste an; das Prinzip eines Ichs, das stark genug wäre, den Trieb nicht zu verleugnen.«

So unsinnlich, so »verkopft« die Musik Schönbergs auch heute noch auf manchen Zuhörer wirkt: Der Komponist selbst sah sich in der Tradition des Genies, das unbewusst aus dem Vollen schöpft. Bereits seine Huldigungsdepesche an den Donaueschinger Mäzen hatte offenbart, dass kompositorisches Können für ihn letztlich nicht zu erwerben, sondern eine spezielle Form des Gottesgnadentums war. Mit Blick auf einen eifrigen, aber eben nicht begnadeten Studenten notierte der Kompositionslehrer: »Es ist zwecklos, die Indizien eines Vulkanausbruchs zu arrangieren, weil der Kundige auf den ersten Blick sieht, dass da nur ein Spirituskocher gewütet hat.«

In seiner großen (unvollendet gebliebenen) Oper *Moses und Aron* zeigte Schönberg den jüdischen Religionsstifter als verzweifelt Suchenden, der zwar berufen war, die göttlichen Gesetze auf dem Berg Sinai zu empfangen – an der Aufgabe, diese den Kindern Israels zu vermitteln, aber scheitern musste. Nie zuvor hatte ein Komponist in einer Oper so selbstquälerisch um den Ausdruck des Unsagbaren gerungen, die Musik an ihre Grenzen geführt. Aron versucht, die abstrakte Lehre, die sein Bruder empfangen hat, singend unters Volk zu bringen – und verfälscht, trivialisiert sie damit. Musik verkommt zur Droge, zum orgiastischen Tanz ums Goldene Kalb. Moses, der von sich selbst sagt, dass seine Zunge »ungelenk« sei, darf sie in der ganzen Oper nur an einer einzigen Stelle melodisch lösen. Das göttliche Bilderverbot wird zum Gesangsverbot, seine Botschaft verdammt Moses zu expressivem, aber nichtsdestotrotz sprödem Sprechgesang. »So habe ich mir ein Bild gemacht, / falsch, / wie ein Bild nur sein kann! / So bin ich geschlagen! / So war alles Wahnsinn, was ich gedacht habe, / und kann und darf nicht gesagt werden! / O Wort, du Wort, das mir fehlt!« Am Schluss des zweiten Akts verstummen sowohl Moses als auch der Komponist.

Wollte Schönberg am Ende seines Schaffens den Stab über der Musik brechen, weil sie letztlich doch unfähig war, das, worum es eigentlich ging, auszudrücken? *A Survivor from Warsaw*, das knappe Melodram, das Schönberg gleichfalls in späten Lebensjahren komponierte, zeugt vom Gegenteil. 1947 hatte der Komponist im kalifornischen Exil durch eine russische Tänzerin einen Prosatext erhalten, der von der Niederschlagung des Aufstands im Warschauer Ghetto im Frühjahr 1943 aus der Sicht eines Überlebenden berichtete. Abermals schreckte Schönberg davor zurück, das Unaussprechliche aussprechlicher zu machen, indem er es singen ließ: Ein Schauspieler rezitiert den englischen Text, durch den die deutschen Befehle der Nazischergen gellen. Im Angesicht des Holocaust ließ Schönberg die Musik dieses Mal jedoch nicht verstummen: Ein Männerchor stimmt unisono das jüdische Glaubensbekenntnis *Schma Jisrael* an, begleitet von dramatisch zerrissenen Orchesterklängen.

War Adornos hoffnungsvolles Diktum, »der uralte Einspruch der Musik versprach: Ohne Angst leben«, ausgerechnet durch jenes Werk eingelöst worden, das versuchte, eines der größten Menschheitsverbrechen direkt zu thematisieren? Sein Schönberg-Aufsatz von 1953 legt es nahe: »Schönbergs Ausdruckskern, die Angst, identifiziert sich mit der Angst der Todesqual von Menschen unter der totalen Herrschaft [...] So wahr hat nie Grauen in der Musik geklungen, und indem es laut wird, findet sie ihre lösende Kraft wieder vermöge der Negation. Der jüdische Gesang, mit dem der *Überlebende von Warschau* schließt, ist Musik als Einspruch der Menschheit gegen den Mythos.« Um seine These zu stützen, hätte sich Adorno auf eine der wenigen schriftlichen Äußerungen Schönbergs stützen können, in denen der Komponist der Musik dann doch die gesellschaftskritische Rolle zuschrieb, eine Welt mit menschlicherem Antlitz zu verheißen: »Kunst ist der Notschrei jener, die an sich das Schicksal der Menschheit erleben. Die nicht mit ihm sich abfinden, sondern sich mit ihm auseinandersetzen. Die nicht stumpf den Motor ›dunkle Mächte‹ bedienen, sondern sich ins laufende Rad stürzen, um die Konstruktion zu begreifen.«

Zehn Jahre später, in seinem Aufsatz *Engagement*, äußerte sich Adorno allerdings deutlich kritischer über den *Survivor from Warsaw*: »Etwas Peinliches gesellt sich der Komposition Schönbergs, [...] als ob die Scham vor den Opfern verletzt wäre. Aus diesen wird etwas bereitet, Kunstwerke, der Welt zum Fraß vorgeworfen, die sie umbrachte.«

Schönbergs spätes Werk ist verstörend, bis heute. Umso mehr, wenn es, wie in Konzerten des Dirigenten Michael Gielen, zwischen dem dritten und vierten Satz der Neunten Sinfonie von Beethoven erklingt. Aber ist es wirklich der »Einspruch der Menschheit gegen den Mythos«, den Adorno in den frühen fünfziger Jahren in ihm erkennen wollte? Oder steht es nicht vielmehr selbst mit dem Mythos im Bunde? Vermögen die explosiven Klänge, die Schönberg komponiert hat, tatsächlich etwas über jenes Leid zu erzählen, das dem jüdischen Volk im Holocaust angetan wurde? Würde ein Zuhörer, der die deklamierten Worte weder kennt noch versteht, nicht mit demselben Recht glauben können, einer pathetisch aufpeitschenden Musik zu lauschen, der Beethovenschen Sinfonie eng verwandt? Verdankt auch das späte Werk Schönbergs seinen kritischen, der Humanität verpflichteten Geist am Ende nicht doch in erster Linie dem Text – während die Musik als solche so »abstrakt und mystisch« bleibt, wie Thomas Mann sie im Ganzen charakterisiert hat?

Schönberg war tödlich beleidigt, dass der deutsche Literaturnobelpreisträger in seinem *Doktor Faustus* den »Tonsetzer« Adrian Leverkühn – der bereit ist, all seine Fähigkeit zu »warmer Liebe«, all seine Empathie zum Teufel gehen zu lassen, auf dass dieser ihm revolutionäres musikalisches Genie einflöße – ausgerechnet die Zwölftontechnik entwickeln ließ. Aber spürte Mann nicht etwas Richtiges? Dass die Musik, ganz gleich wie reflektiert sie in ihrer Expressivität wird, im Kern eine »kalte« Kunst bleibt, weil sie gar nicht anders kann, als menschlichen Schmerz in ihre distante, autonome Sphäre zu entrücken?

VI.

»Es gibt jetzt Stunden, wo ich eine einzige
Sehnsucht habe, das Ende zu empfangen
und alles Menschliche aufzugeben, einzugehen
in das Einzige, Vollendete.«

Im September 2001 war der Komponist Karlheinz Stockhausen Gast beim Hamburger Musikfest. Die Pressekonferenz, in der es um die beiden konzertanten Aufführungen von Teilen seines monumentalen siebenteiligen Opernzyklus *Licht* gehen sollte, geriet zum Skandal. Der dämonische Musiker, vor dem Thomas Mann unmittelbar nach dem Zweiten Weltkrieg gewarnt hatte, erhob ein gutes halbes Jahrhundert später, mitten im demokratisch brav gewordenen Deutschland, erneut sein Haupt. Um die eigentliche Dimension des Skandals zu begreifen, ist es nötig, sich die inkriminierten Äußerungen Stockhausens genauer anzusehen.

Die abschüssige Bahn begann, als der Erfinder der elektronischen Avantgarde-Musik – der in zahlreichen anderen Interviews behauptet hatte, auf dem Planeten Sirius ausgebildet worden zu sein – anfing, von seinen Engelsvisionen zu reden: »Ich bete jeden Tag zu Michael, aber nicht zu Luzifer. Also das habe ich mir versagt. Aber der ist sehr präsent, also in New York zur Zeit. Doch.« Der sichtlich irritierte Moderator versuchte, das Gespräch in sicherere Gewässer zurück zu navigieren, indem er Stockhausen auf dessen Notizen zur harmonischen Menschlichkeit ansprach, die dieser seinem Werk *Hymnen* aus den sechziger Jahren zur Seite gestellt hatte. Im Anschluss daran wollte er wissen, in welcher Weise die Ereignisse der letzten Tage – gemeint waren die islamistischen Terroranschläge vom 11. September – den Komponisten berühren würden. Stockhausen dachte kurz nach, bevor er zu einer langen Antwort ansetzte: »Also was da geschehen ist, ist natürlich – jetzt müssen Sie alle Ihr Gehirn umstellen – das größte Kunstwerk, was es je gegeben hat. Dass also Geister in einem Akt etwas vollbringen, was wir in der Musik nie träumen könnten, dass Leute zehn Jahre üben wie verrückt, total fanatisch, für ein Konzert. Und dann sterben. – Und das ist das größte Kunstwerk, das es überhaupt gibt für den ganzen Kosmos. Stellen Sie sich das doch vor, was da passiert ist. Das sind also Leute, die sind so konzentriert auf dieses Eine, auf die eine Aufführung, und dann werden fünftausend Leute in die Auferstehung gejagt. In einem Moment. Das könnte ich nicht. Dagegen sind wir gar nichts, also als Komponisten. Ich meine, es kann sein, dass, wenn ich *Freitag* aus *Licht* aufführe, dass da ein paar Leute im Saal sitzen, denen das passiert, was ein alter Mann mir vorige Woche gesagt hat, beim *Samstag* nach der Aufführung: ›Na, sagen Sie mal: Zweieinhalb Stunden, da waren doch diese unglaublich tiefen Klänge, die wie Wolken über uns schwebten und sich bewegten die ganze Zeit, [...] was ist denn das für ein Orchester?‹ Ich sage: ›Gar keins.‹ Sagt er: ›Was? Wie haben Sie's denn gemacht? Sie müssen das doch irgendwie machen! Wer spielt das? Wer hat das gesungen oder gespielt?‹ Ich sage: ›Niemand.‹ ›Ja, wie denn?‹ Ich sage: ›Mit Generatoren und Synthesizern.‹ Sagt er: ›Was? Dann brauchen wir ja gar kein Orchester mehr!‹ Ich sage: ›Nein.‹ Dann lief der raus, als ob der innerlich, im Geiste gestorben wäre. Ich weiß nicht, was jetzt passiert mit dem. [...] Das war eine Explosion wie für die Menschen in New York. Bumm! Und ich weiß nicht, ob die jetzt woanders sind, die da plötzlich so schockiert waren. Also es gibt Dinge, die gehen in meinem Kopf vor sich durch solche Erlebnisse. Ich habe Wörter benutzt, die ich nie benutze, weil das so ungeheuer ist. Das ist das größte Kunstwerk überhaupt, das passiert. Stellen Sie sich mal vor, ich könnte jetzt ein Kunstwerk schaffen, und Sie wären alle

»Für die wichtigsten Botschaften werden die Gehorsamsten ausgewählt.« Karlheinz Stockhausen mit elektronischen Instrumenten Mitte der 1950er Jahre.

nicht nur erstaunt, sondern Sie würden auf der Stelle umfallen. Sie wären tot und würden wiedergeboren, weil Sie Ihr Bewusstsein verlieren, weil das einfach zu wahnsinnig ist. Manche Künstler versuchen doch, über die Grenze des überhaupt Denkbaren und Möglichen zu gehen, damit wir wach werden, damit wir für eine andere Welt uns öffnen. Also ich weiß nicht, ob das fünftausend Wiedergeburten gibt, aber irgend so etwas. – Im Nu. Das ist unglaublich.«

Der Komponist, der von sich sagte, dass er manches, was er schreibe, selbst nicht verstehe, spürte, dass er die Demarkationslinie des politisch Korrekten überschritten hatte. Noch während der Pressekonferenz versuchte er, seine radikalen Thesen zu relativieren, indem er einräumte, dass es zwischen einem

Verbrechen und einem Kunstwerk natürlich einen Unterschied gebe: »Der Verbrecher ist es deshalb, das wissen Sie ja, weil die Menschen nicht einverstanden waren. Die sind nicht in das Konzert gekommen. Das ist klar. Und es hat ihnen auch niemand angekündigt: ›Ihr könntet dabei draufgehen.‹ Ich auch nicht. Also es ist in der Kunst nicht so schlimm. Aber was geistig geschehen ist, dieser Sprung aus der Sicherheit, aus dem Selbstverständlichen, aus dem Leben, das passiert ja manchmal, so poco a poco auch in der Kunst, oder sie ist nichts. – Sie sind alle ganz ernst auf einmal. Wo hat er mich hingebracht – Luzifer ...« Und in einem Anflug störrischer Verzweiflung fragte er den Moderator: »Sind Sie denn Musiker? Selbst Musiker?«

Die öffentliche Entschuldigung, die der Komponist am folgenden Morgen nachreichte, vermochte die Situation nicht mehr zu entspannen: Die Hansestadt sagte die beiden geplanten Stockhausen-Konzerte ab. Bis zu seinem Tod im Dezember 2007 blieb der Komponist in Deutschland eine Unperson.

Worin bestand Stockhausens Vergehen genau? Er hatte es gewagt, in einer vorsichtig gewordenen Zeit das ungeschützt auszusprechen, was alle großen deutschen Musiker und Musiktheoretiker vor ihm gedacht hatten. Wie Kepler und Leibniz war er überzeugt, dass Musik kosmischer Einklang ist, auch wenn dieser bei ihm nichts mehr mit dem klassischen Dreiklang zu tun hatte. Zu Beginn der Hamburger Pressekonferenz hatte er erklärt: »Wenn ich also etwas durch Musik erlebbar machen könnte, was im Universum stimmt, dann bin ich Meister [...] Ich bin überrascht, wie viele Parallelen es in meinen Werken – in zunehmendem Maße übrigens – gibt zu dem, was ich lerne, wenn ich also ein Buch mit den Aufnahmen vom Hubble-Teleskop sehe.«

Wie Bach und die Pietisten glaubte er daran, dass Musik Gottesdienst ist. In einem Brief an einen belgischen Komponistenfreund bekannte Stockhausen in den frühen fünfziger Jahren: »Denn das, was ich da tue, ist so sehr etwas, was außer mir entsteht und sich selbst aufgegeben hat – als wollte es nur erfüllt sein –, ohne mich, ohne einen Menschen zu befragen. Ich werde warten und Gott bitten, dass er mich leitet und still sein lässt.«

Wie Beethoven und die Romantiker träumte Stockhausen davon, die Seelen seiner Zuhörer zu entführen: »Im *Gesang der Jünglinge* [einem frühen Werk für Knabenstimmen und Syntheziser] ist eine Einheit von elektronischen – also synthetischen Klängen – und gesungenen – also ›natürlichen‹ – Tönen erreicht: Eine organische Einheit, die noch vor drei Jahren als ferne Utopie erschien. Sie bestärkt den festen Glauben an eine reine, lebendige Musik, die wieder unmittelbar den Weg zum Hörer finden wird. Und welcher Musiker wäre nicht glücklich bei dem Gedanken, dass er es vielleicht erlebt, wie die musikalische Sprache sich von allen Schlacken gereinigt hat und wie sie den, der zuhört, in eine neue musikalische Welt mitnimmt.«

Wie Wagner und Schopenhauer sehnte er sich nach dem großen Nichts. In einem anderen Brief an den belgischen Komponisten schrieb Stockhausen: »Es gibt jetzt Stunden, wo ich eine einzige Sehnsucht habe, das Ende zu empfangen und alles Menschliche aufzugeben, einzugehen in das Einzige, Vollendete.«

Wie Schönberg ging es ihm um ein gänzlich neues Raum-Zeit-Verständnis, indem er Werke schuf, in denen er in zehn Sekunden zweihundert und mehr Töne als »Schwarm« vorbeirauschen ließ. Wie Adorno rang er mit der Frage, wie kritische Subjektivität sich erhalten und dennoch in der Musik aufgehen könne. In einem Radiogespräch über die »Widerstände gegen die sogenannte Neue Musik«, das der Frankfurter Philosoph mit dem jungen Komponisten im Jahre 1960 führte, beharrte Stockhausen darauf, dass Musik »eine Angelegenheit des Geistes« sei, weil sie den Zuhörer zwischen »ganz bei sich und ganz außer sich Sein« oszillieren lasse. Wer Musik »intellektuell« durchdringen wolle, habe jedoch nichts verstanden. Der musikalische Geist spricht nur zu demjenigen, der bereit ist, sich durchdringen zu lassen. Und wenn er dabei riskiert, »in die Auferstehung gejagt« zu werden.

Noch immer verlangt es die Menschen – auch in der Bundesrepublik – nach Seelentrost. Deshalb besuchen sie nicht nur Yoga- und Meditationskurse oder gehen ganz traditionell in die Kirche, sondern strömen nach wie vor in die Konzertsäle und Opernhäuser, um deutsche Innerlichkeit in ihrer höchsten Ausprägung zu zelebrieren. Der radikal gemeinte, im Kern religiöse Begriff einer »Kulturnation«, die den Menschen zu bessern glaubte, indem sie die gesamte Sphäre des Weltlich-Politischen als »Dreck« entlarvte, ist jedoch zum Feiertags-Schlagwort herabgesunken. Erlösung light muss genügen. Die deutsche Musik, deren »mächtigen Sonnenlauf« der junge Nietzsche beschwor, ist im Westen untergegangen. Der Demokrat atmet erleichtert auf. Der Musiker leidet.

[td]

➤ Abgrund, Doktor Faust, E(rnst) und U(nterhaltung), Feierabend, Kulturnation, Männerchor, Ordnungsliebe, Puppenhaus, Querdenker, Reinheitsgebot, Sehnsucht

MUTTERKREUZ

Lange bevor die Nationalsozialisten der deutschen Mutter einen Gebär-Orden um den Hals hängten, rief Martin Luther die deutsche Frau dazu auf, das Mutterkreuz auf sich zu nehmen, denn: »Ein Weibsbild ist nicht geschaffen, Jungfrau zu sein, sondern Kinder zu tragen.«

Der Reformator – selbst ein unermüdlicher Schreiber und Prediger – war davon überzeugt, dass Gottes Gnade sich nicht durch eigenes Tun erwirtschaften lässt. Dennoch zeichnete er einen Tätigkeitsbereich vor allen anderen aus, mit dem man und frau sich zumindest als Gnadenkandidaten empfehlen können: Kinder zeugen, austragen, gebären und erziehen. »Es ist nichts mit Wallfahrten gen Rom, gen Jerusalem, zu Sankt Jakob. Es ist nichts Kirchen bauen, Messen stiften oder was für Werk genannt werden mögen, gegen dieses einzige Werk, dass die Ehelichen ihre Kinder ziehen, denn dasselbe ist ihre gerichtste Straß gen Himmel, können auch den Himmel nicht näher und besser erlangen denn mit diesem Werk.«

Luthers Gattin, die aus dem Kloster entflohene ehemalige Nonne Katharina von Bora, mit der der ehemalige Mönch im reiferen Alter noch sechs Kinder hatte, hätte demnach bessere Aussichten aufs ewige Seelenheil als eine Hildegard von Bingen, die auf Mutterschaft verzichtete und stattdessen bis zu ihrem Lebensende im Kloster betete, forschte und schrieb. Während der Geburt zu sterben, sei die größte Gnade, die einer Frau widerfahren könne, weshalb ihr Gatte nicht versuchen solle, die Unglückliche zu retten, sondern sie ermahnen: »Gedenk [...] dass du ein Weib bist, und dies Werk Gott an dir gefället, tröste dich seines Willens fröhlich und lass ihm sein Recht an dir. Gib das Kind her und tu dazu mit aller Macht. Stirbst du darüber, so fahr hin, wohl dir, denn du stirbest eigentlich im edlen Werk und Gehorsam Gottes. Ja, wenn du nicht ein Weib wärest, so solltest du jetzt allein um dieses Werks willen wünschen, dass du ein Weib wärest, und so köstlich in Gottes Werk und Willen Not leiden und sterben.«

Selten hat sich männlicher Gebärneid mit tieferer religiöser Inbrunst ausgedrückt. Doch der Mann ist nicht dazu verdammt, tatenlos danebenzustehen, während die Mutter seiner Kinder so köstlich Not leidet und stirbt. Luther war

Mutter Luther: *Luthers Winterfreuden im Kreise seiner Familie.* Radierung von 1847.

ein radikaler Vorprediger all derjenigen, die in Deutschland fünfhundert Jahre später als »neue Väter« gepriesen werden sollten: »Wenn ein Mann hinginge und wüsche die Windel oder tät sonst am Kinde ein verächtlich [d. h. für verächtlich gehaltenes] Werk, und jedermann spottete sein und hielt ihn für einen Maulaffen und Frauenmann, so er's doch tät in [...] christlichem Glauben, Lieber, sage, wer spottet hier des andern am feinsten?«

Erziehungsarbeit, angefangen mit den basalsten Verrichtungen wie wiegen und windeln, steigt in den Rang eines Gottesdienstes auf. Es gibt keinen Grund, den Mann von diesem Gottesdienst auszuschließen. Da ist Luther moderner als alle späteren Mutterschaftsapostel, die einwenden, der Mann sei von seiner biologischen Ausstattung her leider nicht dazu geschaffen, sich an der heiligen Brutpflege zu beteiligen.

Den Mutterkreuzzug, zu dem Luther im 16. Jahrhundert aufgebrochen war, setzte ein gläubiger Protestant gut 250 Jahre später leidenschaftlich fort: Johann Heinrich Pestalozzi. Der von seinem Landsmann Jean-Jacques Rousseau tief beeindruckte Schweizer sammelte erste Erfahrungen als Pädagoge, indem er auf dem »Neuhof«, den er gemeinsam mit seiner Frau bewirtschaftete, verwahrloste Bauernkinder aus der Umgebung aufnahm, um sie zu einem schlichten, naturnahen und frommen Leben erziehen. Der Modellversuch einer alternativen Erziehungsanstalt scheiterte. Sogar seinen eigenen Sohn, den er zu Ehren seines Idols »Hans-Jakob« getauft hatte, musste der bankrotte Pestalozzi zu Freunden nach Basel geben.

Anstatt die Rousseauschen Erziehungsrezepte in Frage zu stellen, rückte der Pädagoge, der sich nach seinem praktischen Scheitern aufs Schreiben verlegte, mehr und mehr »die Mutter« ins Zentrum seiner erzieherischen Bemühungen. »Nichts, nichts wird mich hindern«, schrieb er 1804, »bis an mein Grab diesem Gesichtspunkt zu leben und nichts auf der Erde höher zu achten als das Ziel, in den Müttern des Zeitalters das so sehr erloschene und so sehr zerrüttete Gefühl, was sie ihren Kindern von Gottes wegen sein könnten und sein sollten, in ihnen von Neuem wieder zu wecken und zu beleben.«

War Luthers Lieblingsgegnerin noch die Nonne gewesen, die sich dem weltlichen Leben samt Mutterrolle verweigerte, wurde nun das »Weltweib« zur Feindin, die mondäne Dame à la française, die sich lieber auf glänzendem Großstadtparkett bewegte, anstatt mit ihren und für ihre Kinder im »Heiligtum ihrer Wohnstube« zu bleiben. »Wenn die Welt lispelt, sie hört ihr Kind nicht mehr schreien«, so verdammte Pestalozzi das »Weltweib«, dessen Kind im Grunde gar keine Mutter hätte, weshalb es besser sei, ihr das Kind wegzunehmen. Doch selbst die herzensbeste und -klügste Erzieherin war nur eine Notlösung, denn »es ist freilich unmöglich, dass ein reines, volles Mutterherz durch irgendeines fremden Menschen Herz ersetzt werden könnte«.

Im 18. Jahrhundert war die »querelle des femmes«, der Streit um die gesellschaftliche Rolle der Frau, auch in Deutschland entflammt. Die emanzipatorische Partei, deren prominentester Vertreter Theodor Gottlieb von Hippel war, glaubte nicht mehr an den großen natur- oder gottgegebenen Unterschied zwischen den Geschlechtern. 1792 plädierte der Schriftsteller und Staatsmann in einer langen Kampfschrift für die »bürgerliche Verbesserung der Weiber« durch Bildung und Wissen. Die »häuslichen Zwinger [...], worin sich das schöne Geschlecht befindet«, müssten endlich geöffnet werden, denn es sei unverzeihlich, »die Hälfte der menschlichen Kräfte ungekannt, ungeschätzt und ungebraucht schlummern zu lassen«. Zwar sollte den bürgerlich verbesserten Weibern die Erziehung ihrer Kinder nach wie vor am Herzen liegen, allerdings nicht mehr als den bereits bürgerlich verbesserten Männern. Der Begriff »Mutterfalle« war noch lange nicht geprägt. Doch schon der Aufklärer Hippel ahnte, weshalb es den Männern historisch gelungen war, sich zu den Herrschern über die Weiber aufzuschwingen: »Dieser Stillstand, den Schwangerschaft und Niederkunft verursachten, war, von so kurzer Dauer er auch immer sein mochte, ohne Zweifel der Grund des weiblichen Falles. In diesen Zwischenzeiten der Muße war es, wo das Weib [...] sich sein Sklavenschicksal bereitete.«

Nicht weniger frauenliebend und dennoch weit entfernt vom Hippelschen Gleichheitsfeminismus, der 150 Jahre vor Simone de Beauvoir das Kind als »geschlechtslos« erkannte, waren die Anhänger der Romantik. Novalis versicherte seiner Mutter in einem Brief aus dem Jahre 1791, dass »die Vollkommenheit und das Glück der Menschheit sich auf Weiberverstand und Weibertugend gründet«. Gegen die kalte, ins zweckrationale Gesellschaftstreiben verstrickte Vernunft des (männlichen) Staatsbürgers machte der junge Dichter das (weibliche) Herz stark, dem sich die tieferen Menschheitswahrheiten wie im Traum erschlössen.

Zur Ikone der Romantiker wurde die preußische Königin Luise, die von sich selbst behauptete, sie würde lieber all ihre Bücher in die Havel werfen, als sich durch Wissen ihre Empfindsamkeit verderben zu lassen. Heinrich von Kleist widmete ihr ein Sonett, August Wilhelm Schlegel krönte sie in einem Gedicht zur »Königin der Herzen« (da gab's noch lange keine »Lady Di«), und der

Die preußische Madonna: *Königin Luise in ihrem Heim.* Populäre Chromotypie aus dem Jahre 1896. Bereits 1798 empfahl Novalis: »Jede gebildete Frau und jede sorgfältige Mutter sollte das Bild der Königin in ihrem oder ihrer Töchter Wohnzimmer haben.«

Philosoph Friedrich Schleiermacher rühmte sie in seiner Trauerpredigt dafür, dass sie nie die Grenzen, die durch den »Unterschied des Geschlechts« bestimmt werden, überschritten habe.

Untrennbar war der Kult um Luise mit ihrer Mutterschaft verbunden. Obwohl sie im Alter von nur 34 Jahren starb, hatte sie in ihrer Ehe mit Friedrich Wilhelm III. zehn Kinder zur Welt gebracht. Natürlich stand der »preußischen Madonna« ein kompletter Hofstaat samt Kinderfrauen und Erziehern zur Verfügung. Dennoch legte die Königin Wert darauf, sich ihren Untertanen als bescheidene, fürsorglich-häusliche Mutter zu präsentieren, die, lieber noch als auf Staatsempfängen zu glänzen – oder den »Satan Napoleon« um Gnade fürs gedemütigte Preußen anzuflehen –, ihre Kinder in der Wiege schaukelte. Eine Flut von populären Luisen-Romanen und -Bildnissen machte die Königin bis ins »Dritte Reich« hinein zum Inbegriff der deutschen Frau, die ihren Adel in zurückgenommener, tröstender Mütterlichkeit entfaltet.

Zum Inbegriff des verfluchten »Weltweibes« hätte an der Wende vom 18. zum 19. Jahrhundert leicht eine andere werden können: Johanna Schopenhauer, die Mutter des Philosophen. Als junge Frau war sie an einen deutlich älteren, reichen Danziger Kaufmann verheiratet worden. Nach dessen Tod löste die Mutter zweier Kinder den Hamburger Haushalt sofort auf und zog nach Weimar, um dort ein eigenständiges Leben zu führen. In ihrem Salon war Johann Wolfgang von Goethe Stammgast, sie selbst brachte es zur Erfolgsschriftstellerin mit 24-bändiger Werkausgabe. Ihre Tochter Adele, die ebenfalls schrieb – aber zeitlebens nicht aus dem mütterlichen Schatten heraustreten konnte –, hatte Johanna mit nach Weimar genommen. Ihrem 19-jährigen Sohn Arthur hingegen hatte die »Rabenmutter« in einem unmissverständlichen Brief klargemacht, dass seine und ihre Wege künftig getrennt zu verlaufen hätten: »Ich habe Dir immer gesagt, es wäre sehr schwer, mit Dir zu leben, und je näher ich Dich betrachte, je mehr scheint diese Schwierigkeit für mich wenigstens zuzunehmen. Ich verhehle es Dir nicht, solange Du bist, wie Du bist, würde ich jedes Opfer eher bringen, als mich dazu entschließen. Ich verkenne Dein Gutes nicht, auch liegt das, was mich von Dir zurückscheucht, nicht in Deinem Gemüt, nicht in Deinem Innern, aber in Deinem Wesen, in Deinem Äußern, Deinen Ansichten, Deinen Urteilen, Deinen Gewohnheiten, kurz ich kann mit Dir in nichts, was die Außenwelt angeht, übereinstimmen, auch Dein Missmut ist mir drückend und verstimmt meinen heitern Humor, ohne dass es Dir etwas hilft. Sieh, lieber Arthur, Du bist nur auf Tage bei mir zum Besuche gewesen, und jedes Mal gab es heftige Szenen um nichts und wieder nichts, und jedes Mal atmete ich erst frei, wenn Du weg warst [...]«

Das waren anno 1807 erstaunlich offenherzige Muttertöne, die über die Jahre allerdings zum katastrophalen Zerwürfnis mit dem Sohn führten und nicht ganz unschuldig daran gewesen sein mögen, dass der spätere Philosoph zu erkennen glaubte: »Zu Pflegerinnen und Erzieherinnen unserer ersten Kindheit eignen die Weiber sich gerade dadurch, dass sie selbst kindisch, läppisch und kurzsichtig, mit einem Worte zeitlebens große Kinder sind: eine Art Mittelstufe zwischen dem Kinde und dem Manne, als welcher der eigentliche Mensch ist.«

Den allerstringentesten Platz nahmen die Schopenhauerschen Einlassungen zum Thema Mutter und Weib in seinem Gedankensystem nicht ein. Sicher, der Philosoph, der überall auf der Welt einen blinden, triebhaften Willen am Werk sah, musste vor den Frauen zurückschrecken, nachdem er einmal beschlossen hatte, dass sie zur distanzierenden Geistestätigkeit unfähig seien. Doch theoretisch hätte er den Frauen, die angeblich selbst bis zum Hals noch in Mutter Erde steckten, denselben Ehrenplatz einräumen können wie dem Mitleid, das die schmerzliche Trennung von Mensch und Mensch überwinde, oder der Musik, der es gleichfalls gelingen solle, das abgekapselte Individuum wieder mit der Weltsubstanz zu versöhnen.

Die Idee, dass Mütter die letzten Hüterinnen der Ursuppe seien, wurde umso mächtiger, je weiter und schneller sich die Zivilisation von den ursprünglichen Feuerstellen der Menschheit entfernte. Die österreichische Schriftstellerin Bertha Eckstein-Diener machte sich in den späten 1920er Jahren daran, die erste »weibliche Kulturgeschichte« zu schreiben. (Vor ihr hatten sich nur Männer wie der Schweizer Rechtshistoriker und Altertumsforscher Johann Jakob Bachofen systematisch mit der Geschichte weiblicher Herrschaftsformen auseinandergesetzt – jener allerdings mit dem festen Ziel, das Patriarchat als Gipfel der Menschheitsentwicklung zu begründen.) Unter ihrem Pseudonym »Sir Galahad« erzählte Eckstein-Diener von untergegangenen Matriarchaten und Amazonenreichen, um im Nachwort klarzustellen, dass eine neue mütterliche Herrschaftsform zwar dringend benötigt werde – aber nirgends in Sicht sei: »Zu etwas wie dem alten orthodoxen Mutterrecht braucht es nämlich ›Mütter‹. Dieser Typus, halb schicksalhafte Göttin, halb erdhafte Schafferin, breit hockend und verwurzelt, ist erloschen oder im Erlöschen begriffen. Er wäre auch in einer nickelblanken Zivilisationsphase aus Zweck und Zahl, wie der unsern, fehl am Ort. Gerade der Mann aber, mag er noch so gegen jede juristisch festgelegte Gynaikokratie bocken, ist es, der heimlich geradezu lechzt nach einer übermächtigen Weibsubstanz – keineswegs erotisch, bewahre, sondern einfach, um durch sie der Perennisierung des Lausbuben in sich teilhaftig zu bleiben [...] Irgendetwas soll es in Reserve geben, das ihn, wenn nötig, einfach an den Ohren nimmt, aus der Bredouille zieht und zum Trocknen hinsetzt: radikal, endgültig, ohne viel zu reden.«

Pestalozzi hätte das »Weltweib« Eckstein-Diener, die ihre beiden Söhne, die sie von verschiedenen Männern hatte, entweder beim Vater oder einer Pflegefamilie abgegeben hatte, um durch die Welt zu reisen und Bücher zu schreiben, gewiss übers Knie gelegt. Und doch klingt ihr Porträt des Lausbuben, der in erwachsenen Jahren noch die Mutti bräuchte, die ihn an beiden Ohren aus der Bredouille zieht, wie ein sarkastisches Echo auf Pestalozzis Hauptwerk *Lienhard und Gertrud*, in welchem die ebenso resolute wie mütterliche Gertrud ihren Schoß nicht nur der Kinderschar zum Ausweinen darbietet, sondern ebenso dem versoffenen und spielsüchtigen Gatten, wenn dieser erkennen muss, was für ein Nichtsnutz er ist.

Im Kaiserreich hofften auch explizite Feministinnen darauf, dass am mütterlichen Wesen die Welt genesen möge. Helene Stöcker, die 1904 den »Bund für Mutterschutz« mitgegründet hatte, kämpfte zwar für Geburtenkontrolle, das Recht auf Abtreibung und die sexuelle Emanzipation der Frau. Gleichzeitig träumte sie davon, dass, sobald die neue Mütterlichkeit herrsche, »die Gefängnismauern fallen, die Kerker von Licht durchflutet werden und der Schatten des Schafotts aufhören wird, die Erde zu schänden. Armut und Verbrechen werden kinderlos sein, die ganze Welt wird intelligent, tugendhaft und frei sein.« Anders als Pestalozzi glaubte Stöcker jedoch nicht daran, dass es etwas brächte, in den modernen Frauen die verschütteten Instinkte hervorzulocken, um gute Mütter aus ihnen zu machen. Ihre pädagogischen Bemühungen gingen nicht in Richtung eines vermeintlich besseren Naturzustands, sondern zielten darauf, die Gattung zu veredeln: »Wie der Mensch alle anderen Dinge seiner vernünftigen Einsicht unterworfen hat, so muss er auch immer mehr Herr werden über eine der wichtigsten Angelegenheiten der Menschheit, die Schaffung eines neuen Menschen.« Die Pazifistin und strikte Kapitalismusgegnerin, die zum zehnten Jahrestag der Oktoberrevolution in die UdSSR reiste und später von den Nazis in Exil gejagt wurde, schreckte im Rahmen ihres Fortschrittglaubens auch nicht vor der Forderung zurück, dass man Mittel finden müsse, »um unheilbar Kranke oder Entartete an der Fortpflanzung zu hindern«.

Frei von eugenischen Anwandlungen, aber nicht weniger erziehungseuphorisch war Hedwig Dohm. Allerdings wehrte sich die Schriftstellerin, die selbst fünf Kinder hatte und Schwieger-Großmutter von Thomas Mann werden sollte, erbittert dagegen, dass Frauen aufgrund ihres biologischen Geschlechts die geborenen Erzieherinnen seien. Im Gegenteil: »Eine oberflächliche törichte Frau wird ihre Kinder töricht erziehen, und es wäre in diesen Fällen ein Segen für die Kinder, wenn ihre Kraftentfaltung woanders als in der Kinderstube vor sich ginge.«

Für Hedwig Dohm bedeutete Kindererziehung eine höchst komplexe, künstlerisch-ethische Aufgabe, mit der nur derjenige betraut werden sollte, der einerseits das spezielle Talent dazu mitbrachte – sie selbst räumte freimütig ein, dass sie völlig ungeeignet gewesen war, mit ihren Kindern am Ostseestrand Muscheln zu sammeln und Steinchen zu bemalen – und andererseits selbst zur

Keine verkörperte die Mischung aus »Weltweib« und Mutter so perfekt wie sie: Marlene Dietrich mit Tochter Maria auf einem Bild aus den späten 1920er Jahren. In den schlaflosen Nächten ihres Alters dichtete sie: »MARIA / Ich wünschte / Ich wäre Heine / Um Dir / Zu sagen / Du bist / Die Eine / Die mir / Am Herzen / Liegt.«

entwickelten Persönlichkeit gereift war. Gerade daran aber mangele es bei den allermeisten Frauen, die nach wie vor dazu erzogen würden, kein »Ich« auszubilden, sondern unselbstständig an der Seite ihres Gatten durchs Leben zu schwimmen. Deutlich besser als an einer unfreien Mutterbrust seien Kinder somit in den Händen eines souveränen Pädagogen aufgehoben: »In dem Erzieher muss gewissermaßen die verdichtete Liebe all der Mütter sich finden, deren Kinder er zu bilden hat, eine Liebe, die frei sein wird von den Schlacken, die das Gold der Mutterliebe verdunkeln, frei von Eitelkeit, Ehrgeiz, von Besitzesstolz und selbstischem Genießen. Die Liebe des Erziehers wird eher vergleichbar sein der Hingegebenheit des Künstlers an sein Werk. Die Erzieher werden, um ein Wort Nietzsches zu gebrauchen, die ›männlichen Mütter‹ sein.«

In der Gegenwart hat sich der Streit, ob Frauen zur Bildung geeignet seien und sich dementsprechend bilden sollten, zumindest offiziell erledigt. Ebenso der Streit, ob Frauen einer (bürgerlich-anspruchsvollen) Erwerbsarbeit nachgehen sollten. Geblieben ist die in regelmäßigen Abständen grell vorgetragene Sorge, was aus der Zukunft des deutschen Volkes wird, wenn sich die Frauen zwar mehr und mehr bilden und mehr und mehr arbeiten – darüber aber weniger und weniger Kinder bekommen.

Auch diese Sorge ist weit älter als die juristisch verankerte Emanzipation. Bereits 1902 machte sich Hedwig Dohm in ihrer brillantesten Schrift *Die Antifeministen* darüber lustig, dass manche Zeitgenossen meinten, die Menschheit werde aussterben, wenn die Frauen zu studieren begönnen. Im Kaiserreich hatte diese Befürchtung allerdings einen handfesteren Hintergrund: Damals konnten nur unverheiratete, kinderlose Frauen verbeamtet werden, was bedeutete, dass die (wenigen) Frauen, die danach strebten, im preußisch orientierten Beamtenstaat Karriere zu machen, sich tatsächlich gegen Ehe und Mutterschaft entscheiden mussten. Hundert Jahre bevor die Debatte um die »Vereinbarkeit von Beruf und Familie« die Gemüter aufpeitschte, war also der Graben bereits gezogen, von dessen Seiten aus sich heute noch die deutsche Mutter und die »Karrierefrau« beschimpfen, während die berufstätige Mutter über mangelnde Kinderbetreuungsangebote klagt und sich kurz vor dem Überlastungskollaps wähnt.

Es ist zu befürchten, dass die Muttercrux hierzulande so schnell nicht zu lösen sein wird. Zu tief ist sie in der deutschen Seele verwurzelt. Die Mutter soll das letzte, quasi-natürliche Bollwerk gegen die alles zermalmenden Räderwerke der Moderne sein. Das beredteste jüngste Zeugnis dieser Sehnsucht hat die Literaturkritikerin Iris Radisch abgelegt, die 2007 die Neuerfindung der Familie als »Gegenmodell zur Allgewalt der Ökonomie und der Beschleunigung« forderte. Mütter (und Väter) müssten vom Staat mehr Zeit eingeräumt bekommen, so dass sie selbst mit ihren Kindern »über einen Bach oder durchs Gehölz« klettern könnten, anstatt diese einfach beim Ballettunterricht abzuliefern. Gleichzeitig soll die Mutter hoch kultiviert sein. Doch soll sie ihre Kultiviertheit zunächst einmal dazu einsetzen, die degenerationsgefährdeten Sprösslinge zur Natur zu erziehen, bevor sie sich an die zivilisatorische Veredlung macht. Und zu guter Letzt soll sie erkennen, dass Seligkeit hier und nicht im Kampf um gesellschaftlichen Rang und Reichtum schlummert.

Fürwahr: Die deutsche Mutter muss stark wie eine Eiche sein, damit all dies sie nicht umhaut.

[td]

➤ Dauerwelle, Gemütlichkeit, Kindergarten, Pfarrhaus, Rabenmutter, Reformation, Reinheitsgebot, das Weib

MYSTIK

Einen Gott für den Todesfall zu haben, ist bekanntlich nicht schlecht. Unvergleichlich besser aber ist, mit ihm schon einmal im Gespräch gewesen zu sein, gewissermaßen aus anderem Anlass, vielleicht sogar aus ganz anderem Grund.

Wer zu Gott will, und sei es auch nur, um sich mit ihm zu arrangieren, sucht nach einer Gewissheit. Er will an etwas glauben, was ihm und den Seinen glaubhaft erscheint.

Die Scholastik, in die das Mittelalter seine Theologie eingemeindet hatte, konnte Gottesbeweis und Gottesbezug nur ins Abstrakte heben, den Glauben mit dem Verstand erklären. Es machte die Gottesgeschichte nachvollziehbar, zur Gottesaffäre aber hatte man auf diese Weise wenig beizutragen.

Wer sich an der Nachvollziehbarkeit der Sache delektiert, wird diese bald genauso wie alles andere als vergänglich erleben, auch er wird sich haltlos vorkommen und dies beklagen.

Wer das Sichere sucht, trifft irgendwann auf das Heilige.

Er wird unter anderem feststellen: Gott spricht nicht Latein, es wird nur so wiedergegeben. Religion kann nicht durch Theologie vermittelt werden.

Religion ist nicht zuletzt Gefühlsausdruck, der Geborgenheit schafft und doch das Unbehaustsein mitschwingen lässt. Wer in seiner Kindheit nicht den Zugang zum Gebet fand, zu dem eigentümlichen Flüstern, das den Wörtern plötzlich ein anderes Gewicht gab, wird dessen Wirkung niemals kennenlernen und schon gar nicht verstehen.

Die Kirche und ihre Würdenträger haben das Religiöse notgedrungen weltlich erscheinen lassen. Das konnte nicht ohne Erwiderung bleiben. Das Dilemma der Kirche war von Anfang an, dass sie eine Institution verkörpert, und damit in den Verdacht geriet, die Religion verwalten zu wollen.

Eine der schärfsten Repliken auf das Kirchenmalheur hielt die Mystik bereit. Sie verwies darauf, dass man sich den Zugang zu Gott nicht von der Theologie vorschreiben lassen müsse. Man kürze sinnvoll ab, durch Gebet und Predigt. Den Zugang zu Gott finde man durch die so hergestellte Unmittelbarkeit. Diese wiederum hat ihre Voraussetzungen in Frömmigkeit und Innerlichkeit. Gemeint aber ist das Seelenheil.

Ihren Anfang nimmt die deutsche Mystik in deutsch-französischer Kooperation: Der neuplatonisch orientierte Bernhard von Clairvaux trifft bei Predigtreisen im Rheinland Hildegard von Bingen. Sie, deren Rezepte aus dem klösterlichen Kräutergarten heute noch zur Anwendung kommen und die mit ihrem Ratgeber *Heilwissen. Von den Ursachen und der Behandlung von Krankheiten* einen Klassiker der sanften Medizin schuf, gilt als die erste schreibende Ärztin des Abendlands. Ihr Buch wird, nach fast einem Jahrtausend, weiterhin gelesen.

Hildegard von Bingen (1098–1179) ist die erste aus der Reihe der großen deutschen Mystiker und Mystikerinnen. Sie brilliert auch mit ihren selbst gestalteten Gebeten. Ein Meister Eckhart (um 1260–1328), die große Leitfigur unter den Mystikern des Mittelalters, sagt es in seinen *Reden der Unterweisung* so: »Das kräftigste Gebet und nahezu das allmächtigste, alle Dinge zu erlangen, und das allerwürdigste Werk vor allen ist jenes, das hervorgeht aus einem ledigen Gemüt, [...] das durch nichts beirrt und an nichts gebunden ist, [...] und in nichts auf das Seine sieht, vielmehr völlig in den liebsten Willen Gottes versunken ist und sich des Seinigen entäußert hat [...] So kraftvoll soll man beten, dass man wünschte, alle Glieder und Kräfte des Menschen, Augen wie Ohren, Mund, Herz und alle Sinne sollten darauf gerichtet sein, und nicht soll man aufhören, ehe man empfinde, dass man sich mit dem zu vereinen im Begriffe stehe, den man gegenwärtig hat und zu dem man betet, das ist: Gott.«

Die deutsche Mystik des Mittelalters ist aber nach heutiger Maßgabe nicht nur gefühlig, sie nährt auch die alte Aversion gegen die römische Kirche als allzu weltlich gestalteter Institution. Es ist Mechthild von Magdeburg (wahrscheinlich 1207–1282), Verfasserin der wichtigsten mystischen deutschen Schrift des 13. Jahrhunderts *Das fließende Licht der Gottheit*, die in gelegentlicher Drastik die Domherren als »stinkende Böcke« bezeichnet.

Zu den an den Möglichkeiten der Mystik Interessierten gehörte in seinen jungen Jahren auch ein Wittenberger Theologe: Martin Luther. Er hat 1518 den von einem unbekannten Autor des 14. Jahrhunderts stammenden Traktat *Theologia deutsch* herausgebracht, ein dem Eckhart und seinen Vorstellungen verwandtes Werk, aber weniger spekulativ, wie es heißt. Das Phänomen der Mystik brauchte nicht nur Sprecher und Fürsprecher, sondern auch mitschwingende Orte. Diese verteilten sich über das gesamte Reich.

Görlitz ist heute die östlichste Stadt Deutschlands. Einst lag es irgendwo in der Mitte des Deutschen Reiches. In Görlitz, wer würde das heute noch annehmen, verbrachte auch ein Denker die meiste Zeit seines Lebens, »der erste deutsche Philosoph«, wie Hegel ihn nannte, denn er hatte in dessen Werk Spuren von Dialektik ausgemacht. Die Rede ist von Jakob Böhme (1575–1624), mit dem die Mystik neue Dimensionen erreicht. Von Beruf war er Schuhmacher, er hat nie studiert. Sein Werk bezieht sich auf den Pantheismus eines Nikolaus von

Kues, die naturphilosophische Lehre des Paracelsus und die Mystik des Agrippa von Nettesheim, die wiederum auf Neuplatonismus und Kabbala zurückgeht.

Ausgangspunkt war die Unzufriedenheit mit Luthers Reformen, man strebte ein Christentum ohne Kirche an. Böhme zitiert nicht und nennt auch keine Vorbilder, obwohl er behauptet, vieles gelesen zu haben. Als wahre Lehrmeisterin bezeichnet er die »ganze Natura«. Mit dem Auftritt der »Rosenkreuzer«, einer Geheimgesellschaft, die sich auch für Böhme interessiert, erhält die Mystik eine okkulte Akzentuierung. Christliche Ethik verbindet sich mit dem barocken Zeichensystem des Alchemistischen.

Und damit gelangen wir nach Prag. Die Hauptstadt Tschechiens lag im 17. Jahrhundert im Gebiet des Heiligen Römischen Reiches Deutscher Nation. In Prag wurde

Hildegard von Bingen, Klostergründerin und Schriftstellerin im 12. Jahrhundert. Mit ihr beginnt die deutsche Mystik.

1348 die erste Universität des Alten Reichs gegründet. In der Amtszeit des Habsburger Exzentrikers Rudolf II. (1552–1612) wurde die Stadt aber auch zum Wesensort von Alchemie, Astrologie und Mystik. Tycho Brahe und Johannes Kepler gingen hier ihren Studien und Spekulationen nach.

Die Mystik zieht eine unauffällige Spur durch die gesamte deutsche Kulturgeschichte. Ihre Übereinstimmung mit den aktuellen Parolen der jeweiligen Zeit ist jedes Mal zufällig, aber auch in praktisch jedem Fall erklärbar.

Zu den Orten, an denen die Mystiker anzutreffen sind, gehören: das Kloster, die Werkstatt des Handwerkers, der dekadente Königs- und Kaiserhof und die religiöse Bewegung. Es wirken die Nonne, die ihre Gebete ins Literarische wendet; der Schuhmachermeister, der frei philosophiert, ohne die Begriffe zu kennen; der melancholische Herrscher, der sich mit Alchemisten umgibt; und der Pietist, der, wie Philipp Jacob Spener, der Frömmigkeit verpflichtet – ausgehend von seiner Kritik an der Erstarrung des Protestantismus – ein weiteres Mal für die Rückkehr zur Heiligen Schrift plädiert.

Jakob Böhme (1575–1624), der Schuhmacher, Mystiker und Philosoph, der den Pietismus beeinflusste.

Damit ist sicherlich vor allem die Rückkehr zur Bibelauslegung gemeint, die Wendung ins Okkulte, ins Hermetische. Es geht aber auch um die Infragestellung der von der Kirche mitgetragenen Staats- und Weltordnung. Der Angriff auf den Absolutismus gehört bei Weitem nicht allein der Aufklärung. Das liegt, beginnend mit dem 17. Jahrhundert und vor allem im 18. Jahrhundert, auf der Hand: Nicht nur Pietismus und Aufklärung vertragen sich, mit der Freimaurerei bildet sich sogar eine neue Form der Geheimgesellschaft heraus, die alles unter einem Dach zu vereinen vermag, vom Humanismus bis zur Esoterik.

Die deutsche Gesellschaft hat heute keine gültige Mystik mehr aufzuweisen. Dafür importiert sie in auffallender Größenordnung die esoterischen Angebote aus aller Welt. Exotisch haben sie zu sein, und schamanisch.

Warum der Buddha, könnte man fragen, und nicht Eckhart? Weil wir Kant und Hegel nachgerannt sind und alles andere vergessen haben? Oder, schlimmer noch, es bloß politisch betrachten? Eine Kultur kann nur als Ganzes wirken. Wird etwas aus ihrem Körper entfernt, so wird es, auch wenn es nebensächlich erscheint, dem Ganzen fehlen.

[rw]

➤ Arbeitswut, Doktor Faust, Reformation

NARRENFREIHEIT

Der Xaver Deschle ist's wohl gewesen, der wegen seiner Kappe in ganz Radolfzell nur der »Kappedeschle« genannt wurde. Als nun die Preußenbesatzung – es war kurz nach dem Scheitern der 1848er Revolution – die Fastnacht verbot, lief der Kappedeschle zum Kommandanten und bat, wenigstens maskiert durchs Fenster blicken zu dürfen. Es wurde ihm erlaubt, und so hängte sich der Kappedeschle einen selbst gezimmerten Fensterrahmen um den Hals und sprang mit seiner Narrenkappe auf der Straße hin und her. Man sah eine laute Schar Kinder, die ihm folgte.

Bräuche muss man nicht begründen. Das, woran sich alle halten, bedarf nicht der Erklärung. Der gemeinsame Wille vereinfacht die kollektive Erinnerung, er entlastet den Einzelnen, und das ist letzten Endes ja auch der Sinn von Gemeinschaft.

Zwei Dinge sind es, die in Deutschland jedes Kind kennt: die Bundesligatabelle und die Karnevalsgepflogenheiten. An beidem nimmt man gleichermaßen Anteil. Trotzdem könnte der Unterschied größer nicht sein.

Während der Fußballclub identitätsstiftend wirkt und dem Einzelnen als Fan die Gefolgschaft ermöglicht, macht der Karneval ihn zum Spieler, zum Schauspieler in eigener Sache, aber nicht zum Helden. So ist das Fußballereignis ein Anlass für die viel beschworenen großen Gefühle, Freudentaumel oder abgrundtiefe Trauer, und der Karneval ein Freiheitserlebnis auf Zeit. Man hat zwar das Sagen, aber was sagt man schon?

Was kann man schon sagen, wenn der Schauplatz der Handlung eine Bühne ohne Zuschauerraum ist und es um nichts als um das Ich gehen soll, das der Karneval in den Ausnahmezustand zu versetzen weiß?

Beginnen wir bei etwas anderem: Es war sicherlich die größtmögliche Provokation, als um 1500 der Nürnberger Maler Albrecht Dürer sein *Selbstbildnis im Pelzrock* präsentierte. Dürer hat sich selbst gemalt, als Jesus, wenn man so will, aber unaufdringlich und ohne Heiligenschein. Er ist damit innerhalb des gültigen Zeichensystems geblieben, ohne sich bei der zu erwartenden mittelalterlichen Allegorie aufzuhalten. Er hat vielmehr die Frage nach dem menschlichen Selbst gestellt und dem Betrachter nahegelegt: So könntest auch du sein.

353

Jesus ist Dürer. Auftritt des Individualisten am Ende des Mittelalters.

Mit den Selbstporträts tritt der Mensch in den Vordergrund, aber auch der Maler gerät ins Gespräch mit dem Betrachter, und so stellt sich die alles beherrschende Frage: Der zu sein, der man ist, und doch nichts als folgenreicher zu betrachten als den Zwang zum Ich – ist das, trotz allem, nicht die größte Last, an der man zu tragen hat?

Dürer war weder ein Verfolgter noch ein Verfemter, seine Botschaft galt nicht als subversiv, zumindest fiel er nicht einschlägig auf. Er galt vielmehr als einer der größten Künstler seiner Zeit in Europa. Dürer war ein Star. Er hat für seine Epoche nach dem Schock der Schwarzen Pest, als der Weiterbestand der abendländischen Lebenswelt in Frage stand und der Kirche dazu nichts weiter einfiel als das Wort von der »Strafe Gottes«, das Seinsgefühl mit seiner Malerei gestärkt.

Man hätte zu der Zeit noch »Ecce homo!« ausrufen können, ohne den Menschen dabei zu entlarven. Aber man weiß mit Dürer und den Seinen bereits: Wer die Maske aufsetzt, verdeckt sein Gesicht und versteckt sein Ich. Auch wenn er meint, es so zu schützen, und dieses vorgibt.

Werner Mezger, der Erforscher und Chronist der schwäbisch-alemannischen Fasnet, verweist auf die Psalterhandschriften des Mittelalters, und vor allem auf Psalm 52 und die an dessen Anfang anzutreffenden bildlichen Narrendarstellungen: »Dixit insipiens, in corde suo: non est Deus«, heißt es dort. »Der Narr sprach in seinem Herzen: Es gibt keinen Gott.«

Das zur Respektlosigkeit verkleinerte Narren-Aufbegehren bezieht sich damit nicht nur auf die weltliche Ordnung, sondern auch auf die göttliche. Es ist eine durch den Brauch legitimierte Blasphemie!

Zunächst aber zum Karneval. Sein Ursprung ist, wie bei den meisten deutschen Angelegenheiten, im Mittelalter zu finden. Es ist die Fastnacht, die letzte Gelegenheit zu Ausschweifung und Zügellosigkeit vor der verbindlichen Fastenzeit. Dass es sich dabei um die Tage handelt, die Jesus in der Wüste verbrachte, war von Bedeutung, solange es ums Fasten ging. Der Karneval, wörtlich etwa fleischlose Zeit, aus den romanischen Sprachen abgeleitet, war von Anfang an eine städtische Angelegenheit und ist es auch geblieben. Die ledigen Handwerksgesellen sollen sich ursprünglich um das Fest gekümmert haben.

Es ist der Bürger, der den Ausnahmezustand braucht, die verkehrte Welt, um seine Grenzen zu ertragen. Mit der Fastnacht hat er eine Lizenz erworben. Sie trägt ihn gewohnheitsmäßig durch die Jahrhunderte, und wer am Ausnahmezustand rührt, bekommt Ärger.

Nachdem der Protestantismus sich ausreichender Gebiete bemächtigt hat, wagt er sich auch an den Karneval. Dem Protestantismus und seiner Übellaunigkeit ist dieser nicht gewachsen. Er verschanzt sich weitgehend innerhalb des Limes und kann doch nicht ganz das bleiben, was er einmal war. Als Nächstes wendet sich die Aufklärung gegen ihn, sie sieht in ihm einen längst überholten Brauch. Bräuche verträgt sie schlecht. Sie verdächtigt diese, nicht der Vernunft zu dienen, sondern der Beschwörung. Was kann man schon von einer Denkrichtung erwarten, die sich damit brüstet, den Hanswurst von der Bühne gejagt zu haben?

Zeitweise sieht es so aus, als würde das Phänomen im Getöse der allgemeinen Geschichtsverwerfung untergehen. Als seien nur noch die Narren übrig, die einen, die anderen, und die Masken, wie sich herausstellen wird, die schwäbischen, die alemannischen, die Holzmasken. Schrecksekunden schaffende Masken. Ausnahmegesichte.

Auf sie greift die kollektive Erinnerung aus jeweils aktuellem Anlass zurück. Sie zeigt angesichts der gerade anstehenden Sinnkrise die Larven vor, diese aber vermitteln nichts anderes als das Prekäre des menschlichen Seins. Gerade das späte Mittelalter tabuisiert Tod und Untergang ausdrücklich nicht. Den Blick in den Abgrund verstellt sich später das Bürgertum, durch die selbst auferlegten Verbote.

Mit dem 19. Jahrhundert und der Einrichtung der Massengesellschaft bekommt alles, auch die Volkskultur, eine moderne Passform. Und wieder ist der Anlass politischer Natur.

Nach dem Wiener Kongress (1815) ist Köln preußisch geworden und sieht sich in seinem Selbstverständnis bedroht. In dieser Situation greift man nach allen Mitteln, die einem zur Verfügung stehen. So wird der Karneval zur Bühne des Protests. Er wird vordergründig politisiert. Büttenredner berufen sich auf die Narrenfreiheit, der neu eingeführte Umzug ist auch eine Machtdemonstration der Rheinländer.

Der Karneval wird so zum regionalen Identitätsmerkmal. Er bildet nicht mehr das Verhalten der Unterschicht ab, die sich vorher enthemmt und dem Grobianismus frönend auszutoben pflegte, er wird vielmehr Teil des Machtgefüges in der Stadt. Die Karnevalsvereine schlüpfen in die Rolle von Parteien und steuern aus dem Hintergrund die Tagespolitik mit. Karneval ist bald nicht mehr das Ventil für die Unzufriedenheit des Bürgers, sondern eine unverblümte Botschaft an Preußen über die tatsächlichen Machtverhältnisse. Preußen hatte zwar die Macht, das Sagen hatten aber die Kölner Patrizier. Die Macht des Karnevals über die städtische Gesellschaft ist bis heute deutlich zu erkennen.

Dass man auch viel weniger unter dem Vorwand des närrischen Treibens anstreben kann, zeigt das zweite Beispiel einer erfolgreichen regionalen Selbstdarstellung der ausschweifenden Art, das Münchner Oktoberfest. Zwei Wochen lang dauert es jeden Herbst. Es gilt als eines der größten Volksfeste weltweit. Alles begann 1810 mit einem Volksfest anlässlich der Hochzeit des späteren Königs Ludwig I.

Der Kölner Karneval in Preußen. Holzstich von Otto Fikentscher.

Genau genommen ist das Oktoberfest ein Jahrmarkt der Sensationen verschiedenster Art. Achterbahn, Riesenrad und Todeswand. Mehrmals täglich saust das Fallbeil auf den Hals des unschuldigen Besuchers nieder, und Arabella, die Dame ohne Unterleib, schaut interessiert zu.

Felix Mendelssohn Bartholdy schreibt im Oktober 1831 an seine Familie: »Mein Concert hat müssen verschoben werden des Octoberfestes wegen, das nächsten Sonntag anfängt und die ganze nächste Woche dauert. Es ist da jeden Abend Theater und Ball, an kein Orchester und keinen Saal zu denken. Am Montag den 17ten, abends um halb 7 denkt aber an mich; da geht es los mit 30 Geigen und doppelten Blasinstrumenten.«

1835 beschreibt ein anonymer Autor das Treiben auf der Theresienwiese so: »Man drängt, man stößt, man läuft, / man frisst, man spielt, man säuft, / man

Alte Masken, neue Freiheit.

rauft, man schimpft, man haut, / man staunt, man gafft, man schaut, / man kommt, man ist da, man geht, / man schiebt, man hält, man dreht, / man reitet, man fährt und sprengt, / man eilt, man springt, man rennt, / man singt, man lacht, man scherzt, / man jubelt, hüpft und herzt, / jedoch die Nacht bricht ein, / man lässt's für heut' gut seyn.«

1872, 37 Jahre später, schreibt ein anderer, ebenfalls anonym, dieses: »Der echte Münchner kann es nicht über sich gewinnen, auch nur einen Tag des Oktoberfestes ganz zu verlieren. Er muss wenigstens einige Stunden draußen gewesen sein. Dem Künstler aber und dem Sittenforscher bietet das Oktoberfest eine unerschöpfliche Ausbeute.«

Über eine weitere zeitlose Dame aus der Jahrmarktsriege dichtet 1928 Joachim Ringelnatz: »Die Lavamasse von alpinen Brüsten / Die majestätisch auseinander floss / Emmy, der weibliche Koloss«, und Oskar Maria Graf, der

Einheimische, spürt noch in der Erinnerung an seinen ersten Wies'n-Besuch »das Gesicht aus dem Leim gehen«, wie er sagt.

Um unsere eventuellen Restbedenken auszuräumen, lässt Eugen Roth uns 1960 wissen: »Zu Münchens schönsten Paradiesen, / zählt ohne Zweifel seine Wiesen.« Nicht unbeeindruckt von dieser Art Reim nehmen wir dann auch noch den Schlussvers des ellenlangen Werks gelassen zur Kenntnis: »Hier bin ich Mensch, hier darf ich's sein«, heißt es da. Ganz wie bei Goethe, könnte man denken, muss es aber nicht.

Alledem wäre, von heute aus betrachtet, auch kaum etwas hinzuzufügen, wäre der Karneval nicht zur festen Institution für die Unaussprechbarkeiten der Nachkriegszeit geworden. Die Bundesrepublik ist nicht ohne den Fußball, aber auch nicht ohne den Karneval vorstellbar. Es sind die Spiele, die zum Brot der frühen Jahre gehören.

Alles Öffentliche politisch zu betrachten, ist in unserer Gesellschaft eine alte Gewohnheit. Der Vorgang vereinfacht das jeweilige Problem, er erweckt den Anschein, als gebe es für alles eine Lösung und für jede Lösung immer auch eine ausreichende Erklärung.

Im Grunde aber geht es um etwas ganz anderes. Nämlich darum, wie wir die Welt aushalten können, die wir uns mit Schwung möbliert haben.

Mehr aus Verlegenheit als aus Verzweiflung suchen wir ständig nach Möglichkeiten, den Verpflichtungen oder zumindest der Verantwortung zu entgehen, nach Ausnahmeregelungen, Krankschreibungen, Auszeiten, Ausreden aller Art. Es ist, als drehten wir am Rad, das sich wiederum mit uns dreht. Ob das nun eher ein Problem ist als eine Narrenfrage? Daran haben sich von Sebastian Brant, dem Verfasser des *Narrenschiffs,* bis Ernst Neger zahllose Geister gemessen.

Ernst Neger, Dachdeckermeister, Sänger und Urgestein der Mainzer Fastnacht, wurde 1952 zum Fastnachtsstar mit dem Vortrag des *Heile, heile Gänsje.* Darin heißt es: »Wenn ich emol de Herrgott wär, dann wüsste ich nur eens: / ich nähm in meine Arme fest mein arm' zerstörtes Meenz. / Ich drückte es ganz fest an mich und sagt', hab nur Geduld! / Ich bau dich widder auf geschwind! Ei du warst ja garnet schuld. / Ich mach dich widder wunnerschön, / Du kannst, du derfst net unnergehn ...«

Die Antwort der Eliten auf Volkes Stimmzeit ist der politische Aschermittwoch. Er gehört den Politikern, aber auch den Kabarettisten. So verständigt sich die Gesellschaft als Karnevalsgesellschaft über ihre Belange. Das närrische Treiben wird zum Siegel der Normalität. Unter den Umständen der Nachkriegszeit war dies von größter Bedeutung.

Unterdessen wächst die Zahl derer, die ihre Narrenkappen das ganze Jahr über tragen. Auf die Stunde der Wahrheit folgt in der zunehmend medienge-

Rio in Berlin? Die Love-Parade 1999 in Berlin. Raver auf dem Wagen von RTL2.

steuerten Öffentlichkeit die zeitlose Kunst der Heuchelei. Jetzt hält die Kamera drauf, und der Politiker muss sich als Souverän seines Mienenspiels bewähren. Es kommt dabei nicht auf die Glaubwürdigkeit an, sondern auf die Überzeugungskraft seiner Maske.

Dass der Karneval die Selbstdarstellung fördert, hat auch die Erlebnisgesellschaft erkannt. Die sogenannte Wohlfühlgesellschaft hat sich des Karnevals in der Form der Love-Parade bemächtigt. Sie wird von einem legendären DJ der Berliner Techno-Szene, Dr. Motte, 1989 ins Leben gerufen. Das Event beginnt mit einem Umzug von hundertfünfzig Leuten und wächst sich innerhalb von wenigen Jahren zum Totalspektakel mit Millionen Beteiligten aus. Bis 2001 gilt die Love-Parade als politischer Demo-Zug. Damit muss sie nicht für die Aufräumarbeiten und die Müllkosten aufkommen. Im Gegenzug hat sie sich bloß ein Motto zu geben.

Das Ereignis selbst folgt in der Aufmachung den Karnevalsumzügen, mit dem Unterschied, dass hier nicht mehr das Wort zählt. Es geht nur noch ums

Abfeiern. Und trotzdem setzt es den Maßstab für ein Phänomen der beiden letzten Jahrzehnte seit der deutschen Vereinigung. Mit der Love-Parade beginnen die großen öffentlichen Veranstaltungen, die Partys am Brandenburger Tor, das Public Viewing bei den großen Fußballevents. Der öffentliche Raum Deutschlands nimmt eine Normalität an, zu der selbstverständlich auch die Nationalflagge gehört.

Und die Narren? Die mit der Holzmaske, mit den Kostümen wie eh und je? Auch sie gibt es noch! Die Traditionen aus dem Mittelalter, sie sind heute am besten in der schwäbisch-alemannischen Fastnacht aufgehoben. Sie hat im 20. Jahrhundert, im Unterschied zur Politisierung des rheinischen Karnevals und jenseits des Allerweltsfaschingstreibens, einen eigenen Weg eingeschlagen, den Weg zurück zu den fast vergessenen und verschütteten Anfängen, zu den Masken und Maskenrollen. Die Fasnet des Südwestens hat keine Metropolen und keine Hochburgen. Sie ist Sache der Kleinstädter. Diese tragen im Karneval Masken, die in den Familien über Generationen aufbewahrt wurden. Diese Masken werden zum Identitätsobjekt. Das aber ist das größtmögliche Paradoxon und der Ursinn von Tradition: Die Maske zum Ich zu erklären, wenn es anders nicht geht.

[rw]

➤ Bierdurst, Fussball, Spiessbürger, Vater Rhein, Vereinsmeier

ORDNUNGSLIEBE

Im Sommer des Jahres 1789 reiste der Schriftsteller und Pädagoge Joachim Heinrich Campe zusammen mit seinem ehemaligen Schüler Wilhelm von Humboldt nach Paris, um die revolutionären Vorgänge aus der Nähe zu betrachten. Hingerissen berichtete er in die Heimat: »Dies ist das Bild einer frei gewordenen Nation, die ihren Despoten [...] abgeschüttelt hat. Es ist unmöglich, glaube ich, in der ganzen Natur etwas Schöneres und Rührenderes zu sehen. Noch jetzt, da dies Herz und Sinn erhebende Schauspiel mir nicht mehr neu ist, stehe ich, in Erstaunen und Entzücken versunken, oft stundenlang an öffentlichen Plätzen, wohin die schwellende Flut des Menschenstroms sich unaufhörlich ergießt, und beobachte bis zu süßen Freudentränen gerührt [...] die allgewaltigen, wunderähnlichen Wirkungen, welche das neue Freiheitsgefühl auf die Erhebung und Veredelung der menschlichen Gemüter und Sitten äußert.«

Kurz vor seinem Revolutionsausflug hatte der Dichter und Denker, der im Fürstentum Braunschweig-Wolfenbüttel zu Hause war, die (weibliche) Erziehungsfibel *Väterlicher Rat für meine Tochter* veröffentlicht. Dem Tugendterroristen Robespierre hätte vermutlich gefallen, was Campe darin schrieb; Marianne hingegen, der stürmischen Freiheits-Ikone der Franzosen, wäre vor Schreck – oder Lachen – das Dekolleté endgültig verrutscht. »*Ordnungsliebe!*«, heißt es dort, »wo nehme ich Worte her, dir diese – Tugend? nein, das ist zu wenig gesagt, diese Mutter und Pflegerin der meisten andern Tugenden, diese Beglückerin des menschlichen Lebens, diese mächtige Beförderin jeder nützlichen Tätigkeiten, diese notwendige Grundlage alles dessen, was schön und gut, was groß und edel ist, in ihrer ganzen Liebenswürdigkeit, Notwendigkeit und Nützlichkeit zu schildern?« Mit heiligem Grauen malt der Vater die Schrecken eines schlampig geführten Haushalts aus, um zu erläutern: »Das Schlimmste dabei ist, dass die Unordnung im Äußerlichen nach und nach, zwar unmerklich, aber nichtsdestoweniger gewiss, auch in das Innere der Menschen, in ihre Empfindungen, in ihre Denkungsart, in ihre moralischen Handlungen übergeht. Wessen Auge durch den Anblick einer chaotischen Verwirrung und schändlichen Unsauberkeit in seinem Zimmer nicht mehr beleidiget wird, dessen Herz und Geist werden sich auch nicht lange mehr gegen die sittlichen Unordnungen in

Mit spitzer Pinzette: der Schriftsteller Arno Schmidt im Kreis seiner Zettelkästen.

seinen eigenen Handlungen und in den Handlungen der Glieder seiner Familie empören.«

Campes Ermahnung, die Ordnung über alles zu schätzen, galt nicht nur der weiblichen Jugend. Wenige Jahre vor seinem *Väterlichen Rat* hatte er bereits der männlichen Jugend in nüchterneren Worten eingeschärft: »Tugend ist Ordnung, d.i. Übereinstimmung unserer Handlungen unter sich und mit den Grundsätzen der Vernunft; Laster ist Unordnung, d.i. Misslaut und Zwietracht unserer Handlungen unter sich und mit dem, was die Vernunft von uns fordert.«

Campe war nicht der Einzige, der im Deutschland des späten 18. Jahrhunderts vom Ordnungsfieber befallen war. Auch Georg Christoph Lichtenberg, der Mathematiker, Physiker und Aphorismenschreiber, bescheinigte der Ordnung – just in seinen *Sudelbüchern* –, dass sie zu allen Tugenden führe. Die deutsche Aufklärung insgesamt lässt sich als eine große Aufräumaktion verstehen: Das Denken sollte ebenso in Ordnung gebracht werden wie der Gefühlshaushalt, die individuelle Lebensgestaltung wie der Staat. Was sich nicht bei drei auf die Bäume gerettet hatte, wurde kategorisiert und systematisiert. Der Philosoph Immanuel Kant bewies in seinen Hauptwerken keine geringere Liebe zum Paragraphieren als der Freiherr vom und zum Stein oder Karl August von Hardenberg, jene Reformer, die das preußische Königreich einer minutiösen Struktur- und Verwaltungsreform unterzogen. Die Geburt des deutschen Bürgertums erfolgte weniger aus dem Geiste der Freiheit als aus dem der Ordnung. Daran krankt es bis heute.

Kurz vor seinem Tod erzählte Joachim Fest, der Historiker, der sich als einer der letzten Vertreter des deutschen Bürgertums verstand, wie er als Lektor mit Albert Speer an dessen *Erinnerungen* arbeitete, die dieser in seiner Spandauer Haftzeit verfasste. Fest war aufgefallen, dass Hitlers Großbaumeister und späterer Rüstungsminister die Judenpogrome, die in der Nacht vom 9. auf den 10. November 1938 stattgefunden hatten, im Manuskript mit keinem Wort erwähnte, und drängte Speer, diese Lücke zu schließen. Im fertigen Buch liest sich die Passage, in der sich der Sohn aus großbürgerlichem Hause an die »Reichskristallnacht« erinnert, dann so: »Am 10. November kam ich auf der Fahrt in das Büro an den noch rauchenden Trümmern der Berliner Synagoge vorbei [...] Heute ist diese optische Erinnerung eine der deprimierendsten Erfahrungen meines Lebens, weil mich damals eigentlich vor allem das Element der Unordnung störte, das ich in der Fasanenstraße erblickte: verkohlte Balken, herabgestürzte Fassadenteile, ausgebrannte Mauern – Vorwegnahmen eines Bildes, das im Kriege fast ganz Europa beherrschen sollte. Am meisten aber störte mich das politische Wiedererwachen der ›Straße‹. Die zerbrochenen Scheiben der Schaufenster verletzten vor allem meinen bürgerlichen Ordnungssinn.«

Kein Wunder, dass in der Bundesrepublik ein Oskar Lafontaine seinem damaligen Parteigenossen, dem Kanzler Helmut Schmidt, der sich zum bürgerlichen Tugendkatalog bekannte, höhnisch entgegenhalten konnte, dass man mit »Sekundärtugenden« auch ein KZ betreiben könne. Dagegen lässt sich allerdings einwenden, dass ein KZ auch ohne Sekundärtugenden zu betreiben ist – wie etwa die Kroaten in Jasenovac oder die Sowjets in ihren Gulags bewiesen haben. Dennoch: Es war der fatalste Fehler des deutschen Bürgertums, die Ordnung zur zentralen, auch moralischen Tugend zu überhöhen.

Wo aber begann dieser Irrweg, der im Nationalsozialismus seinen schmählichen Bankrott erleben sollte?

»Reichtum ist da ein selt'ner Gast, / Wo man täglich schlemmt und prasst, / Denn bei dem Saufaus trifft man eben / Ein wüst' und ungeregelt' Leben, / Draus bitt're Armut auferwachs', / Das sagt von Nürnberg euch Hans Sachs.« Diese Knittelverse reimte Deutschlands berühmtester Schuhmacher in der ersten Hälfte des 16. Jahrhunderts. Die mittelalterlichen Handwerker, in Zünften organisiert, bezogen ihren Stolz daraus, ihre Arbeit in solider Perfektion zu verfolgen und – im Falle der Meistersinger – der Dichtung und dem Gesang mit einem nicht weniger strengen Regelwerk zu Leibe zu rücken als dem Leder, das sie nagelten, oder dem Kupfer, das sie schmiedeten. Sie waren die ersten Deutschen, bei denen sich ein bürgerliches Ethos herausbildete. Die Abgrenzung geschah in zwei Richtungen: nach oben von den adligen und klerikalen »Muckenbrütern« und »Schmeckbrätlen«, die in ihren Schlössern und Klöstern keiner schweißtreibenden Tätigkeit nachgehen mussten; nach unten von den »Hausschlenzern«, die lieber arm und verwahrlost in den Tag hineinlebten, als einem geregelten Handwerk nachzugehen. Das Klischee des Deutschen im Spätmittelalter entsprach mitnichten dem Bild des fleißigen Pedanten, nach dessen Tagesablauf man die Nürnberger Taschenuhr stellen konnte. Seit den Zeiten des römischen Imperiums galt der Germane eher als unmäßiger Säufer und Raufbold. Im Dreißigjährigen Krieg mit seinem chaotisch rohen Verlauf nahm diese Verwilderung weiter zu.

Preußisch-pietistisches Missverständnis. Plakat von 1919.

Die erste sozialpädagogisch-religiöse Bewegung, die den Deutschen ihre ungezügelte Sittenlosigkeit systematisch austreiben wollte, waren die Pietisten. Wie schon dem Lutheraner Hans Sachs erschienen auch ihnen Armut und Verwahrlosung nicht als Schicksal, sondern als Zeichen von Sündhaftigkeit. Aus diesem Grund ließ der Theologe und Pfarrer August Hermann Francke an der Wende vom 17. zum 18. Jahrhundert in Glaucha eine pietistische Schulstadt samt Waisenhaus errichten, in der zumindest der Nachwuchs auf den Pfad der Tugend und damit des Seelenheils gelenkt werden sollte.

Franckes Gott war der alttestamentarische »Gott der Ordnung«, und die einzige Aussicht auf Gnade bestand darin, sich Gottes Ordnung gnadenlos zu unterwerfen. Wie sich nun wiederum Gottes Ordnung ins Irdisch-Weltliche übersetzte – das wusste Francke. Die Zöglinge wurden in einen ehernen Tagesablauf aus Lernen, praktischen Tätigkeiten und Gebeten eingespannt, alle Bereiche des Lebens vom korrekten Umgang mit den Öfen bis hin zur erlaubten Lautstärke beim frommen Gesang waren reglementiert. Die Hausordnung sah ebenso vor, beim »Zeichen mit dem Glöcklein« pünktlich zu Tische zu eilen, »damit nicht Unordnung draus komme«, wie sie es verbot, »an die Wände der Gebäude, weder in noch außer dem Hofe, [zu] pissen«. Der Kontakt zu den Eltern wurde so gering wie möglich gehalten, da diese mit ihrer »unordentlichen Liebe« die Kinder nur aus dem Takt bringen würden.

Die »Franckeschen Stiftungen« wollten zu Nächstenliebe, Rücksicht und Gemeinsinn erziehen – kritischer Geist wurde dort weder gepredigt noch gelehrt. Ein Weltbild, in dem der »Eigen Wille« gleichbedeutend mit »Sünde« ist und deshalb systematisch ausgetrieben bzw. in die Haltung umgewandelt werden soll, sich einzig als ein Werkzeug zu verstehen, durch das Gottes Wille tätig wird, ist anfällig für totalitäre Vereinnahmungen. Dennoch wäre es zu einfach, in dem Disziplinierungsschub, den Deutschland dem Pietismus verdankt, einzig die Weichenstellung zum Untertanentum zu sehen.

Auch Immanuel Kant, der seine Landsleute aufforderte, sich ihres eigenen Verstandes zu bedienen, anstatt alles nachzubeten, was man ihnen vorsagte, entstammte dem pietistisch-preußischen Milieu. Obwohl der Königsberger Philosoph wie die meisten deutschen Aufklärer die Französische Revolution begeistert begrüßte, wollte er die intellektuelle Mündigkeit des Einzelnen auf den privaten Bereich beschränkt sehen. Im öffentlichen Raum hatte der Staatsbürger zu gehorchen. Bei aller Republikbegeisterung blieb Kant ein rigider Ordnungsphilosoph. Dennoch gelang es ihm zu zeigen, dass Ordnen auf allen Gebieten kein starres, blindes Unterordnen ist, sondern ein schöpferischer, zu reflektierender Vorgang. »Die Ordnung und Regelmäßigkeit also an den Erscheinungen, die wir Natur nennen, bringen wir selbst hinein und würden sie auch nicht darin finden können, hätten wir sie nicht oder die Natur unseres Gemüts ursprünglich hineingelegt«, schreibt er in der *Kritik der reinen Vernunft*. Dieser erkenntnistheoretischen Hochschätzung der menschlichen Fähigkeit zur Ordnung entsprach Kants private Überzeugung, dass Regel- und Planmäßigkeit im Alltag die Quelle geistiger Gesundheit sei. Seine immense Produktivität entwickelte der Philosoph vor allem ab seinem 40. Lebensjahr, nachdem er sich vom zuvor gepflegten lässigeren Lebensstil des »eleganten Magisters« verabschiedet hatte. Der »reife« Kant stand um fünf Uhr in der Frühe auf, nahm eine bis zwei Tassen Tee zu sich, rauchte eine Tabakspfeife, bis sieben Uhr bereitete er seine Vorlesungen vor, die bis elf Uhr dauerten, danach schrieb er bis zum Mittagessen, am Nachmittag machte er einen Spaziergang und traf sich mit seinem engsten Freund Joseph Green – über den der Schriftsteller und spätere Königsberger Bürgermeister Theodor Gottlieb von Hippel ein Lustspiel mit dem Titel *Der Mann nach der Uhr, oder der ordentliche Mann* verfasste –, abends erledigte er noch kleinere Arbeiten und las, um zweiundzwanzig Uhr lag er im Bett. Heinrich Heine spottete später, über den Professor aus Königsberg ließe sich keine Biographie schreiben, da dieser weder ein Leben noch eine Geschichte gehabt habe. Ebenso gut ließe sich sagen, dass Kant nur deshalb zu dem unermüdlichen Denker und Schreiber werden konnte, weil er seinen Alltag einem so strengen Regime unterwarf. Anstatt sich in seine regelmäßig wiederkehrenden »Herzbeklemmungen« und »unzureichende Exoneration« (vulgo: Verstopfung) zu vertiefen oder sich seinen »empfindlichen Nerven« zu überlassen, bekämpfte der Philosoph seine hypochondrischen Neigungen, indem er sich einem ganzen Bündel von Alltagsmaximen unterwarf. Anders als auf dem Gebiet des moralisch Gebotenen, beim Kategorischen Imperativ, der ausnahmslos forderte, nur nach derjenigen Maxime zu handeln, »durch die du zugleich wollen kannst, dass sie ein allgemeines Gesetz werde«, waren hier seltene Abweichungen – *excipe!* – erlaubt. Solange die Unterordnung unters Gesetz keine blinde wird, kann aus ihr durchaus Freiheit entspringen.

Gern darf man vermuten, dass in jedem Ordnungsfanatiker ein Geist wohnt, der sich vor dem Chaos fürchtet. Vor dem, das er in sich selbst birgt. Und vor dem, das die Welt für ihn bereithält. Ein deutsches Liederbuch aus dem Jahre 1876 bringt es fertig, im Inhaltsverzeichnis unter dem Punkt III.2. »Liebeslieder« nochmals zu unterscheiden in 2.a. »Liebesfreud'« und 2.b. »Liebesleid« – als ob sich das eine vom anderen trennen ließe. Es ist kein Zufall, dass die leidenschaftlichsten Ermahnungen, Ordnung zu halten, wie etwa im *Väterlichen Rat* Campes, von Männern an Frauen gerichtet wurden. Von Männern, die »das Weib« für ein ebenso faszinierendes wie irrationales und schwer zu durchschauendes Wesen hielten.

Wäre der deutsche Hang zum Domestizieren also damit zu erklären, dass der Deutsche sich einerseits besonders hingezogen fühlt zu allem, was er nicht kontrollieren kann – und gleichzeitig nichts mehr fürchtet?

Friedrich Nietzsche hätte dem zugestimmt. Der »unordentliche« Denker, der das rauschhaft »Dionysische« mehr liebte als das klare »Apollinische« – und nicht zuletzt daran zugrunde ging –, warf den Blick hinter die sauber verputzten Fassaden seiner Landsleute, um zu erkennen: »Die deutsche Seele hat Gänge und Zwischengänge in sich, es gibt in ihr Höhlen, Verstecke, Burgverließe; ihre Unordnung hat viel vom Reize des Geheimnisvollen; der Deutsche versteht sich auf die Schleichwege zum Chaos.«

Denselben Gedanken spann der Literat Friedrich Sieburg fort, der in der Weimarer Zeit versuchte, den Deutschen Frankreich zu erklären und umgekehrt: »Wie sehr die deutsche Fähigkeit, das Chaos zu bejahen und ins eigene Wesen einzubeziehen, unsere Nachbarn ängstigt. Man sagt, dass wir als Volk schwindlig geworden seien, weil wir uns zu tief und zu lange über den Abgrund der Natur gebeugt hätten. Es gibt also Völker, denen die Natur wie ein Abgrund erscheint. Uns jedenfalls nicht. Denn wir nehmen immer noch weitgehend an ihren Gesetzen teil, weil wir nicht genügend eigene haben. Wir sind noch ein Teil von ihr und daher jederzeit imstande, wieder in sie zurückzukehren.«

Der ganze Zwiespalt, der das deutsche Naturverhältnis ausmacht, drückt sich hier aus: Ist Natur nun ein Chaos, blind vorwärtsdrängend ohne Rücksicht auf Verluste? Oder ist sie das letzte kosmische Ordnungssystem, das geblieben ist, nachdem der Glaube an eine göttliche Ordnung verblasst ist? Der Nationalsozialismus bezog seine unselige Faszination eben daraus, dass er vorgab, das Chaos zur stählernen und gleichzeitig natürlichen Ordnung zu zwingen und dabei auch noch die Dynamik der »Bewegung« zu erhalten. Wenige Monate bevor die ihm so verhasste Weimarer Republik endgültig zusammenbrach, pries Ernst Jünger den neuen Menschenschlag des »Arbeiters« als einen, »der sich mit Lust in die Luft zu sprengen vermag und der in diesem Akte noch eine Bestätigung der Ordnung erblickt«.

Nach dem Krieg gab es zumindest für Friedrich Sieburg, der sich durchs »Dritte Reich« hindurchlaviert hatte, ohne je wirklich überzeugter Parteigänger gewesen zu sein, keinen Zweifel mehr: Das ordentliche Chaos, die chaotische Ordnung, die der Nationalsozialismus installiert hatte, war zu keinem Zeitpunkt mehr gewesen als geronnene Brutalität. Gleichzeitig fürchtete Sieburg, dass die Deutschen in der Bundesrepublik dabei waren, die Quellen des Chaotisch-Dynamischen, aus denen sie seit je ihre Vitalität und Kreativität bezogen hatten, ängstlich zu versiegeln.

Der liberale Verfassungsstaat ist dagegen gefeit, zur überhitzten Vernichtungsmaschinerie zu werden – die Gefahr, einzig Leerlauf zu produzieren, weil er das menschliche Leben auf »eine saubere Organisation, ein durchdachtes Sozialgefüge und eine tüchtige Verwaltung« reduziert, ist real. Für den großbürgerlichen Bonvivant Sieburg lag die Herausforderung darin, Ordnung und Chaos jenseits des faschistischen Kurzschlusses ins richtige Verhältnis zu setzen.

Die Herausforderung besteht bis heute. Ordnung ist nicht alles – schon gar nicht taugt sie zur moralischen Tugend. Von diesem Irrtum sollten sich diejenigen verabschieden, die die Renaissance der Kopfnoten »Aufmerksamkeit, Ordnung, Fleiß, Betragen« an deutschen Schulen leidenschaftlich begrüßen, ebenso wie diejenigen, die zwar gegen die »Schleimnoten« auf die Straße gehen, dafür aber ihrem Kind einschärfen, den leeren Joghurtbecher niemals in die

Den allerersten Aktenordner entwickelte Friedrich Soennecken 1886 in Bonn-Poppelsdorf. Den ersten Hebelordner mit Exzenterverschluss, gehüllt in klassisches Wolkenmarmorpapier, brachte der Württemberger Louis Leitz 1896 auf den Markt.

graue, braune, grüne oder blaue, sondern stets in die gelbe Tonne zu werfen und ihn am besten vorher noch auszuspülen. Als Maxime bürgerlicher Lebensklugheit behält Ordnung ihren guten Sinn – allerdings nur, solange sie nicht zum stupiden Joch wird, und der Mensch noch genügend Chaos in sich hat, das zu ordnen sich lohnt.

[td]

➤ Abgrund, Arbeitswut, German Angst, Jugendherberge, Kindergarten, Musik, Schrebergarten, Strandkorb, Vater Rhein, Vereinsmeier, Waldeinsamkeit

Pfarrhaus

Deutsche Provinz (1): Pfarrhaus in Mansfeld. Das Geburtshaus des Schriftstellers Gottfried Benn.

Schau, die Fledermausgauben. Sieh, die Ziegel, die eigens für den Pfarrhausbau geschlagen wurden. Man lagerte sie über Winter im Wasser, damit das Pfarrhaus lange hielt …

»Ostern im alten Pfarrhaus« – das verspricht uns ein Vier-Sterne-Hotel, viel später und in einer anderen Zeit. »Genießen Sie ein außergewöhnliches Ambiente an den Ostertagen«, heißt es im Werbetext des Hotels. Es handele sich um einen Barockbau von 1762. Wer's für länger haben will, kann auch ein Pfarrhaus mieten oder kaufen. »Pfarrhaus-Immobilien« nennt sich das einschlägige Maklerbüro.

Fazit: Das Pfarrhaus steht zum Verkauf. Das aber sollte uns zu denken geben. Ist der Vorgang jenseits der buchhalterischen Argumentation der Kirche vielleicht auch Teil des allgemeinen Ausverkaufs unserer Kultur?

Der einflussreiche Psychiater der zwanziger Jahre Ernst Kretschmer behauptete 1929 in seinem Buch *Geniale Menschen*, seit dem 18. Jahrhundert käme die Hälfte der deutschen Intellektuellen aus dem evangelischen Pfarrhaus. Unter ihnen Johann Christoph Gottsched, Gotthold Ephraim Lessing, Christoph Martin Wieland, Jakob Michael Reinhold Lenz, Jean Paul, die Brüder Schlegel und Friedrich Nietzsche.

Gottfried Benn wiederum, ebenfalls Pfarrerssohn, geht 1934 in seinem Essay *Das deutsche Pfarrhaus* triumphierend ins Detail. 30 Prozent der Ärzte, 40 Prozent der Juristen, 44 Prozent der Naturforscher und 59 Prozent der Philologen würden aus dem Pfarrhaus kommen. Dort sei, so Benn, jener Typ des Denkers, der zugleich Dichter, oder jener des Dichters, der zugleich Philosoph sei, entstanden.

Über die kulturelle Rolle des evangelischen Pfarrhauses wurde gelegentlich lobend geschrieben. Zu Recht. Wir aber wollen an dieser Stelle, nach der Konsultation der legendären Aufsätze der Germanisten Robert Minder und Albrecht Schöne zur Literatur aus dem Pfarrhaus eine These wagen: Was dem Franzosen die *Enzyklopädie* ist, sollte für den Deutschen das evangelische Pfarrhaus sein.

In beiden Fällen geht es um den Menschen und um das Menschenbild. Es geht um Wissen, Bildung und damit um Aufklärung. Die einen bemühen dazu erklärtermaßen die Wissenschaften, die anderen bleiben im Grunde bei der Bibel. Die jeweiligen Urheber nennen sich bereits Essayisten oder immer noch Theologen. Den einen geht es ums Unerforschte, den anderen ums Unerforschliche. Das Überraschende aber ist, von heute aus gesehen, die gelegentlich beobachtete Geringfügigkeit des oft betonten Unterschieds.

Während die *Enzyklopädie* 1750 den publizistischen Donnerschlag ausführt, der die gebildeten Stände Europas in Erstaunen versetzt, bleibt das Pfarrhaus frei von Sensationen. In der Folge verändert die *Enzyklopädie* das öffentliche Leben, das Pfarrhaus hingegen das private, und so, wenn auch unspektakulär, das öffentliche mit.

Das Leben im Pfarrhaus soll nach Martin Luthers Vorstellung exemplarisch sein und zum Vorbild dienen. Auch dort zählt Wissen, aber es bleibt in gewohnter Weise behaust. Man hält den Papst zwar für überflüssig, aber die Welt verbleibt in Gottes Hand. Was zählt, ist die Heilige Schrift, und bald auch die Schriften allgemein.

Während die *Enzyklopädie* den Umsturz vorzubereiten hilft – na klar, die Französische Revolution –, sorgt das Pfarrhaus für Inseln des Geistes und der Bildung in der anscheinend unverrückbaren deutschen Gesellschaft. Die *Enzyklopädie* wird zum Machtinstrument der Bürger, das Pfarrhaus hingegen zum Schutzraum für den Geist. Eine Gesellschaft, in der der Umsturz keine Chance hat, behilft sich mit Freiräumen, heute würde man sagen Nischen. Das Pfarrhaus ist Luthers bester Stützpunkt. Es ersetzt Bibliotheken und Universitäten, Akademien und Eliten. Das Instrumentarium des Pfarrhauses ist nicht üppig, das Notwendigste ist aber stets vorhanden. Es taugt zum Notprogramm, die Kehrseite allerdings ist, dass es bisweilen auch alles andere zum Notprogramm macht.

Das lutherische Pfarrhaus ist von Anfang an politisiert. Seine Existenz fußt schließlich auf der Abschaffung des Zölibats, und das ist nun wirklich keine Kleinigkeit. Es blieb lange eine namenlose Herberge für den Geist. Als stiller Teilhaber hatte es die Reklame nicht nötig, und der Herbergscharakter machte vieles möglich. Und so kann man dem Herbergsvater vom Standpunkt der Aufklärung oder zumindest mit ihren Mitteln auch alles Mögliche vorwerfen: Autoritarismus, Schwärmerei und Engstirnigkeit.

Ins öffentliche Bewusstsein Deutschlands rückt das Pfarrhaus als sozialer Faktor erst im 19. Jahrhundert, als die verspätete Nation sich im Schnelldurchlauf die Gesellschaft unterordnet. Das Kaiserreich griff auf das Pfarrhaus zurück, um sich und uns seine Irrtümer zu erklären. Es wollte dort seine protestantischen Wurzeln gehütet wissen, seinen Hang zur Disziplinierung erklärt haben. Das »Dritte Reich« spaltete den Kirchenbund in, vereinfacht gesagt, bekennende und deutsche Christen und stellte damit auch die Aufgaben des Pfarrhauses in Frage wie alles Institutionalisierte, das nicht seiner Standartenordnung einzuverleiben war.

Auch die Kritik am Pfarrhaus hat mittlerweile eine eigene Tradition. Wie das meiste, was in Deutschland Erfolg hat, musste auch das Pfarrhaus an den Pranger der Anwälte des wahren Lebens. Noch die Betrachtung der RAF-Terroristin Gudrun Ensslin als Pfarrerstochter verweist darauf. Warum kann man sich nicht auf die nationale Bedeutung einer Sache wie das Pfarrhaus einigen? Warum meint man immer Partei sein zu müssen, selbst wenn es ums Ganze geht, um die Nation? Deutschland hatte kein Paris und damit auch kein sich selbst legitimierendes Zentrum. Luthers Bibel und die Aufbewahrungsorte der Schriften boten dafür Ersatz.

In der DDR kam das Pfarrhaus als Nische nochmals zu großer Bedeutsamkeit. Es wurde zum Ort der Regimekritik, zum Quartier der Andersdenkenden. Andersdenkende hatten in einem Staat wie der DDR nicht viele Möglichkeiten. Dazu schreibt der oppositionelle Dichter der siebziger Jahre Reiner Kunze

Deutsche Provinz (2): In diesem Pfarrhaus in Schwante wurde 1989 die Ost-SPD gegründet.

unter dem Titel *Pfarrhaus*: »Wer da bedrängt ist, findet / Mauern, ein Dach und / Muss nicht beten.«

Um der herrschenden Doktrin aus dem Wege zu gehen, wählten nicht wenige den Pfarrerberuf. Sie umgingen damit die ideologische Mobilisierung. So wurden politisch Engagierte zu Pfarrern und, nach der Wende, Pfarrer zu politisch Engagierten, sogar zu Politikern.

Deutschlands Aufklärung ist letzten Endes nicht viel mehr als die Politisierung der Lutherbibel und die stetige Ausweitung dieser Politisierung. Wie soll schon die Reform des Sakralen enden, wenn nicht im Profanen? Dieses aber verlangt weder den Denker noch den Dichter, es verlangt den Verwalter.

Aus den meisten Theologen sind Funktionäre geworden, Netzwerker der Zivilgesellschaft. Das Pfarrhaus aber ist am Ende der Geschichte angekommen. Die, die es bewohnen, die Pfarrer, versichern uns gelegentlich, selbst sie könnten ohne den Ort, ohne das Pfarrhaus auskommen. Dass sie, die meisten, trotzdem darin bleiben, versetzt sie in die Lage des Erben, der mit dem Erbe zwar nicht viel anzufangen weiß, sich aber in der Pflicht sieht.

Immerhin, denkt man. Liest dann aber die »Empfehlung der evangelischen Kirche in Deutschland (EKD) zu Fragen des Pfarrhauses« vom September 2002, muss man feststellen, dass es auch mit dieser Pflicht nicht weit her ist. Aus dem Papier geht nämlich hervor, dass vor allem jüngere Pfarrer den Dienst an der Gemeinde nicht mehr rund um die Uhr tätigen wollen. Kurzum, sie wollen nicht mehr im Pfarrhaus wohnen. Spätestens an dieser Stelle wird klar, dass der Untergang des Pfarrhauses nicht bloß mit der Schrumpfung der Kirchengemeinde zu tun hat, sondern vielmehr noch mit der Herabstufung der Seelsorge zur Dienstleistung. Um es drastisch zu sagen: Das Angestelltenverhältnis hat über das Pfarr-Ethos gesiegt.

Und hat er nicht Recht, der dienstleistende Pfarrer? Seine Bibliothek braucht kein Mensch mehr, und auch was er zu sagen hätte, interessiert kaum noch jemanden. Es sei denn, der Pfarrer greift zur Klampfe und singt etwas vom großen Frieden und von der allgemeinen Versöhnung.

»Schwerter zu Pflugscharen«, wie es in den Friedensgruppen der achtziger Jahre in der DDR hieß, aber an wessen Pflug? Hat diese Kirche nicht längst ihre Sprache, die Sprache der Heiligen Schrift aufgegeben, um den gesellschaftlichen Modediskursen besser folgen zu können?

Das Pfarrhaus ist von der einst angestrebten Bescheidenheit zur Bedeutungslosigkeit gelangt. Das entbehrt nicht einer gewissen Symbolik. Was ist eine Kirche ohne Pfarrhaus, wäre zu fragen. Und, vor allem, was bedeutet es, wenn die Kirche sich dieser Frage nicht mehr stellt? Es ist ein Verlust anzuzeigen. Dieser Verlust wird deutlich, wenn man die Frage stellt: Was ist an die Stelle des Pfarrhauses getreten?

Wir erinnern uns: Die Theologen haben das Feld geräumt, um den Philosophen Platz zu machen. Die Philosophen haben ebenfalls aufgegeben. Sie tun so, als würden sie nur noch den Kräutergarten des Klosters verwalten. Jetzt sind die Therapeuten dran. Sie benötigen nichts als ein Klingelschild.

Die Spaßgesellschaft macht die Seele anonym. Lautstark ist nur ihre Betrachtung.

Das Pfarrhaus ist Museum. In Wittenberg ist es das Lutherhaus, ein Klosterhaus, das der Reformator von seinem Landesherrn als Geschenk erhielt, in Eisenach ein Pfarrhausarchiv mit Bibliothek. Dort kann man sich ein Bild von der Sache machen und vielleicht auch noch eine Vorstellung von ihrer Bedeutung.

[rw]

➤ Arbeitswut, Mutterkreuz, Reformation, Reinheitsgebot

PUPPENHAUS

Nürnberg, 1632

Mein Kind, es ist Krieg. Mach alle Türen zu und Fenster. Ich will ein schönes Haus dir bauen.

Ein Tummelplatz von Waffen ist das Reich, verödet sind die Städte, Gewerb und Kunstfleiß liegen nieder, der Bürger gilt nichts mehr, der Krieger alles, straflose Frechheit spricht den Sitten Hohn, und rohe Horden lagern sich, verwildert in dem langen Krieg, auf dem verheerten Boden. Mein Herz müsst brechen, wenn ich den Untergang erleben sollt', der nunmehr unsrer freien Reichsstadt droht. Doch Gustav Adolf wird uns schützen, ich sah den Schwedenkönig hoch zu Ross, sein Pferd ist gut genährt, ganz glänzend noch das Fell, die Stadt ist wohl verschanzt, ein acht Fuß tiefer, zwölf Fuß breiter Graben zieht sich um den ganzen Wall und wird uns schützen vor der Feinde Wut.

Mein Kind, schau her, schon steht das zierliche Gerüst, drei Stockwerk hab ich dir gebaut, mit stolzen Giebeln auf dem Dach. Die Treppen führen dich durchs ganze Haus, auch in der kleinsten Kammer ist noch Raum für Zierrat, Werkzeug, alles, was das Leben braucht. Wie soll ich dir die Decken malen, schlicht weiß mit einem grünen Band von Laub? Die Wände schmück ich dir mit dunklem Holz, Vertäfelung so fein geschnitzt, wie selbst ein Herzog sie nicht feiner haben kann.

Jetzt wein doch nicht, mein Kind. Verschließ die Ohren, wenn böse Stimmen dir erzählen, wie es dem jammervollen Magdeburg ergangen, wie alles Raub der Flammen ward, wie Mensch und Tier und Hab und Gut dort brannten, wie Kinder ihre Eltern suchten, mit Herz zerschneidendem Geschrei durch Trümmer irrten, wie Frauen in den Armen ihrer Männer, wie Töchter zu den Füßen ihrer Väter schlimmstes Leid erdulden mussten, wie Mordgesellen ohne Herz im Leib den Säugling spießten an der Mutter Brust. Ein grausenvolles Schicksal war's, für welches die Geschichte keine Sprache, die Dichtkunst keinen Pinsel hat.

Schau her, hier kommt der Hausrat, den ich dir bestimmt. Ganz oben wollen wir beginnen. Ein Himmelbett mit Strohsack, Leintuch, Federbett, ringsum geschützt von einem Vorhang blau, dann Schrein und Truhe, Lade für die Kleider. Dort in die Ecke kommt der Ofen, daneben steht der Tisch mit Stühlen, Sessel,

Das älteste bekannte Puppenhaus der Welt ließ der bayerische Herzog Albrecht V. im Jahre 1558 erbauen, um seine Residenz *en miniature* bestaunen und vorführen zu können. Zu Beginn des 17. Jahrhunderts begannen Nürnberger Patrizierfamilien, bei den Spielwarenherstellern der Stadt reich geschmückte Puppenhäuser in Auftrag zu geben. Im Jahre 1632 erreichte der Dreißigjährige Krieg auch Nürnberg. Bis 1635 starben zwei Drittel der Bevölkerung an den Folgen der monatelangen Belagerung durch Wallensteins Heer. Das abgebildete Puppenhaus wird auf die zweite Hälfte des 17. Jahrhunderts datiert.

Bank, auch Tischtuch und Servietten fehlen nicht. Siehst du den Leuchter und die Kerzen? Die Laute, Harfe, das Spinett, Gebetbuch, Chronik und das Würfelspiel? Vor allem aber sieh die Küche! Den Brotkorb, Krautkorb, Fladennapf. Die Teller fein aus Holz und Zinn, die Platten, Gläser, Krüge, Wannen. Geh an das Salzfass, sieh hinein! Ich schenk dir Zucker, Butter und ein Kuchenrädchen.

Bleib hier, sei still, mein Kind! Soldaten sind's, die klopfen, Soldaten aus des Schwedenkönigs Heer. Sie werden uns nichts tun, sind nicht gekommen, um zu rauben. Nach Suppe nur verlangen sie, nach einem Kanten Brot, der eine sei so schwach, dass er sich kaum mehr auf den Beinen halten kann.

Geht fort, geht fort von unsrer Schwelle! Wir haben nichts, der Hunger wütet auch bei uns. Das letzte grüne Äpfelchen, ich gab es meinem Kind vor Tagen schon. Geht fort, ihr bringt uns nur die Pest ins Haus! Ich kenn' das Elend auf den Straßen, ich weiß, wie's täglich grimm und grimmer wird. Die Mittel sind erschöpft, auch ohne dass der Feind uns brandschatzt, plündert. Die Ruhr rafft täglich mehr dahin, die Magazine, noch vor Kurzem wohl gefüllt, sind schaurig leer. Ganz Nürnbergs Mühlen reichen nicht, das Korn zu mahlen, das dieser gier'ge Krieg verschlingt. Zertreten liegen alle Felder, seit uns der Feind in seinem Würgegriff. Erst kam die Kälte, dann der Regen, jetzt Hitze, Dürre, Hundstagsglut. Kadaver wesen an den Ecken, und keiner mag mehr sagen: War's ein Mensch? War's Vieh? Ich selbst musst' Zeuge werden, wie mein Nachbar, der brave alte Kupferschmied, schlich in die Nacht, ein Aas zu holen, das nicht ganz verwest. Zehntausend unsrer Bürger sind verdorben, die Pegnitz schwarz vor Leichenflut. Und noch die toten Arme recken sie, als wollten sie anfleh'n den Himmel um ein Stückchen Brot.

Mein Kind, es ist gut. Sie sind gegangen, fort. Das Haus gehört uns wieder ganz allein. So viel will ich dir zeigen noch.

Mein Kind, wo ist das Pferdlein, das ich in den Stall gestellt?

Mein Kind, du schweigst? Du blickst so blass? Die Augen treten dir hervor? Mein Kind! Mein Kind!

München, 1871

Mein innig geliebter, teurer Freund! Was geht uns dieses »Deutsche Reich« an, das sie jetzt zusammengezimmert haben! Sollen sie ihre Kanonen umarmen, sollen sie den preußischen Götzen Denkmäler errichten, wir wenden uns ab vom Wüten der Welt. O wie unendlich fern liegt jenes Deutschland, das in unser beider Herzen wohnt! Doch das Bewusstsein, einen großen und edlen Zweck vor Augen zu haben, soll uns stählen! Die Schranken der Gewohnheit müssen wir durchbrechen, die Gesetze der gemeinen, egoistischen Welt einstürzen, das Ideal wird und muss in das Leben treten! Ich bin der König! Sie der Meister! Vereint sind wir unbesiegbar! Das Weltenschicksal hat uns beide auserwählt, um

Die Bauarbeiten an Schloss Neuschwanstein, damals noch »Neue Burg Hohenschwangau« genannt, begannen 1869. Als die bayerische Regierung Ludwig II. im Juni 1886 aufgrund von »unheilbarer Seelenstörung« und »Geistesschwäche« entmündigen ließ, befand sich der Märchenkönig auf Neuschwanstein, wohin er sich seit 1884 immer häufiger zurückgezogen hatte, obwohl die Bauarbeiten nicht abgeschlossen waren. Der geplante Bergfried, der alle anderen Türme hätte überragen sollen, kam nicht mehr zur Ausführung. Unmittelbar nach Ludwigs Tod wurde das Schloss, das nach dem Willen des Königs nur ausgewählte Gäste – wie Richard Wagner – hätten betreten dürfen, der Öffentlichkeit zugänglich gemacht. Im Juli 2005 begrüßte der bayerische Finanzminister den 50-millionsten Besucher. Damit dürfte Neuschwanstein zur lukrativsten Bankrott-Immobilie der Welt geworden sein.

das, was für das Leben *zu* schön ist, im ewigen Spiegel der Kunst auszuführen. Niemand soll es wagen, uns zu verspotten als den »königlichen Musikliebhaber«, der sich einen »beliebten Opernkomponisten« hält. Die Welt wird an dem Beispiele, das wir ihr geben wollen, zu Schanden, der Tag verliert seine Macht, ewig dann währt unser seliges Frohlocken!

Welch Wonneschauer wird mein Inneres erbeben machen, wenn ich in Ihrer Handschrift lesen darf: »Vollendet das ewige Werk!« Dass wir die Aufführung des Gott entsprossenen Nibelungen-Werks erleben werden – wie könnte ich daran zweifeln! Das werden Tage, ähnlich jenen unvergesslichen, an welchen *Tristan* geboren wurde! Jubelnd denke ich daran zurück. Es waren die schönsten Stunden meines Lebens.

Aber wie furchtbar, wie entsetzlich traurig sieht es in der Welt jetzt aus: Die Geister der Finsternis herrschen. Einen Schattenkönig ohne Macht will Preußen aus mir machen. Doch die Schmach, die sie mir angetan, als sie meine Unterschrift unter den teuflischen Brief erzwangen, der diesen Hohenzollern jetzt zum »Kaiser« macht, kommt sie teuer zu stehen: Die Mittel fließen. Und Sie, mein Einziger, wissen, dass ich kein anderes Ziel kenne, als Ihr Leben zu versüßen, Ihnen all die Sorgen und Leiden zu vergüten, die Sie so zahlreich zu bekämpfen hatten! Immer waren Sie genötigt, mit dem leidigen Theaterwesen zu ringen, doch nun wird alles reinster Vollendung entgegensehen! *Vollkommenheit* sei jetzt die Losung! Nie wieder sollen Sie erleben müssen, wie eines Ihrer Kinder der Schande ausgesetzt wird!

Ahnen Sie, welchen Dolch Sie mir ins Herz stießen, als Sie mir so lebhaft die Qualen ausmalten, die Sie durchlitten, als Sie Ihr *Rheingold*, Ihre *Walküre* in den Pfuhl des gewöhnlichen Theaters geworfen sahen? Und alles nur, weil Sie mir, Ihrem Freund, die Freude einiger Aufführungen bereiten wollten? Bei unsrer heiligen Liebe: Sie werden Ihr Festspielhaus bekommen! Ich will den Nibelungenring von seinem Fluch erlösen! *Alles* muss erfüllt, der kühnste Traum verwirklicht werden! Dir geboren, Dir erkoren, dies mein Beruf! Mit der Gemeinheit der Welt dürfen Sie nichts mehr zu schaffen haben, hoch über den Mühen der Erde will Ich Sie tragen! Glückselig sollen Sie werden!

Hoffentlich lassen die Pläne für den Bau der Zukunft nicht zu lange auf sich warten. Schon sehe ich die mächtige Fahne Ihrer Schule weithin in die deutschen Gaue wehen, von Nah und Fern strömen sie daher, die Jünger Ihrer Kunst, sich um Ihr Banner zu scharen. Dies wundervolle Werk wollen wir der deutschen Nation, der *wahren* Nation, zum Geschenk machen und ihr sowie den anderen Nationen zeigen, was *deutsche Kunst* vermag. Ich beschwöre Sie: Vermeiden Sie jede Berührung mit der profanen Außenwelt! Schonen Sie sich!

Auch ich fühle mehr und mehr die Berechtigung, ganz in meiner Sphäre zu bleiben, mich nicht herabziehen zu lassen in den Strudel der Alltagswelt, die mich anwidert, selbst wenn ich für sie sorgen muss, sondern in meiner ideal-mo-narchisch-poetischen Höhe und Einsamkeit gleich Ihnen, angebeteter Freund, zu verharren, unbekümmert durch die geifernden Schlangenzungen. Das reine Feuer erhabener Begeisterung kann nicht genährt werden, wenn der Priester zu viel mit Dingen dieser Erde sich befasst, man kann nicht Gott und dem Mammon zugleich dienen, und darum handelt es sich hier.

Wenn nur die Arbeiten an meiner geliebten Burg nicht so quälend langsam vor sich gingen! Ich schrieb Ihnen doch von meiner Absicht, die alte Ruine Hohenschwangau bei der Pöllatschlucht wieder aufbauen zu lassen im echten Stil der alten deutschen Ritterburgen? Nun weiß ich, dass ich alles neu anfangen muss. Wie sehne ich den Tag herbei, an dem ich einst dort hausen werde! Mehrere Gastzimmer, von wo man eine herrliche Aussicht genießt auf den hehren Säuling, die Gebirge Tirols und weithin in die Ebene, sollen wohnlich und anheimelnd eingerichtet werden. Sie kennen ihn, den angebeteten Gast, den ich dort beherbergen möchte. Der Punkt ist einer der schönsten, die zu finden sind, heilig und unnahbar, ein würdiger Tempel für den göttlichen Freund, durch den einzig Heil und wahrer Segen der Welt erblüht. Auch Reminiszenzen aus *Tannhäuser*, aus *Lohengrin* werden Sie dort finden. In jeder Beziehung schöner und wohnlicher wird diese Burg werden als das untere Hohenschwangau, das jährlich durch die Prosa meiner Mutter entweiht wird. Sie werden sich rächen, die entweihten Götter, und oben weilen bei uns auf steiler Höh', umweht von Himmelsluft.

Meine Pläne kennen keine Grenzen mehr. Auch in Linderhof lasse ich bauen, fernab von allem Münchner Getümmel. Wenn ich die Augen schließe, bin ich in der Venusgrotte mit klarem See, Schwäne umschmeicheln meinen leichten Muschelkahn, ich sehe Lichtspiel, sanfte Wogen, Wasserfall. *Geliebter, komm! Sieh dort die Grotte, von ros'gen Düften mild durchwallt! Entzücken böt' selbst einem Gotte der süß'sten Freuden Aufenthalt.*

Herzinnigster Meister, Sie müssen mir Skizzen zu all Ihren Bühnenbildern aus dem Archiv kommen lassen, ich will jedes Ihrer Werke getreulich in die Natur stellen, alle Mauern niederreißen zwischen Bühne und Zuschauerraum, Ideal und Wirklichkeit, Nacht und Tag. Soll es denn nie geschehen, dass die großen Geister glücklich und zufrieden leben können, von ihren Mitmenschen bewundert und sie begeisternd?

Die fürchterliche Fessel wird schwinden! – Mut! – Siegen werden wir, das weiß ich, denn geheiligt sind unsre Waffen, göttlich und lauter die Sache, für welche wir unermüdet streiten!

Gruß und Segen aus den Tiefen der Seele! Ihr ewig treues Eigen Ludwig.

[td]

➤ German Angst, Kulturnation, Musik, das Unheimliche

QUERDENKER

Am Anfang war der Querulant. Er, der immer etwas auszusetzen hatte, dem es keiner recht machen konnte. Er, der als jemand galt, dem das Ganze nicht passte, der es aber nie laut gesagt hätte. Vielmehr hatte er in der einen oder anderen Frage seine Bedenken, wie er einzuräumen pflegte, und bei den Vorschlägen, die auf den Tisch gekommen seien, würden ihn einige der Details noch nicht überzeugen.

Der Querulant konnte einem ganz schön auf die Nerven gehen, stellte er doch im Grunde das mühsam erreichte Denkergebnis in Frage. Und das, ohne sich allzu weit vorzuwagen. Er war ein Ärgernis, aber damit musste man leben, und man konnte es auch. Schließlich verwaltete er das Aufmüpfige.

Dem Querulanten konnte man auch zugute halten, dass er der Querulant blieb. Er war eine berechenbare Größe, man hatte mit ihm aber nicht nur zu rechnen, man konnte an seinem Verhalten auch ablesen, ob es in einer Sache größere Widerstände geben könnte. Man war nicht selten durch den Querulanten gewarnt.

Mit der politisch korrekten Einrichtung der Demokratie nach den Diktaturen des 20. Jahrhunderts war auch der Querulant als solcher nicht mehr haltbar. Man konnte schließlich bei dem allseits geförderten Liberalismus einen, der anders dachte, nicht mehr abqualifizieren. Der Begriff »Querulant« war spätestens in den sechziger Jahren nicht mehr tragbar. Er war, wie man damals ohne viel Aufhebens sagte, »out«.

An seiner Stelle stieg mit der zunehmenden Politisierung der Öffentlichkeit ein neuer Stern am Begriffshimmel auf. Es war der »Querdenker«. Der Begriff kam aus der Wissenschaft und meinte dort den Transfer eines Wissensmodells in ein anderes Wissensgebiet. Das Management-Lexikon bezeichnet als Qu. jemanden, der eigenständig, originell und unkonventionell denkt, quer zur Normdenkweise. Auch im Kreuzworträtsel-Unwesen geht es ums Um-die-Ecke-Denken. Angeblich trainiert das Lösen dieser Rätsel das Querdenken als Methode.

Als Qu. werden die unterschiedlichsten Personen genannt: der Wiener Salonkommunist und Bildhauer Alfred Hrdlicka, der CDU-Partei-Reformer Kurt

Biedenkopf, der Münchener Kabarettist Karl Valentin und der Frühscholastiker Pierre Abaelard, der Mann, der in der Weltliteratur die Affäre mit Héloise hat. Qu. hieß in der allgemeinen Öffentlichkeit jemand, der sich der politischen Lagertreue nicht verpflichtet fühlte, ohne aber ein Rebell sein zu wollen. Jemand, der neue Gedanken ermöglichen wollte, indem er die Lagerrhetorik durchbrach, einer, der mit Absicht die Figuren ins falsche Feld stellte. Und weil es die Figuren der anderen waren, konnte er auch mit einer umgehenden Reaktion rechnen.

Der Qu. war letzten Endes auch ein Versuch, die Erkenntnisse von Jürgen Habermas und Niklas Luhmann zum kommunikativen Handeln und zu den sozialen Systemen sanft zu korrigieren. Was der Qu. im Falle des Gelingens erreichen konnte, war sozusagen die politische Familienaufstellung.

Das Querdenken erwies sich bald als Erfolgsrolle, es hatte das Denken jenseits der Klischees kenntlich zu machen und bekam dafür regelrecht Aufträge aus Politik und Philosophie. Es gab eine Zeit, in der seine Rolle hoch im Kurs stand. Es war die Zeit der kritischen Intellektuellen in den siebziger Jahren, eine Zeit des »Hinterfragens« und der »Infragestellung«. Der Qu. verfügte plötzlich über Macht. Er verunsicherte damit die Bürger, aber auch das eingeübte Gesellschaftsspiel der Diskurse. Es war die Zeit eines Sebastian Haffner, der sich plötzlich als »Wechselwähler« bezeichnete und trotzdem ungestraft davonkam.

Mit solchen Statements rüttelte man, gewollt oder ungewollt, und selbst wenn man sie nur als Markenzeichen zum Einsatz brachte, an den Grundfesten des Lagerdenkens.

Das größte Handikap, das der Qu. hat, ist der Anschein der Einmaligkeit, den er generell erwecken muss, um glaubhaft zu bleiben. Der Qu. kann sich jedem Mehrheitsbeschluss verweigern und sich dabei auf nichts als seinen ge-

Karl Valentin, einzigartiger Münchener Kabarettist. Einer der besten Kenner der deutschen Sprache und ihrer Möglichkeiten.

sunden Menschenverstand berufen, er kann aber nicht selbst einen Mehrheits-beschluss in die Wege leiten. Sonst polarisiert er. Polarisieren aber heißt, dass er nicht mehr zu einer Lösung beiträgt, sondern die Lage durch seine Auffas-sungen und Äußerungen zuspitzt, also alles nur noch schlimmer macht. Das ist nicht nur ein starkes Stück, es ist in der auf Harmonie ausgerichteten deutschen Öffentlichkeit genau das richtige Wort, um den Qu. in die Schranken zu weisen.

Dass es den Qu. heute nicht mehr allzu oft gibt, hat nicht zuletzt mit der Angst zu tun, er könnte doch noch, wenn auch unabsichtlich, an den Grund-lagen rühren, an die man zwar nicht mehr glaubt, die man aber auch nicht weiter in Frage gestellt sehen möchte.

Wer sich nicht an dieses Stillhalteabkommen hält, wird zum Spielverderber. Aber auch diese Rolle ist vorgesehen. Manch einer erfüllt sie gekonnt. »Seien wir mal ehrlich«, heißt es gelegentlich sogar im *Presseclub* am Sonntagmittag im Ersten.

Seien wir mal ehrlich. Ist es nicht einfacher, Antworten zu geben als Fragen zu stellen? Vielleicht ist das der wahre Grund für das immer öfter festzustel-lende Ausbleiben des Qu.s.

[rw]

➤ Forschungsreise, Kulturnation, Musik, Reformation

RABENMUTTER

Es war einmal eine Königin, die hatte ein Töchterchen, das war noch klein und musste noch auf dem Arm getragen werden. Zu einer Zeit war das Kind unartig, und die Mutter mochte sagen, was sie wollte, es hielt nicht Ruhe. Da ward sie ungeduldig, und weil die Raben so um das Schloss herumflogen, öffnete sie das Fenster und sagte: »Ich wollte, du wärst eine Rabe und flögst fort, so hätt' ich Ruhe.« Kaum hatte sie das Wort gesagt, so war das Kind in eine Rabe verwandelt und flog von ihrem Arm zum Fenster hinaus.

Ach, Königin! So schnell kann's gehen. Eben noch warst du das Sinnbild holder Mutterschaft, du selbst trugst dein Kindlein auf dem Arm, keiner Amme überließest du es, und dann ein unbedachtes Wort – schon bist du eine Rabenmutter.

Ich könnte dir Geschichten erzählen aus meiner märchenarmen Zeit, die es den Müttern gleichfalls nicht verzeihen mag, wenn diese ihre Kinder nicht Tag und Nacht bei sich tragen, sondern es wagen, sie »abzugeben«, nicht etwa im finsteren Wald – auch wenn es lichte Krippen, Kindergärten, Kinderläden, Kindertagesstätten sind, in die sie ihre Kleinen bringen, schwebt über ihnen stets die Angst, nur eine »Rabenmutter« zu sein. Wenn sie ihrem Kind den Kuchen nicht selbst backen und ihm deshalb Gekauftes in den Ranzen stecken, laufen sie Gefahr, am Schultor angekrächzt zu werden.

Ich weiß nicht, ob es früher schlimmer war. In deiner Zeit gab es zumindest noch den »Rabenvater«.

Gott gebeut einem jeden Hausvater, dass er sein Haus und die Seinigen treulich versorge, will er anders nicht ein Unmensch und Rabenvater und Spechtmann gescholten sein ...

Selbst Schiller zerrte ihn ins Rampenlicht: *Blick hieher – hieher, du Rabenvater! – Ich soll diesen Engel würgen?*

Sie haben sich in Luft aufgelöst, die »Rabenväter«, sind unserer Sprache entflogen und haben die »Rabenmütter« allein zurückgelassen. Und es will mir so scheinen, als müsste für jeden »Rabenvater«, der unserer Sprache jetzt fehlt, gleich dreimal »Rabenmutter« gesagt werden.

Arme Königin, es wird dich nicht trösten, aber du warst deiner Zeit voraus. Zur Rabenmutterschaft verdammt wegen eines einzigen Satzes, der dir in Ungeduld entwischt ... Weit Schwereres mussten deine Zeitgenossinnen sich zuschulden kommen lassen, um als »Rabenmutter« verflucht zu werden. Sie mussten ihr Kind ertränken, im Mist vergraben, in einem hohlen Baum versenken.

Ach, wären wir doch immer noch so streng – und weitherzig zugleich, dass wir nur die mit jenem bösen Wort belegen wollten, die wirklich zu verachten sind!

Königin, ich darf dir nicht verraten, wie dein Märchen zu Ende geht, ob du die Tochter jemals wiedersehen wirst. Nur so viel: Kehrt sie dir zurück, frage sie doch bitte, wie es ihr als Rabe ergangen ist. Ob es nicht ohnehin höchst dumm ist von uns Menschen, den Namen dieser Vögel so geringschätzig im Munde zu führen. Und was sie zu jener unerhörten Geschichte sagt, die ich in einer *Gartenlaube* aus dem Jahre 1860 fand:

»Am 15. Mai d. J. ging ich, wie gewöhnlich, nach dem eine halbe Stunde von meinem Wohnorte entfernt liegenden Gute Volkhausen, um daselbst Privatunterricht zu erteilen. Mit den Worten: ›Ich kann Ihnen etwas Neues zeigen, was Sie nicht alle Tage sehen‹, empfing mich Herr Volkhausen, ein sinniger Beobachter der Natur; ›in der Nähe lasse ich eine Eiche fällen, auf der sich ein Rabennest befindet; wollen wir nicht sehen, wie sich die Alten verhalten werden?‹

Sehr gern ging ich mit. Eben kamen wir noch zu rechter Zeit; denn die Eiche konnte den gewichtigen Schlägen nicht lange mehr widerstehen. Schon von Weitem hatten wir gesehen, wie der Rabe – es war nur einer da – in immer engern Bogen das bedrohte Nest umkreiste. Jetzt neigt sich der Baum. Die Jungen mögen ihre Mutter – sie war es, wie sich nachher ergab – um Hilfe gefleht haben; denn pfeilschnell senkt sich der alte Rabe auf sein Nest. Noch ein paar Hiebe – und der Baum liegt an der Erde. ›Wo ist das Rabennest?‹, fragten selbst die rohen Arbeiter. Es war noch da, und auf ihm der alte Rabe, von einem Aste erschlagen, im Tode noch zwei seiner Jungen mit seinen Flügeln deckend!«

[td]

➤ GERMAN ANGST, KINDERGARTEN, MUTTERKREUZ, DAS WEIB

212ᵇ. Die Rabenmutter.

Sehr mäßig. — Mehrfach mündlich aus Schlesien.

Es wollt ein Hirtlein treiben aus, es wollt ein Hirtlein treiben aus, er trieb wol in den Wald hinaus, er trieb wol in den Wald hinaus.

2. Und wie er kam in Wald hinein, :|:
Hört er ein kleines Kindlein schrein. :|:

3. ‚Ich hör dich wol, ich seh dich nicht,
Ich hör daß du ein Kindlein bist.'

4. „Ich bin im hohlen Baum versteckt,
Mit Dorn und Disteln zugedeckt.

5. Ach Hirtlein, liebes Hirtlein mein,
Ach nimm mich mit ins Dorf hinein!

6. Nimm du mich mit ins Hochzeitshaus,
Wo meine Mutter ist die Braut."

7. Und wie das Kind zur Thür nein kam,
Da fieng es bald zu reden an:

8. „Grüß Gott, grüß Gott, ihr Hochzeitsgäst!
Meine Mutter sitzt dort im Winkel fest."

9. ‚,,Wie kann ich deine Mutter sein?
Ich trag ja von Raut ein Kränzelein."'

10. „Trägst du von Raut ein Kränzelein,
Du kannst gar wohl meine Muttter sein:
Du hast geboren drei Kindelein.

11. Das eine hast im Mist vergraben,
Das andre in die See getragen.

12. Mich hast du in hohlen Baum gesteckt,
Mit Dorn und Disteln zugedeckt."

13. ‚,,Ja wenn das wirklich Wahrheit wär,
So wollt ich, daß der Teufel käm
Und mir das grüne Kränzlein nähm!"'

14. Das Wort war kaum aus ihrem Mund,
Der Teufel in der Thüre stund.

15. Er bat gar bald die Braut sich aus
Und flog mit ihr zum Fenster hinaus.

16. Er nahm sie bei der linken Hand
Und führt sie in den höllischen Tanz.

17. ‚Behüt euch Gott, ihr Hochzeitsgäst,
Und haltet eure Kinder fest!'

Mel. und Text aus Schlesien (Oppeln, Winzig) bei Erk, Liederh. Nr. 41ᵃ. Ebenso, ohne Str. 17, bei Scherer, Jungbr. Nr. 39, mündlich aus Franken.

Varianten: 1, 1 Es trieb ein Hirtlein oben naus, er trieb wol in den Wald hinaus. Die übrigen Varianten, die Erk anführt, sind unwesentlich und kehren die meisten in folgenden Lesarten wieder.

Bereits das deutsche Volkslied kennt die Rabenmutter.

REFORMATION

Das Wappen des Reformators: die Luther-Rose.

Ein Kreuz, schwarz, im Herzen. Das seine natürliche Farbe hätte. Rot.

So man von Herzen glaubt, wird man gerecht.

Solch ein Herz soll mitten in einer weißen Rose stehen. Soll anzeigen, dass der Glaube Freude, Trost und Friede gibt. Die Rose soll weiß sein. Weiß ist der Geister und aller Engel Farbe.

Solch eine Rose steht im himmelfarbenen Feld. Denn die Freude im Geist und Glauben ist ein Anfang.

Um solch ein Feld folgt ein goldener Ring, auf dass die Seligkeit im Himmel ewig währt und kein Ende hat bei allen Freuden und Gütern.

Wie das Gold, das edelste, das köstlichste Erz.

Der so ins Schwärmen kommt, ist der Kirchenreformator Martin Luther. Der Anlass ist die Beschreibung seines Wappens, der Luther-Rose. Ein Text, dessen Motive man eher der deutschen Mystik mit ihrer bildstarken muttersprachlichen Wortsetzung zuordnen würde. Luther, ein Mystiker?

Gesetzt den Fall, man befindet sich in einem ICE und blättert in der Bahnzeitschrift – so lange ist man schon im Zug, dass man sogar in der Bahnzeitschrift blättert –, und darin stößt man in einem Artikel auf die »Luther-Rose«, und der Zug hält gerade mal für eine Minute an einem Ort, der sich »Lutherstadt Wittenberg« nennt. Eine knappe Stunde noch, und man ist in Berlin. Man blickt aus dem Fenster und sieht einen Bahnhof. Würde man jetzt aus dem Zug steigen, in dieser einen Minute, die er hier hält und in der alles still steht, würde man im nächsten Augenblick ratlos auf einer Bank am Bahnsteig sitzen.

Der Bahnhof wäre geschlossen. An seinem Ausgang hinge ein Plakat mit einer Hotelwerbung. Es sei ein Traditionshaus, schon Luther habe dort übernachtet.

Papist oder Protestant, evangelisch oder katholisch? Diese Fragen bestimmen seit Luther und bis weit ins 20. Jahrhundert hinein die Gemeinschaftsvorstellung der Deutschen. Eines der größten Probleme im sich rasant modernisierenden Kaiserreich wurde – man wird es kaum glauben – die interkonfessionelle Ehe, die »Mischehe«, wie sie damals genannt wurde, zwischen Katholiken und Protestanten. Sie beschäftigte die politische Öffentlichkeit weit mehr als die Kolonialfrage. Preußens Bürokratie hatte den Fehler gemacht, das Problem pragmatisch zu lösen. Das Allgemeine Landrecht sah vor, dass die Söhne die Religionszugehörigkeit des Vaters erhielten, und die Töchter die der Mutter. Eine Religionsfrage lässt sich nicht lösen, und schon gar nicht pragmatisch.

Im Grunde fing es mit ein paar technischen Erfindungen und geographischen Erkenntnissen an, mit der damit verbundenen Ausweitung des menschlichen Horizonts. 1492 geht Columbus von Andalusien aus auf große Fahrt, und Martin Behaim, ein aus Nürnberg stammender Kaufmann und Abenteurer in portugiesischen Diensten, entwirft um 1493 einen Globus, von ihm »Erdapfel« genannt. Kopernikus stellt die Sonne in die Mitte des Himmels, wo man bis dahin die Erde hatte, und Peter Henlein aus Nürnberg erfindet 1504 die Taschenuhr. Gutenberg macht mit seiner Druckerpresse den Buchdruck perfekt.

Wer eine Uhr in der Tasche trägt, ist nicht mehr auf den Kirchturm angewiesen. Wer die Schrift setzen kann, braucht den Priester nicht mehr zum Lesen.

Die Neuzeit kann beginnen.

Es ist die Stunde der Stadt und der Bürger, die Zeit der Patrizier. Die dritte Kraft des Mittelalters, neben Adel und Bauernschaft, versteht es, die Krise des Geltenden, des Mittelalters, zu nutzen.

Das 16. Jahrhundert bildet die große Schwelle zur Neuzeit. Über eine Schwelle kann man stolpern, springen oder schreiten, ohne den Traum zu verlieren, dass man gern über die Schwelle getragen werden würde. Zumindest möchte man es jemandem zutrauen können.

Im 16. Jahrhundert ist ein allmächtiges Mittelalter zu verabschieden, in dem sich zuletzt Schwarze Pest und Jüngster Tag vermengt hatten. Es gilt, eine neue Welt einzurichten. Dieses 16. Jahrhundert tobt sich nicht nur in der Technik aus, es verändert das Menschenbild. Es ist ein Kassensturz der Werte, wie ihn die postantike Geschichte bis dato nicht erlebt hat.

Unvorstellbar, der Ritter mit Lanze und Taschenuhr.

Es ist nicht nur eine Zeit der Umwälzung, sondern auch der starken Persönlichkeiten. Als sollten sie mit ihrer Tatkraft die Lücken, die im Weltbild klaffen, ausfüllen. Nie zuvor seit römischen Tagen gab es eine günstigere Gelegenheit zur Selbstentfaltung. Die Kühnheit des Denkens war plötzlich auch seine Größe. Es kam auf den Bruch an, nicht auf die Glättung.

Martin Luther wurde 1483 in Eisleben geboren, er studierte in Erfurt Jura und Philosophie, ging 1505 als Mönch ins Kloster, wurde 1512 zum Doktor der Theologie promoviert. Danach war er Pfarrer und Theologe in Wittenberg.

Dem Zeitgeist folgende Satire auf das Klosterleben.

Es sind zwei Ereignisse, die am Anfang von Luthers Ruhm stehen und auch seine Bedeutung ausmachen. Seine Bibelübersetzung ins Deutsche und die Papstkirchenkritik. Er hat die Heilige Schrift des Neuen Testaments in elf Wochen auf der Wartburg wie im Rausch aus dem Griechischen übertragen. Damit wurde er zum Begründer der neuhochdeutschen Schriftsprache. Seit den Mystikern ist Luther der Erste in der deutschen Geschichte, der die Kraft der Muttersprache erkennt. »Die Übersetzung, welche Luther von der Bibel gemacht hat, ist eben von unschätzbarem Werthe für das deutsche Volk gewesen. Dieses hat dadurch ein Volksbuch erhalten, wie keine andere Nation der katholischen Welt ein solches hatte, denn diese hat wohl eine Unzahl von Gebetbüchlein, aber kein Grundbuch zur Belehrung.« Das steht in Hegels *Vorlesungen über die Philosophie der Geschichte*.

Bei seiner leidenschaftlich vorgetragenen Papst-Kritik ging es Luther vor allem um den Ablasshandel, den Freikauf von angehäuften Sünden, den er als Dekadenzerscheinung der Romkirche betrachtete. »Da ist ein Kaufen, Verkaufen, Wechseln, Tauschen, Rauschen, Lügen, Betrügen, Rauben, Stehlen, Prachten, Hurerei, Büberei, auf allerlei Weise Gottes Verachtung, dass nicht möglich ist, dem Endchrist lästerlicher zu regieren.« So Luther. Seine Kritik, die er 1517 in Wittenberg in den 95 Thesen formulierte, sollte mit ihrer Wortgewalt die römische Kirche spalten. Das hätte keine Truppe vermocht und keine Waffe geschafft.

Die Bibelübersetzung und der Konflikt mit der Papstkirche haben den Deutschen die Tür zur Nation in eigener Regie geöffnet. Luther ist ein scharfer Kritiker des päpstlich patronierten Heiligen Römischen Reiches Deutscher Nation. Einer der schärfsten. Er hält die Idee, das römische Staatswesen an die Deutschen zu geben, für einen Papsttrick. Luther sagt: »Also sind wir Deutsche hübsch deutsch gelehrt: da wir vermeinten Herren zu werden, sind wir der allerlistigsten Tyrannen Knechte worden, haben den Namen, Titel und Wappen des Kaisertums, aber den Schatz, Gewalt, Recht und Freiheit desselben hat der Papst; so frisst der Papst den Kern, so spielen wir mit den ledigen Schalen.« Er geht so weit zu sagen, dass wir Deutsche missbraucht wurden im Kampf Roms gegen den, wie er es formuliert, »rechten römischen Kaiser zu Konstantinopel«. Ein Plädoyer für die Orthodoxie? Von Luther?

Entscheidend für den Weg einer Nation in die Geschichte ist ihr Gründungsmythos. Zu ihm wird sie immer wieder zurückkehren.

Im Zentrum jedes europäischen Gründungsmythos steht der Begriff der Nationsfreiheit. Die große Debatte um die Freiheit in Deutschland aber war der Disput um die Religionsfreiheit. Er wird im Augsburger Religionsfrieden von 1555 zum Rechtsfaktum erhoben. Beschlossen wird in einem recht verworrenen Vertragstext die Koexistenz der Konfessionen im Reich, aber nicht innerhalb seiner Teilstaaten. Damit kündigt sich eine Besonderheit der deutschen Staatsidee an. Es ging nicht um das Einheitsprinzip, es galt vielmehr, die Unterschiede zu verwalten. Das berühmte »Cuius regio, eius religio« – »wessen Herrschaft, dessen Religion« – war nichts als ein Ordnungsinstrument, und was für den Augenblick ein Modus vivendi sein konnte, wird sich auf längere Sicht als Selbstblockade erweisen. Wenn der Sieger nicht feststeht, bleibt auch die Ordnung ungefestigt. Dieses Ungefestigtsein ist aber auch die Voraussetzung für das erste Reich, das es immerhin auf eine Dauer von einem Jahrtausend gebracht hat.

Luther ist Theologe, politischer Theologe. Seine Thesen waren Teil eines theologischen Disputs mit politischem Ausgang.

Die deutsche Bibel, die er 1534 herausbringt, wird dem Volk zugänglich sein, sie gibt aber auch der Volkssprache eine Kompetenz. Das weiß er. Weit mehr als vierhundert Sprichwörter hat er gesammelt, um der Volksweisheit gerecht zu werden. Er bedient sich aus diesem Schatz. Bis zu den Romantikern wird ihm das keiner nachmachen.

Luthers Deutsch ist derb. »Er hat sich von der Weisheit beschissen«, heißt es da, und: »Vogel singt, wie der Schnabel gewachsen.« Die Derbheit ließ das Deutsche angesichts des dekadenten Lateins lebendig und zukünftig erscheinen.

Luther hatte zahlreiche Helfer, Berater und Unterstützer. Es gab einen engen Mitarbeiterstab, eine Art Kabinett, und einen weiteren, größeren Kreis von Gleichgesinnten, über deren Möglichkeiten und Mittel Luther verfügen konnte. Zu seinem Kabinett gehörten: Philipp Melanchthon, einer der großen Humanisten, bekannt auch als »Lehrer der Deutschen«. Melanchthon sah die Bibelübersetzung durch. Der Theologe Justus Jonas begleitete Luther zum Reichstag nach Worms. Johannes Bugenhagen, ebenfalls ein Theologe und Luthers »Beichtvater«, stammte aus Pommern und wurde auch als Reformator des Nordens betrachtet. Außerdem: Katharina von Bora, Ex-Nonne und seit 1525 Luthers Frau. Der Landesfürst Friedrich der Weise, Kurfürst von Sachsen, der seine schützende Hand über Luther hielt, und dessen Geheimsekretär Georg Spalatin. Auch einer der großen deutschen Maler war dabei: Lucas Cranach d. Ä. Er sorgte für die Porträtierung und Ikonisierung der Gruppe.

Luthers Schattenkabinett: Freunde, Mitstreiter, Berater: Johannes Forster, Georg Spalatin, Martin Luther selbst, Johannes Bugenhagen, Erasmus von Rotterdam, Justus Jonas, Caspar Creuziger und Philipp Melanchthon (v. l. n. r.). Von Lucas Cranach d. J. gemalt.

Zu den Anhängern Luthers gehörte auch Ulrich von Hutten. Er war ein einflussreicher Publizist der Zeit, aus dem Adel kommend und vom Humanismus geprägt, ein Romhasser, einer der frühen deutschen Nationalisten und ein unabhängiger Geist. Sein Wahlspruch: »Ich hab's gewagt«, aus einem Flugblattlied, wurde zu einem Schlagwort der Epoche. Hutten war einer der Hauptverfasser der *Dunkelmännerbriefe*, die sich in satirischer Absicht und Manier gegen die Scholastik richteten. Er ist auch der Erfinder des Hermannsschlacht-Mythos. Arminius und die Varusschlacht spielten in der mittelalterlichen Öffentlichkeit keine Rolle. Erst die Reformationszeit, speziell Ulrich von Hutten, entdeckte ihn als brauchbare Figur für die Belebung des Kampfes gegen Rom. Man schuf den »Hermann« und damit auch die Vorlage für Heinrich von Kleists Drama.

Luther war kein Mann des Aufstands und des Aufruhrs. Er befürwortete die Bauernkriege nicht. Luther war kein Revolutionär, mehr noch, seine Reformation wird der Revolutionsidee in Deutschland den Boden entziehen. Er war ein Mensch des 16. Jahrhunderts. Er konnte Mönch sein und Mystiker, Theologe und Vordenker. Das folgenreichste Manöver bestand aber nicht in der neuerlichen Spaltung der Christenheit, sondern in den Folgen der Anerkennung dieser Spaltung. Der Kompromiss von Augsburg war, so gesehen, der erste Schritt zum Dreißigjährigen Krieg.

Luthers Wirken für die Geschichte der Deutschen ist weitaus komplizierter als seine Rolle in der Kirchenreform. Im Klartext: Wäre Preußen ohne Luther zur europäischen Großmacht aufgestiegen und hätte es die Grundsteinlegung des wilhelminischen Kaiserreichs vornehmen können? Ohne die Kirchenspaltung hätte man wohl kaum eine überzeugende Trennlinie zwischen Preußen und Österreich ziehen können. Keine kleindeutsche Lösung also ohne den Protestantismus?

Luther gehört zu den großen Verklärten des 19. Jahrhunderts. Preußens neu geschaffenes Kaiserreich – das des Eisernen Kanzlers Bismarck und des Mannschen *Untertans* Diederich Heßling, der Frauenrechtlerin Hedwig Dohm und des Genius Stefan George, des Abenteurers und Kolonialtraumverwalters Carl Peters und des Avantgarde-Förderers und *Sturm*-Herausgebers Herwarth Walden – der erste moderne deutsche Großstaat benötigt und verbraucht zu seiner Legitimation die gesamte deutsche Geschichte. Es macht sie zur Vorgeschichte.

Luther ist heute eine Ikone, er ist sogar eine heutige Ikone, also eine ohne nennenswerte Botschaft. Mehr Logo als Vorbild. Seine Kirche jedoch, die im Gesamtprotestantismus aufgegangen ist, hat ihre staatstragende Rolle zwar nicht eingebüßt, aber ihr Einfluss ist begrenzt.

Durch die Reformation hat die deutsche Gesellschaft an Selbstbewusstsein gewonnen, was aber hat die Kirche letzten Endes davon gehabt? Die Gesellschaft hat alles an kirchlicher Toleranz für sich in Anspruch genommen, wäh-

393

rend die Kirche mit jedem Zugeständnis an das säkulare Regiment an Bedeutung verloren hat. Nach fünfhundert Jahren Reformation ist die evangelische Kirche von ihrem Ziel der biblisch inspirierten Lebensgestaltung weiter denn je entfernt. Sie wurde durch die Reform nicht gestärkt, sondern in die Defensive gebracht. Von ihrem Weltbild, das sie zu vermitteln hatte, ist nichts weiter übrig als die Denkmuster und Verhaltensweisen, die man gern als protestantisch bezeichnet und zum Gegenstand spekulativer Abhandlungen macht, in denen es vor allem um den Zusammenhang von Religion und Arbeitsethos geht.

Am Ende steht die evangelische Kirche auch nicht besser da als ihre konservative Rivalin, der Katholizismus. Angesichts der Folgen der Reformation ist zu konstatieren, dass die Reformidee für die deutsche Gesellschaft von größerer Bedeutung war als für die Kirche. Die großen christlichen Kirchen haben in der Öffentlichkeit heute das gleiche Problem. Indem sie um Akzeptanz werben, büßen sie immer mehr an Autorität ein, und indem sie immer mehr an Autorität einbüßen, müssen sie weiter um Akzeptanz werben.

Die deutsche Mentalität ist zwar christlich imprägniert, protestantisch und katholisch, die Gesellschaft folgt aber nicht dem Ethos des Evangeliums.

Das Problem der offenen Gesellschaft von heute ist, dass sich die kirchlich grundierten Moralvorstellungen im säkularen Rahmen nur bedingt verankern lassen. Man kann ebenso wenig Rechte zu Pflichten machen, wie man Pflichten zu Rechten erklären kann. Pflichten sind geboten, Rechte zu beanspruchen. Wie aber soll man das ohne eine als unumstößlich empfundene göttliche Ordnung durchsetzen?

Der säkularen Gesellschaft fehlt das Absolute und damit auch dessen Festigkeit. Nicht alles, was Orientierung geben könnte, ist abstimmungskompatibel.

Wenn man heute von Reformation spricht, so hat es nicht um die Anpassung der Kirchen an die Eskapaden der Gesellschaft zu gehen, sondern um die Rückkehr zu den Quellen – zu denen des Christentums und zu denen des Humanismus. Sie gilt es neu zu beleben, beide, will man das Menschenbild, wie das Grundgesetz es vorschreibt, erhalten und als erhaltenswert benennen.

Reformieren heißt nicht zuletzt umgestalten. Jede Umgestaltung erfordert zunächst die Überprüfung der Statik. Nur wer die Statik respektiert, wird den Einsturz des Gebäudes vermeiden können. Das ist die eine Lehre, die aus den Folgen der Reformation zu ziehen ist, die andere besagt: Es geht, bei christlicher Religion wie europäischer Säkularität, um das eine, das Entscheidende, um die Menschenwürde, um den Kodex, der sich daraus ergibt.

[rw]

➤ Grundgesetz, Kirchensteuer, Krieg und Frieden, Reinheitsgebot

REINHEITSGEBOT

Entgegen dem Klischee ist Deutschland in Sachen Sauberkeit allenfalls eine gediegene Mittelmacht. Zwar fand die erste Internationale Hygiene-Ausstellung im Jahre 1911 in Dresden statt, wo der Erfinder des Odol-Mundwassers Karl August Lingner kurz darauf auch das erste Hygiene-Museum der Welt errichten ließ. Zwar wird der schwäbischen Hausfrau nachgesagt, dass sie während der großen Kehrwoche selbst dem Bürgersteig mit Staubsauger und Feudel zu Leibe rückt, während die schwäbische Landeshauptstadt tatsächlich zu »Let's putz« aufruft, einem Wettbewerb zwischen den Stadtbezirken Stuttgarts, bei dem es darum geht, »möglichst viele engagierte Bürgerinnen und Bürger, insbesondere Kinder und Jugendliche, in Gruppen zu organisieren und für gemeinsame Putz-aktionen zu gewinnen«. Dennoch: Jeder Japaner hat das Bedürfnis, sich einer Komplettdesinfektion zu unterziehen, nachdem er mit der Berliner S-Bahn ge-fahren ist; jeder Geschäftsreisende aus Singapur weiß nicht, zwischen welchen Kaugummi- und sonstigen Auswurf er seinen Fuß setzen soll, wenn er abends durch Frankfurt-Sachsenhausen schlendert; jeder US-amerikanische Austausch-schüler hält seine deutsche Gastfamilie für Schweine, sobald er gesehen hat, welch karges Arsenal an Mitteln der Mund- und Intim-Hygiene das fremde Badezimmer bereithält. (Odol allein genügt eben doch nicht.)

Die Pointe der deutschen Sauberkeit liegt anderswo. Auf den Punkt brachte es Klementine, jenes pfiffig-resolute Reklame-Waschweib, das von 1968 bis 1984 aus dem Fernseher heraus versprach: »*Ariel* – wäscht nicht nur sauber, sondern rein.« Bis heute geistert der Slogan durchs kollektive Unbewusste.

Das Misstrauen gegenüber einer bloß oberflächlichen Sauberkeit reicht indes viel tiefer zurück. Es entspringt dem Herzen des Protestantismus.

Nun lehnt das Christentum insgesamt die Reinigungs-Rituale, wie die bei-den anderen monotheistischen Religionen sie vorschreiben, ab. Der gläubige Christ steht vor seinem Gott nicht besser da, indem er aufs Schweinefleisch verzichtet, sich »unreinen« Meeresgetiers wie Aal und Austern enthält und auch darauf achtet, das Böcklein nicht in dessen Mutter Milch zu kochen. Zwar glauben Christen an die reinigende Kraft der Taufe – die Idee, sich von irgend-etwas reinwaschen zu können, indem man vor jedem Gebet Hände, Gesicht,

Mund- und Naseninneres, Unterarme und Füße wäscht, halten sie bestenfalls für Augenwischerei. Jesus erklärt seinen Jüngern, dass es nicht auf das ankommt, was »zum Mund eingeht«, sondern einzig auf das, was aus dem Munde, sprich: aus dem Herzen, herauskommt. Sein Apostel Paulus bringt es auf die Formel: »Den Reinen ist alles rein; den Unreinen aber und Ungläubigen ist nichts rein, sondern unrein ist ihr Verstand und ihr Gewissen.«

In der unmittelbaren Nachfolge dieser paulinischen Reinheitsradikalität sieht sich Martin Luther und wirft der real existierenden Papstkirche mit ihren Beicht-Offerten und Ablassgeschäften vor, den ursprünglichen Reinheitsgedanken, wie er im Evangelium geschrieben steht, aufs Schlimmste zu verhunzen. Als Brachial-Klementine des Christentums ruft er in Richtung Rom: »Ja, wasche nur wohl, wie die Sau, wenn sie im Kot sich schwemmet, oder wenn sie wohl gebadet und gewaschen ist, wieder im Kot wälzet und bleibet doch eine Sau, wie sie ist.«

Blickt man ins Register des berühmtesten Ablasspredigers der Luther-Zeit, jenes Johann Tetzel, der in Sachsen einen florierenden Handel mit Sündenvergebung betrieb und wohl der konkrete Auslöser war, dass der Reformator im Oktober 1517 zu Wittenberg seine 95 Thesen verbreitete, wird der protestantische Zorn verständlich: Von »Sodomie« (worunter jegliche Form der Unzucht fiel) konnte man sich für zwölf Dukaten freikaufen, »Hexerei« kostete immerhin noch sechs Dukaten, wohingegen »Elternmord« mit vier Dukaten vergleichsweise günstig zu sühnen war. Für den ebenso notorischen wie solventen Sünder gab es die Möglichkeit, ein Konto anzulegen, auf das er für die Zukunft einzahlen konnte, damit gar nicht erst Gewissensbisse aufkamen, wenn er sich das nächste Mal an des Fuhrknechts hübschem Söhnchen verging.

Der Luthersche Reinheitsfuror richtet sich allerdings nicht nur gegen derlei offensichtlich bigotte Missstände. Er stellt überhaupt in Frage, dass der Mensch durch »gute fromme Werke«, durch gottgefälligen Lebenswandel, durch tätige Buße etwas zur Reinheit seines Herzens beitragen kann. Zwar fordert er den Christen auf, dass er »von Tag zu Tag reiner und reiner werden« müsse – gleichzeitig kanzelt er alles, was der Mensch seit dem Sündenfall tut, als »Torheit und Unreinigkeit« ab, um zu dem Schluss zu kommen: »Meine Seele ist rein, nicht durch Werke, sondern durch die Gnade Gottes.« Dem Protestanten bleibt somit nur eine Hoffnung auf Reinigung: Buß und Reu müssen das Sündenherz entzweiknirschen. Doch selbst dann darf er nicht gewiss sein, dass der Herr ihm tatsächlich Gnade angedeihen lassen wird.

In seiner Gnadenlehre zeigt sich Luther, der aus der Kutte gesprungene Augustinermönch, als strenger Schüler des spätantiken Kirchenlehrers. Wie Augustinus beharrt auch er darauf, dass sich der »Sündenklumpen« Mensch nicht einbilden soll, er könne sein Geschick in irgendeiner Weise selbst beeinflussen:

Wäre göttliche Gnade die Belohnung für gutes Verhalten, wäre sie keine *Gnade* mehr, sondern etwas, das der Mensch aus eigener Kraft erringt. Um aber überhaupt etwas Gutes in der Welt vollbringen zu können, muss mir Gott seine Gnade bereits geschenkt haben. Christlicher Glaube im Teufelskreis.

So unsicher Luther in der Frage ist, ob es für den Menschen einen gelingenden Weg zur Reinheit geben kann, so sicher ist er, wenn es darum geht, die real praktizierten Irrwege anzuprangern. Als einer der schlimmsten erscheint ihm just jener, der dem Christentum bislang als Königsweg zur Reinheit, wenn nicht gar Heiligkeit galt: Askese. Verzicht auf alles Leibliche, Erotische. Rückzug ins Kloster.

Falls es überhaupt eine irdische Verkörperung des christlichen Reinheitsideals gibt, ist es die Jungfrau. Allen voran die Heilige Jungfrau Maria, die von der katholischen Kirche noch immer als »Immaculata«, als »Unbefleckte«, verehrt wird. Mehr schlecht gelaunt als begeistert muss auch Luther zugestehen, dass die Muttergottes eine reine Jungfrau gewesen sei, und dass echte Jungfrauen (beiderlei Geschlechts) als »hohe reiche Geister von Gottes Gnaden aufgezäumet« und »Gottes besondere Wunderwerke« zu betrachten seien. Von diesen gebe es jedoch »unter tausend Menschen nicht einen«. Die allermeisten »Pfaffen, Mönch und Nonnen« seien hinter ihren Klostermauern in erster Linie damit beschäftigt, sich zu kasteien, um die Begierden, die sie sehr wohl verspürten, abzutöten. Damit aber handelten sie schändlicher, als wenn sie ins weltliche Leben hinausgingen, sich dort einen Ehemann/ein Eheweib suchten und dem göttlichen Befehl, »sich zu samen und zu mehren«, nachkämen.

Luthers heikle Gnadenlehre und radikale Zurückweisung der Willensfreiheit zeigen ihre Spuren auch hier: Keuschheit ist nichts, was der Mensch durch sein aktives Tun (oder Unterlassen) erreichen (oder bewahren) kann, sondern ein Geschenk Gottes. »Gezwungene, unwillige Dienste« lässt der Herr nicht gelten. Wer den verdammten Trieb in sich spürt, muss erkennen, dass er schon verloren ist.

Der ehemalige Mönch, der mit der entflohenen Ordensschwester Katharina von Bora zwischen seinem 43. und 52. Lebensjahr sechs Kinder zeugen wird, weiß, wovon er spricht. In seinem *Sermon von dem ehlichen Stand* verleiht er der Fleischespein bildlichsten Ausdruck: »Dieweil dann eins sich also an das andere bindet und gefangen gibt, dass es dem Fleisch alle anderen Wege versperret und sich an einem Bettgenossen genügen lässt, so sieht Gott an, dass das Fleisch also gedämpft wird, dass es nicht kreuzwegs durch die Stadt wütet, und lässt gnädig zu, dass derselben Lust in solcher Treu etwas nachgelassen wird, auch mehr denn zur Frucht Not ist, doch dass man sich mit Ernste mäßige und nicht einen Mist- und Saupfuhl draus mache.«

Luthers Sturm gegen die Klöster als teuflische Einrichtungen, seine historisch folgenreiche Aufforderung, die Orden aufzulösen und die Klöster zu schließen, wird nicht zuletzt seiner eigenen Verzweiflung darüber entsprungen sein, dass er selbst keins von »Gottes besonderen Wunderwerken« ist, sondern zur Masse der Verworfenen gehört, die nur hoffen kann, dass ihr Fleisch wenigstens in der Ehe »gedämpft« wird. In dem Maße, in dem die Keuschheit als Inbegriff der christlichen Reinheit zurückgedrängt wird, wird die Ehe als Möglichkeit, sich trotz Fleischeslust irgendwie rein zu erhalten, aufgewertet. Um diesen theologischen Salto mortale zu vollbringen, nimmt Luther einigen Anlauf: 1519, sechs Jahre vor seiner eigenen Hochzeit, vergleicht er den »ehlich Stand« noch mit einem »Spital der Siechen« – seit Adams Fall könne er »nicht mehr rein« sein. In einer späteren Tischrede erklärt der Ehemann und Familienvater Luther dann, dass Gott die »heilige Ehe eingesetzt« habe, »damit jeder sein Gefäß in Reinheit erhalte«. Es lässt sich darüber streiten, ob der Reformator damit ein menschenfreundlicheres und realistischeres Christentum geschaffen hat als der Katholizismus, der bis heute am Keuschheitsgelübde des Klerus festhält, oder ob es sich bei der »reinen Ehe«, die ohne Scham im evangelischen Pfarrhaus gedeihen darf, um eine höchst widersprüchliche Verlegenheitslösung handelt.

Im 18. Jahrhundert beginnen auch die deutschen Aufklärer, die Religion in ihre vernünftigen Schranken zu weisen. Das Ideal der Reinheit wollen sie dabei mitnichten auf den Schrottplatz der Ideologien werfen. So betont Gotthold Ephraim Lessing in seinen Anleitungen zur *Erziehung des Menschengeschlechts* mehrfach, dass es um die »Reinigkeit des Herzens« gehe. Einzig sie – und nicht die Furcht vor höllischer Strafe oder die Aussicht auf paradiesische Belohnung – befähige den aufgeklärten Menschen, »die Tugend um ihrer selbst willen« zu lieben. Auch Friedrich Schiller kommt in seinen Briefen *Über die ästhetische Erziehung des Menschen* an der Reinheit nicht vorbei. Zur letzten Bastion des Reinen werden ihm »das Schöne« und die »ästhetische Erfahrung«, die der Mensch macht, wenn er sich ganz in die Betrachtung des Schönen versenkt: »Hier allein fühlen wir uns wie aus der Zeit gerissen; und unsre Menschheit äußert sich mit einer Reinheit und Integrität, als hätte sie von der Einwirkung äußrer Kräfte noch keinen Abbruch erfahren.«

Die alten protestantischen Sehnsüchte schimmern durch, wenn Schiller von einem Kunstwerk verlangt, dass es weder die Leidenschaften anstacheln noch zerstreuen solle, sondern »ästhetische Reinigkeit« fordert: »Das Gemüt des Zuschauers und Zuhörers muss völlig frei und unverletzt bleiben, es muss aus dem Zauberkreise des Künstlers rein und vollkommen, wie aus den Händen des Schöpfers gehen.«

Noch wichtiger wird die Reinheit für Immanuel Kant. In seiner *Kritik der reinen Vernunft* unternimmt der Philosoph aus Königsberg den ebenso gewagten wie gewaltigen Versuch zu beweisen, dass eine »schlechterdings von aller Erfahrung unabhängige« Erkenntnis möglich sei: »Es heißt aber jede Erkenntnis *rein*, die mit nichts Fremdartigen vermischt ist. Besonders aber wird eine Erkenntnis schlechthin *rein* genannt, in die sich überhaupt keine Erfahrung oder Empfindung einmischt.« Parallel dazu preist der Philosoph das »Land des reinen Verstandes« bzw. »das Land der Wahrheit (ein reizender Name)«, als eine Insel, »umgeben von einem weiten und stürmischen Ozeane, dem eigentlichen Sitze des Scheins, wo manche Nebelbank und manches bald wegschmelzende Eis neue Länder lügt, und indem es den auf Entdeckungen herumschwärmenden Seefahrer unaufhörlich mit leeren Hoffnungen täuscht, ihn in Abenteuer verflechtet, von denen er niemals ablassen, und sie doch auch niemals zu Ende bringen kann«.

So wie Kant dem Erfahrungswissen zutiefst misstraut, misstraut sein kritischer Freund Johann Georg Hamann dem kantischen Vorhaben, die Vernunft von allen empirischen, emotionalen, historischen und sonstigen »Einmischungen« reinigen zu wollen. In seiner *Metakritik über den Purismum der Vernunft* entlarvt der Aufklärer, der selbst wieder zum lutherischen Glauben zurückgekehrt ist, die Idee einer »reinen« Vernunft als pseudo-religiöse Vermessenheit. Wie der Reformator einst den Papstkirchlern, wirft Hamann nun (dem protestantisch-pietistisch geprägten) Kant vor zu glauben, er könne sich aus eigener Kraft reinwaschen. Als Erkenntnistheoretiker stört Hamann an der »reinen« Vernunft ihre »mystische Neigung zu einer leeren Form«. Er unterstellt ihr gar die Nähe zum »Formenspiel einer alten *Baubo mit ihr selbst*«. Will sagen: Er vergleicht den Bewohner der selig-reinen Verstandesinsel mit jener Gestalt der griechischen Mythologie, die einst versucht haben soll, die trauernde Demeter aufzuheitern, indem sie sich das Schamhaar abrasierte und vor den Augen der Fruchtbarkeitsgöttin lustige Spiele mit ihrem Unterleib trieb ...

Der selbst ernannte »Spermologe« (»Samenschwätzer«) Hamann hingegen besteht darauf, dass Leib und Schmutz der Ursprung des Menschen sind, die nicht verleugnet werden dürfen. Triftige Erkenntnis und triftiges Leben gebe es nur dort, wo Sinnlichkeit und Verstand in »natürlicher Ehe« beisammen sind und weder »Buhlschaft« noch »Notzucht« noch »Selbstbefriedigung« noch »Zölibat« sie künstlich entzweien.

An der vertrackten Frage, ob und wie Reinheit und Geschlechtlichkeit zusammengehen können, laborierte ein anderer deutscher Genius sein Leben und Schaffen lang: der Komponist Richard Wagner. In seiner romantischen Oper *Tannhäuser* opfert sich die heilige Elisabeth von Thüringen für den verworfenen Ritterwüstling, der seinen Sinnenrausch hemmungslos mit der Göttin der Liebe im Venusberg ausgelebt hat. »Mach, dass ich rein und engelgleich / eingehe in dein selig Reich«, fleht sie die Jungfrau Maria kurz vor ihrem Tod an.

Der Protestant Wagner gibt sich hier als klassischer Jungfrauenverehrer. Reinheit ist gleichbedeutend mit Keuschheit, mit der Absage an »sündiges Verlangen« und »weltlich' Sehnen«. Mit ihrem Liebestod erlöst die reine Jungfrau auch den zutiefst unreinen Tannhäuser, der zuvor den Papst vergeblich um Gnade angefleht hatte: Tot darf er zu Boden sinken, nachdem Elisabeths Sarg an ihm vorübergetragen wurde. Das Jungfrauenopfer hat Gott so besänftigt, dass dem Sinnensünder im Jenseits vergeben wird.

Als Geschlechter-Travestie des *Tannhäuser* kommt Wagners Alterswerk und Bühnenweihfestspiel *Parsifal* daher. Auch hier dürstet ein Verfluchter, der den Verlockungen des Fleisches erlegen ist, nach Erlösung: Amfortas, oberster Gralsritter und als solcher Hüter des reinstes Blutes, das bei Christi Kreuzestod in den heiligen Kelch geflossen ist, hat sich in Klingsors »Zaubergarten« von Kundry, dem teuflischen Weib, verführen lassen. Seither blutet, um nicht zu sagen: menstruiert er in regelmäßigen Abständen aus einer Wunde, die ihm Klingsor beigebracht hat. Höchst unrein. Von dieser peinlichen Qual kann nur einer Amfortas erlösen: »Durch Mitleid wissend, / der reine Tor.« Und in der Tat taucht jener bald im Gralsgebiet auf: Es ist der tumbe Jüngling Parsifal, der weitab von jeglicher Zivilisation allein mit seiner Mutter im Wald aufgewachsen ist. Auch ihn versucht Kundry zu umgarnen, doch im entscheidenden Augenblick, in dem der Tor kurz davorsteht, vom Weibe erkannt zu werden, spürt er Amfortas' brennenden Schmerz – und ahnt, dass er zum Erlöser der Ritterschaft berufen ist, wenn er sich nur seine Jungfräulichkeit bewahrt. Am Schluss wird er der neue oberste Gralshüter sein, Amfortas kann in Frieden sterben, und auch das Sündenweib Kundry darf entsühnt verscheiden.

Im Falle Parsifals liegt die viel besungene Reinheit nicht nur in seiner erotischen Unberührtheit. Intellektuell ist der Knabe mindestens ebenso unberührt. Wenn er vor Kundry zurückschreckt, fürchtet er die geistige Entjungferung nicht weniger als die körperliche. Parsifal ist kein Mitdenker. Sondern ein Mitleider. Und diese Reinheit seines Herzens würde vernichtet, würde der Tor sich zum ersten Mal im Leben mit einem Wesen vermischen, das so ganz anders ist als er selbst, würde denselben fatalen Reflektionsprozess erneut in Gang setzen, der schon Adam und Eva den Platz im Paradies gekostet hat. Wissbegierde und Erkenntnislust verunreinigen das Gemüt ebenso wie erotische Begierde und körperliche Lust. Die deutsche Wildsau steht im Garten Eden und quält sich, als sei es an ihr, den Sündenfall ungeschehen zu machen.

Jene Bedeutungsdimension von Reinheit, die im Verlauf der Geschichte noch immense – und barbarische – Konsequenzen haben wird, bricht hier mit Macht durch: Reinheit als schwüles Ganz-bei-sich-und-unter-sich-Bleiben, jede Vermischung mit Fremdem, Andersartigem panisch vermeiden. Deshalb ist es auch fraglich, ob es im *Parsifal* wirklich um die Verteufelung alles Geschlechtlichen geht, wie Friedrich Nietzsche in seiner berühmten Tirade gegen das einstige Idol Wagner meint, und nicht vielmehr um die Verteufelung des Gemischt-Geschlechtlichen. Die dionysischen Männerchöre, die Wagner seinen Gralsrittern komponiert, lassen unterschwellig die Ahnung aufkommen, wie ein Ausweg aus der quälenden Gleichung »Sex = Unreinheit« aussehen könnte: schwule Massenorgie.

Einen völlig anderen Ausweg bietet Richard Wagner in seinem Größtwerk *Der Ring des Nibelungen* an. Allerdings ist auch dieser geeignet, jeden frommen Christen das Kreuz schlagen zu lassen.

Im zweiten Teil des Bühnenfestspiels, in *Die Walküre*, wird der Begriff »rein« auf eine Frau angewandt, der die Lust des »Wonnemonds«, den sie gerade erlebt hat, aus jeder Notenpore quillt. Sieglinde heißt sie. Siegmund heißt derjenige, der ihr die Liebesnacht beschert hat und nun verkündet, dass kein andrer außer ihm »die Reine« lebend berühren soll. Siegmund und Sieglinde sind Geschwister. Zwillingsgeschwister. Mehr Bei-sich-Bleiben im Geschlechtsakt ist – abgesehen von der Onanie – nicht möglich. Das Ergebnis des inzestuösen Rausches wird Siegfried heißen. In der Logik des *Rings* ist es nur konsequent, wenn jener Held am Schluss des letzten Teils, in *Götterdämmerung*, als »Reinster« besungen wird, und zwar von Brünnhilde, mit der er höchste Lust genossen hat, bevor ihre Liebe dem intriganten Lauf des Schicksals zum Opfer fiel. Brünnhilde wiederum ist Siegfrieds Tante und diejenige, die in *Die Walküre* den Bruch mit dem geliebten Göttervater Wotan in Kauf genommen hat, um ihre Halbschwester Sieglinde, gleichfalls Wotanstochter, samt deren frischer Leibesfrucht, Wotansenkel Siegfried, zu retten. Das Inzest-Tabu, das – folgt man Freud – den Beginn aller Zivilisation markiert und auf dem Grunde des Unbehagens in der Kultur schlummert, wird mit großer Geste außer Kraft gesetzt. In-Zucht als Mittel der Heldenveredelung. Die deutsche Seele im Reinheitsdelirium, einzig zu ertragen, weil wir in der Oper sind, wo am Schluss die ganze Welt brennen und in der nächsten Vorstellung doch wiedererstehen darf.

Vermutlich hätte Luther mit dem Tintenfass nach Wagner geworfen, hätte er eine Zeitreise nach Bayreuth unternommen und wäre Zeuge davon geworden, welch »Mist- und Saupfuhl« dort über vier Abende hinweg besungen wird. Dennoch gibt es einen wichtigen Aspekt im Reinheitsstreben, in dem sich der Reformator des Christentums und der Reformator der Oper ganz einig sind: dort, wo es um die Reinheit der Sprache, des Ausdrucks geht. Luther gilt, vor allem dank seiner Bibelübersetzung, als der Begründer des Neuhochdeutschen. In seiner Auslegung des Buchs Jesaja verlangt er, dass »wir es versuchen und uns darum plagen müssen, dass wir den reinen, einfachen, echten deutschen und einen Sinn der Heiligen Schrift erhalten, wie man ihn erhalten kann«. Es gehe darum, die »Schrift frisch und rein auf die Kanzel zu bringen«. Für Luther

In der Stadtkirche zu Wittenberg hielt Martin Luther im Oktober 1525 seine erste »Deutsche Messe«.

spricht Gottes Wort durch das Evangelium unmittelbar und direkt zu uns. Dies kann es aber nur, wenn auch das schlichte, des Lateinischen nicht mächtige Volk Wort für Wort, Satz für Satz versteht, was in der Bibel steht, was gepredigt wird. Nur so dringt die Botschaft direkt ins Herz.

Um den reinen, vom konventionellen Korsett befreiten Ausdruck ringt auch Wagner. So wie Luther gegen die lateinische Messe zu Felde zieht, sagt

Das Bayreuther Festspielhaus. Hier wurde im August 1876 *Der Ring des Nibelungen* uraufgeführt.

jener der italienisch geprägten *Opera seria* bzw. französischen *Grand opéra* den Kampf an. Wie Luther die Liturgie mit ihrer starren Gliederung zugunsten des freier zu gestaltenden Gottesdienstes abschafft, räumt Wagner mit der Struktur von Rezitativ, Arie, Ensemble, Chor zugunsten des offeneren »Musikdramas« auf. Wo sich der Opernkomponist alter Schule damit begnügt, dem Libretto, das ein fremder Autor verfasst hat, einen mehr oder weniger virtuosen Klangmantel zu schneidern, will der Musikdramatiker, der Gesamtkunstwerker, alles aus sich selbst schöpfen, Text, Musik, Bühne verschmelzen zur untrennbaren Einheit. So wie Luther karge Kirchen verlangt, damit das Zwiegespräch, das der Gläubige mit seinem Gott führt, durch kein Ornament abgelenkt wird, schafft Wagner mit Bayreuth einen Tempel, der in seiner Innenausstattung so nüchtern wie als Institution größenwahnsinnig ist.

Die Reinigung des Christentums / der Oper, wie beide Reformatoren sie betreiben, hat eine doppelte Richtung: Alles bloß Äußerliche, Aufgesetzte, Fremde soll beseitigt werden. Gleichzeitig geht der Weg nach innen: in die Tiefe des eigenen Herzens, der eigenen Sprache, des eigenen Volkes. Aus dieser Eng-führung des Einzelnen mit dem Volkskörper entspringen sowohl der Natio-nalismus als auch der Antisemitismus, den Luther und Wagner teilen. Die indi-viduelle Seele kann sich nicht anders ausdrücken denn durch Sprache. Sprache aber ist ein kollektives Instrument. Rein kann sie nur sein, wenn sie aus *einer* Volksseele emporsteigt.

Trägt der Luthersche Antisemitismus vorrangig theologische Züge, reizt ihn das jüdische Selbstbewusstsein, sich für das auserwählte Volk Gottes zu halten, wird Wagner zum Ausdrucks-Antisemiten. In seinem berüchtigten Pamphlet *Das Judentum in der Musik* begründet er die von ihm unterstellte Unfähigkeit jüdischer Komponisten, genuine Tonkunstwerke zu schaffen, denn auch damit, dass sie in keinem der Völker, in die es sie in der Diaspora verschlagen hat, see-lisch und sprachlich wirklich verwurzelt seien. Assimilierten sie sich, so käme dabei bestenfalls artig assimilierte Kunst heraus. Versuchten sie hingegen, aus ihren eigenen Quellen zu schöpfen, müssten sie gleichfalls scheitern, weil das Hebräische zu tot sei, um sich noch wirksam zu entfalten, und das Jiddische eine akustische Zumutung, die sich nimmermehr in große Musik verwandeln ließe. Die Tatsache, dass er selbst in seiner Pariser Zeit eine hymnische Kritik zu Fro-mental Halévys großer Oper *La Juive* verfasst hat, oder dass Felix Mendelssohn Bartholdy das deutsche Gemüt musikalisch aufs Tiefste zu erfassen vermochte, erklärt der Pamphletist gereizt beiseite.

Es lässt sich nicht beschönigen: Der deutschen Sehnsucht nach Reinheit haftet etwas zutiefst Ambivalentes, ja: Schmutziges an, das sich jederzeit ins Paranoide steigern kann. Ganz gleich, auf welchen Lebensbereich sich diese Sehnsucht richtet.

Begeisterte Sprachreiniger wie der Dichter Philipp von Zesen, der Lexi-konverfasser Johann Christoph Adelung oder der Pädagoge und Schriftsteller Joachim Heinrich Campe, Sprachvereine von der »Fruchtbringenden Gesell-schaft« bis zum »Pegnesischen Blumenorden« tragen im Barock und in der Auf-klärung entscheidend dazu bei, das räudige, in Hunderte von Dialekten zer-splitterte Deutsche zu einer Kultursprache zu formen. Ihnen verdanken wir so wunderbare Begriffe wie »Augenblick« (statt »Moment«), »Trauerspiel« (statt »Tragödie«), »Leidenschaft« (statt »Passion«) oder »lustwandeln« (statt »spazieren«). Selbst in ihren abstruseren Versuchen, nicht nur Fremd-, sondern auch Lehn- und Erbwörter zu verdeutschen, bleiben sie zumindest Poeten, wenn sie »Fieber« durch »Zitterweh«, »Fenster« durch »Tageleuchter« oder »Nonnenkloster« durch »Jungfernzwinger« ersetzen möchten. (Der viel zitierte »Gesichtserker« – statt »Nase« – hingegen scheint nicht auf das Sprachkonto Zesens zu gehen, sondern eine Verballhornung zu sein, von Zeitgenossen in die Welt gesetzt, die dem Sprachpurismus schon zur Zeit seiner Entstehung skeptisch gegenüberstanden.)

Auf einer Sprache zu beharren, in der Worte mehr als Hülsen und Sätze mehr als Floskeln sind, nachzuhaken, was ein gedankenlos vor- und nachgeplapperter Ausdruck eigentlich bedeuten soll – was wäre dagegen

Broschüre von 1915.

einzuwenden in einer Gegenwart, in der Medien und Politik alles tun, Sprache endgültig zur klappernden Jargonmühle verkommen zu lassen. Auch das Bedürfnis, in den »Wunderschacht« der Sprache hinabsteigen zu wollen, um das »lautere Gold der Wörter« an den Tag zu befördern, wie es sich die frühen Sprachhüter auf die Fahnen geschrieben haben, muss noch keine Alarmglocken schrillen lassen. Heikler wird die Lage erst, wenn das »Urwesen« der Wörter aufgedeckt und das Deutsche zur heimlichen Sprache aller Sprachen verklärt werden soll, weil es angeblich die direkteste Verbindung zu den Dingen besäße. Dass der Schritt von solch essentialistischer Sprachmystik zu rassistischem Sittlichkeitswahn nur noch ein kleiner ist, zeigt sich lange vor dem Nationalsozialismus bei Joachim Heinrich Campe. In der Vorrede seines *Wörterbuchs zur Erklärung und Verdeutschung der unserer Sprache aufgedrungenen fremden Ausdrücke* von 1813 beklagt der Verfasser: »So wie die Strenge der Sitten, Zucht und Ehrbarkeit, durch Verfeinerung, Standeserhöhung und steigende Üppigkeit gewöhnlich vermindert werden: So ließ auch unsere Sprache, so wie sie vornehmer und eine Dienerin der Gelehrsamkeit und der Höfe ward, von ihrer ehemaligen jungfräulichen Züchtigkeit und Strenge allmählich nach; wurde von Jahr zu Jahr freier und ausgelassener im Umgange mit Fremdlingen, und es fehlte am

Ende wenig, dass sie nicht alle Scham verlor und, feilen Lustdirnen gleich, sich einer schändlichen Vermischung mit jedem, ihr noch so fremden Ankömmlinge, preisgab.«

Die Sprachpuristen unserer Tage tun sich damit hervor, alljährlich den »Sprachschuster« bzw. »Sprachpanscher des Jahres« vorzuführen wie zum Beispiel die – in ihrem Design extrem puristische – Hamburger Modemacherin Jil Sander, weil sie in einem Interview gesagt hat: »Wer *Ladysches* will, *searcht* nicht bei Jil Sander. Man muss Sinn haben für das *effortless*, das *magic* meines Stils.« Jene Reinheitsapostel mögen sich daran erinnern, dass selbst Martin Luther bisweilen hemmungslos zwischen Deutsch und der damaligen Lingua franca Latein switcht: »Mein Leib ist ein stinkender Wanst, *corpus, quod non rein, si etiam* gesund ist.« (Mein Leib ist ein stinkender Wanst, ein Körper, weshalb er nicht rein, selbst wenn er gesund ist.) Sprachreinheit in letzter Konsequenz darf nur derjenige fordern, der auch bereit ist, in einem von Zwillingsgeschwistern gezeugten Spross keine Perversion, sondern die Verkörperung des »Reinsten« zu sehen. Allerdings bleibt zu bezweifeln, ob Inzucht der deutschen Sprache besser bekommt als dem germanisch-göttlichen Heldengeschlecht, dem am Schluss nur der Weg in den Flammentod bleibt.

Im September 1935 erließen die Nationalsozialisten die »Nürnberger Rassegesetze«. In Anlage C findet sich das sogenannte Blutschutzgesetz, das der Reinhaltung des »deutschen Blutes und der deutschen Ehre« dienen sollte. Eheschließungen und »außerehelicher Verkehr« zwischen »Juden und Staatsangehörigen deutschen oder artverwandten Blutes« wurden verboten. Und weil die nationalsozialistischen Antisemiten ihrer eigenen Behauptung, man könne »den Juden« bereits am Äußeren erkennen, letztlich doch nicht trauten, verordneten sie im September 1939 bzw. 1941, dass

Nationalsozialistischer Reinheitswahn, 1935.

Juden den gelben Stern »sichtbar auf der linken Brustseite des Kleidungsstückes fest aufgenäht zu tragen« haben. Die Weichen für den Holocaust waren endgültig gestellt.

Seit das ruchlose Reich in Schutt und Asche gelegt ist, scheint auch der Reinheitswahn aus der deutschen Seele herausgebrannt. Aber ist er das wirklich? Woher kommt es, dass wir Deutschen uns vor den Gefahren der Atomkraft mehr fürchten als alle Franzosen, Japaner und Amerikaner zusammen? Hat es nicht damit zu tun, dass radioaktive Strahlung keine sinnlich wahrnehmbare Umweltverschmutzung ist, sondern eine schleichende Verunreinigung, die niemand sieht, niemand riecht, niemand schmeckt und die noch dazu auf unheimliche Weise unser Erbgut zu kontaminieren vermag? Es ist nicht wirklich beruhigend, dass die Ersten, die die Gesundheitsrisiken durch Radioaktivität mit größtem Argwohn untersucht haben, Wissenschaftler im NS-Staat gewesen sind.

Warum waren ARD und ZDF schneller als jeder andere europäische Fernsehsender dabei, die Live-Übertragung der *Tour de France* auszusetzen bzw. ganz einzustellen, nachdem sich abzeichnete, dass wohl keine Radlegende jemals allein aus Pasta und Schweiß gebraut worden ist, sondern die gesamte Sportart als »dopingverseucht« gelten muss? Es war ein bizarres Vergnügen, deutschen Radsport-Kommentatoren zu lauschen, als sie nach dem großen Skandal von 2006 eifrig darum bemüht waren, bei jedem aggressiven Antritt, der am Berg erfolgte, erkennen zu wollen, ob der Radler seinen »Turbo« nur dank Epo oder sonstiger verbotener Substanzen einschalten konnte.

Warum gilt in Deutschland Gen-Mais als Emblem alles technologisch Pervertierten – wenngleich er auch bei uns längst Realität ist –, während der Rest der Welt nicht nur bedenkenlos sein Vieh damit mästet, sondern sich auch die Lust am Popcorn nicht verderben lässt? Warum machen Ökobewusste hierzulande einen Kult daraus, nur dem Apfel über den Weg zu trauen, der sich im Reformhaus besonders klein und schrumplig präsentiert? Weil in Umkehrung der bekannten Redensart gelten soll: Außen pfui, innen hui?

Deutschland war noch nie ein homogenes, »reines« Gebilde: im Innern klein- und kleinstaatlich parzelliert, regional zerstreut, nach außen hin umgeben von so vielen Nachbarn wie kein anderes europäisches Land. Einflüsse aus Ost und West haben es immer geprägt. Deshalb bringt es nichts, hysterisch auf Reinheit zu pochen. Nicht mehr bringt die gegenteilige Hysterie, dass es rein »Deutsches« eigentlich gar nicht gäbe. Es hilft nur, sich die Wurzeln der deutschen Reinheitssehnsucht klarzumachen – und darüber zu wachen, dass aus diesen keine Menschheitsmonster erwachsen.

Am besten geht dies bei einem kühlen Bier, gebraut nach deutschem Reinheitsgebot – dem vernünftigsten Reinheitsgebot, das hierzulande jemals erlassen worden ist. Keine esoterischen Verstiegenheiten waren es, die Herzog Wilhelm IV. und seinen Bruder Ludwig X. dazu brachten, am 23. April 1516 in Ingolstadt per Gesetz zu verkünden, dass »zu keinem Bier mehr Stücke als allein Gersten, Hopfen und Wasser verwendet und gebraucht werden sollen«. Die beiden bayerischen Regenten hatten schlicht erkannt, dass es angesichts der unmäßigen Biermengen, die der Deutsche konsumiert, der allgemeinen Gesundheit nicht zuträglich ist, wenn »Bierverhunzer« von Erbsen bis Ochsengalle alles ins Bier panschen, was gärungswillig ist. Das Reinheitsgebot hat geschafft, woran alle anderen deutschen Reinheitsbestrebungen bislang gescheitert sind: Es ist nicht fundamentalistisch. Bei obergärigen Bieren wie Alt, Kölsch oder Weißbier lässt es Weizenmalz als Braustoff zu.

Und wir sind nicht die Einzigen, die sich dieses Reinheitsgebots zu erfreuen wissen: Deutsches Bier gilt weltweit als »geschützte Spezialität«, weshalb es bis heute sogar alle Versuche der EU überlebt hat, es ihren üblichen »Harmonisierungs-Richtlinien« zu unterwerfen. Noch sind Hopfen und Malz nicht verloren.

[td]

Genügt den deutschen Reinheitsansprüchen seit 2006 nicht mehr.

408

Genügt höchsten
Reinheitsansprüchen
seit 1516.

➤ Bierdurst, Freikörperkultur, German Angst, Musik, Mutterkreuz,
Reformation, Vater Rhein, das Weib

SCHADENFREUDE

Lustig ist das nicht. Da sitzt du in New York am Broadway, freust dich, Karten für das preisgekrönte Musical *Avenue Q* ergattert zu haben, und dann bekommst du folgendes Duett zu hören:

»Oh, *schadenfreude*, huh?«

»What's that, some kinda Nazi word?«

»Yup! It's German for ›happiness at the misfortune of others‹.«

»*Happiness at the misfortune of others*? That's German!«

Natürlich willst du sofort protestieren. Sicher, das Wort ist deutsch – aber das Phänomen, das es beschreibt? Lachen Briten/Kanadier/Portugiesen, wenn sie vor dem Fernseher sitzen, nicht ebenso schadenfroh über ihre dümmsten Kinder/Hunde/Autofahrer? Waren es nicht amerikanische Biologiestudenten, die 1994 an der Stanford University den *Darwin Award* ins Leben riefen, jenen Preis, der nur postum verliehen wird, und zwar an einstige Zeitgenossen, die es geschafft haben, sich auf besonders idiotische Weise selbst ins Jenseits zu befördern? Und hat nicht Aristoteles schon über die »epichairekakia«, den Affekt der Schadenfreude, nachgedacht?

Nein, über Pleiten, Pech und Pannen der anderen wird beileibe nicht nur zwischen Usedom und Lörrach gelacht. Und dennoch ... Einen Grund muss es ja geben, dass »*schadenfreude*« nicht nur im Englischen als Lehnwort übernommen wurde – und zwar lange bevor der Deutsche sich von seiner Nazi-Seite zeigte. Sind wir Germanen im Kern wirklich so viel boshafter als andere Völker? (Die Schweden, Norweger und Holländer kennen ähnlich gebildete Begriffe.)

Der dänische Philosoph Sören Kierkegaard erkannte in der Schadenfreude die »noch abscheulichere Base« des Neides. Und gemäß einer gängigen Selbsteinschätzung sind wir Deutschen eine veritable Neidgesellschaft, stets auf dem Sprung, dem Nachbarn sein Haus, sein Auto, sein Boot zu missgönnen. Seit Abschaffung der Monarchie widerspricht ein allzu sichtbares Statusgefälle dem hiesigen Gerechtigkeitsgefühl. Nie ging es sozial wärmer zu als damals, als alle noch zusammen bei fünf Grad minus in derselben Mangelwirtschafts-Warteschlange standen. Spezifisch deutsch am Neid ist nicht, dass er hierzulande intensiver empfunden würde als andernorts, sondern dass er bei uns kein Schattengewächs ist, das still im Verborgenen wuchert – bei uns darf er als stolze Balkonpflanze präsentiert werden, die signalisiert: Hier wohnt einer, der sich nichts vormachen lässt!

Andererseits: Bereitet es dem Wohlhabenden nicht auch beträchtliches Behagen, dass er auf den öffentlich ausgestellten Neid seiner Mitbürger zählen kann? Warum sonst hätte Jaguar in Deutschland mit dem Spruch werben sollen, ein »besonders günstiges Preis-Neid-Verhältnis« zu bieten? Umso lustiger dann, wenn »der Reiche« seine Edellimousine an den Laternenpfahl setzt. Noch lustiger wäre es nur, »den Reichen« selbst an dieser Laterne baumeln zu sehen ...

Nicht jedes Gelächter über Unbill, das einem anderen widerfährt, ist tatsächlich schadenfroh. Wie oft hat man es nicht selbst erlebt, dass man erst einmal lachen muss, wenn die beste Freundin mit dem Sushi-Tablett in der Hand die Treppe hinunterfällt – *wer den Schaden hat, braucht für den Spott nicht zu sorgen* –, bevor man zu Hilfe eilt. Alle Theorien übers Lachen wissen, dass dem Gelächter ein Scheitern, eine (kleine) Katastrophe vorausgeht. Der sonst auf reibungsloses Funktionieren getrimmte Alltag rutscht auf einer Bananenschale aus. Man lacht weniger über das Unglück des anderen als vielmehr darüber, dass man, zumindest dieses Mal, davongekommen ist. Das aufgeschlossene Herz lacht letztlich über sich, weil es ahnt, dass es ebenso gut selbst hätte im Schlamassel landen können.

Echte Schadenfreude dagegen ist durch und durch kalt, mitleidlos. Der, dem gerade ein schlimmer, wenn nicht gar tödlicher Schaden widerfährt, ist nicht mein Abbild, sondern mein Feind. Sein Scheitern verrät nichts über das Scheitern, das ständig über meinem eigenen Haupt schwebt, sondern *es geschieht ihm recht*. Ich verachte ihn so sehr, dass ich seinen Lapsus noch nicht einmal mit dem pädagogischen Kalenderspruch kommentiere: *Aus Schaden wird man klug.* Der da kann oder soll gar nicht mehr klug werden. Der da soll nur noch weg.

Echte Schadenfreude applaudiert bewusst dem Untergang. So frohlockt der Schriftsteller Ernst Jünger, ein radikaler Bekämpfer der Weimarer Republik, in einem Brief kurz nach den Reichstagswahlen vom September 1930, bei denen die braunen und roten Feinde der Demokratie gemeinsam fast ein Drittel der Wählerstimmen erhielten: »Ich wandele seit einigen Monaten um hundert Prozent aufgewertet mit einer apokalyptischen Schadenfreude herum, wenn ich an den europäischen Porzellanladen denke und an den Zyklon, dessen Zentrum sich mit mathematischer Präzision zu nähern beginnt.«

Dieselbe Unerbittlichkeit spricht aus dem »Nachruf«, den ein »Göttinger Mescalero« im April 1977 auf den von der RAF ermordeten Generalbundesanwalt Siegfried Buback verfasst: »Meine unmittelbare Reaktion, meine ›Betroffenheit‹ nach dem Abschuss von Buback ist schnell geschildert: Ich konnte und wollte (und will) eine klammheimliche Freude nicht verhehlen.« Bleibt die

Frage, ob die sprichwörtlich gewordene »Klammheimlichkeit« der Freude einer letzten Gewissensregung geschuldet ist oder lediglich der Furcht vor dem »Radikalenerlass«, den die Bundesregierung Willy Brandt erließ.

Sind wir Deutschen also tatsächlich die kältesten Sadisten, so dass es uns nur recht geschieht, wenn im Englischen, Französischen, Italienischen, Polnischen und anderen Sprachen ein deutsches Wort zur Bezeichnung dieses unschönen Zugs der menschlichen Seele herhalten muss? Oder sprechen wir einen universalen Charakterfehler einfach am präzisesten, ungeschminktesten aus?

Die Wahrheit dürfte sein, dass uns wieder einmal die nüchterne Mitte fehlt. »Freude, schöner Gotterfunken, / Tochter aus Elysium! / Wir betreten feuertrunken, / Himmlische, dein Heiligtum«, lässt Friedrich Schiller in seiner Ode *An die Freude* jubeln, die durch Ludwig van Beethovens Vertonung endgültig zur deutschen Allrausch-Hymne wird: »Deine Zauber binden wieder, / Was die Mode streng geteilt, / Alle Menschen werden Brüder, / Wo dein sanfter Flügel weilt.«

Muss es einen wundern, dass derjenige, der so überschwänglich aufgefordert wird, gleich die gesamte Menschheit an die Brust zu drücken, im Gegenzug nur allzu leicht bereit ist, sein Herz komplett abzuschotten?

Den Versuch, eine umfassende Ethik ausschließlich auf das Gefühl des Mitleids zu gründen, verdankt die westliche Philosophie Arthur Schopenhauer. Konsequenterweise erscheint dem deutschen Denker die Schadenfreude nicht bloß als »der schlechteste Zug in der menschlichen Natur«, da sie »der Grausamkeit enge verwandt« sei, sondern wird von ihm gar als »teuflisch« verurteilt: In ihrem Hohn erklinge »das Gelächter der Hölle«. Mehr als nur nebenbei sei angemerkt, dass der Vater der Mitleidsethik selbst ein derart rechthaberischer Misanthrop war, dass nicht einmal die eigene Mutter seine Gesellschaft ertrug.

Das Einzige, das bei diesem tristen Thema gewiss ist: Die trefflichste Darstellung der Schadenfreude samt ihrer fatalen Folgen – denn *wer zuletzt lacht, lacht am besten!* – stammt von Wilhelm Busch, dem großen Exerziermeister des deutschen Humors.

[td]

➤ Sozialstaat, Spiessbürger

Letzter Streich

Max und Moritz, wehe euch!
Jetzt kommt euer letzter Streich! –

Wozu müssen auch die beiden
Löcher in die Säcke schneiden??

Seht, da trägt der Bauer Mecke
Einen seiner Maltersäcke.

Aber kaum, dass er von hinnen,
Fängt das Korn schon an zu rinnen.

Und verwundert steht und spricht er:
»Zapperment! Dat Ding werd lichter!«

Hei! Da sieht er voller Freude
Max und Moritz im Getreide.

Rabs!! – in seinen großen Sack
Schaufelt er das Lumpenpack.

Max und Moritz wird es schwüle,
Denn nun geht es nach der Mühle.

»Meister Müller, he, heran!
Mahl' er das, so schnell er kann!«

»Her damit!!« Und in den Trichter
Schüttelt er die Bösewichter.

Rickeracke! Rickeracke!
Geht die Mühle mit Geknacke.

Hier kann man sie noch erblicken
Fein geschroten und in Stücken.

Doch sogleich verzehret sie

Meister Müllers Federvieh.

SCHREBERGARTEN

Nirgends lässt sich die deutsche Seele auf kleinstem Raum so farbenfroh besichtigen wie im Schrebergarten. Da grüßt schon am Eingang der Gartenzwerg. Die Äpfel, Sorte »Alkmene«, stehen Spalier, die Gartenordnung sieht einen Mindestgrenzabstand von einenhalb Metern zwischen Baum und Zaun vor. Die Zwiebel- und Möhrenbeete sind mit der Schnur gezogen, vorschriftsgemäß nimmt das Gemüse nicht mehr als ein Drittel der Gartenfläche ein – für Obst, Ziersträucher, Blumen und Rasen soll auch noch Platz sein. (Auf die Anpflanzung giftiger oder sonstiger gefährlicher Gewächse ist zu verzichten, heimischen Pflanzenarten sollte der Vorzug gegeben werden.) Auf dem Pfad wächst kein Unkräutchen, obwohl die Verwendung von chemischen Unkrautvernichtungsmitteln verboten ist, ebenso wie das Betonieren von Wegen und Wegeinfassungen. (Die Verlegung von Rasengittersteinen ist gestattet.) Vor der Laube (erdgeschossig, nicht unterkellert, maximale Größe 24 m²) dürfen die Chrysanthemen, Züchtung »Rotwild«, in Maßen wuchern. (Ursprünglich hätten sie »Hirsch tritt im Abendsonnenschein aus Waldrand hervor« heißen sollen, aber das passte nicht aufs Etikett.) Sofern es sich um keine vegetarisch/vegan ausgerichtete Schrebergartenkolonie handelt und sich der Nachbar nicht gestört fühlt (hier ist insbesondere an Rauch- und Geruchsbelästigung zu denken), hat niemand etwas dagegen, wenn sich auf dem Grill ein paar Bratwürste bräunen. Die Benutzung von Hand- und Motorrasenmähern, Kettensägen, Heckenscheren, Häckslern sowie anderen Geräusche entwickelnden Geräten hingegen ist in jedem Fall nur montags bis samstags von 7:00 bis 13:00 Uhr und von 15:00 bis 19:00 Uhr erlaubt. An Sonn- und Feiertagen ist die Benutzung vollständig untersagt (siehe Gefahrenabwehrverordnung gegen Lärm). Das Anlegen eines Feuchtbiotops ist gern gesehen, eventuelle Bestimmungen hinsichtlich der erlaubten Baumaterialien (Folien aus PVC/Kautschuk oder Tonabdichtung) sind zu beachten. Jeder Gartenpächter ist zur Leistung von Gemeinschaftsarbeit verpflichtet.

So wie es den Wald-Deutschen gibt, dessen Seele sich im Unterholz verfangen hat, gibt es den Schrebergarten-Deutschen, der sich zwar gleichfalls zurück in die Natur sehnt, diese aber gern im Griff behält. Das Dunkle, Moosig-Mod-

»Spielvater« Karl Gesell (rechts im Bild) beim ersten Kinderfest auf dem Schreberplatz in der Leipziger Südvorstadt, 1875.

rige ist seine Sache nicht. Der Schrebergarten-Deutsche verhält sich zum Wald-Deutschen wie der Schäferhund zum Wolf. Man mag ihn als spießig belächeln – auf einer höheren Kulturstufe befindet er sich.

Dialektische Verwicklungen begleiten den Schrebergarten seit seiner Geburt. In den Jahren 1864/65 ließ der Schuldirektor Dr. Ernst Innocenz Hauschild am Rande der Leipziger Innenstadt den allerersten »Schreberplatz« anlegen. Zu Beginn hatte dieser nichts zu tun mit den parzellierten Paradieschen, die wir heute mit dem Namen verbinden, oder mit den »Armengärten«, die seit den 1820er Jahren in ganz Deutschland aus dem Boden sprossen, damit sich auch Not leidende Städter mit frischem Obst und Gemüse versorgen konnten. Bei dem Leipziger Modell handelte es sich zunächst um die Ausweitung des Schulhofs mit reformpädagogischen Mitteln. Die Jugend, die damals schon im Verdacht stand, in den »reißend schnell anschwellenden Städten« zu degenerieren, sollte einen »Tummelplatz« bekommen, auf dem sie unter Aufsicht eines »Spielvaters« Gymnastik treiben konnte. Zu diesem Zweck wurden auf einem Rasengrundstück verschiedene Turngeräte aufgebaut, in dem Vereinshaus daneben wurde eine Bibliothek eingerichtet, in der auch Vorträge über Erziehungsfragen gehalten wurden. Erst der pensionierte Oberlehrer Karl Gesell kam – möglicherweise inspiriert von den Fröbel-Kindergärten, die damals als Speerspitze der frühkindlichen Pädagogik galten – wenige Jahre später auf den Einfall, rund um den Spielplatz Beete anzulegen, damit sich die lieben Kleinen auch bei der Gartenarbeit ertüchtigten. Die Lust der Sprösslinge am Säen und Jäten ließ jedoch rasch nach, weshalb die Eltern begannen, sich um die verwildernden Pflanzungen selbst zu kümmern. Aus »Kinderbeeten« wurden »Familienbeete«; aus einem gescheiterten Erziehungsprojekt des erwachsenen Großstädters liebste Freizeit-Therapie.

Einer hat nie den Fuß in einen Schrebergarten gesetzt: Dr. Daniel Gottlob Moritz Schreber, der Namenspatron der Bewegung. Als Innocenz Hauschild seinen Verein gründete, war der Leipziger Orthopäde bereits seit drei Jahren tot. Kurz zuvor hatte der Mediziner, der nicht nur das kindliche Knochengerüst mit Apparaturen wie dem »Kopfhalter« oder dem »Schulterband« auf die gerade Bahn bringen wollte, in der populären Zeitschrift *Die Gartenlaube* einen Aufsatz veröffentlicht, in welchem er »die Jugendspiele in ihrer gesundheitlichen und pädagogischen Bedeutung« erörterte. Gegen die »steifbeinige Familienpromenade«, die »blasierte Vornehmtuerei«, die »modische Ablenkung und Vernichtung des kindlichen Sinnes« empfahl er das gemeinschaftliche »Austummeln in freier Luft« mit keinem geringeren Ziel als dem, die Menschheit »von Generation zu Generation zu *veredeln*, dahin zu wirken, dass aus der menschlichen Natur mehr und mehr das gemacht werde, was aus ihr zu machen ist nach Maßgabe des in ihr dargelegten schöpferischen Gedankens«.

So lernen Kinder Spalier-Sitzen: verschiedene Modelle des »Geradhalters« von Dr. Daniel Gottlob Moritz Schreber.

Vielleicht wäre es besser gewesen, wenn es den Schrebergarten schon zu Schrebers Lebzeiten gegeben hätte, und dieser seinen ortho-pädagogischen Eros bei der Gartenarbeit hätte ausleben können, anstatt zu versuchen, auch seine Kinder zu Spalierobst zu erziehen. Die morbide Karriere, die sein Sohn Daniel Paul, zunächst Jurist und Senatspräsident am Oberlandesgericht Dresden, als Deutschlands berühmtester Paranoiker machte, erlebte der Vater nicht mehr. Nach längeren Klinikaufenthalten teilte Schreber junior 1903 der Welt in den *Denkwürdigkeiten eines Nervenkranken* mit, dass Gott mit ihm durch Strahleneinwirkungen kommuniziere und dabei sei, ihn in ein Weib, in »Miss Schreber«, zu verwandeln. Und als wollte er ein verzweifeltes Echo auf die Menschheitsveredelungsbemühungen seines Vaters bilden, verkündete er, dazu auserkoren zu sein, eine neue Menschheit »aus Schreberschem Geiste« ins Leben zu rufen.

Weder Vater noch Sohn Schreber ist es gelungen, den neuen Menschen zu kreieren, und auch der Schrebergarten büßte nach und nach von seinem Ursprungspathos ein. Zwar setzte sich der Vorstand des Leipziger »Schrebervereins Westvorstadt« noch 1914 aus einem Spielausschuss, einem Gartenausschuss, einem Wohltätigkeitsausschuss, einem Vergnügungsausschuss und einem Trommler- und Pfeiferkorps-Ausschuss zusammen, doch in den Zeiten des Kriegs und wirtschaftlichen Elends war es vor allem der Hunger, der die Schrebergärtner zu Spaten und Harke greifen ließ.

Zum Überlebensmittel in einem noch dramatischeren Sinne wurde eine Berliner Kleingartenlaube während der nationalsozialistischen Diktatur. Zwar hatte sich auch der »Reichsverband der Kleingartenvereine Deutschlands« – zu dem sich 1921 alle Schreber-, Naturheil-, Armen- und Arbeitergärten sowie die Berliner Laubenkolonisten zusammengeschlossen hatten – kurz nach der Machtergreifung gleichgeschaltet, dennoch halfen drei »Laubenpieperinnen« dem jungen Hans Rosenthal, dem späteren Moderator von *Dalli Dalli*, den Holocaust versteckt auf ihrem Grundstück zu überleben. Und das, obwohl es bereits vor der Nazi-Herrschaft streng verboten gewesen war, in den Lauben zu übernachten.

Seine größte Blüte erlebte der Schrebergarten paradoxerweise in der DDR. Wäre es nach dem Willen der SED gegangen, hätte das private Gärtnern allenfalls als Übergangslösung für die Nahrungsmittelknappheiten der Nachkriegszeit toleriert werden sollen. Doch da sich Rhabarber und Radieschen hartnäckig weigerten, dem Fünfjahresplan zu folgen, gab das Regime schließlich nach und hob den grünen Daumen. Um ungezügelten Wildwuchs des Schrebertums zu verhindern, beschloss man, die Kleingarten-Partisanen der Abteilung Landwirtschaft des Zentralkomitees zu unterstellen. Allerdings wollten sich diese auch dann nicht vorschreiben lassen, was sie auf ihren Freizeit-Grundstückchen in welcher Menge anzubauen hätten. (Manch heutiger Schrebergartenverein

Grüne Nische im »Arbeiter- und Bauernstaat«. Berlin-Köpenick, 1987.

weiß da seine Auflagen in Sachen Bepflanzungsbeschränkungen rigider durchzusetzen.) Und man erlaubte den DDR-Bürgern – sei's als Entschädigung für die Plattenbauten, sei's als Entschädigung für die entgangenen Nächte an der Adria –, auch größere Lauben, sprich: Datschen, auf die Parzellen zu stellen, in denen sie gern übernachten durften. (Wohingegen das gesamtdeutsche Bundeskleingartengesetz vorschreibt, dass die in einem Kleingarten errichtete Laube »nach ihrer Beschaffenheit, insbesondere nach ihrer Ausstattung und Einrichtung, nicht zum dauernden Wohnen geeignet sein« darf. Indem die Datschen von den Laubenbesitzern getrennt wurden, riss die Wiedervereinigung unbarmherzig auseinander, was in der DDR zusammengewachsen war.)

So entwickelte sich in Ostdeutschland der Schrebergarten mehr noch als im Westen zu dem Freizeitidyll, in dem man rund ums Jahr seine Wochenenden und Urlaube verbrachte: Auf den Fasching folgte das Frühlingsfest, aufs Frühlingsfest das Pfingstkonzert mit Frühschoppen, darauf das Sommer-, Ernte-, Bockbier-, Schlachtefest, die Rentnerweihnachtsfeier und der Silvesterschwof, zwischendurch wurde gekegelt und Skat gespielt. Für die Begleitmusik sorgte (hüben wie drüben) der britische Schlagersänger Billy Sanders mit seinem Hit: »Dreißig Meter im Quadrat, / Blumenkohl und Kopfsalat, / Wer so einen Garten hat, / Fühlt sich wohl, in der Stadt! // Adelheid, Adelheid, schenk mir einen Gartenzwerg! / Adelheid, Adelheid, bitte tu ein gutes Werk!«

Im Sommer 1989 besaß nahezu jeder zweite DDR-Haushalt sein Fleckchen im Grünen. Es stellt sich die Frage, ob es sich beim »Arbeiter- und Bauernstaat« in Wahrheit nicht um einen Kleingärtnerstaat gehandelt hat.

Niemand sollte herablassend lächeln, wenn er das nächste Mal an einer Schreberkolonie vorbeispaziert. Wo sonst kann er auf maximal vierhundert Quadratmetern Natur und Kultur, Ordnung und Trieb, Freiheit und Zwang, Gesundheit und Wahnsinn, Vereinsmeier und Hobby-Lenné miteinander ringen sehen? Am klarsten hat Karl Foerster, der Garten-Philosoph und Züchter der Chrysantheme »Rotwild«, die romantische Ironie erfasst, die der Schreberbewegung ihren Zauber verleiht: »Auch ein kleiner Garten ist eine endlose Aufgabe.«

[td]

➤ ARBEITSWUT, BRUDER BAUM, FEIERABEND, FREIKÖRPERKULTUR, GEMÜTLICHKEIT, KINDERGARTEN, ORDNUNGSLIEBE, PUPPENHAUS, SEHNSUCHT, VEREINSMEIER, WALDEINSAMKEIT

SEHNSUCHT

Nach irgendetwas sehnen kann sich jeder. Und wenn er's erreicht hat, soll er glücklich sein. Am Ziel seiner Wünsche angekommen. Stillstand. Ruhe. Zufriedenheit.

Sehn*sucht* ist etwas gänzlich anderes. Die kennt kein Ende. Die ist ebenso maß- wie rastlos. Wie heißt es beim romantischen Dichter Clemens Brentano? »Lieb' und Leid im leichten Leben, / Sich erheben, abwärts schweben, / Alles will das Herz umfangen, / Nur verlangen, nie erlangen ...«

Mit aller Macht drängt Sehnsucht nach ihrer Erfüllung – und zuckt in dem Moment zurück, in dem sie das Begehrte zum Greifen nahe hat. Sehnsucht ist weder Zustand noch beständiges Streben, sondern unendliches Hin-und-Her-Gerissensein. Der Sehnsüchtige spielt Katz und Maus mit sich selbst. Bettine von Arnim, Dichterin wie ihr Bruder Clemens Brentano, träumt davon, »Sehnsuchtsenergien« zu bündeln, eine »Schwebe-Religion« zu stiften.

Man mag die Sehn-Sucht eine Krankheit nennen, wie es das Grimmsche Wörterbuch tut – aber keine Krankheit verleiht der Seele mehr Spannkraft.

Reinhold Messner, der Extremalpinist, der als erster Mensch auf allen vierzehn Achttausender-Gipfeln der Erde gestanden hat, den es an die Eispole und durch Sandwüsten treibt, seit ihm die Höhe keine Herausforderung mehr zu bieten vermag, kennt die Sehnsucht – und ihr dynamisches Leiden. In seinem Expeditionsbuch *Nie zurück* schreibt er: »Es ist schizophren, wenn jemand daheim ist bei seiner Frau und sagt, ich will zum Nordpol, und dann ist er am Nordpol und denkt nur an seine Frau.« Oder philosophischer: »Mein Unterwegssein spiegelt die Zerrissenheit des romantischen Menschen, der von der Sehnsucht nach draußen lebt, wenn er daheim ist – und sich nach daheim verzehrt, wenn er draußen ist. Ich bin der Heimatsehnsuchtsverräter.«

Heimatsehnsuchtsverräter ... Damit ist der südtiroler Bergsteiger den Geistern der deutschen Romantik näher als Hans Albers, der raubeinig-elegante Volksschauspieler von der Waterkant, der des Nachkriegsdeutschen liebstes Sehnsuchtslied gesungen hat: »Nimm uns mit, Kapitän, auf die Reise! / Nimm uns mit in die weite, weite Welt! / Wohin geht, Kapitän, deine Reise? / Bis zum Südpol, da langt unser Geld.« Im Laufe des Liedes wird der Heimatverräter

»Das Land der Griechen mit der Seele suchend.«
Iphigenie von Anselm Feuerbach, 1871.

zum Sehnsuchtsverräter, bis er in der letzten Strophe fleht: »Nimm mich mit, Kapitän, aus der Ferne! / Bis nach Hamburg, da steige ich aus. / In der Heimat, da glüh'n meine Sterne, / In der Heimat bei Muttern zu Haus. / In der Heimat, da glüh'n unsre Sterne, / Nimm mich mit, Kapitän, nach Haus!«

Andererseits: Wer sagt denn, dass die Schallplatte nicht noch einmal aufgelegt werden kann und das ganze Lied von vorn beginnt? Zwar ist es nirgends so schön wie bei Muttern auf dem Sofa, aber was wäre Mutterns Sofa ohne das Kissen, das in die Ferne lockt?

Auch im neonhellsten Treppenhaus mit Bohnerwachs und Spießigkeit kann die Sehnsucht den Familienvater, der nur eben Zigaretten holen will, überfallen, so dass es aus ihm hervorbricht: »Ich war noch niemals in New York, ich war noch niemals auf Hawaii, / Ging nie durch San Francisco in zeriss'nen Jeans. / Ich war noch niemals in New York, ich war noch niemals richtig frei, / Einmal verrückt sein und aus allen Zwängen flieh'n.« Dass der Aufbruch am Schluss vor dem heimischen Fernseher versandet – was soll's. Das Gefühl bleibt. Und wer weiß: Vielleicht schenkt ihm die Gattin zum nächsten Hochzeitstag ja zwei Tickets für das große Udo-Jürgens-Musical in Hamburg, Wien oder wenigstens Stuttgart, Übernachtung im Drei-Sterne-Hotel inbegriffen.

Wem diese Jukebox zu schlagerseicht erscheint, der mag die seine gern bildungsbürgerlicher bestücken: »Kennst du das Land, wo die Zitronen blüh'n, / Im dunkeln Laub die Gold-Orangen glüh'n, / Ein sanfter Wind vom blauen Himmel weht, / Die Myrte still und hoch der Lorbeer steht – / Kennst du es wohl? Dahin! Dahin! / Möcht' ich mit dir, o mein Geliebter, zieh'n!« Richtig. Goethe. (Ob der Connaisseur sich für die Vertonung durch Carl Friedrich

Zelter, Ludwig van Beethoven, Franz Schubert, Louis Spohr, Fanny Mendelssohn-Hensel, Franz Liszt, Robert Schumann, Hugo Wolf oder Alban Berg entscheidet, sei ihm überlassen. Einzig vom Griff nach der Walzer-Variante des Johann Strauß [Sohn] sei in diesem Zusammenhang abgeraten.)

Das Ziehen in der Brust, der Schmerz, der entsteht, wenn die Seele ihre Flügel ausspannt, um *Dahin! Dahin!* zu fliegen, kennt verschiedenste Intensitäten. Es kann als sanfte Wehmut daherkommen, kaum mehr als ein Schleier, der die Farben der Welt ein wenig abschattiert: »Wenn ich mir was wünschen dürfte, / Käm' ich in Verlegenheit, / Was ich mir denn wünschen sollte, / Eine schlimme oder gute Zeit. // Wenn ich mir was wünschen dürfte, / Möcht' ich etwas glücklich sein, / Denn wenn ich gar zu glücklich wäre, / hätt' ich Heimweh nach dem Traurigsein.« (Friedrich Hollaender, der »große kleine Friedrich«, wie Charlie Chaplin den exilierten Musikdichter liebevoll nannte, ist eine sehr gute Lösung, wenn die von der deutschen Kulturkritik stets eingeklagte Entscheidung zwischen »E« und »U« wieder einmal schwerfällt.)

Der Sehnsuchtsschmerz kann zur glühenden Qual werden, wie Goethe es seine arme Mignon in dem anderen, noch berühmteren Lied singen lässt: »Nur wer die Sehnsucht kennt, / Weiß, was ich leide! / Allein und abgetrennt / Von aller Freude, / Seh ich ans Firmament / Nach jener Seite. / Ach! der mich liebt und kennt, / Ist in der Weite. / Es schwindelt mir, es brennt / Mein Eingeweide. / Nur wer die Sehnsucht kennt, / Weiß, was ich leide!«

Sofakissen aus den 1950er Jahren.

Die Sehnsucht kann sich brennglasgleich auf den, die oder das Geliebte/n richten, der/die/das in der Ferne weilt. Dann gibt es nur noch das Eine, Unerreichte, der Rest der Welt versinkt im faden Dunkel. Die Sehnsucht kann sich zum allumfassenden Weltschmerz aufschwingen: Wer erwartet, dass ihn in jedem Fenster ein freundliches Gesicht grüßt, dem erscheinen bald alle Scheiben blind.

Nur eins darf die Sehnsucht nicht: aufhören. Das wäre das Ende. Nicht bloß ihres, es wäre das Ende desjenigen, der sein ganzes Selbstgefühl daraus bezieht, sich im Sehnen zu spüren. Mit jedem Schritt wird die Erfüllung heftiger herbeigesehnt – mit jedem Schritt wird sie weiter weggeschoben. Das ist das magische Spiegelkabinett, in dem der Sehnsüchtige sein einzig wahres Zuhause hat. Wer zum Augenblick sagt: Verweile doch, du bist so schön! – um den ist es geschehen, selbst wenn er seine Seele nicht dem Teufel verschrieben hat.

Nie würde es die Sehnsucht ertragen, mit ansehen zu müssen, wie das Ersehnte, so innigst Ausgemalte in den Waschgängen des Alltags ausbleicht, fadenscheinig wird, zerfällt. Deshalb ist der Sehnsüchtige immer auf dem Sprung. Oder er setzt an zum letzten Finale. Don Giovanni oder Tristan. Den einen hält's bei keiner Frau länger als einen Orgasmus, der andere zögert den einen unwiederbringlichen Orgasmus so lange hinaus, bis er sich nur noch im Liebestod entladen kann. Mozart oder Wagner. Champagner-Arie oder Tristan-Akkord. Besinnungslos überschäumende Lebensgier oder ein Drängen, das, je mehr es seiner Auflösung zustrebt, desto heillosere Spannung erzeugt.

Spätestens jetzt hilft nur noch eins: Gehen Sie an Ihr Plattenregal, Ihren CD-Schrank, suchen Sie im digitalen Musicstore! Nur hören Sie! Hören, hören, hören …

[td]

➤ ABENDSTILLE, ABGRUND, BERGFILM, FORSCHUNGSREISE, GEMÜTLICHKEIT, HEIMAT, MÄNNERCHOR, MUSIK, SPARGELZEIT, VATER RHEIN, WALDEINSAMKEIT, WANDERLUST, WINNETOU

SOZIALSTAAT

In Augsburg, zwischen zwei Zügen, unterwegs von Ulm nach München, kann man einen Blick ins Brecht-Haus werfen oder besser noch in die Fuggerei. Der eine zeigt den frechen Dichter in seinem Idyll der Seitengasse, mit sprudelndem Bach in der unmittelbaren Nachbarschaft, der andere einen Mittelalterhof, Beispiel sozialer Fürsorge.

Den Dichter hat sein früher antikapitalistischer Gestus aus der Theaterrevue *Die Dreigroschenoper* mit einem Schlag bekannt gemacht. Er konnte mit seiner sarkastischen Sozialkritik, die, dem Zeitgeist folgend, vor allem die Infragestellung bürgerlicher Moral zum Gegenstand hatte, sein Image als linker Schriftsteller begründen und in der Folge verbindliche politische Denkfiguren für die nachrückenden Generationen schaffen, die bis heute wirksam sind und eine freie Einschätzung der öffentlichen Angelegenheiten durch die Schriftsteller behindern. Die gesamte Brecht-Nachfolge ist von Marx geblendet.

Dabei hat der Meister seinen Marx wohl gar nicht komplett gelesen. Er kannte dessen Postulate vielmehr aus den Exzerpten des Karl Korsch, eines populären Marx-Exegeten der zwanziger Jahre, Parteikritiker und Sozialphilosoph, dessen Schriften auch später noch im 68er Sozialistischen Deutschen Studentenbund (SDS) eine Rolle spielen sollten.

Brecht hatte Erfolg, aber recht hatte er nicht. Er triumphiert mit seiner Verkürzung der sozialen Frage zum plakativen bolschewistischen Wahlspruch: Eigentum ist Diebstahl. So ist das, was ursprünglich einmal das soziale Gewissen der Kunst sein wollte, zur simplen Intellektuellen-Folklore abgestiegen. Wer kennt nicht Brechts böses Wort aus der *Dreigroschenoper*, in der gedruckten Fassung von 1930: »Was ist der Einbruch in eine Bank gegen den Besitz einer Bank?«

Dass Eigentum keineswegs Diebstahl ist, sondern die Grundlage jeglicher sozialen Ordnung bildet und damit auch die Prämisse für das Wohlergehen des Bertolt Brecht, erfährt man bloß ein paar Häuser weiter in der Augsburger Innenstadt, in der Fuggerei. Vor fünfhundert Jahren haben dort die Reichsten vor Ort, die Fugger (auch die »Augsburger Medici« genannt), ein frühes Beispiel sozialen Wohnungsbaus ins Leben gerufen und am Leben erhalten.

Jakob Fugger, Beiname der Reiche (1459–1525), stiftet 1521 die Fuggerei; er war Kaufmann und Bankier. Nach Brechts Diktum, ein Dieb. Doch Jakob Fuggers Verhalten zeigt – bleiben wir für einen Augenblick bei den Kühnheiten – in Wirklichkeit, dass die soziale Marktwirtschaft der Bundesrepublik, wie sie ein Ludwig Erhard und seine Mitstreiter, allen voran der Wirtschaftsexperte Alfred Müller-Armack, eingeführt haben und die darüber hinaus von den Nachfolgern aus allen Parteien gefestigt werden konnte, eine lange Vorgeschichte aufweist. Es geht dabei gleichermaßen um den rheinischen Kapitalismus und die katholische Soziallehre, das protestantische Arbeitsethos und die Arbeiterbildungsvereine.

Die Bedeutung des Zusammenspiels dieser Faktoren für die moderne deutsche Gesellschaft hat bereits Bismarck erkannt. Der preußische Ordnungswille musste früher oder später auf das Thema des sozialen Elends stoßen und es gewohnheitsmäßig dem Verwaltungssystem überantworten.

Nein, es ging dem Kaiserreich nicht darum, Gerechtigkeit walten zu lassen – das wollen wir auch gar nicht erst behaupten –, es galt vielmehr, ein Gleichgewicht der Kräfte zu schaffen, das den Bestand des Reiches garantieren sollte.

Die wichtigste gesellschaftliche Kraft, mit der man sich arrangieren wollte, war Friedrich Naumann zufolge die Arbeiterschaft und ihr politisches Instrument, die Sozialdemokratie.

Bismarck, der konservative Politiker und Meister der korporatistischen Absprachen, griff gleichzeitig zum Schwert und zum Löffel: 1878 zog er die erfolgreiche Gegnerschaft aus dem Milieu der Arbeiterbildungsvereine samt Sozialdemokratie per Gesetz aus dem Verkehr. Zunächst deren Führung, insbesondere August Bebel und Wilhelm Liebknecht, gegen die bereits

Otto von Bismarck richtet den modernen deutschen Sozialstaat ein.

1872 in Leipzig ein Hochverratsprozess geführt worden war, weil sie die Pariser Kommune begrüßt hatten. 1878 folgte das »Gesetz gegen die gemeingefährlichen Bestrebungen der Sozialdemokratie«.

Die Sozialistengesetze waren das Schwert. Den Löffel aber zeigte Bismarck durch die Sozialgesetzgebung, die er nun in Angriff nahm. Indem er darauf bedacht blieb, die Sozialisten-Forderungen sichtbar in den eigenen Entwurf einzutragen, schuf Bismarck die Grundlagen des bis heute gültigen deutschen Sozialversicherungssystems. Er machte damit sozusagen die Fuggerei zur Staatsangelegenheit. Das war preußisch konsequent und sachgemäß richtig.

Das moderne Preußen hat als Grunderfahrung das Schockerlebnis der napoleonischen Kriege. Zum ersten Mal in der Geschichte Europas war ein Krieg nicht allein mit der Waffe entschieden worden, sondern auch mit weltanschaulichen Angeboten an die Bevölkerung. Es ging nicht mehr allein um Macht, sondern um Machtpolitik. Kurz, es galt nicht mehr nur die Abschreckung durch Gewalt, ihr wurde jetzt von der Manipulation sekundiert. Gegen Napoleon konnte man sich nicht darauf beschränken, neue

Jakob Fugger, auch der Reiche genannt, erfindet im 16. Jahrhundert in Augsburg den sozialen Wohnungsbau.

Gewehre und schwere Artillerie einzusetzen, zum Kampf gegen ihn gehörte auch die Staatsreform. Ohne die Reformen von Stein und Hardenberg wäre Preußen nicht zu halten gewesen, und somit hatte das Deutsche Reich praktisch gleichzeitig mit der Entwicklung seiner modernen Wirtschaft bereits die dazugehörende Sozialgesetzgebung.

Danach hat sich nicht mehr viel geändert. Man hat das ausgeklügelte System immer weiter verfeinert, das korporatistische Ganze immer weiter ausgebaut. Die Arbeitsmarktpolitik wurde spätestens in der alten Bundesrepublik zum realen Machtfaktor. Durch die Sozialpartnerschaft hat man sich bis hin zur Schlichtungspflicht ein Instrumentarium geschaffen, um den gesellschaftlichen Frieden zu erhalten und Chaos gar nicht erst zu riskieren.

Der rheinische Kapitalismus beruht auf dem Zusammenspiel von Vorstand,

Aufsichtsrat, Gewerkschaft, Banken und Finanzamt. Dieses Arrangement ist schwerfällig und träge, gewährt aber, wenn nicht den sozialen Frieden, so immerhin dessen Anschein. Dieser Anschein verschafft unserer Wirtschaft den guten Ruf, der wiederum die Garantie für Wertschöpfung und Zahlungsmoral stellt. Der rheinische Kapitalismus verknüpft also die Kapitalwirtschaft nicht bloß mit der sozialen Frage, sondern auch mit dem Arbeitsethos. Und das, ohne die Rigidität des Protestantismus und seine Abschreckungsmaßnahmen bemühen zu müssen. Der rheinische Kapitalismus ist trotz Karneval produktiv, und manches an ihm ist durchaus karnevalesk.

An dieser Stelle muss gesagt werden, dass die berühmte These des Soziologen Max Weber aus dem Kaiserreich über den Zusammenhang von protestantischer Ethik und dem Geist des Kapitalismus zumindest unvollständig ist. Es ist nicht allein die Askese, die die Voraussetzungen für die Wertschöpfung ergibt, es kann durchaus auch die Freude am Entstehenden sein. Man muss sich nicht auf der Galeere Gottes zum Rudern verpflichtet fühlen, um ein Schiff zu bewegen. Man kann es auch tun, um ans Ziel zu gelangen. Beim Rudern aber lässt sich spontan auch etwas singen oder gar ein Kölsch kippen. Im Kaiserreich, in dem die Konfessionalisierung politisch äußerst wirksam war, um nicht zu sagen effektvoll, schien man ernsthaft zu glauben, dass Katholiken grundsätzlich weniger arbeiten als Protestanten. Dieser Irrtum geht wohl mehr zu Lasten Calvins als Luthers, was ihn aber nicht harmloser macht. Er besteht auf der Annahme, dass im Schweiße des Angesichts nur Gutes zustande käme. Dem Katholiken hingegen ist bekannt, dass zwischendurch auch mal das Schunkeln weiterhelfen kann. Im Schweiße des Angesichts kann man auch abfeiern, wie die Love-Parade und manch andere sinnfreie Rekordverhaltensweise der Erlebnisgesellschaft zeigen.

Die wahre Bedeutung des von Max Weber 1905 publizierten Buches *Die protestantische Ethik und der Geist des Kapitalismus*, das von großem Einfluss sein wird, besteht nicht in der Eloge auf den Protestantismus, auch wenn man das in Preußen-Manier gern so sah, sondern im Verweis auf den prinzipiellen Zusammenhang zwischen religiös grundiertem Ethos und dem Geist des Kapitalismus. Wie immer man es auch interpretieren mag, am Ende steht fest: Es gibt das freie Kräftespiel der Marktwirtschaft nicht. Zumindest ist es nicht frei. Kann es gar nicht sein, weil seine Antriebskräfte Interessen sind oder zumindest Interessen folgen. Wer die Ökonomie ihrer Selbstregulierung überlässt, der bringt sich bald um die Früchte seiner Arbeit.

Es geht nicht um die Rechtfertigung des Kapitalismus, sondern um seine Begründung. Diese aber kann sich nur auf die Wertschöpfung beziehen. Wer etwas herstellt, muss darin auch einen Sinn sehen. Dieser Sinn besteht einerseits in der Freude am Produkt, andererseits aber auch in seinem Wert und dessen

Sozial-Wilhelminismus in der Selbstdarstellung, 1913.

gesellschaftlichen Zuschreibungen. Dazu gehören im rheinischen Kapitalismus Sozialversicherung, Steuerprogression und gesellschaftliche Solidarität. Dass damit en passant auch Freiheit, Gleichheit und Brüderlichkeit überflüssig gemacht werden sollen, die Parolen der (Französischen) Revolution, ist sicherlich Teil des Projekts. Es ist ein konservatives Projekt, was nur ungern gesagt wird. Ebenso ungern wird aber auch zugegeben, dass die sich entfaltenden Kräfte des Kapitals nicht gezähmt, sondern nur in Rahmenbedingungen gebracht werden können.

Der Rest ist Ethos. Selbstverpflichtung und Selbstverantwortung.

Der Erfolg der Marktwirtschaft ergibt sich nicht aus der Freiheit allein, sondern auch aus dem ständigen Kräftemessen und dem fortgesetzten Versuch, den Markt zu kontrollieren, sei es staatlich, per Gesetzgebung, oder öffentlich, via Stimmungslage und Moralvorstellung.

Wenn die öffentliche Moral, die den wichtigsten Machtfaktor der offenen Gesellschaft darstellt, ein Produkt ablehnt, kann man es kaum gegen ihren Willen durchsetzen, wie das Beispiel Atomstrom am Beginn des 21. Jahrhunderts zeigt.

Bleibt natürlich die Frage, was auf welche Weise mehrheitsfähig wird und wer die öffentliche Meinung dahingehend bestimmt. Ist es tatsächlich die Mehrheit, wie man es für eine funktionierende Demokratie wie die unsrige meinen sollte, oder doch eine raffiniert agierende Minderheit mit geschickt in den Medien platzierter ideologischer Leitlinie?

Da aber die Realität und das wahre Leben nur selten sortieren und trennen, haben wir es meist mit einer Gemengelage zu tun. Man beschließt ein Rauchverbot, und anschließend steht die Hälfte der Bevölkerung auf der Straße, nur um zu rauchen.

Auch darauf geht der Markt ein. Die Wirtschaft orientiert sich nicht nur am Ethos, sondern auch an der Heuchelei. Das ist ein zunehmend beobachtetes Problem im heutigen Deutschland. Die Wirtschaft ist, zumindest in Teilen, nicht nur durch Bio und alternative Energiegewinnung moralisiert, die Wirtschaft selbst wird moralisierend. Das Marketing wird weltanschaulich.

Der Korporatismus lässt sich pragmatisch begründen – mit den erzielten Ergebnissen –, aber auch ideologisch. Das geschah im 20. Jahrhundert in Deutschland gleich zweimal, im »Dritten Reich« und in der DDR. In beiden Fällen versuchte man, das Instrumentarium des sozialen Friedens zur Repression einzusetzen, was in beiden Fällen letztendlich gescheitert ist.

Der Korporatismus ordnet nicht die Macht zu, er regelt vielmehr die Teilhabe. Dadurch aber ist er ein Instrument der Demokratie, so seltsam das auch erscheinen mag, und nicht der Diktatur, wie man allzu oft meint.

Nationalsozialismus und Kommunismus haben sich erledigt, die Fuggerei gibt es immer noch. Die Lehre daraus? Man kann den Sozialstaat nur ethisch begründen. Wer ihn ideologisch vereinnahmt, nimmt ihm die Glaubwürdigkeit.

[rw]

➤ Arbeitswut, Feierabend, Gründerzeit, Ordnungsliebe

SPARGELZEIT

Auch im Winter gibt es ihn mittlerweile in den Gemüseauslagen unserer heimischen Supermärkte. Dann ist er zum exakten Pfund gebündelt, in Plastik verschweißt und kommt aus Griechenland oder Chile. Eines Winters griff meine Hand nach einem dieser leicht beschlagenen Päckchen, von denen sich schwer sagen lässt, ob ihr Inhalt friert oder schwitzt. Draußen lag seit Wochen Schnee, die Sehnsucht nach einem Spargelessen war gar zu groß geworden. *Kartöffelchen mit Petersilie anbraten, Schinken rollen, Butter klären oder Sauce Hollandaise schaumig schlagen ...* Und meine Hand stellte das frierend schwitzende Bündel wieder zurück. Nicht weil mich geschreckt hätte, dass dieser Klasse-I-Weltreisende meine CO_2-Bilanz auf Monate hin trüben würde. Ich stellte ihn zurück, weil ich wusste, dass es eine Enttäuschung werden würde. Ganz gleich, wie liebevoll ich die Stangen schälen und jede einzeln ins Sieb meines edelstahlblitzenden Spargeltopfs stellen würde. Ein Import-Spargel-Essen im Winter hat die Trostlosigkeit eines One-Night-Stand mit einem Fremden, auf den du dich nur eingelassen hast, weil er dich flüchtig an den Liebsten erinnert, der in der Ferne weilt.

Spargelessen in Deutschland ist mehr als eine Edelmahlzeit, die sich vormals nur die Reichen leisten konnten. Es ist Ritual, Kult, und um zelebriert zu werden, bedarf es der richtigen Jahreszeit mindestens ebenso wie der richtigen Zubereitung.

»Veronika, der Lenz ist da, / Die Mädchen singen tralala. / Die ganze Welt ist wie verhext, / Veronika, der Spargel wächst!« Dies sangen die Comedian Harmonists, bevor die Nazis sie entzweischlugen. Dem Evergreen selbst konnten die braunen Köche nicht den Garaus machen, noch immer flattert er durch die Lüfte, wenn es April wird, die Spargelhöfe zwischen Schwetzingen und Beelitz aus ihrem Winterschlaf erwachen, und die Gastwirte beginnen, in Schönschrift Spargelkarten zu schreiben.

Entdeckt haben die Deutschen den Spargel beileibe nicht. Das taten lange vor ihnen die Ägypter und Griechen, und die Ersten, die im Spargel schwelgten, dürften die Römer gewesen sein. Sie waren es auch, die das Gemüse nach Germanien brachten – bei Ausgrabungen in der Nähe von Trier fanden sich bleierne Spargel-Preisschilder aus dem zweiten nachchristlichen Jahrhundert.

Mit den Römern verschwand der Spargel für ungewisse Zeit von deutschen Speiseplänen. Sicher ist nur, dass er 1565 wieder auftauchte – im Stuttgarter Lustgarten. Zu Beginn des 17. Jahrhunderts entstanden die ersten großen Spargelanbaugebiete im Badischen, rund um Braunschweig und Berlin. Doch die eigentliche Blütezeit des deutschen Spargels setzte nochmals zweihundert Jahre später ein – mit einer Entdeckung, die holländische Spargelbauern machten. Bislang kannte die Welt nur grünen Spargel, jenen Spargel also, den man auch heute noch in Italien oder den USA ungefragt vorgesetzt bekommt, wenn man *Asparagi* oder *Asparagus* bestellt. Die holländischen Spargelbauern entdeckten jedoch, dass Spargel viel feinfaseriger wird und weiß bleibt, wenn man ihm beim Wachsen das Licht entzieht. Die Deutschen waren begeistert. Mit gnadenloser Konsequenz verbannten sie den Spargel nun ins Unterirdische, indem sie die schnurgeraden, endlosen Erdwälle aufschütteten, an denen jedes Spargelfeld schon von Weitem zu erkennen ist. War ihnen bewusst, in welche Paradoxie sie den Spargel hineintrieben, indem sie ihn zum Bleichspargel machten?

Der Frühlingsbote unter den Gemüsen muss ein Schattendasein fristen, darf Sonnenstrahlen erst spüren, wenn er schon gestochen ist. Kein Grün ist auf den kahlen Feldern zu sehen, auf denen – oder besser: *in* denen – er heimlich wächst.

Dies ist nicht die einzige Paradoxie, die der Bleichspargel hervorbringt: Die Ernte, die gleichfalls unterirdisch geschehen muss, ist mühsam, schwierig. So mühsam und schwierig, dass deutsche Spargelkönige im 21. Jahrhundert Zigtausende von polnischen und rumänischen Spargelstechern anheuern, da sich im eigenen Land (bei wie viel Millionen Arbeitslosen?) niemand mehr findet, der bereit (und fähig) wäre, die präzise Bückarbeit zu verrichten. Nur konsequent also, dass deutsche Maschinenbauer seit einer Weile am sogenannten Spargel-Panther tüfteln, der die Ernte eines Tages vollautomatisch übernehmen soll. Noch wird der Prototyp auf deutschen Spargelhöfen skeptisch beäugt.

Wenn sie ihn auch nicht mehr selbst stechen wollen – essen wollen die Deutschen ihren Spargel in immer größeren Mengen. Fast so schnell, wie die Stangen unter der Erde schießen – bei günstiger Witterung könnte man sie mit einer Geschwindigkeit von bis zu einem Zentimeter pro Stunde wachsen sehen, trieben sie's nicht im Verborgenen –, ist in den letzten Jahrzehnten der deutsche Spargelkonsum gestiegen: Weit über 100 000 Tonnen werden inzwischen jährlich verzehrt, achtzig Prozent davon im eigenen Land angebaut, mit einem Umsatz von 600 Millionen Euro ist Spargel damit zum lukrativsten Gemüse der deutschen Landwirtschaft geworden. Scharenweise Spargelköniginnen, Spargelfeste mit Spargelschälwettbewerben und andere neofolkloristische Bräuche sorgen dafür, dass die Aura der weißen Stangen weiter wächst, während im Fernsehen die Maggi-Meisterklasse trällert: »O, du schöne Spargelzeit ...«

Die Spargelzeit lässt sich aber auch handfester nutzen: Für Arbeitgeber und Personalchefs gibt es keine elegantere Art, einen Bewerber zu prüfen, als diesen zu einem Spargelessen einzuladen. Isst er den Spargel mit Fingern, hat er in seinen Bewerbungsunterlagen beim Alter geschwindelt: Niemand, der nach der Erfindung rostfreien Bestecks geboren wurde, isst Spargel noch mit der Hand. Es sei denn, seine bzw. ihre Interessen gehen über den reinen Arbeitsplatz hinaus. Oder er/sie stammt aus wirklich gutem Hause, in dem Tafelsilber eine Selbstverständlichkeit ist.

Doch auch die Besteckesser verraten mehr über ihren Charakter, als ihnen lieb sein kann: Schlingen sie ihre Spargelportion Stange für Stange hinunter oder stürzen sich gar auf alle Köpfe zuerst, kommen sie für Posten, auf denen ein langer Atem benötigt wird, nicht in Frage. Das schöne deutsche Wort »Belohnungsaufschub« ist ihnen ein Fremdwort. Wer sich seiner Spargelportion hingegen so nähert, dass er mit sämtlichen Stangenenden beginnt, sich von dort zu den jeweiligen Mittelteilen vorarbeitet und erst ganz zum Schluss die zarten Spitzen genießt, beweist, dass seine Triebkontrolle vorbildlich funktioniert. In diesem Fall sollte der Chef unverzüglich eine Flasche vom teuersten Riesling bestellen, um den neuen Mitarbeiter zu begrüßen.

Aber ganz gleich, ob zum Charaktertest oder zum Sinnenfest: Man muss den Spargel feiern, solange er vor der Haustüre wächst. Bald schon kommt der Johannistag, der 24. Juni, die Saison geht zu Ende, und der künstlich unter der Erde Gehaltene darf endlich ins Kraut schießen. Dann heißt es, Abschied nehmen von der schönen Spargelzeit und im Supermarkt wieder tapfer vorbeigehen an den griechisch-chilenischen Versuchungen. Der Verzicht lohnt sich. Denn nur der vermag den Spargel im nächsten Frühjahr ernsthaft zu genießen, der ihn zuvor neun Monate lang entbehrt hat.

[td]

➤ Heimat, Kleinstaaterei, Ordnungsliebe, Sehnsucht

Spargelknigge anno 1960: »Die schöne Spargelzeit ist kein Problem, wenn Sie auf uns hören: Die Finger der rechten Hand fassen den Spargel am Ende, die Linke unterstützt mit der Gabel ...« So empfohlen im *Hausbuch des guten Tons* von Annemarie Weber.

Die Thüringer Spargelkönigin aus Herbsleben bei Bad Langensalza zeigt in Kutzleben bei Sömmerda einen Korb frisch gestochener Spargelstangen, April 2005.

Wer hat die Nienburger Spargelkönigin gesehen?
Dringendes Gesuch der Arbeitsgemeinschaft Deutsche KönigInnen e.V.

Am Morgen des Pfingstmontags ist die Nienburger Spargelkönigin gemeinsam mit der Bärlauchblütenkönigin Stadtoldendorf aufgebrochen, um die Erdbeerkönigin Meinbrexen zu besuchen. Unterwegs sollen sich für kurze Zeit die Heideblütenkönigin Holm-Seppensen, die Heidekönigin Schneverdingen sowie die Heidekartoffelkönigin Bad Bevensen angeschlossen haben, die der Altländer Kirschregentin ihre Aufwartung gemacht hatten und sich auf der Weiterreise zum Krautkönigspaar Leinfelden-Echterdingen befanden. Möglicherweise war es aber auch die Südharzer Karstkönigin, die gemeinsam mit der Glasprinzessin Lauscha, der Bördekönigin Oschersleben und der Rapsblütenkönigin Fehmarn auf dem Weg zur Weinkönigin Osann-Monzel war. Jene wiederum leugnet, in den letzten Tagen überhaupt Besuch empfangen zu haben, da sie selbst gerade von einem Fest zurückgekehrt sei, das die Rettenberger Bierkönigin zu Ehren der Spalter Bierkönigin gegeben habe, welches schlimm geendet sei, da die Deutsche Mostkönigin Lallinger Winkel zu viel von dem Weißbier getrunken habe, das die Herrnbräu Weißbierkönigin mitgebracht hatte, und in diesem Zustand dem Thüringer Bratwurstkönig schöne Augen gemacht habe, der sich trotz Anwesenheit des Dupferlkönigs Hemau wie der Hahn im Korb benommen habe, was bei der Pfrontener Heukönigin, die sich dem Thüringer Bratwurstkönig innig verbunden glaubte, zu einem unschönen Gemütsausbruch geführt habe.

Bei aller Sympathie erscheint der Bericht der Weinkönigin Osann-Monzel wenig glaubhaft, zumal die Wacholderkönigin Gomadingen bereit war auszusagen, sie habe anlässlich der Krönungszeremonie der Tharandter Waldkönigin von der Nienburger Spargelkönigin persönlich vernommen, der Thüringer Bratwurstkönig habe ihr beim letzten KönigInnentag gestanden, sein Herz schlüge einzig für sie, was von der Weinkönigin Osann-Monzel, die bereits die Ehekrise des Vizekönigspaars Gemeinde Fisch ausgelöst habe, höchst ungnädig aufgenommen worden sei.

Doch wir wollen keine voreiligen Schlüsse ziehen, sondern jeden, der etwas über den Verbleib der Nienburger Spargelkönigin weiß, inständig bitten, sich entweder bei der Geschäftsstelle der Arbeitsgemeinschaft Deutsche KönigInnen e.V. in Witzenhausen oder der Zweitniederlassung in Rotenburg (Wümme) zu melden.

SPIESSBÜRGER

Zu den am deutlichsten negativ besetzten Begriffen im heutigen Deutsch gehört der Spießbürger. Schon seit dem Mittelalter trägt er seinen Makel mit sich. Beim Spießbürger handelte es sich ursprünglich um den Bürger der freien Reichsstadt, der je nach Vermögen seiner Familie zur Verteidigung und Selbstverteidigung seiner Stadt beizutragen hatte. Jene Bürger aber, die am wenigsten besaßen, waren nur mit einem Spieß, einem Speer bewaffnet.

Im späten Mittelalter entfernte sich das geregelte Leben der Oberschichten immer mehr von der Realität, es wurde zum leeren Ritual, zu Sport. Je weniger reale Existenzberechtigung die Kaste der Ritter hatte, desto mehr bekannte sie sich zum Turnierleben. So war der Spießbürger als eventueller Gegner für den hochgerüsteten Ritter zunächst einmal eine Lachnummer. Diese Art Gegner war eine Beleidigung seines elitären Aufwands. Der Skandal bestand vor allem darin, dass es für den Spießbürger mit seiner improvisierten Waffe ein Leichtes war, gegen den im Eisen steckenden Ritter vorzugehen, der eine ganze Hilfstruppe brauchte, um in den Sattel zu kommen und dort eine reizende Festung darzustellen, mehr aber auch nicht. Ihn aus dem Sattel zu kippen, sollte Kriegskunst erfordern. Dass man das aber auch mit einem einfachen Spieß erzielen konnte, war eine kapitale Regelverletzung. Sie machte den Ritter lächerlich und überflüssig.

Der Spießbürger galt als nicht standesgemäße Figur der mittelalterlichen Welt, einer Welt, in der man mit Eigentum und Privilegien protzte. Aus seiner Notsituation und vor allem aus seinen irregulären Fähigkeiten, dem Gegner das Spiel zu verderben, entwickelte der Spießbürger ein nicht unerhebliches Selbstbewusstsein. Er fühlte sich im Recht, und das bald nicht nur, was die Bewaffnung anging und den unseligen Aufwand, der damit verbunden sein sollte, der Spießbürger fühlte sich in allem im Recht. Er ließ sich von den Hochgerüsteten nichts mehr vormachen.

Der Spießbürger hat sich im Lauf der Zeit seine eigene Welt eingerichtet. Sie sieht zwar der tatsächlichen Welt verdammt ähnlich, in ihr ist aber alles eine Nummer kleiner. Das Turnier wird zum Jahrmarkt, und der Minnesänger zum Hanswurst. Die beste Rolle reserviert der Bürger für sich selbst. Er ist der Narr und stets bereit, seine Kappe zu verteidigen.

Tante Emma ist wieder da!

Dagegen war allgemein wenig auszurichten, und so rächte man sich, indem man den Begriff »Spießbürger« zum Schimpfwort degradierte.

Unsere dynamische und gleichermaßen tanzwütige Öffentlichkeit aber eilt nicht nur von Erkenntnis zu Erkenntnis, sondern auch von Mode zu Mode, immer den Fortschritt vor Augen, und das in einer von Terminen ausgestalteten Zeit, stets darauf bedacht, so weit wie möglich nichts zu verpassen. Und doch entdeckt sie zuweilen, wenn alles wieder einmal zerredet ist und gar nichts mehr geht, die Symbolik und ihre schweigende Kraft.

Der Vorteil: Man muss nicht mehr ausdrücklich vortragen, was man will, es genügt, wenn man es durch seine Lebensweise vormacht. Man geht stillschweigend mit der Zeit, das heißt mit der Mehrheit, und siehe da, plötzlich ist auch das Wort »Spießer« wieder zu gebrauchen. Zumindest steht es zur Verfügung.

Alles begann mit einem Werbespot, in dem ein alternativ im Bauwagen lebender Vater ein Gespräch mit seiner heranwachsenden Tochter hat. Diese schwärmt für die Dachgeschosswohnung, das Loft, in dem ihre Schulfreundin lebt. Den Hinweis ihres Vaters, dass es Spießer seien, pariert sie mit der Bemerkung: »Du, Papa – wenn ich groß bin, will ich auch mal Spießer werden.« Das Video, der Werbefilm einer Bausparkasse, wurde Kult. Das Bedürfnis, Spießer zu werden, war offenbar ein größeres als nur der Wunsch eines Kindes aus der Laubenkolonie.

Wenn eine Werbung Kult wird, erstaunt das kaum noch jemanden. Schließlich ist sie längst anerkannter kultureller Ausdruck und Abdruck unserer Alltagsgeschäftigkeit. Also ist sie auch berechtigt, jenseits ihrer Botschaft eine Aussage zu verbreiten. Wenn eine Werbung Kult wird, so hat das mit dem jeweiligen Werbeauftrag nicht mehr viel zu tun, aber dafür umso mehr mit dem Rest der Gesellschaft. Das glauben wir zumindest. Die Werbung, die Kult geworden ist, gilt als Indikator, auch dem Soziologen, der sich seit einer Weile schon als Kulturwissenschaftler versteht.

Der vom Soziologen zum Kulturwissenschaftler aufgerückte Gesellschaftsinterpret beobachtet vor allem den Wertewandel, wie er sich aus dem gängigen Verhalten der Menschen angesichts des Repertoires ihres Alltagslebens ergibt. Man beobachtet, ob Begriffe negativ oder positiv besetzt sind und warum das so ist.

Damit bewegt man sich auch als Kulturwissenschaftler in den Grenzen der Marktforschung. Die einen errechnen die Interessen des zum Zuschauer gewordenen Menschen, die anderen verwenden diese Erkenntnisse zur Platzierung eines Produkts.

Der Spießer war zuletzt der Sparringspartner des Fortschritts. Am Sparringspartner misst man sich nicht, aber indem man die eigenen Strategien an ihm ausprobiert, stellt man sich auf ihn ein, auf seinen Horizont. Ekel Alfred war der Prototyp, bei dem man sich das Abgrenzen beibringen konnte. Ekel Alfred war eine Fernsehfigur und das Feindbild der 68er. Ein Bilderbuchreaktionär, ausgestattet mit allen Primär- und Sekundäruntugenden. Nachdem das Programm von 68 deutlich in Ritualen aufgegangen ist, deren Reichweite inzwischen bis in die Zentrale der CDU geht, bleibt wie eh und je die Frage: Wie wollen wir eigentlich leben?

Der Spießer hat keine Vorbilder, er hat bloß Gewohnheiten, denen er folgt und die er pflegt. Er ist regelmäßig empört über die Zugverspätung, und vom Wetterbericht hält er gar nichts. Der Spießbürger kritisiert nicht, er stellt fest. So protestiert er schon lange nicht mehr gegen die »Amis«, wie er immer noch sagt, aber die Art, wie er »Guantánamo« ausspricht, lässt keinen Zweifel über seine Meinung in der Sache zu. Der Spießbürger verachtet seinen Gegner, wie ihn seinerzeit der Ritter verachtet hat.

Überall, wo seine Gegner sind – und sie sind überall –, herrscht das Chaos, sagt er. Seine Angelegenheiten werden schlecht verwaltet. Mit dieser Ansicht ist er nicht allein. Davon ermutigt, neigt er dazu, sich der Mehrheit anzuschließen, er hat geradezu ein Gespür für den Trend. Der Trend ist der beste Utopieersatz.

Der größte Spießer war wahrscheinlich Erich Honecker, sein Wandlitz hätte man zum Museum des Spießertums ausbauen können, und das ohne größeren Aufwand.

Der Spießer hat keine Prinzipien, er macht aber gelegentlich aus seinen Gewohnheiten Prinzipien. Was dabei herauskommt, ist ein später Sieg des Eklekti-

Ekel Alfred: Eine TV-Serienfigur redet sich um Kopf und Kragen.

zismus über die Aufklärung. Eine Mischung aus den letzten 68er-Parolen und Reformhaus beherrscht allgemein die Diskussion. Und so trifft man jetzt an einem Sonntagvormittag beim Brunchen an einem schönen Platz des Kaiserreichs – Claire Waldoff hat um die Ecke gewohnt – den Spießer auf Schritt und Tritt. Er redet wohlfeil in allen Tischrunden mit und blickt zwischendurch in die Kronen der Bäume auf dem Platz, als sei er gerade dabei, in wessen Auftrag auch immer, das Lebensalter dieser Bäume zu schätzen. Schließlich begibt er sich zu seinem Fahrrad, öffnet umständlich das Schloss, schwingt sich in den Sattel und fährt majestätisch davon, als wäre er der Ritter, nicht der Bürger zu Fuß.

[rw]

➤ FEIERABEND, GEMÜTLICHKEIT, ORDNUNGSLIEBE, SCHADENFREUDE

Der Revoluzzer
Der deutschen Sozialdemokratie gewidmet
Erich Mühsam (1907)

War einmal ein Revoluzzer
im Zivilstand Lampenputzer,
ging im Revoluzzerschritt
mit den Revoluzzern mit.

Und er schrie: »Ich revolüzze!«
und die Revoluzzermütze
schob er auf das linke Ohr,
kam sich höchst gefährlich vor.

Doch die Revoluzzer schritten
mitten in der Straßen Mitten,
wo er sonsten unverdrutzt
alle Gaslaternen putzt.

Sie vom Boden zu entfernen
rupfte man die Gaslaternen
aus dem Straßenpflaster aus,
zwecks des Barrikadenbaus.

Aber unser Revoluzzer
schrie: »Ich bin der Lampenputzer
dieses guten Leuchtelichts.
Bitte, bitte, tut ihm nichts!

Wenn wir ihn' das Licht ausdrehen,
kann kein Bürger nichts mehr sehen.
Lasst die Lampen stehn, ich bitt!
Denn sonst spiel ich nicht mehr mit!«

Doch die Revoluzzer lachten,
und die Gaslaternen krachten,
und der Lampenputzer schlich
fort und weinte bitterlich.

Dann ist er zu Haus geblieben
und hat dort ein Buch geschrieben:
nämlich, wie man revoluzzt
und dabei doch Lampen putzt.

STRANDKORB

Die Geschichte vom Strandkorb, zumindest ihr Anfang, erscheint uns wie eine Kalendergeschichte. Denn es gibt kaum etwas, was leichter zu erklären wäre als die Herkunft des Strandkorbs. Ist es doch bloß die Geschichte vom Korbmacher Wilhelm Bartelmann, der aus Lübeck stammt und sein Geschäft in Rostock hat, und dem adligen Fräulein Elfriede von Maltzahn, seiner einfallsreichen Kundin aus dem Uraltadel. Nach ihren Vorstellungen und Anweisungen soll der Korbmacher seinen ersten Strandkorb gebaut haben. Die Geschichte trug sich im Frühjahr 1882 in Rostock zu, der Korb war für Warnemünde bestimmt.

Elfriede von Maltzahn soll es damals um den Schutz ihrer Haut vor Wind und Sonne gegangen sein, und die Sonnencreme war noch längst nicht erfunden.

Bald schon, zumindest seit der Jahrhundertwende, war der Strandkorb zum Wahrzeichen der Ost- und Nordseestrände geworden, und damit zum Sujet der Freiluftmaler oder auch umgekehrt, obwohl er beim genaueren Hinsehen eher für die Fotografie geeignet erscheint, gehört doch zu seinen offensichtlichen Kennzeichen die Austauschbarkeit. Auf allen Strandfotos ist eine wahre Aufstellung zu sehen. Strandkorb um Strandkorb um Strandkorb. Gleiche Größe, gleiche Farbe.

In der Regel überwiegen die für eine oder für zwei Personen vorgesehenen Strandkörbe. Man will es auch am Strand gemütlich haben. Und wenn der Expressionist von nebenan die Sache wieder einmal düster malt, muss man ja nicht unbedingt hinsehen. Nicht jedes Unwetter, das heraufzieht, ist eine Warnung.

Wer in einem Strandkorb sitzt, ist nicht nur vor Wind und Sonne geschützt, sondern auch vor indiskretem Blick verschont. Er ist mit sich allein, mit sich und den Seinigen, aber er weiß sich auch in der Masse. Man kann sich in den Strandkorb zurückziehen und damit aus allem heraushalten, ohne den Strand selbst oder den Wellengang aus den Augen zu verlieren. Diese seine Doppelrolle, als Gehäuse, aber in fest stehender Formation, zeigt ihn als wilhelminisches Phänomen.

Auch Thomas Mann hatte seinen Strandkorb. Und dass dieser mit einem Schreibbrett ausgestattet war, wird wohl kaum jemanden verwundern. Mann saß in seinem Strandkorb in Hemd und Krawatte. Auch er, der Schriftsteller, hatte den Blick, zumindest zwischendurch, aufs Meer gerichtet, und auch ihm war klar, dass alle anderen ebenfalls den Blick aufs Meer gerichtet hatten, aber er musste sich über das Ergebnis seiner Betrachtungen nicht weiter mit ihnen verständigen. Das erledigte Wilhelm II. persönlich. Der Platz an der Sonne, den er versprach, lag im Schützengraben.

Der Strandkorb hat das Kaiserreich überlebt, so wie er alles Weitere überlebt hat. Die echten Erfindungen sind zeitlos. Kein Zeitgeist kann ihnen etwas anhaben, weil sie von bleibendem Nutzen sind. Man kann eine GmbH durchaus durch einen VEB ersetzen, aber es wird eine vorübergehende Maßnahme sein. Der Strandkorb erweist sich, jenseits der Ideologien, als Kronzeuge des Volkscharakters. Billy Wilder, der Emigrant, hat ihn in seinem Bilderkopf nach Kalifornien mitgenommen und viele Jahre später, als die großen Kriege, die jedes Gespräch über den Strandkorb von vornherein unmöglich machen, längst beendet sind, stillschweigend am Film-Set aufgebaut. In Wilders Strandkorb sitzt Tony Curtis und macht der Marylin Monroe, zum Entsetzen Jack Lemmons, gerade weis, dass er eine Yacht besitze. Es sind die fünfziger Jahre, und alles, was gesagt wird, hat einen Hintersinn.

Billy Wilders Angriff mit dem Strandkorb auf die Hollywoodschaukel in *Manche mögen's heiß* ist folgenlos geblieben.

Die Bundeskanzlerin Angela Merkel erklärt den damals acht mächtigsten Männern der Welt beim G8-Treffen in Heiligendamm das Prinzip des Strandkorbs.

Seither gehört der Strandkorb, so könnte man meinen, nicht mehr den Deutschen allein, sondern der ganzen Welt. Und doch ist er nur an Ost- und Nordsee auszumachen und ansonsten, mit etwas Glück, in einem Retro-Kino in Ihrer Nähe zu besichtigen. Der Rest der Welt bevorzugt den windigen Sonnenschirm.

Trotzdem setzte sich die Kanzlerin Angela Merkel beim G8-Gipfeltreffen 2007 in Heiligendamm mit den Staatsgästen in einen gemeinsamen Strandkorb. Es war eine Sonderanfertigung für die Politik, und es ist auch ein Beispiel für den Umgang der Politik mit der Realität. Die Politiker setzen sich zum Phototermin in einen Strandkorb, den es so nicht gibt, und wollen damit auch noch den Eindruck vermitteln, dass sie, wie alle anderen auch, in einem Strandkorb sitzen. Es ist, wie fast alles Politische neuerdings, eine Zweckentfremdung. Diesmal des Strandkorbs. Deutsches Fazit: Die Mächtigen kommen und gehen, der Strandkorb bleibt.

[rw]

➤ Gemütlichkeit, Ordnungsliebe, Schrebergarten

Das Unheimliche

In der Nacht vom 19. auf den 20. November 1919 konnte Dr. F. nicht schlafen. Wie jeden Mittwochabend hatte er mit seinem Geheimen Komitee zusammengesessen. Die Luft in seinem Arbeitszimmer war schwer von den unzähligen Zigarren, die sie nebenan geraucht hatten. Er hätte die Türen schließen sollen. Oder besser noch: Er sollte aufhören damit. Aber was blieb ihm dann. Schon das halbe Glas Marsala, das er sich gegönnt hatte, war zu viel gewesen. Also noch eine Zigarre.

Mit dem Zeige- und Mittelfinger der rechten Hand – die linke war seine bevorzugte Rauchhand – strich Dr. F. der kleinen Sphinx, die auf der Vitrine mit den anderen Antiken thronte, übers Haupt. Nicht über die Brüste, das hatte er nur einmal gewagt. Saxa loquuntur. Die Steine sprechen.

Es war kein guter Abend gewesen. Er hatte sich mit Abraham und Sachs gestritten. Die beiden hatten von diesem neuen Film geschwärmt, *Das Cabinet des Dr. Caligari*, hatten allen Ernstes versucht, ihn zu überreden, gleichfalls ins Kino zu gehen, aber er hatte genug darüber gelesen, um zu wissen, dass er sich auch diesen Film nicht anschauen würde. Der diabolische Nervenarzt, der somnambule Mörder, ich bitt' euch! Ohnehin ein völlig überschätztes Medium. Was bildeten sich diese Filmkünstler ein – die Geheimnisse der Seele zum Leuchten zu bringen? Nebbich. Da schaute er sich lieber noch die neue Oper von Richard Strauss an. *Die Frau ohne Schatten*. Dr. F. musste lächeln.

Obwohl er schon den ganzen Abend Kaffee getrunken hatte, überkam ihn plötzlich die Lust auf eine weitere Tasse dieses köstlichen Getränks. Aber die Frauen schliefen alle schon, er selbst würde nicht hinüber in die Küche gehen, ohnehin würde er sich dort nicht auskennen. Vielleicht sollte er sich doch lieber schlafen legen. Zwei Uhr war vorbei, seit über einer Stunde sollte er im Bett sein. Er hasste es, wenn sein Rhythmus durcheinandergeriet.

Gerade als er sich entschlossen hatte, die noch nicht einmal zur Hälfte gerauchte Zigarre verglimmen zu lassen, hörte er ein Geräusch. Die Tür zu seinem Behandlungszimmer stand wie immer offen, es musste von dort gekommen sein.

»Anna?«, rief Dr. F. in den vom Wartezimmer her nur schwach erleuchteten Raum hinein. Vielleicht konnte seine Tochter auch nicht schlafen. »Anna?«

Er meinte, einen Schatten an der Wand zu erkennen, vor der die Couch und sein Sessel standen. Da, wieder. Eine Verdunklung huschte über den römischen Kopf, der ihm mit stets gleich leeren Augen über die Schulter blickte, wenn er seinen Patienten lauschte. Erstaunt nahm Dr. F. zur Kenntnis, dass seine Zigarre zitterte. Hätte er sich einen Moment zuvor selbst gefragt, ob er Angst empfinde, er hätte dies verneint.

Mit fester Bewegung erhob er sich von seinem Schreibtisch.

»Wer ist da?«

Kaum dass er sie ausgesprochen hatte, erschien ihm die Frage jämmerlich. Dabei hatte er sich absichtlich gegen das beklommene »Ist da wer?« entschieden. Zum ersten Mal in all den Jahren hatte er das Gefühl, dass der römische Kopf ihn *ansah*. Er brauchte nur wenige Schritte, um vom Arbeits- ins Behandlungszimmer zu gelangen, die schweren Teppiche verschluckten jedes Geräusch.

»Hören Sie auf mit dem Schabernack, wer ist denn da?«, wollte er jetzt rufen. Ungehalten. Eine fremde Stimme kam ihm zuvor. In der Tür vom Warte- zum Behandlungszimmer stand eine Gestalt und malte mit lässig erhobener Hand Schattentiere an die Wand.

»Guten Abend, Herr Doktor. Verzeihen Sie die späte Störung.«

»Wer sind Sie?«

So schnell hatte sich die Fragestellung abermals verschoben. Auch wenn er den Mann im schwachen Gegenlicht nur schemenhaft erkennen konnte, war Dr. F. sicher, ihm nie begegnet zu sein. Zumindest nicht bewusst. Keiner seiner Patienten. Er drehte das Licht im Behandlungszimmer an.

Der nächtliche Besucher sah abgerissen aus. Aus der Zeit gefallen. Schwarzer Gehrock. Weißes Hemd mit einer Halsbinde, wie sie seit hundert Jahren niemand mehr trug. Rock und Hemd waren beide befleckt. Wirre schwarze Haare, ungepflegte Koteletten, die ihm bis an die Mundwinkel wuchsen. Ganz gewiss Alkoholiker. Neurotiker. Schauspieler wohl. Nach der Vorstellung trinken gewesen, ohne das Kostüm abzulegen, und direkt aus dem Beisl in seine Praxis getorkelt. Jetzt meinte Dr. F., den Mann schon einmal gesehen zu haben.

»Verzeihen Sie meinen ungehörigen Auftritt, Herr Doktor, aber es ist mein dringender Wunsch, mich mit Ihnen zu unterhalten.«

Bevor Dr. F. etwas erwidern konnte, war der Eindringling zur Couch gegangen und hatte sich mit einem Seufzen ausgestreckt.

»Sie gestatten doch?«

»Verlassen Sie augenblicklich meine Ordination!«

Beide Sätze waren gleichzeitig gesprochen worden, standen einen kurzen Moment reglos im Raum, bevor sie wie Seifenblasen platzten.

»Hören Sie, es ist mitten in der Nacht, ich habe keine Sprechstunde. Kommen Sie morgen wieder, vereinbaren Sie einen Termin, aber gehen Sie jetzt!«

445

Unheimlicher Gast. Lithographie von Hugo Steiner-Prag.

Der nächtliche Besucher lächelte. Seine Zähne waren gelbbraune Stümpfe.

»Hätten Sie vielleicht noch einen Schluck zu trinken für mich? Es muss nichts Besonderes sein. Rotwein, Likör, was immer Sie zur Hand haben. Und so eine Zigarre würde ich auch nehmen.«

Schweigend ging Dr. F. ins Wartezimmer, um zu schauen, ob auf dem Tisch noch der Marsala stand. Wie vermutet, war alles abgeräumt. Weiter schweigend ging er zu seinem Schreibtisch, holte die Kiste mit den Zigarren und bot sie dem nächtlichen Besucher an. Er spürte, dass er die abgerissene Gestalt nicht aus eigener Kraft loswerden würde. Außerdem flößte sie ihm keine Angst mehr ein, zumindest keine, wie ein gewöhnlicher Einbrecher sie ihm eingeflößt hätte. Dennoch ging von dieser Figur etwas zutiefst Beunruhigendes aus. Gerade weil Dr. F. nun ganz sicher war, das Gesicht zu kennen.

»Nicht ziehen!« Der Satz war ihm herausgerutscht. »Sie dürfen nicht an der Zigarre ziehen, während Sie diese anzünden. Das verdirbt den Geschmack.«

Der nächtliche Besucher schaute Dr. F. erstaunt an. Wie ein Kind. Es war unmöglich, sein Alter zu schätzen.

»Was Sie alles wissen, Herr Doktor. Ich bin doch nur ein armer Pfeifenraucher.«

»Ich kenne Sie irgendwoher.«

Dr. F. setzte sich auf den Stuhl, den er aus dem Wartezimmer geholt hatte. Mit diesem – ja, was war er eigentlich: Patient? –, der dort auf seiner Couch lag, konnte er sich nicht vom Kopfende her unterhalten.

»Ja, Sie kennen mich, Herr Doktor. Sehr gut sogar. So gut, dass Sie zu wissen glauben, mein Vater sei die wundeste Stelle in meinem Seelenleben.«

»Ich denke nicht, dass wir schon einmal miteinander gesprochen haben.«

Der nächtliche Gast wiegte nachdenklich den Kopf. »Es gibt viele Arten, miteinander zu sprechen.« Schmatzend zog er an seiner Zigarre. »Sehen Sie, Herr Doktor. Das Deutsche ist eine wunderbare Sprache. Sie wissen, seine Geheimnisse zu lesen. Es ist so schön, wie Sie erklären, dass das Heimelige das Heimliche und das Heimliche das Unheimliche ist. Dass in Wahrheit das Unheimliche also gar nicht das Gegenteil vom Heimlichen ist. Sondern das Allerheimlichste in ihm verborgen liegt. Heimlich. Unheimlich. Heimlich. Unheimlich.« Der nächtliche Gast machte ein paar wilde Rochaden mit seinen Händen. »Nirgends ist es so heimelig wie zu Hause in meinen stillen vier Wänden. Das Feuer knistert im Kamin, der Punsch dampft, und draußen pfeift der Herbststurm. Aber weiß ich wirklich, was ich tue, wenn mir so heimelig zu Mute ist? Sind's nicht Heimlichkeiten, die ich treibe? Die mich umtreiben? Und mit einem Mal stehe ich ganz fremd vor mir, bin mir selbst unheimlich. Ist es nun gut, wenn meine Heimlichkeiten ans Licht gezerrt werden? Stehe ich dann nicht noch fremder vor mir, als wenn ich sie im Dunkeln gelassen hätte? Ich bin zu

Hause in meinen Unheimlichkeiten. Sie, Herr Doktor, Sie wollen alles entheimlichen. Sie können nicht hausen im Unheimlichen und gewinnen doch keine Heimat dabei.«

Dr. F. hatte mit wachsender Spannung zugehört. »Sie haben meinen Aufsatz über das Unheimliche gelesen?«

»Oh ja. Ich lese alles, was über mich geschrieben wird.«

»Warum glauben Sie, dass ich über Sie geschrieben habe?«

»Schon wieder so eine Frage. Ich glaube es, weil Sie es getan haben. Sie hatten sogar die Güte, mich zum *unerreichten Meister des Unheimlichen* zu küren.« Der nächtliche Besucher verschluckte sich kichernd am Rauch.

»Sie glauben also, der Dichter E. T. A. Hoffmann zu sein?«

Jetzt seufzte der Gast. »Herr Doktor, so kommen wir nicht weiter. Ich muss Ihnen gestehen, Ihr Aufsatz hat mich nicht nur erfreut. Je weiter ich vordrang in der Lektüre, desto mehr hat er mich verstimmt. Sie schreiben dort über meinen *Sandmann*. Wie Sie ahnen, liebe ich meine Erzählung. Deshalb hat es mich geschmerzt, lesen zu müssen, dass mein armer Nathanael unter – wie haben Sie es genannt? – *Kastrationsangst* litte. Woher nehmen Sie die Gewissheit, dass der Unglückliche den finsteren Coppelius, der ihm die Augen rauben will, nicht zu Recht fürchtet? Und dass die Augen in Wahrheit gar nicht die Augen, sondern ein anderes Organ vorstellen sollen? Und dass Nathanael in Wahrheit auch nicht Coppelius fürchte, sondern seinen eigenen Vater?«

Vor Aufregung vergaß Dr. F., an seiner Zigarre zu ziehen. »Alles in Ihrer Geschichte erzählt davon, wie sehr Nathanael auf seinen Vater fixiert ist. Der frühe Tod, an dem er sich mitschuldig fühlt. Ihr Coppelius ist ein durch und durch klassisches Vater-Imago. Warum tritt er immer dann auf, wenn Nathanael kurz davorsteht, sein erotisches Glück zu finden?«

»Haben Sie eben in *Ihrer* Geschichte gesagt? Sie glauben jetzt also, dass ich E. T. A. Hoffmann bin?«

»Das tut im Augenblick nichts zur Sache.«

»Oh doch. Das ist die ganze Sache. Wenn Sie es plötzlich für möglich halten, dass ich der Dichter Ernst Theodor Amadeus Hoffmann bin, gestorben am 25. Juni 1822, und dass ich dennoch hier, am 20. November 1919, auf Ihrem Diwan liege, mit Ihnen Zigarre rauche und über das Unheimliche plaudere, dann müssen Sie sich auch damit abfinden, dass mein Nathanael sich den Dämon Coppelius nicht einbildet und dass seine Augenangst auch für keine andere Angst steht, sondern dass Coppelius und niemand anderer als Coppelius *wirklich* die dunkle Macht war, die den Unglücklichen verfolgte.«

Dr. F. verspürte einen Schwindel. Wollte er sich auf eine Stufe mit dem Eindringling begeben, müsste er wohl sagen: Eine schwarze Faust griff nach seinem Leben. Oder steckte doch nur einer seiner Feinde hinter diesem Schabernack?

Wer war abgeschmackt genug, ihm einen zerlumpten Schauspieler ins Haus zu schicken, um zu sehen, ob er sich aufs Glatteis führen ließ?

»Es ist besser, wenn Sie jetzt gehen. Ich kann Ihnen heute nicht helfen.«

»Ich fürchte, Sie könnten mir auch morgen nicht helfen, Herr Doktor. Und übermorgen auch nicht. Sie werfen Ihren Gegnern vor, einer rationalistischen Denkweise anzuhängen, wenn sie es ablehnen, Ihnen auf Ihrem psychoanalytischen Weg zu folgen. Ich wäre sogleich bereit, Ihnen auf jedem Weg in die Tiefe zu folgen. Aber leiden nicht auch Sie an einem kalten, prosaischen Gemüt, wenn Sie statuieren, dass kein Dämon eine wirkliche Existenz hat, sondern nur ein Phantom des Innern ist? Wenn Sie meinen, jeden Strahl des Geheimnisvollen mit einer Herkunft aus dunkler Kindheit erklären zu können?«

»Das ist infantil!« Die Stimme von Dr. F. klang schriller, als er beabsichtigt hatte. »Wie jeder Neurotiker überbetonen Sie die psychische Realität im Vergleich zur materiellen. Sie regredieren in Zeiten, da sich Ihr Ich noch nicht scharf von der Außenwelt abgegrenzt hatte.«

»Und das wollen Sie mir beibringen? Mein Ich scharf von der Außenwelt abzugrenzen? Aber das ist doch das ganze Elend, unter dem wir leiden. Ich gestehe es freimütig: Ich bin ein Nebler und Schwebler, will es sein. Ich schreibe, damit die Leute wieder lernen, verfließende Schattengebilde für wahre Gestalten zu nehmen, mit Leben und Regung.«

Gastgeber des Unheimlichen. Radierung von Max Pollak.

»In der Kunst sollen Sie das unbenommen machen. Aber nicht in der Wirklichkeit!«

»Noch so eine Trennung. Glauben Sie, ich hätte auch nur eine einzige Erzählung schreiben können, wenn ich die Kunst von der Wirklichkeit getrennt hätte?«

Der Besucher richtete sich auf. »Es tut mir leid, Herr Doktor, dass ich Ihre nächtliche Ruhe gestört habe. Bei aller Skepsis hat es mich dennoch gefreut, Ihre Bekanntschaft gemacht zu haben. Und für diese Zigarre gebührt Ihnen mein ewiger Dank.«

Mit diesem Satz erhob sich der Fremde von der Couch, machte eine angedeutete Verbeugung und verließ das Behandlungszimmer so lautlos, wie er es betreten hatte.

Dr. F. vermochte nicht zu sagen, wie lange er auf seinem Stuhl verharrt hatte. Als er wieder zu sich kam, war die Zigarre in seiner Hand erloschen. Auf dem Teppich lagen kleine Aschekegel. War er eingeschlafen? Hatte er geträumt? Er starrte auf die Couch, die leer vor ihm stand. Der Stuhl fiel um, als er sich endlich erhob. Sein Hals brannte, sein Rücken schmerzte.

»Verrückt«, hörte er sich selbst sagen. Er ertappte sich dabei, wie er die Couch nach Spuren des nächtlichen Spuks absuchte, doch da war nichts. Hätte er wenigstens die Zigarren in seiner Schachtel zuvor abgezählt, könnte er jetzt sagen, ob eine fehlte. Aber in dieser Nacht war so viel geraucht worden, dass er den Überblick verloren hatte.

Ich muss weniger arbeiten, dachte er, als er zurück an seinen Schreibtisch ging, um sich sogleich einige Notizen über das sonderbare Erlebnis zu machen. Auf dem kleinen Beistelltischchen, das rechts von seinem Schreibtisch stand, lag neben den beiden Terrakottafiguren ein Buch, es war aufgeschlagen. Dr. F. konnte sich nicht erinnern, es dorthin gelegt zu haben. Noch bevor er es in die Hand nahm, erkannte er, dass es die *Nachtstücke* waren. Er hatte seinen Aufsatz über *Das Unheimliche* vor Monaten beendet, ohne Zweifel hatte er das Buch längst ins Regal zurückgestellt. Jemand hatte etwas auf die erste Seite gekritzelt. Eine Widmung.

Das Unheimliche ist das Wirkliche,
 Für Dr. F.
  in vorzüglicher Hochachtung
  E. T. A. Hoffmann

Dr. F. hob den Blick gerade noch rechtzeitig, um zu sehen, wie ihm die kleine Sphinx auf der Vitrine zuzwinkerte.

[td]

▶ Abgrund, German Angst, Puppenhaus, Waldeinsamkeit, das Weib

Vater Rhein

Wie kommt ein Fluss dazu, Vater zu werden? Nicht so sehr, indem er unge-
zügelter Zeugungslust frönt – auch wenn es nicht schadet, dass ihm ein paar
Nixen und Nymphen nachgesagt werden. Wichtiger ist, dass verunsicherte
Menschenkinder beschließen: Wir brauchen einen Vater. Einen gütigen. Einen
starken. Einen, der uns hilft.

Für die vorchristlichen Römer, die die Rheingegend als Erste systematisch
besiedelten, war es normal, Flüsse und die Götter, die sie darin vermuteten, als
»Pater« anzurufen, wann immer sie sich in einer heiklen Situation vor Fluss-
landschaft befanden. Auch im Tiber sahen sie einen Vater – oder in der Donau,
die damals noch ein männlicher »Danuvius« war. Aber kein Römer käme heute
mehr auf die Idee, dem »Padre Tevere« ein Liedchen zu singen. Und die Donau
hat ihren Vatertitel spätestens bei der Geschlechtsumwandlung eingebüßt – zur
»Mutter Donau« wurde sie allenfalls in dem einen oder anderen slawischen
Lied. Für Deutsche und Österreicher ist sie einfach schön und blau.

Warum hat es ausgerechnet der Rhein geschafft, über all die Jahrhunderte
Vater zu bleiben?

Schon immer war er nicht irgendein Gewässer, sondern ein besonderer
Strom. Caesar soll ihn zweimal überschritten haben. Allerdings nur um zu beschließen, dass das Wald-, Sumpf- und Stammeschaos jenseits des Rheins, das
eigentliche Germanien, keine ernsthafte kolonisatorische Mühe wert sei. Erst
Kaiser Augustus befahl die Expansion gen Nordosten, oder wie das Volkslied
lästert: »Als die Römer frech geworden, / Simserim simsim simsim / Zogen sie
nach Deutschlands Norden, / Simserim simsim simsim ...«

Im Jahre neun nach Christi Geburt erlebte der neue Befehlshaber am Rhein,
Publius Quinctilius Varus, im Teutoburger Wald sein Waterloo: Der Cherusker-
fürst Arminius, besser bekannt als »Hermann«, zwang die Römer zum zeit-
weisen Rückzug hinter den Rhein – ohne im Gegenzug selbst nach Gallien vor-
zudringen.

Es sollte noch ein halbes Jahrtausend dauern, bis mit den Franken zum ersten
Mal ein germanischer Stamm die Macht in Mittel-West-Europa an sich brachte.
Der Rhein war für sie zwar nicht der unheimliche Grenzstrom weit im Nord-

osten, als welcher er sich aus römischer Sicht dargestellt hatte, sondern heimisches Gefilde. Aber auch sie rüttelten zunächst nicht an der alten imperialen Ordnung, dass nordöstlich des Rheins teutonisches Brachland begann und sich der kultivierte Blick gen Südwesten zu richten hatte.

Erst Karl der Große weitete an der Wende vom 8. zum 9. Jahrhundert den fränkischen Machtbereich ostwärts aus: Der Rhein hörte auf, letzter Fluss vor der Barbarei zu sein, und wurde zu einer Herzader der europäischen Zivilisation. Und des Christentums. Aachen, Trier, Mainz, Worms, Speyer, Straßburg: Die ältesten deutschen Dome und Münster finden sich am Rhein oder in seiner Nähe. In den linksrheinischen Städten entstanden mächtige Bischofssitze und Bistümer, der Rhein wurde zur »Pfaffengasse«. (Der berühmteste aller Rhein-Dome hingegen, jener in Köln, wurde nach jahrhundertelangen Unterbrechungen erst zwischen 1842 und 1880 fertiggebaut – was seine leicht befremdliche Nachbarschaft zum Hauptbahnhof erklären mag. Der alte »Centralbahnhof« konnte 1859 eröffnet werden.)

Schon die Römer hatten damit begonnen, den Rhein als Handelsstraße zu nutzen. Doch bis in die Neuzeit war der Fluss kein Terrain für weiße Flottenkapitäne, nur verwegene Schiffer wagten sich auf das strömende Gewässer mit seinen zahlreichen Untiefen und Strudeln. Heute vermittelt einzig das enge Tal zwischen Bingen und Koblenz, das romantische Filetstück des Rheins, eine kleine Ahnung davon, wie ungezügelt dieser einst auch in seinem oberen Lauf durch die Landschaft mäanderte. Im Mittelalter wurden die ersten Deiche und Uferbefestigungen errichtet, um der rheinischen Hochwasserneigung nicht gänzlich schutzlos ausgeliefert zu sein – die methodische Zähmung des Flusses nahm der badische Ingenieur Johann Gottfried Tulla ab 1817 in Angriff. Bei der »Rheinkorrektion« wurden dem Fluss alle Windungen, die er sich zwischen Basel und Worms leistete, mit Hilfe von Landdurchstichen abgeschnitten, er auf diese Weise um erstaunliche 81 Kilometer kürzer gemacht.

Geht man so mit einem Vater um?

Wenn es etwas gibt, das den deutschen Genius auszeichnet, ist es seine Neigung, technologischen Fortschritt, den er selbst anstößt oder sich aneignet, sofort romantisch bzw. mythologisch abzufedern: Er erfand die Forstwirtschaft – und begann, den deutschen Wald zum Märchenwald zu verzaubern. Er übernahm von England die Eisenbahn – und nannte sie »Rollendes Flügelrad«. Als er sich also anschickte, dem alten Rhein mit Stichspaten zu Leibe zu rücken und ihm dann auch noch stählerne Gleise neben das Bett zu legen, verlangte dies nach symbolischer Wiedergutmachung. Der deutsche Naturbezwinger schritt forsch in die Zukunft – der deutsche Dichter hockte ihm auf den Schultern und blickte mit Wehmut zurück.

»Warum ist es am Rhein so schön?« Allegorisches Schmuckblatt mit Vater Rhein und Loreley um 1860.

Immer wieder hatten einzelne Schriftsteller in der Renaissance den »Rhenus Pater«, im Barock den »Vater Rhein« besungen und so das römisch-heidnische Bild klammheimlich durch die Pfaffengasse getragen. Hemmungslos an die feuchte Vaterbrust konnte man sich erst wieder werfen, nachdem die Aufklärung das Christentum porös gemacht hatte.

Der mit der »Götternacht« ringende Dichter Friedrich Hölderlin setzte sich an den Fuß der Schweizer Alpen, nicht nur, um dem Toben des jungen Rheins zu lauschen, der ihm als gefesselter Halbgott erschien, sondern auch um nordwärts zu blicken: »Und schön ist's, wie er drauf, / Nachdem er die Berge verlassen, / Stillwandelnd sich im deutschen Lande / Begnüget und das Sehnen stillt / Im guten Geschäfte, wenn er das Land baut, / Der Vater Rhein, und liebe Kinder nährt / In Städten, die er gegründet.«

Eine schlichtere Vorstellung von der göttlichen Güte, die Vater Rhein seinen Kindern angedeihen lässt, machte sich Ludwig Hölty in seinem *Rheinweinlied*, das 1776, knapp dreißig Jahre vor der Hölderlinschen Rhein-Hymne, veröffentlicht wurde: »Ein Leben wie im Paradies gewährt uns Vater Rhein; / Ich geb' es zu, ein Kuss ist süß, doch süßer ist der Wein!«

Der volkstümliche Dichter beförderte damit ein Genre, das in den folgenden Jahrzehnten und Jahrhunderten so beliebt werden sollte, dass man bisweilen meinen könnte, Vater Rhein sei in Wahrheit gar kein Flussgott, sondern der deutsche Bacchus. Seinen vorläufig letzten Höhepunkt fand der rheinische Weinreim in jenem Schlager, der in den 1960er Jahren den gesamten Karneval zum Schunkeln brachte: »Ich hab' den Vater Rhein in seinem Bett geseh'n. / Ja, der hat's wunderschön, der braucht nie aufzusteh'n. / Und rechts und links vom Bett da steht der beste Wein, / Ach wäre ich doch nur der alte Vater Rhein.«

Zum touristischen Tollhaus wurde der Rhein nicht erst in der Gegenwart. Schon im 18. Jahrhundert zog es die Reisenden aus ganz Europa, vor allem aus England, zu ihm hin. Natürlich wollten sie die Kaiserdome sehen, den Drachenfels, die Pfalz, die mitten in den Rhein gebaut war, um Zölle zu kassieren, den Mäuseturm, in dem der garstige Mainzer Erzbischof Hatto verendet sein soll, die schaurig schönen Raubritterburgen und Ruinen, die so würdige Namen tragen wie »Stolzenfels« oder »Ehrenfels« und so lustige wie »Katz« oder »Maus«. (Nach der Loreley dürften jene Reisenden noch nicht Ausschau gehalten haben, sie kam erst im 19. Jahrhundert in Mode.) Aber ohne die weinbedingte Lebens- und Sangesfröhlichkeit, zu der er auch steifere Gemüter inspiriert, wäre der Rhein nie zu der Goldgrube geworden, neben der alle Nibelungenschätze, die auf seinem Grund schlummern mögen, verblassen.

Als der Niedersachse und Dada-Dichter Kurt Schwitters im Sommer 1926 samt Eltern und Gattin den Rhein hinaufschipperte, wunderte auch er sich, dass es dort so viel munterer zuging als anderswo in deutschen Landen: »Wie es eine

Gegend der Denker und Geistesheroen in Weimar gibt, so gibt es in Berlin eine Gegend der Börsianer, in Hamburg eine Gegend der Kaufleute und am Rhein eine Gegend der Sänger. Jeder singt dort, gleichgültig, ob er kann oder nicht. Man singt einzeln oder scharenweise. Wenn die Stimme nicht so schlecht ist, höre ich Einzelgesang noch lieber. Sonst ist für einen harmlosen Passanten, der nur Natur genießen will, das Singen bedeutend störender als der Geist in Weimar, die Börse in Berlin oder der Handel in Hamburg, weil es so laut ist.«

Subtile Geister ahnten natürlich schon vorher, dass solch überschäumend vorgetragene Lebensfreude nur das Krönchen ist, das auf eigentlich dunklen Wassern tanzt.

»Freundlich grüßend und verheißend / Lockt hinab des Stromes Pracht; / Doch ich kenn' ihn, oben gleißend, / Birgt sein Inn'res Tod und Nacht.« So fasste es der Düsseldorfer Heinrich Heine zusammen – »des freien Rheins noch weit freierer Sohn«, als welchen er sich selbst bezeichnete. Die Gefährlichkeit des Rheins lag natürlich in erster Linie darin, dass er allen Bändigungsmaßnahmen zum Trotz ein mächtiger, durchaus launischer Strom blieb. Das »Binger Loch«, ein dramatischer Strudel unweit des düsteren »Mäuseturms«, brachte zahlreiche Schiffe zum Sinken, bis ins 20. Jahrhundert hinein. Zur berühmtesten Gefahr für alle Vorbeifahrenden wurde jedoch ein ebenso schönes wie unglückliches blondes Fräulein, dessen Sitz auf dem hohen Felsen gegenüber von St. Goar vermutet wurde.

Ob die Loreley ein ursprünglich irdisches oder ein durch und durch verhextes Zauberweib gewesen sein mag – darüber gingen die Ansichten früh auseinander. In seiner ersten Annäherung an die Hinreißende ließ der Dichter Clemens Brentano sie zunächst als »Lore Lay« aus Bacharach auftreten. Ihren magischen Reiz, dem die stolzesten Männer erlagen, verdankte sie dem traurigen Umstand, dass zuvor ein Schnöder ihr das Herz gebrochen hatte. Wandelnde Männerfalle zu sein, bot der Armen keine Genugtuung (der Feminismus war noch nicht erfunden), lieber wollte sie im Rhein sterben. Damit machte sie das Unheil allerdings nur noch größer. Denn jetzt war sie dazu verdammt, als sagenhafte »Lureley« der halben Welt den Kopf zu verdrehen. Aber wer weiß: Vielleicht hätte sie ihren Frieden auf dem Grund des Rheins gefunden, hätte Heinrich Heine nicht seine bezaubernden Verse geschrieben, und hätte Friedrich Silcher diese nicht so anrührend schlicht vertont, dass heute sogar japanische Schulkinder singen: »Ich weiß nicht, was soll es bedeuten, / Dass ich so traurig bin; / Ein Märchen aus alten Zeiten, / Das kommt mir nicht aus dem Sinn ...«

»Lore Lay« war nicht die Einzige, die ihrem irdischen Leben am bzw. im Rhein ein Ende setzte. Jahre bevor der Kult um die blonde Zauberin begann, erstach sich die (dunkelhaarige) Schriftstellerin Karoline von Günderrode an seinem Ufer. Ihre Geschichte ist nicht weniger traurig als die ihrer berühmten

Romantische *Sommernacht am Rhein*, Christian Eduard Böttcher, 1862.

Leidensschwester. Als 21-Jährige klagte sie in einem Brief: »Schon oft hatte ich den unweiblichen Wunsch, mich in ein wildes Schlachtgetümmel zu werfen, zu sterben. Warum ward ich kein Mann! Ich habe keinen Sinn für weibliche Tugenden, für Weiberglückseligkeit. Nur das Wilde, Große, Glänzende gefällt mir. Es ist ein unseliges, aber unverbesserliches Missverhältnis in meiner Seele; und es wird und muss so bleiben, denn ich bin ein Weib und habe Begierden wie ein Mann, ohne Männerkraft.«

In den folgenden Jahren arbeiteten verschiedene Männer daran, das Herz dieser Wilden zu brechen. Clemens Brentano forderte die Kollegin, die eng mit seiner Schwester Bettine befreundet war, auf: »So öffne alle Adern Deines weißen Leibes, dass das heiße schäumende Blut aus tausend wonnigen Springbrunnen spritze! So will ich Dich sehen und trinken aus den tausend Quellen, trinken, bis ich berauscht bin und Deinen Tod mit jauchzender Raserei beweinen kann, weinen wieder in Dich all Dein Blut und das meine in Tränen, bis sich Dein Herz wieder hebt und Du mir vertraust, weil das meinige in Deinem Puls lebt.«

Nicht der Liebesbrief als solcher war das Problem. Im Gegenteil: Als romantische Dichterin verzehrte man sich nach solchen Briefen. Das Problem war, dass er vom Falschen kam. Die Günderrode schätzte Brentano als Dichterkollegen, nicht als Mann. Verliebt war sie zu jener Zeit in den angehenden Juristen Friedrich Carl von Savigny – der ihren Gefühlssturm damit erwiderte, dass er eine andere Brentano-Schwester, das liebe »Gundelchen«, heiratete und seinem »dumm Günderrödchen« befahl: »Sei mir nicht mehr betrübt, wenn Du mich siehst! Vielmehr musst Du mir, Savigny, an den Hals springen und mich küssen. Hast's gehört!«

Den Rest besorgte der Mythen- und Altertumsforscher Friedrich Creuzer, der Nächste, an den die Günderrode ihr Herz verschleuderte. Auf Druck seiner Ehefrau beendete der Professor das Verhältnis mit der Stürmischen – im Sommer 1806 griff die 26-Jährige zu dem Dolch, den sie schon lange für diesen Zweck aufbewahrt hatte, ging an den Rhein und erstach sich. Als postumen Liebesdienst sorgte der ehrbare Professor dafür, dass Karoline von Günderrodes letztes Werk, *Melete*, in dem er sich erkannt fühlte, auch zu seinen Lebzeiten nicht mehr veröffentlicht wurde.

Die DDR-Schriftstellerin Christa Wolf und bundesrepublikanische Feministinnen entdeckten die Günderrode in den 1970er Jahren wieder, nachdem bereits zu ihrem hundertsten Todestag 1906 eine Werkausgabe erschienen war. Doch bis heute fragt sich kein gewöhnlicher Rheinreisender, was es bedeuten soll, wenn er an dem Örtchen Winkel vorüberfährt, auf dessen Friedhof die Unglückliche begraben liegt. Daran vermochte auch nichts zu ändern, dass sie in dem Dichter Stefan George doch noch ihren Heine fand, der ihr nachsang:

»Du warst die Huldin jener sagengaue: / Ihr planlos feuer mond und geister-
scheine / Hast du mit dir gelöscht hier an der aue [...] / Ein leerer nachen treibt
im nächtigen Rheine.«

Zu dessen Grund zog es auch den zeitlebens elenden Komponisten Robert
Schumann. Seit seinen Studententagen in Heidelberg träumte der gebürtige
Sachse davon, seinen wahlweise als »himmlisch«, »ledern«, »auflösend« oder
»poetisch« empfundenen »Katzenjammer« nicht länger im Wein, sondern gleich
im Rhein zu ertränken. Auch er litt an der Liebe wie an der Welt. Erst hielt
ihn seine angebetete Clara, die damals noch Wieck hieß und ein international
gefeiertes Wunderkind am Klavier war, damit hin, dass seine finanzielle Situation zu wünschen übrig ließe und sie ihn deshalb nicht heiraten könne. Als sie
dann endlich Clara Schumann geworden war, vermochte sie seinen Lebens-
schmerz jedoch auch nicht dauerhaft zu lindern – was mehr an der Aussichts-
losigkeit der Aufgabe denn an ihr gelegen haben dürfte. Die achtfache Mutter,
Konzertpianistin und Komponistin nahm erstaunliche Rücksicht auf die ver-
düsterte Seele ihres Mannes, indem sie sich etwa erst wieder ans Klavier setzte,
als sich das Ehepaar eine Wohnung leisten konnte, die groß genug war, dass es
ein eigenes, entfernt gelegenes Zimmer für Clara gab, in dem ihr Spiel den Meister nicht störte.

Am Rosenmontag 1854 verließ der Komponist im strömenden Regen das
Haus, das er und seine Familie in Düsseldorf bewohnten, und ging an den Rhein.
Die Benutzung der Pontonbrücke kostete Geld, Schumann aber war nur mit
einem Schlafmantel bekleidet, also überreichte er dem Brückenwärter sein Ta-
schentuch als Pfand. Im Karneval ist alles Scherz. Auch wenn ein Mann seinen
Ehering in den Rhein wirft. Und wenn er selbst hineinspringt? Ein Schiffer zog
den Komponisten, der »des pöbelhaften Treibens«, der »Gemeinheit der Welt«
so müde war, dass er letzte Zuflucht beim Vater Rhein gesucht hatte, aus dem
Wasser und brachte ihn an Land.

Schumann selbst beschloss, sich in die Nervenheilanstalt in Endenich ein-
zuliefern – aus Angst, er könne seiner Familie etwas antun. Über zwei Jahre zog
sich die »schwere Leidenszeit« noch hin, die er an jenem Rosenmontag hatte
beenden wollen. Sein Geist folgte der Vortragsbezeichnung, die dem Musiker so
vertraut gewesen war: »Verhallend nach und nach.«

Es gibt Schlimmeres, als auf dem Grunde des Rheins zu stranden. Glaubt
man abermals Clemens Brentano, kann einem nichts Besseres passieren. In seinen *Rheinmärchen* erzählt der Dichter so verlockend von dem gläsernen Unter-
wasserschloss, in dem sich der alte Vater um alle Kindlein kümmert, die als
Strafe für königliche Kaltherzigkeit zu ihm hinabmussten, dass man in kein
himmlisches Reich mehr eingehen möchte. Selbst die Wiederauferstehung ist
nicht ausgeschlossen. Gesetzt den Fall, es finden sich an Land genug märchen-

Der düstere Rhein. Photographiert von August Sander.

kundige Eltern: »Wenn ich kein einziges Märchen mehr weiß, um es den Kindern zu erzählen, [...] dann soll mir einen Tag um den andern eine gute Mutter aus Mainz ein Märchen erzählen, und dafür will ich ihr immer ihr Kind wiedergeben, bis sie alle droben sind.«

Ist es ein Wunder, dass man einem Vater, der solches spricht, in der Romantik Blumenkränze flocht, ihm Tag und Nacht Lieder sang und ihn als »himmelhohes Lustgerüst« verehrte? Nirgends war die deutsche Sehnsucht, in den Abgründen, vor denen sich der Rest der Welt fürchtete, heimisch zu werden, besser aufgehoben als im Rhein. Nie wurde er zum Grand Hotel Abgrund, obwohl sich von seinen luftigen Terrassen herab, bei einem guten Gläschen Wein, trefflich hätte über die verkommenen Zeitläufte dozieren lassen. Er blieb die letzte Herberge für diejenigen, denen alles genommen, alles verloren war.

Keiner spürte das deutlicher als Heinrich Heine. Das innigste Denkmal hat er »seinem« Vater Rhein in der Fragment gebliebenen Erzählung *Der Rabbi von Bacherach* gesetzt.

Beim großen Fest am Abend vor Pessach schmuggeln als Juden getarnte Christen ein totes Kind unter die reich gedeckte Sedertafel im Hause des Rabbi. Abraham ahnt das Pogrom, das ausbrechen wird, sobald die vermeintlich jüdische Schandtat bekannt wird. Gemeinsam mit seiner schönen Gattin verlässt er den Ort und flieht in einem Kahn rheinaufwärts. Als sie eine Weile auf dem Fluss unterwegs sind, weicht Saras tiefe Verzweiflung einer ebenso tiefen Gemütsruhe. »Wahrlich, der alte, gutherzige Vater Rhein kann's nicht leiden, wenn seine Kinder weinen; Tränen stillend wiegt er sie auf seinen treuen Armen und erzählt ihnen seine schönsten Märchen und verspricht ihnen seine goldigsten Schätze, vielleicht gar den uralt versunkenen Nibelungenhort.«

Lauscht man Brentano und Heine, ist der Rhein der mütterlichste Vater, den die Deutschen je erfunden haben. Nur allzu verständlich, dass der jüdische Dichter, der sich als junger Mann taufen ließ, weil er sich davon bessere Berufsaussichten versprach – und in den Augen vieler dennoch »der Jude Heine« blieb –, dass der linke Revolutionär, der sein Leben in einer Pariser »Matratzengruft« beendete, weil er in Deutschland endgültig zur Unperson geworden war, in Zorn geriet, als der Rhein aufhörte, Trost spendender Vater für alle mit Mühsal Beladenen zu sein, und stattdessen in den Mittelpunkt deutsch-französischer Nationalgefechte geriet.

Eines übersah der frankophile Heine, der die deutsche Sehnsucht nach nationaler Herrlichkeit aus vollem Herzen verabscheute, jedoch: Der Rhein wäre nie zu seinem geliebten Vater geworden, hätten die Franzosen ihn nicht nur phasenweise, sondern durchgängig auf ihrem Staatsgebiet gehabt.

»Für uns Franzosen ist es schwer zu verstehen, welch tiefe Verehrung die Deutschen für den Rhein empfinden«, notierte der Schriftsteller Alexandre

Dumas bei seiner Rheinreise im Jahre 1838. Auch Victor Hugo, der vermutlich größte französische Rheinliebhaber aller Zeiten, sann in seinem Reisebericht von 1840 darüber nach, ob Hattos finsterer »Mäuseturm« ihn so faszinieren würde, hätte ihm nicht in seiner Kindheit eine deutsche Hausangestellte ein Bild der Ruine übers Bett gehängt und die dazugehörigen Geschichten erzählt.

Das Gezerre um den Rhein begann im Spätherbst 1794, als französische Revolutionsheere die linksrheinischen Gebiete besetzten. Das Unglück der betroffenen Rheinländer hielt sich anfangs jedoch in Grenzen – man war den Flickenteppich aus zig rivalisierenden Kurfürstentümern ohnehin leid, und als Napoleon kam, freute man sich über die liberaleren, einheitlicheren Gesetze, die er mitbrachte. In Wallung geriet das deutsche Blut erst nach den Befreiungskriegen, nachdem sich die Franzosen wieder hatten vom Rhein zurückziehen müssen.

Die Parole gab der Dichter und spätere Politiker Ernst Moritz Arndt mit seiner Schrift *Der Rhein, Deutschlands Strom, aber nicht Deutschlands Grenze* aus. Plötzlich schwebte der alte Geist Karls des Großen wieder über den Wassern: Die Germanen wollten sich nicht noch einmal an die Peripherie der abendländischen Zivilisation drängen lassen. Zwar war man nach wie vor keine politische Nation, dafür aber umso stolzere Kulturnation geworden.

Ein regelrechter Sängerkrieg brach aus, als die französische Regierung im Jahre 1840 erneut Anspruch auf die linksrheinischen Gebiete erhob. Vom rechten Ufer rief Max Schneckenburger: »Es braust ein Ruf wie Donnerhall, / Wie Schwertgeklirr und Wogenprall: / Zum Rhein, zum Rhein, zum deutschen Rhein! / Wer will des Stromes Hüter sein? / Lieb Vaterland, magst ruhig sein; / Fest steht und treu die Wacht am Rhein.«

In Paris wurde die teutonische Kampfansage, die in Zeiten deutsch-französischer »Erbfeindschaft« zur heimlichen Nationalhymne aufstieg, mit Pathos erwidert: »Au premier coup de bec / Du vautour germanique, / Qui vient te disputer ta part d'onde et de ciel, / Tu prends trop tôt l'essor, roi du chant pacifique, / Noble cygne de France, à la langue de miel.«

(Da das Gedicht von Edgar Quinet nie offiziell ins Deutsche übertragen wurde, möge die prosaische Hilfestellung genügen: »Der erste Schnabelhieb des germanischen Geiers, der dir deinen Anteil an Wogen und Himmel streitig macht, lässt dich schon auffliegen, König des friedlichen Gesangs, edler Schwan Frankreichs mit der honigsüßen Zunge.«)

Die nächste Runde im Sängerkrieg, der nun auch zu einer ornithologischen Schlammschlacht ausuferte, eröffnete Nikolaus Becker: »Sie sollen ihn nicht haben, / Den freien deutschen Rhein, / Ob sie wie gier'ge Raben / Sich heiser danach schrei'n. / Solang er ruhig wallend / Sein grünes Kleid noch trägt, / Solang ein Ruder schallend / In seine Woge schlägt.«

Während Robert Schumann und andere Komponisten dafür sorgten, dass sich die Verse in jedem deutschen Ohr festsetzten, konterte Alfred de Musset: »Wir haben ihn gehabt, den deutschen Rhein. / In unser'm Glas sah'n wir ihn funkeln. / Mit eures Schlagers Prahlerei'n / Wollt ihr die stolze Spur verdunkeln, / Die uns'rer Rosse Huf grub Euch ins Blut hinein.«

Zwischen die Fronten begab sich Heinrich Heine von Paris aus. In seinem Epos *Deutschland. Ein Wintermärchen* freuen sich Vater Rhein und sein verlorener Sohn zwar heftig, sich nach dreizehn Jahren endlich wiederzusehen. Doch gleich geht es um Politik. Heines Rhein klagt, wie schwer ihm »die Verse von Niklas Becker« im Magen lägen: »Er hat mich besungen, als ob ich noch / Die reinste Jungfer wäre, / Die sich von niemand rauben lässt / Das Kränzlein ihrer Ehre. // Wenn ich es höre, das dumme Lied, / Dann möcht' ich mir zerraufen / Den weißen Bart, ich möchte fürwahr / Mich in mir selbst ersaufen.«

Drum sehnt sich der Alte nach den »Französchen« in ihren »weißen Höschen« zurück, bis der Dichter ihm versichert, dass auch die Franzosen auf dem besten Weg seien, deutsche Philister zu werden.

Nur ein souveräner Spötter wie Heine konnte erkennen, was den nationalistischen Federrasslern in beiden Lagern entging: Unter all dem martialischen Getöse hatte sich der Vater Rhein endgültig in ein hilfloses, schutzbedürftiges Wesen verwandelt – ein Bild, das es zuvor so deutlich nur in römischen Zeiten gegeben hatte, wo er immer wieder als gefesselte Kriegsbeute dargestellt worden war.

Noch verdrehter wurden die rheinischen Geschlechterrollen, als 1883, zwölf Jahre nach dem großen Sieg über Frankreich und der anschließenden Reichsgründung, in Rüdesheim das Niederwalddenkmal, die steinerne »Wacht am Rhein«, errichtet wurde. Denn wer steht dort, stolz aufs Schwert gestützt, um die »heilige Landesmark« zu beschützen? Kein deutscher Mann, »bieder, fromm und stark«, wie es im Lied von Schneckenburger heißt. Ein Weib wacht über Vater Rhein: Germania.

Ist es Zufall, dass die Wilhelm-vernarrten Denkmalbauer ihr ausgerechnet hier den Vorzug gaben, wo sie doch sonst zwischen Porta Westfalica, Deutschem Eck und Kyffhäuser kaum eine Gelegenheit ausließen, den ersten deutschen Kaiser selbst auf den Sockel zu heben? (Dass im Teutoburger Wald »Hermann« sein Schwert in den Himmel recken durfte, verstand sich von selbst.) Natürlich gab und gibt es andere Germania-Denkmäler als jenes auf dem Rüdesheimer Berg. Aber kaum ein zweites zeigt sie so kämpferisch. Anderorts beschränkte sich ihre Denkmal-Rolle eher darauf, die gefallenen Söhne des Vaterlands zu betrauern: nicht selbst Kriegerin, sondern Kriegermutter, Kriegerwitwe.

Vielleicht hatten die Denkmalbauer auch das Nibelungenlied im Sinn, dessen blutiger Hauptschauplatz Worms keine hundert Kilometer flussaufwärts liegt.

Wer, wenn nicht Brünhild und Kriemhild, sind die Ahnfrauen des germanischen Schlachtenweibs, das jeden Mann (außer Siegfried) das Zittern lehrt?

Nicht nur die nährende, tröstende Mütterlichkeit des Vaters Rhein und dass ihm eine starke Beschützertochter zur Seite gestellt wurde, sorgten dafür, dass sich im 19. Jahrhundert unter seiner Oberfläche ein weiterer Strudel der Geschlechterverwirrung bildete. Wieder war es Heinrich Heine, der eine deutsche Bizarrerie als Erster witterte. Im *Wintermärchen* ließ er den alten Vater die Sorge aussprechen, dass die Deutschen aus ihm die »reinste Jungfer« gemacht hätten. Die Sorge war berechtigt. Allerdings war an seiner Jungferisierung weniger der verhasste Niklas Becker schuld als vielmehr sein eigener Name. In einem Land, das so reinheitsfanatisch ist und so sehr zur Sprachmystik neigt wie Deutschland, heißt man nicht folgenlos »Rhein«.

»I drove to the Rhine River and went across on the pontoon bridge. I stopped in the middle to take a piss and then picked up some dirt on the far side in emulation of William the Conqueror.« Dies soll US-General George S. Patton im März 1945 gesagt haben. Ob das Bild wirklich der Beweis dafür ist, dass er in den Rhein gepisst hat?

Ausgerechnet in der Wiege des deutschen Katholizismus schickte sich der Rhein an, als unbefleckter Vater der heiligen Mutter Maria Konkurrenz zu machen. Welchen Sinn – wenn nicht den, etwas als »rein« Verehrtes zu entweihen – hätte es sonst gehabt, dass französische Soldaten nach erfolgreicher Rheinüberschreitung offenbar regelmäßig in eben jenen hineinpinkelten? »Dass ich keine reine Jungfer bin, / Die Franzosen wissen es besser, / Sie haben mit meinem Wasser so oft / Vermischt ihr Siegergewässer.« So beschrieb Heine den eigenwilligen Brauch. Selbst General George S. Patton soll sich – nachdem die dritte US-Armee in der Nacht vom 22. auf den 23. März 1945 den Rhein bei Nierstein überquert hatte – Zeit für das alte »Pissing-in-the-Rhine«-Ritual genommen haben. Bei den Händlern militärischer Devotionalien kursieren noch immer Fotos, die behaupten, den denkwürdigen Augenblick zu zeigen.

Fern von solchen Niederungen befand sich Hölderlin, als er die vierte Strophe seiner Rhein-Hymne mit dem Satz begann: »Ein Rätsel ist Reinentsprungenes.« Im Gedicht geht es mitnichten um die christlichen Mysterien der Jungfrauengeburt. Erzählt wird das Leben des Rheins, der »aus heiligem Schoße glücklich geboren« zu den wenigen Auserwählten zählt, zu den »Halbgöttern«, die »frei bleiben« ihr Leben lang, ganz gleich, ob sie sich einen Weg durch feindlichste Umwelt bahnen müssen (wie in der engen Schlucht der Via Mala) oder sich die Landschaft ihnen harmonisch anschmiegt (wie im Oberrheintal).

Der deutsche Obersprachmystiker der Neuzeit, der Philosoph Martin Heidegger, deutete Hölderlins Rheingedicht zum großen Weltgesang über Schicksal und Freiheit aus. Der Rhein als »Reiner«, der »Reine« als einzig »Freier«, weil für ihn der eigene Wille und der Widerstand, den ihm die Umwelt leistet, kein Widerspruch sind: So munter kann deutsche Theoriebildung strömen. Da hilft es nichts, wenn nüchterne Etymologen die Hände über dem Kopf zusammenschlagen und darauf hinweisen, dass der Rhein seinen Namen mit größter Wahrscheinlichkeit dem indogermanischen Wortstamm »rei« wie »fließen« verdankt und ganz sicher mit keiner wie auch immer gearteten Reinheit verwandt sei. Der reine Rhein klingt einfach zu gut, um nicht wahr zu sein.

Das muss sich auch der Komponist Richard Wagner gedacht haben, als er am Schluss seines *Rheingolds* die verzweifelten Rheintöchter klagen ließ: »Rheingold! Rheingold! / Reines Gold! / O leuchtete noch / in der Tiefe dein laut'rer Tand! / Traulich und treu / ist's nur in der Tiefe: / falsch und feig / ist was dort oben sich freut.«

Auch hier geht es um deutlich mehr als um die reine Freude am Wortspiel. Nachdem der dämonische Nibelungenzwerg Alberich den Rheintöchtern das Gold geraubt und zum verfluchten, allmächtig machenden Ring geschmiedet hat, gibt Göttervater Wotan den Schatz, den er nun geraubt hat, nicht an die Wassernixen zurück, sondern benutzt ihn, um sein pompöses Walhall zu finanzieren. Die Strafe wird ihn drei Bühnenabende später ereilen, wenn er und die ganze von ihm gegründete Zivilisation in den Flammen der *Götterdämmerung* untergehen, während der gesühnte Rhein wieder in seiner ursprünglichen Reinheit vor sich hin fließen darf.

Die Katastrophe, die sich am 1. November 1986 im Werk Schweizerhalle der Sandoz AG ereignete, hielt sich nicht an das Wagnersche Libretto. Zwar machte sich ein Großbrand über eine Institution menschlichen Fortschrittsglaubens her – die befleckte Natur in Gestalt des Rheins durfte sich aber mitnichten gerächt fühlen. Mit dem Löschwasser gelangten Giftstoffe in den Fluss, Verseuchung und Fischsterben waren die Folge. Nicht nur Wagnerianer brachen in Wutgeheul über die technologische Hybris aus, die noch den letzten Respekt vor der Schöpfung verloren zu haben schien. Maßnahmen zur Rettung des Rheins wurden ergriffen, mit dem Ergebnis, dass sich der damalige Bundesumweltminister Klaus Töpfer bereits im Mai 1988 traute, ein demonstratives Rheinbad zu nehmen.

Keine Rheintochter, sondern Bundesumweltminister Klaus Töpfer beim demonstrativen Sprung in den Rhein im Mai 1988.

Die Meldung, dass sich der Rhein in erstaunlich kurzer Zeit regeneriert hatte – und zwar mehr aus eigener Kraft denn aufgrund der wohltätigen Maßnahmen –, wurde eher gereizt denn dankbar zur Kenntnis genommen. Wie die Nationalisten des 19. Jahrhunderts wollten die Ökologen des 20. Jahrhunderts im Rhein einen schwachen und hilfsbedürftigen Vater sehen. 1992 veranstaltete die Kölner Universität eine rückblickende Konferenz zur Sandoz-Katastrophe. Einer der Teilnehmer erklärte: »Vater Rhein war todkrank, konnte sich kaum mehr auf den Beinen halten, er stand kurz vor dem Umkippen. Inzwischen konnte er die Intensivstation verlassen, liegt aber noch immer im Krankenbett.«

Zum Rhein, zum Rhein, zum deutschen Rhein! Wer will des Stromes Hüter sein ...? Wieder wunderten sich Franzosen und andere Europäer, was die Deutschen nur mit diesem Fluss haben.

Seinen letzten großen politisch-symbolischen Auftritt erlebte der Rhein am 25. April 1967. Der Sarg mit den sterblichen Überresten Konrad Adenauers wurde im Anschluss an den Trauergottesdienst im Kölner Dom per Schiff nach Bad Honnef überführt. Ein Zeremoniell, das diejenigen, denen die Kargheit der Bundesrepublik in Sachen politische Inszenierungen als Mangel erscheint, immer noch ins Schwärmen bringt. Dem Schriftsteller Heinrich Böll hingegen erschien es »lähmend« und »furchterregend«, auch wenn er sich selbst stets als ergebenen Sohn von »Undines gewaltigem Vater« verstanden hatte, dem »alles zu glauben« er bereit sei – außer seiner »sommerlichen Heiterkeit«. Der erste

Literatur-Nobelpreisträger der Bundesrepublik hätte es dem ersten Kanzler der Bundesrepublik ruhig gönnen dürfen, dass dessen letzte Reise auf dem »dunklen und schwermütigen« Fluss stattfand. Schließlich hatte sich keiner vehementer als Adenauer dafür eingesetzt, dass Bonn 1949 (provisorische) Hauptstadt der Bundesrepublik wurde, dass sich in der Stunde des totalen Zusammenbruchs der Orientierung suchende Blick abermals vom Rhein gen Westen richtete. Nach der braunen Barbarei sollten Deutsche nie wieder damit kokettieren können, im Grunde ihres Herzens germanische Barbaren zu sein – und aus diesen germanisch-barbarischen Herzen eine »Kultur« geboren zu haben, die alle westliche »Zivilisation« himmelhoch überrage. Die Westbindung beendete den deutschen Sonderweg. Das heißt: Sie beendete ihn als selbstbewusst verkündete Parole. Als Unterströmung existiert er bis heute.

Vergeblich hält der Deutsche der Gegenwart nach Mythen Ausschau, die sich zur großen nationalen Gründungserzählung eignen. Vom Kaiser Barbarossa, der im Kyffhäuser schlafen soll, bis zum Nibelungenlied – vom siegreichen Cheruskerfürsten Hermann bis zu Kaiser Wilhelm und seinem eisernen Kanzler Bismarck: totes Sediment. »Vater Rhein« in seiner schillernden Vielgestaltigkeit ist der Einzige, der selbst in unserer vorsichtig gewordenen Gegenwart noch als Ursprungsmythos, als Seelenspiegel taugt. Und sei es nur, weil er zu solch melancholischen Betrachtungen einlädt, wie sie bereits der Romantiker Friedrich Schlegel angestellt hat: »Nirgends werden die Erinnerungen an das, was die Deutschen einst waren und was sie sein könnten, so wach, als am Rheine. Der Anblick dieses königlichen Stromes muss jedes deutsche Herz mit Wehmut erfüllen. Wie er durch Felsen mit Riesenkraft in ungeheuerm Sturz herabfällt, dann mächtig seine breiten Wogen durch die fruchtreichsten Niederungen wälzt, um sich endlich in das flachere Land zu verlieren; so ist er das nur zu treue Bild unsers Vaterlandes, unsrer Geschichte und unsers Charakters.«

[td]

➤ ABGRUND, GEMÜTLICHKEIT, GRENZEN, HEIMAT, MÄNNERCHOR, NARRENFREIHEIT, ORDNUNGSLIEBE, REINHEITSGEBOT, WALDEINSAMKEIT, DAS WEIB

VEREINSMEIER

Der Germane hat es nicht gern, wenn ihm seine Mitmenschen zu dicht auf den Pelz rücken. Unsere antiken Urahnen vermieden es, in Städten zu wohnen. Selbst schlichte Siedlungen erschienen ihnen als soziale Zumutung. Wenn schon Dickicht, dann bitte Botanik. Am liebsten hausten sie »einzeln und gesondert, gerade wie ein Quell, eine Fläche, ein Gehölz« ihnen zusagte. So zumindest überliefert es der römische Geschichtsschreiber Tacitus.

Auch wenn es aus heutiger Sicht schwer vorstellbar erscheint: Der Ruf, ein Volk von Eigenbrötlern, Einzelgängern, Sonderlingen und ungehobelten Individualisten zu sein, haftete den Deutschen bis ins frühe 20. Jahrhundert an. Allerdings begannen bereits im 17. Jahrhundert die gebildeten Nachfahren jener Germanen, die einsam-vergnügt mit der Keule über der Schulter durch die Wälder gezogen waren und denen die eigene Sippe als Gesellschaft genügt hatte, darunter zu leiden, dass die Deutschen im Gegensatz zu den Italienern, Franzosen, Engländern kein manierliches Sozialleben vorzuweisen hatten.

Um gesittet miteinander verkehren zu können, brauchte es zunächst einmal eine gesittete Sprache. Und um die war es im Deutschland an der Grenze vom Mittelalter zur Neuzeit nicht gut bestellt. Zwar hatte Luther mit seiner Bibelübersetzung den Grundstein fürs Neuhochdeutsche gelegt, aber das Volk redete immer noch so, wie ihm sein sächsischer, plattdeutscher oder alemannischer Schnabel gewachsen war. An den Adelshöfen bemühte man sich mit mehr oder minder großem Erfolg, französisch zu parlieren, während jeder Gelehrte, der ernst genommen werden wollte, auf Latein schrieb.

Die ersten deutschen Vereine waren Sprachgesellschaften. 1617, kurz vor Ausbruch des Dreißigjährigen Kriegs, konnte Fürst Ludwig I. von Anhalt-Köthen die Gründung der »Fruchtbringenden Gesellschaft« verkünden, deren Aufgabe es war, »unsre edle Muttersprache, welche durch fremdes Wortgepränge wässerig und versalzen worden, hinwieder in ihre uralte gewöhnliche und angeborne deutsche Reinigkeit, Zierde und Aufnahme einzuführen, einträchtig fortzusetzen und von dem fremd drückenden Sprachenjoch zu befreien«.

Auch die anderen barocken Sprachgesellschaften, die sich noch während des Krieges bildeten, wie die »Aufrichtige Tannengesellschaft« oder der »Pegne-

468

sische Blumenorden«, schienen die Abwehr der Fremdsprachenherrschaft für das dringlichere Problem zu halten als die Überwindung der dialektalen innerdeutschen Sprachverwirrung. Bei diesen Frühaufklärern handelte es sich zwar noch nicht um National-Chauvinisten – die sollten das Vereinsleben erst im 19. Jahrhundert dominieren –, aber auch sie taten sich offensichtlich schwer damit, das Deutsche von innen heraus und nicht primär in Abgrenzung gegen andere Sprachen zu fassen. Selbst ein polyglotter Universalgelehrter wie Gottfried Wilhelm Leibniz, der seine eigenen Werke selbstverständlich auf Latein und Französisch verfasste, gab bei der Gründung der Königlich Preußischen Akademie der Wissenschaften im Jahre 1700 – an der er maßgeblich beteiligt war – zu bedenken, dass »auch die uralte deutsche Hauptsprache in ihrer natürlichen Reinigkeit und in ihrem Selbststand erhalten werde und nicht endlich ein ungereimtes Mischmasch und Undeutlichkeit daraus entstehe«.

Mit dem Aufstieg des Bürgertums breitete sich in der zweiten Hälfte des 18. Jahrhunderts der Wunsch aus, die Deutschen aus ihrem Einzelgängertum, ihrer Sippen- oder Standesverhaftung herauszulösen und zu aufgeschlossenen Gesellschaftsmitgliedern zu machen. Der Breslauer Philosoph Christian Garve, einer der wichtigsten Aufklärer neben Immanuel Kant und Moses Mendelssohn, beklagte die »Einsamkeit«, die es gerade unter den Bildungsbürgern gäbe und diese »zu einer leichten und muntern Tätigkeit unter anderen Menschen ungeschickter« mache. Adolph Freiherr Knigge veröffentlichte 1788 die erste Ausgabe seines berühmten Benimmbuchs *Über den Umgang mit Menschen* und begründete die Notwendigkeit einer solchen Schrift damit, dass es in Deutschland im Gegensatz zu anderen Ländern am *esprit de conduite* mangele. Der Philosoph und Theologe Friedrich Schleiermacher versuchte sich an einer »Theorie des geselligen Betragens«, in welcher er die Kniggeschen Umgangsregeln ablehnte, weil sie lediglich dem Zweck dienten, auf gesellschaftlichem Parkett eine gute Figur zu machen, wohingegen es bei echter Geselligkeit um »vollendete Wechselwirkung« gehe. Diese sei nur zu erreichen, wenn »die Sphäre eines Individui [...] von den Sphären Anderer so mannigfaltig als möglich durchschnitten werde«. »Jeder seiner eignen Grenzpunkte« möge dem Einzelnen »die Aussicht in eine andere und fremde Welt gewähre[n], so dass alle Erscheinungen der Menschheit ihm nach und nach bekannt, und auch die fremdesten Gemüter und Verhältnisse ihm befreundet und gleichsam nachbarlich werden können«.

Bildungsidealismus und der Glaube, erst durch den Umgang mit anderen gebildeten Individuen zum Menschen im vollen Sinne zu werden, prägte diese erste Phase des deutschen Geselligwerdens. Mit Deutschtümelei hatte man im 18. Jahrhundert wenig am Drei- oder Zweispitz, jenem Hut, den nun endlich auch der Bürger stolz auf seinem Haupt oder unterm Arm tragen durfte. Man

Durchaus nicht so ungesellig, wie man ihm nachsagte: Immanuel Kant mit Tischgenossen. Gemälde von 1900.

wollte sich vor den europäischen Nachbarn, mit denen man florierenden Handel betrieb, nicht länger schämen müssen. Dies hoffte man am besten zu erreichen, indem man den Kosmopoliten in sich entdeckte. Der Hamburger Journalist Jakob Friedrich Lamprecht gab in den Jahren 1741/42 gar eine Wochenschrift mit dem Titel *Der Weltbürger* heraus.

Es ist kein Zufall, dass das frühe Gesellschaftsleben besonders in den Hansestädten zu blühen begann. Bereits 1622 hatte man in Rostock, lange vor Berlin und Göttingen, eine freie wissenschaftliche Akademie gegründet. Zum Zentrum der urbanen Geselligkeit wurde Hamburg: 1660 fand dort das erste öffentliche Konzert eines Collegium musicum statt – das berühmtere Collegium musicum in Leipzig, das die Komponisten Georg Philipp Telemann und Johann Sebastian Bach leiteten, gab es erst gut vierzig Jahre später. In der Hamburger »Patriotischen Gesellschaft« von 1765, die sich der »Beförderung der Künste und nützlichen Gewerbe« verpflichtet hatte, spiegelt sich hanseatischer Patrizierstolz bis heute. Auch die Freimaurerei, die im 17. Jahrhundert im anglikanischen England entstanden war und in humanistisch-aufklärerischem Geist Handwerker, Kaufleute, Künstler und adlige Gönner zu gemeinsamem Mahl, Vortrag und Diskussion versammelte, nahm in Hamburg ihren deutschen Anfang. Wo sich die gesamte Gesellschaft im Fluss befand, Standesunterschiede verschwammen, tat neue Gesellschaftsbildung not.

Ganz ohne Geheimniskrämerei schlossen sich ebenfalls im protestantischen Norden von Pommern bis Bremen die ersten Lesezirkel zusammen, Leihbibliotheken wurden eröffnet, damit sich auch das Garderobenmädchen und der Kutscher »bürgerlich verbessern« konnten. Dass Frauen hier Zutritt hatten, war keine Selbstverständlichkeit. Die sonstigen Gesellschaften, Sozietäten und Logen waren reine Männerclubs, allenfalls das eine oder andere gebildete und unverheiratete Frauenzimmer wurde toleriert. Ein aus privatem Freundeskreis entstandener Zirkel wie die Karlsruher »Gesellschaft zum Haarenen Ring«, in der sich beide Geschlechter wöchentlich trafen – und als Verbundszeichen einen Ring aus den Haaren ihrer Mitglieder trugen –, blieb seltene Ausnahme. Sogar der »Adlige Damenclub« Münster bestand im Wesentlichen aus männlichen Mitgliedern.

Ihren großen Auftritt hatten die Damen im »Salon« – zu dessen Bezeichnung sie selbst allerdings bescheidenere Begriffe wie »Teetisch« oder »Dachstube« bevorzugten. Die Keimzelle dieser bis heute bewunderten Form einer freien, geistsprühenden, fortschrittlichen Geselligkeit lag in Berlin-Mitte in der Wohnung von Henriette Herz und ihrem Ehemann. Anfangs trafen sich die Damen lediglich im Nebenzimmer, um gemeinsam der Goethe-Leidenschaft zu frönen, während die Männer im eigentlichen Salon über die großen Fragen der Zeit diskutierten. Doch irgendwann um das Jahr 1780 herum begann den Herren zu dämmern, dass es nebenan beim Damenkränzchen viel heiterer und lebhafter zuging – die Zirkel vermischten sich. In den kommenden zwanzig Jahren gelang es der Gastgeberin Henriette Herz, allwöchentlich die führenden Köpfe aus Wissenschaft und Kunst wie die Brüder Alexander und Wilhelm von Humboldt oder die Schriftsteller Jean Paul und Clemens Brentano bei sich zu versammeln. Friedrich Schlegel lernte dort seine spätere Frau Dorothea, eine Tochter von Moses Mendelssohn, kennen – beide gingen 1796 nach Jena und sorgten gemeinsam mit Schlegels Bruder August Wilhelm und dessen Ehefrau Caroline dafür, dass sich der Mittelpunkt des romantischen Lebens, Schreibens und Liebens von der Spree an die Saale verlagerte. (Das Jenaer Dichter-und-Denker-Idyll endete, als Caroline sich in den Philosophen Friedrich Schelling verliebte und die herzliche Zuneigung zwischen ihr und ihrer Noch-Schwägerin Dorothea in ebenso herzlichen Hass umschlug.)

Auch Friedrich Schleiermacher war häufig zu Gast bei Henriette Herz. Die Erfahrungen, die er bei der ersten Salonnière des Berliner Gesellschaftslebens machen durfte, haben seine Theorie des geselligen Betragens maßgeblich beeinflusst. Knapp zweihundert Jahre bevor der Frankfurter Philosoph Jürgen Habermas die akademische Welt mit seiner *Theorie des kommunikativen Handelns* strapazierte, entwickelte Schleiermacher einen utopischen Begriff von Konversation, die keinen anderen Zweck kennt, als das Individuum aus allen bürgerlichen und häuslich-familiären Rollenkäfigen zu befreien und so zu einem besseren Menschen zu machen.

Es passt ins romantische Frauenbild, dass sich diese neue Art von Geselligkeit am besten unter weiblicher Schirmherrschaft entfalten sollte. Weit davon entfernt, einen Gleichheits-Feminismus zu vertreten, verehrten die Romantiker die Frau mit ihrer größeren Empfindsamkeit und Seelenweite als Trägerin der wahren Humanität, sahen in ihr die »unendliche Menschheit« (Schleiermacher) besser verkörpert als in ehrgeizigen, geltungssüchtigen Männern.

Zum Idealbild der Gesprächsermöglicherin wurde Rahel Levin, spätere Varnhagen, die 1790 ihren ersten eigenen Salon ins Leben rief, nachdem sie zuvor die angeregte Atmosphäre im Hause Herz genossen hatte. Der Dichter Clemens Brentano, der auch bei der zweiten großen Berliner Salonnière zum regelmäßigen Gast wurde, beklagte zwar hin und wieder die »Sudelküche des Gesprächs«, die dort herrsche, alles in allem bescheinigte er der Gastgeberin aber: »Sie ist ohne Anspruch, erlaubt dem Gespräch jede Wendung bis zur Unart, bei welcher sie jedoch nur lächelt, sie selbst ist äußerst gutmütig und doch schlagend witzig.«

Damit lag Brentano nicht weit entfernt von den Worten, mit denen Rahel, deren oberstes Streben es war, endlich »ein Mensch unter Menschen zu werden«, ihr Konversationstalent selbst charakterisierte: »Ich liebe unendlich Gesellschaft und von je, und bin ganz überzeugt, dass ich dazu geboren, von der Natur bestimmt und ausgerüstet bin. Ich habe unendlich Gegenwart und Schnelligkeit des Geistes um aufzufassen, zu antworten, zu behandeln, großen Sinn für Naturen und alle Verhältnisse, verstehe Scherz und Ernst, und kein Gegenstand ist mir bis zur Ungeschicklichkeit fremd, der dort vorkommen kann. Ich bin bescheiden und gebe mich doch preis durch Sprechen und kann sehr lange schweigen und liebe alles Menschliche, *dulde* beinah *alle* Menschen.«

Die Philosophin Hannah Arendt hat auf den inneren Zusammenhang hingewiesen, dass es sich bei den frühen Salonnières häufig um Jüdinnen handelte. Mehr noch als ihre christlichen Geschlechtsgenossinnen litten sie unter Marginalisierung und Ortlosigkeit, fanden keinen gesellschaftlichen Platz, an dem sie sich hätten entfalten können. Das Bedürfnis danach, alle konventionellen Schranken zu überwinden, war bei ihnen am stärksten ausgeprägt. »Der jüdische Salon in Berlin war der soziale Raum außerhalb der Gesellschaft«, schreibt Arendt, um bitter zu resümieren: »Die Juden wurden zu Lückenbüßern zwischen einer untergehenden und einer noch nicht stabilisierten Geselligkeit.«

In der Tat währte die Glanzzeit des jüdischen Salons nur zweieinhalb Jahrzehnte: 1803 starb der Ehemann von Henriette Herz, und selbst wenn es nie darum gegangen war, die illustren Gäste mit aufwendigem Buffet zu ködern, fehlten der Witwe fürderhin die Mittel, eine angemessene Gastgeberin sein zu können. Rahel Levins erster Salon kam 1806 unter die Räder der Geschichte: Nach der katastrophalen Niederlage, die das preußische Heer in der Schlacht von Jena und Auerstedt erlitten hatte, besetzten napoleonische Truppen Berlin. (Erst 1819 gelang es Rahel, dann verheiratete Varnhagen, ihren zweiten Salon zu eröffnen.)

Schuld an diesem Niedergang waren jedoch nicht allein die französischen Besatzer, die über alle sozialen Umtriebe wachten. Auch nicht die Tatsache, dass viele der Männer, die bei Herz und Varnhagen ein und aus gegangen waren, eine neue Lust daran entdeckten, wieder unter sich zu bleiben. Was immer Ziel und Zweck der »Gesetzlosen Gesellschaft«, 1809 in Berlin gegründet und bis heute existierend, gewesen sein mögen – ihr Mitglied E. T. A. Hoffmann lästerte, es sei im Wesentlichen darum gegangen, »auf eine gut deutsche Art Mittag zu essen« –, ein Gesetz gab es doch: Frauen müssen draußen bleiben.

Noch entscheidender war, dass im gedemütigten Preußen der geistige Wind von universalistisch-kosmopolitisch auf deutsch-national gedreht hatte. Heute vergessene Figuren wie Luise Gräfin von Voß übernahmen die Rolle der neuen Gastgeberin, in deren feudalen Räumlichkeiten sich eine mehr und mehr militärisch zusammengesetzte Elite traf – nicht um »Mensch unter Menschen« zu sein, sondern um antifranzösische Widerstands-Politik zu betreiben. Dass dies in Zeiten der Okkupation heimlich zu geschehen hatte, versteht sich. So stand der Salon der Gräfin stets im Verdacht, lediglich eine Tarnveranstaltung für den legendenumrankten Königsberger »Tugendbund« zu sein, der sich zum Ziel gesetzt hatte, »die durch das Unglück verzweifelten Gemüter wieder aufzurichten, physisches und moralisches Elend zu lindern, für volkstümliche Jugenderziehung zu sorgen, die Reorganisation des Heers zu betreiben und Patriotismus und Anhänglichkeit an die Dynastie allenthalben zu pflegen«.

Auch an der »Liedertafel«, dem ersten deutschen Männergesangverein, den der Komponist Carl Friedrich Zelter 1809 in Berlin gründete, wurde nicht allein der Fülle des Wohllauts wegen gesungen, sondern mit der Absicht, deutsche Kultur und damit deutsches Nationalbewusstsein zu stärken. 1810 schloss sich der flammend patriotische Lehrer und Publizist Friedrich Ludwig Jahn mit elf Freunden in der Berliner Hasenheide zum geheimen »Deutschen Bund zur Befreiung und Einigung Deutschlands« zusammen; ein Jahr später sollte daraus

»Frisch, frei, fröhlich und fromm!« Friedrich Ludwig Jahn und seine Turner auf dem 1811 eingerichteten Turnplatz in der Berliner Hasenheide. Zeitgenössische Radierung.

die Turnbewegung entstehen, die nach dem Motto »Frisch, frei, fröhlich und fromm« die Jugend zur Leibesertüchtigung erzog – nicht zuletzt mit dem Ziel, diese möglichst bald und möglichst gestählt in die Befreiungskriege gegen Napoleon schicken zu können.

1811 versammelte sich um den Dichter Achim von Arnim die »Christlich-deutsche Tischgesellschaft«, deren Statuten »Frauen, Franzosen, Philistern und Juden« den Zutritt ausdrücklich verboten. Zwar erging sich diese Gesellschaft immer noch in romantischen Spielereien, indem etwa auf jede pathetische Rede eine ironische Gegenrede gehalten wurde, dennoch herrschte jener Geist vor, den Heinrich Heine in seiner Abrechnung mit der deutschen Romantik rund zwanzig Jahre später vom französischen Exil aus so vehement attackierte: »Der Patriotismus des Deutschen [...] besteht darin, dass sein Herz enger wird, dass es sich zusammenzieht, wie Leder in der Kälte, dass er das Fremdländische hasst, dass er nicht mehr Weltbürger, nicht mehr Europäer, sondern nur ein enger Deutscher sein will. Da sahen wir nun das idealische Flegeltum, das Herr Jahn in System gebracht; es begann die schäbige, plumpe, ungewaschene Opposition gegen eine Gesinnung, die eben das Herrlichste und Heiligste ist, was Deutschland hervorgebracht hat, nämlich gegen jene Humanität, gegen jene allgemeine Menschen-Verbrüderung, gegen jenen Kosmopolitismus, dem unsere großen Geister, Lessing, Herder, Schiller, Goethe, Jean Paul, dem alle Gebildeten in Deutschland immer gehuldigt haben.«

Es ist nicht ganz gerecht, wenn Heine die Schuld an der neuen patriotischen Engherzigkeit ausgerechnet dem »Turnvater« gibt. Gewiss war Jahn eine Frontfigur des erwachenden Nationalgefühls. Gewiss wütete er gegen die »Ausländerei« im eigenen Land und neigte dazu, die Deutschen für ein auserwähltes Volk zu halten. Allerdings beendete er seine Kampfschrift *Deutsches Volkstum*, 1808 verfasst und 1810 veröffentlicht, keineswegs mit einer Aufforderung, alles Undeutsche zu vertilgen, sondern schwang sich zu Schillerschem Pathos auf: »So ist nun ewig umschlungen das Menschengeschlecht vom ewigen Bande der Menschheit, bald es mit engerem Herzen selbstsüchtig knüpfend und wieder mit höherer Ahnung die Einheit ergreifend. Ein ewiges Ebben und Fluten im Meer der Vereinigung, vereint ist nun alles und jedes.«

Wogegen Jahn vor allen Dingen zu Felde zog, war die deutsche Eigenbrötlerei, der »Götzendienst der Selbstsucht«. Ebenfalls im *Deutschen Volkstum* schrieb er: »Mensch zu werden ist der Mensch bestimmt, und diesen Adel kann er nicht *allein* erringen [...] Der Immereinsiedler verschmäht seine Pflicht und verliert sein Anrecht in der Menschheit. Er bildet sein Ich nicht zum wahren Menschen aus, kann nicht an Menschlichkeit reifen, auf des Augenblicks Schwingen entfliehen ihm Jugend und Leben. In menschenleeren Wüsten, in stumm-gekünstelten Klausen wird das sittliche Gefühl nicht zur Tugend, jedes Lebende flieht aus der Öde.«

Mit solchen Appellen stand Jahn den utopischen Geselligkeits-Befürwortern der Aufklärung näher als den völkischen Lederherzen, die ihn im darauffolgenden Jahrhundert vereinnahmen und Deutschland in den Untergang führen sollten. Seine Überzeugung, dass Gemeinschaftlichkeit zunächst einmal aus den Wurzeln der eigenen Sprache, Geschichte und Tradition wachsen muss, ist kein Skandal.

Eine ganz andere Art von Schaden fügte dem Ruf des »Turnvaters« eine zweite Strömung zu, die sich gleichfalls auf ihn berief: der gänzlich unpolitische Vereinsmeier, der zum Zwillingsbruder des deutschen Biedermeiers wurde.

Der Aufbruchsgeist, der nach den erfolgreichen Befreiungskriegen gegen Napoleon in Deutschland geherrscht hatte, die Hoffnung, endlich eine Nation zu werden, und zwar eine ebenso geeinte wie demokratische, wurde von der restaurativ-feudalen Obrigkeit erstickt. Dennoch brodelte es im Vormärz unter der biederen Oberfläche allenthalben weiter – ihren feierlichsten Ausdruck fand diese Unruhe im Hambacher Fest, bei dem 1832 rund 30 000 Menschen aus allen Gesellschaftsschichten, Männer, Frauen, Akademiker und Ungebildete, sowie zahlreiche Polen, die nach dem gescheiterten Novemberaufstand nach Deutschland geflohen waren, zu der Schlossruine zogen, um zu verkünden: »Es lebe das freie, das einige Deutschland! Hoch leben die Polen, der Deutschen Verbündete! Hoch leben die Franken, der Deutschen Brüder, die unsere Nationalität und Selbstständigkeit achten! Hoch lebe jedes Volk, das seine Ketten bricht und mit uns den Bund der Freiheit schwört! Vaterland – Volkshoheit – Völkerbund hoch!«

Auf die liberalen Forderungen, endlich uneingeschränkte Meinungs-, Versammlungs- und Pressefreiheit zu gewähren, reagierte der preußische Staat mit Härte: Die Karlsbader Beschlüsse von 1819, die das Land mit einem rigiden Netz von Zensurverboten überzogen hatten, die zu Berufsverboten für liberal-national gesinnte Professoren, zur Auflösung der ersten Burschenschaften und dem Verbot des Jahnschen Turnens geführt hatten, wurden nach dem Hambacher Fest bestätigt – die sogenannte Demagogenverfolgung, in deren Zuge man auch Friedrich Ludwig Jahn zunächst inhaftiert und später unter Polizeiaufsicht gestellt hatte, noch einmal verschärft.

Jahns Rehabilitierung und mit dieser das Wiederaufleben der »Turnerei« fand erst ab 1837 statt. 1848 wurde Jahn in die Frankfurter Nationalversammlung in der Paulskirche gewählt. Allerdings führten die Erfahrungen, die er im ersten deutschen Parlament machte, dazu, dass sich »der Alte im Barte« noch tiefer in die Resignation zurückzog. Seiner zweiten Ehefrau schrieb er aus Frankfurt: »Wir haben zehn Klubs. Ich gehöre zu keinem, weil ich es für Sünde halte, wider Überzeugung zu stimmen, wenn der Klub für eine Meinung nach Stimmenmehrheit entschieden hat. Das ist Betrug an der Wahrheit, Verleugnung des Gewissens und Meineid gegen das Volk. Dies Ungeziefer eines langen Friedens, dies Ungezücht eines durch und durch verderbten Zustandes will auf Unglauben, Unsitte und Unsittlichkeit ein neues Staatswesen gründen.« Einen anderen Brief beschloss der Pfarrerssohn und ehemalige Soldat, der trotz allem Freiheitsdrang ein Verfechter des preußischen Erbkaisertums blieb, mit den Worten: »Napoleon war arg, aber die Roten sind ärger.« Als ihn die Turnergemeinde Limburg um Unterstützung bat, erklärte der Vorturner, der einst geschwärmt hatte, »unermesslich bleibt der Vereine Gebiet, sie wirren und schlingen endlose Ketten«, dass er »allen Verkehr mit den Turngemeinden« abgebrochen und diese selbst verloren gegeben habe. Der Grund für seine schroffe Ablehnung dürfte weniger darin gelegen haben, dass er die Limburger im Verdacht hatte, »rot« zu sein – als vielmehr darin, dass es ihn abstieß, wie unpolitisch die einst von ihm ins Leben gerufene Bewegung geworden war.

Das restriktive preußische Versammlungsrecht, das die Verbiedermeierung des Vereinswesens geradezu erzwungen hatte, indem es jegliche »Beratung politischer Angelegenheiten in Vereinen« verbot, lockerte sich durch den ersten deutschen Demokratieversuch nur für kurze Zeit. Im August 1851 sorgte die Gegenrevolution dafür, dass der Grundrechtskatalog der Bundesversammlung, der das freie Vereins- und Versammlungsrecht eingeräumt hatte, wieder vollständig aufgehoben wurde. Selbst wenn die abermals feudal regierten deutschen

Staaten, allen voran Preußen, die Entstehung von politischen Vereinen, sprich: Parteien, in den folgenden Jahrzehnten nicht verhindern konnten, ließen sie keinen Zweifel daran, dass ihnen der unpolitische Turner, Sänger und Student deutlich genehmer war als der revolutionär erhitzte Felgaufschwinger, Hymnenschmetterer und Burschenschaftler.

Wenn der Soziologe Georg Simmel recht hat, dass »das gesellige Leben eine spielerische Vorwegnahme des idealen Staates« ist, dann wünschten sich die Deutschen im 19. Jahrhundert einen kleinen ordentlichen Staat mit übersichtlicher Satzung, in dem jeder pünktlich seine Mitgliedsbeiträge beim Kassenwart einzahlte, während über allen Streitigkeiten der Vorstand thronte.

Die schönste Schilderung der deutschen Vereinsmentalität stammt denn auch von Johannes Trojan, der im wilhelminischen Kaiserreich Chefredakteur des satirischen Wochenblattes *Kladderadatsch* war: »Lasst uns in Vereine treten, / Denn dazu ja sind sie da. / Hilfreich durch Sozietäten / Tritt der Mensch dem

»Einsam baut der Uhu seinen / Horst in Wäldern wild und roh, / Aber einzig in Vereinen / Wird der Mensch des Daseins froh.«

Menschen nah. // Einsam bleibt wie eingerammelt / Jeder auf demselben Fleck, / Doch indem er sich versammelt / Strebt der Mensch zu höhrem Zweck. // Lasset uns Statuten machen, / Denn darauf kommt es ja an, / Dass man etwas überwachen / Oder es verändern kann. // Wenn wir nicht das Richt'ge trafen, / Ist erst recht die Freude groß; / Mit dem Streit um Paragraphen / Geht das wahre Leben los [...] Lasst uns Stiftungsfeste feiern, / Denn das ist die höchste Lust; / Und wir schlagen froh die Leiern / Unsres hohen Ziels bewusst. // Einsam baut der Uhu seinen / Horst in Wäldern wild und roh, / Aber einzig in Vereinen / Wird der Mensch des Daseins froh.«

Heute gibt es in Deutschland über 600 000 Vereine. Doch sind es nicht nur bierselige Kegelbrüder, Karnevalisten oder Dackelfreunde, die sich organisieren und beim Amtsgericht eintragen lassen. Kein Milieu will sich nachsagen lassen, es produziere einsame Uhus – und so reicht das zeitgenössische Spektrum vom »Vegetarierbund Deutschland« bis zum »Verein zur Förderung und Erhaltung traditioneller nordhessischer Wurst«, von der »Selbsthilfe-Initiative Väter ohne Kinder« bis zu den »Schwul-lesbischen Bahnfreunden Flügelrad«, vom »Angelsportverein ›Ruhig Blut‹« bis zu »Richtig bewegen – Beinleiden verhindern«, von den »Göttinger Freunden der antiken Literatur« bis zum »Verein zur Förderung alternativer Hip-Hop-Kultur«, von »Frauen lernen wieder lachen« bis »Stille Trauer e. V.«.

Alle diese Vereine beweisen, dass sich der Deutsche endgültig vom »Immereinsiedlertum« verabschiedet hat, auch wenn er nach wie vor den Selbstverdacht hegt, er leide unter mangelnder sozialer Grazie, und sein Sozialleben deshalb lieber mit Satzungen, Statuten und Paragraphen absichert. Die Krone erringt er, wenn das Finanzamt seinem Verein die »Gemeinnützigkeit« bescheinigt. Dann darf er seine Jahresbeiträge bei der nächsten Steuererklärung absetzen, worum es ihm aber gar nicht geht, schließlich ist seine Tätigkeit als gemeinnütziges Vereinsmitglied dadurch gekennzeichnet, dass sie »die Allgemeinheit auf materiellem, geistigem oder sittlichem Gebiet selbstlos« fördert.

Vielleicht gelingt es dem ADAC mit seinen über 17 Millionen Mitgliedern eines Tages ja doch noch, dieses höchste Gütesiegel der Vereinsmeierei zu erringen. Seine legendäre Kampagne aus den 1970er Jahren »Freie Fahrt für freie Bürger« war immerhin ein klares weltanschauliches Bekenntnis. Noch besser wäre es, er erklärte frei nach einer im 19. Jahrhundert beliebten Devise als Ziel und Zweck seiner Vereinsexistenz: »Wir wollen nicht allein Autofahrer, wir wollen auch Menschen sein.«

[td]

➤ FAHRVERGNÜGEN, FEIERABEND, FUSSBALL, GEMÜTLICHKEIT, HANSE, MÄNNERCHOR, ORDNUNGSLIEBE, SCHREBERGARTEN, SPIESSBÜRGER, WANDERLUST

Waldeinsamkeit

Der Wald ist groß. Der Wald ist finster. Im Wald bist du allein. Mit Wölfen, die dich zu Abwegen verleiten, wenn du der Großmutter Kuchen und Wein bringen willst. *Rotkäppchen, sieh einmal die schönen Blumen, die ringsumher stehen, warum guckst du dich nicht um? Ich glaube, du hörst gar nicht, wie die Vöglein so lieblich singen? Du gehst ja für dich hin, als wenn du zur Schule gingst, und ist so lustig hausen in dem Wald ...*

Du bist allein mit Hexen, die dich in ihr Knusperhäuschen locken und mit Pfannekuchen, Äpfeln, Nüssen mästen. Doch ehe du dich's versiehst, sitzt du im Stall und sollst gefressen werden.

Hinter jedem Stamm lauert ein Holländer-Michel, der es auf dein Herz abgesehen hat. Und nur wenn du so unschuldig bist wie der Kohlenmunk-Peter, erscheint dir das Glasmännlein und hilft, dein gestohlenes Herz zurückzuerobern.

Im deutschen Wald darf das Obskure seine phantastischsten Blüten treiben. Kein

Schulwandbild um 1905.

Wunder, dass er den Angehörigen von Völkern, die sich früher und rückhaltloser als die Deutschen zu Fußbodenheizung, manierlichen Umgangsformen und bürgerlichem Recht, kurz: zur Zivilisation, bekannt haben, nie recht geheuer war. Der römische Geschichtsschreiber Tacitus bescheinigte in seiner *Germania* dem rauen Land hinter dem Limes, »mit seinen Wäldern einen schaurigen, mit seinen Sümpfen einen widerwärtigen Eindruck« zu machen. Selbst Caesar, der Unerschrockene, berichtete nicht ohne Schaudern von jenem »Hercynischen Wald« (gemeint sind die dicht bewaldeten Mittelgebirgszüge von den Donauquellen bis nach Siebenbürgen), in dem es vor sonderbar gehörnten Tieren wimmle und aus dem auch der geübte Marschierer erst nach sechzig Tagen wieder herausfinde. Nach dem Zweiten Weltkrieg gar soll ein britischer Verbindungsoffizier auf den Vorschlag eines Hamburger Buchhändlers, *Grimms Märchen* in den Kanon der demokratisch unverdächtigen Bücher aufzunehmen, geantwortet haben: »Oh no, that's too much wood!«

Doch plötzlich bricht die Sonne durchs Blätterdach, die düstren Stämme schimmern silbrig, der moosige Boden leuchtet im zartesten Grün, und in dem Astloch, das dich eben noch so finster angestarrt hat, entdeckst du einen emsigen Käfer bei der Arbeit. Verschwunden sind die Spukgestalten, und du bist bereit, Adalbert Stifter, dem Schriftsteller des Biedermeier, der kaum eine Erzählung geschrieben hat, die ohne Wald auskommt, zu glauben, wenn er versichert: »Alle, die je in jene Waldländer gerieten, fanden eine schöne Wildnis voll gesunder Blumen, Kräuter und herrlicher Bäume, die Wohnung unzähliger fremder Vögel und Tiere, aber nicht das mindeste Verdächtige.«

Männer allein im Wald: Paul Richter als Siegfried in Fritz Langs Film *Die Nibelungen* von 1923/24 (links). Christopher Maltman als Don Giovanni in Claus Guths Inszenierung der Mozart-Oper bei den Salzburger Festspielen 2009 (rechts).

Deine Seele möchte vor Erleichterung jauchzen, doch kommt ihr ein Waldvöglein zuvor, das schöner singt, als du es je könntest: »Waldeinsamkeit, / Die mich erfreut, / So morgen wie heut' / In ew'ger Zeit, / O wie mich freut / Waldeinsamkeit.«

Aber kannst du dem zierlichen Sänger wirklich vertrauen? Du versuchst, dich an deine Schullektüre zu erinnern: War es nicht Ludwig Tieck, der romantische Dichter, der dies Vöglein so hinreißend singen lässt? Es fällt dir wieder ein: *Der blonde Eckbert*, so heißt das Rittermärchen. Ein ungeliebtes Mädchen flieht aus seinem Elternhaus in den Wald und findet dort jenen Frieden, den ihm die Welt verwehrt. Steht dort auf der Lichtung nicht die Klause, in der das Kind sein beschaulich geborgenes Leben führt? Doch halt! Überlege es gut, bevor du anklopfst! Das Mädchen Bertha lebt nicht mehr. Musste sterben, weil seine Sehnsucht nach Prinzen es aus dem Wald getrieben hat. Waldverrat rächt sich. Wer im Wald einmal heimisch geworden ist, den lässt er nicht mehr los. Den holt er zurück, selbst wenn er sich in Ritterburgen verschanzt.

Einer, der dies sehr genau wusste, war Ernst Jünger, der Autor, der die Stahl-gewitter des Ersten Weltkriegs pries, um nach dem Zweiten zum leidenschaft-lichen Waldgänger zu werden: »Der Wald ist heimlich. Das Wort gehört zu jenen unserer Sprache, in denen sich zugleich ihr Gegensatz verbirgt. Das Heimliche ist das Trauliche, das wohl geborgene Zuhause, der Hort der Sicher-heit. Es ist nicht minder das Verborgen-Heimliche und rückt in diesem Sinne an das Unheimliche heran.«

Ganz gleich, ob heimlich oder unheimlich – der Wald vermag nur den in seinen Bann zu schlagen, der sich nach einem Ort jenseits der Zivilisation sehnt. Wer im deutschen Wald lustwandeln will, und sei's mit wohligem Schauer, der muss noch Dickicht in sich tragen. Aber gibt es dieses Dickicht da draußen überhaupt noch? Ist das Dickicht nicht längst in unseren Städten angekommen, und findet sich der, dessen unbehauste Seele den Wald sucht, nicht einzig im wohlgeordneten Forst wieder?

»Wer hat dich, du schöner Wald / Aufgebaut so hoch da droben?«, fragte zu Beginn des 19. Jahrhunderts Joseph Freiherr von Eichendorff mit heiligem Staunen und versprach: »Wohl den Meister will ich loben, / So lang noch mein' Stimm' erschallt.« Ein kaltes Jahrhundert später erhielt *der* deutsche Waldpoet, der ein preußisches Beamtenleben lang nicht aufhören konnte, seine oberschle-sischen Kindheitswälder anzusingen, die spöttische Antwort: »Der Meister ist ein Forstmeister, Oberforstmeister oder Forstrat, und hat den Wald so aufge-baut, dass er mit Recht sehr böse wäre, wenn man darin seine sachkundige Hand nicht sofort bemerken wollte. Er hat für Licht, Luft, Auswahl der Bäume, für Zufahrtswege, Lage der Schlagplätze und Entfernung des Unterholzes gesorgt und den Bäumen jene schöne, reihenförmige, gekämmte Anordnung gegeben, die uns so entzückt, wenn wir aus der wilden Unregelmäßigkeit der Großstädte kommen.«

Mit dieser Einschätzung lag der österreichische Schriftsteller Robert Musil richtig. Und daneben zugleich. Das Verhältnis von deutscher Waldver- und -ent-zauberung ist verschlungener. Es stimmt: Die Deutschen sind Weltmeister, wenn es darum geht, Forst straff und »nachhaltig« zu bewirtschaften. Das älteste Lehr-buch der Forstwissenschaft, die *Sylvicultura oeconomica*, stammt von Hannß Carl von Carlowitz, einem sächsischen Oberberghauptmann. Veröffentlicht wurde es 1713, zu einer Zeit, da es um die gesamten mittel- und westeuropäi-schen Urwälder nicht mehr gut bestellt war – von den südeuropäischen Wäldern ganz zu schweigen, die von den Griechen und Römern bereits in der Antike erbarmungslos abgeholzt worden waren. Wald war Baustoff, Brennstoff, Weide-land. Städte und Bergwerke fraßen den Wald mit wachsender Gier. Doch nur die Deutschen beunruhigte der »große Holz-Mangel«, wie es bei Carlowitz im Un-tertitel heißt, schon damals so sehr, dass sie begannen, systematisch aufzuforsten.

482

Jener Untertitel ist es wert, genauer betrachtet zu werden: Der Pionier der Forstwirtschaft verspricht dort nämlich eine »Anweisung zur wilden Baum-Zucht«. Dürfen wir einem, der für das grandios paradoxe Konzept der »wilden Zucht« plädiert, unterstellen, dass ihm das Herz erst aufgeht, wenn er Bäume in Reih und Glied stehen sieht, wie Musil es unterstellt? Ein anderer Gründer-vater der deutschen Forstwissenschaft erklärte gar: »Die Wälder bilden sich und bestehen also da am besten, wo es gar keine Menschen und folglich auch keine Forstwissenschaft gibt.« Ist dies die Sprache ordnungswütiger Baum-bändiger?

An keinem lässt sich die Ambivalenz der deutschen Forstwirtschaft im Mär-chenwald besser ablesen als an Johann Heinrich Jung-Stilling. Der Enkel eines Köhlers war Augenarzt, außerdem in den verschiedensten technisch-ökono-mischen Wissensgebieten zu Hause und einer der bekanntesten Dichter der Empfindsamkeit obendrein. 1777 veröffentlichte er den ersten Teil seiner Auto-biographie und erzählte darin die Geschichte von Jorinde und Joringel: »Es war einmal ein altes Schloss mitten in einem großen dicken Wald; darinnen wohnte eine alte Frau ganz allein, das war eine Erzzauberin [...]« Ein Märchen, so romantisch versponnen, dass es in der Sammlung der Gebrüder Grimm nicht fehlen durfte. Und dennoch war es derselbe Jung-Stilling, der ein zweibändiges Lehrbuch der Forstwirtschaft schrieb, in welchem er unter anderem empfahl, die Wildbestände zu kontrollieren, um den Wald zu schützen.

Im Märchen rettet Joringel seine zur Nachtigall verzauberte Jorinde, indem er die blutrote Blume findet, von der er des Nachts geträumt hat. Im wirklichen Leben sollte der Jäger mit seiner Büchse auf Wild anlegen, auf dass es keinen Flurschaden anrichte. Bewahrt der Förster/Jäger den deutschen Wald, damit Joringel weiter von blutroten Blumen und Nachtigallen träumen kann? Oder ist der Märchenknabe Joringel in Wahrheit selbst ein Förster/Jäger, der es darauf abgesehen hat, den althochdeutschen »wuastwaldi«, den wüsten Wald, zu ent-zaubern?

In seiner berühmten Studie *Masse und Macht* von 1960 stellte Elias Canetti dem deutschen Wald ein noch schneidenderes Zeugnis aus, als Robert Musil es kurz vor Beginn des Zweiten Weltkriegs getan hatte. »Das Massensymbol der Deutschen war das Heer. Aber das Heer war mehr als das Heer: es war der *mar-schierende Wald* [...] Das Rigide und Parallele der aufrecht stehenden Bäume, ihre Dichte und ihre Zahl erfüllt das Herz der Deutschen mit tiefer und geheim-nisvoller Freude.«

Der jüdische Autor Canetti, der vor den Nazis aus Wien nach London fliehen musste, kannte den braunen Terror, der sich auch des grünen Waldes zu bemächtigen wusste, indem er Schilder aufstellte, die verkündeten, dass »Juden in unserem deutschen Wald nicht erwünscht« seien. Alfred Rosenberg, einer der führenden Nazi-Ideologen, versuchte sich an einem Montage-Film, der den Hauruckbogen vom »ewigen Wald« zum »ewigen Volk« schlagen wollte. In der Tat gibt es dort eine historische Sequenz, in der preußische Soldaten-beine nebst aufgepflanzten Gewehren und die Stämme eines Waldes ineinander übergeblendet werden. Und ja: Viele der Bilder, die Leni Riefenstahl ihrem »Führer« vom Reichsparteitag 1934 geliefert hat, erinnern an marschierende Botanik. Aber ist es wirklich noch *Wald*, der da marschiert? Oder sind es nicht erbarmungslos gestutzte Hecken? Wenn eine blutige Operettenfigur wie Hermann Göring, seines Zeichens auch Reichsjäger- und Reichsforstmeister, auf die Pirsch ging, suchte er nicht das Domestizierte. Im Gegenteil. Und wenn es nur die Illusion von Wild war, die ihm seine Domestiken vor die Flinte trieben.

Wer das Suspekte am deutschen Wald im Preußisch-Rigiden vermutet, ver-kennt, woher dieser seine Aura – auch die militärisch-heroische – vor allem bezieht: aus seiner Undurchdringlichkeit.

Arminius, von deutschen Nationalisten in »Hermann, der Cherusker« um-getauft, gewann die legendäre Schlacht, die er im Jahre neun nach Christi gegen Varus schlug und welche die römischen Expansionspläne in Richtung Nord- und Ost-Germanien beendete, nicht deshalb, weil er einen marschierenden Wald hinter sich gehabt hätte. Sondern weil die Legionen des fern in Rom wei-lenden Kaisers Augustus im Dickicht und gewittrigen Morast des Teutoburger Waldes stecken blieben.

Als es 1813/14 darum ging, die napoleonische Herrschaft über Deutschland zu beenden, sammelten sich preußische Studenten und illustre Zeitgenossen wie Joseph von Eichendorff oder der spätere Erfinder des Kindergartens, Friedrich Fröbel, zum Lützowschen Freikorps. Das strenge Marschieren war ihre Sache jedoch nicht. Die bewaffnete Intelligenzija tummelte sich im Unterholz und trug dabei selbst gefärbte Uniformen, die es ihr erlaubten, sich »Schwarze Jäger« zu nennen. Einer von ihnen, der Schriftsteller Theodor Körner, setzte sich und seinen Kameraden noch ein literarisches Denkmal, bevor er 1813 fiel: »Was zieht dort rasch durch den finster'n Wald / Und streift von Bergen zu Bergen? / Es legt sich in nächtlichen Hinterhalt, / Das Hurra jauchzt, und die Büchse knallt, / Es fallen die fränkischen Schergen. / Und wenn ihr die schwarzen Jäger fragt: / Das ist Lützows wilde, verwegene Jagd.«

Carl Maria von Weber verhalf dem Gedicht durch seine Vertonung für Männerchor mit Waldhornklängen zu immenser Beliebtheit. Nur wenige Jahre später, 1821, erblickte Webers romantische Waldoper *Der Freischütz* das Licht der großen Bühne. Und in welchem seiner vielen Gewänder darf Satan hier auftreten? Als »Schwarzer Jäger« ... Deutsche Präzisionsarbeit am Mythos, der damals schon ein dämonischer zu sein hatte.

Nur auf den ersten Blick ein neckisches Bild. Vermutlich ließ sich Caspar David Friedrich zu seinem *Chasseur im Walde*, den er 1814 malte, von Nationalisten wie Friedrich Ludwig Jahn inspirieren, die vorgeschlagen hatten, am Rhein einen dichten deutschen Wald zu pflanzen, in dem sich französische Soldaten zu Tode fürchten sollten.

Im Wald, da sind die Räuber. Das zwitschern nicht nur – *halli hallo* – die Volkslied-Spatzen. Vom *Wirtshaus im Spessart* bis zum *Hotzenplotz*: kein Stamm, hinter dem nicht eine Räuberpistole hervorlugte. Friedrich Schillers *Räuber* rotten sich in den böhmischen Wäldern zusammen, um zum Sturm auf die alten Adelsschlösser zu blasen. Selbst die Terroristen der RAF, die sich dem Zeitgeist der 1970er gemäß als »Stadtguerilla« definierten, mochten nicht darauf verzichten, ein Waffendepot im Sachsenwald östlich von Hamburg anzulegen, einem der geschichtsträchtigsten und urwüchsigsten deutschen Laubwälder. Ob Christian Klar, der 1982 dort verhaftet wurde, je Wilhelm Heinrich Riehl gelesen hat? »Der Wald allein lässt uns Kulturmenschen noch den Traum einer von der Polizeiaufsicht unberührten persönlichen Freiheit genießen«, schrieb der Begründer der Volkskunde 1854 in seiner Studie *Land und Leute* und begrüßte den Wilderer, der vom Mittelalter bis in die frühe Neuzeit hinein von den Feudalherren grausam bestraft worden war, als einen Freischärler des Waldes. Wahrscheinlich hätte der linke Terrorist den Verfechter der »germanischen Waldfreiheit« für einen »Faschisten« gehalten – oder hätte Christian Klar klammheimlich zugestimmt, wenn Riehl den Franzosen und Italienern, die über keine »wirklichen Wälder« mehr verfügten, ein »halbwegs ausgelebtes Volkstum« bescheinigte? Wie auch immer, der Gedanke, dass die Freiheit aus den Wäldern Germaniens stamme, findet sich sogar bei einem der geschmähten Franzosen selbst: beim Baron de Montesquieu in dessen staatstheoretischer Abhandlung *Vom Geist der Gesetze*.

Wenn man sich die Geschichte der Deutschen anschaut – zumindest seit sie ihre Urwälder verlassen haben –, kann sich jedoch der Verdacht aufdrängen, sie hielten es eher mit den Gesetzen und deren Befolgung als mit der Freiheit. Ist die germanische Waldfreiheit am Ende nichts weiter als eine pathetische Schimäre?

Die radikalste Verknüpfung von Freiheit und Wald findet sich bei Ernst Jünger im bereits zitierten Essay *Der Waldgang* von 1951. Hier hat der Waldgang nichts mit einem harmlosen Ausflug ins Grüne zu tun, er wird zur Metapher für den Gang in die Freiheit schlechthin. Der »Waldgänger« ist ein ebenso elitärer wie solitärer Partisan, der sich gegen die Befehle der verwalteten Welt auflehnt. Jünger erzählt die Geschichte eines jungen Sozialdemokraten aus dem Berlin der Nazizeit, der im Hausflur seiner Mietwohnung ein halbes Dutzend Hilfspolizisten erschossen haben soll, als diese sich anschickten, den Befehl zur Enteignung jüdischen Wohneigentums in die Tat umzusetzen. »Der war noch der substanziellen, der altgermanischen Freiheit teilhaftig, die seine Gegner theoretisch feierten«, heißt es rühmend, und weiter: »Wenn wir nun ferner annehmen wollen, dass in jeder Berliner Straße auch nur mit einem solchen Falle zu rechnen gewesen wäre, dann hätten die Dinge anders ausgesehen.«

Ist dies das Eingeständnis einer Kollektivschuld à la Jünger? Und wieso hat der Wehrmachtsoffizier selbst seine Dienstwaffe nicht zum »Waldgang« in Goslarer, Überlinger oder Kirchhorster Nachbarhäusern eingesetzt, sondern stattdessen bis ins Hotel »Raphael« nach Paris getragen? Aber machen wir es uns mit dem Aburteilen nicht zu leicht. Denn wie Jünger schreibt: »Lange Zeiten der Ruhe begünstigen gewisse optische Täuschungen.«

Und ein zentraler Gedanke steckt im *Waldgang*, der allemal wert ist, nicht vergessen zu werden – der Gedanke, dass der Wald der Ort ist, an dem jeder mit seinen Urängsten konfrontiert wird: »Der alte Wald mag nun zum Forst geworden sein, zur ökonomischen Kultur. Doch immer noch ist in ihm das verirrte Kind.« Ist es auch ein Missverständnis, den deutschen Wald für eine preußische Kadettenanstalt zu halten – das »große Todeshaus«, wie Jünger ihn nennt, bleibt er. Jedes verirrte Kind muss allein sehen, wie es die Todesangst in ihm erträgt.

»Aus der Heimat hinter den Blitzen rot / Da kommen die Wolken her, / Aber Vater und Mutter sind lange tot, / Es kennt mich dort keiner mehr. / Wie bald, wie bald kommt die stille Zeit, / Da ruhe ich auch, und über mir / Rauschet die schöne Waldeinsamkeit / Und keiner mehr kennt mich auch hier.«

Das Kind, das so anrührend im Walde pfeift, dass seine Todesangst gar nicht anders kann, als den Zug einer wehmütigen Todessehnsucht anzunehmen, ist natürlich niemand anderes als der Freiherr von Eichendorff. Wer einmal gehört hat, welche Töne Robert Schumann, der Komponist der abgrundtiefen Traurigkeit, durch dieses Gedicht hindurchgewebt hat, der ist sofort bereit zu sterben. Nicht im Auftrag eines klirrenden Vaterlandes. Sondern ganz allein. Für sich. Und dennoch getröstet.

Dieses urromantische Im-Wald-Sterben ist eines, das Herz und Kopf befreit, und damit auch das Leben, weil es bis zu seinem Schlussakkord noch wuchern darf. Wie ganz und gar anders war dagegen die Grundstimmung, in welcher die deutsche Angst vorm Waldsterben in den 1980er Jahren in die Welt hinausposaunt wurde. »Wir stehen vor einem ökologischen Hiroshima«, orakelte *Der Spiegel*. Und der *Stern* verkündete: »Die Reihen der Bäume lichten sich wie Armeen unterm Trommelfeuer.« Mitten im bundesrepublikanischen Wohlstandsfrieden verlangten überschäumende Zivilisationskritiker: »Was das Waldsterben von uns fordert, ist die totale Umstellung unseres Produktions- und Reproduktionssystems – und die wiederum erfordert die totale Revision unserer sogenannten Werte. Darunter läuft nichts mehr.« Hätte der bayerische Schriftsteller und Ökoaktivist Carl Amery nicht lieber den Schumannschen *Waldszenen* lauschen sollen anstatt dem propagandistischen Sound des »Totalen«? Oder wenigstens dem Prosagedicht seines westfälisch-badischen Dichterkollegen Otto Jägersberg, der 1985, auf dem Höhepunkt der Erregung, klagte:

Hünengrab im Winter. Johan Christian Clausen Dahl, 1825.

»Das ewige Reden über den Sauren Regen / macht den Wald ganz krank / Niemand geht mehr in ihm rum / und bewundert ihn / Alle bemitleiden ihn nur noch / Kein Leben für den Wald.« Franzosen und Amerikaner lachen heute noch, wenn sie »le/the waldsterben« sagen.

Sorge um den Wald ist eine Sache. Geschrei im Gewand der Sorge eine andere. Und jene Sorge schließlich, um die es am Schluss einzig geht, die Sorge, selbst nicht mehr zu sein, während die Wälder immer noch rauschen, lässt sich nicht beruhigen, indem man sie ins Gegenteil travestiert, die Wälder könnten nicht mehr sein, während die Menschheit immer noch rauscht.

Du kannst den Wald sterblicher machen, als er ist. Du kannst dich mit schuldzerknirschter Miene zu seinem Retter aufspielen. Nur kannst du nicht

Eines der vielen Photos, mit denen das Waldsterben in den 1980er Jahren illustriert wurde.

erwarten, dass er dich zur Belohnung weniger sterblich macht, als du bist. Am besten, du legst die Rüstung ab, gehst leise hinein in den Wald und bittest ihn, eines Tages für immer in ihm verschwinden zu dürfen.
   [td]

➤ Abendstille, Abgrund, Bruder Baum, German Angst, Heimat, Jugendherberge, Männerchor, Mittelgebirge, Ordnungsliebe, Schrebergarten, Sehnsucht, das Unheimliche, Vater Rhein, Wanderlust

WANDERLUST

Der Nebel hockt noch im Tal, ich bin schon auf den Beinen. Allein mit mir und Berg und Wald und Strom und Feld. »Wer forschen und lernen will auf der Wanderschaft, der gehe allein«, habe ich am Vorabend bei Wilhelm Heinrich Riehl gelesen. »Nur der einsame, kunstgeübte Wanderer, der sein Reisegepäck selber auf dem Rücken trägt und seinen Schulsack obendrein, findet den raschen Blick und die nie erlahmende Spannkraft zum rastlosen Beobachten.« Der Mann muss es wissen. Schließlich war er der erste deutsche Volkskundler.

Die Luft ist kühl, die Vöglein freuen sich, der Alltagszwinger öffnet seine Türen mit jedem Schritt. Die Stadt hinter mir muss schon ganz klein sein. Würde ich mich umdrehen, könnte ich meine Finger auf dem einzigen Hochhaus spazieren gehen lassen. Ich will mich nicht umdrehen.

Am Wegesrand entdecke ich blaue Blumen, von denen ich einmal wusste, wie sie heißen. Hätte ich nur das Botanik-Büchlein mitgenommen. Im Rucksack wäre zwischen der Wasserflasche, dem Brot und dem Käse noch Platz gewesen. Aber ich habe gelernt: *Vom Nötigen nur das Notwendigste einpacken ...*

Der Weg beginnt, sich aufwärtszuwinden, die Atmung wird schwerer. Nicht deshalb bleibe ich stehen – ich weiß, dass nicht stehen bleiben darf, wer seinen Tritt finden will. Ich lausche. Ist es ein Reh oder anderes Wild, das ich dort am Hang rascheln höre? Schritte sind es, die mir im Wald entgegenkommen, entschlossene, rasche Schritte, und im nächsten Augenblick sehe ich einen jungen Mann mit dunklem, leicht gelocktem Haar um die Wegkehre biegen. Ich will ihn grüßen, *im Frühtau zu Berge wir geh'n, fallera,* doch da erkenne ich ihn. Berühmter ist das Bild, das die Welt sich von ihm als grantigem Greis gemacht hat: Arthur Schopenhauer. Die Stirn gesenkt, das Gesicht verschlossen nähert er sich, die ganze Gestalt ein Warnschild: »Sprich mich nicht an!«

Doch dann bleibt er stehen, wenige Meter entfernt von mir, und flüstert, ohne aufzublicken: »Die Philosophie ist eine hohe Alpenstraße, zu ihr führt nur ein steiler Pfad über spitze Steine und stechende Dornen: Er ist einsam und wird immer öder, je höher man kommt, und wer ihn geht, darf kein Grausen kennen, sondern muss alles hinter sich lassen und sich getrost im kalten Schnee seinen Weg selbst bahnen. Oft steht er plötzlich am Abgrund und sieht unten das grüne

Tal: Dahin zieht ihn der Schwindel gewaltsam hinab; aber er muss sich halten und sollte er mit dem eigenen Blut die Sohlen an den Felsen kleben.«

»Aber wir sind doch nur im Mittelgebirge«, möchte ich einwenden. Stattdessen senke auch ich den Blick und murmle: »Wer kann steigen und schweigen? Das haben Sie doch geschrieben? Mein Vater hat es immer zitiert, wenn wir wandern gingen.« Ist es ein Lächeln, das über Schopenhauers Gesicht huscht, bevor er mich stehen lässt?

Wer wandern will, der schweig fein still, tritt an am frühen Morgen, geh steten Schritt, nehm' nicht viel mit, und lass daheim die Sorgen ...

Weiter zieht der Pfad hinauf, zieht mich mit sich hinauf, ich beginne, keinen Unterschied mehr zwischen mir und dem Grund zu spüren: Äste, Wurzeln, Felsen – nicht länger Stolperfallen, sondern Teil der gemeinsamen Wanderschaft. Es ist, als ob die Natur ihr Einverständnis mit meinem Tempo andeuten wollte. Ganz anders, als wenn sie an Zug- oder Autofenstern vorbeifliegt, wo sie stets in entgegengesetzter Richtung zu fliehen scheint.

Alle Wege schreiten, alle Flüsse gleiten, alle Winde reiten auf dem Wolkenpferd. Wälder bergwärts steigen, Hügel ziehen Reigen, allesamt sich neigen vor der Sonne sich ...

Hinter mir höre ich Männerstimmen. Die zwei können keine Wanderer vom Schweigeorden sein. Ich verlangsame den Schritt und lasse sie aufschließen, ich ertrage es nicht, wenn andere mich vor sich hertreiben.

»Wer geht, sieht im Durchschnitt anthropologisch und kosmisch mehr, als wer fährt«, sagt der mit dem schweren Tornister aus Seehundfell. »Ich halte den Gang für das Ehrenvollste und Selbstständigste in dem Manne, und ich bin der Meinung, dass alles besser gehen würde, wenn man mehr ginge.« Johann Gottfried Seume, der Dichter, der im Jahre 1801 von Leipzig nach Syrakus losspaziert ist. Und der Mürrische neben ihm in der Kniebundhose ist Thomas Bernhard. »Wir müssen gehen, um denken zu können«, ergänzt er. »Wenn wir gehen, kommt mit der Körperbewegung die Geistesbewegung.«

»Wo alles zu viel fährt, geht alles sehr schlecht: Man sehe sich nur um! So wie man im Wagen sitzt, hat man sich sogleich einige Grade von der ursprünglichen Humanität entfernt. Fahren zeigt Ohnmacht, Gehen Kraft«, sagt Seume und schwenkt seinen schweren Knotenstock.

Plötzlich bedaure ich es, dass ich keinen Wanderstock dabeihabe. Den letzten habe ich vor dreißig Jahren in die Ecke gestellt. Bei Oma und Opa. Meinen kleinen neben die zwei großen. Zum Erwachsenen-Wanderstock habe ich es nie gebracht. Wanderstöcke sind nur etwas für Kinder und Senioren – dachte ich. Edelweiß und Hirschgeweih, Mummelsee und Wilder Kaiser, Breitachklamm und Nesselwang ... Was bin ich für eine fleißige Stocknagelsammlerin gewesen, wie hatte ich mich gefreut, wenn der Opa mit mir in die Werkstatt ging, um das neueste Wappen mit zwei winzigen Nägeln an den Stock zu schlagen! Blaueishütte, Wimbachschloss, Hinterzarten, Bischofsmais, Rattenberg und In der Eng ...

Ich nähere mich einer Lichtung und treffe ein Dutzend Jungen bei der Rast, nur die Klampfe mag nicht ruhen: »Ihr Wandervögel in der Luft, im Ätherglanz, im Sonnenduft in blauen Himmelswellen, euch grüß' ich als Gesellen! Ein Wandervogel bin ich auch, mich trägt ein frischer Lebenshauch, und meines Sanges Gabe ist meine liebste Habe.«

Sie sehen aus wie Handwerker auf der Walz, fahrende Scholasten aus dem Mittelalter. Schlapphüte werden in der Morgenluft geschwungen, einige Jungen baden ihre Füße im Bach, andere werfen Steine nach einem morschen Stumpf. Der Älteste von ihnen – schwer zu sagen, ob noch Student oder schon Lehrer – ruft: »Schauen Sie sich meine hurtigen Buben nur an! Würden Sie denken, dass schon fünf stramme Wanderstunden hinter ihnen liegen? Hinaus aus dem Ruß und dem Steinstaub und der quetschenden Enge unserer Städte! Wandern, viel wandern! Stillt den Hunger der Stadtkinder nach unverbrauchter Luft, nach weitem Feld und hohem Himmelsdom, ihre Sehnsucht nach Baumesgrün und Waldesschatten, nach wogenden Kornfeldern und weltfernen Wiesen, nach dem tiefen Frieden ländlicher Gegenden!«

Ich habe nichts gegen die Wandervögel, die vor über hundert Jahren aufgebrochen sind, das Leben jenseits des staubigen Schulwegs zu erkunden. Dennoch würde ich nicht mit ihnen ziehen wollen. Mein Unterwegssein scheut den Oberhäuptling, Unterhäuptling, kennt keine Bachanten und Scholaren, meidet die Horde.

Kaum ist das Lied der Zupfgeigenhansl verstummt, erschallt es aus anderer Richtung: »Das Wandern ist des Müllers Lust, das Wandern ist des Müllers Lust, das Wa-han-dern ...«

Hat die germanische Wandersehnsucht denn heute alle gepackt?

Keine Müller sind's, die da nahen: Ein ganzer Frauengesangverein stapft heran – oder ist es ein singender Frauenwanderverein? Die Damen tragen wetterfesteste Funktionsjacken, die mich sofort den Blick gen Himmel richten lassen. Kein Wölkchen dort droben. Die Damen grüßen herzlich, jede einen Teleskopstock fest in der Hand. »Letzten Monat haben wir den Hermannsweg gemacht«, ruft die Anführerin, »vor zwei Monaten sind wir den Rennsteig abgewandert, jetzt raten Sie mal, wohin wir nächsten Monat fahren?«

»Zum Frau-Holle-Pfad«, vermute ich.

»Wir wandern alle Wege nach, die Bundespräsident Karl Carstens in seiner Amtszeit gewandert ist«, strahlt die Anführerin und gibt ihren Gefährtinnen den Wink weiterzumarschieren: »O Wandern, Wandern, meine Lust, o Wandern, Wandern, meine Lust, o Wa-han-dern ...«

Ich verlasse den ausgetretenen Pfad, bevor mir noch die Bundeskanzlerin samt Sicherheitstross entgegenkommt. Eine Krähe begleitet meinen Gang ins Unterholz mit Gekrächz, als wollte sie mich ermahnen, auf den Weg zurückzukehren. Schon sehe ich einen Waldhüter hinter der nächsten Tanne hervorspringen, um mich zu verhaften; sehe, wie sich die Krähe auf seine Schulter setzt, das Brustgefieder stolz geplustert. Doch nur eine Ameise krabbelt mein rechtes Bein hinauf.

Ich suche mir einen Findling mit Blick, die Sonne steht hoch am Himmel, Zeit für die erste Rast mit Wasser und Käse und Brot. Wie immer beim Wandern schmeckt köstlich, was am Küchentisch fad erscheint. Die Stadt im Tal ist schon gar keine Stadt mehr, bloß ein Fleck, eine Gedächtnisstütze, die wegzustoßen es auch noch gilt. Der Fels im Rücken ist warm, der zusammengerollte Pullover im Nacken weich. Ich überlasse die Emsigkeit den Insekten, mich dem Schlummer.

Im Traum sehe ich einen Mann, dem ich noch nie begegnet bin und der dennoch vertraut wirkt. Er spaziert einen sonnigen Hang entlang. Im Süden muss es sein, Alpen, Tessin. Eine feine Brille ziert seine Nase, ein weicher, breitkrempiger Hut hängt ihm über die Stirn. Hinter ihm läuft eine junge Frau her, barfuß, und weint. Ohne sich umzudrehen spricht er: »Schöne, hellblonde, lustige Frau! Ich habe dich eine Stunde lang geliebt, niemand hat dich mehr geliebt als ich, niemand hat dir jemals so viel Macht über sich eingeräumt wie ich. Aber ich bin zur Untreue verurteilt. Ich gehöre zu den Windbeuteln, welche nicht eine Frau, sondern nur die Liebe lieben. Wir Wanderer sind alle so beschaffen. Unser Wandertrieb und Vagabundentum ist Erotik. Wir Wanderer sind darin geübt, Liebeswünsche gerade um ihrer Unerfüllbarkeit willen zu hegen, und jene Liebe, welche eigentlich dem Weib gehörte, spielend zu verteilen an Dorf und Berg, See und Schlucht, an die Kinder am Weg, den Bettler an der Brücke, das Rind auf der Weide, den Vogel, den Schmetterling. Wir lösen die Liebe vom Gegenstand, die Liebe selbst ist uns genug, ebenso wie wir im Wandern nicht das Ziel suchen, sondern nur den Genuss des Wanderns selbst.«

Ich wache auf. Etwas hat mich gestochen. Leicht benommen sauge ich an dem roten Punkt, der auf meinem Handrücken wächst. Ich nehme es als Strafe dafür, an meinem Wandertag von Hermann Hesse geträumt zu haben. Aber bin ich nicht selbst eine Davonläuferin? Habe ich nicht den Mann im Tal gelassen, einen Zettel auf dem Küchentisch: »Muss raus, weiß nicht, wann ich zurückkomme, mach dir keine Sorgen!«

Erst als ich wieder in die Wanderschuhe steige, spüre ich die Blase, die sich an der linken Ferse gebildet hat. *Vom Nötigen nur das Notwendigste einpacken ...* Während ich die Wasser-, Käse- und Brotreste im Rucksack verstaue, steht plötzlich ein Mann vor meinem Fels.

Alle auf den Beinen:
Johann Wolfgang von Goethe (1831 auf dem Kickelhahn)
Martin Heidegger (im Schwarzwald)
Karl Carstens mit CDU-Parteifreunden (1984 im Frankenwald)

Hermann Hesse (1952 in Montagnola)
Sigmund Freud mit Tochter Anna (1913 in Südtirol)
Angela Merkel und Reinhold Messner (2006 auf dem Monte Rite)
Theodor W. und Gretel Adorno (1963 in Sils Maria).

Lotte Tobisch-Labotýn/Theodor W. Adorno Archiv

»Wandern ist kein Vergnügen, es ist Gottesdienst«, ruft er mir heiter zu. Seine hellen Augen blitzen. »Zum Wandern gehört die *ingenua dilectio*, die innere Hingerissenheit.« Er hält sein verwittertes Gesicht in die Sonne. »Wandern ist höchste Willkür. Wir verlieren uns in die Anarchie, wir lassen uns bis in dieses Äußerste gehen. Jeder Schritt führt uns in die Unendlichkeit. Eine Lust, alles zu lassen und zu vermissen. Die Geschichte ist verbraucht, die Kunst überflüssig, und die Errungenschaften werden entbehrlich.«

Nie hat mir einer schöner gesagt, dass auch er kein Blasenpflaster bei sich hat. Ich frage ihn nach seinem Namen. Lachend schüttelt er den Kopf: »Wie ich heiße, tut nichts zur Sache, mich kennt ohnehin keiner mehr.« Bevor ich wieder in meinen Schuhen bin, hat er sich an die Schiebermütze getippt und zum Gehen gewandt. Ich sehe, dass er ganz ohne Gepäck unterwegs ist.

»Bitte!«, rufe ich ihm hinterher. »Ich will wissen, an wen ich mich erinnern werde!«

»Jürgen von der Wense«, antwortet es hinter dem Holunderbusch. Er hat recht. Ihn kennt tatsächlich keiner mehr.

Einsam steige ich weiter über Moos und Laub und Heidelbeergestrüpp, nur Mücken um mich her, Spinnen, deren Netze sich auf mein Gesicht legen, bis ich den Grat erreiche. Wo der Wald den Blick freigibt, kann ich ins nächste Tal hinabsehen. Doch ich möchte nicht hinab. Ich bleibe auf dem gezackten Rücken, der Schmerz im Fuß pocht bei jedem Schritt. Ich lerne, ihn mitzunehmen auf meiner Reise.

Der Himmel hat sich verdüstert, keine Sonnenstrahlen fallen mehr durchs Blätterdach. Ich denke an die Damen mit ihren Funktionsjacken, die sich jetzt freuen, während ich nur einen dünnen Regenschutz um die Hüften gebunden habe.

Da hetzt einer vorbei, als jage der Wahnsinn auf Rossen hinter ihm her. »Lenz!«, rufe ich, »Lenz! Halte doch ein! Du machst mich schwindlig mit deinem Rasen!« Kurz bleibt er stehen, keuchend, den Leib vorwärtsgebogen, Augen und Mund weit offen, als wollte er den Sturm in sich ziehen, es reißt ihm in der Brust, kein Wort findet heraus, und schon fliegt er den Abhang hinunter. Ich weiß, dass ihm nicht zu helfen ist, dem Friedlosen, der keine Müdigkeit kennt, dem es nur manchmal unangenehm ist, dass er nicht auf dem Kopf gehen kann. Zum ersten Mal an diesem Tag beginne ich laut zu singen: »Lange wandern wir umher, durch die Länder kreuz und quer, wandern auf und nieder, keiner sieht sie wieder.«

Der Wind fegt meine Töne fort. Was kann ich ausrichten gegen das Gebrüll der Wipfel? Ich wünschte, Nietzsche wäre bei mir und lehrte mich, die ganze Tatsache Mensch aus ungeheurer Ferne zu betrachten. *Nun stehst du bleich, zur*

Winter-Wanderschaft verflucht, dem Rauche gleich, der stets nach kältern Himmeln sucht.

In der Ferne meine ich, einen Weg zu erkennen. Ich eile die Senke hinunter, auf der anderen Seite wieder hinauf, und stehe vor einem schroffen Felsband. Die ersten Flocken wirbeln aus dem Himmel, der schwarz wie Nacht geworden ist. Ich spare mir die Mühe, meinen Regenschutz überzustreifen. Irgendwo sehe ich ein Licht. Ich folge ihm. Es erlischt. Es flammt wieder auf. Ein Irrlicht treibt sein Spiel mit mir.

Da spüre ich eine leichte Hand auf meiner Schulter. Ich fahre herum. Der kleine, dickliche Mann muss halb blind sein hinter seiner beschlagenen Brille, die dunklen Locken klatschen ihm nass in die Stirn. Nicht Nietzsche ist es, der sich mit mir in diese Felsengründe verlaufen hat. Franz Schubert ist's, der Größte aller Winterreisenden von Ewigkeit zu Ewigkeit. Nun weiß ich: Nichts kann geschehen, vor dem zu fürchten sich lohnt. *Einen Weiser seh' ich stehen unverrückt vor meinem Blick, eine Straße muss ich gehen, die noch keiner ging zurück.* Wir fassen uns an der Hand und laufen tiefer hinein in den verstürmten Winterwald.

[ɪd]

➤ ABGRUND, BERGFILM, BRUDER BAUM, FAHRVERGNÜGEN, FREIKÖRPERKULTUR, JUGENDHERBERGE, MITTELGEBIRGE, SEHNSUCHT, VEREINSMEIER, WALDEINSAMKEIT

DAS WEIB

Es beginnt mit einem Rätsel. Wieso ist ein Wesen, das kaum einer definieren mag, ohne beide Hände anerkennend vor der Brust zu wölben, an dessen natürlichem Geschlecht somit nicht der geringste Zweifel besteht, dem grammatikalischen Geschlecht nach sächlich? Wieso heißt es *das* Weib?

Da ist selbst das *Wörterbuch der Brüder Grimm*, sonst maßgebliches Orakel für alle Mysterien der deutschen Sprache, ratlos: Das germanische »wîba« weise keinerlei außergermanische Sprachbeziehungen auf, was dazu nötige, in »Weib« einen durch die besonderen germanischen Vorstellungen bestimmten Inhalt zu suchen, zugleich müsse die Erklärung dem so auffälligen neutralen Genus des Wortes gerecht werden. Möglich sei, dass »wîba« im Ablaut zu althochdeutsch »weibôn« = »schwanken, schweben, wallen« stehe, und »Weib« somit »das webende, schwebende Wesen« bedeute. Das Neutrum hingegen durch den Vergleich mit »Pferd, Schaf, Rind« zu erklären, ginge nicht an. Letztlich blieben nur zwei Lösungsansätze: Man müsse »das Weib« entweder in Bezug zu den altnordischen Begriffen »fífl« und »troll« setzen, die Neutra seien bei dämonischer Natur ihrer Träger, oder aber an die Namen denken, mit denen die abhängig arbeitende Klasse belegt werde wie »das Mensch« oder »das Ding« in persönlicher Bedeutung. Im ersten Falle gelange man zu einer idealistischen Auffassung: Durch den Glauben an ihre Weissagegabe hätte die Frau für den Germanen einen an dämonische Natur grenzenden Charakter erhalten, und ihr Name wäre zu »weibôn« im Sinne geistiger Beweglichkeit, überirdischer Begeisterung gebildet. Für diese Auffassung und ihren spezifisch germanischen Begriffsinhalt spreche, was Tacitus in seiner *Germania* über die Frau anführe: »Die Germanen glauben sogar, den Frauen wohne etwas Heiliges und Seherisches inne; deshalb achten sie auf ihren Rat und hören auf ihren Bescheid.« Gegen diese Auffassung spreche, dass gerade dem Wort »Weib« seit den Anfängen seiner Bezeugung jeder Anklang an einen dämonistischen Hintergrund, ja auch der Ton besonderer Ehrfurcht abginge. Dagegen gebe es zu denken, dass »Weib« immer nur das erwachsene, voll arbeitsfähige Wesen bezeichne.

Alles klar? Die Verwirrung, ob »Weib« nun ein Ehrentitel oder eine Schmähung ist, hat sich bis in die Gegenwart nicht gelöst. Wenn die Betriebsräte eines großen Automobilkonzerns den Personalmanager beim Lustausflug angrölen: »Wo bleiben die Weiber?«, darf man annehmen, dass es sich um keinen Ausdruck der Hochachtung handelt. Andererseits bezeichnen sich Damen, die zu barocker Körperfülle neigen, selbst gern als »Vollweiber«. Die deutsche Trivialliteratur kennt die Frau, die Kinder, Karriere und Ehemann bei stets gleichbleibend guter Laune stemmt, als »Superweib«; der Karneval feiert ausgelassen die »Weiberfastnacht«. Im Herbst 1968 gründete sich in Frankfurt am Main als Neben- und Gegengruppierung zum SDS ein »Weiberrat«, der dazu aufforderte, die »sozialistischen Eminenzen von ihren bürgerlichen Schwänzen« zu befreien. Zwanzig Jahre später gaben andere Feministinnen *Das kleine Weiberlexikon* heraus.

Hinter letzteren Einfällen mag jene Strategie stecken, die unterschiedlichste Befreiungsbewegungen – bevor sie den lahmen Weg der Political Correctness einschlugen – immer wieder verfolgt haben, indem sie Schimpfwörter, mit denen die herrschende Sprache sie belegte, ironisch »enteigneten« und zur stolzen Selbstbeschreibung umkehrten.

Das Problem ist nur, dass »Weib« – anders als beispielsweise das amerikanische »nigger« – nie ein ausschließlich verächtlich oder günstigstenfalls neutral gemeinter Ausdruck gewesen ist. Friedrich Schiller wollte die Frauen gewiss nicht herabsetzen, als er in seiner Ode *An die Freude* die Geschlechtsgenossen aufforderte: »Wer ein holdes Weib errungen, / Mische seinen Jubel ein!« Oder doch? Feministisches Bewusstsein sucht man beim Vize-Dichterfürsten der Weimarer Klassik vergeblich. Aber die beschränkte Sicht, die er jenseits seiner Historiendramen wie *Die Jungfrau von Orléans* oder *Maria Stuart* auf weibliche Talente und Lebensaufgaben pflegte – »Ehret die Frauen! sie flechten und weben / Himmlische Rosen ins irdische Leben« –, lässt sich anders als beim Hauptdichterfürsten Goethe, der 1801 im *Taschenbuch für Damen* ein launiges Konversationsstückchen mit dem Titel *Die guten Frauen als Gegenbilder der bösen Weiber* veröffentlichte, nirgends am Begriff festmachen.

Interessanter ist da schon die Fährte, die der erste konsequente Verfechter der Frauenemanzipation in Deutschland, der preußische Staatsmann und Schriftsteller Theodor Gottlieb von Hippel, legte. Zwar nannte er sein Traktat von 1792 *Über die bürgerliche Verbesserung der Weiber*, stellte darin aber sogleich klar, dass »Weiber« als Ehrenname aufzufassen sei. Und zwar nicht im Schillerschen Sinne des hold rosenflechtenden Weibes, das es zu erringen gelte – im Gegenteil äußerte der ewige Junggeselle Hippel den Verdacht, dass just jene Männer die Frauen am meisten anbeteten, die sich vor ihnen am meisten fürchteten, und säuselndes Frauenlob letztlich dem Zweck diene, die Frauen kleinzuhalten. Er selbst bescheinigte den Weibern nicht nur, zur Wissenschaft, Kunst und Politik mindestens ebenso begabt zu sein wie die Männer. Obwohl sich der

Aufklärer immer noch als Pietist verstand, rühmte er gegen die biblische Tradition Eva dafür, dass sie Adam zu Fall gebracht und diesen überhaupt erst »zum Gebrauch und zur Anwendung, zum Durchbruch der Vernunft hinaufgestimmt« habe. Folgerichtig verlangte er denn auch: »*Eva* sollte die *Vernunft*, ihr zum Andenken, heißen.«

Noch lauter als alle Pfarrer, Priester und Rabbis dürften an dieser Stelle jene gelehrten Männer aufgequiekt haben, die mit Martin Luther davon überzeugt waren, dass es Weibern nicht nur an »Stärke und Kräften des Leibes«, sondern vor allem »am Verstande« mangele.

Einer von ihnen war Immanuel Kant, der den »gelehrten Frauen« unterstellte, dass sie »ihre Bücher etwa so wie ihre Uhr« brauchten, »nämlich sie zu tragen, damit gesehen werde, dass sie eine haben; ob sie zwar gemeiniglich still steht oder nicht nach der Sonne gestellt ist«.

Hippel war häufiger Gast bei Kants Tischrunden in Königsberg. Vielleicht wäre Licht in das Frau-Weib-Rätsel gedrungen, hätte man lauschen dürfen, was sich der Verfechter des als vernünftig angenommenen *Weibes* und der Verächter der für töricht, da letztlich triebhaft gehaltenen *Frau* in dieser Frage zu sagen gehabt hätten.

Dass ausgerechnet der Feminist Hippel fast durchgängig vom »Weib« sprach, könnte indes mehr gewesen sein als ein stilistischer Ausrutscher. Wie die Grimms in ihrem *Wörterbuch* erinnerte auch er an frühere Zeiten, in denen »das deutsche Weib [...] allemal mehr als andere Weiber« gegolten habe, weil den Germanen der Rat ihrer Weiber wichtig, »ihre Aussprüche ihnen heilig« gewesen seien. (Dass die alten Griechen nach Delphi zur Pythia gepilgert sind, unterschlug er.) Doch wiederum anders als Schiller meinte Hippel mit der Ratgeberin nicht die züchtige Hausfrau, die drinnen walten, die Mutter, die weise im häuslichen Kreise herrschen sollte. Fest gemauert in der Erde stand für ihn weniger die Form aus Lehm gebrannt, als vielmehr das Weib.

Womöglich hätte Hippel seinem Freund Kant zugestanden, dass Männer die höhere Vernunft besäßen – die tiefere attestierte er den Weibern; gewissermaßen eine Vernunft mit Unterleib gegen die männlichen Kopfgeburten. Den Erfinder der *reinen* Vernunft hätte es geschüttelt. Aber jeder, der eine gewisse Erdung für das Fundament alles Vernünftigen und nicht dessen Hindernis hält, wird jenem Gedanken die Attraktivität nicht völlig absprechen.

Wer »Weib« sagt, scheint stets ein herzhaftes, vor Leben strotzendes und damit letztlich erotisches Wesen vor Augen zu haben. Dagegen spricht nur scheinbar, dass die katholische Kirche in ihrem *Ave Maria* die Mutter Gottes als »Gebenedeite unter den Weibern« begrüßt. Schließlich wächst auch in deren Leib kostbarstes Leben – und wenn es »nur« der Heilige Geist gewesen ist, der über sie gekommen ist.

Wer jedoch ganz sichergehen will, das Missverständnis zu vermeiden, er führe Sinnliches im Schilde, sagt lieber »Frau«. Das war schon bei den mittelalterlichen Minnesängern so: »Ze frowen habe ich einen sin: / als si mir sint als bin ich in; / wand ich mac baz vertrîben / die zît mit armen wîben.« Auf gut Neuhochdeutsch: »Zu Edelfrau'n heg ich den Sinn, / Dass, wie sie mir, ich ihnen bin. / Die Zeit mir zu vertreiben, / Mag ich bei Mägden [= armen Weibern] bleiben.« Allerdings deutet Hartmann von Aue im weiteren Verlauf seines Gedichts an, dass man mit den »armen wîben« mehr Spaß hat als mit den »frowen«, die zwar gern als das »schœniste wîp« angeschmachtet, aber keinesfalls angefasst werden dürfen.

Nur so ist zu erklären, wieso sich der Deutsche, wenn er in Schunkellaune ist, zwar stets zu »Wein, *Weib* und Gesang« bekennt – in der früheren zweiten Strophe seiner Nationalhymne hingegen »deutsche *Frauen*, deutsche Treue, deutschen Wein und deutschen Sang« pries.

Auch Friedrich Nietzsche, einer der leidenschaftlichsten Verächter des weiblichen Geschlechts, schien dies gespürt zu haben. In *Also sprach Zarathustra* lässt er den Verkünder des Übermenschen im Wechsel mit einem »alten Weiblein« so lustige Sentenzen formulieren wie diese, dass alles am Weibe ein Rätsel sei und alles am Weibe eine Lösung habe: »Sie heißt Schwangerschaft.« Nachdem sich die beiden zwei Seiten lang ausschließlich über »die Weiber« verständigt haben, gibt das alte Weiblein Zarathustra zum Schluss den berühmt gewordenen Rat: »Du gehst zu Frauen? Vergiss die Peitsche nicht!«

Warum hat der schnauzbärtige Philosoph ausgerechnet hier zur »Frau« gegriffen? Weil die Peitsche bei echten Weibern – deren Glück sich ohnehin auf die Formel reduzieren lasse »er will« – gar nicht nötig ist, sondern nur bei solchen, die »gelehrte Neigungen« entwickelt haben, weil »etwas an ihrer Geschlechtlichkeit nicht in Ordnung« sei, wie Nietzsche an anderer Stelle spekulierte?

Wenn im »Weib« also immer das Erotische mitschwingt – und es dem einzelnen Mann überlassen bleiben muss, ob er den Umstand, dass es ihn ewig lockt, zum Anlass für Verehrung oder Verachtung macht –, ist das gegengeschlechtliche Pendant zum »Weib« dann wirklich der »Mann«, wie das Grimmsche *Wörterbuch* meint? Müsste es nicht vielmehr der »Kerl« (bzw. *das* »Kerl«) sein? Ein Prachtweib verdient schließlich keinen »Prachtmann«, sondern einen Prachtkerl, so wie ein Teufelsweib nur einen echten Teufelskerl haben will.

Und sind wir Deutschen nun der Welt größte Erotomanen, weil wir für das sinnlich-deftige weibliche Wesen ein eigenes Wort erfunden haben – oder sind wir zumindest des Abendlandes verklemmtes Schlusslicht, weil wir es für nötig halten, die Frau von ihrer Erotik zu reinigen?

Es bleibt ein Rätsel.

So lobte Martin Luther – in Anlehnung an den weisen Salomon – das Weib. Illustriert von Ludwig Richter, 1851.

Sie hatten sich beide so herzlich lieb,
Spitzbübin war sie, er war ein Dieb.
Wenn er Schelmenstreiche machte,
Sie warf sich aufs Bett und lachte.

Der Tag verging in Freud und Lust,
Des Nachts lag sie an seiner Brust.
Als man ins Gefängnis ihn brachte,
Sie stand am Fenster und lachte.

Er ließ ihr sagen: O komm zu mir,
Ich sehne mich so sehr nach dir,
Ich rufe nach dir, ich schmachte –
Sie schüttelt' das Haupt und lachte.

Um sechse des Morgens ward er gehenkt,
Um sieben ward er ins Grab gesenkt;
Sie aber schon um achte
Trank roten Wein und lachte.

Dieses Gedicht widmete Heinrich Heine dem Weib. Illustriert von Ziska, 2011.

KLEINE GALERIE
DEUTSCHER FRAUENBILDER,
PRÄSENTIERT NACH
WEIBHAFTIGKEIT IN
AUFSTEIGENDEM BOGEN

I. Die schöne Seele

Im Jahre 1806 erschien im Berliner Unger-Verlag ein anonymer Roman mit dem Titel *Bekenntnisse einer schönen Seele – von ihr selbst geschrieben.* Darin erzählt eine reife Jungfrau namens Mirabella die Geschichte ihres Lebens. Es ist ein weiblicher Bildungsroman, der die Frage beantwortet, wie es gelingen kann, eine »achtunggebietende Individualität« zu entwickeln und dennoch nicht als verschrobene Eigenbrötlerin zu enden. Die Hofdame Mirabella kennt den gesellschaftlichen Anpassungsdruck und die Gefahr, am Ende isoliert dazustehen: »Sind wir einmal breitgetreten, so mag es immerhin etwas Gutes sein, aller Menschen Freund sein zu können«, schreibt sie, »allein solange wir es noch nicht sind, müssen wir alles, was unseren Charakter ausmacht, als das köstlichste Kleinod bewahren, weil eine kräftig ausgesprochene Individualität zuletzt mehr wert ist, als die ganze Gesellschaft. Ich sollte dies nicht sagen, weil ich ein Weib bin; aber meine Rechtfertigung liegt in dem Stillschweigen, welches die Männer in Beziehung auf diese Wahrheit behaupten.«

Einer der Stillschweiger, den Mirabella im Sinn gehabt haben dürfte, reagierte prompt: Johann Wolfgang von Goethe. Er selbst hatte mit *Wilhelm Meisters Lehrjahre* 1795/96 den ersten großen Bildungsroman veröffentlicht, in dessen sechstem Buch sich gleichfalls *Bekenntnisse einer schönen Seele* finden. Der Schöpfer der namenlosen Stiftsdame, die von der Mutter zu pietistischer Frömmigkeit erzogen, vom Vater naturwissenschaftlich veredelt worden war und die mit ihrer Bildung dennoch hinterm Berg hielt, weil sie wusste, dass man »für unhöflich hielt, so viel unwissende Männer beschämen zu lassen«, warf in einer Rezension dem anonymen Autor der anderen »Bekenntnisse« vor: »Wir hätten aber doch dieses Werk lieber ›Bekenntnisse einer Amazone‹ überschrieben, teils um nicht an eine frühere Schrift zu erinnern, teils weil diese Benennung charakteristischer wäre. Denn es zeigt sich uns hier wirklich eine Männin, ein Mädchen, wie es ein Mann gedacht hat. Und wie jene aus dem Haupte des Zeus entsprungene Athene eine strenge Erzjungfrau war und blieb, so zeigt sich auch in dieser Hirngeburt eines verständigen Mannes ein strenges, obgleich nicht ungefälliges Wesen, eine Jungfrau, eine Virago im besten Sinne, die wir schätzen und ehren, ohne eben von ihr angezogen zu werden.«

Was Goethe nicht ahnte: Die spätere Literaturwissenschaft gelangte zu der Erkenntnis, dass jenes als zu männlich gescholtene Werk aller Wahrscheinlichkeit nach aus der Feder einer Frau stammt. Als Autorin wird heute Friederike Helene Unger angenommen – die Frau des Verlegers, die nicht nur ihren Mann bei der editorischen Arbeit unterstützte, sondern selbst Schriftstellerin war.

Mit diesem Wissen ist es doppelt aufschlussreich zu lesen, dass Goethe in seiner Rezension meinte, die Hauptfrage jenes Buches, wie »ein Frauenzimmer seinen Charakter, seine Individualität gegen die Umstände, gegen die Umgebung retten« kann, würde hier durch eine »Männin« beantwortet, während »eine geist- und gefühlvolle Frau sie durch ein Weib« ganz anders hätte beantworten lassen. Konkret störte den Dichter an Mirabella, dass sie weder »Tochter noch Schwester, noch Geliebte, noch Gattin, noch Mutter« sei und man deshalb »in ihr weder die Hausfrau noch die Schwiegermutter, noch die Großmutter voraussehen« könne.

Was der Dichter in seiner Rezension verschwieg: Auch »seine« schöne Seele hatte ein reales Vorbild: Susanne von Klettenberg, die eng mit Goethes Mutter befreundet und stets zur Stelle gewesen war, wenn die Leiden den jungen Johann Wolfgang daheim in Frankfurt zu übermannen drohten. Sie pflegte ihn gesund, wenn er an Leib und Seele krank war, gemeinsam betrieben sie okkulte Naturwissenschaften. Sie war diejenige, die bei Goethes Vater durchsetzte, dass sein Sohn die Berufung an den Provinzhof von Weimar annehmen durfte. Auf diese Weise entkam das tiefgläubige Stiftsfräulein, das nach allem, was man weiß, gleichfalls bis an ihr friedliches Lebensende »Virgo« geblieben sein dürfte, dem Verdikt, eine »Virago«, eine männliche Jungfrau, zu sein.

Die schöne Seele, die tatsächlich nur in sich – und Gott – ruht, fällt aus dem Rahmen, den auch die Aufklärer dem Weib geschreinert hatten, indem sie mit Joachim Heinrich Campe auf dessen dreifacher Bestimmung »zur beglückenden Gattin, zur bildenden Mutter und zur weisen Vorsteherin des inneren Hauswesens« beharrten. Die Vorstellung, dass frau im Leben einen anderen Mittelpunkt finden könne als Mann, Kinder und Familie, erfüllte die Herren, die ihr eigenes Tun der Frage gewidmet hatten, wie sich das neuzeitliche Individuum aus allen Rollenbanden befreien und stattdessen ganz aus sich selbst heraus entwickeln könne, mit Schrecken.

Die schöne Seele ist ein frühes Emanzipationsmodell aus dem Geiste gebildeter Frömmigkeit. Auch wenn eine Hildegard von Bingen sich selbst nicht als »schöne Seele« bezeichnet hätte, gehörte die Nonne, die im 12. Jahrhundert ihr Leben dem mystischen Zwiegespräch mit Gott und der Erforschung der Natur gewidmet hatte, dieser Spezies an, die im 19. Jahrhundert als »Blaustrumpf« verspottet werden sollte. Anders als die »Emanzen« späterer Zeiten zerrieb sich die schöne Seele jedoch nicht in den Kämpfen gegen eine borniete Männerwelt. Selbst wenn sie nicht ins Kloster ging, zog sie sich in eine Art innere Emigration zurück. Ihr ging es vor allem darum, den eigenen Frieden zu finden.

Freimütig bekennt die schöne Seele Mirabella, dass nicht einmal der Tod des einzigen Mannes, den sie jemals der Mühe wert gehalten hätte, ihm ihre Freiheit aufzuopfern, sie zu erschüttern vermocht habe, sondern dass »der edlere Teil« ihres Selbst ebenso »unumwölkt« geblieben sei wie »der Wohnsitz der seligen Olympier«. Kein einziges ihrer Geschäfte sei durch den Verlust des Geliebten ins Stocken geraten. Auch sonst habe sie sich nie unglücklich gefühlt, weil sie stets spürte, dass sie sich »zu allen Zeiten klar und gleich bleiben konnte«.

Die antiken Stoiker wären angesichts einer derart ausgeprägten weiblichen Abgeklärtheit vor Neid erblasst. Von Georg Wilhelm Friedrich Hegel hingegen musste sich die schöne Seele als blutleer und schwächlich schelten lassen. In seiner *Phänomenologie des Geistes* führte der Philosoph sie als einen der Holzwege vor, auf die sich das neuzeitliche Bewusstsein bei seinen Versuchen, sich und die Welt ins richtige Verhältnis zu setzen, verirrt habe: »Es fehlt ihm die Kraft der Entäußerung, die Kraft, sich zum Dinge zu machen und das Sein zu ertragen. Es lebt in der Angst, die Herrlichkeit seines Innern durch Handlung und Dasein zu beflecken; und um die Reinheit seines Herzens zu bewahren, flieht es die Berührung der Wirklichkeit und beharrt in der eigensinnigen Kraftlosigkeit [...] – in dieser durchsichtigen Reinheit seiner Momente eine unglückliche sogenannte *schöne Seele*, verglimmt sie in sich und schwindet als ein gestaltloser Dunst, der sich in Luft auflöst.«

Andere männliche Zeitgenossen des späten 18. und frühen 19. Jahrhunderts gingen mit der schönen Seele deutlich liebevoller um. Sie lobten diese dafür, dass sie sich Harmonie zum obersten Ziel gemacht hatte, und sahen in ihr ein durchaus gelingendes Modell, den Einklang zwischen Geist und Gemüt herzustellen – den Kosmos, den die Aufklärer entzweigerissen hatten, wieder zu flicken. Allerdings bewunderten auch sie nicht, dass das Weib *für sich* einen Weg zu ruhigem Lebensglück gefunden hatte. Vielmehr beschäftigte sie, was die schöne Seele *für andere* tun konnte.

»Eine schöne Seele nennt man es, wenn sich das sittliche Gefühl aller Empfindungen des Menschen endlich bis zu dem Grad versichert hat, dass es dem

Affekt die Leitung seines Willens ohne Scheu überlassen darf und nie Gefahr läuft, mit den Entscheidungen desselben im Widerspruch zu stehen.« So pries Friedrich Schiller die weibliche Anmut. »Die schöne Seele hat kein andres Verdienst, als dass sie ist. Mit einer Leichtigkeit, als wenn der bloße Instinkt aus ihr handelte, übt sie der Menschheit peinlichste Pflichten aus; und das heldenmütigste Opfer, das sie dem Naturtriebe abgewinnt, fällt wie eine freiwillige Wirkung eben dieses Triebes in die Augen. Daher weiß sie auch niemals um die Schönheit ihres Handelns, und es fällt ihr nicht mehr ein, dass man anders handeln und empfinden könnte.«

Den schmalen Grat, inneren Seelenfrieden zu gewinnen, selbst in der Welt tätig zu werden, und gleichzeitig eine Familie zu gründen, hatte Sophie von La Roche beschritten. Der zwanzig Jahre jüngere Goethe nannte die ebenso pietistisch fromm erzogene wie gebildete Schriftstellerin und Salondame, die acht Kinder zur Welt gebracht hatte, bevorzugt »Mama«. Ihre poetische Jugendliebe Christoph Martin Wieland betete sie als »seine schöne Seele, seine kluge Königin« an, wenngleich er einem Freund per Brief versicherte: »Ich bin vollkommen Ihrer Meinung, mein Herr, dass ein gelehrtes Frauenzimmer, ein weiblicher Bel-Esprit de profession, schwerlich einen Mann und eine Familie glücklich machen wird.«

In späteren Jahren gab Sophie von La Roche die erste deutsche Frauenzeitschrift heraus, die tatsächlich von einer Frau gemacht wurde: *Pomona für Teutschlands Töchter*. Sogar Katharina die Große soll zu den Abonnentinnen des Magazins gehört haben, das versprach, die Leserinnen »wie bei einem Spaziergang mit einer Freundin« mitzunehmen. Selbstbewusst erklärte die Herausgeberin und alleinige Redakteurin im Vorwort zum ersten Heft: »Das *Magazin für Frauenzimmer* und das *Jahrbuch der Denkwürdigkeiten für das schöne Geschlecht* zeigen meinen Leserinnen, was deutsche Männer uns nützlich und gefällig achten. *Pomona* wird Ihnen sagen, was ich als Frau dafür halte.«

Dennoch war Sophie von La Roche keine Alice Schwarzer der Empfindsamkeit. Sobald ein Mann ihr Haus betrat, griff die Erfolgsautorin nach Stricknadeln oder Stickrahmen. Auch in ihrer *Geschichte des Fräuleins von Sternheim* – jenem Bestseller, der sie im ausgehenden 18. Jahrhundert zu einer literarischen Sensation machte – stachelte sie ihre Geschlechtsgenossinnen nicht zum Sturm auf männliche Bastionen an, sondern ließ ihre vom Unglück verfolgte Heldin, eine wahrhaft schön-gute Seele, im Schillerschen Sinne sagen: »Meine Erziehung hat mich gelehrt, dass Tugend und Geschicklichkeit das einzig wahre Glück, und Gutes tun, die einzig wahre Freude eines edlen Herzens sei; das Schicksal aber hat mir den Beweis davon in Erfahrung gegeben.«

Trotzdem war Sophie von La Roche weit mehr als eine tätige Dulderin. Sie unternahm lange Reisen in die Schweiz, durch Frankreich, Holland und

»Ich bin nur Weib, aber ich werde nie ungerecht und nie klein sein.«
Sophie von La Roche: die erste deutsche Bestsellerautorin und schöne Seele.

England. Sie war die erste deutsche Frau, die bis zu den Gletschern des Mont Blanc stieg, die erste deutsche Frau, die ausführliche Reiseberichte veröffentlichte.

Soweit im deutschen Bewusstsein überhaupt noch ein Bild Sophie von La Roches existiert, wird es von Goethe bestimmt. Im dreizehnten Buch von *Dichtung und Wahrheit* schreibt er über die ehemalige Gastgeberin »Sentimentaler Kongresse«: »Sie schien an allem teilzunehmen, aber im Grunde wirkte nichts auf sie. Sie war mild gegen alles und konnte alles dulden, ohne zu leiden; den Scherz ihres Mannes, die Zärtlichkeit ihrer Freunde, die Anmut ihrer Kinder, alles erwiderte sie auf gleiche Weise, und so blieb sie immer sie selbst, ohne dass ihr in der Welt durch Gutes und Böses, oder in der Literatur durch Vortreffliches und Schwaches wäre beizukommen gewesen. Dieser Sinnesart verdankt sie ihre Selbstständigkeit bis in ein hohes Alter, bei manchen traurigen, ja kümmerlichen Schicksalen.«

Mit welcher Herablassung der Großdichter Sophie von La Roche bei aller »Mama«-Devotion letztlich begegnete, wird deutlich, liest man die Schilderung, die er seinem Freund Schiller in einem Brief gab: »Sie gehört zu den nivellierenden Naturen, sie hebt das Gemeine herauf und zieht das Vorzügliche herunter und richtet das Ganze alsdann mit ihrer Sauce zu beliebigem Genuss an; übrigens möchte man sagen, dass ihre Unterhaltung interessante Stellen hat.«

So muss sich die schöne Seele, die sich nicht aus der Welt zurückzieht, sondern den schwierigen Gang antritt, Selbstständigkeit und Dasein für andere ins Lot zu bringen, am Schluss schelten lassen, sie sei doch bloß eine laue Seele.

Die Nemesis ereilte Goethe wenige Jahre später in Gestalt von Sophie von La Roches Enkelin Bettine Brentano. An dem überspannten Kinde war so gar nichts lau, dass der Meister recht bald versuchte, die »leidige Bremse«, die ihn nicht nur mit Briefen verfolgte, abzuschütteln. Ein Treffen mit dem als Gott verehrten sechzigjährigen Dichter im böhmischen Kurbad Teplitz nahm die junge Schwärmerin zum Anlass, ihren Tag- und Nachträumen freien Lauf zu lassen: »Der Schweiß perlte über seinem herrlichen Mund, den er herb geschlossen hielt, er seufzte tief, er ächzte, ich ließ mich nicht stören, ich leckte alle Schweißperlen auf, er legte die Zunge auf die Lippen, ich biss sie ganz leise, ich biss auch in die Lippen, er drückte mich an seine Wangen und meine Tränen liefen ihm über das Antlitz; er sagte wieder: ›Weib! Weib! wenn du wüsstest, wie süß du bist, dann! ja dann erst könntest du's begreifen, wie streng die Fesseln sind, die deine Unschuld mir anlegt, dass ich's nicht vermag, sie zu zerreißen.‹« Die erotische Dichterinnenphantasie endet damit, dass Bettine in Pelz gehüllt mit einem Blumenstrauß im Arm die Nacht auf einem Kissen am Fußende jenes Bettes verbringt, in dem ihr Gott ruht. Als am nächsten Morgen das Posthorn tönt, verlässt sie das Heiligtum mit den Worten: »Goethe, ich hab heute Nacht bei dir geschlafen.«

»Ich weiß es«, lässt sie ihn erwidern, »ich hab die ganze Zeit auf dich gesehen. Aber nun komm nicht wieder herein, sonst bist du und ich verloren.«

II. Gretchen, Käthchen, deutsche Mädchen

Nichts von alldem hätte sich Susanna Margaretha Brandt träumen lassen, als sie sich in einer Nacht kurz vor dem Weihnachtsfest des Jahres 1770 einem reisenden Holländer hingab, der in dem drittklassigen Frankfurter Gasthaus abgestiegen war, in dem sie als Dienstmagd arbeitete: Nicht, dass sie schwanger werden würde. Nicht, dass sie ihr Kind in der Waschküche des Gasthauses allein zur Welt bringen, töten und im Stallmist begraben würde. Nicht, dass die

Kaiserliche Freie Reichsstadt sie zum Tod durch das Schwert verurteilen würde. Nicht, dass ein junger Rechtsanwalt namens Johann Wolfgang Goethe den Prozess verfolgen und sie zu einer der berühmtesten Frauenfiguren des Theaters machen würde.

Eigentlich ist Gretchen ein ganz normales Mädchen. Ein bisschen kokett, ein bisschen goldgeil, ansonsten halb Kinderspiele, halb Gott im Herzen. Und vermutlich würde sich heute ihrer niemand mehr erinnern, hätte Goethe ihr nicht Fallhöhe verliehen, indem er sie in seinem Drama keinem x-beliebigen holländischen Kaufmannsdiener über den Weg laufen lässt, sondern *dem* deutschen Mythos schlechthin. An keiner Stelle der Vernehmungs- und Gerichtsprotokolle ist herauszuhören, dass die reale Susanna Margaretha in jenen Namenlosen verliebt gewesen wäre, der sie zu einigen Gläsern Wein eingeladen hatte, »wodurch sie dergestalten in die Hitze gekommen, dass sie seinen Ausfällen nicht habe widerstehen können«. Zur liebenden Frau machte erst Goethe sie – wenngleich auch sein Gretchen sich wenigstens im finalen Fieber als sinnlich begehrendes Weib zeigen darf: »Küsse mich! Sonst küss ich dich!«

Camilla Horn als Gretchen in dem Stummfilm *Faust – eine deutsche Volkssage* von Friedrich Wilhelm Murnau, 1926.

Die historische »Brandtin« hatte im Laufe des Prozesses immer überzeugter erklärt, dass Satan sie dazu getrieben habe, ihre Schwangerschaft zu verheimlichen und das Kind zu töten. (Wobei bis heute umstritten ist, ob sie dies erst tat, nachdem ihr Vertreter der Frankfurter Justiz mit der – schon damals nicht mehr legalen – Folter gedroht hatten.) Goethes Gretchen ist himmelweit davon entfernt, Mephisto für ihr Verbrechen verantwortlich zu machen. Wenn im *Faust* jemand im wahrsten Sinne des Wortes vom Teufel »besessen« ist, dann ist es der Doktor selbst. Goethe erhöhte die un-

glückselige, aber letztlich banale Kindsmörderin zur tragischen Gestalt, bei deren
Anblick einen der ganzen Menschheit
Jammer anfassen kann, indem er sie am
Schluss dem Teufel und seiner Marionette,
dem ehemals von ihr so geliebten Heinrich, die Kerkertür weisen und lieber aufs
Schafott gehen lässt, als mit beiden zu
fliehen.

Gretchens Aufstieg zu einem der lang-
lebigsten deutschen Frauenbilder mag sich
daraus erklären, dass in ihr Biederkeit und
Abgrund, Sünde und Unschuld auf ebenso
kunstvolle Weise verflochten sind wie das
dicke blonde Haar auf ihrem Kopf. Zur
Ikone taugt sie allerdings nur für weibliche
Wesen, die im Grunde ihres Herzens be-
schützt werden wollen – und für männliche, in denen sich noch der alte ritterliche
Geist regt. Der Mann, der sich wie Faust
unrettbar verstrickt sieht und auf Erlösung
hofft, muss sich nach anderen deutschen
Mädchen umschauen. (Oder viele tausend
Verse Geduld haben – auf die Gefahr
hin, am Schluss von *Faust II* nicht mit Be-
stimmtheit sagen zu können, warum ihn
das Ewigweibliche jetzt plötzlich doch
noch hinangezogen hat.)

Wer sichergehen will, den großen Liebestod dargeboten zu bekommen, muss in
die Oper. Zu Richard Wagner. Dort hat er

»Gott, meines Lebens Herr! Was widerfährt mir!«
Lucie Höflich als Käthchen von Heilbronn in der
Inszenierung Max Reinhardts am Deutschen
Theater Berlin, 1905.

die freie Wahl, ob er dem Fliegenden Holländer und Senta, Tannhäuser und
Elisabeth oder gleich Tristan und Isolde beim gemeinsamen Dahinscheiden
zuschauen möchte. Dass die Darstellerinnen der jeweiligen Rollen mit einer gewissen Wahrscheinlichkeit weniger mädchen- als matronenhaft daherkommen
werden, liegt einzig daran, dass sich gewaltige Stimmen leider nur selten in zarte
Körper verirren. Richtiger wäre es, wenn selbst die Wagnerschen Walküren von
ekstatischen Mädchen gesungen würden.

Eine bis zur Transparenz fragile Darstellerin erlebt mit Sicherheit, wer sich
im Theater Heinrich von Kleists *Käthchen von Heilbronn* anschaut. Auf den

ersten Blick sieht diese dem Gretchen zum Verwechseln ähnlich, doch der Augenschein trügt. Kleists Käthchen verhält sich zu Goethes Gretchen wie die Stalkerin zur verfolgten Unschuld. Zwar stellt ihr Vater sie zu Beginn des Stücks als ein Wesen vor, das sich zarter, frommer und lieber nicht denken ließe – allerdings nur bis zu jenem Tag, an dem sie dem Grafen Wetter vom Strahl begegnet ist. Obgleich dieser nichts von ihr wissen wolle, folge sie ihm seither wie ein Hund, »der von seines Herren Schweiß gekostet«. Als sei sie die fiktive (und noch etwas masochistischere) Zwillingsschwester der realen Bettine Brentano, die sich in Teplitz zu Füßen ihres Idols Goethe gebettet haben will, bestätigt das Käthchen, dass sie sich vom Grafen mehrfach habe treten lassen und selig sei, wenn sie unterhalb seiner Burg im Holunderstrauch nächtigen dürfe. Über die Gründe ihres Liebeswahns schweigt sie sich aus: »Was in des Busens stillem Reich geschehn, und Gott nicht straft, das braucht kein Mensch zu wissen.« Erst spät im Stück erfahren wir, dass sie dem Grafen im Traum begegnet sei und dies ihr die Gewissheit gegeben habe, für ihn bestimmt zu sein.

Wenigstens vordergründig nimmt *Das Käthchen von Heilbronn* ein gutes Ende: Auch der Graf erkennt schließlich, dass nicht das Edelfräulein, das zu heiraten er im Begriff ist, sondern *sie* diejenige war, die *ihm* im Traum erschienen ist. Tränen. Hochzeit.

Ohne Tränen und ohne Hochzeit endete Heinrich von Kleist selbst. Am 21. November 1811 schoss der Dichter am Berliner Kleinen Wannsee seiner Freundin Henriette Vogel ins Herz und sich in den Mund. Die Wirtsleute, die den beiden zuvor noch einen Imbiss ins Freie gebracht hatten, berichteten, dass sie selten zwei Leute gesehen hätten, »die so freundlich zusammen gewesen wären«. Hand in Hand, »schäkernd und sich jagend, als wenn sie Zeck spielten«, seien die Todeskandidaten zum See hinuntergelaufen. Unklar ist, ob die 31-jährige Henriette Vogel dem Doppelselbstmord zugestimmt hatte, weil sie unheilbar an Krebs erkrankt war, oder ob es sich um einen echten *Acte gratuit* gehandelt hatte, den 34-jährigen Dichter ins Jenseits zu begleiten.

Den letzten Brief, den Henriette Vogel in der Nacht vor ihrem Tod an einen gemeinsamen Freund schrieb, hätte ihr jedenfalls das Käthchen einflüstern haben können: »Ihrer Freundschaft [...] ist es vorbehalten, eine wunderbare Probe zu bestehen, denn wir beide, nämlich der bekannte Kleist und ich, befinden uns [...] auf dem Wege nach Potsdam, in einem sehr unbeholfenen Zustande, indem wir *erschossen* da liegen, und nun der Güte eines wohlwollenden Freundes entgegensehen, um unsre gebrechliche Hülle der sichern Burg der Erde zu übergeben.«

Kleist wiederum hatte sich in derselben Nacht im Gasthaus am Wannsee hingesetzt, um einen letzten Brief an seine geliebte Cousine Marie zu verfassen: »Kann es Dich trösten, wenn ich Dir sage, dass ich diese Freundin [gemeint ist

Henriette Vogel] niemals gegen Dich vertauscht haben würde, wenn sie weiter nichts gewollt hätte, als mit mir leben? [...] Der Entschluss, der in ihrer Seele aufging, mit mir zu sterben, zog mich, ich kann Dir nicht sagen, mit welcher unaussprechlichen und unwiderstehlichen Gewalt, an ihre Brust; erinnerst Du Dich wohl, dass ich Dich mehrmals gefragt habe, ob Du mit mir sterben willst? – Aber Du sagtest immer nein – Ein Strudel von nie empfundner Seligkeit hat mich ergriffen, und ich kann nicht leugnen, dass mir ihr Grab lieber ist als die Betten aller Kaiserinnen der Welt.«

Elf Tage zuvor – sein Entschluss, mit Henriette Vogel zu sterben, stand bereits fest – hatte Kleist sich bei seiner Cousine ein letztes Mal über seine Schwester Ulrike beschwert, an der ihn, obwohl er ihr zeitlebens innig verbunden gewesen war, stets gestört hatte, dass sich »an ihrem Busen« nicht ruhen ließe, weil sie den Fehler besitze, eine »weibliche Heldenseele« und damit »zu groß für ihr Geschlecht« zu sein. Jetzt, in den Tagen vor seinem Tod dünkte ihm, »sie habe die Kunst nicht verstanden, sich aufzuopfern; ganz für das, was man liebt, in Grund und Boden zu gehn«. Der Dichter, dessen »jauchzende Sorge« es war, »einen Abgrund tief genug zu finden«, in den er mit seiner Todesgefährtin hinabstürzen konnte, erwies sich selbst als Abgrund.

Dennoch ist das Käthchen mit seiner »hündischen Dienstfertigkeit« mehr als die Ausgeburt eines erlösungstrunkenen Berserkers. Das zeigt eine Frau wie Henriette Vogel, die als eine der letzten schriftlichen Taten ihres Lebens die »Todeslitanei«, die Kleist mit »Mein Jettchen, mein Herzchen, m Liebes, m Täubchen, m Leben« begonnen hatte, mit »Mein Heinrich, m Süßtönender, m Hyazinthen Beet, m Wonnemeer« fortsetzte.

Gibt es – außerhalb des deutschen Theaters – jene versponnenen, aber wenn es darauf ankommt zu allem bereiten deutschen Mädchen heute noch? Die Käthchens dürften seltener geworden sein, seit die Abgründe zugeschüttet und die Romantik auf Kerzenlicht und Kuschelrock reduziert worden ist. Zwar glauben immer noch viele, den Mann mit ihrer Umarmung aus seinen Verstrickungen erlösen zu können – doch heute würde sich Heinrich von Kleist mit der Suche nach einer Sterbensgefährtin wohl noch schwerer tun als vor zweihundert Jahren. Ob die Grünenpolitikerin Petra Kelly im Herbst 1992 dem grünen Ex-General Gert Bastian, der erst sie und dann sich mit seiner Derringer erschoss, tatsächlich in den Tod folgen wollte, wird wohl für immer ein Geheimnis bleiben.

Häufiger sind die Gretchens, die davon träumen, dass ein prominenter Mann sie zu Glanz und Gloria trägt – und am Ende einsehen müssen, dass all ihre Hingabe sie nur selbst ins Elend gestürzt hat. Dann können sie versuchen, den Seelenverräter dem bigotten Zorn des Boulevards auszuliefern. Oder sie kapitulieren in stiller Einsamkeit.

Tanz ins Glück? Hannelore Kohl mit ihrem Gatten auf dem Berliner Presseball, 1987.

»Es fällt mir sehr schwer, Dich nach 41 Jahren zu verlassen. Aber ein langes Siechtum in Dunkelheit will ich mir und Dir ersparen [...] Meine Kraft ist nun zu Ende [...] Ich danke Dir für ein Leben mit Dir und an Deiner Seite – voller Ereignisse, Liebe, Glück und Zufriedenheit. Ich liebe Dich und bewundere Deine Kraft. Möge sie Dir erhalten bleiben. Du hast noch viel zu tun. Dein Schlänglein.« Es ist der Abschiedsbrief, den Hannelore Kohl, die Gattin des Ex-Bundeskanzlers Helmut Kohl, vor ihrem Selbstmord am 5. Juli 2001 geschrieben hat.

III. Das Fräuleinwunder

Es war die Zeit, in der (West-)Deutschland vom Wunderfieber befallen war. In den Ruinen des Nazi-Reiches begann die Wirtschaft in einer Weise wieder zu blühen, die niemand für möglich gehalten hätte. Im Berner Wankdorfstadion wurden die Deutschen am 4. Juli 1954 zum ersten Mal Fußballweltmeister – sagenhaft. Vier Jahre zuvor hatte, im Kurhaus von Baden-Baden die erste bundesrepublikanische Miss-Germany-Wahl stattgefunden, auch dies ein gesellschaftliches Großereignis, von dem die *Wochenschau* berichtete. Die Gewinnerin hieß Susanne Erichsen. Die damals 24-jährige Berlinerin, deren Stiefvater ihr im »Dritten Reich« verboten hatte sich zu schminken, weil ein anständiges deutsches Mädel so etwas nicht tat, war von den Russen nach Kriegsende in ein Arbeitslager verschleppt worden. Erst 1947 kehrte sie nach Deutschland zurück. In München bekam sie erste Angebote als Fotomodell, das Hungern wurde von der Not zur Tugend erhoben. 1952 durfte sie als »Botschafterin der deutschen Mode« in die USA reisen, die Karriere des »Fräuleinwunders« begann.

Eigentlich ist der Begriff irreführend. Wundersam waren die stets gefährdeten Gretchens und Käthchens, nicht aber jene patenten, auf zwei eigenen – schlanken, langen – Beinen stehenden Fräuleins, die sich in der Nachkriegszeit mit untrüglichem Erfolgsgespür nach oben arbeiteten. Das Fräuleinwunder schaffte den Aufstieg aus eigener Kraft. Sie war die kleine Schwester oder Tochter jener Frauen, die sich in den Trümmern der deutschen Großstädte die Kittelschürze anzogen und ans große Aufräumen machten. Nicht weniger disziplinert, nicht weniger desillusioniert, aber weit glamouröser ging das Fräuleinwunder daran, sich und der Welt zu beweisen, dass vielleicht das Land, nicht aber die Deutschen am Boden zerstört waren. »Ich habe in der Nachkriegszeit gelernt, dass man nicht passiv dasitzen darf und auf die Glückssträhne warten. Es gibt kein Glück. Also Augen auf, Ohren auf und das Leben angepackt.« Mit diesen Sätzen beschrieb in den 2000er Jahren das Seniorenmodell Gerti Schacht, das bei der ersten Nachkriegsmodenschau in Berlin als junges Mannequin zwischen den Trümmern umhergestakst war, den Geist der »Stunde null«.

Die Amerikaner hingegen wunderten sich in der Tat, dass so kurz nach Kriegsende schon wieder hübsche, nicht verhärmte Frauen aus dem gefallenen Land über den Atlantik geflogen kamen. Im April 1952 widmete das *Life*-Magazin Susanne Erichsen eine dreiseitige Fotostrecke, die mit der erstaunten Bemerkung eröffnet wurde, dass sich ein »plump prewar *Mädchen*« in ein »fashionable fraulein« verwandelt habe. Schwer zu entscheiden, ob es Ausdruck amerikanischer Bootcamp-Mentalität oder subtiler Zynismus war, wenn *Life* die zwei Jahre, die »Susanne« in den sowjetischen Kohlenschächten malocht hatte, für die positive Verwandlung vom Vorkriegspummelchen zu »120 pounds of muscled beauty« verantwortlich machte. Das »pretty fraulein« selbst ließ sich jedenfalls durch nichts beirren und blieb die nächsten Jahre in New York, wo sie mit hundert

Susanne Erichsen, erste bundesrepublikanische Miss Germany und Mutter aller »Fräuleinwunder«, vor ihrer Abreise in die USA, 1952.

Antreten zum Umlaut-Diktat! Liselotte Pulver als »Fraulein Ingeborg« in Billy Wilders *Eins, Zwei, Drei.*

Dollar in der Stunde ungefähr so viel verdiente wie ein Arbeiter daheim im ganzen Monat.

Ein Grund für den Erfolg, den Susanne Erichsen in den USA hatte, dürfte darin gelegen haben, dass sie dunkel- und kurzhaarig war und damit so ganz anders aussah als jene Gretchenperversionen, die in ihren BDM-Uniformen dem »Führer« zugejubelt hatten. Eher erinnerte sie an den »Flapper«, den Typus der kecken, selbstständigen Frau, der in den zwanziger Jahren alle westlichen Metropolen-Varietés bevölkert hatte.

Die Frivolität, das Morbide jener Nachtschattengewächse war dem Fräuleinwunder jedoch fremd. Trotz der ausgestellten Erotik signalisierte alles an ihr

Entwarnung: Unter der schönen Oberfläche verbargen sich keine Abgründe, sondern einzig Ehrgeiz. Ihre Rundungen waren rasanter als die des VW Käfer – aber auch sie lud in der jungen Bundesrepublik zum knuddeligen Liebhaben ein. Das Fräuleinwunder war so abwaschbar wie die Plastikmöbel, die in den sechziger Jahren die deutschen Wohnzimmer eroberten. Keiner hat das hinreißender vorgeführt als Billy Wilder in seiner Kalte-Kriegs-Komödie *Eins, Zwei, Drei*, in der sich ein amerikanischer Coca-Cola-Manager im geteilten Berlin herumschlagen muss. Einziger Lichtblick zwischen all den Alt-Nazis und Neu-Sozialisten: das herzhafte »Fraulein Ingeborg«, das seinem Chef nach Feierabend bereitwillig Nachhilfe in Umlauten erteilt – vorausgesetzt, dieser ist bereit, ihr die eine oder andere Extrazulage in Form von Kleidern und Hüten zu zahlen.

Auch wenn das Fräuleinwunder sein Deutschsein nie verleugnet hat, im Gegenteil – sein innerer Kompass zeigte stets nach Westen. Daran hat sich bis in die Gegenwart nichts geändert. Das Tennis-Fräuleinwunder Steffi Graf hat ebenso in die USA eingeheiratet wie Heidi Klum, das rheinländische Froh-Modell, das den Unterwäscheengel mit derselben Entschlossenheit verkörpert wie die Drill-Instruktorin, wohingegen die eher gretchenhafte Claudia Schiffer nur kurz dem Charme eines US-Magiers erlegen war, ihre Familie dann aber in England gründete. Das Fräuleinwunder ist die Luftbrücke, die Deutschland dem amerikanischen Traum errichtet hat.

So gesehen war es blanker Unfug, als in den späten neunziger Jahren ein *Spiegel*-Feuilletonist die jungen Schriftstellerinnen, die in jener Zeit den deutschen Literaturbetrieb eroberten, als »Fräuleinwunder« etikettierte. Der zähe Optimismus, die Welt mit Fleiß erobern zu können, ist den Autorinnen von Karen Duve bis Judith Hermann so fremd, wie Las Vegas oder Beverly Hills fern sind. Will man partout nach Germany's Next Top-Fräuleinwunder Ausschau halten, wird man Lena Meyer-Landrut ins Visier nehmen müssen. Zumindest amerikanische Germanistikstudenten können den Hit *Satellite*, mit dem der aufgekratzte Teenager aus Hannover den Eurovision Song Contest 2010 gewann, schon mitsingen.

»Like a satellite«. Lena Meyer-Landrut beim Eurovision Song Contest 2010 in Oslo.

IV. Lulu, Lola, Loreley

Um den deutschen Mann um den Verstand zu bringen, ist es offensichtlich hilfreich, wenn jede Silbe des eigenen Namens mit einem »l« beginnt. Bessere Chancen als Circe, Carmen, Salome, in den Reigen der wollüstig Gelallten aufgenommen zu werden, hätten demnach Lolita, Lilith oder Lili Marleen – Letztere vor allem, wenn sie von Lale Andersen gesungen wird.

Die Infantilität der Namen ist kein Zufall. Die Lulus, Lolas, Loreleys stürzen den Mann zwar ebenso zuverlässig ins Verderben, wie es die französischen *Femmes Fatales* oder die amerikanischen *Vamps* tun. Anders als ihren gerissenen Schwestern unterstellt den kindlichen Verführerinnen jedoch nicht einmal der Mann, der sich in ihren Netzen verfangen hat, ein bewusstes Vernichtungskalkül.

Der armen Loreley bereitet es kein Vergnügen, die Männer reihenweise im Rhein ertrinken zu lassen; gern wäre sie von dem Fluch erlöst, der auf ihr liegt. »Groß ist der Männer Trug und List, / Vor Schmerz mein Herz gebrochen ist, / Wohl irrt das Waldhorn her und hin, / O flieh, Du weißt nicht, wer ich bin!« So lässt Joseph von Eichendorff seine Loreley den nächtlichen Reitersmann warnen, der spontan beschlossen hat, die »schöne Braut« heiraten zu wollen.

Biblisch-archaischer führt Frank Wedekind seine Lulu ein. Im Prolog der »Monstretragödie« tritt ein Tierbändiger samt Schlange auf – die natürlich von niemand anderem als von Lulu dargestellt wird –, um zu verkünden: »Sie ward geschaffen, Unheil anzustiften, / Zu locken, zu verführen, zu vergiften – / Zu morden, ohne dass es einer spürt. / Mein süßes Tier, sei ja nur nicht *geziert*! / Nicht *albern*, nicht *gekünstelt*, nicht *verschroben*, / Auch wenn die Kritiker dich weniger loben. / Du hast kein Recht, uns durch Miaun und Fauchen / Die *Urgestalt des Weibes* zu verstauchen, / Durch Faxenmachen uns und Fratzenschneiden / Des *Lasters Kindereinfalt* zu verleiden.«

Als Lulu später im Stück gefragt wird, was sie den ganzen Tag so treibe, seit sie zu Reichtum gekommen, antwortet die Kindfrau, der ein Medizinalrat, ein Kunstmaler, ein Chefredakteur und eine Gräfin zum Opfer fallen: »Ich liege und schlafe [...] Und strecke mich – bis es knackt.«

Dieselbe laszive Unschuld legt die »fesche Lola« an den Tag. Regisseur Josef von Sternberg traf die erste brillante Entscheidung, als er sich von Frank Wedekind inspirieren ließ und in seinem *Blauen Engel* aus der Barfußtänzerin »Rosa Fröhlich« – wie sie im Roman von Heinrich Mann heißt – die Tingelsängerin »Lola Lola« machte. Die noch brillantere Entscheidung traf er, als er seine »Lola Lola« mit Marlene Dietrich besetzte.

In späteren Interviews erzählte diese immer wieder, wie es ihr gelungen war, die begehrte Rolle zu ergattern, obwohl sie damals als Schauspielerin bestenfalls zur C-Prominenz gehört hatte: durch lässig zur Schau gestellte Ehrgeizlosigkeit. Weil sie angeblich ohnehin nicht damit gerechnet hatte, für die Hauptrolle in Frage zu kommen, habe sie sich auf die Probeaufnahmen nicht vorbereitet, sondern sich einfach ans Klavier gelehnt und irgendetwas geträllert. Auch Sternberg bestätigt in seinen Memoiren, dass die Frau, die er im Jahre 1929 nach Babelsberg bestellt hatte, kein »Tiger«, sondern die »verkörperte Gleichgültigkeit« gewesen sei. Damit hatte Marlene – zum anfänglichen Entsetzen des Produzenten und ihres Filmpartners, des berühmten Emil Jannings – gewonnen.

Sternberg war der Einzige, der von Anfang an spürte, was die Welt erst erkannte, als der fertige Film in die Kinos kam: Keine hätte die Sumpfblüte, die den biederen Kleinstadtprofessor (Un)Rath ganz nebenbei so betört, dass dieser sich zum Varieté-Gockel erniedrigt, besser gespielt als die schnodderige Leutnantstochter, die bis zuletzt jede pompöse Frage nach ihrer Karriere mit einem verächtlichen »Nein, also wirklich« an sich abperlen ließ. Keiner hätte man lieber geglaubt, dass Männer sie umschwirren wie Motten das Licht, und wenn sie verbrennen, ja dafür kann sie nichts – wie es im zum Ohrwurm verkommenen Lied von Friedrich Hollaender heißt.

»Die schönste Jungfrau sitzet / Dort oben wunderbar ...«
Lorely, Gemälde von Wilhelm Kray, um 1878.

So wie die schöne Seele kein anderes Verdienst hat, hat die verruchte Seele keinen anderen Makel als den, zu *sein*. Nur dass Erstere harmonisch in sich ruht, während die andere nichts als Chaos ist. Der Maler Schwarz verzweifelt bei dem Versuch, Lulu zu porträtieren: »Ich habe noch niemanden gemalt, bei dem der

»Und wenn sie verbrennen, / Ja, dafür kann ich nichts.«
Marlene Dietrich zur Zeit des *Blauen Engels.*

Gesichtsausdruck so ununterbrochen wechselte. – Es war mir kaum möglich, einen einzigen Zug dauernd festzuhalten.«

Die Ruhe der schönen Seele überträgt sich auf alle jene, die in ihrem Dunstkreis weilen; Lulu/Lola reißt alle, die ihr zu nahe kommen, in ihren Strudel mit hinein. Dazu braucht sie keine raffinierten Tricks und Maskeraden. Der Glittertüll, in den sie sich gelegentlich hüllt, ist nichts als Dekoration. Zur Leinwandgöttin mit der perfekten Körpersilhouette, deren Gesicht im magischen Halbschatten, an einen Pelz geschmiegt oder hinter Schleiernetz verborgen, lag, stilisierte Sternberg Marlene Dietrich erst in Hollywood. Auch die Tänzerin und Schauspielerin Anita Berber, die schon vor Marlene Dietrich im Frack bzw. Smoking das Berlin der zwanziger Jahre aufmischte, bewirkte die größten Tumulte nicht, wenn sie im prächtig-knappen Kostüm des Revuegirls auftrat, sondern wenn sie ihre »Tänze des Lasters, des Grauens und der Ekstase« nackt aufführte.

Die deutsche Verführerin ist im Grunde ihres Wesens ein »Erdgeist« – wie Frank Wedekind den ersten Teil von *Lulu* nannte. Das Gedicht, das er dem Ganzen vorangestellt hat, beginnt mit: »Mich schuf aus gröberm Stoffe die Natur, / Und zu der Erde zieht mich die Begierde. / Dem bösen Geist gehört die Erde, nicht / Dem guten.«

Auch das unholde Weib ist »reine« Natur – allerdings nicht im Sinne des wohlgeordneten Kosmos, der sich in der schöne Seele spiegelt. Jenes lockt aus der chaotischen Tiefe, und nur der wird es erringen, der den Mut besitzt, sich in den Abgrund hinunterzustürzen. Dass seine Seele sich dabei beflecken und sein Sieg ihn vernichten wird, gehört zum verbotenen Zauber.

Auch die Gretchens und Käthchens sind von Zopf bis Fuß auf Liebe eingestellt. Bei ihnen bedeutet dies stets: Hingabe an den auserwählten Einen. Die

Verführerin dagegen verausgabt sich wahllos: »Was bebt in meinen Händen, / In ihrem heißen Druck? / Sie möchten sich verschwenden, / Sie haben nie genug«, singt Marlene in ihrer Szene aller Szenen, in der sie mit burschikos übereinandergeschlagenen Beinen auf dem Weinfass hockt. Die Blicke, die sie dabei dem »Professorchen« zuwirft, verheißen zwar auch Erlösung: aber nur für eine Nacht. Oder zwei. Ein Erdgeist lässt sich nicht in fixen Hausrat verwandeln. Wenn der Mann dies begreift, ist es zu spät. Alle Versuche, in die bürgerliche Haut, aus der er endlich einmal fahren durfte, wieder hineinzuschlüpfen, scheitern: Sie ist ihm zu eng geworden. Und so stirbt er einsam, bis aufs Blut entblößt, während der blaue Engel von den nächsten Männermotten umschwirrt wird.

Die Urgestalt des Weibes: Nadja Tiller als Lulu in der Wedekind-Verfilmung von Rolf Thiele, 1962.

V. Amazonen, Walküren und andere wilde Weiber

Als die junge Schauspielerin Ulrike Folkerts alias »Lena Odenthal« 1989 ihre Karriere als mittlerweile dienstälteste *Tatort*-Kommissarin antrat, durfte sich »die Neue« gleich zu Beginn ein Bogenschießduell mit dem Mann liefern, der im Verdacht stand, der gesuchte Vergewaltiger und Sexualmörder zu sein. Bei ihrer nächsten Begegnung begrüßte dieser sie als »Penthesilea von der Sitte«.

Wenn schon die emanzipierte schöne Seele Goethe als »Amazone« erschienen war, so entkam hierzulande bis in die jüngste Zeit keine halbwegs ungezügelte Frau dieser Bezeichnung, in der sich Abscheu und Ehrfurcht eigenwillig vermählen.

»Wer bist du, wunderbares Weib?«, lässt Heinrich von Kleist in seiner *Penthesilea* den staunenden Achilles fragen, der es nicht fassen kann, dass er und seine Mannen, die doch eigentlich damit beschäftigt sind, Troja zu erobern, plötzlich von einem Heer kriegerischer Weiber angegriffen werden. Die Amazonenkönigin, die sich in den Kopf gesetzt hat, den »jungen trotzgen Kriegsgott« als Bräutigam zu bändigen, antwortet: »Sie ist mir nicht, / Die Kunst vergönnt, die sanftere, der Frauen! [...] Im blutgen Feld der Schlacht muss ich ihn suchen, / Den Jüngling, den mein Herz sich auserkor, / Und ihn mit ehrnen Armen mir ergreifen, / Den diese weiche Brust empfangen soll.«

»Dies wunderbare Weib, halb Furie, halb Grazie, sie liebt mich!«, jubelt der griechische Edelkrieger, der zu Beginn der Geschlechterschlacht noch geschworen hatte, Penthesilea »die Stirn bekränzt mit Todeswunden« häuptlings durch die Straßen zu schleifen. Und als sei's ein neckisches Kinderspiel, will er, der die Amazone zwischenzeitlich im Kampf bewusstlos geschlagen hatte, sich nun zum Schein von ihr besiegen lassen. Doch Penthesilea kommt jegliche Niedlichkeit abhanden, als sie aus ihrer Ohnmacht erwacht und begreift, wie die Machtverhältnisse in Wahrheit aussehen. Schlimmer noch als die Schmach, besiegt worden zu sein, ist die Schmach, dass der Held ihr einen faulen Sieg schenken will. Die »halb Furie, halb Grazie« verwandelt sich in eine »rasende Megär«, die all ihre Hunde und Elefanten auf Achilles hetzt, um sich am Schluss selbst in ihn zu verbeißen: »Küsse, Bisse, / Das reimt sich, und wer recht von Herzen liebt, / Kann schon das eine für das andre greifen.« Der blutigste Liebestod, den das deutsche Theater kennt, endet damit, dass sich die stolze Amazone selbst erdolcht, dem Fleisch hinterherstirbt, zu dem sie den Auserkorenen zerfetzt hat.

Nicht viel besser ergeht es Siegfried und Brünnhilde bei Richard Wagner im *Ring des Nibelungen*. Anders als Kleist gönnt der Komponist seinem urgermanischen Heldenpaar zunächst ein rauschendes Liebesfest. Doch dann zieht Siegfried in die Welt hinaus, »vergisst« seine Brünnhilde und will plötzlich Gutrune, die Schwester des Gibichungenkönigs Gunther, heiraten. Dieser wiederum will keine andere als Brünnhilde zur Frau nehmen – ein aussichtsloses Unterfangen, da er selbst viel zu schwach ist, die Walküre aus eigener Kraft zu erobern. Der unter Gedächtnisschwund leidende Siegfried erklärt sich bereit, im Schutze seiner Tarnkappe die ehemalige Geliebte für den schlappen König zu freien – wenn dieser ihm im Gegenzug seine Schwester überlässt. Die Intrige scheint zu klappen, bis Gunther Brünnhilde an seinen Hof schleppt, wo diese zu ihrem Entsetzen auf Siegfried trifft, der mit Gutrune bereits in Hochzeitsvorbereitungen schwelgt. Die doppelt gedemütigte Walküre durchschaut, dass es in Wahrheit nicht Gunther war, sondern nur ihr Held Siegfried gewesen sein kann, der sie überwältigt hat, und sinnt auf Rache. Nicht selbst legt sie Hand – oder Zähne – an den Geliebten, sondern begnügt sich damit, dem finsteren Nibelungensohn Hagen zu verraten, welches die einzige Stelle ist, an der Siegfried tödlich verwundbar ist. Der nutzt seine Chance und sticht hinterrücks zu. Am Ufer des

Rheins errichtet Brünnhilde dem gemeuchelten Helden einen würdigen Scheiterhaufen. Samt Schlachtross folgt sie dem Leichnam in die Flammen.

Weder im mittelalterlichen *Nibelungenlied* noch in Friedrich Hebbels großer *Nibelungen*-Tragödie wäre Brünnhild bzw. Brunhild, wie sie dort heißt, auf den Gedanken gekommen, Siegfried in den Tod zu folgen. Erst Wagner unterwirft die nordische Sagengestalt einer romantischen Rosskur und macht sie damit größer und kleiner zugleich. Aus dem »herrlichen Weib«, das so kühn und stark ist wie kein Weib zuvor, macht Wagner ein »heiliges Weib«. Seine Brünnhilde herrscht nicht als Königin auf Island, die schon zig Männer in den Tod geschickt hat, weil sie nur bereit ist, den zu heiraten, dem es gelingt, sie im Felsblock-Weitwurf, im Weitsprung und im Speerwerfen zu besiegen, und alle, die ihr unterliegen, sterben müssen. Wagners Brünnhilde ist die (uneheliche) Lieblingstochter von Göttervater

Treu bis in den Tod. Amalia Materna als Brünnhilde samt ihrem Ross Grane in der Bayreuther Uraufführung des *Ring des Nibelungen*, 1876.

Wotan. Sie fordert keine Recken zum sportlichen Wettkampf heraus, sondern geleitet als Walküre gefallene Kriegshelden nach Walhall. Sich überhaupt einem Manne hingeben zu müssen – dazu verdammt erst Wotan sie als Strafe für Ungehorsam. Bei Wagner liegt es nicht mehr in Brünnhildes eigener Kraft oder Macht, sich den vom Leibe zu halten, der sie entjungfern will: Wotan hat sie in wehrlosen Tiefschlaf versetzt, und nur weil er sie trotz seines Zorns immer noch liebt, umgibt er den Felsen, auf dem sie schläft, mit einem Feuerkreis und stellt sich selbst als Wächter auf. Nicht der Held, der die Walküre im Kampf bezwingt, soll ihr Gatte werden, sondern der, dem es gelingt, den Göttervater zu überwinden. Natürlich ist dieser Held niemand anderer als Siegfried, Wotans (gleichfalls unehelicher) Enkel. Lange bevor einer der Beteiligten etwas von der Intrige ahnt, die am rheinischen Königshof gesponnen werden wird, sinken sich Tante und Neffe in die Arme.

Auch wenn wir heute beim Begriff »Walküre« in erster Linie die körperlich robusten Wagner-Sängerinnen samt Helm, Schild und Speer vor Augen haben, und Wagner Brünnhilde überhaupt erst zu einer Walküre erhoben hat – im Grunde »entwalkürisiert« er sie und macht ein liebendes (spätes) Erlösungsmädchen aus ihr. Jenseits der Stimmgewalt sucht man im *Ring* vergeblich nach weiblichen Kraftexzessen, wie sie das *Nibelungenlied* im Zusammenhang mit Gunthers gescheiterter Hochzeitsnacht so genüsslich schildert: »Er rang nach ihrer Minne und zerrauft' ihr Kleid. / Da griff nach einem Gürtel die herrliche Maid, / Einer starken Borte, die sie um sich trug: / Da tat sie dem König großen Leides genug. // Die Füß und die Hände sie ihm zusammenband, / Zu einem Nagel trug sie ihn und hing ihn an die Wand.«

Obwohl Brünhild bei ihren früheren Auftritten bis hin zu dem in Hebbels Tragödie das ungleich kraftstrotzendere Weib ist, ist sie dort letztlich nicht mehr als eine Witzfigur: die weibliche Trutzburg, die vom männlichen Helden umso brutaler geschleift werden muss und, nachdem dies geschehen ist, achtlos zur Seite geworfen wird. Zur Rächerin, die zugleich Erlöserin ist, steigt sie erst im *Ring* auf. Zuvor bleibt die zentrale Frauenfigur die milde Kriemhild, die von Wagner stiefväterlich behandelte Gutrune, die sich erst durch Siegfrieds Tod in eine Mordfurie verwandelt.

Auch Wagner kann das starke Weib nicht einfach starkes Weib sein lassen. Liebe hat tödlich zu enden, sonst ist sie keine Liebe, sondern Zeitvertreib. Und je stärker die Geschlechterkontrahenten sind, die aufeinanderprallen, desto gleißender sprühen die Funken. Immerhin drückt sich darin eine existenziell tragische Weltsicht aus – und nicht jener schlichte patriarchale Wahn, der meint, jede Widerspenstige zum braven Eheweib gezähmt zu bekommen.

Gibt es für das wilde Weib im deutschen Bewusstsein einen Ort jenseits davon, dass sie im Liebesfeuer verglühen muss? Taugt Germania, die sich auf keine erotischen Schlachten einlässt, zur weiblichen Heldenfigur?

»Das deutsche Land ist heute übersät mit einer Fülle gepanzerter Machtweiber in Marmor und Bronze, die als ›Germania‹ das Symbol unserer nationalen Einheit darstellen sollen. Ich würde mich dieser undeutschen künstlerischen Ausdrucksform nicht freuen, selbst wenn sie ästhetisch wertvoller geraten wäre. Sie berührt uns nicht das Herz. Die frostige weibliche Personifikation hat für uns nie Blut und Leben gewonnen. Der Deutsche hat von jeher sein Ideal, den Inbegriff seiner Wünsche, in die Gestalt des *Helden* gekleidet. Der Held aber ist ein Mann.« Mit diesen markigen Sätzen eröffnete der Germanist Gustav Roethe seine Rede über *Deutsches Heldentum*, die er 1906 in Berlin anlässlich des Geburtstags von Kaiser Wilhelm II. hielt. In der Tat scheint den meisten seiner Zeitgenossen wohler gewesen zu sein mit einer Germania, die nicht selbst das Schwert führt, sondern sich auf die Rolle der Mutter beschränkt, die

»Stehst du auf, Germania? / Ist der Tag der Rache da?« Mit seiner Ode *Germania an ihre Kinder* wollte Heinrich von Kleist in den nuller Jahren des 19. Jahrhunderts die Deutschen zur Befreiungsschlacht gegen die französischen Besatzer anstacheln. Friedrich August von Kaulbach malte seine Germania zu Beginn des Ersten Weltkriegs.

kriegerische Söhne gebiert – und gefallene Söhne betrauert. Allerdings gab es die »gepanzerten Machtweiber«, über die sich der Germanist beschwert, durchaus: Die Frauenfigur, die sich auf dem Niederwalddenkmal hoch über dem Rhein erhebt, ist stolze Herrin und keine Mater dolorosa. Noch martialischer wurden die Germania-Darstellungen zu Beginn des Ersten Weltkriegs. Am Vorabend des großen Völkergemetzels hatten sie alle Anmut verloren und ähnelten dem, was Friedrich Schiller in seinem *Lied von der Glocke* mit Blick auf die militanten Frauen der Französischen Revolution geschrieben hatte: »Da werden Weiber zu Hyänen / Und treiben mit Entsetzen Scherz, / Noch zuckend, mit des Panthers Zähnen, / Zerreißen sie des Feindes Herz.«

Der Dichter, der selbst in der Heiligen Jungfrau von Orléans vor allem die Anmut suchte, verband mit diesem Bild jedoch keine morbide Wollust, sondern Abscheu. Ins blutige Liebesfieber einer Kleistschen Penthesilea hätte sich der Wahl-Weimarer aus Schwaben nicht hineinschreiben können.

So sehr das kriegerische Mannweib die Phantasie der Deutschen quer durch die Jahrhunderte beschäftigte, so schwer taten sie sich damit, die wenigen realen Kriegerinnen, die das Land hervorgebracht hatte, im kollektiven Gedächtnis zu bewahren. An Eleonore Prochaska etwa, die preußische Soldatentochter, die sich im Jahre 1813, in den Kriegen gegen Napoleon, als Mann verkleidet unter dem Namen »August Renz« dem Lützowschen Freikorps anschloss und im feindlichen Kartätschenhagel fiel, erinnert sich heute (mit Ausnahme einiger Beethoven-Kenner, die seine Musik zur verlorenen Tragödie *Leonore Prohaska* des restlos vergessenen Friedrich Duncker im Ohr haben) niemand mehr. Ebenso wenig wie an Friederike Krüger, die es als »August Lübeck« ebenfalls in den Befreiungskriegen sogar bis zum preußischen Unteroffizier brachte und mit dem Eisernen Kreuz 2. Klasse ausgezeichnet wurde, obwohl sie während einer Schlacht als Frau enttarnt worden war.

Zu einer positiven, »feministischen« Aneignung der Walküren- und Amazonen-Figur, die sich ihren Weg gegen alle männlichen Widerstände ertrotzt, kam es gegen Ende des 19. Jahrhunderts. Im Oktober 1899 fand in München der erste Bayerische Frauenkongress statt, der unter anderem von den Frauenrechtlerinnen Anita Augspurg und Minna Cauer organisiert worden war. Zum feierlichen Höhepunkt warfen sich einige der Damen in Walkürenharnisch, setzten sich antike Helme auf und umfassten Schwert und Speer, um zu deklamieren: »Es lebe die Freiheit, es lebt, wer gewann / Im Kampfe den Sieg, im Siege den Mann! / Und ist er besiegt, so ist er uns Knecht, / Wir schaffen uns selber unser Recht.«

Aber es gab auch versöhnlichere Versuche von Frauen, die Amazone aus dem Panzer der Unterwerfungslogik zu befreien: Im Jahre 1760 hatte die sächsische Kurfürstin Maria Antonia Walpurgis eine Kammeroper mit dem Titel *Talestri, Regina delle Amazzoni* (*Talestris, Königin der Amazonen*) komponiert, die drei Jahre später in Dresden durch Mitglieder der kurfürstlichen Familie uraufgeführt wurde, wobei Maria Antonia es sich nicht nehmen ließ, selbst die Hauptrolle zu singen. Zum Ende der Oper muss sich die Amazonenkönigin weder von dem Mann besiegen lassen, den sie liebt, noch muss dieser sich ihr geschlagen geben, sondern beide herrschen gemeinsam als aufgeklärtes Monarchenpaar.

»Sie sind die Frau von morgen, die Frau, die erst kommen wird! Erkennen Sie Ihre Bestimmung, Ihnen ist es vorbehalten, eine neue Beziehung zwischen Mann und Frau, eine neue herrliche Ära gemeinsamen Schaffens heraufzuführen!« So überschwänglich wird Penthesilea durch Odysseus in der Komödie *Amazonen* von Ilse Langner begrüßt. Auch die Schriftstellerin, die 1899 in Breslau geboren wurde und einer glücklosen Ehe nach Berlin entfloh, wo sie bald erste Erfolge als Dramatikerin feierte – der Kritiker Alfred Kerr nannte sie

Keine Wagner-Walküren, sondern Feministinnen beim ersten Bayerischen Frauenkongress 1899. Die Aufnahme stammt von Sophia Goudstikker, die in München gemeinsam mit ihrer Lebensgefährtin Anita Augspurg das »Atelier Elvira« für künstlerisches Lichtbild eröffnet hatte, eines der ersten Frauenunternehmen Deutschlands, in dem sich die Münchner Schickeria des Fin de Siècle von Thomas Mann bis zu Mitgliedern der bayerisch-königlichen Familie ablichten ließ.

»Penthesilea Langnerin« –, wollte in ihrem Stück den Männerherrschaftsspieß nicht einfach in Richtung Frauenherrschaft umdrehen. Dennoch ist sie skeptischer als die idealistische Kurfürstin, dass sich Amazonentum und Liebe so einfach werden versöhnen lassen. Im Prolog stellt ein biederer preußischer Regierungsassessor namens Alfred seine summa cum laude promovierte Verlobte namens Pentha vor die Wahl, ob sie ihren Beruf ausüben oder von ihm geheiratet werden will. Zur Antwort reißt sich die Medizinerin den Hut herunter, zerrt an ihren Kleidern und ruft das wilde Heer der Amazonen herbei: »Ja, Amazonen! [...] Ich habe sie immer als meine Urschwestern gesehen, kühn und tapfer, nicht abhängig vom Mann, sie schlagen sich selbst durch, sie kämpfen, sie sterben lieber, als dass sie sich gefangen geben – ich bin ja nicht allein, wir Frauen sind ja schon ein kleines Heer, es wird wachsen, ihr werdet es noch erleben, die Amazonen marschieren. Hört ihr's?«

Im eigentlichen Stück sehen die Amazonen dann allerdings weniger heroisch aus. Zwar gelingt es ihnen zu Beginn, Athen in ihre Gewalt zu bringen – die Männer sind abgelenkt, weil sie Olympiade gucken –, doch demselben Odysseus, der Penthesilea als die »Frau von morgen« preist und die herbe Kriegerin attraktiver findet als die »aufgeputzten Hausputen« der griechischen Metropole, gelingt es, den Amazonen den Schneid abzukaufen. Er lässt ihnen Schmuck und prächtige Kleider bringen, und siehe da: Als hätten sie die einflussreiche Studie des Schweizers Johann Jakob Bachofen über *Das Mutterrecht* von 1861 gelesen – in welcher der Historiker das Ende des Amazonentums damit erklärt, dass die erschöpften Kriegerinnen freudig in den gesicherten Hafen der Ehe eingekehrt seien –, verwandeln auch sie sich von freien Adlern in Ziervögel und Glucken. (Etwas Ähnliches sollte nach dem Zweiten Weltkrieg mit den »Trümmerfrauen« geschehen, die sich von ihren Männern – so diese denn aus der Kriegsgefangenschaft zurückkehrten – gern wieder in die Rolle des Heimchens drängen ließen.) Am Schluss bleibt Penthesilea nichts anderes übrig, als sich mit dem harten Kern der Amazonen und ohne Männer wieder in die Berge zurückzuziehen.

Die Proben zu dem Stück Ilse Langners hatten gerade begonnen, als die Nationalsozialisten die Macht ergriffen – eine Aufführung kam nicht mehr zustande. Daran änderte sich auch nichts, als die Autorin 1936 einen Epilog hinzufügte, der Frauen und Männern ein versöhnliches Finale gönnte: Im Berliner Olympia-Stadion geht ein internationaler Flugwettbewerb zu Ende. Das deutsche Fräulein König hat in ihrer »Fliegenden Amazone« gewonnen, obgleich sie ihrem stärksten Konkurrenten, einem amerikanischen »Mr. Heros«, geholfen hatte, als dessen »Silbervogel« kurz hinter Moskau eine Panne hatte. Doch der Vertreter der »Achilles-Werke« zeigt sich als fairer Verlierer und lobt die Siegerin mit den Worten: »Freue mich trotzdem, dass die Amazone gewonnen hat, denn sie ist große Klasse und ein wunderbarer Kamerad.«

Fliegende Amazonen: Elly Beinhorn (o.l.), Hanna Reitsch (o.r.), Melitta Schenk Gräfin von Stauffenberg (u.l.), Beate Uhse (u.r.).

Auch wenn die Nationalsozialisten – und nach ihnen die Bundesrepublikaner – mit dem Stück Ilse Langners nichts anfangen konnten: In der Wirklichkeit waren sie durchaus bereit, Frauen ins Cockpit zu lassen und sogar bei der Luftwaffe zu engagieren. Hanna Reitsch, die als Zwanzigjährige Rekorde im Segelflug aufgestellt hatte, wurde 1937 Versuchspilotin der Luftwaffe, testete Stukas, Bomber und Jäger und setzte sich im Krieg dafür ein, eine Kamikaze-Einheit mit »Selbstopfer-Piloten« aufzubauen, die dann allerdings doch nicht ins Leben bzw. in den Tod gerufen wurde. Als einzige Frau der deutschen Geschichte erhielt Hanna Reitsch das Eiserne Kreuz 1. Klasse. Obwohl die Fliegerin selbst nie Mitglied der NSDAP gewesen war, hielt sie in Nibelungentreue zum »Führer« und flog in einem »Fieseler Storch« am 26. April 1945 noch einmal in das von der Roten Armee eingeschlossene Berlin, um Generaloberst von Greim zu Hitler zu bringen.

Noch unwahrscheinlicher liest sich die Karriere von Melitta Schenk Gräfin von Stauffenberg, geborene Schiller, die nach Hanna Reitsch als zweite deutsche Frau zum Flugkapitän ernannt wurde: Als Ingenieurin arbeitete sie für die Luftwaffe an der Entwicklung von Sturzflugvisieren, welche sie in über 2500 Sturzflügen selbst erprobte. Aufgrund ihrer jüdischen Abstammung war die Fliegerin zwischenzeitlich aus der Luftwaffe entlassen worden, dann doch wieder eingestellt und im Jahre 1943 mit dem Eisernen Kreuz 2. Klasse und dem »Militärfliegerabzeichen in Gold mit Brillanten und Rubinen« ausgezeichnet worden. Nach dem gescheiterten Hitler-Attentat ihres Schwagers Claus Schenk Graf von Stauffenberg kam sie in Sippenhaft – und sechs Wochen später wegen »kriegswichtiger Aufgaben« frei. In den letzten Kriegstagen wurde sie – vermutlich von einem amerikanischen Jagdbomber – abgeschossen, als sie versuchte, einen Gefangenentransport in Bayern zu erreichen, in dem sie Mitglieder ihrer Familie vermutete.

Auch Beate Uhse, die sich nach dem Krieg zu Deutschlands erfolgreichster – und berüchtigtster – Unternehmerin emporarbeitete, begann ihre Laufbahn nicht mit Reizwäsche und Vibratoren, sondern als Stunt-Pilotin für die UFA und Überführungsfliegerin im Range eines Luftwaffen-Hauptmanns, die Flugzeuge an die Front brachte.

Es bleibt eine verstörende Tatsache, dass nicht nur in der Weimarer Republik, sondern noch im »Dritten Reich« solche amazonischen Karrieren möglich waren. Hanna Reitsch berichtet zwar in ihren Memoiren, dass sie häufig Anfeindungen der männlichen Kollegen ausgesetzt gewesen sei – Beate Uhse hingegen erzählt, nie ein Problem mit »den Jungs« gehabt zu haben.

Auf den ersten Blick könnte man meinen, die »fliegenden Weiber« wären nur deshalb geduldet gewesen, weil sie schließlich allesamt bereit gewesen sind, fürs Vaterland zu sterben. Aber auch die Abenteurerin Elly Beinhorn, die nicht für die Luftwaffe arbeitete, sondern 1932 als erste Frau die Welt im Alleinflug umrundete und 1936 innerhalb von 24 Stunden Afrika, Asien und Europa überflog, blieb in der NS-Zeit ein Star. Und niemand erwartete, dass die fliegenden Amazonen entweder als eiserne Jungfrauen lebten oder die Fliegerei aufgaben, sobald ein Mann in ihr Leben trat. Beate Uhse und Elly Beinhorn flogen selbst während ihrer Schwangerschaften unverdrossen – und ungehindert – weiter.

Die ganze Ambivalenz, mit der die Nazis den wilden Weibern begegneten, lässt sich an dem ablesen, was Joseph Goebbels in seinen Tagebüchern über Leni Riefenstahl schrieb, die Gallionsfigur der reichsdeutschen Filmindustrie, deren liebstes (und leider nie realisiertes) Projekt eine Verfilmung der Kleistschen *Penthesilea* mit sich selbst in der Hauptrolle gewesen war. Am 6. November 1936, während die Regisseurin mit ihren beiden Olympia-Filmen im Schneideraum saß, notierte der Propagandaminister: »Frl. Riefenstahl macht mir ihre Hysterien vor. Mit diesen wilden Frauen ist nicht zu arbeiten.« Ein gutes Jahr später, nachdem er erste Ausschnitte aus den fertigen Filmen gesehen hatte, schwärmte er: »Unbeschreiblich gut. Hinreißend photographiert und dargestellt. Eine ganz große Leistung. In einzelnen Teilen tief ergreifend. Die Leni kann schon sehr viel. Ich bin begeistert.«

Riefenstahl, Reitsch, Beinhorn und wie sie alle hießen, waren Extremistinnen. Keine politischen – an dieser Front waren sie scheuklappige Gefolgsfrauen, die nur sahen, was sie sehen wollten –, aber sie brannten für ihre Kunst, den Sport, die Technik, das Abenteuer. Und solange sie den Machthabern genügend Hingabe signalisierten, solange sie bereit waren, nicht sich selbst, aber ihre außergewöhnlichen Fähigkeiten dem Vaterland zu unterwerfen, ließ man sie gewähren. So konnten in der aggressivsten Phase deutschen Nationalgefühls selbst Weiber zu »Heldinnen« werden.

Die Bundesrepublik hat es sich zur Tugend gemacht, sowohl dem Nationalgefühl als auch jeglicher Form von Extremismus zu misstrauen. In diesem Sinne ist Bundeskanzlerin Angela Merkel eine vorbildliche Bundesrepublikanerin. Eine Amazone ist sie nicht, auch wenn sie es im Laufe ihrer Karriere geschafft hat, jeden mächtigen Mann in ihrer Partei kaltzustellen. Eher können wir in ihr eine radikale Neudefinition Germanias sehen: Nicht aufs Schwert, sondern auf die jüngsten Umfrageergebnisse der Meinungsforschungsinstitute gestützt, sorgt sie dafür, dass im deutschen Sandkasten endgültig Ruhe herrscht.

[td]

➤ Abgrund, Bergfilm, Dauerwelle, Fahrvergnügen, Kindergarten, Mutterkreuz, Mystik, Rabenmutter, Reinheitsgebot, das Unheimliche, Vater Rhein

WEIHNACHTSMARKT

Es ist Advent! Es duften die Lebkuchenherzen! Macht hoch die Tür, die Tor macht weit, es kommt der Herr der Herrlichkeit. Schon leuchten die Herrnhuter Sterne. Sie schmücken in der Oberlausitz in der Advents- und Weihnachtszeit Wohnungen, Gemeindesäle, Kirchen und Kindergärten. Aufgrund eines alten Brauchs werden die Sterne im Familien- oder Freundeskreis zusammengebaut, um am ersten Adventssonntag aufgehängt zu werden.

Jetzt, wenn die Städte tausend Lichter haben.

Eigentlich sollte es an Weihnachten um Jesus Christus gehen, um das Christkind, um seine Geburt in Bethlehem. Davon zeugen die Weihnachtsbräuche in anderen Ländern und die dort öffentlich aufgestellten Krippen mit kunstvollen Krippenfiguren an Bahnhöfen, in Kaufhäusern, in den Passagen.

In Deutschland ist es anders, sagst du, als hättest du einen Gedanken laut ausgesprochen. Hier ist es nicht die Krippe, um die es geht. Hier steht das mehr oder weniger ausgewachsene Symbol der Winterzeit – die Tanne – im Zentrum des Festes. Und das ist heidnisch. Von den Mythen bleiben die Bräuche. Und diese sind stumm. Jesus kannte weder Tannen noch Schnee. Der Baum kann überwältigend sein oder unscheinbar, je nach Lust und Laune der Käufer und der Dicke der Brieftasche, die sie bei sich tragen. Der Baum steht im Wohnzimmer und vor dem Rathaus.

Auf dem Rathausplatz schweben wir an den Marktständen vorbei. Von einer Vanillezone zur anderen, von einer Zimtgrenze zur nächsten. Die Weihnachtslieder ertönen von einem unsichtbaren Band. Aus Himmelsboxen. »Das Wort will Fleisch uns werden«, so der Chor, »der Sohn ist uns gesandt.« Kennt das heute noch jemand? Gibt es jemand, der es vielleicht sogar singen könnte?

Wir haben alles nur noch im Ohr. Die gesamte Tradition ist ein Ohrwurm, ein ausgestöpselter und wieder eingestöpselter. Advent ist eingestöpselt. Budenzauber ist angesagt. Der Weihnachtsmarkt steht im Zeichen des Glühweins. Weihnachtsmarkttage sind kalte Tage. Es sind Handschuhtage. Außerdem kann man den Handwerkern über die Schulter schauen oder um die Bratäpfel schleichen. Bis man einen davon dann doch in der Hand hält und am liebsten sagen würde, man wisse nicht, wie es dazu gekommen sei.

Rathausplatz in Pirna, Sachsen, 19. Jahrhundert: Der Weihnachtsmarkt ist älter als der Kapitalismus.

Man begibt sich nicht auf den Weihnachtsmarkt, um etwas zu kaufen, jedenfalls nichts Bestimmtes. Der Weihnachtsmarkt ist ein Naschmarkt. Es ist der Ort der Nüsse, der Mandeln und Maronen.

Und trotzdem nimmt man auch was mit. Der Weihnachtsmarkt ist älter als der Kapitalismus, den Markt gab es vor der Marktwirtschaft. Den Markt und den Marktflecken.

Man kauft vielleicht Lebkuchenherzen und Christstollen oder einen Christbaumständer oder hat auch nur die Idee, demnächst einen anzuschaffen. Weihnachten, das Fest der Liebe und der Besinnlichkeit, wie die einschlägigen Werbeprospekte betonen, ist dialektisch mit der Marktwirtschaft verbunden. Wer für das Weihnachtsfest was Besonderes plant, kann sich beispielsweise den eigenen Weihnachtsbaumständer ganz individuell fertigen lassen. Mit dem neuen Christbaumständer steht in diesem Jahr der Weihnachtsbaum schnell, fest und sicher. Die Preisspanne reicht von 24,95 bis 9999 Euro. Letzteres bedeutet: Handgearbeiteter Edelstahl und mit 9000 Kristallen verziert. Der Maybach unter den Christbaumständern. Wer hätte ihn nicht gern zu Hause stehen?

Glühwein? Bratwurst? Die kalte Luft ist eine Kandisluft, und aus den Lautsprechern tönt die Musik. *Jingle Bells* und *Stille Nacht* und *Leise rieselt der Schnee*. Menschen laufen im Kreis herum, ganze Familien. Als hätten sie angesichts der Musik, oder aus sonst einem Grund und ohne jeden Anlass plötzlich die Orientierung verloren. So weit das Auge reicht, ist nichts zu sehen als der allgemeine Budenzauber. Dresdner Stollen, ruft jemand, und Hände zeigen uns den Tisch. Als wär's ein Tisch der Gaben. Ursprünglich galt der Dresdner Stollen als sinnbildliche Darstellung eines in weiße Windeln gewickelten Christkind-Striezels. So wurde das traditionsreiche Gebäck, welches dem Dresdner Striezelmarkt den Namen gab, erstmals 1474 in der Stadtchronik erwähnt.

Nach kirchlichem Dogma durfte der Dresdner Christstollen damals nur aus Mehl, Hefe und Wasser hergestellt werden. Da aber ein Stollen ohne Butter und Milch ein fades Gebäck war, wandten sich Kurfürst Ernst von Sachsen und sein Bruder Albrecht mit der Bitte, das Butterverbot aufzuheben, an den Papst. Die Antwort ist als »Butterbrief« in die Geschichte eingegangen. Von nun an durften auch Butter und Milch beim Stollenbacken Verwendung finden. Von den Mythen bleiben die Bräuche, und von den Bräuchen die Rezepte. Ab 1560 bekam das Sächsische Königshaus jedes Jahr einen Riesenstollen von den Dresdner Bäckern, 1730 übertraf Kurfürst August der Starke alle bis dato aufgestellten Rekorde. Er ließ einen Riesenstollen von 1,8 Tonnen für rund 24 000 Gäste backen.

Ach, Advent. Es kommt ein Schiff geladen / Bis an sein höchsten Bord. / Das Schiff geht still im Triebe / es trägt ein teure Last.

Der Weihnachtsmarkt ist ein wahres Labyrinth, sage ich mir. Die Leute drehen sich um und um, und weiter im Kreis. Eigentlich wollten sie ja zum Schilaufen in die Schweiz, nun sind sie aber doch hier geblieben. Daheim ist daheim, und an Weihnachten ist es daheim am schönsten. In Gedanken sieht man für einen Augenblick die Flamme im Kamin, und schon hört man seinen Namen rufen, denn die anderen sind schon ein paar Buden weiter, der Rest der Familie, aber was für eine Stimme war das, die gerade meinen Namen rief? War es nicht doch eine Stimme aus der Kindheit, eine verschwundene, eine verwunschene?

[rw]

➤ Bruder Baum, Gemütlichkeit, Kirchensteuer, Wurst

WIEDERGUTMACHUNG

Der Erfinder der Wiedergutmachung ist weder der Evangelische Kirchentag noch die Ostermarschbewegung, sondern Konrad Adenauer. Nicht die Betroffenheitsboten aller Seiten waren es, die Israel unterstützt haben, sondern der von den sprachgewaltigen Dichtern und Denkern viel geschmähte »Alte vom Rhein«. Er hat weder aus Sentimentalität noch aus Heuchelei gehandelt. Adenauer, einer der wenigen, die nach 1945 keinen »Persilschein« nötig hatten, verstand es, die Interessen Israels und Deutschlands zusammenzubringen, und das zu einem Zeitpunkt, als alles, was damit zu tun hatte, praktisch undenkbar war.

Im »Luxemburger Abkommen« vom 10. September 1952 geht es um die Übereinkunft, Eingliederungskosten in Höhe von drei Milliarden D-Mark in Warenlieferungen und Dienstleistungen innerhalb von 14 Jahren an Israel zu bezahlen, und darüber hinaus um die Absichtserklärung der Bundesregierung, ein Gesetzgebungsverfahren zur Rückerstattung von Vermögen und zur individuellen Entschädigung der von den Nazis Verfolgten zu beginnen. Außerdem verpflichtete sich die deutsche Seite, eine weitere Summe an die Hilfsorganisationen zu zahlen, die die überlebenden Opfer des »Dritten Reichs« betreuten.

In Israel war der Schritt zur direkten Verantwortung Deutschlands damals wenig populär. Israel hatte ursprünglich verlangt, die Alliierten sollten in seinem Namen bei den beiden deutschen Staaten vorstellig werden. Jene aber sahen es offensichtlich nicht als ihre Aufgabe an. Auch das ist interessant. Als daraufhin die Regierung Ben Gurion selbst aktiv wurde, lehnte die DDR den Anspruch auf Entschädigung grundsätzlich ab. Die Bundesregierung hingegen sagte zu.

Konrad Adenauer hatte in dieser Frage in seiner eigenen Partei und unter seinen Koalitionspartnern keine Mehrheit. Es gab prominente Gegner des Abkommens wie Thomas Dehler oder den eigenwilligen Franz Josef Strauß. In der deutschen Öffentlichkeit wurde vielfach Druck auf die Entscheidungen der Regierung und vor allem des Bundeskanzlers ausgeübt. Eine auffallend aktive pro-arabische Lobby spielte die Hauptinstrumente in dieser Begleitmusik. Man sah wieder einmal die deutsch-arabischen Beziehungen gefährdet, damit hatte die Arabische Liga gedroht. Worin die dringliche Bedeutung dieser Beziehungen im Jahr 1952 bestehen sollte, war und ist unklar. Deutschland hatte keinerlei geo-

ARTICLE 1

(a)   The Federal Republic of Germany shall, in view of the considerations hereinbefore recited, pay to the State of Israel the sum of 3,000 million Deutsche Mark.

(b)   In addition, the Federal Republic of Germany shall, in compliance with the obligation undertaken in Article 1 of Protocol No. 2 this day drawn up and signed between the Government of the Federal Republic of Germany and the Conference on Jewish Material Claims against Germany, pay to Israel for the benefit of the said Conference the sum of 450 million Deutsche Mark; the said sum of 450 million Deutsche Mark shall be used for the purposes set out in Article 2 of the said Protocol.

(c)   The provisions hereinafter contained in the present Agreement shall apply to the total sum of 3,450 million Deutsche Mark so arising, subject, however, to the provisions of Article 3, paragraph (c), and of Article 15.

Ein ehrlicher Vertrag braucht kein Pergament. Luxemburger Abkommen von 1952 zwischen der Bundesregierung und Israel zur Wiedergutmachung.

politische Interessen am Mittelmeer zu verteidigen. Und alle Beziehungen der jüngeren Vergangenheit dienten primär der Schwächung des Empire, ob nun zu Flottenplan-Zeiten von Wilhelm II. oder bei den Tischreden vom Obersalzberg.

Diese Front war eine der Vergangenheit. Vielleicht aber war es etwas ganz anderes, vielleicht waren es ja die alten Kameraden in Gamal Abdel Nassers Diensten, die nach Kairo geflohenen Nazi-Chargen, die dort den Sicherheitsapparat der panarabischen Nationalisten aufbauten. Zu den publizistisch pro-arabisch eingreifenden Deutschen gehörte auch Marion Gräfin Dönhoff. Sie befürwortete in der *Zeit* vom 16. Dezember 1952 eine Lösung, die, wie sie meinte, zu aller Zufriedenheit sein könnte. Mit den Zahlungen und Lieferungen sei erst dann zu beginnen, wenn der Kriegszustand im Vorderen Orient beendet sei, erst nachdem Israel und die arabischen Staaten Frieden geschlossen hätten. Also am Hamburger Sanktnimmerleinstag.

Der entschiedene Adenauer wusste sich glücklicherweise durchzusetzen. Er suchte sich eine zweckmäßige Mehrheit dort, wo sie gerade zu finden war. Das »Luxemburger Abkommen« wurde vom Bundestag mit den Stimmen der oppositionellen SPD angenommen.

Was mit der Wiedergutmachung begann, sollte eine generell moralisch begründete Begleiterscheinung der bundesdeutschen Debatten werden. Nach den nationalsozialistischen Verbrechen konnte man nicht zur Tagesordnung übergehen, egal welcher Agenda man zu folgen dachte. Die Vergangenheit redete in allen Situationen mit, und die Politik in der Bundesrepublik wurde von mehr oder weniger selbst ernannten Prüfern im In- und Ausland scharf beobachtet. Es herrschte Kalter Krieg, und nicht nur Deutschland, ganz Europa war geteilt, und die Supermacht Sowjetunion hatte sich und ihre osteuropäischen Satelliten mit dem panarabischen Nationalismus gemein gemacht.

Der Zweite Weltkrieg hatte so viele Beigaben propagandistischer Natur wie kein Krieg davor, und da es ein nach pronounciert ideologischen Prinzipien geführter Kampf war, konnten auch sein Ausgang und die auf diesen folgende Nachkriegsordnung nur ideologisch verhandelt werden. Die Bundesrepublik als Torso des Deutschen Reiches, ohne Verbündete, aber eingebettet in den Ost-West-Konflikt und so unter dem Schutz der westlichen Besatzungsmächte stehend, musste sich innenpolitisch für alle sichtbar neu aufstellen und sich gleichzeitig völkerrechtlich einen Platz für die Zukunft sichern. Der Vorwurf des Völkermords, dem sie sich auf Dauer zu stellen hatte, forderte geradezu die Moralisierung der Öffentlichkeit und selbst der Diplomatie.

Innenpolitisch musste unter diesen Umständen ein Gleichgewicht aller Kräfte erreicht werden, wollte man nicht extreme Strömungen riskieren, die dem Projekt ablehnend oder gar feindlich gegenübergestanden hätten. Um das zu vermeiden, entschied man sich schon 1951 für das Verbot der markantesten

Extremisten. Auf der Rechten war dies die Sozialistische Reichspartei (SRP), in deren Vorstand ein Otto Ernst Remer saß, der die Verschwörer des 20. Juli verhaftet hatte, und auf der Linken die KPD, die das Grundgesetz ablehnte. Während die SRP praktisch über Nacht verboten werden konnte, inszenierten smarte linksorientierte Anwälte eine schier endlose Prozess-Folge, die bis 1956 anhielt, als endlich auch das Verbot der KPD verfügt werden konnte.

Der Kalte Krieg wurde an vielen Fronten geführt, und an den meisten dominierten die Wortgefechte. Früher gab es die Reparationen. Man sprach über Summen und über Unsummen, aber das war es dann auch. Angesichts von Auschwitz empfand man, dass man nicht bloß von Zahlen sprechen dürfe, aber man versuchte auch ohne die Frage auszukommen, was da wiedergutgemacht werden könnte. Wer sich in die Moralisierung der politischen Begrifflichkeit begibt, dem wird vieles zum Problem. So versuchte man zunächst, der moralischen Frage mit einer moralischen Stellungnahme zu begegnen.

Zur Wiedergutmachung kam auf diese Weise die Vergangenheitsbewältigung hinzu. Wenn sich ein Verbrechen wiedergutmachen lässt, dann muss sich auch die Vergangenheit insgesamt bewältigen lassen. Die meisten Deutschen fühlten sich nach 1945 als Geschlagene. Bevor sie noch über das Geschehene nachdenken konnten, waren sie der alliierten Sortierung und deren eigenen Kriterien ausgesetzt. Die Rede ist vom Fragebogen, aufgrund dessen die Entnazifizierung stattfand. Der Begriff wurde zu Titel und Thema eines sehr erfolgreichen Buches von Ernst von Salomon. Es war der Protest eines bekannten Konservativen der Weimarer Republik, der zur Stimme einer Mehrheit ohne Sprache wurde. Aufgrund dieses Fragebogens erhielt man eine entsprechende politische Einstufung, war damit eingeordnet, aber auch abgestempelt.

Das hatte Folgen für die Sicht der Deutschen auf die Prozesse, vor allem die in Nürnberg nach Kriegsende von den Alliierten musterhaft durchgeführten. Gegen die Kollektivschuld wandten sich auch die Sprecher der jungen Generation, Alfred Andersch und Hans Werner Richter, die Herausgeber der unabhängigen Zeitschrift *Der Ruf*, die bereits 1947 verboten wurde. Andersch und Richter gehörten als Schriftsteller der kommenden Gruppe 47 an.

Das Wort von der »Siegerjustiz«, das damals im Umlauf war, beschränkte sich nicht auf extremistische Kreise. Es ist bezeichnend, dass es nach 1990 im wiedervereinigten Deutschland als Vorwurf an die bundesdeutsche Eingliederungspolitik der Ost-Bundesländer in den Sprachgebrauch zurückkehrte.

Die Vergangenheitsbewältigung wurde zu einem mächtigen Instrument in öffentlichen Debatten. Wer keine Argumente mehr hatte, konnte sicher sein, mit dem Vorwurf der mangelhaften Aufarbeitung der Vergangenheit punkten zu können. Bereits in den frühen Jahren machte sich die schlechte Gewohnheit breit, sich gegenseitig des Nazitums zu bezichtigen. Während die Wiedergutma-

Holocaust-Mahnmal des Architekten Peter Eisenman in Berlins Mitte.

chung staatlich organisiert war und die Vergangenheitsbewältigung zur öffentlichen Angelegenheit wurde, konnte der Einzelne sich ganz gut aus der Affäre ziehen. Je mehr die Thematik den öffentlichen Raum beherrschte, desto weniger musste er sich mit seinem eigenen Lebenslauf konfrontieren. Die Schuld blieb die Schuld der anderen, obwohl er einer von ihnen war. Es genügte, wenn er sich an den ausgerufenen Ritualen beteiligte, an den weitgehend akademischen Kampagnen gegen die Atombombe und den Krieg im Allgemeinen, an den Friedenskundgebungen aller Art, bei denen viele dabei waren, die es ehrlich meinten, wo aber stets auch das Geld aus der DDR mitmischte. Eines war klar: Wenn es zum Krieg zwischen Ost und West käme, wäre der Hauptkriegsschauplatz Deutschland. Um das zu verhindern, stand der Deutsche Michel wieder auf und sagte sich, er verzichte sogar auf die Bundeswehr. Als ob man Kriegsteilnehmer hätte sein müssen, um als Kriegschauplatz in Frage zu kommen. Der Deutsche Michel der fünfziger Jahre war skeptisch wie Helmut Schelsky und übermütig wie Wolfgang Neuss, der Mann mit der Pauke.

Zwei Autoren schickten sich an, unseren Michel gehörig zu verstimmen: Caspar von Schrenck-Notzing und Alexander Mitscherlich. Die Bücher hatten programmatische Titel. *Charakterwäsche* nannte sich das eine, *Die Unfähigkeit zu trauern* das andere. Während der rechtskonservative Schrenck-Notzing die *Reeducation* anprangerte, machten der linksliberale Mitscherlich und seine Mitautorin Margarethe Mitscherlich die Deutschen selbst verantwortlich für das Debakel um die Vergangenheit. Es war eine folgenreiche Herausforderung der deutschen Seele.

Die Vergangenheitspolitik, wie sie inzwischen von den Historikern genannt wird, schlug immer neue Wellen. Jedes neue Jahrzehnt hatte sein zentrales NS-Ereignis. In den sechziger Jahren waren es Eichmann-Vernehmung und Auschwitzprozesse, in den Siebzigern die *Holocaust*-Serie. Sie brachte einen Paradigmenwechsel. Das Unfassbare wurde durch eine konventionell inszenierte Familiengeschichte vermittelt, durch Fiktion. Und es funktionierte! Interessant ist, dass in der vom WDR bearbeiteten deutschen Fassung des TV-Vierteilers am Schluss sieben Minuten fehlen. Im amerikanischen Original geht es darin um einen Überlebenden, der nach Israel kommt, um beim Aufbau des neuen Staats zu helfen.

Es folgten der Historikerstreit und *Schindlers Liste*, die Goldhagen-Debatte und die Wehrmachtsausstellung. Obwohl diese Ereignisse demselben Zweck zuzuordnen sind, fiel ihr Echo doch sehr verschieden aus. Die Auschwitzprozesse trafen die deutsche Öffentlichkeit der sechziger Jahre ins Mark. Man führte sich zum ersten Mal vor Augen, was da wirklich zu verhandeln war. *Schindlers Liste* hingegen war ein Rührstück um einen sogenannten Judenretter, eine Identifikationsfigur, wie sie Hollywood dem Deutschen als Zuschauer anzubieten hatte. Eine individualistisch überarbeitete Neuauflage des Persilscheins. Beim Historikerstreit lässt sich heute kaum noch sagen, worum es eigentlich ging. Und Goldhagen sprach ein weiteres Mal den Persilschein an, genau genommen dessen Kehrseite. Er sah die Freigesprochenen als willige Helfer der Verbrecher. Damit wurde im vereinigten Deutschland der Versuch unternommen, die Vergangenheitspolitik in den neuen politischen Alltag einzukleben und der deutschen Gesellschaft, vor allem ihrer eventuellen politischen Emanzipation, Grenzen zu setzen. Ähnliches bezweckte auch die Wehrmachtsausstellung. Auch sie sollte das weite Spektrum der Täterschaft dokumentieren. Sie markierte aber den ersten Kollisionspunkt in der Wahrnehmung der totalitären Ideologien des 20. Jahrhunderts. Die Ausstellung eröffnete durch ihre falschen Bildzuordnungen von Kriegsverbrechen in Galizien, der heutigen West-Ukraine, unfreiwillig die Vergleichsdebatte zwischen Holocaust und Gulag.

Nach all den Jahrzehnten ist festzustellen, dass es nicht mehr um die große Geste der Wiedergutmachung geht, sondern um die Situation von heute. Wie viel man wirklich aus den Schrecken von Auschwitz gelernt hat, zeigt sich in unserem Verhältnis zu Israel. Es geht nicht darum, den Antisemitismus immer wieder zu seinen Wurzeln zurückzuführen und mit dem Finger auf Bayreuth zu zeigen, sondern ihn in seinen heutigen Erscheinungsformen zu erfassen. Aus der Vergangenheit lernt man für die Gegenwart, oder man lernt gar nichts.

[rw]

▶ German Angst, Grundgesetz, Krieg und Frieden, Kulturnation

WINNETOU

Winnetou kennt man in Amerika nicht. Das war zumindest für Winnetou Zuckmayer ein Segen. Als sie mit ihren Eltern auf der Flucht vor den Nazis nach Vermont, USA, kam, sprach sie keiner mehr wegen ihres Namens an.

Den Namen Winnetou hatte sie wohl einer Laune ihres Vaters, des Schriftstellers Carl Zuckmayer (1896–1977), zu verdanken. Er liebte Karl Mays Werk. Einem Zuckmayer sieht das die Germanistik nach. Schließlich war der Mann in einer literarischen Sache konsequent, er strebte die Volkstümlichkeit an, und sein Glaube an das Gute im Menschen war schier unerschütterlich.

Irgendwie trifft das auch auf Karl May (1842–1912) zu, unter dessen hoch geschätzten Bekanntschaften sich die mitteleuropäische Friedensdiva der Zeit Bertha von Suttner befand. Mays letzter großer Auftritt war, von der Suttner vermittelt, 1912 in Wien, anlässlich seines Vortrags *Empor ins Reich der Edelmenschen*.

Der Wunsch, Indianer zu sein. Karl-May-Buchumschlag von der Jahrhundertwende 1900.

Und noch etwas haben Zuckmayer und May gemeinsam. Ein ausgeprägtes Bewusstsein, deutsch zu sein, aber ohne die sprichwörtliche Überheblichkeit, die man dabei erwartet. Seine liebevolle Charakteristik des Hauptmanns von Köpenick macht Zuckmayers komödiantisches Verhältnis zu den zackig ausgerufenen Tugenden, bei denen so mancher keinen Spaß mehr verstand, deutlich. Wer aber Preußen den Ernst nahm, lebte noch 1930 durchaus gefährlich.

Hätte es die falschen Verteidiger des Hauptmanns von Köpenick, die Stiefelwichser der SA, nicht gegeben, wäre Zuckmayer ein unterhaltsamer Theaterschreiber geblieben, und sein *Der fröhliche Weinberg* hätte noch ein paar ausgelassene Geschwister bekommen. Es sollte nicht sein. Auch Zuckmayer geriet in den Weltanschauungskrieg.

Aber Zuckmayer wäre nicht Zuckmayer, hätte er es nicht post factum fertig-gebracht, eine Hommage an den prominenten Flieger und Nazikollaborateur Ernst Udet mit ambivalenten Sympathien auszuschmücken, die das Werk zum großen Nachkriegsstück tauglich machten, und in der Verfilmung *Des Teufels General* mit Curd Jürgens endgültig zum Maßstab der Einschätzung des deutschen Mannes auf der Anklagebank der Nachkriegs-*Wochenschau* werden ließ. So konnten die Deutschen ihren Emigranten wieder annehmen und er sie offensichtlich auch. Geschiedene, die miteinander flirteten. Ein Schriftsteller-schicksal: Der Autor gehört einem Volk an, und dieses ist sein Publikum.

Karl May hatte es einfacher. Seine Zeit war frei von Krieg, aber auch von der größeren Gelegenheit zum Abenteuer. Man konnte sich ins Zeug werfen und Waren herstellen, schneller und günstiger als die Briten, und deren Zorn damit auf sich ziehen, so dass man die Auflage bekam, die deutschen Waren für den britischen Käufer kenntlich zu machen und zu diesem Zweck mit einem war-nenden Aufdruck zu versehen: Made in Germany.

Die Welt aber war noch weitläufig genug, um Träume in ihr versenken zu können. Im langweiligen Dresden folgte Mays Imagination den beiden großen Traumrouten des ausgehenden 19. Jahrhunderts, der Hamburg-Amerika-Linie der vom Vaterland enttäuschten Auswanderer und den wilhelminischen Pfaden in den Orient, die die Kolonialstrategie von Briten und Franzosen in Frage stel-len sollten.

Das Motiv seiner in Amerika spielenden Romangeschichten ist die Erschlie-ßung des Wilden Westens. Der erste Winnetou-Roman kreist um die Vermes-sung und den Bau einer Eisenbahnlinie, damals eine höchst zeitgemäße Sache. Über die Rolle von Winnetou, dem Indianerhäuptling, in den Romanen ist viel spekuliert worden. Da der Erzähler in den May-Werken stets ein Alter Ego des Schriftstellers ist, wie Old Shatterhand, und Winnetou von diesem als Idealge-stalt entworfen wurde, wäre festzustellen, dass es zunächst einmal um eine ethisch gesteuerte Zivilisierung des Wilden Westens geht, kurz, um einen deut-schen Ordnungsgedanken der Gefügigmachung von Land und Leuten. Winne-tou aber, der Häuptling der Apachen, ist nicht der Gegner, der er in der Realität wäre, sondern die Projektion des deutschen Mannes als freier Mann. Der deut-sche Mann, der im Kaiserreich trotz Bürgerrechten als Untertan gilt. Auch er hätte gern die »Silberbüchse« und würde für Gerechtigkeit und Frieden sorgen und damit zum Helden avancieren. Zumindest im heimischen Schützenverein. Da ihm die unheroische Zeit das nicht erlaubt, vertieft er sich in die Imagination des Herrn May aus Dresden, folgt dessen Winnetou ins Reich der guten Taten. Winnetou wird zum Valium des Wilhelminismus. Man war Blutsbruder und rauchte abends am Lagerfeuer die Friedenspfeife. Was kann einem da noch pas-sieren?

Als Zuckmayer seine Tochter 1926 Winnetou nannte, hatte dieser Deutschland längst erobert. Die Deutschen waren jetzt wie die Indianer, denen man das Ruhrgebiet weggenommen hat.

Sind Zuckmayer und May Brüder im Geiste, und wenn ja, was hat das mit Winnetou zu tun? Beide sind spät nach Amerika gekommen, und alles, was sie über Amerika gedacht haben, haben sie gedacht, ohne in Amerika gewesen zu sein. Die Frage, ob Karl May jemals an seinem Winnetou gezweifelt habe, ist in etwa so aufschlussreich wie jene an Zuckmayer, ob er es bereut hätte, seiner Tochter diesen Namen gegeben zu haben.

Winnetou ist eine der populärsten Figuren der deutschen Kulturgeschichte. Noch immer gehören die Karl-May-Freilichtspiele in Bad Segeberg zu den bekanntesten Aufführungen dieser Art in Deutschland. Man kann Winnetou als edlen Wilden betrachten, aber auch als Deutschen. Arminius, unser Hermann, hätte gesagt: ein edler deutscher Wilder. Ein Germane.

Damit war das Empire auch anthropologisch entlarvt, der angelsächsische Zivilisationsbegriff ein weiteres Mal zur Disposition gestellt, und das Kaiserreich schon wieder im Recht. Der Wilhelminismus tat so, als sei man soeben auf dem Platz zusammengetreten, um sich darüber zu beraten, ob Bonifatius, der Missionar, das Dorf betreten dürfe.

Der französische Schauspieler Pierre Brice als Winnetou. Die Karl-May-Verfilmungen, die größtenteils in Kroatien gedreht wurden, gehörten zu den deutschen Kino-Ereignissen der sechziger Jahre.

Dieses Abheben aber, dieses Abgehobensein, hat kein Geringerer als Franz Kafka mit seinem 1913 publizierten *Wunsch, Indianer zu werden* deutlich gemacht. Kafka schreibt: »Wenn man doch ein Indianer wäre, gleich bereit, und auf dem rennenden Pferde, schief in der Luft, immer wieder kurz erzitterte über dem zitternden Boden, bis man die Sporen ließ, denn es gab keine Sporen, bis man die Zügel wegwarf, denn es gab keine Zügel, und kaum das Land vor sich als glattgemähte Heide sah, schon ohne Pferdehals und Pferdekopf.«

[rw]

▶ Freikörperkultur, Gründerzeit, Kitsch, Sehnsucht, Spiessbürger

WURST

Normalerweise geht es um die Wurst. Um die restlose Verwertung oder gar um die Verwurstung. Eintausendfünfhundert Wurstsorten hat Deutschland zu bieten. Wir begnügen uns mit einem Wurstalphabet: Bierwurst, Currywurst, Dauerwurst, Frankfurter, Gänseleberwurst, Hauswurst, Jägerwurst, Knackwurst, Landjäger, Mettwurst, Nürnberger, Rostbratwurst, Sülzwurst, Teewurst, Weißwurst, Zungenwurst.

Was aber wäre die Wurst ohne die Wurstbude? Es gibt keine Stadt, die nicht eine beste Wurstbude hätte. In Köln ist es angeblich die Wurstbraterei. Dort, so der Einheimischen-Tipp, treffe man regelmäßig auf die beiden WDR-*Tatort*-Kommissare.

In Berlin fällt die Bestenrolle, wie die Lokalpresse zu berichten weiß, Konnopke's Imbiß zu. Konnopke liegt am U-Bahnhof Eberswalder Straße, also im ehemaligen Osten. Im Ostteil der Stadt, wie der Berliner zu betonen pflegt. Der Westberliner.

Konnopke hat alles überlebt, sogar die DDR, seither aber kommt der Kiosk nicht mehr zur Ruhe. Mal ist es die Verkehrssituation, mal sind's die Bauarbeiten, die seinen Standort und damit seine Existenz in Frage stellen. Berlin ist Hauptstadt. Ganz Berlin.

Für Konnopke aber wurde gekämpft, und so hat man sich mit Bahn und Behörde schließlich darauf geeinigt, dass er einige Meter weiter, am Gehsteig, einen Dauerstandplatz erhalten wird. Konnopke ist gerettet, der Kiez jubelt. Die Lokalpresse schreibt Geschichte.

An der Wurstbude kommt man schnell ins Gespräch, und das nicht nur mit der freundlichen Bedienung. An der Wurstbude braucht man nicht einmal den Hund, um jemanden kennenzulernen. Man könnte natürlich auch die Kommissare auf ihren neuesten Film ansprechen, aber das gehört sich nicht. Die beiden wollen auch mal ihre Ruhe haben, und die haben sie sich redlich verdient.

Benimm dich, Volk! Man kann die Wurst zwischen die Finger schieben, falls es sich nicht um eine Currywurst handelt, aber höflich sollte man schon bleiben. Die Wurstbude kennt zwar keine Autoritäten, dafür aber die Respektsperson. Der Wurstbudeninhaber hat, wenn er die nächste Bestellung bringt, ganz selbst-

Konnopke's Imbiß: So stand es um die Wurst im Jahre 2010.

verständlich den Gestus eines Restaurantbetreibers. Er ist hier eine Respektsperson. Wie jener zeigt er auf seine Ware und sagt: Qualitätsproduktion durch starke Markenpartner, um, nachdem er seinen Pullover glatt gestrichen hat, hinzuzufügen: Sauberkeit ist das oberste Gebot.

Man blickt sofort auf den Pappteller, den man vor sich hat, um noch schnell mit der Papierserviette den Ketchup, der auf den Stehtisch getropft ist, zu entfernen. So kann man dem Wurstbudeninhaber wieder ins Auge blicken, und dieser sagt »Schmeckt's?« und ist schon wieder unterwegs. Er betreibt ja nicht nur den einen Kiosk. Von einem einzelnen Kiosk könnte er gar nicht leben, wie er sagt. Sechzig Kilogramm an Wurst soll der Durchschnittsdeutsche im Jahr verzehren, damit man davon leben kann. Was aber ist unter diesen Umständen ein Durchschnittsdeutscher?

Wo eine Wurstbude aufmacht, wird sie schnell zum Mittelpunkt des alltäglichen Treibens. Sie ist auf ihre Weise deutsche Mitte. Hier verträgt man sich. Hier ist man willkommen. Solange man nicht laut wird oder gar mit der Weltlage kommt. Das verdirbt nur die Stimmung und schadet dem Geschäft.

Die Wurstbude hat das, was man eine ausgeprägte Identität nennt. Es ist zwar alles möglich, aber einen Hamburger oder gar einen Döner bestellen zu wollen, wäre blasphemisch. Und der Fall kommt in der Realität auch kaum vor.

Die Kunden stehen, wenn sie allein sind und dazu nichts weiter sagen wollen, auch dieser Fall ist vorgesehen, beim Essen mit dem Rücken zur Bude. Sind sie zu zweit und haben schon alles erlebt, auch das wird vorkommen, stellen sie sich nebeneinander parallel zur Bude auf. Auch sie schweigen, denn mit der Bedienung spricht man nur, solange der Tausch von Geld und Wurst stattfindet, und untereinander hat man sich auch ziemlich schnell alles gesagt. Man kennt sich ja nicht erst seit gestern. Die Wurst macht treu. An manchen Tagen sollte das genügen. Es herrscht Regenwetter, und die Musik aus dem Radio ist reine Melancholie.

An solchen Tagen denkt man an den Äquator oder an den Weißwurst-Äquator, und es ist egal. Wurscht.

Die Weißwurst, sagt jemand, und es klingt wie Extrawurst. Die bayerische Weißwurst. Sie ist doch nur einem Fehlfabrikat zu verdanken. Der Moser Sepp war's, der die rettende Idee hatte, 1857. Die falschen Därme wurden angeliefert, und das Wurstfleisch war schon angerichtet, und so hat der Moser die Würste, damit nichts Schlimmeres passierte, nicht gebraten, sondern nur gebrüht. Jetzt ist es Geschichte. Der Moser Sepp ist in der Geschichte.

Der Weißwurstäquator verläuft an der Mainline entlang. Nördlich davon ist Preußen, im Süden liegen Neuschwanstein und Andechs.

Apropos Preußen, sagt der Mann. Bismarck soll gesagt haben: Je weniger die Leute wissen, wie Würste und Gesetze gemacht werden, desto besser schlafen sie.

Das kommt nicht gut an.

Wir sind hier in Köln, sagt jemand.

Können Sie mir vielleicht eine preußische Wurstsorte nennen? Wir ziehen die Thüringer Rostbratwurst vor.

Jemand singt: Alles hat ein Ende, nur die Wurst hat zwei.

Das ist Wurstologie.

Man steht also vor der Bude und isst eine Wurst, und wenn man die Pappteller und die Essensreste in den Mülleimer geworfen hat, macht man unwillkürlich ein paar schnelle Schritte, als rufe die Pflicht, wie es früher hieß. Heute ist es aber nur, als eilte man einem imaginären Bus nach, der gerade die Türen schließt, und im Bus sitzt der deutsche Calderon, und zu dem möchte man ja auch mal was sagen. Das Leben ist ein Traum, okay, möchte man wenigstens einmal gesagt

Gedenktafel für die Erfinderin der Currywurst Herta Heuwer und ihren Imbiss am Stuttgarter Platz in Berlin.

haben, aber worin besteht der Traum? In diesem Augenblick gehen die Bustüren noch einmal auf, und aus dem Bus steigt einer der beiden Fernseh-Kommissare.

Worum geht es, fragst du. Und was sagt er?

Es geht natürlich um die Wurst, sagt er.

Um die Wurst?, fragst du.

Worum sollte es denn sonst gehen, fragt er, wenn nicht um die Wurst, um den Traum vielleicht?

Sind Sie der deutsche Calderon, fragst du, der Mann, der das Leben für einen Traum hielt und sich selbst für einen Spanier?

Nein, nein, ruft er lachend und ist bereits vor dem Kioskfenster angekommen und sagt: Einmal Curry mit Pommes.

Curry. Das ist die Berliner Wurst. Wie München seine Weißwurst hat, so hat Berlin seine Currywurst. Herta Heuwer hat sie erfunden. 1949. Zumindest hat sie ihre Soße patentiert. Zehn Jahre danach, in München.

Calderon wird gegenüber am Theater gespielt. Dort, im alten Saal, ist das Leben ein Traum, wie man hört. In Köln? In Berlin? Von der Wurstbude aus kann man alles ganz gut erkennen. Den Theatereingang und die Leute davor. Man sieht, wie sie ihre Lippen bewegen, aber man kann nicht hören, was sie sagen. In der Pause kommen sogar einige herüber zur Wurstbude. Das ist schick. In Berlin.

Heute sind sie im Theater und morgen im Museum. Im ersten Currywurst-Museum Deutschlands. Gleich hinter dem Checkpoint Charlie. Aber in der Schützenstraße. Im Ostteil der Stadt, wie der Berliner sagt. Der Westberliner.

[rw]

➤ Abendbrot, Bierdurst, Kleinstaaterei, Weihnachtsmarkt

ZERRISSENHEIT

Zwei Seelen wohnen, ach ... was für eine Untertreibung! Ein Seelenschwarm flattert in meiner Brust. Ordnung tut Not. Die Ordnung ist mir so teuer, dass ich sie kaum bezahlen kann. Und dann muss ich wieder alles verwirbeln, in Zweifel ziehen, tief hinab, der Überblick droht baden zu gehen.

Sorglos schweife ich durch die Natur, ein Liedchen auf den Lippen, dort sehe ich den kranken Baum, und Falten! Falten! furchen meine Stirn. Ich möchte ihm meinen halben Mantel geben. Der Baum winkt ab und senkt die Krone. Ich töne: Vorsprung durch Technik! und schäme mich. Naturdieb bin ich, Wilderer, Wildsau und Freischütz in einem. Sechs Kugeln treffen ihr Ziel, die siebente gehört dem Teufel. Die Hoffnung, am Ende die Welt zu retten, gebe ich dennoch nicht auf.

Ich bin ein einsamer Gesell. Und Mitglied in sämtlichen Vereinen. Wandern, Turnen, Karneval, nichts Menschliches ist mir fremd. Meine Beiträge überweise ich stets pünktlich. Am Abend öffne ich ein ehrliches Bier und streiche mir Leberwurst aufs Brot. Arbeit muss sein, Muße aber auch. Aus dem Radio schwebt eine andächtige Musik. Die Fäuste, die eben noch schufteten, falten sich gen Himmel. Das Höchste ist mir gerade hoch genug. Mein Geist versenkt sich ins Unaussprechliche. Und wühlt nach Worten.

Gemütlich ist meine Heimat, trotzdem kann ich es nicht lassen: Es zieht mich hinaus in die Ferne. Die Kompassnadel kreist. Osten, Westen, Norden, Süden, ich bin nach allen Seiten offen. Mein Marsch ist pazifistisch geworden. Heiße Kriege kenne ich nur noch vom Hörensagen, auch der Kalte Krieg ist geschmolzen und mit ihm die eisige Mauer, die mich von mir selbst getrennt hat. Grenzen überschreite ich nicht mehr, um Grenzen zu überschreiten. In meinen Pass ist mit unsichtbarem Stempel gedruckt: Weltbürger. Wohnhaft in Hinterzarten. Das macht nichts. Ich habe gelernt, in vielen Zungen zu reden.

Die Freiheit verteidige ich in Gedanken, meine Taten dienen der Sicherheit. Die Flügelspitzen stutze ich mir täglich mit der Nagelschere: Keine Extreme! Die Mitte ist mein neues Maß. Dort bin ich und dort bleibe ich. Bis mich die Sehnsucht überkommt. Nach dem Wilden, dem Unbändigen. Dann will ich dem Schicksal in den Rachen greifen. Doch plötzlich kehrt die Angst zurück.

Vor allem, was da draußen ist. Und wenn die Dämmerung anbricht – vor mir. Ach, könnt' ich mir doch endlich selbst vertrauen! Im Traum beginne ich zu singen, und mich schauert im Herzensgrunde.

Ich bin verträglich geworden. Bisweilen denke ich: ein verträglicher Zombie. Meine Vernunft hat der Sehnsucht Zügel angelegt. Ich verspreche, die Zügel fest in der Hand zu behalten. Aber atmen kann ich nur, solange die Sehnsucht noch an ihnen zerrt.

Manche glauben, meine Zerrissenheit hieße »anything goes«. Dabei ist sie das Gegenteil. In nichts ähnelt sie dem heiteren Surfen und Switchen und Rollentauschen – meine Zerrissenheit schmerzt. Das will ich, das kann ich, das muss ich ertragen. Wer »Vielfalt« sagt, als stünde er am Tresen und böte den jüngsten Sommercocktail feil, erscheint mir als Betrüger.

Barbaren haben versucht, mir die Zerrissenheit auszutreiben, indem sie mich im Gleichschritt marodieren ließen. Gute Menschen versuchen, mir die Zerrissenheit auszureden, indem sie jeden Abgrund zum Sperrgebiet erklären. Kinder haften für ihre Eltern. Ich übernehme die Verantwortung und bekenne mich zur politischen Behutsamkeit. Zur Versöhnung, zum Kompromiss. Das dürft ihr, das sollt ihr von mir verlangen. Aber verlangt nicht, dass ich den Kopf in Watte stecke, auf dass nur noch gedämpfte Laute nach außen dringen.

Lasst mir meine Zerrissenheit. Sie ist das Beste, was ich habe.

[td]

REGISTER DER WICHTIGSTEN PERSONEN, ORTE UND BEGRIFFE

Aachen 206, 212, 452
Abgrund **14ff**, 60, 196, 315, 322, 356, 368, 461, 490, 513, 549
Adelung, Johann Christoph 404
Adenauer, Konrad 128, 466f, 535, 537
Adorno, Theodor W. 134f, 138, 325ff, 339, *495*
Albers, Hans 421f
Alchemie 91, 351
Allgeier, Sepp 55, 67
Alpen 54ff, 61, 118f, 187, 299f, 313, 490
Angst 15, 29, 117, 179, 189, **192ff**, 210, 232, 334, 445ff, 487, 506, 548f
Antisemitismus 68, 157, 159ff, 198, 290, 295, 332, 364, 404, 406f, 474, 540
Arbeit **32ff**, 88, 130ff, 211, 348, 365, 426ff, 548
Arendt, Hannah 47f, 135, 472f
Arminius *siehe* Hermann der Cherusker
Arndt, Ernst Moritz 258, 462
Arnim, Achim von 18, 22, 474
Arnim, Bettine von 421, 458, 509
Atomkraft 29f, 96, 192, 200, *201*, 407, 429
Aufklärung 38, 91, 106ff, 196, 342, 352, 364, 366, 373, 398f, 469ff, 505f
Augsburg 425f
Augsburger Religionsfrieden 264, 391, 393
Augstein, Rudolf 252
Auschwitz 326, 538, 540
Auschwitzprozesse 540
Ausdruckstänzerin 57ff, 157, 160

Auto/Autobahn **118ff**, 137, 213, 243, 478
Bach, Carl Philipp Emanuel 307
Bach, Johann Sebastian 30, 307ff, *309*, 315, 322, 470
Bahro, Rudolf 139
Barbarossa *siehe* Friedrich I.
Barock 195, 306, 308, 404, 468
Bartelmann, Wilhelm 441
Basedow, Johann Bernhard 245f
Bauhaus **49ff**, 186f
Baum, Vicki 122f
Bayern 72, 155, 162, 174, 186f, 254, 259, 321, 408, 546
Bayreuth 320ff, *321*, 327, 380, *403*, 404, *523*
Bebel, August 426
Becher, Johannes R. 163, 295f
Beckenbauer, Franz 174ff, *178*, *180*
Becker, Nikolaus (Niklas) 462ff
Beethoven, Ludwig van 76, 310ff, *312*, 318f, 322, 328f, 335, 412, 526
Befreiungskriege 39, 288, 474f, 484, 525f
Behrens, Peter 49
Beinhorn, Elly 122, *529*, 530f
Benn, Gottfried 370f
Bensemann, Walther 167ff
Benz, Bertha 123f, *124*
Benz, Carl 121, 123
Berber, Anita 520
Bergbau 22ff, *23*, 146, 301
Berlin 11, 32, 36, 51, 57ff, 71, 81, 113, 122, 125, *136*, 138, 150, 156, 162, 164, 170, 181, 189, 222, 240, 249, 258, 268f, *269*, 287, 293f, *297*, 360f, 418f, 471ff, 486, 512,

514f, 517, 520, 527, 530, *539*, 544ff, *545*
Bernhard, Thomas 113, 491
Bethmann Hollweg, Theobald von 267
Beuys, Joseph 80
Biedermeier 184, 188f, 288, 328, 475ff, 480
Bier 9, **70ff**, 134, 139, 186, 231f, 259, 291, 407f, *409*, 420, 435, 548
Bildung 36, 39, 41, 83, 105, 146, 196, 224, 342, 348, 371f, 426
Bildungsbürger 130f, 138, 260, 282f, 422, 469ff
Bismarck, Otto von 73, 149, 314, 426f, 546
Bloch, Ernst 93, 134f, 155, 233
Böhme, Jakob 265, 350f, *352*
Böll, Heinrich 113, 220, *276*, *285*, 466f
Bonifatius 74
Bonn 206, 216, 276, 310, 467
Bora, Katharina von 72, 340, *341*, 392
Borsig, August 212
Boveri, Margret 125
Brandt, Susanna Margaretha 509f
Brandt, Willy 174, 412
Braunschweig 165, 362, 432
Brecht, Bertolt 71, 119f, 125, 215, 219, 294, 425
Breitner, Paul 174ff, *177*
Bremen 70, 140, 186, 230, 471
Brentano, Bettine *siehe* Arnim, Bettine von
Brentano, Clemens 20, 421, 455ff, 472
Broch, Hermann 112
Bruckner, Anton 293, 328
Bruyn, Günter de 286
Buchdruck 35, **82ff**, 108

550

Buchenwald 78ff
Büchner, Georg 14, 197, 258, 260
Bundesrepublik 30f, 47f, 52, 67, 69, 96, 128, 138, 162, 170ff, 188ff, 201ff, 205f, 216ff, 243, 252, 284f, 295, 338f, 348, 359, 364, 368f, 382ff, 426f, 466f, 487, 515ff, 531, 535ff, 549
Burschenschaften 134, 288ff, 476
Busch, Wilhelm 412ff
Caesar, Gaius Julius 451, 479
Campe, Joachim Heinrich 362f, 404ff, 505
Canetti, Elias 483
Carlowitz, Hannß Carl von 25, 482f
Carstens, Karl 492, *494*
Celan, Paul 16
Claudius, Matthias 278
Cook, James 143
Cranach, Lucas d. Ä. 392
Cranach, Lucas d. J. *33, 392*
Dahl, Johan Christian Clausen *488*
Daimler, Gottlieb 121, 126f
DDR 28f, *47*, 51f, 96, 99, 108, 131, 138ff, 146, 162f, 174f, 207, 219, 284f, 295, 372ff, 418ff, 535
Dessau 52, 187, 245
Deutscher Bund 262
Diefenbach, Karl Wilhelm *154, 155*
Dietrich, Marlene *347*, 518ff, 520
Disziplin 35ff, 165, 181, 365ff, 372, 433
Döblin, Alfred 113
Doderer, Heimito von 112
Dohm, Hedwig 346ff
Donaueschingen 94, 330ff
Dreißigjähriger Krieg 34, 194f, 204, 264ff, 375ff, 393
Dresden 21, 101f, 136, 163, 316, 395, 418, 527, 534, 542
Dürer, Albrecht *194f*, 353ff, *354*
Dürrenmatt, Friedrich 94, 96
Düsseldorf 455, 459

Ebert, Friedrich 83
Eckstein-Diener, Bertha (Sir Galahad) 345f
Eichendorff, Joseph von 13, 23f, 27, 40, 140, 196, 288, 295, 482, 487, 518
Eisler, Hanns 96, 293ff
Ekel Alfred 438, *439*
Ende, Michael 29, 103f
Engels, Friedrich 41ff, 197
Ensslin, Gudrun 174, 372
Entfremdung 26, 41f, 138f, 197, 317, 320, 325ff
Erhard, Ludwig 94, 426
Erichsen, Susanne 514ff, *515*
Erster Weltkrieg 43ff, 85, 88, 100, 168, 200, 203, 214, 234, 241, 266ff, 303, 525f
Expressionismus 50, 61, 99f, 441
Fanck, Arnold 55ff, 66f
Fastnacht 93, 353ff, 499
Faust 26f, 39, **91ff**, 196, 198, 284, 302, 335, 510f
Feierabend 40, 43, **130ff**, 152f, 548
Feuerbach, Anselm 422
Fichte, Johann Gottlieb 283
Fleiß 34, 40f, 46, 85, 130, 205, 246, 365, 368, 517
Föderalismus 208, 258ff
Fontane, Theodor 100, 111
Forster, Georg 142ff
Francke, August Hermann 35ff, 246f, 365f
Frankfurt am Main 192, 211, 214, 216, 290, 325, 395, 476, 499, 505, 509f
Fräuleinwunder 128, 514ff
Freiburg 16, 54ff, 301
Freimaurer 288, 352, 470
Freud, Sigmund 21, 25, 401, 444ff, *495*
Friedensbewegung *siehe* Pazifismus
Friedrich der Weise von Sachsen 392
Friedrich I., Kaiser 17, 18
Friedrich II. (der Große) 107, 271, 307
Friedrich Wilhelm I. von Preußen 36, 38

Friedrich Wilhelm III. von Preußen 344
Friedrich, Caspar David 13, *485*
Frisch, Max 96, 113
Fröbel, Friedrich 245ff, 484
Fugger, Jakob der Reiche 425ff, *427*
Fühmann, Franz 28f
Fürstenberg, Max Egon II. zu 330f
Fußball **164ff**, 295f, 353
Gemüt 27, 35, 68, 78, 248, 290, 293, 296, 302, 306, 315, 324, 344, 350, 362, 398, 400, 404, 449, 506
Gemütlichkeit 131, **184ff**, 233, 240, 287, 330, 441, 548
Genie 40f, 310, 333, 335
George, Stefan 31, 458f
Germania 31, 218, 463, 524f, *525*, 531
Gesamtkunstwerk 52, 317ff, 404
Goebbels, Joseph 66ff, 121f, 187, 284, 531
Goethe, Johann Wolfgang von 13, 22ff, 30, 38f, 41f, 44f, 72, 78ff, 92ff, 108, 138, 196, 222, 279ff, *281*, 344, 422f, 471, *494*, 499, 504f, 507ff, 510f
Göring, Hermann 187, 243, 484
Grabbe, Christian Dietrich 93f
Graf, Oskar Maria 71, 358f
Graf, Steffi 179, 517
Grass, Günter 30, 113, 219, 286
Gretchen 196, 509ff, 516f, 520
Grimm, Gebr. 20, 251, 421, 480, 483, 498
Gropius, Walter 49ff
Grotewohl, Otto 84
Gründerzeit 99, 165, **210ff**, 255
Gründgens, Gustaf *95*, 113, 125
Grundgesetz 30, 123, **215ff**, 254, 295, 394, 538

Gryphius, Andreas 13, 194f, 266

Guderian, Heinz 276

Günderrode, Karoline von 455f

Gustav II. Adolf von Schweden 264ff, 375

Gutenberg, Johannes 82f, *83*

Hamann, Johann Georg 399

Hambacher Fest 262, 475f

Hamburg 102, 174, 176, 230f, 249, 254, 306, 336, 338, 344, 406, 422, 455, 470f

Handke, Peter 112

Hardenberg, Karl August von 364, 427

Hartmann von Aue 501

Harz 18, 24, 26, *299*

Hauptmann, Gerhart 100, 155, 269

Hauschild, Ernst Innocenz 416f

Haydn, Joseph 310, 313

Hebbel, Friedrich 523f

Hebel, Johann Peter 22

Hegel, Georg Wilhelm Friedrich 47, 196, 315, 323, 350, 390, 506

Heidegger, Martin 14ff, *15*, 30, 199f, 465, *494*

Heiliges Römisches Reich Deutscher Nation 18, 82, 206, 219f, 229, 261, 351, 391

Heimat 17f, 21, 69, 71, 88, 117, 169, 176, 187f, 208, **233ff**, 295, 304, 326, 421f, 431ff, 487, 548

Heimatfilm 62, 69, 237

Heine, Heinrich 20f, 24f, 93, 293f, 347, 367, 455, 461, 463f, 474, 503

Heino (Heinz Georg Kramm) 77f

Henkel, Fritz 212

Hensel, Fanny *siehe* Mendelssohn Bartholdy, Fanny

Herberger, Sepp 170ff, *171*, 179

Herder, Johann Gottfried 279, 310, 313

Hermann der Cherusker 167, 393, 451, 463, 484, 492, 543

Herz, Henriette 471ff

Hesse, Hermann 76, 118f, 126, 155, *156*, 493, *495*

Heuss, Theodor 173

Hildegard von Bingen 340, 350, *351*, 506

Hippel, Theodor Gottlieb von 342f, 367, 499f

Hitler, Adolf 66, 68, 127f, 187, 222, 236, 273ff, 294, 314, 327, 530

Hoffmann von Fallersleben, August Heinrich 236

Hoffmann, E.T.A. 22, 27f, 40, 311f, 315, 445ff, 473

Hölderlin, Friedrich 13, 16, 77, 454, 464f

Hollaender, Friedrich 423, 519

Holocaust 276, 334f, 407, 418, 539f

Horch, August 121f

Horkheimer, Max 134f

Huch, Ricarda 204, 206

Humanismus 44, 92, 162, 254, 352, 392ff

Humboldt, Alexander von 22, 24, 143, 146ff, *147*, 471

Humboldt, Wilhelm von 148, 282, 362, 471

Hutten, Ulrich von 393

Hygiene-Museum 136, 395

Industrialisierung 24, 42ff, 49, 97, 134ff, 149, 152ff, 165, 184ff, 211, 240, 249, 260, 267, 416f

Innerlichkeit 91, 156f, 306, 315, 339, 349

Jahn, Friedrich Ludwig 156, 260, 288, 473ff, 485

Jahnn, Hans Henny 112

Jena 204, 284, 288, 471, 473

Johnson, Uwe 112

Jünger, Ernst 46f, 200ff, 273, 368, 411, 482, 486f

Jung-Stilling, Johann Heinrich 483

Jürgens, Udo 176, 422

Kafka, Franz 106, 113, 198f, 543

Kaiserreich 43f, 49, 100, 143, 148f, 152ff, 159, 164f, 198,

210ff, 223f, 231, 240, 256, 260, 262, 267ff, 322, 346, 348, 372, 377ff, 389, 393, 426, 428, 442, 463f, 477, 542f

Kalter Krieg 99, 204f, 215ff, 277, 286, 517, 537f, 548

Kant, Immanuel 17, 41, 44, 55, 208, 224, 313, 315, 323, 364, 366f, 398f, 470, 500

Karl der Große 206, 452, 462

Karlsbader Beschlüsse 288, 476

Karneval 111, 353ff, 428, 454, 459, 478, 499, 548

Kästner, Erich 76

Kaulbach, Friedrich August von *525*

Kepler, Johannes 265, 306, 351

Kindergarten **245ff**, 385, 417

Kleinstaaterei 224, 254, **258ff**, 279, 284, 288, 300, 316, 407, 462

Kleist, Heinrich von 44, 111, 170ff, 298, 343, 511ff, 521f, 525, 531

Klettenberg, Susanne von 505

Klinger, Friedrich Maximilian 93

Klinsmann, Jürgen 176, 180

Klum, Heidi 517

Kneipp, Sebastian 153

Knigge, Adolph Freiherr 469

Koch, Adolf 159f, 162

Koch, Konrad 165ff

Koeppel, Matthias *297*

Koeppen, Wolfgang 111, 113

Kohl, Hannelore 514

Kohl, Helmut 130, 179, 514

Köln 72, 192, 230, 290, 356, *357*, 452, 466, 544ff

Königsberg 208, 367, 473, 500

Konzentrationslager 39, 79f, 273, 276, 326, 364

Körner, Theodor 271, 288, 289, 484

Korporatismus 426f, 430

Kosmopolitismus *siehe* Weltbürger

Kracauer, Siegfried 57, 66

Kraus, Karl 190

Krupp 43f, 212
Kulturbunker 30f, *31*
Kulturindustrie 135ff, 327, 329
Kulturnation 262, **279ff**, *280f*, 322, 339, 377ff, 462
Kyffhäuser *17*, *18*, 463
La Roche, Sophie von 507ff, 508
Lang, Fritz 61, 480
Langner, Ilse 527f
Lanz, Heinrich 213f
Lebensreform 153ff, 198
Leibniz, Gottfried Wilhelm 44, 106, 306f, 469
Leipzig 101f, 293, 307, 314, 416ff, 426, 470
Leitz, Louis 369
Lessing, Gotthold Ephraim 44, 106f, 279, 371, 398
Levin, Rahel *siehe* Varnhagen, Rahel
Liebestod 20f, 323, 400, 512ff, 522, 524
Limes 208, 220, 355, 479
Liszt, Franz 323, 326, 423
Loreley 292, 294f, *453*, 455, 518ff, *519*
Love-Parade 105, 202, 360f, 428
Lübeck 229ff, 265, 441
Ludwig I. von Anhalt-Köthen 468
Ludwig I. von Bayern 356
Ludwig II. von Bayern 321f, 332, 377ff
Ludwig X. von Bayern 408
Luise von Preußen 343f
Luther, Martin 25, 30, 32ff, *33*, 47, 75f, 82, 193f, 247, 252f, 291, 305, 340ff, *341*, 350, 371ff, 388ff, 396ff, 401ff, 406, 468, 500, 502
Lützowsches Freikorps 288, *289*, 484, 526
Luxemburger Abkommen 535ff
Magdeburg 174f, 265, *274f*, 350, 375
Mainz 82, 143ff, 359, 454, 461
Mann, Erika 125f
Mann, Heinrich 113, 393, 518

Mann, Klaus 95, 113, 125
Mann, Thomas 9, 14, 45f, 94, 112f, 126, 231, 302ff, *303*, 335f, 346, 441f
Männerchor 179, *180*, **287ff**, 334, 401, 484
Mannesmann 43, 212
Mannheim 39, 123
Mansfeld, Ernst von 264f
Maria Antonia Walpurgis von Sachsen 526f
Marx, Karl 41ff, *42*, 138, 169, 197, 271, 425
May, Karl 541ff
Maybach, Wilhelm 121, 213
Mechthild von Magdeburg 350
Meinhof, Ulrike 174, 220
Meister Eckhart 32, 45, 350, 352
Meistersinger 305, 308, 365
Melanchthon, Philipp 106, 392
Mendelssohn Bartholdy, Fanny 307f, 423
Mendelssohn Bartholdy, Felix 252, 290f, 295, 307f, 314, 357, 404
Menzel, Adolph Friedrich Erdmann von *185*
Merkel, Angela 181, 443, *495*, 531
Messner, Reinhold 421, *495*
Mitscherlich, Alexander u. Margarethe 539
Mittelalter 18f, 34, 40, 82, 91, 94, 110, 117, 227, 229, 304, 349ff, 353ff, 361, 365, 389, 425f, 436, 452
Mozart, Wolfgang Amadeus 288, 310, 313, 323, 424
Mühsam, Erich 440
Müller, Heinrich 305f
München 102, 155, 163, 172f, 175, 255, 259, 273, 322, 356ff, 381, 383, 514, 526, 547
Münker, Wilhelm 241ff
Musik 94f, 105, 135, 287ff, **302ff**, 345, 403f, 422ff, 454f, 459, 484, 548
Musil, Robert 106, 112, 482

Mutter 247ff, **340ff**, 385ff, 461, 505, 507, 524f, 531
Muttersprache 233ff
Mystik 32ff, 91, 302, 310, **349ff**, 388, 405
Napoleon I. (Bonaparte) 196, 206, 253, 262, 279, 283, 288, 314, 344, 427, 462, 476
Nationalsozialismus 16, 18, 30, 39, 46f, 51f, 66ff, 78ff, 94, 99, 120ff, 127f, 137f, 160ff, 170, 187f, 202f, 204, 225, 243, 254, 271ff, 284, 294, 326ff, 340, 346, 368, 406f, 418, 483f, 486f, 530f, 535ff, 541
Nationalstaat 97, 164, 224, 262, 267, 279ff, 288, 291, 462f, 377ff, 473ff
Naturschutz 28, 73, 80f, 123, 203, 238, 243f, 465f, 482f
Naumann, Friedrich 49, 269f, 426
Nessler, Karl Ludwig (Charles Nestlé) 85ff
Netzer, Günter 174, 176
Neubert, Rudolf 136f
Neuschwanstein 378ff
Neuss, Wolfgang 11, 539
Nibelungen 320ff, 461, 463f, 480, 522ff, 530
Nicole (Nicole Hohloch) *277*
Niekisch, Ernst 215
Nietzsche, Friedrich *15*, 16, 21, 197, 224, 322f, 347, 367, 371, 401, 496f, 501
Nordsee 230, *231*, 441ff
Notburga von Rattenberg 134
Novalis (Friedrich Philipp von Hardenberg) 23ff, 40, 343
Nürnberg 92, 101, 353, 365, 375ff, 389, 538
Oberrieder Stollen *siehe* Kulturbunker
Oktoberfest 356ff
Opel, Adam 127
Ordnung 46, 175, 224f, 227, 244, 302, 305, 308f, 328f, 332f, **362ff**, 415, 425f, 477, 482f, 542, 548

Ostsee 118, 163, 229f, *231*, 346, 441ff
Pappenheim, Gottfried Heinrich von 265f
Paracelsus 91, 351
Paullini, Christian Franz 130f, 135
Paulskirche 224f, 262, 291, 476
Pazifismus 95, 167, 173, 203, 219, 244, *276f*, 374, 539, 548
Pestalozzi, Johann Heinrich 245, 341f, 345f
Petermann, August 149
Peters, Carl 149
Pfarrhaus 111, 149f, **370ff**, 398
Pietismus 35ff, 47, 195f, 246, 305f, 351f, 365f, 399, 504, 507
Porsche, Ferdinand 122, 127
Potsdam *36*, 168, 307, 322
Prag 198, 264, 266, 351
Preußen 22, 35f, 38, *45*, 47, 59, 107, 146, 148, 164f, 196, 206, 213, 215f, 220, 223ff, 248f, 254, 262, 265, 271, 279, 283, 286, 288, 343f, 353, 356, 364ff, 380, 389, 393, 426f, 473ff, 484, 526, 541, 546
Protestantismus 9, 25, 34f, 37, 130, 156, 194f, 247, 252, 264f, 290, 305, 307f, 341, 355, 370ff, 388ff, 395ff, 428, 471
Pudor, Heinrich (Heinrich Scham) 157, 160f
Pünktlichkeit 43, 101f, 205
Quadflieg, Will *95*
Rahn, Helmut 171ff
Rathenau, Emil u. Walther 214
Reeducation 138, 302, 539
Reformation 82, 264f, **388ff**, 401ff
Reichstag 206, 266, 272, 392
Reinheit 311, 330, 338, **395ff**, 464f, 468f
Reitsch, Hanna *529*, 530
Reitz, Edgar 237

Rhein 223, 266, 287f, **451ff**, 485, 523
Rheinischer Kapitalismus 426ff
Richter, Ludwig *132f*, *502*
Riefenstahl, Leni 57ff, *63f*, 484, 531
Riehl, Wilhelm Heinrich 131, 486, 490
Romantik 11, 18ff, 29, 39ff, 43, 65, 108, 110, 184, 196f, 204, 243, 288, 291f, 296, 306, 310f, 315, 317, 343, 391, 420, 421ff, 448ff, *456f*, 458ff, 471ff, 474, 481ff, 487, 523
Rosenberg, Alfred 137f, 284, 483f
Rostock 305, 441, 470
Roth, Joseph 79f, 113
Rousseau, Jean-Jacques 26, 153, 245f, 341f
Rübezahl 17, 77
Rückert, Friedrich 13, 18, 22
Rudolf II. von Habsburg 351
Rühmann, Heinz 68
Sachs, Hans 116, 365
Salomon, Ernst von 538
Salon 11, 184, 344, 471ff, 507f
Sander, August 460
Sander, Jil 406
Scheler, Max 43ff
Schelling, Caroline 24, 471
Schelsky, Helmut 539
Schiffer, Claudia 517
Schiller, Friedrich 30, 39f, 108, 110, 137, 202, 222, 279ff, *280*, 290f, 311, 313, 317, 319, 385, 398, 412, 486, 499, 507, 526
Schirach, Baldur von 242f
Schirrmann, Richard 240ff
Schlager 137, 150, 176ff, 194, 234f, 420, 422, 454
Schlegel, August Wilhelm 343, 371, 471
Schlegel, Caroline *siehe* Schelling, Caroline
Schlegel, Dorothea 24, 471
Schlegel, Friedrich 21, 40, 371, 467, 471

Schleiermacher, Friedrich 344, 469, 471f
Schlingensief, Christoph 30, 192, *193*
Schmidt, Arno 112, *363*
Schmidt, Helmut 364
Schneckenburger, Max 462f
Schön, Helmut 174ff
Schönberg, Arnold 135, 293, 329ff, *331*
Schopenhauer, Arthur 11, 149, 197, 323ff, 333, 344f, 412, 490f
Schopenhauer, Johanna 11, 344
Schreber, Daniel Gottlob Moritz 417f
Schreber, Daniel Paul 418
Schubert, Franz 292, 326, 423, 497
Schubert, Gotthilf Heinrich 21f
Schumacher, Michael 179
Schumann, Clara 459
Schumann, Robert 292, 423, 459, 463, 487
Schwäbisch 32, 62, 73, 121, 164, 196, 290, 355, 361, 395
Schwarzwald 16, 30f, 55, 72, 85, 301
Schwitters, Kurt 454f
Seeler, Uwe 176
Seghers, Anna 163
Sekundärtugenden 111, 181, 205, 244, 364, 368
Seume, Johann Gottfried 491
Sieburg, Friedrich 14, 368
Siegfried 167, 194, 316ff, 401, 464, 480, 522ff
Siemens, Werner von 211ff
Silcher, Friedrich 294, 455
Skladanowsky, Gebr. 54
Sonderweg 169, 179, 193, 220, 306, 467
Sozialstaat 28, 38, 210, **425ff**
Sparwasser, Jürgen 174f
Speer, Albert 30f, 187, 364
Spener, Philipp Jacob 35, 351
Spießbürger 47, 157, 160f, 189, **436ff**
Sprache 14, 105f, *166*, 167, 253, 282, 290f, 297, 315,

383, 385, 390f, 401ff, 410, 447, 468f, 498ff
Stadler, Ernst 99f
Stalin, Josef 215f, 272f, 276f
Stauffenberg, Claus Schenk von 31, 102, 530
Stauffenberg, Melitta Schenk von 529, 530
Stein, Heinrich Friedrich Karl vom und zum 364, 427
Steiner, Rudolf 153, 198
Sternberg, Josef von 518f
Stifter, Adalbert 480
Stöcker, Helene 346
Stockhausen, Karlheinz 336ff, 337
Störtebeker, Klaus 70, 231f
Stralsund 70, 230, 265
Straßburg 82, 168, 294, 452
Strauss, Richard 313, 444
Stuttgart 73, 75, 290, 395, 432
Surén, Hans 157ff, 161
Sylt 103, 156, 163
Tacitus, Publius Cornelius 134, 468, 479, 498
Tannhäuser 18ff, 19, 77, 399
Tatort 260, 261, 521, 544
Taunus 204, 243, 301
Thelen, Albert Vigoleis 112
Thyssen 46, 212
Tieck, Ludwig 20, 23, 25, 310, 481
Tilly, Johann t'Serclaes von 264ff, 274
Treitschke, Heinrich von 206
Trenker, Luis 58ff, 60, 67ff, 69
Tucholsky, Kurt 81, 302
Tulla, Johann Gottfried 452
Turek, Toni 173
Uhse, Beate 529, 530f
Ulbricht, Walter 216, 284
Unger, Friederike Helene 505
Valentin, Karl 383
van de Velde, Henry 49
van der Rohe, Mies 52
van Hoddis, Jakob 99f
Varnhagen von Ense, Karl August 249
Varnhagen, Rahel 11, 472f
Verein 17, 130, 252, 287ff, 356, 415ff, **468ff**, 492, 542, 548

Vergangenheitsbewältigung 538ff
Vogel, Eduard 149
Vogel, Henriette 512f
Vogts, Berti 175, 179
Volkslied 9, 131, 179, 234, 288, 291f, 294, 296, 305, 320, 367, 387, 454f, 486, 490ff
Volkswagen 94, 118, 127ff, 129
Vormärz 197, 291, 475
Voß, Johann Heinrich 38
Vulpius, Christian 108
Wackenroder, Wilhelm Heinrich 23, 311
Wagner, Richard 20f, 27, 101, 304f, 316ff, 318, 325ff, 377ff, 399ff, 424, 465, 511, 522ff
Wald 87, 118, 120, 122, 165, 197f, 240, 243f, 249ff, 287ff, 348, 400, 415f, 451, 468, **479ff**, 490ff
Waldsterben 192, 200, 487ff, 489, 548
Walküre 511, 522ff
Wallenstein, Albrecht Wenzel Eusebius von 264ff, 265, 376
Walser, Martin 113, 285, 286
Walter, Fritz u. Ottmar 172
Walther von der Vogelweide 116
Wandern 118, 121, 159, 163, 165, 240ff, 298ff, **490ff**, 548
Wandervogel 153, 240, 242, 492
Wartburg 18, 291, 390
Weber, Carl Maria von 99, 288, 291, 296, 320, 484
Weber, Max 37, 56, 428
Wedekind, Frank 518ff
Wegener, Alfred 150f, 151
Weimar 11, 49, 52, 216, 222, 279f, 280f, 344, 455, 505
Weimarer Klassik 94, 108, 157, 279ff
Weimarer Republik 52, 83, 113, 136, 156ff, 168f, 200, 222, 226, 241, 254, 271f, 284, 327, 411, 530, 538

Weiss, Peter 112, 219
Weltbürger 106, 148, 167f, 219, 271, 279ff, 470, 473f, 548
Weltgeist 196, 323
Wense, Jürgen von der 496
Werkbund 49f
Westbindung 219f, 467, 517
Westfälischer Frieden 30, 266, 272, 277
Wiedervereinigung 76, 140, 176ff, 203, 205, 217ff, 277, 286, 295, 419, 538
Wieland, Christoph Martin 371, 507
Wien 184, 293, 310, 313, 329f, 382, 444ff, 483, 541
Wiener Kongress 262, 267, 288, 356
Wilder, Billy 442, 516f
Wilhelm I. 463, 467
Wilhelm II. 168, 209, 267ff, 269, 271, 442, 524, 537
Wilhelm IV. von Bayern 408
Wilhelminismus 100, 113, 143, 148f, 156, 165, 220, 223f, 240, 262, 269, 393, 429, 441, 542f
Winckelmann, Johann Joachim 157, 282
Wirtschaftswunder 34, 128, 173, 181, 188, 514ff
Wittenberg 374, 388ff, 402
Worms 392, 452, 463
Wotan 167, 172, 319
Wunder von Bern 170ff, 181, 182
Würzburg 92, 125
Zelter, Carl Friedrich 287, 423, 473
Zesen, Philipp von 404f
Zimmermann, Herbert 172f, 181
Zuckmayer, Carl 541ff
Zürich 99, 126, 316
Zweiter Weltkrieg 31, 73, 90, 128, 170, 206ff, 266, 273ff, 284, 302, 314, 464, 528, 530, 537

SEELENHINTERGRUND

Eine Liste mit Lektüreempfehlungen finden Sie im Internet unter: *www.deutsche-seele.de*. Zusätzlich zu den Werken, die in den jeweiligen Kapiteln erwähnt sind, haben wir aus folgenden Büchern und Aufsätzen wertvolle Anregungen bezogen:

Jürgen von Alten, *Weltgeschichte der Ostsee*, Berlin 1996

Michael Andritzky u. Thomas Rautenberg, *»Wir sind nackt und nennen uns Du«. Von Lichtfreunden und Sonnenkämpfern. Eine Geschichte der Freikörperkultur*, Gießen 1989

Friedmar Apel, *Deutscher Geist und deutsche Landschaft*, München 1998

Hannah Arendt, *Rahel Varnhagen: Lebensgeschichte einer deutschen Jüdin aus der Romantik*, München 1957

Detlev Arens, *Der deutsche Wald*, Köln 2010

Leo Balet u. Eberhard Gerhard, *Die Verbürgerlichung der deutschen Kunst. Literatur und Musik im 18. Jahrhundert*, Berlin 1973

Hans D. Barbier u. Fides Krause-Brewer (Hg.), *Die Person hinter dem Produkt. 40 Portraits erfolgreicher Unternehmer*, Bonn 1988

Franz J. Bauer, *Das lange 19. Jahrhundert*, Stuttgart 2010

Oswald Bayer, *Vernunft ist Sprache. Hamanns Metakritik Kants*, Stuttgart-Bad Cannstatt 2002

Udo Benzenhöfer, *Paracelsus*, Reinbek bei Hamburg 2003

Manfred Berger, *150 Jahre Kindergarten. Ein Brief an Friedrich Fröbel*, Frankfurt am Main 1990

Isaiah Berlin, *Die Wurzeln der Romantik*, Berlin 2004

Siegfried Birkner, *Goethes Gretchen. Das Leben und Sterben der Kindsmörderin Susanna Margaretha Brandt*, Frankfurt am Main 1973

Günter Blamberger, *Heinrich von Kleist. Biographie*, Frankfurt am Main 2011

Kurt Breysig, *Vom deutschen Geist und seiner Wesensart*, Berlin 1932

Ulrich Brochhagen, *Nach Nürnberg. Vergangenheitsbewältigung und Westintegration in der Ära Adenauer*, Berlin 1999

Christoph Buchheim, *Industrielle Revolutionen. Langfristige Wirtschaftsentwicklung in Großbritannien, Europa und in Übersee*, München 1994

Michael Buhrs u. Claudia Wagner (Hg.), *Karl Wilhelm Diefenbach (1851–1913). Lieber sterben, als meine Ideale verleugnen!*, München 2010

Peter Burg, *Der Wiener Kongress. Der deutsche Bund im europäischen Staatensystem*, München 1984

Maria Curter, *Das erfinderische Berlin*, Berlin 2011

Carl Dahlhaus, *Die Idee der absoluten Musik*, Kassel 1978

Sigrid Damm, *»Geheimnißvoll offenbar«. Goethe im Berg*, Frankfurt am Main 2009

Alexander Demandt (Hg.), *Deutschlands Grenzen in der Geschichte*, München 1990

Peter Demetz, *Prag in Schwarz und Gold*, München 2000

Ulf Erdmann Ziegler, *Nackt unter Nackten. Utopien der Nacktkultur 1906–1942*, Berlin 1990

Matthias Fanck, *Weiße Hölle – Weißer Rausch. Arnold Fanck. Bergfilme und Bergbilder 1909–1939*, Zürich 2009

Paul Fechter, *Deutscher Osten. Bilder aus West- und Ostpreußen*, Gütersloh 1958

Hildegard Felisch, *Die deutsche Frau*, Berlin 1928

Niall Ferguson, *Der falsche Krieg. Der Erste Weltkrieg und das 20. Jahrhundert*, München 2001

Joachim Fernau, *Disteln für Hagen. Bestandsaufnahme der deutschen Seele*, München 2009

Karl August Fink, *Papsttum und Kirche im abendländischen Mittelalter*, München 1994

Rolf Hellmut Foerster, *Revolution in Deutschland. Die chronische Utopie*, München 1971

Etienne François u. Hagen Schulze (Hg.), *Deutsche Erinnerungsorte*, München 2001

Emil Franzel, *Von Bismarck zu Adenauer.*

Ideologie, Wahn und Realismus in der deutschen Politik, München 1957

Eberhard Freitag, *Schönberg*, Reinbek bei Hamburg 1973

Richard Friedenthal, *Goethe. Sein Leben und seine Zeit*, München 1963

Peter Gay, *Freud. Eine Biographie für unsere Zeit*, Frankfurt am Main 1989

Martin Geck, *Bach. Leben und Werk*, Reinbek bei Hamburg 2000

Ders., *Ludwig van Beethoven*, Reinbek bei Hamburg 1996

Imanuel Geiss, *Der lange Weg in die Katastrophe*, München 1990

Ulf Geyersbach, *»... und so habe ich mir denn ein Auto angeschafft«. Schriftsteller und ihre Automobile*, Berlin 2006

Martin Gregor-Dellin, *Richard Wagner. Sein Leben. Sein Werk. Sein Jahrhundert*, München 1980

Susanne Grüneklee, *Kultbuch Spargel. Alles über das königliche Gemüse*, Köln 2009

Hellmut G. Haasis, *Morgenröte der Republik. Die linksrheinischen deutschen Demokraten 1789–1849*, Berlin 1984

Gerhard Härle, *Reinheit der Sprache, des Herzens und des Leibes. Zur Wirkungsgeschichte des rhetorischen Begriffs »puritas« in Deutschland von der Reformation bis zur Aufklärung*, Tübingen 1996

Peter Härtling, *Liebste Fenchel! Das Leben der Fanny Hensel-Mendelssohn in Etüden und Intermezzi*, Köln 2011

Ulrike Häußer u. Marcus Merkel (Hg.), *Vergnügen in der DDR*, Berlin 2009

Peter Claus Hartmann, *Das Heilige Römische Reich deutscher Nation in der Neuzeit 1486–1806*, Stuttgart 2007

Michael Hau, *The Cult of Health and Beauty in Germany: A social History, 1890–1930*, Chicago 2003

Helmut Heiland, *Fröbel*, Reinbek bei Hamburg 1982

Volker Hentschel, *Geschichte der deutschen Sozialpolitik 1880–1980*, Frankfurt am Main 1983

Manfred Hettling u. Stefan-Ludwig Hoffmann (Hg.), *Der bürgerliche Wertehimmel. Innenansichten des 19. Jahrhunderts*, Göttingen 2000

Charles Higounet, *Die deutsche Ostsiedlung im Mittelalter*, München 1990

Raul Hilberg, *Die Vernichtung der europäischen Juden*, Berlin 1982

Markus Hille, *Karoline von Günderrode*, Reinbek bei Hamburg 1999

Carl Hinrichs, *Friedrich Wilhelm I., König in Preußen*, Hamburg 1941

Ders., *Preußentum und Pietismus*, Göttingen 1971

Wolfgang Hippe, *Alaaf und Helau. Die Geschichte des Karnevals*, Essen 2007

Curt Hohoff, *Grimmelshausen*, Reinbek bei Hamburg 1978

Karl Holl, *Die Geschichte des Worts Beruf*, in: Ders., *Gesammelte Aufsätze zur Kirchengeschichte. Band III: Der Westen*, Tübingen 1928

Ulrich Im Hof, *Das gesellige Jahrhundert. Gesellschaft und Gesellschaften im Zeitalter der Aufklärung*, München 1982

Thomas Immisch, Christian Langer u. Roger Doyes, *Der Strandkorb*, Rostock 2008

Karl Jaspers, *Die Schuldfrage*, München 1996

Rolf Johannsmeier, *Spielmann, Schalk und Scharlatan. Die Welt als Karneval: Volkskultur im späten Mittelalter*, Reinbek bei Hamburg 1984

Erich Kahler, *Der deutsche Charakter in der Geschichte Europas*, Zürich 1937

Gerd-Klaus Kaltenbrunner (Hg.), *Was ist Deutsch? Die Unvermeidlichkeit, eine Nation zu sein*, Asendorf 1988

Horst Karasek, *Belagerungszustand! Reformisten und Radikale unter dem Sozialistengesetz 1878–1890*, Berlin 1978

Diethart Kerbs u. Jürgen Reulecke, *Handbuch der deutschen Reformbewegungen 1880–1933*, Wuppertal 1998

Dietmar Klenke, *Der singende »deutsche Mann«. Gesangvereine und deutsches Nationalbewusstsein von Napoleon bis Hitler*, Münster 1998

Helmut König, *Die Zukunft der Vergangenheit. Der Nationalsozialismus im politischen Bewusstsein der Bundesrepublik*, Frankfurt am Main 2003

Stefan König, Hans-Jürgen Panitz u. Michael Wachtler, *Bergfilm. Dramen, Trick und Abenteuer*, München 2001

Reinhart Koselleck, *Preußen zwischen Reform und Revolution. Allgemeines Landrecht, Verwaltung und soziale Bewegung von 1791 bis 1848*, Stuttgart 1989

Christian Graf von Krockow, *Heimat. Erfahrungen mit einem deutschen Thema*, München 1992

Manfred Kühn, *Kant. Eine Biographie*, München 2003

Hansjörg Küster, *Die Geschichte des Waldes. Von der Urzeit bis zur Gegenwart*, München 1998 *

Horst Kunze, *Lieblingsbücher von dazumal. Eine Blütenlese aus den erfolgreichsten Büchern von 1750–1860*, München 1973

Walter Laqueur, *Was ist los mit den Deutschen?*, Berlin 1988

Ders., *Weimar. Die Kultur der Republik*, Berlin 1977

Hartmut Lehmann (Hg.), *Geschichte des Pietismus. Band 4: Glaubenswelt und Lebenswelt des Pietismus*, Göttingen 2004

Barbara Leisner, *Bertha Benz. Eine starke Frau am Steuer des ersten Automobils*, Gernsbach 2011

Harald Leupold-Löwenthal, Hans Lobner u. Inge Scholz-Strasser (Hg.), *Sigmund Freud Museum. Wien IX. Berggasse 19. Katalog*, Wien 1994

Karl-Egon Lönne, *Politischer Katholizismus im 19. und 20. Jahrhundert*, Frankfurt am Main 1986

Rudolf Malsch, *Geschichte der deutschen Musik. Ihre Formen, ihr Stil und ihre Stellung im deutschen Geistes- und Kulturleben*, Berlin 1949

Robert K. Massie, *Die Schalen des Zorns. Großbritannien, Deutschland und das Heraufziehen des Ersten Weltkrieges*, Frankfurt am Main 1993

Jeannine Meighörner, *»Was ich als Frau dafür halte«. Sophie von La Roche. Deutschlands erste Bestsellerautorin*, Erfurt 2006

Peter Merseburger, *Mythos Weimar. Zwischen Geist und Macht*, München 1998

Karl Markus Michel, *Die sprachlose Intelligenz*, Frankfurt am Main 1968

Wolfgang Minaty (Hg.), *Die Eisenbahn. Gedichte, Prosa, Bilder*, Frankfurt am Main 1984

Arthur Moeller van den Bruck, *Der preußische Stil*, Breslau 1931

Armin Mohler, *Was die Deutschen fürchten*, Berlin 1966

Wilhelm Mommsen, *Bismarck*, Reinbek bei Hamburg 1966

Wolfgang J. Mommsen, *Bürgerliche Kultur und künstlerische Avantgarde 1870–1918. Kultur und Politik im Deutschen Kaiserreich*, Berlin 1994

Heidi A. Müller, *Ein Idealhaushalt im Miniaturformat. Die Nürnberger Puppenhäuser des 17. Jahrhunderts*, Nürnberg 2006

Paul Münch (Hg.), *Ordnung, Fleiß und Sparsamkeit. Texte und Dokumente zur Entstehung der »bürgerlichen Tugenden«*, München 1984

Herfried Münkler, *Die Deutschen und ihre Mythen*, Berlin 2009

Ernst Niekisch, *Die Legende von der Weimarer Republik*, Köln 1968

Heiko A. Oberman, *Zwei Reformationen. Luther und Calvin – Alte und Neue Welt*, Berlin 2003

Lutz E. von Padberg, *Die Christianisierung Europas im Mittelalter*, Stuttgart 1998

Hans-Jürgen Panitz, *Luis Trenker. Ungeschminkt*, Innsbruck 2009

Felix R. Paturi, *Technik. Meilensteine technischer Erfindungen in Deutschland*, Stuttgart 1992

Helmuth Plessner, *Grenzen der Gemeinschaft*, Frankfurt am Main 2002

Eberhard Rathgeb, *Die engagierte Nation. Deutsche Debatten 1945–2005*, München 2005

Georg Friedrich Rebmann, *Ideen über Revolutionen in Deutschland*, Köln 1988

Werner Ross u. Walter Först, *Der Rhein. Landschaft – Geschichte – Kultur*, Freiburg im Breisgau 1973

Rüdiger Safranski, *Ein Meister aus Deutschland. Heidegger und seine Zeit*, München/Wien 1994

Ders., *Romantik. Eine deutsche Affäre*, München/Wien 2007

Ders., *Schopenhauer und Die wilden Jahre der Philosophie*, München/Wien 1987

Hans Dieter Schäfer, *Das gespaltene Bewusstsein. Deutsche Kultur und Lebenswirklichkeit 1933–1945*, Berlin 1981

Jürgen Schebera, *Hanns Eisler: Eine Biogra-*

---

* Mit besonderem Dank für die schöne Buchhändler-Anekdote, die auf Seite 480 wiedergegeben ist.

phie in Texten, Bildern und Dokumenten, Mainz 1998

Karl Schlögel, *Die Mitte liegt ostwärts. Die Deutschen, der verlorene Osten und Mitteleuropa*, Berlin 1986

Brigitta Schmidt-Lauber, *Gemütlichkeit. Eine kulturwissenschaftliche Annäherung*, Frankfurt am Main 2003

Karl H. Schneider, *Geschichte der Bauernbefreiung*, Stuttgart 2010

Gerhard Schulz, *Revolutionen und Friedensschlüsse 1917–1920*, München 1985

Hagen Schulze, *Der Weg zum Nationalstaat. Die deutsche Nationalbewegung vom 18. Jahrhundert bis zur Reichsgründung*, München 1986

Heimo Schwilk, *Ernst Jünger. Ein Jahrhundertleben*, München 2007

Andrea Stiberc, *Sauerkraut, Weltschmerz, Kindergarten und Co. Deutsche Wörter in der Welt*, Freiburg im Breisgau 1999

Robert Stupperich, *Geschichte der Reformation*, München 1967

Malte Oberschelp, *Der Fußball-Lehrer. Wie Konrad Koch im Kaiserreich den Ball ins Spiel brachte*, Göttingen 2010

Michael Petzet u. Achim Bunz, *Gebaute Träume. Die Schlösser Ludwigs II. von Bayern*, München 1995

Frank Uekötter, *The Green & the Brown, A History of Conservation in Nazi Germany*, New York 2006

Helmut Reinicke, *Märchenwälder. Ein Abgesang*, Berlin 1987

Werner Schäfke, *RheinRomantik*, Bonn 2001

Stefan Lorenz Sorgner u. Oliver Fürbeth (Hg.), *Musik in der deutschen Philosophie*, Stuttgart 2003

Knut Martin Stünkel, *Als Spermologe gegen Baubo – Hamanns Metakritik der philosophischen Reinheit*, in: *Neue Zeitschrift für Systematische Theologie und Religionsphilosophie, 53. Band*, Berlin 2011

Süddeutsche Zeitung, *WM-Bibliothek. 1954. 1974. 1990*, München 2005

Tomasz Szarota, *Der deutsche Michel*, Osnabrück 1998

Alan Tomlinson u. Christopher Young (Hg.), *German Football. History, Culture, Society*, London/New York 2006

Barbara Vinken, *Die deutsche Mutter. Der lange Schatten eines Mythos*, München 2001

Werner Vortriede, *Bettina und Goethe in Teplitz*, in: *Jahrbuch des freien deutschen Hochstifts*, Tübingen 1964

Martin Walser, *Heilige Brocken*, Frankfurt am Main 1988

Helen Watanabe-O'Kelly, *Beauty or Beast? The Woman Warrior in the German Imagination from the Renaissance to the Present*, Oxford 2010

Annemarie Weber, *Immer auf dem Sofa. Das familiäre Glück vom Biedermeier bis heute*, Berlin 1982

Eduard Wechßler, *Esprit und Geist. Versuch einer Wesenskunde des Deutschen und des Franzosen*, Bielefeld und Leipzig 1927

Johannes Weyer, *Wernher von Braun*, Reinbek bei Hamburg 2000

Leonie von Wilckens, *Tageslauf im Puppenhaus. Bürgerliches Leben vor dreihundert Jahren*, München 1956

Bernard Willms, *Idealismus und Nation*, Paderborn 1986

Christa Wolf (Hg.), *Karoline von Günderrode. Der Schatten eines Traumes*, Berlin/DDR 1979

Udo W. Wolf, *Preußens Glanz und Gloria im Film. Die berühmten deutschen Tonfilme über Preußens glorreiche Vergangenheit*, München 1981

Edgar Wolfrum, *Die geglückte Demokratie. Geschichte der Bundesrepublik Deutschland von ihren Anfängen bis zur Gegenwart*, Stuttgart 2006

Egmont Zechlin, *Die deutsche Einheitsbewegung*, Berlin 1973

Theodore Ziolkowski, *Das Amt der Poeten. Die deutsche Romantik und ihre Institutionen*, Stuttgart 1992

Herzlicher Dank an: Ute Bergmann, Vera Bohle, Prof. Dr. Thomas Borgstedt (Präsident der Internationalen Andreas Gryphius-Gesellschaft), Horst Chudy, Gabriele Gayet, Annemarie Hartmann, Frank Hertweck, Sabina Kienlechner, Oliver Kopitzke (SWR), Jane und Wolfgang Müller-Peterson, Iris Pfeiffer (Carus-Verlag), Christian Popp, Moritz Puschke (Geschäftsführer des Deutschen Chorverbandes), Ziska Riemann, Julia Roth, David Sakic, Joachim Trenkner.

BILDNACHWEIS

akg-images, Berlin: 13, 15 l., 15 r., 19, 23, 33, 36, 42, 45, 46, 69, 71, 74, 98, 99, 108, 132/133, 147, 185, 187, 212, 256, 274, 283, 289, 292, 309, 312, 318, 341, 343, 351, 354, 357, 365, 388, 390, 392, 405, 419, 422, 426, 427, 442, 449, 453, 456/457, 470, 474, 479, 480, 485, 488, 494 o.l., 495 o.l., 511, 519, 521, 523, 525, 529 o.l., 533 (N.N.), 80 (Niklaus Stauss), 115 (Bildarchiv Monheim), 153 (Fidus, *Du sollst nicht töten*, 1892 © VG Bild-Kunst, Bonn 2011), 199 (Archiv Klaus Wagenbach) 297 (Matthias Koeppel, *Berliner Hymnentafel*, 1994 © VG Bild-Kunst, Bonn 2011), 331 (Arnold Schoenberg, *Selbstporträt*, um 1910 © VG Bild-Kunst, Bonn 2011), 369 (Leitz), 370 (Herbert Kraft), 403 (Stefan Diller), 406 (Bildarchiv Pisarek), 495 o.r. (Imagno), 545 (Thomas Bartilla) | Archiv Matthias Fanck: 56, 57, 60 | Arno Schmidt Stiftung, Bargfeld: 363 (Alice Schmidt) | Auswärtiges Amt – Politisches Archiv und Historischer Dienst, Berlin: 536 | Bildarchiv Preußischer Kulturbesitz, Berlin: 194/195 (Gemäldegalerie, SMB/Jörg P. Anders), 280/281 (Nationalgalerie, SMB/Andres Kilger), 429 | Bundesarbeitsgemeinschaft der Freien Wohlfahrtspflege e.V. (BAGFW), Köln: 104 (Abteilung Wohlfahrtsmarken) | Bundesarchiv Koblenz: 89 (Bild 102-08896, Foto Georg Pahl) | Cinetext, Frankfurt: 64 (Richter) | Der Spiegel, Hamburg: 201 (20/1986) | Deutsche Kinemathek Berlin: 136 | Deutsches Literaturarchiv Marbach: 156 | Die Photographische Sammlung/SK Stiftung Kultur – August Sander Archiv, Köln: 460 (August Sander, *August Sander im Siebengebirge*, um 1941 © VG Bild-Kunst, Bonn 2011) | General George Patton Museum, Fort Knox, USA: 464 | Germanisches Nationalmuseum Nürnberg: 376 | Klassik Stiftung Weimar, Museen: 51 (Roland Dreßler) | Klingklang (EMI): 119 | Koelbl Herlinde, www.herlindekoelbl.de: 190, 191 | Laif, Köln: 154 (Archivio GBB Contrasto) | LWL-Industriemuseum, Textilmuseum Bocholt: 423 (Privatsammlung Meyn-Scheck) | Mercedes-Benz Classic Archive, Stuttgart: 124 | Panther Media, München: 378/379 (Manfred Stöger/RF) | picture-alliance, Frankfurt: 17 (ZB/Waltraud Grubitzsch), 29 (dpa/Tim Brakemeier), 31, 79 (dpa/Rolf Haid), 47 (Eventpress Schraps), 48 (EXPA/NPH), 75 (dpa/Bernd Weißbrod), 171, 529 u.r. (dpa), 177 (Sven Simon), 178 (dpa/Frank Kleefeldt), 183 (dpa/Marcel Mettelsiefen), 193 (dpa/Federico Gambarini), 207, 402 (akg-images), 250 (dpa/Wilhelm Leuschner), 277 (dpa/Martin Athenstädt), 347 (Imagno), 373 (dpa/Nestor Bachmann), 408 (dpa/Gero Breloer), 409 (ZB/Jens Büttner), 434 (ZB/Martin Schutt), 437 (Sueddeutsche/Robert Haas), 443 (dpa/Oliver Berg), 466 (dpa/Roland Witschel), 489 (Chromorange/J. Hauge), 495 u.l. (dpa/ansa/Maurizio Riccardi), 514 (dpa/Chris Hoffmann), 516 (N.N.), 517 (dpa/Jörg Carstensen), 520 (dpa/Rolf Stang) | Pitopia, Karlsruhe: 549 (Martina Berg/RF) | Privatarchiv Autor: 235 | Raacke Roman für thesenfitz & wedekind, www.thesenfitz.de: 10 | Rittershaus Monika, www.monikarittershaus.de: 481 (SF) | Siegele Ralf, www.ralfsiegele.de: 358 | tatort.de: 261 | Theodor W. Adorno Archiv, Frankfurt am Main: 495 u.r. (Prof. Lotte Tobisch-Labotýn) | ullstein bild, Berlin: 63, 120, 127, 151, 182, 228, 275, 303, 383, 446, 515, 529 u.l. (N.N.), 83, 299 (histopics), 93 (Archiv Gerstenberg), 95, 510 (united archives), 180 (Werek), 213, 539 (Imagebroker.net), 217 (Reuters), 221 (HDG, Bonn), 231 (heritage), 253 (Imagno), 265 (Lieberenz), 269 (Haeckel Archiv), 276 (Sven Simon), 300 (Lange), 337 (Lebrecht Music & Arts), 352 (Bunk), 360 (Lambert), 439, 494 u. (dpa), 494 o.r. (Granger Collection), 529 o.r. (TopFoto), 543 (Hipp-Foto), 547 (Schöning) | Universitäts- und Forschungsbibliothek Erfurt/Gotha: 144/145 (Mem.I 131, Bl 17r.) | Virilio Paul, La Rochelle, Frankreich: 53 | Volkswagen Aktiengesellschaft, Wolfsburg: 129 | Wikimedia Foundation Inc.: 150, 417, 508, 541 | Ziska, Berlin: 503 || Aus: Andritzky, Michael und Thomas Rautenberg (Hg.), »Wir sind nackt und nennen uns Du«. Von Lichtfreunden und Sonnenkämpfern. Eine Geschichte der Freikörperkultur, Gießen 1989: 158 | Aus: *Das große farbige Wilhelm Busch Album*. München, 2007: 413, 414 | Aus: Döpel Waldemar, *Fröbelstätten in Thüringen*, Weimar, 1939: 248 | Aus: Hartung Karl, *Richard Schirrmann und Wilhelm Münker*, Hagen/Westfalen, 1953: 242 (Foto Josef Hüttenmeister) | Aus: Retzlaff, Hans und Johannes Künzig, *Deutsche Bauern im Banat*, Berlin 1939: 236 | Aus: Scheurer, Hans (Hg.), *Heinrich Böll, Bilder eines Lebens*: Köln 1995: 285 | Aus: Surén Hans, *Der Mensch und die Sonne*, Stuttgart 1924: 161 (Foto Paul Isenfels) | Aus: Weber, Annemarie (Hg.), *Hausbuch des guten Tons*, Stuttgart/Hamburg 1955: 433. || Die Rechteinhaber einiger Abbildungen konnten trotz intensiver Recherche nicht ermittelt werden. Der Verlag bittet Personen oder Institutionen, welche die Rechte an diesen Abbildungen haben, sich zwecks angemessener Vergütung zu melden.